国家出版基金项目
NATIONAL PUBLICATION FOUNDATION

中国近代
思想家文库

◎

王中江 编

金岳霖卷

中国人民大学出版社
·北 京·

总　序

　　对于近代的理解，虽不见得所有人都是一致的，但总的说来，对于近代这个词所涵的基本意义，人们还是有共识的。一个国家、一个民族走入近代，就意味着以工业化为主导的经济取代了以地主经济、领主经济或自然经济为主导的中世纪的经济形态，也还意味着，它不再是孤立的或是封闭与半封闭的，而是以某种形式加入到世界总的发展进程。尤其重要的是，它以某种形式的民主制度取代君主专制或其他不同形式的专制制度。中国是个幅员广大、人口众多、历史悠久的多民族国家，由于长期历史发展是自成一体的，与外界的交往比较有限，其生产方式的代谢迟缓了一些。如果说，世界的近代是从 17 世纪开始的，那么中国的近代则是从 19 世纪中期才开始的。现在国内学界比较一致的认识，是把 1840 年到 1949 年视为中国的近代。

　　中国的近代起始的标志是 1840 年的鸦片战争。原来相对封闭的国门被拥有近代种种优势的英帝国以军舰、大炮再加上种种卑鄙的欺诈打开了。从此，中国不情愿地加入到世界秩序中，沦为半殖民地。原来独立的大一统的中央集权的君主专制国家，如今独立已经极大地被限制，大一统也逐渐残缺不全，中央集权因列强的侵夺也不完全名实相符了。后来因太平天国运动，地方军政势力崛起，形成内轻外重的形势，也使中央集权被弱化。经历第二次鸦片战争、中法战争、甲午战争、八国联军入侵的战争以及辛亥革命后的多次内外战争，直至日本全面侵略中国的战争，致使中国的经济、政治、教育、文化，都无法顺利走上近代发展的轨道。古今之间，新旧之间，中外之间，混杂、矛盾、冲突。总之，鸦片战争后的中国，既未能成为近代国家，更不能维持原有的统治秩序。而外患内忧咄咄逼人，人们都有某种程度"国将不国"的忧虑。

　　"天下兴亡，匹夫有责"，读书明理的士大夫，或今所谓知识分子，尤为敏感，在空前的危机与挑战面前，皆思有所献替。于是发生种种救亡图存的思想与主张。有的从所能见及的西方国家发展的经验中借鉴某些东西，形成自己的改革方案；有的从历史回忆中拾取某些智慧，形成某种民族复兴的设想；有的则力图把西方的和中国所固有的一些东西加以调和或结合，形成某种救亡图强的主张。这些方案、设想、主张，从世界上"最先进的"，到"最落后的"，几乎样样都有。就提出这些方案、设想、主张者的初衷而言，绝大多数都含着几分救国的意愿。其先进与落后，是否可行，能否成功，尽可充分讨论，但可不必过为诛心之论。显而易见，既然救国的问题最为紧迫，人们所心营目注者自然是种种与救国的方案直接相关的思想学说，而作为产生这些学说的更基础性的理论，及其他各种知识、思想，则关注者少。

围绕着救国、强国的大议题，知识精英们参考世界上种种思想学说，加以研究、选择，认为其中比较适用的思想学说，拿来向国人宣传，并赢得一部分人的认可。于是互相推引，互相激励，更加发挥，演而成潮。在近代中国，曾经得到比较广泛的传播的思想学说，或者够得上思潮的，主要有以下几种：

（一）进化论。近代西方思想较早被引介到中国，而又发生绝大影响的，要属进化论。中国人逐渐相信，进化是宇宙之铁则，不进化就必遭淘汰。以此思想警醒国人，颇曾有助于振作民族精神。但随后不久，社会达尔文主义伴随而来，不免发生一些负面的影响。人们对进化的了解，也存在某些片面性，有时把进化理解为一条简单的直线。辩证法思想帮助人们形成内容更丰富和更加符合实际的发展观念，减少或避免片面性的进化观念的某些负面影响。

（二）民族主义。中国古代的民族主义思想，其核心是"非我族类，其心必异"，所以最重"华夷之辨"。鸦片战争前后一段时期，中国人的民族思想，大体仍是如此。后来渐渐认识到"今之夷狄，非古之夷狄"，"西人治国有法度，不得以古旧之夷狄视之"。但当时中国正遭受西方列强的侵略和掠夺，追求民族独立是民族主义之第一义。20世纪初，中国知识精英开始有了"中华民族"的概念。于是，渐渐形成以建立近代民族国家为核心的近代民族主义。结束清朝君主专制，创立中华民国，是这一思想的初步实现。第一次世界大战爆发，中国加入"协约国"，第一次以主动的姿态参与世界事务，接着俄国十月革命爆发，这两件事对近代中国的发展历程造成绝大影响。同时也将中国人的民族主义提升到一个新的层次，即与国际主义（或世界主义）发生紧密联系。也可以说，中国人更加自觉地用世界的眼光来观察中国的问题。新生的中国共产党和改组后的国民党都是如此。民族主义成为中国的知识精英用来应对近代中国所面临的种种危机和种种挑战的一个重要的思想武器。

（三）社会主义。社会主义作为一种模糊的理想是早在古代就有的，而且不论东方和西方都曾有过。但作为近代思潮，它是于19世纪在批判近代资本主义的基础上产生的。起初仍带有空想的性质，直到马克思和恩格斯才创立起科学社会主义。20世纪初期，社会主义开始传入中国。当时的传播者不太了解科学社会主义与以往的社会主义学说的本质区别。有一部分人，明显地受到无政府主义的强烈影响，更远离科学社会主义。直到五四新文化运动兴起之后，中国人始较严格地引介、宣传科学社会主义。但有一段时间，无政府主义仍是一股很大的思想潮流。中国共产党的成立，从思想上说，是战胜无政府主义的结果。中国共产党把在中国实现社会主义乃至共产主义作为自己的奋斗目标。此后，社会主义者，多次同各种非科学社会主义思想的信仰者进行论争并不断克服种种非科学社会主义思想的影响。

（四）自由主义。自由主义也是从清末就被介绍到中国来，只是信从者一直寥寥。直到五四新文化运动兴起，具有欧美教育背景的知识精英的数量渐渐多起来，自由主义始渐渐形成一股思想潮流。自由主义强调个性解放、意志自由和自己承担责任，在政治上反对一切专制主义。在中国的社会条件下，自由主义缺乏社会基础。在政治激烈动荡的时候，自由主义者很难凝聚成一股有组织的力量；在稍稍平和的时候，他们往往更多沉浸在自己的专业中。所以，在中国近代史上，自由主义不曾有，也不可能有大的作为。

（五）激进主义与保守主义。处于转型期的社会，旧的东西尚未完全退出舞台，新的东西也还未能巩固地树立起来，新旧冲突往往要持续很长的时间，有时甚至达到很激烈的程度。凡助推新东西成长的，人们便视为进步的；凡帮助旧东西排斥新东西的，人们便视为保守的。其实，与保守主义对应的，应是进步主义；与顽固主义相对的则应是激进主义。不过在通常话语环境中人们不太严格加以区分。中国历史悠久，特别是君主专制制度持续两千余年，旧东西积累异常丰富，社会转型极其不易。而世界的发展却进步甚速。中国的一部分精英分子往往特别急切地想改造中国社会，总想找出最厉害的手段，选一条最捷近的路，以最快的速度实现全盘改造。这类思想、主张及其采取的行动，皆属激进主义。在中共党史上，它表现为"左"倾或极左的机会主义。从极端的激进主义到极端的顽固主义，中间有着各种程度的进步与保守的流派。社会的稳定，或社会和平改革的成功，都依赖有一个实力雄厚的中间力量。但因种种原因，中国社会的中间力量一直未能成长到足够的程度。进步主义与保守主义，以及激进主义与顽固主义，不断进行斗争，而实际所获进步不大。

（六）革命与和平改革。中国近代史上，革命运动与和平改革运动交替进行，有时又是平行发展。两者的宗旨都是为改变原有的君主专制制度而代之以某种形式的近代民主制度。有很长一个时期，有两种错误的观念，一是把革命理解为仅仅是指以暴力取得政权的行动，二是与此相关联，把暴力革命与和平改革对立起来，认为革命是推动历史进步的，而改革是维护旧有统治秩序的。这两种论调既无理论根据，也不合历史实际。凡是有助于改变君主专制制度的探索，无论暴力的或和平的改革都是应予肯定的。

中国近代揭幕之时，西方列强正在疯狂地侵略与掠夺殖民地和半殖民地，中国是它们互相争夺的最后一块、也是最大的资源地。而这时的中国，沿袭了两千年的君主专制制度已到了奄奄一息的末日，统治当局腐朽无能，对外不足以御侮，对内不足以言治，其统治的合法性和统治的能力均招致怀疑。革命运动与改革的呼声，以及自发的民变接连不断。国家、民族的命运真的到了千钧一发之际，危机极端紧迫。先觉分子救之心切，每遇稍具新意的思想学说便急不可待地学习引介。于是西方思想学说纷纷涌进中国，各阶层、各领域，凡能读书读报者，受其影响，各依其家庭、职业、教育之不同背景而选择自以为不错的一种，接受之，信仰之，传播之。于是西方几百年里相继风行的思想学说，在短时期内纷纷涌进中国。在清末最后的十几年里是这样，五四时期在较高的水准上重复出现这种情况。

这种情况直接造成两个重要的历史现象：一个是中国社会的实际代谢过程（亦即社会转型过程）相对迟缓，而思想的代谢过程却来得格外神速。另一个是在西方原是差不多三百年的历史中渐次出现的各种思想学说，集中在几年或十几年的时间里狂泻而来，人们不及深入研究、审慎抉择，便匆忙引介、传播，引介者、传播者、听闻者，都难免有些消化不良。其实，这种情况在清末，在五四时期，都已有人觉察。我们现在指出这些问题并非苛求前人，而是要引为教训。

同时我们也看到，中国近代思想无比的多样性与复杂性呈现出绚丽多彩的姿态，各种思想持续不断地展开论争，这又构成中国近代思想史的一个突出特点。有些论争为我们留下了非常丰富的思想资料。如兴洋务与反洋务之争，变法与反变法之争，革命与改良之争，共和与立宪之争，东西文化之争，文言与白话之争，新旧伦理之争，科学与人生观之争，中国社会性质的论争，社会史的论争，人权与约法之争，全盘西化与本位文化之争，民主与独裁之争，等等。这些争论都不同程度地关联着一直影响甚至困扰着中国人的几个核心问题，即所谓中西问题、古今问题与心物关系问题。

中国近代思想的光谱虽比较齐全，但各种思想的存在状态及其影响力是很不平衡的。有些思想信从者多，言论著作亦多，且略成系统；有些可能只有很少的人做过介绍或略加研究；有的还可能因种种原因，只存在私人载记中，当时未及面世。然这些思想，其中有很多并不因时间久远而失去其价值。因为就总的情况说，我们还没有完成社会的近代转型，所以先贤们对某些问题的思考，在今天对我们仍有参考借鉴的价值。我们编辑这套《中国近代思想家文库》，希望尽可能全面地、系统地整理出近代中国思想家的思想成果，一则借以保存这份珍贵遗产，再则为研究思想史提供方便，三则为有心于中国思想文化建设者提供参考借鉴的便利。

考虑到中国近代思想的上述诸特点，我们编辑本《文库》时，对于思想家不取太严格的界定，凡在某一学科、某一领域，有其独立思考、提出特别见解和主张者，都尽量收入。虽然其中有些主张与表述有时代和个人的局限，但为反映近代思想发展的轨迹，以供今人参考，我们亦保留其原貌。所以本《文库》实为"中国近代思想集成"。

本《文库》入选的思想家，主要是活跃在 1840 年至 1949 年之间的思想人物。但中共领袖人物，因有较为丰富的研究著述，本《文库》则未收入。

编辑如此规模的《文库》，对象范围的确定，材料的搜集，版本的比勘，体例的斟酌，在在皆非易事。限于我们的水平，容有瑕隙，敬请方家指正。

《中国近代思想家文库》编纂委员会

目 录

导　言
"实在"和"完美"的信念
——金岳霖的"实在主义"和"新玄学"

　　有一位现代中国哲学家，他的哲学追求世界的实在性，他的生活追求人生的完美性，他就是金岳霖（1895—1984）。

　　金岳霖的哲学称得上是实在主义和理想主义的一种高度结合。一方面它是高度理化性的实在主义，另一方面它又是非同寻常的理想主义，这两者在他严密的体系化哲学殿堂中浑然一体地存在着。他的哲学殿堂是以类似于剥葱的逻辑和分析技术建造起来的，外观富丽堂皇，本身就是西方哲学影响中国哲学的产物，或者用新的方法建设中国新哲学的结果。

　　金岳霖在《知识论》中说，如果有谁一定要在他的知识论上安装上一个什么主义，似乎"只能"被称为"实在主义"。金岳霖的逻辑学和形而上学同样是以"实在"为逻辑世界和形上世界的根乀。在东西方哲学中，我们遇到过不同的实在主义，有古希腊柏拉图的实在主义，有现代欧美的新实在主义，还有中国古典哲学中的不同实在论。金岳霖的哲学是属于哪一种实在主义呢？大致上更接近于西方现代的新实在主义。金岳霖坚持认为，逻辑、知识和形而上的对象都是实在的，只是逻辑的对象是穷尽了所有可能的形式（"式"），知识的对象是共相的理，形而上的对象同时包含着前两者，还要再加上构成所有事物基质的材料（"能"）。金岳霖同新实在主义的最大不同点，是他在世界范围内反叛形而上学的大趋势之中，逆势建立了实在主义的形而上学或"新玄学"体系①，并在这一体系中塑造了一种终极性的价值和信念。

---

　　①　金岳霖在最初发表的一篇小文中，就提出了他对"玄学"的立场。他区分了"旧玄学"与"新玄学"。参见金岳霖：《唯物哲学与科学》，见《金岳霖学术论文选》，158页，北京，中国社会科学出版社，1990。

他的哲学殿堂内部色彩鲜明，是一种以探求"实在"和"完美"为特质的哲学。他的逻辑学以"本来的逻辑"为目标，以"必然的得出"为旨趣；他的知识论穷追知识的客观性基础，相信"真命题"没有程度；在形上理想上，他渴望"至真""至善"和"至美"，还添了一个"至如"。在现代中国哲学家中，没有哪一位哲学家在这一方面可同他相比，相比于西方任何一种体系化的哲学来说，他的哲学也是非常精细和精致的。

一、倾心"万人敌"：从"商业"到"政治"

有人可能会问，金岳霖为什么会有这样的一套哲学，难道他天生就是一位这样的哲学家？有人断言，哲学就是哲学家性格的产物。"温厚热情，有一副给人好感的气质，几乎普遍为人所爱戴"①的詹姆士（William James）就说："哲学史在极大程度上是人类几种气质冲突的历史。"② 照此说来，哲学家的血液里流动的就是他们彼此对立的先天"意识"。谈到熊十力的哲学，金岳霖曾经有一个评论，"他的哲学背后有他这个人"③。金岳霖的哲学"背后"是不是也有他这个人？是的。他曾这样说："各思想家有'选择'的余地，所谓'选择'者，是说各个人既有他的性情，在他的环境之下，大约就有某种思想。"④ 这也是金岳霖对他的哲学的一种自我解释。

说到金岳霖的哲学之路，我们要从他的经历说起，先说他小时候的家庭。这个家庭的主人是一位十足的洋务派官僚。金岳霖祖籍今浙江省

---

① ［英］罗素：《西方哲学史》，下册，369 页，北京，商务印书馆，1976。

② ［美］詹姆士：《实用主义》，7 页，北京，商务印书馆，1979。把形而上学看成对莫须有者的"表达"而不是实证意义的"表述"的卡尔纳普，也从这方面看待热衷于形而上学的哲学家："一元论的形而上学体系可以是表达一种和谐的与平静的生活方式，二元论的体系可以是表达一个把生活看作是永恒的斗争的人的情绪状态；严肃主义的伦理学可以是表达一种强烈的责任感，或者表达一种严厉的统治欲。实在主义常常是心理学家称之为外向的那种性格类型的征象，它是以容易与人和物发生联系为其特征的；唯心主义是一种对立的所谓内向的性格类型的征象，这种性格倾向于从不友好的世界退却而生活在它自己的思想和幻想之中。"转引自 ［美］ M. 怀特：《分析的时代——二十世纪的哲学家》，222 页，北京，商务印书馆，1981。

③ 张岱年：《忆金岳霖先生》，见《金岳霖学术思想研究》，37 页，北京，中国社会科学出版社，1987。

④ 金岳霖：《冯友兰〈中国哲学史〉审查报告》，见《金岳霖学术论文选》，278 页，北京，中国社会科学出版社，1990。

诸暨市。诸暨始设县于秦，隶属于会稽郡。金岳霖的祖父是金春生，父亲是金聘之，母亲是唐淑贤（湖南衡阳人），称颂家庭主妇的"贤惠善良，持家有方"的美德她都有。金岳霖的父亲是盛宣怀的部下，大概是三品知府的级别。在晚清风气的影响下，金聘之热心洋务，曾担任过湖南省铁路总办，也担任过黑龙江省漠河金矿总办。金聘之一共有九个孩子，七个男孩，两个女孩，金岳霖排行第七。金聘之对他的孩子们的期望，是科举功名再加上技术和实业，实际上他也是这样要求的，但结果似乎不那么成功，尤其是就金岳霖而言。

金岳霖出生于湖南长沙，生年是甲午风云的 1895 年（8 月 26 日，农历七月初七日）。据说，他出生的那一天，他的父亲骑马回家，在路上遇到了一条蛇，于是就给他最小的儿子起名"龙荪"。"岳霖"是哲学家的号。金岳霖一生的大半时间是在学校度过的，这期间的前一阶段他是被别人教育的，后一阶段他是教育别人的。他的博士论文《T. H. 格林的政治学说》后面附的个人简历说："这部专著的作者生于中国湖南。赴美前他曾就师于明德学校、雅礼学校和清华预备学堂。1917 年他毕业于宾州大学，并于次年获得哥伦比亚大学的文学硕士学位，硕士论文为《州长的财政权》。在哥伦比亚大学他从师于邓宁、鲁宾逊（Robinson）等教授。"[1]

在学习经历中，1901 年，7 岁的金岳霖，开始在长沙明德学校读小学。这是胡子靖私人出资开办的一所学校。从 13 岁开始，他进入长沙雅礼学校读中学。这是教会办的很有派头的一所学校。据称，他从小记忆力就强，晚上做梦背"四书"，他姑姑拿书对照，发现他背得一字不差。1911 年夏，他报考了清华学堂的高等科，他说他靠英语上的才气和数学、国文上的运气（前者题太难大家都不会，后者碰到了自己熟悉的），得以顺利过关。清华学堂原是"游美学务处"附设的"肄业馆"，是清政府 1909 年使用美国退回的庚子赔款设立的。1911 年 2 月它被改为清华学堂，学堂分中等、高等两科，学制八年，各为四年。这是一所位于中国的美国式学校，连罗素参观后都感叹说："清华学校恰像一个由美国移植到中国来了的大学校"。学生们未出"洋"先已"洋化"了。[2]

1914 年，金岳霖结束了清华学堂的学习生活到美国留学。在专业

---

① 《金岳霖学术论文选》，140 页，北京，中国社会科学出版社，1990。

② 参见清华大学校史编写组编著：《清华大学校史稿》，27、28 页，北京，中华书局，1981。

课选择上，他特意征求他五哥的意见。他五哥从实用的观点出发建议他选择簿计学。他接受了这一建议，就到宾夕法尼亚大学学商业。这里有世界上最著名的沃顿商学院，它创立于 1881 年，是美国第一个大学商学院。3 年后，金岳霖在这里获得了商学学士学位，但这又是他告别商学的开始，原因是他对商学没有产生兴趣。注重实用的当今中国人，更可以说他不懂得现实。可他不如此想，他给他五哥写信时这样说："簿计者，小技耳，俺长长七尺之躯，何必学此雕虫之策。昔项羽之不学剑，盖剑乃一人敌，不足学也！"[①] 这是金岳霖从务实走向务虚的第一步。第二步是他从注重实践智慧的政治学最后走到了坐而论道的哲学和逻辑学。

为了学"万人敌"，他选择了政治学，并转到了哥伦比亚大学。他的硕士论文是《州长的财政权》。在哥伦比亚大学，邓宁的政治学说史课程把他带入到了政治思想史中，这离哲学只有一步之遥。他对格林的政治思想产生了兴趣。在格林的政治思想中，他遇到了休谟，也遇到了形而上学。格林触发了他理智上的灵性，他回忆说："我最初发生哲学上的兴趣是在民国八年底夏天。那时候我正在研究政治思想史，我在政治思想史底课程中碰着了 T. H. Green。我记得我头一次感觉到理智上的欣赏就是在那个时候，而在一两年之内，如果我能够说有点子思想的话，我底思想似乎是徘徊于所谓'唯心论'底道旁。"[②] 1920 年，他以《T. H. 格林的政治学说》为博士论文获得了政治学博士学位，但这又是他逐渐同政治学分手的开始。

二、从"政治"到"哲学"

离开哥伦比亚大学后，金岳霖先是到美国华盛顿乔治城大学做短期授课，然后回国为母亲奔丧。1921 年底，他赴英国游学，追随瓦拉斯（Graham Wallas）和巴克（Earnest Barker）。这两位政治学领域的学者，曾在哥伦比亚大学讲学，当时金岳霖正在哥大念书，金岳霖说瓦拉斯这个人非常可亲[③]，这是他在英国"以师相待"的人。但在这里，他

① 金鼎汉：《缅怀我的叔父金岳霖教授》，见《金岳霖学术思想研究》，360 页，成都，四川人民出版社，1987。

② 金岳霖：《论道·绪论》，3 页，北京，商务印书馆，1985。

③ 参见刘培育主编：《金岳霖的回忆与回忆金岳霖（增补本）》，54 页，成都，四川教育出版社，2000。

的政治学习经历很短暂，因为他很快迷上了哲学。他告别了伦敦大学经济学院，告别了瓦拉斯，也告别了之前他在哥大步入的政治思想史，将自己的兴趣转到了哲学上，一生钟情于此，痴迷于此。

金岳霖回忆说，他开始接触哲学时，有两部书对他的影响非常大。一部是休谟的《人性论》（*A Treatise of Human Nature*），这是他在研究格林的政治学说时就接触到的。他精心阅读这部书，这部书"给他以洋洋大观的味道"①。休谟是欧洲近代哲学中的著名怀疑论者。在欧洲，他提出的怀疑惊醒了独断论者，惊醒了康德，现在又触动了东方学人金岳霖。金岳霖还专门提到，他没有把"休谟"的英文名字念错，他是故意这样念，"休谟"两字的用意是"把所有的'谟'都怀疑掉了"②。金岳霖只接受休谟怀疑的问题，不接受他对问题的结论。金岳霖称，休谟的问题在理智上折磨他好长时间，让他苦恼甚至痛苦。

金岳霖的知识论整体上可以说是为了回答"休谟问题"而建立起来的。至于金岳霖如何回答的"休谟问题"，同他读的另一本书有关，就是罗素 1903 年出版的《数学原理》（*Principles of Mathematics*）。这本书给金岳霖的影响主要是方法上的——即"分析方法"（或"逻辑分析方法"）。金岳霖说："哲理之为哲理不一定要靠大题目，就是日常生活中所常用的概念也可以有很精深的分析，而此精深的分析也就是哲学。"③金岳霖在哲学上突出逻辑分析这一方法论特征就是从这里开始的，这是他解决哲学问题的利器。

有了这一利器，他还需要更根本的哲学信念，这是决定他一生哲学的实质上的部分。在这一方面，他走上了剑桥的哲学之路，而不是牛津之路，他倾心于罗素和穆尔的"实在论"，无怨无悔，就像他的爱情那样。经历了 20 世纪 50 年代的思想改造以后，金岳霖依然说："在宇宙观方面（也可以说世界观，不过不局限于人的社会而已），我仍然是实在主义者。"④

---

① 金岳霖：《论道·绪论》，4 页，北京，商务印书馆，1985。

② 刘培育主编：《金岳霖的回忆与回忆金岳霖（增补本）》，57 页，成都，四川教育出版社，2000。

③ 金岳霖：《论道·绪论》，3 页，北京，商务印书馆，1985。

④ 刘培育主编：《金岳霖的回忆与回忆金岳霖（增补本）》，68 页，成都，四川教育出版社，2000。金又回忆说："我的实在主义是从早期的罗素、穆尔那里来的。这两位先生都在维特根斯特的影响下变成了马赫主义者。穆尔没有著书立说，但是他上维特根斯坦的课，曾同我一道听讲。看来他们都放弃了实在主义。现在世界上还有没有实在主义和实在主义者，我不知道。"（同上书，68 页）

在英国游学期间，金岳霖还同穆尔一起听过维特根斯坦的课。他说他从奥人维特根斯坦和英人袁梦西（Frank P. Ramsey）那里知道，他景仰的数学是"闭门造车，出门合辙"。逻辑与此类似，是因为"逻辑命题是穷尽了所有可能的必然命题"。这成为金岳霖逻辑学上的一个出发点。当然，他受到的影响不止这些，但这些东西具有根本性。

1925 年底，金岳霖从欧洲回国。1926 年，他任中国大学教授，讲授英文和英国史。同年，他到清华大学任教和从事哲学研究，创建了清华大学哲学系，并担任系主任。抗战时期，他先后任教于长沙临时大学和西南联合大学。抗战胜利后，清华大学复员北归，金岳霖重新担任清华大学教授，期间又曾担任清华大学文学院院长。1948 年，他当选为中央研究院第一届院士。1952 年，在院系调整中，全国主要的哲学系都合并到了北京大学，金岳霖也到了北京大学，并担任系主任。1955年，他又被调入中国科学院筹备哲学研究所，同年，哲学所成立后，他担任哲学所副所长。他调侃说，他还认真地去坐办公室，但"公"不来，他也没有"公"可办。哲学所后隶属于中国社会科学院。

20 世纪 50 年代以前，金岳霖在大学里开的课，主要是知识论、形而上学和逻辑。有的课就是他和学生一起读书，读休谟的书，读洛克的书，边读边分析，边同学生讨论。他不像冯友兰，他不喜欢哲学史，他喜欢比较纯粹的哲学思考和哲学分析。他培养了不少知名的弟子，如王浩和殷海光等。作为哲学家，金岳霖的哲学也是 20 世纪 50 年代以前奠定的。他有一个严格的工作和生活习惯，一直坚持上午思考和写作。1926 年，他说："近年来对于政治——不仅是中国的政治，无论哪国的政治，——极觉得灰心，而对于哲学，颇有兴趣。"[1] 他还说，世界上似乎有很多哲学动物，这样的人，"就是把他们放在监牢里做苦工，他们脑子里仍然是满脑的哲学问题"[2]。

作为一位现代中国哲学家，金岳霖建立了最为体系化的知识论体系和形而上学体系。正如一开始我们就指出的那样，他在哲学上的整体倾向是实在主义。他的知识论体系主要是在西方知识论传统影响下而构建起来的。他站在实在论的立场上，接受罗素的分析方法，通过融会经验

---

[1] 金岳霖：《唯物哲学与科学》，见《金岳霖学术论文选》，156 页，北京，中国社会科学出版社，1990。

[2] 金岳霖：《唯物哲学与科学》，见《金岳霖学术论文选》，160 页，北京，中国社会科学出版社，1990。

和理性，为知识的客观性寻求坚实的基础，克服种种唯我论和主观论；他的形而上学体系，可以说是中西传统形而上学融合的产物，也是他自觉抵制现代西方反叛形而上学的结果。他启用了不少中国传统形而上学的重要范畴，并为它们赋予了新的意义。他的形而上学，确实玄之又玄。他声称他要站在他的形而上学之中，怡情、乐性，但他对人类的悲观性，又使他的形而上学不近人情。后来，他意识到了他的形而上学不易为人了解的情形。为此，他补充了对"人与自然"这一问题的思考。在知识论和形而上学之外，金岳霖还对逻辑学情有独钟，在这个最难触景生情的领域中，他体会到了它的好玩之处。他较早向中国输入了一个数理逻辑系统，提出了一个与他的知识论和形而上学具有密切关系的逻辑哲学，对最抽象的逻辑能为我们生活提供最直接的便利做出了非常有力的说明。

同他的哲学体系相对应，他主要有三部著作，一是《逻辑》（1935年），二是《论道》（1939年），三是《知识论》（1983年）。对于这三部著作，金岳霖称他最满意的是《论道》。1940年，这本书还被重庆教育部评为抗战以来最优佳学术著作之一。他花费精力最多的是《知识论》，原因之一是这部书部头大，还有就是，他好不容易写出的第一稿，在昆明跑警报中遗失了，他不得不再花费时间从头又写。冯友兰在祝贺金岳霖 88 岁生日时，送给金岳霖一副对联，称他的两部书'道超青牛，论高白马"，并说他们二人"何止于米，相期以茶"。贺麟说金岳霖的《论道》"是一本最有独创性的玄学著作"[1]。金岳霖不满意他的《逻辑》，部分原因是，他介绍罗素《数理逻辑》的那一部分有一些错误，一直没有改。他还写了不少论文，比较满意的有《手术论》等。实际上，他为拟写的逻辑学著作而写的《序》、他的《中国哲学》、他的《哲学与生活》等，都称得上是哲学思考和研究中的名篇。他的著作迄今编辑最全的是《金岳霖文集》（甘肃人民出版社，1995 年）；作为选集主要有《金岳霖学术论文选》（中国社会科学出版社，1990 年）、《道、自然与人：金岳霖英文论著全译》（三联书店，2005 年）。

三、情深意长：才性哲学家

金岳霖是一位才智极高、性情单纯、天真浪漫、对万物充满着同情

---

① 贺麟：《50 年来的中国哲学》，29 页，沈阳，辽宁教育出版社，1939。

心和对人一往情深的人，他同时兼具儒家的文雅、道家的通达和英国绅士的风度。一些哲学家的人生就能打动人，西方的苏格拉底、罗素、萨特，东方的孔子、墨子、庄子、王阳明、梁漱溟等，就是这一类人中的一部分。金岳霖的人生有着传奇的色彩，原本就是一首动人的诗。

他的人生最打动人的地方之一是他的爱情。人们常说有一种爱情，叫作"柏拉图式的爱情"，这种爱情就像柏拉图的美、善等理念那样，纯粹而又纯粹，纯粹到像陈宇说的"此情只应天上有"的境界，但"今闻竟在人世间"①。金岳霖就是这种爱情的亲证者。他爱恋的人，是徐志摩苦苦追求过、后来同梁思成终成眷属的林徽因。金岳霖认识林徽因，是他在英国时徐志摩介绍的。他和林徽因的爱情故事，发生在20世纪30年代初的北京东总布胡同。金家和梁家住在前后独立的两个院子里，萧乾描写的"太太的客厅"指的就是后院金岳霖院的客厅，这是当时金的各种朋友"星六聚会"的地方。人们自然会想象，这个客厅的主人是"少奶奶"，可它的主人确实是一位单身男子。它之所以成了"太太的客厅"，是因为前院的林徽因常常是"星六聚会"的核心人物。在心爱的丈夫梁思成之外，林徽因同时又爱上了哲学家。林徽因将她的这一苦恼极了的情感，真诚地告诉了她的丈夫。梁思成陷入了痛苦之中，他想了一夜，得出了一个结论。第二天，他告诉妻子，说她是自由的，如果她选择了"老金"，他就祝愿他们永远幸福。当哲学家听到这个结论时，他也得出了一个结论，他对林徽因说，思成是真正爱她的，他不能去伤害一位真正爱她的人。彼此的直率、真诚、一诺千金，使他们两家难舍难分。

爱情、友情难以两全的世间情，就在哲学家、"林下美人"的诗人、"梁上君子"的建筑学家这三位非常之人的非常之事中被打破了。他们三人成了两家是一家、一家是两家的"最好的朋友"②。为了友情加上心灵上的纯真爱情，哲学家终身未娶。当不幸的诗人逝世时，金岳霖大哭了一次，这是哲学家一生"三次"大哭之一，另外两次的大哭，一次

---

① 陈宇：《暮年金岳霖忆林徽因》，见刘培育主编：《金岳霖的回忆与回忆金岳霖（增补本）》，349页，成都，四川教育出版社，2000。

② 徐鲁评论说："他崇尚美，景仰美，却又能够完全摆脱那种凡夫俗子的占有欲，而以柏拉图式的爱，献身于他心目中的至高无上的'美神'。"（徐鲁：《哲学家的爱》，见刘培育主编：《金岳霖的回忆与回忆金岳霖（增补本）》，351页，成都，四川教育出版社，2000）文洁若赞美说："我十分崇敬金岳霖教授这种完全无私的、柏拉图式的爱，也佩服梁思成那开阔的胸怀。……这真是人间最真诚而美好的关系。"（同上书，352页）

是他在美国留学时听说袁世凯同日本签订"二十一条"之后发生的，一次是 50 年代思想改造中他为冯友兰几次检讨都不过关两人相抱而哭。1955 年，多病的林徽因逝世，在北京贤良寺举行的追悼会上，哲学家和他的挚友邓以蛰联名为诗人献上了一副挽联："一生诗意千寻瀑，万古人间四月天"。

　　林徽因去世一年后，哲学家突然请客，等朋友到齐后，他说这天是林徽因的生日。他家的桌子上也一直摆放着林徽因的照片。这就是金岳霖的爱。他帮助他的学生从失恋中摆脱出来的"恋爱过程说"，也是他的恋爱的真谛。他说，恋爱是一个过程，恋爱的幸福与否应从全过程来看，不能仅用恋爱的结局来衡量。恋爱是恋爱者的感情和精神的升华，只要恋爱者的精神感情是高尚的、纯洁的，他的恋爱就是幸福的。① 金岳霖的爱情是他生活中最神圣的部分，也是让人感觉最神秘的部分。到了晚年，据说眼前的事情他都记不住了，但一说到早年的生活，他的记忆之门一下子就全打开了，就像钱端升夫人陈公蕙女士说的那样："那个老金啊，早年的事情是近代史，现在的事情是古代史。"②

　　兼容着爱情的友情只是金岳霖友情的一部分。爱情是纯粹的爱，朋友也要是纯粹的喜欢。金岳霖说，他多年以来所过的生活都是朋友间的生活。他有许多不同方面的朋友，这些朋友大都不是从事哲学的，而是从事其他领域的那个时代的一些天才，还有民间艺人、"很小的老朋友"（他喜欢跟小孩子玩）。金岳霖说，朋友需要的是彼此喜欢，他喜欢的朋友是没有世故之心的人，因为他害怕有世故之心的人。他喜欢作对联，用来表达他的真诚心情，如"性如竹影疏中日，仁是蓝香静处风"，这是他送给沈性仁女士的；如"修到梅花成眷属，不劳松菊待归人"，这是他送给清华建筑系青年讲师的。③ 中学时，他最要好的是富有才华而家境贫寒的同学，同学们称他们为"管鲍之交"，他曾为他的这位知交写下一副对联："马周未必终褴褛，李白何曾老布衣"④。

---

　　① 参见周礼全：《怀念金岳霖师》，见刘培育主编：《金岳霖的回忆与回忆金岳霖（增补本）》，193 页，成都，四川教育出版社，2000。

　　② 转引自陈宇：《暮年金岳霖忆林徽因》，见刘培育主编：《金岳霖的回忆与回忆金岳霖（增补本）》，343 页，成都，四川教育出版社，2000。

　　③ 参见刘培育主编：《金岳霖的回忆与回忆金岳霖（增补本）》，80 页，成都，四川教育出版社，2000。

　　④ 金鼎汉：《缅怀我的叔父金岳霖教授》，见《金岳霖学术思想研究》，360 页，北京，中国社会科学出版社，1987。

在一般人的心目中，哲学家都是些古怪的人，是不近人情的人。但金岳霖不是，他是一位非常热爱生活、欣赏生活的哲学家。他的生活充满着情趣，他养蛐蛐，欣赏斗蛐蛐；他还喜欢斗鸡，家里还先后养过斗鸡。据说斗鸡到他的饭桌上同他一起吃饭，这类似于魏晋名士同猪一起喝酒。在哲学上，他极其抽象，但在生活上，他又非常具体。他喜欢巨大的水果、最古老的树，他说他"好大"，但"不喜功"①。他眼睛怕光，一年四季都戴着遮阳帽，每学期一开始给学生上课，总要说他这样做不是不尊重大家。在马路上，他看到汽车都是一串串的，走路就会很紧张。

他具有惊人的记忆力，他看一遍昆明大观楼上的诗，顺口就能背下来。但他不用庄子式的修炼，自然就可以忘了自己是谁。在一个时期中，他特别喜欢饮酒、抽烟，而且量很大。他常喝醉，他说他如果这样喝下去，他会喝死的。一次他抽了大雪茄且大醉，竟想自杀。对于我们这位乐观主义的哲学家来说，这是他一生唯一一次最悲观的时候。他是为人师表的人。他十分关怀学生，帮助过不少生活上困难的学生。乔冠华去日本留学的学费就是哲学家给的。冯友兰说金岳霖是魏晋风流，类似于嵇康。确实，他是风流和浪漫的哲学家。

在政治上，20世纪50年代前，他对国民党有意见，但对共产党更有戒心。20世纪40年代末，国民党在大陆大势已去。50年代后，他决心做一个"彻底"的新人，他的老乡毛泽东对他也有知遇之情。1963年，金岳霖在他的老乡70岁时，认真地作了一副对联："以一身系中国兴亡，入此岁来已七十矣；行大道于寰球变革，欣受业者近卅亿焉"。这副对联套用了梁启超为他的老师康有为祝寿的格式。金岳霖是从内心里称赞他的湖南老乡的。但如同其他哲学家乃至所有领域的学者那样，在当时的政治氛围中，他认同了政治，同时也就只能放弃他在哲学上的创造性工作。

---

① 任继愈：《忆金先生一堂教学两则轶事》，见刘培育主编：《金岳霖的回忆与回忆金岳霖（增补本）》，148页，成都，四川教育出版社，2000。

一

哲学及东西方传统

冯友兰《中国哲学史》审查报告
（1934）

对于中国哲学，或在中国的哲学，我是门外汉，不敢有所批评，有所建议。但读了冯先生的《中国哲学史》，有一点感想胡乱写出来。

我很赞成冯先生的话，哲学根本是说出一种道理来的道理。但我的意见似乎趋于极端，我以为哲学是说出一个道理来的成见。哲学一定要有所"见"，这个道理冯先生已经说过，但何以又要成见呢？哲学中的见，其理论上最根本的部分，或者是假设，或者是信仰；严格的说起来，大都是永远或暂时不能证明与反证的思想。如果一个思想家一定要等这一部分的思想证明之后，才承认它独立，他就不能有哲学。这不是哲学的特殊情形，无论甚么学问，无论甚么思想都有，其所以如此者就是论理学不让我们兜圈子。现在的论理学还是欧几里得"直线式"的论理学，我们既以甲证乙，以乙证丙，则不能再以丙证甲。论理学既不让我们兜圈子，这无论甚么思想的起点（就是论理上最根本的部分）总是在论理学范围之外。则一部分思想在论理上是假设，在心理方面或者是信仰。各思想家有"选择"的余地。所谓"选择"者，是说各个人既有他的性情，在他的环境之下，大约就有某种思想。这类的思想，就是上面所说的成见。何以要说出一个道理来呢？对于这一层，冯先生说得清楚，可以不必再提。

各人既有各人的性情，又有各人的环境，有些人受环境的刺激就发生许多的问题。有些问题容易解决，有些问题不容易解决，这些不容易解决的问题有种种不同的关系可能，而问题的总数可以无限。在这样多的问题里面，有些是已经讨论过的，有些是未曾讨论过的；有些是一时一地的，有些是另一时一地的；有些是一国所注重的，有些是另外一国所注重的，哲学的问题也是这些问题中的问题。欧洲各国的哲学问题，因为有同一来源，所以很一致。现在的趋势，是把欧洲的哲学问题当作普通的哲学问题。如果先秦诸子所讨论的问题与欧洲哲学问题一致，那么他们所讨论的问题也是哲学问题。以欧洲的哲学问题为普遍的哲学问题；当然有武断的地方，但是这种趋势不容易中止，既然如此，先秦诸子所讨论的问题，或者整个的是，或者整个的不是哲学问题；或者部分的是，或者部分的不是哲学问题，这是写中国哲学史的先决问题。这个问题是否是一重要问题，要看写哲学史的人的意见如何。如果他注重思想的实质，这个问题比较的要紧；如果他注重思想的架格，这个问题比较的不甚要紧。若是一个人完全注重思想的架格，则所有的问题都可以是哲学问题；先秦诸子所讨论的问题也都可以是哲学问题。至于他究竟是哲学问题与否，就不得不看思想的架格如何。

谈到思想的架格，就谈到论理学。所谓"说出一个道理来"者，就是以论理的方式组织对于各问题的答案。问题既如上述有那样多，论理是否与问题一样呢？那就是问：有多少种理论呢？对于这一个问题，当然要看"论理"两字的解释。寻常谈到"论理"两字，就有空架子与实架子的分别。如果我们以"V"代表可以代表任何事物而不代表一定的事物的符号，"V_1"是最先的符号，我们可以有以下的表示：

（1） $V_1 \rightarrow V_2 \rightarrow V_3 \rightarrow V_4 \cdots V \rightarrow \cdots$

如果我们以甲、乙、丙、丁等代表代表一定的事物的符号，我们可以有以下的表示：

（2） 甲→乙→丙→丁→……

前一表示是空架子的论理，后一表示是实架子的论理。严格的说，只有空架子是论理，实架子的论理可以是科学，可以是哲学，可以是律师的呈文，可以是法庭的辩论。如果我们把论理限制到空架子的论理，我们还是有多数论理呢？还是只有一种论理呢？对于这个问题有两个看法：一是从论理本身方面看，一是从事实方面看。从论理本身方面看来，我们只能有一种论理，对于这一层，我在《哲学评论》讨论过，此处不赘。事实方面，我们似乎有很多的论理。各种不同的论理学都各代表一种论理，即在欧美，论理的种类也不在少数。先秦诸子的思想的架格能不能代表一种论理呢？他们的思想既然是思想，当然是一种实架子的论理。我们的问题是把实质除开外，表明于这种思想之中的是否能代表一种空架子的论理。如果有一空架子的论理，我们可以接下去问这种论理是否与欧洲的空架子的论理相似。现在的趋势是把欧洲的论理当作普通的论理。如果先秦诸子有论理，这一论理是普通呢？还是特殊呢？这也是写中国哲学史的一先决问题。

哲学有实质也有形式，有问题也有方法。如果一种思想的实质与形式均与普遍哲学的实质与形式相同，那种思想当然是哲学。如果一种思想的实质与形式都异于普遍哲学，那种思想是否是一种哲学颇是一问题。有哲学的实质而无哲学的形式，或有哲学的形式而无哲学的实质的思想，都给哲学史家一种困难。"中国哲学"这名称就有这个困难问题。所谓"中国哲学史"是中国哲学的史呢？还是在中国的哲学史呢？如果一个人写一本英国物理学史，他所写的实在是在英国的物理学史，而不是英国物理学的史：因为严格的说起来，没有英国物理学，哲学没有进步到物理学的地步，所以这个问题比较复杂。写中国哲学史就有根本态度的问题。这根本的态度至少有两个：一个态度是把中国哲学当作中国国学中之一种特别学问，与普遍哲学不必发生异同的程度问题；另一态度是把中国哲学当作发现于中国的哲学。

根据前一种态度来写中国哲学史，恐怕不容易办到。现在中国人免不了时代与西学的影响，就是善于考古的人，把古人的思想重写出来，自以为是述而不作，其结果恐怕仍不免是一种翻译。同时即令古人的思想可以完全述而不作的述出来，所写出来的书不见得就可以称为哲学史。

如果我们把中国的哲学当作发现于中国的哲学，中国哲学史就是在中国的哲学史，而写中国哲学史的态度就是以上所说的第二个根本态度；但这不过是一种根本的态度而已。我们可以根据一种哲学的主张来写中国哲学史，我们也可以不根据任何一种主张而仅以普通哲学形式来写中国哲学史。胡适之先生的《中国哲学史大纲》就是根据于一种哲学的主张而写出来的。我们看那本书的时候，难免一种奇怪的印象，有的时候简直觉得那本书的作者是一个研究中国思想的美国人；胡先生以不知不觉间所流露出来的成见，是多数美国人的成见。在工商实业那样发达的美国，竞争是生活的常态，多数人民不免以动作为生命，以变迁为进步，以一件事体之完了为成功，而思想与汽车一样也就是后来居上。胡先生既有此成见，所以注重效果；既注重效果，则经他的眼光看来，乐天安命的人难免变成一种达观的废物。对于他所最得意的思想，让它们保存古色，他总觉得不行，一定要把它们安插到近代学说里面，他才觉得舒服。同时西洋哲学与名学又非胡先生之所长，所以在他兼论中西学说的时候，就不免牵强附会。哲学要成见，而哲学史不要成见。哲学既离不了成见，若再以一种哲学主张去写哲学史，等于以一种成见去形容其它的成见，所写出来的书无论从别的观点看起来价值如何，总不会是一本好的哲学史。

冯先生的态度也是以中国哲学史为在中国的哲学史；但他没有以一种哲学的成见来写中国哲学史。成见他当然是有的，主见他当然也是有的，据个人所知道的，冯先生的思想倾向于实在主义；但他没有以实在主义的观点去批评中国固有的哲学。因其如此，他对于古人的思想虽未必赞成，而竟能如陈先生所云："神游冥想与立说之古人处于同一境界。"同情于一种学说与赞成那一种学说，根本是两件事。冯先生对于儒家对于丧礼与祭礼之理论似乎有十二分的同情，至于赞成与否就不敢说了。冯先生当然有主见，不然他可以不写这本书。他说哲学是说出一个道理来的道理，这也可以说是他主见之一；但这种意见是一种普遍哲学的形式问而不是一种哲学主张的问题。冯先生既以哲学为说出一个道理来题的道理，则它可注重的不仅是道而且是理，不仅是实质而且是形式，不仅是问题而且是方法。或者因其如此，所以讨论《易经》比较辞简，而讨论惠施与公孙龙比较的辞长。对于其它的思想，或者依个人的主见，遂致无形地发生长短轻重的情形亦未可知。对于这一层，我最初就说不能有所批评或建议。但从大处看来，冯先生这本书，确是一本哲学史而不是一种主义的宣传。

（原载冯友兰：《中国哲学史》，北平，商务
印书馆，1934，选自《金岳霖学术论文选》，
北京，中国社会科学出版社，1990）

论道·绪论
（1940）

有好些书有那何为而作底问题。我这本书底形式与内容似乎免不了使读者发生许多很基本的疑问。知道我的人们也许会感觉到一个向来不大谈超现实的思想的人何以会忽然论起道来。从这本书底本身说，因为有形式方面底限制，有些应说的话没有说出来；如果在绪文里把这些话说出来，这本书底内容或者因此清楚一点。此所以我要表示我何以慢慢地有这本书所表示的思想。

我所谓思想包含思议与想象。这二者底分别，不久就会谈到，在这里暂且不提。可是，另外有一分别现在就要提出一下。思想有动有静。所谓动的思想普通用这样的话表示："你去想想看。"动的思想似乎只有本书所谓殊相生灭中的历程。例如我从早晨八点钟想起一直想到十二点钟，所想的题目也许是因果关系，而在八点钟到十二点之间，"一心以为有鸿鹄将至。"即幸而所谓鸿鹄者不发现于我底心目之中，也许我在九点钟的时候想普遍的因果关系，而在九点半的时候感觉到因果关系之不可能，在十点钟的时候，瘦瘦的康德，胖胖的休谟忽然呈现在我底眼前，而在十点半的时候，我才又慢慢地回到因果关系。所谓静的思想普通用这样的话去表示："他底思想近乎宋儒理学。"这所谓思想不是历程而是所思的结构。静的思想没有时间上的历程，只有条理上的秩序。我个人寻常所注重的是静的思想，我这本书所表示的也是所思底结构。这结构也许粗疏，形式也许松懈，注重形式的人们读起来或者不满意，这在现在我没有纠正底方法。但有些读者也许注重思想底历程，也许要知道我何以会慢慢地写出这样一本书来。下面所说的话是对于已往的思想底经过作一简单的报告。

在辛亥之后的几年中，因为大多数的人注重科学，所以有一部分的人特别喜欢谈归纳，我免不了受了这注重归纳底影响。后来教逻辑，讲到归纳那一部分，总觉得归纳法不是一个像样的东西，虽然在情感上我不愿意怀疑到归纳本身。大概在好几年之内我还是以归纳为客观的知识底唯一的来源。也许因为我曾把客观视为被动地承受自然之所表示，归纳法给我以一种在理论上解决不了的困难。所谓"自然齐一"非常之鸡肋磨人，一方面我不能大刀阔斧地把它扔掉，另一方面，我又不能给它以一种理论上的根据。归纳原则本身有同样的问题。这原则不是从归纳得来的，但既不是从归纳得来的，又以甚么为根据呢？实实在在引用归纳为求知底工具的人们大概不会有这样的问题，但是我底兴趣是哲学的，这问题在我是逃避不了的。如果我们假设这世界本来是有秩序的，归纳不至于发生问题，但是，我们怎样可以假设这世界是有秩序的呢？我们怎样可以担保明天底世界不至于把以往的世界以及所有已经发现的自然律完全推翻呢？

另外有一问题与以上所说的自然界底秩序在我个人底思想上有关，可是它完全是另一问题。好久以前，我对于算学家十分景仰，他们可以坐在书房里写公式，不必求合于自然界，而自然界却毫无反抗地自动地接受算学公式。这在我似乎表示自然界有算学公式那样的秩序。后来研究逻辑，自己又感觉到逻辑也有那闭门造车出门合辙底情形。近来经奥人维特根斯坦与英人袁梦西底分析才知道逻辑命题都是穷尽可能的必然命题。这样的命题对于一件一件的事实毫无表示，而对于所有的可能都分别地承认之。对于事实无表示，所以它不能假，对于所有的可能都分别地承认之，所以它必真。它有点像佛菩萨底手掌，任凭孙猴子怎样跳，总跳不到手掌范围之外。假如算学与逻辑是类似的东西——我不敢肯定地说它们是类似的东西——也许自然界之遵守算学公式就同事实之不能逃出逻辑一样，而前此以为自然界因遵守算学公式而有算学式的秩序那一思想就不能成立。假如算学同逻辑一样，自然界尽可以没有秩序，然而还是不能不遵守算学公式。

我不懂算学。从逻辑这一方面着想，任何世界，即与现实世界完全不同的世界，只要是我们能够想象与思议的，都不能不遵守逻辑。关于这一点，我从前也有许多疑问。后来想起来，这实在是用不着疑问的。思议底范围比想象宽。可以想象的例如金山、银山，或欧战那样的大战在一个人脚趾上进行，都是可以思议的，但是可以思议的，例如无量、无量小、无量大，或几何底点线等等不必是可以想象的。既然如此，我们只就思议立论已经够了。我们要知道思议底范围就是逻辑，思议底限制是矛盾，只有矛盾的才是不可思议的。这当然就是说只有反逻辑的才是不可思议的，而可以思议的总是遵守逻辑的。任何可以思议的世界既都是遵守逻辑的世界，我们当然可以思议到一没有归纳法所需要的秩序的世界也遵守逻辑。秩序问题依然没有解决。无论从演绎说或从归纳说，归纳所需要的秩序总是麻烦的问题。

我最初发生哲学上的兴趣是在民国八年底夏天。那时候我正在研究政治思想史，我在政治思想史底课程中碰着了 T. H. Green。我记得我头一次感觉到理智上的欣赏就是在那个时候，而在一两年之内，如果我能够说有点子思想的话，我底思想似乎是徘徊于所谓"唯心论"底道旁。民国十一年在伦敦念书，有两部书对于我的影响特别的大：一部是罗素底 *Principles of Mathematics*，一部是休谟底 *Treatise*。罗素底那本书我那时虽然不见得看得懂，然而它使我想到哲理之为哲理不一定要靠大题目，就是日常生活中所常用的概念也可以有很精深的分析，而此精深的分析也就是哲学。从此以后我注重分析，在思想上慢慢地与 Green 分家。休谟底 *Treatise* 给我以洋洋乎大观的味道，尤其是他讨论因果的那几章。起先我总觉得他了不得，以后才发现他底毛病非常之多。虽然如此，他以流畅的文字讨论许多他自己所无法解决的问题，一方面表示他底出发点太窄，工具太不够用，任何类似的哲学都不能自圆其说，另一方面，也表示他虽然在一种思想底工具上自奉过于俭约的情况之下，仍然能够提许多的重大问题，作一种深刻的讨论，天才之高，又使我不能不敬服。

休谟底因果论有一时期使我非常为难。上面已经说这我受了时代底影响，注重归纳，注重科学。休谟底议论使我感觉到归纳说不通，因果靠不住，而科学在理论上的根基动摇。这在我现在的思想上也许不成一重大的问题，可是，在当时的确是重大的问题，思想上的困难有时差不多成为情感上的痛苦。但是，我对于科学的信仰颇坚，厥以总觉得休谟底说法有毛病。以后我慢慢地发现休谟底缺点不在他底因果论本身，而在他底整个的哲学。中坚问题就在他底"idea"。我记得我曾把他底"idea"译成意象，而不把它译成意念或意思，他底"idea"是比较模糊的印象，可是无论它如何模糊，它总逃不出象。上面已经表示过想象与思议不同，所想象的是意象，所思议的是意念或意思。休谟是人，他写书，他当然有意念，也善于运用意念。可是，他底哲学只让他承认意象不让他承认意念；意象是具体的，意念是抽象的；他既不能承认意念，在理论上他不能有抽象的思想，不承认抽象的思想，哲学问题是无法谈得通的，因果论当然不是例外。因果问题也是秩序问题，而秩序问题依然无法解决。

无论如何，休谟底因果在我似乎表示理与势底不调和。有一个时期，我底主张是理论上有必然事实上无必然。我在那时候底"实在感"（sense of reality）使我对于这主张维持一种坚决的信念，在相当长的时期内，我没有怀疑到所谓理论与事实。尤其是对于事实，我那时候以为事实就是客观的所与（given）。我对于这两个名称有点像大多数中国人对于"仁"、"义"、"礼"、"智"、"信"，西洋人对于"上帝"、"天堂"等等差不多，在情感上有一套相当的反应（response）而在理智上没有明白的了解。我时常说"逻辑的先后"或"理论的先后"。说上好久之后慢慢发现所谓逻辑的先后大有问题。我那时所想的大概如下：如果这是红的，这是有颜色的，无色不能红，所以在逻辑上或理论上有色"先"于红，世必有非常之人然后有非常之事似乎也表示这样的思想。可是，这里的先后实在是以必要条件为先以充分条件为后的先后。从纯粹的逻辑着想，它没有这样的先后。纯粹的逻辑命题彼此都是彼此底必要条件，否认任何一逻辑命题也就否认任何其他的逻辑命题。它们只有系统上成文的先后，没有系统之外超乎系统的先后。这样看来，逻辑的先后或理论的先后决不是逻辑底先后。既然如此，所谓逻辑的或理论的先后意义何在呢？即以红与有色而论，照以上先后底意义，有色固先于红，不红也先于无色；这似乎要看我们是从正面说起还是从反面说起。至于非常之人与非常之事，在主张人才论者也许要说"必有非常之人然后有非常之事"，而主张唯物史观的人也许要说"必有非常之事然后有非常之人"。孰是孰非，用不着谈，无论如何，各有各底条理。在一个条理上，非常之人先于非常之事，在另一个条理上，非常之事先于非常之人。Eddington 在他底 *Nature of the Physical World* 里曾说过类似这样的话：如果我把手摆在桌子上，表面上似乎是一件简单的事，"实在"并不简单，我底手实在是一大堆的电子往下压，桌子是一大堆的电子往上迎。这显而易见是把"手摆在桌子上"当作不甚"实在"的事，而把电子底动态当作非常之"实在"的事。也许物理学底条理是以细微世界底状态去解释耳闻目见范围之内的状态，而在此条理上，前者与后者两相比较，前者会根本到一程度可以使我们说如果前者"实在"，后者仅是"表面"而已。可是这不是知识论底条理，在知识论上，耳闻目见的状态"先"于细微世界底状态。这里的讨论无非是要表示所谓逻辑的或理论的先后不是逻辑底先后而是一门学问或一思想图案底条理底先后。条理虽然不是随随便便的，也不是呆呆板板的，正文第四章讨论共相底关联，一部分也是讨论这条理问题。

对于事实之为客观的所与，我也发生疑问。某人只有四十岁，青年会到清华园不过十多里，他底大褂长四尺四寸，罗斯福是美国底总统，我欠他 500 元法币；假如这些话都是真的，它们都表示事实。可是，纯客观的所与无所谓"岁"，"里"，"尺"，"寸"，"总统"，"法币"。显而易见地事实不就是客观的所与。这不是说事实之中没有客观的所与，或事实不是客观的所与。事实与客观的所与是分不开的，但是，虽然分不开，而事实仍不就是客观的所与。这里的所与不是 noumenon，这里的事实也不是 phenomenon。所与虽是事实底原料而不是有某种作料的原料，事实是加上关系的原料而不是改变了性质的原料。与所与接触不必就是与事实接触，与事实接触一定同时与所与接触。上面说客观的所与，其实所与无所谓客观，只有事实才是客观的。所谓客观地如此如彼，就是在某某条件之下不得不如此的如此不能不如彼的如彼；而客观地是甚么就是在某某条件之下不得不是甚么的甚么。事实有这样的客观性因为它不是光溜溜的所与而是引用了我们底范畴的所与。

我们底范畴都是概念，而我们底概念有两方面的作用：一方面是形容作用，另一方面是范畴作用。就概念之为形容工具而言，它描写所与之所呈现的共相底关联，它是此关联底符号，此所以它能形容合于此关联的所与因而传达并且保存此关联于此所与消灭之后。就概念之为范畴而言，它是我们应付将来的所与底办法，合乎此关联（即定义）之所与即表示其现实此共相，不合乎此关联之所与即表示其不现实此共相。一概念一时所形容之所与与该概念另一时所范畴之所与究竟相同相异，我们无从知道，并且是一无意义的问题，要点在前后两所与所呈现的关联是一样；果然如此，则前后不同的两所与表现一共相。概念有这两方面的作用才能尽它底职责，可是，这两方面是分开说的两作用，而不是分开来用的两工具。这两方面是不能分开来的，概念不形容，它也不能范畴，不形容而欲范畴则概念不能达，此所以大多数的人谈概念总要举例；概念不范畴也不能形容，不范畴而欲形容则概念也不能达，因为在此条件下它不过是名字而已。就概念之代表共相，而共相又不能无彼此底关联着想，概念总是有图案的或有结构的或有系统的。把概念引用到所与上去，或以概念去范畴所与，那所与总是一图案，一系统，或一结构范围之内的东西。这东西是甚么就客观地是甚么。所谓一件主观的事实不是一件事实主观而是在那件事实之中有主观的成分；例如我发热我以为我看见鬼，我以某呈现为鬼是主观的，然而在我那种情形之下，我以为我看见鬼仍是客观的事实。

如果知识底对象是事实，秩序问题得到了一点子帮助，因为事实本来是有秩序的。这秩序既不完全是先验的，也不完全是后验的，由形容作用说，它是后验的，由范畴作用说，它是先验的。把这秩序视为动的程序，那就是说，把它视为我们对于所与的安排，这程序就是所谓知觉经验（epistemological experience）。这样的程序当然与经验同终始。可是，把这秩序视为静的结构，它无所谓与经验同终始底问题。同时事实底秩序也是所与底秩序，而所与底秩序也是本书所谓现实底历程中的事，它既有共相底关联也有殊相底生灭。这是本书以后所要说的话，现在不讨论。现在的问题是将来的所与是否会有事实上的秩序？将来是否会推翻现在与已往？这就是本文最初所提出的关于归纳的问题。关于这问题，以上的讨论非常之重要。从知识论这一方面着想，我们可以说将来的所与不会推翻现在与已往，将来的所与不会推翻现在与已往所发现的自然律。

照以上的讨论，概念不仅形容所与而且范畴所与。范畴有两方面：一是正的方面的接受，一是负的方面的排除。一概念之所接受，即其它概念之所排除，一概念之所排除，即另一概念之所接受。这有点象图书馆底分类，新书来了之后，不摆在这一格就摆在那一格，即令原来的格式不够，我们也可以新创一格。所与呈现之后，不在一概念之下，即在另一概念之下。我们预备了许多概念去迎接所与，我们不至于没有办法，因为我们不仅有正的概念而且有负的笼统的概念，例如"古怪"、"莫名其妙"、"不实在"等等。同时一所与绝不会只在一概念之下收容，它绝不会仅是"古怪"、"莫名其妙"，它同时总可以在许多别的概念之下安置。我这看法颇受路易斯影响，他与我有不同的地方，这在以后盼望会表示清楚。无论如何照此看法，所与无所逃于概念之间。我们虽然不能决定将来的所与为哪样的所与，那是没有法子决定的；从这一点看来，我们的确没有法子保障将来如何如何；但从我们底接受这一方面着想，我们的确已经决定我们接受所与底办法，所以无论将来如何如何，我们总有法子去接受它。归纳原则既不表示所与底历程，也不表示所与前进底方向；它是一基本的接受原则。只要有所与呈现出来，这原则总不会为所与所推翻。

归纳原则总是根据例子而得一普遍的结论，它是一"如果—则"的命题，它底前件列举例子，它底后件是一结论式的普遍命题。普通的表示如下：

$$
\begin{aligned}
如果\quad & a_1 \text{——} b_1 \\
& a_2 \text{——} b_2 \\
& a_3 \text{——} b_3 \\
& \vdots \qquad \vdots \\
& \underline{a_n \text{——} b_n} \\
则\quad & A \text{——} B
\end{aligned}
$$

如果我们用命题表示，归纳原则底前件如下：

$$\varphi(a_1 b_1) \cdot \varphi(a_2 b_2) \cdot \varphi(a_3 b_3) \cdot \cdots \cdot \varphi(a_n b_n) \tag{1}$$

它底后件如下：

$$(a,b)\varphi(ab) \tag{2}$$

而（2）又等于

$$\varphi(a_1 b_1) \cdot \varphi(a_2 b_2) \cdot \varphi(a_3 b_3) \cdot \cdots \cdot \varphi(a_n b_n) \cdot \cdots \cdot \varphi(a_\infty b_\infty) \tag{3}$$

正的例子增加，（1）愈近（3），故大概不会（1）真而（2）假。这就是说，归纳原则底前件真大概后件也真。大概当然有程度问题，然此程度问题与原则底真假无关。假如有反面的例子出现，则前件如下：

$$\varphi(a_1 b_1) \cdot \varphi(a_2 b_2) \cdot \varphi(a_3 b_3) \cdot \cdots \cdot \varphi(a_n b_n) \cdot \sim\varphi(a_{n+1} b_{n+1}) \tag{4}$$

而（4）又蕴涵

$$\sim(a,b)\varphi(ab) \tag{5}$$

故（4）真而（5）假根本不可能，此所以反例证出现，以前的结论推翻是毫无疑问的。（4）之蕴涵（5）既是演绎，也是归纳；是演绎因为纯逻辑可以保障其为真，是归纳，因为把（5）视为结论，它是根据于事实上的 $\sim\varphi(a_{n+1} b_{n+1})$。在 t_n 的时候，呈现出来的所与或者是 $\varphi(a_{n+1} b_{n+1})$ 或者是 $\sim\varphi(a_{n+1} b_{n+1})$，可是，无论是哪一个，不是（1）蕴涵（3）就是（4）蕴涵（5），总而言之，归纳原则不会为所与所推翻。

请注意以上所举的反证例子总是容纳在归纳原则底前件的。其所以容纳在前件者理由如下。所谓反证例子底反是一例子与以前的例子相反，不是将来与已往相反，这例子所反证的也不是历史而是一普遍的命题。$\sim\varphi(a_{n+1}b_{n+1})$ 是一反证例子，它所与相反的是 $\varphi(a_1b_1)\cdot\varphi(a_2b_2)\cdot\varphi(a_3b_3)\cdots$ 等等，这可不是将来与已往相反，因为当 $\sim\varphi(a_{n+1}b_{n+1})$ 是一例子的时候，时间不停流，这例子已经不是将来的。这例子之所反证的是 $(a,b)\varphi(ab)$。假如这一普遍的命题仅是在 t_n 的时候总结已往的例子，则 $\sim\varphi(a_{n+1}b_{n+1})$ 不能推翻它，它从此以后，总是真的，历史是没有法子推翻。$\sim\varphi(a_{n+1}b_{n+1})$ 所能推翻的一定只能是一货真价实的普遍命题，而不是在 t_n 时候总结已往的例子那样的命题。这普遍命题底推翻不是说它在 t_n 真而在 t_{n+1} 假，果然推翻，它就从来没有真过。这也就是说它已往也不真，推翻它，并不同时推翻已往。这讨论已经表示无论将来如何，它总不会推翻已往；同时以前所说的关于概念为我们接受所与底工具，只要有所与呈现，我们不至于无法接受，而接受了的所与总在事实范围之内；这两方面的思想联合起来可以充分地表示将来不会推翻已往，而且一定有已往那样的秩序。

照以上说法，我们可以说归纳原则是先验的原则，我这里所谓先验原则是说无论将来的经验如何，这原则不至于为经验所推翻。路易斯所谈的先验原则似乎也是这样的原则。可是这样的原则与先天的原则不同。路易斯之所谓 a priori 似乎无先天与先验底分别。在这一点上时间是一很重要的问题。所谓将来绝对不是现在，也不会成为现在，但从某一现在，例如 t_n 着想，则将来的 t_{n+m} 总有成为现在的时候。当将来之为将来，它所能有的内容总是混沌的，无分于彼此的，没有决定方向的。在一特殊的将来变成现在的时候，它才终止它底混沌，才开始它底分别，才决定它底方向。只有在将来不断地成为现在这一条件之下，我们才能把这浑沌的所与斫断劈开，分别彼此，把它安置在所预备的间架之内；这就是说只有在将来不断地成为现在这一条件之下，我们才能继续地经验。只要经验继续下去，先验原则总不会为将来所推翻。

可是，经验之能继续下去，根据于所与之继续呈现，而所与之能继续呈现又根据于时间之不断地川流。此所以上段谈先天与先验底分别底时候，我们说时间是一很重要的问题。我们现在假设世界中止，而又有无体而又类似人类所有的心灵继续观察。这假设也许是不能想像的，但的确是可以思议的；所假设的世界有点像本书所谈的"无极"。它既是能够思议的，它当然就不是矛盾的世界，它既不是矛盾的世界，逻辑命题当然仍是真的；这就是说，逻辑命题不会为这样的世界所推翻。可是，逻辑命题虽不为这样的世界所推翻，而归纳原则的确为这样的世界所推翻。在这样的世界，归纳原则底前件如果它原来是真的，仍是真的；但是它底后件是假的，因为时间打住，不仅以前的世界没有归纳原则所说的具普遍命题式的自然律，以后的世界也没有那样的自然律。以那样的自然律为后件，后件总是假的。前件真而后件假，归纳原则也假。

可是，时间是不会打住的。时间是现实的最重要的因素，至少我现在有此看法。只有在纯逻辑方面，或纯思议方面，我们才可以假设时间打住。逻辑本来就没有时间。从其它任何方面着想，我们都没有理由使我们相信时间是会打住的。我没有想出好的方法表示时间底重要。我觉得我之所谓"现实"，"实在"，"事实"，"存在"，无一不以时间为主要的因素。在本书底第一章，我说"能有出入"。这照我看来是一句非常之重要的话。我虽然在第一章没有谈到时间，而时间底重要早已寓于"能有出入"那一句话里面。"无无能的式，无无式的能"是形式上逻辑上的话，这样的话虽真，而我们这样世界仍不必有。可是，如果我们承认能有出入，我们已经承认时间，我们承认时间，则在现实底历程中我们这样的世界不会没有。这是以后正文中的话，在这里我不过借此表示时间底重要，同时也利用时间表示先天与先验底分别。以上的假设很清楚地表示先天与先验底分别。先天的原则无论在甚么样的世界总是真的，先验原则，在经验老在继续这一条件之下，也总是真的。可是，假如时间停流，经验打住，先验命题也许是假的。

但是，时间不会停流；所与总是源源而来。所与既源源而来，事实也不断地发生。包容于事实中的有特殊的所与，潜存于事实之间的有共相底关联。特殊的所与总可以摆在时空架子里而成为事体或东西。我现在把事体与东西联在一块叫作事物。秩序问题虽可以告一段落，而事物底理与逻辑底理底分别仍在，这分别并且非常之大。前者实而后者虚，前者杂而后者纯，前者总难免给我们以拖泥带水的感觉，而后者总似乎干干净净的，由纯理出发我们底概念是绝对的，从绝对的概念这一方面着想，我们免不了想到绝对的时空；可是，绝对的时空似乎为科学所打倒。这问题也给我很大的困难。很久以前，恐怕是十年以前，我颇想研究相对论，有一个时期，我似乎可以说懂得一点点子特别的相对论，可是普遍的相对论我没有法子懂，这条路简直不通。前几年看见 Bridgmann 底 *Logic of Modern Physics* 才知道科学的概念与思想可以有一个总看法。科学底大本营是试验、观察、度量等等，而这些总离不了手术，所以科学的概念与思想都可以解释成手术论的概念与思想。这看法，科学家不见得都赞成，但是我认为它是一极好的看法。科学的概念的确是比普通的概念严格，科学的思想的确比普通的思想精确，尤其是物理化学方面的概念与思想。可是，科学的思想虽然严格与精确，而严格与精确底程度决不能达到理想的程度。手术论的"方"虽然比木匠所造的方桌子那样的方来得精确，然而不能达到几何学那样的绝对的方，手术论的 30 尺虽然比店里所量的 30 尺布那样的 30 尺来得精确，然而不能达到理想的 30 尺。手术论的时空也不能是理想的绝对的时空。手术论在科学虽是对的学说，可是，申引到哲学范围之内去，是说不能的学说。科学不承认绝对的时空，不一定表示哲学也不能承认绝对的时空。这两学说可以并行不悖，而在这本书里，绝对与相对的时空都分别地承认之。

上段曾说纯理虚而潜存于事物之理实。纯理果真虚吗？其实，说纯理虚是从历史，科学，知识论这一方面而说的话，是我们以我们这样的世界为根据求得对于事实的知识而说的话。从这一方面着想，纯理是虚的，因为它不表示事实；我们可以知道纯理，而我们所有的对于事实的知识不因此而增加。此所谓"虚"完全是对于事实而说的虚。可是，相对于事实的虚不见得就是虚无所有的虚。即以逻辑命题而论，我们可以说这样的命题不能假，因为它没有肯定任何事实之为事实。可是，逻辑命题不仅不能假，而且必然地真，它虽然不表示事实，然而它不能不有所表示。所谓事实不过现实之如此如彼而已，现实虽不必如此如彼，而现实不能不有；逻辑命题虽不表示事实，然而它肯定现实之不能不有，现实之不能不有也许就是朱子所说的理不能无气，气不能无理，或亚里士多德所说的形不能无质，质不能无形。本书底式类似理与形，本书底能类似气与质，不过说法不同而已。无论如何，纯理底"虚"只是相对于事实或这样的世界而说的话，若相对于现实，纯理不虚，不仅不虚，而且表示最普遍的道，最根本的道，而这最普遍最根本的道同时也是本书所谓道一的道。

事物之理底"实"有两方面：一是相对于事实而说的"实"，一是相对于任何现实之不得不具的"实"。前一方面的实不必再讨论，后一方面的实，本段要提出讨论一下。就前一方面的"实"而说，纯理是"虚"的，就后一方面的"实"而说，纯理也是"实"的。可见上段所谈的纯理不虚的"不虚"与本段所要提出的"实"是一个问题底两方面，不过本段所注重的不在纯理而在"纯料"而已。对于这个问题我也有我底思想底经过。对于任何一事物我们可以用许多谓词去表示它底性质与关系，一方面性质与关系是表示不尽的，另一方面，即以无量数的谓词去表示它而它仍有谓词之所不能表示者在。前一方面现在用不着谈到，后一方面从前会给我以困难的问题。有一个时候我相信科学可以发达到一程度可以使我们完全知道一特殊事物并且能预测它在何时灭。事实上的困难我也知道，我们不会完全知道一特殊的事物，同时即令我们能够完全知道一特殊的事物，我们底预测不会成功。如果所谓预测是科学的预测，则预测是一很慢的工作，也许所要预测的事已经发生而预测底工作仍未完了。事实上的困难可以撇开，我那信念底兴趣不在事实而在理论，它底根据是把一特殊的事物当作一大堆的共相，而所谓特殊不过是各堆共相彼此底分别而已。但是一特殊的事物不仅是一大堆的共相。把共相堆起来，无论如何的堆法，总堆不出一个特殊的事物来。这不仅是共相与殊相底分别底问题，殊相底"殊"虽殊于共相底"共"，而殊相底相仍是共相底相。一特殊事物也不仅是一大堆的殊相，把殊相堆起来也堆不出一个特殊的事物来。起先我尚以为以共相或殊相为材料我们堆不出一特殊的事物来完全是因为相底数目太多。好久之后，我才慢慢地觉得一特殊的事物有那根本就不是任何相的成分在内。这根本非任何相底成分，我最初用英文字"stuff"表示，后来用"质"这一字表示，最后才用周叔迦先生所用的"能"字表示。同时我既以"能"表示这事物中非任何"相"底成分，"能"当然不是名词，它不过是名字而已。

能既不是任何相，我们当然不能以概念去形容它。在本书正文底注解里我已经表示能不是电子原子那样的东西。在这里我要特别地补充一下。因为照现在的说法无论什么东西都是电子底集合体，也许有人以为这里所说的能就是电子。能不是电子。能是任何事物的材料，无论电子何小，它总是一类的事物，每一电子有它底能。即令以后发现比电子小到几万倍的东西，那东西依然有它底能以为它底材料。小东西如电子有能，大东西如世界也有能，可见能本身无所谓大小。不是思议底对象，也不是想象底对象。虽然如此，而我们仍不能不利用思议与想象以求间接地表示能之为能。正文里关于能的许多话都是不得已而说的话。这样的话很容易发生误会。即以"能不一"这一句话而论，有人以为能底"性质"一样，所以应该说"能一"。我们所要表示的是万事万物各有其能，而能不是万事万物。它是万事之物之所同有的材料，而不是万事万物之所同是的东西，或同属的类。它本身无所谓性质。如果我们要说它有"性质"，我们只能以它所出入的可能为"性质"，而这就是说"能不一"。

虽有能而能不单独地有，虽有式而式也不单独地有；无无能的式，无无式的能是先天的真理，单从式这一方面着想，它是纯形式，单从能这一方面着想，它是纯材料。在本书它们都是最基本的分析成分，它们底综合就是道。关于道我要多补充几句。

每一文化区有它底中坚思想，每一中坚思想有它底最崇高的概念，最基本的原动力。小文化区我们不必谈到。现在这世界底大文化区只有三个：一是印度，一是希腊，一是中国。它们各有它们底中坚思想，而在它们底中坚思想中有它们底最崇高的概念与最基本的原动力。欧美底中坚思想也就是希腊底中坚思想，我们现在所急于要介绍到中国来的，追根起来，也就是希腊精神。如果我们把这一点作详细的讨论，非长文不可。我们在这里只好说几句表面上看来似乎没有甚么根据的话。印度底中坚思想我不懂，当然也不敢说甚么。中国底中坚思想似乎儒道墨兼而有之。中国思想我也没有研究过，但生于中国，长于中国，于不知不觉之中，也许得到了一点子中国思想底意味与顺于此意味的情感。中国思想中最崇高的概念似乎是道。所谓行道、修道、得道，都是以道为最终的目标。思想与情感两方面的最基本的原动力似乎也是道。成仁赴义都是行道；凡非迫于势而又求心之所安而为之，或不得已而为之，或知其不可而为之的事，无论其直接的目的是仁是义，或是孝是忠，而间接的目标总是行道。我在这里当然不谈定义，谈定义则儒道墨彼此之间就难免那"道其所道非吾所谓道"的情形发生，而其结果就是此道非彼道。不道之道，各家所欲言而不能尽的道，国人对之油然而生景仰之心的道，万事万物之所不得不由，不得不依，不得不归的道才是中国思想中最崇高的概念，最基本的原动力。对于这样的道，我在哲学底立场上，用我这多少年所用的方法去研究它，我不见得能懂，也不见得能说得清楚，但在人事底立场上，我不能独立于我自己，情感难免以役于这样的道为安，我底思想也难免以达于这样的道为得。

关于道的思想我觉得它是元学底题材。我现在要表示我对于元学的态度与对于知识论的态度不同。研究知识论我可以站在知识论底对象范围之外，我可以暂时忘记我是人，凡问题之直接牵扯到人者我可以用冷静的态度去研究它，片面地忘记我是人适所以冷静我底态度。研究元学则不然，我虽可以忘记我是人，而我不能忘记"天地与我并生，万物与我为一"，我不仅在研究底对象上求理智的了解，而且在研究底结果上求情感的满足。虽然从理智方面说我这里所谓道，我可以另立名目，而另立名目之后，这本书底思想不受影响；而从情感方面说，另立名目之后，此新名目之所谓也许就不能动我底心，怡我底情，养我底性。知识论底裁判者是理智，而元学底裁判者是整个的人。这里所谓道也许就是上段所说的中国思想中的道，也许相差很远。如果相差很远，则我在这本书里的用字方法就是普通所谓旧瓶装新酒的办法。我向来不赞成旧瓶装新酒，如果名目可以假借，则货不真，价不实，而思想底混乱是难免的结果。我深知道我这本书有旧瓶装新酒底毛病，尤其是所谓无极、太极、几、数、理、势、情、性、体、用。其所以明知而故犯之者就是因为我要把一部分对于这些名词的情感转移到这本书一部分的概念上去。我自己有这要求，读者也许也有这要求。虽然如此，我仍盼望没有思想混乱底结果。

最崇高概念的道，最基本的原动力的道决不是空的，决不会像式那样的空。道一定是实的，可是它不只是呆板地实象自然律与东西那样的实，也不只是流动地实象情感与时间那样的实。道可以合起来说，也可以分开来说，它虽无所不包，然而它不像宇宙那样必得其全然后才能称之为宇宙。自万有之合而为道而言之，道一，自万有之各有其道而言之，道无量。"道二，仁与不仁而已矣"的道，照本书底说法，是分开来说的道。从知识这一方面说，分开来说的道非常之重要，分科治学，所研究底对象都是分开来说的道。从人事这一方面着想，分开来说的道也许更是重要，"得志与民由之，不得志独行其道"的道都是人道，照本书底说法，都是分开来说的道。可是，如果我们从元学底对象着想，则万物一齐，孰短孰长，超形脱相，无人无我，生有自夭，死而不已，而所谓道就是合起来说的道，道一的道。

（原载《论道》，长沙，商务印书馆，1940；选自《金岳霖文集》第二卷，兰州，甘肃人民出版社，1995）

中国哲学
（1943）

一

在三大哲学思想主流中，人们曾经认为印度哲学是"来世"的，希腊哲学是"出世"的，而中国哲学则是"入世"的。哲学从来没有干脆入世的；说它入世，不过是意图以漫画的笔法突出它的某些特点而已。在懂点中国哲学的人看来，"入世"的说法仅仅是强调中国哲学与印度、希腊的各派思想相比有某些特点；但是对于那些不懂中国哲学的人，这个词却容易引起很大的误解。它的本意大概是说，中国哲学是紧扣主题的核心的，从来不被一些思维的手段推上系统思辨的眩目云霄，或者推入精心雕琢的迷宫深处。正像工业文明以机器为动力一样，哲学是由理智推动的，这理智不管是否把我们赶进死胡同，总可以把我们引得远离阳关大道、一马平川。而在理智方面，中国哲学向来是通达的。

人们习惯于认为中国哲学包括儒、释、道三家。这三家在单提的时候又往往被说成宗教。在早期，儒家和道家本是地道的哲学，因此是先秦百家争鸣的两家，那个时期的学派纷纭是中国历史上无与伦比的。由于词语未尽恰当，我们不打算对此作任何描述。把一些熟知的哲学用语加之于西方哲学足以引起误会，用于中国哲学则更加不妙。例如有人可以说先秦有逻辑家，这样说就会引得读者以为那时有一些人在盘算三段推论，研究思维律，甚至进行换质换位了。最近有一篇文章把阴阳家说成科学的先驱，这也不是全无道理，于是这样一来阴阳家就成了某种严格说来从未实现的事业的先驱；读者如果根据描述把阴阳家想象成古代的刻卜勒或伽利略，那是接受了一批思想家的歪曲观点。

儒家和道家是中国固有的，是地道的国货。释家则是从印度传入的，不知能不能算中国哲学家。传入外国哲学与进口外国商品不完全一样。例如在上个世纪，英国人曾经惊呼德国唯心论侵入英国，他们说："莱茵河流进了泰晤士河。"但是英国人尽管惶恐，他们的泰晤士河并没有就此变成一条莱茵河；英国的黑格尔主义虽然承认来自外国，是外国引起的，却分明是英国哲学，尽管它的英国色彩不像洛克哲学和休谟哲学那样鲜明。释家在中国，无论如何在早期是受到中国思想影响的，实际上有一段时间披上了道家的法衣，道家可以说成了传播佛法的主要代理人。但是释家有一种倔强性格抵制了道家的操纵，因此它虽然在某种程度上变成了中国哲学，在基本特色方面却不是与固有中国哲学没有区别的。

下面几节要挑出几个特点来讨论。我们尽可能不用固有名词，不用专门术语，不谈细节。

二

中国哲学的特点之一，是那种可以称为逻辑和认识论的意识不发达。这个说法的确很常见，常见到被认为是指中国哲学不合逻辑，中国哲学不以认识为基础。显然中国哲学不是这样。我们并不需要意识到生物学才具有生物性，意识到物理学才具有物理性。中国哲学家没有发达的逻辑意识，也能轻易自如地安排得合乎逻辑；他们的哲学虽然缺少发达的逻辑意识，也能建立在已往取得的认识上。意识到逻辑和认识论，就是意识到思维的手段。中国哲学家没有一种发达的认识论意识和逻辑意识，所以在表达思想时显得芜杂不连贯，这种情况会使习惯于系统思维的人得到一种哲学上料想不到的不确定感，也可能给研究中国思想的人泼上一瓢冷水。

这种意识并不是没有。受到某种有关的刺激，就不可避免地要发生这种意识，提出一些说法很容易被没有耐性的思想家斥为诡辩。这类所谓诡辩背后的实质，其实不过是一种思想大转变，从最终实在的问题转变到语言、思想、观念的问题，大概是领悟到了不碰后者就无法解决前者。这样一种大转变发生在先秦，那时有一批思想家开始主张分别共相与殊相，认为名言有相对性，把坚与白分离开，提出有限者无限可分和飞矢不动的学说；这些思辨显然与那个动乱时代的种种问题有比较直接的关系。研究哲学的人当然会想到希腊哲学中的类似情况。从这类来自理性本身的类似学说中，可见他们已经获得了西方哲学中那种理智的精细；凭着这些学说，哲学在某种意义上变成了锻炼精神的活动。然而这种趋向在中国是短命的；一开始虽然美妙，毕竟过早地夭折了。逻辑、认识论的意识仍然不发达，几乎一直到现在。

其所以如此，可以举出一大堆原因；但是不管出于什么原因，哲学和科学受到的影响确实是深远的。科学在西方与希腊思想有紧密联系。虽然不能把前者看成后者的直接产物，却可以说前者的发达有一部分要归功于希腊思想中的某些倾向。实验技术是欧洲文化史上比较晚起的，尽管对科学极为重要，却不是产生科学的惟一必要条件。同样需要的是某些思维工具；人们实际提供的这类工具，很可以称为思维的数学模式。微积分的出现是对科学的一大促进，这表明处理数据的手段同通过观察实验收集数据同等重要。欧洲人长期用惯的那些思维模式是希腊人的。希腊文化是十足的理智文化；这种文化的理智特色表现为发展各种观念，把这些观念冷漠无情地搬到种种崇高伟大的事情上去，或者搬到荒诞不经的事情上去。归谬法本身就是一种理智手段。这条原理推动了逻辑的早期发展，一方面给早期的科学提供了工具，另一方面使希腊哲学得到了那种使后世思想家羡慕不已的惊人明确。如果说这种逻辑、认识论意识的发达是科学在欧洲出现的一部分原因，那么这种意识不发达也就该是科学在中国不出现的一部分原因。

中国哲学受到的这种影响同样是深远的。中国哲学没有打扮出理智的款式，也没有受到这种款式的累赘和闷气。这并不是说中国哲学土气。比庄子哲学更土气的哲学是几乎没有的。然而约翰·密德尔敦·墨雷（John Middleton Murray）曾说过，柏拉图是个好诗人，黑格尔则是个坏诗人。根据这个说法，也许应该把庄子看成大诗人甚于大哲学家。他的哲学用诗意盎然的散文写出，充满赏心悦目的寓言，颂扬一种崇高的人生理想，与任何西方哲学不相上下。其异想天开烘托出豪放，一语道破却不是武断，生机勃勃而又顺理成章，使人读起来既要用感情，又要用理智。可是，在惯用几何模式从事哲学思考的人看来，即便在庄子哲学里，也是既有理智的寒光，而又缺少连贯。这位思想家虽然不能不使用演绎和推理，却无意于把观念编织成严密的模式。所以，他那里并没有训练有素的心灵高度欣赏的那种系统完备性。

然而，安排得系统完备的观念，往往是我们要么加以接受，要么加以抛弃的那一类。作者不免要对这些观念考察一番。我们不能用折衷的态度去看待它们，否则就要破坏它们的模式。这里也和别处一样，利和害都不是集中在哪一边。也许像常说的那样，世人永远会划分成柏拉图派和亚里士多德派，而且分法很多。可是撇开其他理由不说，单就亚里士多德条理分明这一点，尽管亚里士多德派不乐意，亚里士多德的寿命也要比柏拉图短得多，因为观念越是分明，就越不能具有暗示性。中国哲学非常简洁，很不分明，观念彼此联结，因此它的暗示性几乎无边无涯。结果是千百年来人们不断地加以注解，加以诠释。很多独创的思想，为了掩饰，披上古代哲学的外衣；这些古代哲学是从来没有被击破，由于外观奇特，也从来没有得到全盘接受的。中国历史上各个时期数不清的新儒家、新道家，不论是不是独创冲动的复萌，却决不是那独创思想的再版。实际上并不缺乏独创精神，只是从表面看来，缺少一种可以称为思想自由冒险的活动。我们在这里谈的并不是中国哲学长期故步自封的实际原因。早在某些哲学蒙上宗教偏见之前，用现存哲学掩饰独创思想的倾向已经很显著了。不管出于什么现实的原因，这样的中国哲学是特别适宜于独创的思想家加以利用的，因为它可以毫不费力地把独创的思想纳入它的框子。

三

多数熟悉中国哲学的人大概会挑出"天人合一"来当作中国哲学最突出的特点。"天"这个词是扑朔迷离的，你越是抓紧它，它越会从指缝里滑掉。这个词在日常生活中用得最多的通常意义，并不适于代表中国的"天"字。如果我们把"天"了解为"自然"和"自然的神"，有时强调前者，有时强调后者，那就有点抓住这个中国字了。这"天人合一"说确是一种无所不包的学说；最高、最广意义的"天人合一"，就是主体融入客体，或者客体融入主体，坚持根本同一，泯杂一切显著差别，从而达到个人与宇宙不二的状态。恰当地表达这个观念需要用一整套专门术语，本文不打算一一介绍。我们仅限于谈谈它的现实影响。如果比较满意地达到了这个理想，那就不会把自己和别人强行分开，也不会给人的事情和天的事情划下鸿沟。中国哲学和民间思想对待通常意义的天，基本态度与西方迥然不同：天是不能抵制、不能反抗、不能征服的。

西方有一种征服自然的强烈愿望。人们尽管把人性看成"卑鄙、残忍、低贱的"，或者把人看成森林中天使般的赤子，却似乎总在对自然作战，主张人有权支配整个自然界。这种态度的结果，一方面是人类中心论，另一方面是自然顺从论。这对科学的影响是巨大的。促进科学的因素之一，是获得征服自然所需要的力量。没有适当的自然知识，就不能征服自然。只有认识自然规律，从而利用自然，人才能使自然顺从。一切工程奇迹，一切医药成就，实际上，全部现代工业文明，包括功罪参半的军事装备，至少在某种意义上都可以看成用自然手段征服自然以达到人类愿望的实例。从自然与人类隔离的观点，产生的结果是清楚的——胜利终归属于人类；但是从人类有自己的自然天性、因而也有随之而来的相互调节问题这个观点，产生的结果就不那么清楚——甚至可以变成胜利者也是被征服者。

自然与人分离的看法带来了西方哲学中彰明昭著的人类中心论。说人是万物的尺度，说一物的本质即是其被感知，或者说理解造成自然，人们就以为自然并非一成不变。在哲学语言中，"自然"概念包含一种可以构造的意思，心智是在其中自由驰骋的；在日常生活语言中，人类所享有或者意图享有的自然，是可以操纵的。我们在这里说的并不是唯心论或实在论，那毕竟是意识的构造物。我们是说中国和西方的态度不同，西方认为世界当然一分为二，分成自然和人，中国则力图使人摆脱物性。当然，中国的不同学派以不同的方式解释自然，给予自然不同程度的重要性；同一学派的不同思想家，同一思想家在不同时期，也可以对自然有不同的理解。可是尽管理解不同，都不把人与自然分割开来，对立起来。

到此为止，我们仅仅接触到了人性。西方对自然的片面征服似乎让人性比以往更加专断，带来更大的危险。设法使科学和工业人化，是设法调和人性，使科学和工业的成果不致成为制造残忍、屠杀和毁灭一切的工具。要保存文明，就必须设法控制个人，控制社会，而唤醒人们设法这样做的则是一些思想家。我们应当小心谨慎，不能随便提征服。在一种意义上，而且在一种重要的意义上，人的天性和非人的天性是从来没有被征服过的。自然规律从来没有为了人的利益、顺从人的意志而失效或暂停；我们所做的只是安排一个局面，让某些自然规律对另一些自然规律起抵制作用，俾使人的愿望有时得以实现。如果我们想用堵塞的办法来征服自然，自然就会重重地报复我们；不久就会在这里那里出现裂缝，然后洪水滔天，山崩地裂。人的本性也是一样。例如原罪说就会造成颓废心理，使人们丧失尊严，或者造成愤怒的躁发，使人们成为破坏分子和反社会分子。

哲学或宗教给人一种内在的约束，法律给人一种外在的约束，这类约束是任何社会都需要的，也都为中国哲学所承认，但是这并非鼓吹取消各种原始本能的作用。这样就产生了一种情况，由于缺乏恰当的词语，可以姑且把它描述为自然的合乎自然，或者满意的心满意足。我们的意思并不是用这样的词语暗示说，残酷，野蛮的事例在中国历史上比任何其他民族少；杀人如麻、嗜血成性、为所欲为的事情在中国历史上跟别处一样俯拾皆是。我们的意思是说，王尔德（Oscar Wilde）看到的那种不合自然，在维多利亚时代合乎自然的生活里是没有的。中国人可以有些话反对不合自然，但是并不吹捧自然的生活，似乎非常满意于自己的心满意足。在现代，我们大概惯于认为心满意足就是停滞不前、精神松懈、苟且偷安。这种现代观点本质上是鼓励向自己造反，其副产品是心理受折磨，再也不能保持生活上平安宁静。这个观点是与我们在这里试加描述的观点背道而驰的。中国人满意于自己的心满意足，表现出一种态度，认为对于他自己来说，每一件事都是给定的，因而都是要接受的；借用布拉德雷（F. R. Bradley）一句名言来说，就是人人各有其"位分和生活"，其中有他自己的自然尊严。儒家虽然认为人人都可以成为圣贤，但是做不到也并不形成心理负担。既然见到人各有其位分和生活，一个人就不仅对自然安于一，而且对社会安于一了。

四

个人不能离开社会而生活，这是不言而喻的。希腊哲学和中国哲学都体现了这个观点。从苏格拉底到亚里士多德，无不特别强调良好政治生活的重要性。这些学者既是政治思想家，也是哲学家。他们的基本观念看来是认为个人要得到最充分即最"自然"的发展，只能通过公道的政治社会为媒介。哲学涉及生活之紧密有如文学，也许比很多其他学科更为紧密。那些生来就研究哲学的人，以及那些由于自由受到政治侵犯或社会侵犯而投身于哲学的人，都不能不把上述真理当作自己的前提之一，或者积极原则之一。人们企图提供现今所谓的人生观，企图理解人生，给人生以意义，过良好的生活，这是研究哲学的动力，比大家重视的纯粹理智更原始的动因。由于人们要过良好的生活，所以生活与政治相连结这条原则把哲学直接引到政治思想，哲学家直接或间接地与政治发生联系，关心政治。

这个传统在西方没有完全贯彻，中断的原因之一将是下节讨论的主题。然而它在中国几乎一直保持到今天。中国哲学毫无例外地同时也就是政治思想。有人会说道家不是这样，可是说这话就像说鼓吹经济放任的人并非鼓吹一种经济政策，并非陈述经济思想。尽管无政府有时是指不要政府而言，无政府主义毕竟还是政治思想。在政治思想方面，可以说道家所鼓吹的同儒家相比是消极的。它认为儒家鼓吹的那类政治准则是人为的，只会制造问题而不解决问题。这种消极学说自有其积极基础。道家的政治思想是平等和自由，甚至可以说都推到了极端。它把一切皆相对的学说搬到政治领域，根本反对硬扣标准，而政治准则就是以某种方式硬扣标准。标准可以有，却不必硬扣标准，因为事物的本性中本来就有不可改变的标准，根本不必硬扣，需要硬扣的标准必定与引起硬扣的情况格格不入。道家的政治思想是政治上自由放任，它的消极意义仅仅在于谴责政治上过分硬扣的做法，并不在于不采纳任何政治目标，道家和儒家一样有自己的政治理想。我们可以把那种理想描述为可以在卢梭的自然状态中达到的自由平等境界，再加上欧洲人那种自然而然的不屈不挠的精神。

与道家相比，儒家在政治思想方面要积极得多。孔子本人就既是哲学家又是政治家。他十分明智地不当独创的思想家，宣称自己只是宪章文武，祖述先王之道。他在有意无意之间，成功地使自己的创造性思想带上了继承传统的客观意义。他是可以把自己描述成新儒家的，因为他使自己的思想不带个人性质，也就成功地使它成独一无二的中国思想。在政治上不出现倒退的时候，它大概能够引导中国思想沿着它的轨道前进，在政治上出现倒退的时候，它也很容易把后来的思想捏进它的模式。那模式就是哲学和政治思想交织成一个有机整体，使哲学和伦理不可分，人与他的位分和生活合而为一。"天人合一"也是伦理与政治合一，个人与社会合一。

哲学和政治思想可以有多种多样的联系。人们可建立一个形而上学体系，再从其中推出若干有关政治的原则，也可以投身政治，喜爱一种与他的哲学并无系统联系的政治思想。政治思想可以与某种哲学体系有内在联系，与这位哲学家有外在联系，或者与某位哲学家有内在联系，而与他的哲学有外在联系。这两类情况都会颠倒错乱，不是哲学在政治上失势，就是政治思想失去哲学基础。例如英国的黑格尔主义提供了一种政治思想，与这种哲学体系有内在联系，但是与那些哲学家们的联系非常外在，以致这一体系和这些哲学家都不能说对英国政治发生了什么影响，只有格林（T. H. Green）除外。

儒家政治思想与哲学家及其哲学都有内在联系。儒家讲内圣外王，认为内在的圣智可以外在化成为开明的治国安邦之术，所以每一位哲学家都认为自己是潜在的政治家。一个人的哲学理想，是在经国济世中得到充分实现的。由于儒家思想在中国成了不成文的宪法，国家的治理多半用柔和的社会制约，而不大用硬性的法纪；在这样的国家里，杰出的哲学家和大师的地位即便不高于在野的政治家，至少与在野的政治家相等，同法治国家的杰出律师一样。一位杰出的儒家哲人，即便不在生前，至少在他死后，是一种无冕之王，或者是一位无任所大臣，因为是他陶铸了时代精神，使社会生活在不同程度上得到维系。因此人们有时说中国哲学家改变了一国的风尚，因此中国哲学和政治思想意味深长地结成了一个单一的有机模式。

五

哲学和政治的统一，总是部分地体现在哲学家身上。中国哲学家到目前为止，与当代的西方哲学家大异其趣。他们属于苏格拉底、柏拉图那一类。在英国，桑塔雅拿（George Santayana）在他那本《独白》里大声疾呼，而不只是发表一般声明，说他是现代苏格拉底。在当代的哲学家中，确实可以说数他发挥了超过学术意义的文化影响，他钻研了并且越出了学术性的哲学，踏进了人文学的领域。可是老实说，现代苏格拉底是再也不会有的，连现代亚里士多德都出不了。从斯宾塞（Herbert spencer）起，我们已经意识到应该明智一点，不必野心勃勃地要求某一位学者独立统一不同的知识部门。每个知识部门都取得了很多专门成就，要我们这些庸才全部掌握是几乎不可能的。可惜苏格拉底式的人物已经一去不复返。一部现代百科全书可以使知识得到某种统一，有利于进一步提高知识。可是通过现在的分工办法，可以把知识一口一口咬下，加以改进，加以提高，丧失这样一种统一也不一定是憾事。在某种意义上，苏格拉底式人物一去不复返则是更加值得惋惜的。

现代人的求知不仅有分工，还有一种训练有素的超脱法或外化法。

现代研究工作的基本信条之一，就是要研究者超脱他的研究对象。要做到这一点，只有培养他对于客观真理的感情，使这种感情盖过他可能发生的其他有关研究的感情。人显然不能摆脱自己的感情，连科学家也很难办到，但是他如果经过训练，学会让自己对于客观真理的感情盖过研究中的其他感情，那就已经获得科学研究所需要的那种超脱法了。这样做，哲学家就或多或少超脱了自己的哲学。他推理、论证，但是并不传道。除了分工以外，这种超脱的倾向使他成为超脱的逻辑家，超脱的认识论者，或者超脱的形而上学家。往日的哲学家从来不是专职的。职业哲学家的出现可以对哲学有些好处，但是对哲学家似乎也有所损伤。他懂哲学，却不用哲学。

采用这种做法之后，哲学当然也有所得。我们对每个哲学部门的问题比以前知道得多了。虽然还不能把哲学家的个性与他的哲学完全拆开，毕竟为客观性打下了一个基础，使哲学比以前更能接受积累。其所以在这一方面有所进步，是由于表达工具有了改进，思路得以分明的技术发达了，这是不容忽视的。任何一个人，可以仍然有权采取任何适合于他的禀性的哲学，却不能随心所欲地表达他的思想。有所得的还不限于哲学，哲学家也得到了一种超脱的理想。我们可以把这超脱描述为一种美妙的怀疑主义，在这种怀疑主义里，可以说希腊的明朗渗透进了希伯来的美妙，希伯来的美妙软化了希腊的明朗。有幸接近这种理想的人会妙趣横生，怀疑主义并不使他尖酸刻薄，美妙也不使他冒冒失失地勇往直前。他不会是个好斗士，因此可以失掉人们瞩望于他的社会作用；他有鉴于好斗士可以办坏事，就只好既消极又积极。理想是很难达到的。哲学一超脱，就成了一条迂回曲折的崎岖道路，布满技术性的问题，掌握它需要时间，需要训练，需要学究式的专一，在全部掌握之前往往会迷失方向，或者半途而废。一个人即便取得了某种程度的成就，也不能成其为现代苏格拉底。

中国哲学家都是不同程度的苏格拉底式人物。其所以如此，是因为伦理、政治、反思和认识集于哲学家一身，在他那里知识和美德是不可分的一体。他的哲学要求他身体力行，他本人是实行他的哲学的工具。按照自己的哲学信念生活，是他的哲学的一部分。他的事业就是继续不断地把自己修养到近于无我的纯净境界，从而与宇宙合而为一。这个修养过程显然是不能中断的。因为一中断就意味着自我抬头，失掉宇宙。因此，在认识上，他永远在探索；在意愿上，则永远在行动或者试图行动。这两方面是不能分开的，所以在他身上你可以综合起来看到那本来意义的"哲学家"。他同苏格拉底一样，跟他的哲学不讲办公时间。他也不是一个深居简出、端坐在生活以外的哲学家。在他那里，哲学从来不单是一个提供人们理解的观念模式，它同时是哲学家内心中的一个信条体系，在极端情况下，甚至可以说就是他的自传。我们说的并不是哲学家的才具——他可以是第二流哲学家，也可以具备他那种哲学的品质——那是说不准的；我们说的是哲学家与他的哲学合一。哲学家与哲学分离已经改变了哲学的价值，使世界失去了绚丽的色彩。

（原为英文，首次发表于 1980 年出版的《中国社会科学》英文版创刊号，载《金岳霖文集》第二卷，兰州，甘肃人民出版社，1995；中文由钱耕森译，王太庆校，原载《哲学研究》，1985 年第 9 期，选自《金岳霖集》，北京，中国社会科学出版社，2000）

哲学与生活
（1944）

一

并非只是在中国，哲学家才面临着哲学与生活脱节的问题。去年春季的哲学家大会表明，这个问题终于也在美国引起了普遍的注意，但是，似乎还没有什么解决的办法，这不仅仅是哲学家的任务。下面我们将说明，为此受谴责的不仅有哲学家，现行的知识结构和追求知识的方式也不利于形成一种有见识有辨别力的生活，而这一点对于民主的理想来说也是极其危险的。

哲学家之所以被单挑出来承受攻击，原因主要在于，哲学目前的状况与它昔日的荣耀形成了鲜明的对照。过去，哲学处理的是生活中最根本的问题，哲学家通常都是大师，不仅是知识的源泉，也是智慧的源泉，从他们那里，后知后觉者寻到了引导和启示。苏格拉底、柏拉图和亚里士多德不仅是他们时代的活的百科全书，同时也是那一时代的政治家、牧师、专栏作家和电台评论人。在中国，哲学家在古今的差异甚至更大。中国哲学家昔日所占据的位置即使不比美国历史上和平时期的伟大律师们更有权威，也比他们更有影响力，而在紧要关头，他们会挺身而出，捍卫他们的王朝或祖国。自然有人会问，中国哲学家眼下都在做什么，去满足一个尚未摆脱中世纪状态的国家的需要？这个国家正受着凶残的外敌入侵，经过七年的现代战争，早已凋敝不堪，涣散无序。正是古今的对比使哲学成为人们宣泄不满的对象。

有两个问题需要考虑，一个是哲学的界域，一个是哲学的性质。哲学的界域已经改变了，这一事实世人皆知，然而这种改变的结果却似乎没有在思想上获得承认。哲学好像是一个破落的乡村家庭，它的财产已经被分割得七零八落，分别落入都市代理人之手，现在在大学里仍然被称为哲学而教授的，只不过是残留给这个乡村旧家的微不足道的一小部分而已。在昔日辉煌和荣耀的光芒之下，哲学在总体上乃然被安置得很好。如果人们认为哲学的财富中仍然包含着已被都市代理人拿走的部分，那么，哲学就没有丧失对当下问题的关切，也没有放弃对民族危机的回应。如果我们在最宽泛的意义上理解哲学，华盛顿地区就是哲学的最大集中地。大师确实消失了，分化成了无数的专家，他们毫无疑问应当被理解为哲学家，但是，如果我们狭义地理解哲学，那么，哲学是否有效地昭显了人的命运，就是值得怀疑的了。

更加值得注意的是，哲学的性质也已经改变了。一种客观研究的方法兴起来了，它使哲学研究更倾向于与科学而不是与宗教联盟。这种新的研究方法的核心概念是怀疑，最重要的原则是使研究者独立于研究对象之外，或者，至少使他尽可能成为研究的无关紧要的背景。不难看出，采取这种方法，哲学几乎可以无条件地接受任何原则，可以不偏不倚地与任何学说发生联系。教条消失了，随着教条的消失，哲学不再为生活提供任何动力。它不再敦促人们做任何事，它甚至不再鼓吹什么，如果它要坚持某些前提，也只是为了进行推论，而不是要断然灌输什么东西。如果一个哲学家咄咄逼人地鼓吹某种学说，推动他的决不是哲学，而是属于牧师、政治家或者社会改良者的东西。学院派的哲学不再像中国古代的儒家学说那样是一种道德的力量，在它的各种训练中，技巧的要求越来越多，而教训的意味越来越稀薄。

现代哲学是否有用的问题有赖于我们如何看待哲学所产生的作用。在这里，值得注意的事实不是认识论主宰了哲学，而是整个哲学领域都是为了理解或者说是为了追求知识而构建起来的。伦理学不再教导学生为善，它教学生理解善为何物；美学不再教学生欣赏美，它教学生理解什么是美。格瑞翰·瓦勒斯关心思想方法的孤心独旨之所以值得赞赏，是因为近来的逻辑课程为学生提供的是知识的合法性证明，而不是训练他们如何合理地进行思考。有所失必有所得。哲学的现代研究方法使哲学比过去更加清晰明确，也更有助于知识的积累，使蕴藏在哲学中的知识能够唤起广泛的兴趣。并且，哲学的知识能够遗留给后代而哲学的经验和洞察则不能。无可否认的是，从进行理解和获得知识出发而建构起来的哲学已经取得了稳固的进步。因为知识总是有用的，无论直接还是间接，所以哲学不可能丧失其有用性，尽管它的作用已经转移了领域，这个领域与我们按哲学的昔日风范所指望它发挥作用的领域不甚相同。

然而确实有些东西无可挽回地丧失了。为了知识而建构起来的哲学甚至成为可以在八小时以内从事的职业，某些人据此把生活的某一侧面哲学化了，但是这一侧面依然是与一般生活分离着的。哲学家与人的有机联系似乎已经消失了。人们得到这种印象，成堆的哲学教授中，几乎没有一个哲学家。哲学逐渐变成对几个专家位置的垄断，它不再是市井的茶楼酒肆和优雅的沙龙茶会都能够随意取用的日常用品。哲学昔日对意义的渴望已经被把握观念的技巧所取代，然而这种技术哲学满足不了人内在的哲学冲动。在一般人的眼里，哲学已经变得像科学一样云遮雾绕，无比神奇，可是又不像科学能够以有形的成就明确展示其作用。哲学有什么理由走当前的发展之路？理由很多，但我们只谈其中的一个。

二

哲学采取当前的发展趋势，只不过是追随其他学科的榜样而已。当前，几乎所有学科都是为着效率而组织起来的，在这样的结构形式中，它们不可避免地伴随着某些特征。首先，总的趋势是分工日益细密，越来越多的学者在越来越窄的知识领域里成为专家。每一个细小的知识分支都成为一个技术园地，很难指望安居其中的专家成为整个学科的大师。在自然科学领域，大师已经消失了，他们也正在经济学和社会学的领域里消失。在哲学的领域，也会很快出现逻辑学家、认识论专家、美学家等等，但就是出不了哲学家。其次，为了获得成果，学者们不得不尽可能使自己与研究对象分离开来。从获得确实可靠的知识或信息的观点来看，这种态度是值得赞赏的，但与此同时，它又具有使研究成果外在于研究者的倾向。毫无疑问，学者的研究是他职业生涯中的一个重要因素，但是，它是否同样是他生活中的重要因素，却在于他的职业是否融入了他的生活。如果融入了，他就是一个狭隘的人，因为他生活中的其他许多方面都被淹没了，或者是没有得到发展，或者是被弃之不顾。如果他的职业没有融入他的生活，他的研究就变得外在于他的生活了。也许还能提到另外一些特点，但仅此两点就足以显示当代学术的风貌了。更重要的是，这些特点一再发挥作用和彼此作用，促使当前的趋势加速发展。我们的知识处于此种趋势之下，研究变得越细碎，它们就越外在化，而它们越外在化，研究又变得更加细碎。

在效率的基础上组织研究，完全为推进知识而开展研究，其直接后果便是上述这些特点。曾经有一个时期，学术研究不是这种形态，在那时，有文化的几乎就是有教养的，其中的一些人甚至完全随兴所至，让各种兴趣自然地得到满足。中国过去也有一些学者根本不在乎功名，就在上一个世纪，英国也有不少学者根本不费心思去撰写学术著作。对于他们来说，只要过一种有辨别力的生活就足够了。确实，在当时社会的一般经济及社会条件下，只有极少数人能够醉心于这样的理想。但是，在目前条件已经改善的情况下，为什么不把这种理想普及到广大民众呢？这种理想之所以不能保持，原因在于，对于现代的个人来说，它在事实上已经失去了保存的价值。在高度工业化和经济竞争的社会里，每一个人都要发挥一种作用，只有有效地发挥其作用，一个人才有可能、同时也才有资格存在。悠闲的有钱人确实存在，但是这一点不应当蒙蔽我们，使我们看不到总趋势是追求越来越高的效率。正是这一趋势，应当对当前的危机承担责任。如果追求效率的趋势通行于生活的其他领域，我们怎么可能指望它在学术研究的领域里缺席呢？

不幸的是，这里还有一个原因。过去，中国的学术活动是个人的事，甚至是私人的事，醉心学术无需大量的财产来支持，学者构成了一个阶层，成为一种社会的和政治的身份，学术不是一种职业。贫穷肯定减少了学者的可能数量，但那些有幸拥有些许财产的人都有可能成为学者。更重要的是，他们自己就拥有从事学术活动的种种用具，在这一方面，他们有点像欧洲中世纪的手艺人。他们无需在社会里或者在政治上确认自己的身份。随着工业化的到来和学术在研究所里办作组织，学者从事学术研究的用具被拿走了，就像工厂把生产设备和工具从工人那里拿走一样。现在，科学家已经完全依赖科研机构，在人文研究领域，如果有钱，也还可以私人从事研究，但这样做的机会在一天天地减少。学者成为雇员，以研究换取报酬，并不断遭受质询，除非他们不断地出示理由，说明他们应当被如此雇佣。学术职业化了，学者的工作就是生产知识。职业网球运动员的出现引起了抱怨，同时也获得了支持，但是，职业学者的出现既没有人宣告和称颂，也没有人支持或诅咒。哲学自然也难逃职业化，哲学家现在受到的责难是，他们将为公众生产什么产品？与其他知识领域的学者相比，哲学家可能更痛苦，但所有学者都同样在遭受被当前的趋势所支配而造成的痛苦。

希望诸位充分理解，我们在这里并没有诅咒上面所提到的学术趋势。从获取知识的观点来看，这种趋势应该受到高度赞扬。无论直接还是间接，知识总是有用的，更重要的是，它是一种力量，一种我们可以用来反抗自然或者仅仅与他人对抗的力量。它也并非与生活无关，而是可能改善我们生活条件的最强有力的因素，用一句老话来说，排除自然设置的障碍，最有效者无如知识，知识为我们所希望的生活提供种种条件。知识有点像金钱，在不同的人那里扮演着不同的角色，这取决于它是在穷人还是在富人手里。在穷人手里，它可能改变某些不如人意的生活条件，在富人手中，它却不会使生活更尽如人意。还是像金钱，知识是一种通货，拥有它，意愿能够得到满足，但是拥有知识的财富不一定能够提高生活质量。

我们绝无小看科学的意思。普天之下，莫非科学研究之对象，这是一件好事。我们也没有说，有关的训练对于生活中的一般事务无所补益，相反，从科学态度应该被推广到生活的其他方面的观点来看，这些训练是特别有用的。问题是，无论我们如何根据科学的观点来理解生活的进程，无论这种理解达到何种程度，我们仍然不得不以个人的身份来过自己的日子，在社会中感受生活给予我们的那一份特殊的馈赠。以营养学的全面了解可以使人挑选有益于身体健康的食品，但是并不必然使他爱好那些有益健康的食品而不是符合他的口味的食品。对性科学的全面了解肯定无助于性经验，一个性学专家能否成为恋爱专家，这是大可怀疑的。一个醉鬼不知道酒精对他有害，当他死于酗酒时，他只是值得同情，而他本人不一定不幸福；但是，如果他知道酒精对他有害却依然贪杯，当他死于酒精中毒时，他就制造了一个悲剧。知识本身是否具有直接的影响，这是值得怀疑的。如果它曾经有，那么对于大多数人来说，它现在已经不再有了；在大多数人那里，知识像是牙刷一类的用具，只要不用，就被挂起来了。知识是否是某种意义上的美德？古希腊人认为是，我们无须断言它在今天已经不是了。知识是中性的，影响不了我们的爱好和口味；它的分寸感太强，使我们不能靠它来解决它的恰当范围以外的问题；它太外在，不能支持我们以信仰来行动；它太软弱，不能为我们提供帮助，它不是情感和欲望的主宰者或伙伴，相反，它成了它们的奴隶。

三

　　除了德国，高度工业化的国家都是民主国家。民主国家在经济上是帝国主义的，但是，它们在近年以来尚未成为叫嚣军事的侵略者。如果这个世界要保障民主国家的安全，那么，民主国家也应当保障这个世界以及本国国民的安全。因为国民是民主国家的最终主宰者，所以，他们本身应当是自由的、独立的和有分辨力的个人，这一点非常重要。为了做到这一点，他们不应当被盲目地引导，不应当仅仅充当一架燃料充足的机器的润滑剂，而应当过一种有分辨力的生活。由于是大多数人说了算，大多数人的决定就应当是经过分辨的选择而不是盲目的冲动，这一点也是很重要的。如果强权政治在国际关系中是受谴责的，那么，它在一个国家内部也应当同样被谴责。如果强权政治在国际上让弱国无助地遭受强国的欺凌，一个国家内的强权政治也会让它的国民享受不到自己的权益，不能在自己的政府里传达出自己的声音。国际政治确实更加根本，因为，如果一个国家内的政治举措是特殊利益拉锯的最终结果，谁也不能保证他们将不拉扯到国界之外。为了让民主国家保障世界的安全，民主国家就应当被造就得能够保障它自己的国民的安全。民主的理想只能由自由的、独立的、有分辨力的国民来实现，这些国民永远不放松自己的公共责任。民主制度要求普通人承担重要的责任，而对于那些信仰民主制度的人来说，应当由他们承担的责任却正好符合他们的愿望，因为在他们看来，这些责任与做人的尊严是一致的。

　　在集权国家，某些特殊的观念被强加于全体人民，以此把他们驱赶到某个单一的目标之下。这个目标产生于某种统一的行为，而这种行为正是他们的领袖或政治寡头所希望的。任何国家都需要一定程度的统一行为，大多数国家除了依靠共同的血缘纽带来实现这一点，还依靠共同的语言、共同的文化类型或遗产。现代工业为此所做的贡献是很微妙的，以至于它达到了某种统一的行为方式却不被认为是在强加于人，因为没有人感到有人或有一群人在那里强迫他们。例如，工业在美国可能是最强大的统一力量。工业的效率为政治的效验提供保障，在中国难以推行的措施在美国就可能轻而易举地实行。工业的力量还是军事的力量。就它本身而言，它也仅仅是军事力量而已，这种力量在经济上是帝国主义的，但不是军事侵略的，所以，它是防御的而不是进攻的军事力量。它拯救了民主国家，使它们不至于在战争中被击败。虽然它使民主国家可能在经济上成为帝国主义的，但与集权的力量相比，民主国家使它们的邻居感到安全。回想 1940 年，当纳粹入侵荷兰、巴尔干和法国时，中国的一些人感到，民主国家是衰弱的、无效的。如此迅速得出结论，他们确实脆弱，并且结论肯定是不恰当的。没有多少人知道民主国家的力量是潜在的，不推上火线不会发挥威力。然而，一旦做出了决定，建立起军事行动的全套设置，它的力量顿时显现。但是，力量总是危险的，它可以用之于善，也可以用之于恶；它究竟被用于这种用途还是另一种用途，就要看操作它的人是谁了。

我们习惯于把工业化和民主化相提并论，丝毫没有想到，沿着一定的路线发展，它们将变得不再彼此协调。民主制度下的国民需要成为独立的、有辨别力的个人，而工业制度下的工人需要成为有效率的、有机械化头脑的专家。让我们使用人和机器这两个词来取代灵性和物性这两个术语，民主制要求的是人，而工业化要求的是机器。如果一切都被工业化了，或者一切事物的背后都透露着工业的精神，那么，结果很可能是极大地（如果不是全部地的话）破坏属于人的东西。如果把宗教工业化，我们可能得到庄严的教堂，甚至得到专家型牧师，但可能失去古老的谦卑精神的园地和道德感化所散发出的深切善意。把我们的创造冲动工业化，我们可能得到专家型的手艺人，却会丧失天才和艺术家。工业化的方式可能被应用到各个方面，无论什么时候，只要它一成不变地被加以应用，就会出现一些度量标准。根据这些标准，效率会上升，这一领域里活泼泼的人将越来越变成专家，并拥有机械化的头脑。工业再加上经济竞争，我们几乎难逃这种灾难性的后果。如果人在一周的每一天都高效率地工作，那么，充分利用周末时间的愿望几乎不可抑制。这种想用最大数量活动来充实空闲时间的愿望轻而易举地排除了悠闲，也很少在情感和思想方面花费时间。某一领域的专家很可能对其他领域一无所知，在面临人生新的境遇时，具有机械化头脑的人像新生的婴儿一样束手无策。很难指望这样的人能够对复杂的国内和国际政治做出警觉的和有辨别力的反应，需要做重大决定时，这些人往往从自己的职业或工业上的利益出发来考虑问题。民主的理想很可能在民主的制度下被粉碎。

有不少令人吃惊的假设被赞赏民主制度的人们不自觉地接受了。可能很少有人相信经济人的存在，很少有人无条件地相信经济决定论，但是，许多人都多少有些相信，或者他们的行为表明他们相信，经济的解放是包治一切社会和政治邪恶的灵丹妙药。对于经济人来说也许是这样，但是对于大多数有血有肉的人来说，经济问题的背后还有大量其他问题有待解决。可能很少有人会说人类是会思想能认知的机器，然而有不少人假定，只要人们知道该做什么和怎样去做，一切问题都将迎刃而解。对于会思想或会认知的机器而言，知识问题的解决将化解其他一切问题，使之不再成其为问题，但是，对于有情感有追求、有爱有恨、有希望有畏惧、七情六欲无不具备的人类来说，知识的获得不仅不能解决问题，而且有可能使这些问题比以前更加混乱。现在，西方流行着一种民主的新观念，这种观念放弃了民主的旧名称，而称作国家社会主义，它主张政府集中很大的权力，以此改善大多数国民的生活条件；在民主制的旧框架中实施这种观念，它不失为一个美妙的民主新观念；但是，把它强加在民主制度之外的人们身上，那就很危险了。因为国家社会主义不再只是旧式的民主制，它还是极权主义的，甚至有可能转变成法西斯主义。有些西方人不满意中国的国民政府，因为它不是民主制度的政府，这些人因此把他们的同情转向共产主义制度，却没有认识到，共产主义更具有极权主义的特征。在缺乏旧式民主的地方，似乎有一种对民主新观念的偏爱。这种偏爱的态度之下，潜伏着一个假定：人性天生是善的，然而对于大多数支持民主新观念的人来说，把这个假定作为前提是不能接受的。罗素早就说过，一个富有的人完全有可能是一个道德败坏的公民，一个聪明博学的人也有可能是一个腐化堕落的畜牲，因此，如果没有政治制度的制约或强制的话，新民主制度的领导者不可能成为公众的灵魂。在民主制度下，人的问题比在其他任何的政府之下更值得重视。

四

在知识的推进和应用被工业化的时候，教育却不应当走这样的路。知识已经专门化并且变得实用了，从知识的推进和应用来看，它们已经有了大量的产品。基金会、研究所和大学都可以被视为是推进知识发展的工业。总体上看，它们都十分有效率，标准还在继续探讨，真理时有发现，产品的质量也没有下降。希望从社会或政治上证明知识工业的正当性，这种愿望可能不利于知识采取恰当的标准，但这只是可能，此处无需论及。知识的工业化仅仅意味其雇员的职业化，涉及不到知识工业的产品。知识还很容易被市场化，以便被公众使用。知识的市场化确实是教育的一个部分，但肯定不是教育的全部。目前大学和学院的一般方式是大班授课、记笔记、考试和修学分等等，似乎把教育与知识的市场化混淆了。教育不仅要为青年人未来谋职做准备，更要培养他们成为独立的、有辨别力的个体。知识的市场化还能在追求利益的动机下被工业化，大学和学院可能被认为是这类工业的最佳部分。这里没有反对工业化的意思，但也不能认为这就是教育的全部，因为教育所涉及的范围远不只是专门化和实用化了的知识。后者有助于提供谋生手段，却不能帮助人们校订自己的生活方向和丰富他们的生活。教育的本质是个体的发展；它的消极作用是防止青年人反社会，积极作用是使个人的潜能得到充分的发展。教育不应当被工业化，严格地说，它也不可能被工业化，因为独立的个体是不可能批量生产的。知识已经变成了欲望和情感的奴仆，我们越是把知识的解析等同于教育，就越可能使欲望和情感停留在原始的和无知的状态，使知识变成满足欲望和情感的工具，同时使我们的欲望和情感变得比蒙昧无知的时代更难于控制。教育的主要目的是培养个性，消除野性，使人变得坚定；是在冲突的人生需求之间建立平衡，养成某种节操以便自我控制其他方面；是休养本性从而使受到滋养的本性变得有教养和有文化的内涵。价值观念必须自觉地接受，信仰必须自觉地皈依。这里的意思不是说教育应该灌输价值或观念，但是，教育肯定应当对价值和信仰加以分辨，应当鼓励青年人清醒地意识到自己的选择，使他们能够明确地说出自己的价值观念是什么，并确信自己无愧于天地。当一个人为自己的价值观念和信仰感到愧疚时，他要么退回去，承认人是动物；要么陷溺于复杂的心境，无一刻安宁。为了求得可信的知识，怀疑是必要的，是具有引导作用的。但是应当把它局限在思想和观念的领域，如果把它推行到价值和信仰的领域，它只会使人放纵情感，或者使他的情感与理智冲突。一战期间成长起来的一代人中有不少是情感放纵主义者，对于他们而言，生活最好只是"娱乐"，一个被"娱乐者"主宰的世界难免令某些人，例如亨利·亚当斯感到可怕，转而指望从 13 世纪的大一统中获得安慰。我们不是在鼓吹任何特殊形式的大一统，我们所坚持的只是，通过教育，人们应当学会安详，能够毫无愧色地宣称自己的价值观念和信仰，因为正是他们的价值观念和信仰在推动着他们的生活。那些放纵情感的人无论在自己选定的职业中取得多大的成就，他们对于民主制度而言都或多或少是不利的因素。在他们投票的地方，重大决定要么是任意做出来的，要么根本做不出来。

一种全面的通才教育是必要的。这种教育应当包括对价值观念的辨别和对信仰的毫无愧色的宣称。对知识进行分析仍然是必要的，为了这个目的，现行的课程设置应当继续保留，但应当补充自由的、随意的却是严肃的讨论，对理想、信念、价值、欲望、爱好、隐含的假设、爱和恨、喜和怨等等进行讨论；从事教育的教授应当不断地与学生接触，在实际生活中为他们做出榜样，无论是否自如，无论是否成功，教授们所讲的应当是他们自己的人生观。出于知识市场化的目的，大学的规模已经扩大了，然而大学应当建立众多的小学院，配置各自的导师，目的是引导青年人通过一个缓慢的学习过程成长为一个人。所有人文学科都应当用来丰富年轻人的性格，正如各种可靠的知识都应当用来丰富他们的头脑一样。经费的问题不是需要考虑的问题。必须强调的是，无论一个人将来想做什么，无论他想当工程师还是医生，想当银行家还是码头装卸工，想当音乐家还是物理学家，温和而庄重的仪表、严肃认真的工作态度和发自内心的愉悦都是他作为人所应当具有的，这些比其他一切都重要。人们普遍对优雅的观念感到厌烦，也许是因为以现实的标准来衡量，这个观念太苍白，太随意，不能以原则来处理它，在一个普遍务实的世界里显得太不真实。我们对优雅观念的评价是否恰当，这里无需断言；平等对于法西斯才是恶，而对于民主制度则是善。只有把平等与优雅结合起来，我们才可能成为真正的人，成为我们自己的情感和欲望的主人，这样，知识和权力才不会被用于破坏。只有到那时，人类才不会自己危害自己。

（原为英文，载《金岳霖文集》第二卷，兰州，甘肃人民出版社，1995；中文由陈静译，原载并选自《金岳霖集》，北京，中国社会科学出版社，2000）

二 形而上学的重建

自由意志与因果关系的关系
（1926）

　　我的脾气是没有办法的，我虽然觉得在报纸上不能谈哲学上的大问题，而我看别人家讨论这种问题，我就觉得手痒，不知不觉地提起了笔杆和大家讨论来了。这篇文章是读了潘大道先生的文章有感而做的，早就做好，但每日做别种工作，没有抄写出来，昨日志摩要文章，所以拼命地抄写出来给他。我觉得我们寻常对于"自由意志"与"因果关系"均看得太死，我们把它们当作一种概念，好像数学里的"点"，几何里的"直线"，彼此都有绝对的意义，所以发生冲突。我觉得如果我们能用点分析的工夫，我们就觉得自由意志没有绝对的意义，而新式的因果关系也没有旧式的呆板。有一点意思应该预先声明：我们的问题，是自由意志与因果关系，问的是"意志与事实之间是否有因果关系，如果有因果关系是否意志就自由或者就不自由？"至于离开因果关系而论，意志之究竟自由与否不在本文范围之内。我把本文分作三段：一段论自由意志，二段论因果关系，三段论自由意志与因果关系的关系。

一　自由意志

完全在心理范围之内的意志

　　这类的意志与本文无大关系，说它自由也可，说它不自由也可，我们没有事实上的标准来解决这问题。比方我说"我要爱月光，我就爱月光"，某甲说这意志有因，所以不自主，所以不自由；某乙说这意志无因，所以自主，所以自由。彼此各持一说，就是争一年两年，或者仍是各是其是，各非其非。这类的意志自由与不自由，好像"命运"一类的思想，不相信它的人，无法否认它，无法使相信它的人承认它不存在；而相信它的人，也无法可以证明它，使不相信它的人承认它存在。这问题不在本文范围之内。至于方才所说的有因无因的"因"，在第三段再论。

心理与事实发生关系的意志

在这类意志里，我们可以分作两部分来讨论：（一）从事物的束缚性方面论到意志的自由与不自由；（二）从意志方面论到事物上的影响，然后凭影响以定意志之是否自由。

1. 从事物到意志

我先举几个例，再讨论事物与意志自由与否的种种关系。

（a）就把我自己来做一个题目：我的朋友或者不知道，我自己很知道，我是一个极要好看的人，但有时拿镜子一看，觉得自己的"尊容"实在是不敢恭维，也就只得置之一笑。我这副面孔限制我要好看的意志，那是不容易否认的，但我不觉得我不自由。

（b）有一个外国人说，如果一个人没有吃过北京的烧鸭，就是没有享过人生的福。北京的烧鸭，非常有名。每天杀鸭也不知道多少，但是政府没有禁止杀鸭的事实，教育界、慈善家也没有反对杀鸭的主张，对于杀鸭一事我们没有事实上与心理上的束缚，然而我们杀鸭的时候，却不觉得自由。

（c）比方我要出去，第一次我的母亲不许，第二次天下雨了，路不能走。我的意志两次受外界的束缚，而我的态度不同，我觉得我的母亲侵犯我的自由，而天老爷的雨不曾侵犯我的自由。

（d）二十年前的中国女子与男人没有社交，英美女子在中国与男人有社交。二十年前的中国女子不觉得不自由，而英美女子听见这类的事实，照她们自己的心理看起来，觉得中国女子不自由，她们自己也就觉得她们自由。我们所注意的，是她们自己没有束缚，而她们觉得自由；有束缚的人不觉得不自由，这同是一种束缚而有两种反感。

现在不举例了。总而言之，事物上的束缚与意志的自由与否关系不一，可分为六种，而六种之中有两种是没有关系的关系，但在理论上不能轻视它。这六种关系如下：

有束缚 $\begin{cases} （1）不觉得不自由，也不觉得自由； \\ （2）觉得自由； \\ （3）觉得不自由。 \end{cases}$

无束缚 $\begin{cases} (1)\ 不觉得不自由，也不觉得自由；\\ (2)\ 觉得自由；\\ (3)\ 觉得不自由。 \end{cases}$

从束缚方面看起来，性质不同，有时是心理上的事实，有时是事物上的事实。但无论性质如何，事实依然是事实，我们没有反感的时候与自由不发生关系，有反感的时候才发生关系。从意志一方面看起来，它的性质差不多完全是心理。问题不是绝对的有没有自由，是相对的觉得不觉得自由。两方面中间的关系是事实与心理的关系。

2. 从意志到事物

"意志"两字暂时可以改作"目的"两字。目的在心而曾否达到，在事实上没有标准的一类，我们不去理它。心中的目的是否达到，有事实上的标准的一类，我们才可以在此处讨论。在这种情形之下，目的与阻碍有四种关系如下：

有阻碍 $\begin{cases} (1)\ 能达到目的；\\ (2)\ 不能达到目的。 \end{cases}$

无阻碍 $\begin{cases} (3)\ 能达到目的；\\ (4)\ 不能达到目的。 \end{cases}$

以上（3）与（4）均不发生问题。（3）如果无阻碍，能达到目的，多半是不劳心不费力，目的虽然达到，不见得就有自由与不自由的反感。（4）如果没有阻碍而又不能达到目的，那么两方只有没有关系的关系，事实上没有问题发生。（1）有阻碍而能达到目的，我们觉得我们有进行的能力，有创造的工夫，因此我们也就觉得自由。（2）如果我们遇着阻碍，或者是阻碍太大，或者是目的太远，或者是决心不坚，我们的目的不能达到，我们就觉得心物两违，就觉得不自由。

以上讨论的结果，就是无论从哪一方面看起来，心理与事实间的意志自由与不自由的问题，不是完全心理问题，也不是完全事物问题。完全在事物方面的问题，自然是不在本段范围之内。

甲乙两段所讨论的本来是一个问题，不过是一个问题从两方面讨论就是了，但是费了这样多的工夫，还没有论到因果关系。

二　因果关系

因果的关系是不容易说的，它是一种方程式，本来是从观察得来的，而仅由观察又不能成其方程式。我们也可以把它分成（甲）（乙）两段讨论。（甲）段论旧式的因果论，（乙）段论新式的因果论。我预先声明，此处的新式因果论是对于我个人为新式，对于他人，或者已是旧而又旧，亦未可知。

旧式的因果论

现在人民思想中的因果关系，仍然是旧式，大约是说，"有因必有果，有果必有因，因生果，果由因而生，无因不成果，因上有因而现在之因为果，果下有果而现在之果为因。"照这样看起来，困难的问题就不少，列举数端如下：

1. 丢下了背景

比方我打你一拳，你痛，你可以说我的"拳打"是因，你的"痛"是果。不错，我现在且不管我拳打的力量的大小，你的身体的强弱。这类问题都与本题有关，但是我们现在可以不管。我们且问你我的身体在这种情形下居何等地位？如果我没有我的身体，我就不能打；如果你没有你的身体，你就不会痛，同时我们又不能说我的身体是因的一部分，你的身体是果的一部分。更进一步而言，不但你我均有身体，而且都是动物。如果我是植物我就不容易打；如果你是植物，你就不容易痛。如此一层一层地推上去，就把宇宙包括在里面了。我们单讲因果不讲情形就很易丢下背景，把背景丢下，就很难有因果关系。

2. 丢下了因果中间的媒介

仔细的研究起来，我的拳打如果是因，你的痛不见得就是这个因的果，因为我拳打与你痛之间，有许多生理上与化学上的变化。这种变化又居什么地位呢？这种变化，从关系密切方面看起来，应该是我的拳打的果，你的痛的因。但这样说起来，因果之间又有因果，而普通当作有直接关系——因产生果——的因果，就没有直接关系了。我们不能不想到因果中间的媒介，但是想到媒介就有问题发生。

3. 时间问题

旧式的因果论，总是觉得因在果之前而果在因之后。这种思想与事实就有点不容易融洽的地方。比方我们看见一本书从桌上掉到地板上，我们说这种现象是书与地球彼此相吸的结果。但这种吸力无论何时均存在的，与那一本书在那一时的跌落没有什么关系，而与书的跌落有关系的吸力，就是正当那本书跌落的时候的吸力。如果我们把那时的吸力当作因，把书的跌落当作果，那么，因与果是同时的，因不一定在果之前，而果自然也不一定在因之后。理论因虽在前，果虽在后，而理论的前边，不见得就是事实上的前边。

4. 理论上的"必"与事实上的"必"①

旧式的因果论似乎说有因必有果，有果必有因。理论上的"必"现在不论。现在所要提出的，理论上的"必"和事实上的"必"混乱起来就有困难问题发生。在第一条中，我们已经说过背景的重要，但那种背景是不能分开的背景。还有一种背景是可以分开的背景，比方我的房子生了火，我觉得慢慢的热起来了。如果我说火是因，我四周的热度增加是果，有因必有果，这话自然是可以说得过去。但是如果我们把理论上的"必"，混乱到事实里面，我们不小心的时候，或者就不说有因必有果，而说在我房里有生火的事实，必有我四周热度增加的结果。后面这句话不能成立，因为如果我们把火炉四周的空气设法隔开，我的四周的气温就不见得增加，而两种事实就不发生因果关系。

新式的因果论

1. 说到这里，就不能不谈新式的因果论。因为新式因果论是从理论上的困难得来的，而理论上的困难，一大部分就是那个"必"字。休谟（Hume）老早说过，因与果（某因某果）在事实上可以看得见，摸得着，而它们中间的"一定的关系"看不见摸不着，而这种关系一方面一定要从经验中得来的，再一方面又不能从经验中得来。罗素也说，理论上有"一定"，事实上没有"一定"，而因果关系，不是"空空洞洞"的理论问题，是一个事实问题，所以它的"一定"的关系，应该是事实上的"一定"。但事实上怎样能有"一定"呢？如果因果律在科学上有用，它的用处不仅限于已往的事实，它对于将来一定也要有用。而将来的事实现在还没有发现，不能说到"一定"。

柏劳德（Brocd）说罗素的思想五年一变，他现在的思想不知道如何。他从前的意思，以为如果我们谈因果，就不能不谈因果律，谈因果律就不能不谈到归纳方法，谈归纳方法就不能不谈归纳原理，而归纳原理不是从归纳方法得来的。这归纳原理约言之如下：

> 如果甲种东西或事实，在（a）种情形下，与乙种东西或事实，常常发生一种特别关系，则甲种东西或事实，在（a）种情形之下大约总是与乙种东西或事实发生那一种关系，而那一种关

---

① 原文4没有小标题，此处为编者补。——编者注

系发生的次数增加，向之所谓大约者也无量的增加差不多到"一定"的地位。①

这原理是归纳方法的根据，也是因果律的根据。可见因果关系中的"一定"，不是寻常的一定，是差不多一定的"一定"。

2. 从这种原理发生的因果关系，与旧式的因果关系大不同。以上说的不过是不同中之一种。旧式的因果关系，似乎有创造的性质存乎其中，似乎是说因可以创造果，果是由因而生。新式的因果关系就没有这类的性质，它不过给我们一种推论的可能。我们在某种情形之下遇着一种事实，我们可以推论到另外一种事实；由因可以推论到果，由果可以推论到因，因与果居平等的地位，它们的关系是一种互变的关系。

3. 互变的关系，突然听见的时候或者不免误会，应该说几句解释的话。比方天气有变化，有时天晴有时下雨；北京城里的景象也有变化，有时人力车上有油布，有时没有，大约是落雨的时候，人力车上就有油布。这两种变化有一种特别关系，大凡是有其一多半就有其二。然而下雨并不"产生"人力车上的油布，也不创造人力车上有油布的事实。落雨与泥泞的关系，分析起来也是这类的性质。这样说起来，旧式的因果论，与事实不甚相符，理论也不充足。

4. 如果因果关系是一种互相变化的关系，因果的前后就不是重要的问题。我们所谈的因果关系，不是旧式的因与果，果由因而生的关系。如果因造果，在事实上因不能不在前，而果也就不能不在后。但是如果我们用互相变化的关系来解释因果，我们只能说如果在某种情形之下，有某甲事发生（多数与少数，现在不计）"大约"（差不多一定）就有某乙事，事实上不必有什么先后的问题。理论上由因可以推论到果，由果也可以推论到因，也就不必有先后的问题。某甲事之为因，某乙事之为果，不过是名称上的便利而已。

因果关系在本文范围之内，已经说够了，用不着再说下去。它的要素，可以略举如下：

（a）至少要有两件事实。

（b）要有某某种情形。

（c）因果关系是事实上的关系。

（d）"大约"等于差不多一定。

---

① 罗素：*Our Knowledge of the External World*，第 222 页。

（e）因果关系可以说是"在某种情形之下，如果甲……大约就乙"。

（f）在某种情形之下，如果甲……就乙，如果丙……就丁，不见得如果甲丙……就乙丁。

三 自由意志与因果关系的关系

完全在心理范围中的意志

数月前，徐志摩先生在本刊内曾经发表他要飞的意志。我虽然不是诗人，有时候也想脱离俗世，也想飞，也要飞。如果我说"我想飞我就要飞"，我的意志岂不自由吗？但这类的意志自由与否不在本文范围之内，在第一段已经说过；因为这类的意志没有因果关系。理由如下：

1. 我想飞，我要飞，在心理上是一件事实。

2. 想飞与要飞的"飞"还没有变成事实。

3. 如果把"我"字拿开，把想飞与要飞当作两事，理论上没有推论的可能，由"想飞"不能推论到"要飞"，由"要飞"也不能推论到"想飞"。

完全在心理范围之内的意志自由与否，不在本文范围之内，因为它没有因果的"因"。它在历史上或者有原因，但历史上原因的"因"，不是方程式因果的"因"（详后）。

与事实发生关系的意志

1. 与事实发生关系的意志，大都没有上述的因果关系。在第一段已经说过，我们对于一种事实，不见得有一定的反感，而我们的目的也不见得一定达到。那自然不是说我们对于一种事实没有反感，也不是说我们的目的不能达到。我们对于事实虽有时有反感而不一定有反感，我们的目的虽有时可以达到而不一定能达到。总而言之，意志与事实没有普遍的关系，而因果关系一定要有普遍的性质，要有差不多一定的"大约"关系。与事实发生关系的意志没有差不多一定"大约"的性质，它不能有因果关系。

2. 心理与事实间之有关系，是我们大家公认的。俗语说饱暖思淫欲，饥寒启盗心。詹姆士也曾经发表情感与身体互相变化的言论；华德生并且把行为当作心理。但这问题范围太大，意见不同的地方也太多，我们在这地方不能讨论。我们现在所应当注意的：

（a）心理的范围比意志广，心理与事实的关系不见得就是意志与事实的关系；

（b）心理与事实间之有关系是一问题，而那种关系是否为因果关系，又是一问题；

（c）意志的定义，各有各的不同，我们很难武断。如果我们把"饿"和"要食"当作两件事，把"饿"当作事实，把"要食"当作意志，似乎可以说事实与意志发生因果关系。

3. 但"要食"一类的事，不容易把它当作意志，而"饿"与"要食"更不容易把它们当作两件事。饿就是要食。所以即使把要食当作意志，也就不能发生因果关系。饱暖与淫欲，饥寒与盗心，自然是有一种关系。但如果我们用点分析工夫，我们就觉得饱暖、饥寒没有大约一定的意义。五十分的饱暖与百分的饱暖就不相同，而淫欲的程度也大有分别，严格地说起来，也就不容易发生因果关系。

4. 话虽然是这么说，我们寻常总觉得我们有一种心理，大约就有一种原因，岂不是原因是因，心理是果吗？我们在这里所应注意的是历史上的原因，不一定是因果的"因"。历史上的原因，不过是以往的事实，以往的事实不见得在将来照样复现。我们只能说"有了某甲事，然后有了某乙事"；我们不能说"有某甲事，大约就有某乙事"。

5. 照以上所说的看起来，意志与事实极少因果关系。我们不能说它们一定没有因果关系，但我们可以说，这类的关系在意志与事实间算是极少的了。现在更进一步，不但说意志与事实极少因果关系，而且说，就是有因果关系，意志也不见得因此就自由，也不见得因此就不自由。照新式的因果论看起来，因果间没有创造的性质，所以不能有因产生果、果由因而生的思想。就是意志有因，它也不是那个因所产生的意志，所以不见得有因就不自由。另一方面，就是意志有果，已经达到的结果也不是意志所产生的，所以就是有果也不见得自由。

6. 以上可以说是我们讨论的结果。现在要说几句应该声明的话。我们的问题，不是意志自由与不自由，说它自由也可以，说它不自由也可以，双方均有理由可说。照我们现在所应用的知识的程度看起来，我们或者不能下一个精密的断语。我们的问题，也不是完全在事实范围之内的因果关系。我的意见是没有事实上的因果关系，我们的目的很难达到，而我们的意志也就因此不自由。我们的问题，在第一段之内已经说过，问的是：意志与事实之间是否有因果关系，如果二者之间有因果关系，是不是意志因此就自由，或者因此就不自由？这问题的答复，在本段第五条，已经简略的说明了。

（原载《晨报副刊》第 59 期，1926 年 8 月 23 日；选自《金岳霖集》，北京，中国社会科学出版社，2000）

道、式、能[*]
（1936）

一·一　道是式与能

一·二　道有"有"曰式曰能

这里的道是最上的概念的道或最高的境界的道。这两句话是命题与否，颇不易说。我觉得说这两句话的时候，我们不容易马上就开始说解析的话。从情感方面说，我总觉得印度思想中的"如如"（引用张申府先生的名词）最本然，最没有天人的界限；我们既可以随所之而莫不如如，在情感方面当然非常之舒服。中国思想中的道似乎不同。至少我个人免不了那由是而之焉的感想。有"是"有"由"，就不十分如如。可是，道不必太直，不必太窄，它的界限也不必十分分明；在它那里徘徊徘徊，还是可以怡然自得，希腊的 logos 似乎非常之尊严；或者因为它尊严，我们愈觉得它的温度有点使我们在知识方面紧张。我们在这一方面紧张，在情感方面就难免有点不自在。这篇文章中的道也许是多带点子冷意味的道。

一·三　有能

这里的"能"字是命名的名字，好像张飞关羽一样，不是形容事物

的名词，如红，绿，四方等等。名字叫"能"的那 x 不是普通所谓东西，也不是普通所谓事体。

依我的意见，我们可以在宽义经验中（有想象与推论等等的经验）抓住它。我手上有一枝纸烟，此刻它是完整的，有某形，有某色。它有它的来源：它的烟的那一部分在多少时前是某一地方的烟叶子，未成植物前，一部分是种子，其他部分是肥料，是水，是太阳光中的某种光等等。它的纸的那一部分，可以追到某造纸厂，由造纸厂可以追到某一种树，理论上也可以追到某一棵树，也可以追到水，光，土，等等。我现在抽这枝烟。原来的整体又分开来了。一部分变成灰，一部分变成烟……烟这一部分在我的内部蹓跶蹓跶之后就大部分地往空气里走了。成灰的那一部分变动比较地慢，起先留在烟灰缸里，以后也许就到土里与别的东西混合起来，这些时候，也许又回到另外一种植物里去。

这一大堆的变更中，有些东西是直接经验的，有些是想象的。所谓"烟"，所谓"纸"，所谓"光"等等，都是可以下定义的，都没有变。可是，在此变更程序中，有 x 由"是某甲种的东西"变成"是某乙种的东西"，由"是某乙种的东西"变成"是某丙种的东西"等等。这里的意思是说：我们说"这枝烟变了灰"，在那里变的不是"烟"类，或"烟"概念，而是"是那枝烟的 x"。

也许有人以为这里的 x 就是化学的"原子"，或物理学的"电子"，或物理学的"力"。我所要表示的意思不是这个意思。"原子"，"电子"，"力"，都是类，都形容，都摹状；它们都可以有定义，它们也都是抽象的，它们可以只有算学方面的意义；它们都靠这里所说的 x 塞进去才能成具体的"原子"，"电子"，"力"；才能有化学或物理学方面的意义。

既然如此，x 只能有名字，而不能有摹状词去摹它的状，或形容词去形它的容。名字的"名"与普通所谓名词的名大不相同。普通所谓名词的名是可以按名而得实的名，名字的名不是可以按名而得实的名。"能"字在本文里不过是为行文的方便所引用的名字而已。可是，我以为它是很"好"的名字，它可以间接地表示 x 是活的，动的，不是死的，静的。一方面它有"气"的好处，没有"质"的坏处；另一方面它又可以与"可能"联起来，给"可能"以比较容易抓得住的意义。

"能"既是 x 的名字，我们不能按"能"的名而得 x 的实。x 不能以言语直接地传达。在我个人，我可以说我得之于宽义经验之中。在别人，我就不敢说了。它也许是要所谓直觉才能够得到的。如果一个人在自己经验中能够抓得住它，他自然知道"能"是甚么回事。如果抓不着，也就没有好法子使他抓着。我这里这句话——"有能"——是表示经验的话。在经验中抓住了它，在所谓"形而上学"的范围之内，它也就逃不出去。

一·四　有可能

　　这里所谓可能是可以有而不必有以上所说的"能"的"架子"或"样式"；一部分是普通所谓空的概念，另一部分是普通所谓实的共相。兹先从实的共相着想，所谓红，所谓绿，所谓烟，所谓灰，所谓水，等等，凡有具体的表现（如这个红的东西，那个绿的东西等等），而又不是各个体之所分别地表现的情形都是所谓实在的共相。可能的一部分就是这种共相。共相既是实有的，它是有"能"塞入的"架子"或"样式"；它既是有"能"的"架子"或"样式"，当然是可以有"能"的"架子"或"样式"。那就是说共相是可能。

　　共相虽是可能，可能可不一定是共相。可能虽可以有能，而不必有能。普通所谓空的类称，或空的概念，如"超人"，如"龙"，如"世界共和国"，如"剑仙"等等，它们不是此处所谓共相，因为它们没有具体的表现；然而它们是可能，因为它们可以有具体的表现。所谓可以是逻辑方面的可以，是没有矛盾的可以。这是最普遍的可以，只要"架子"或"样式"没有矛盾，它就可以有"能"；那就是说，它就是可能，它就是可以有而不必有"能"的可能。

　　"可以"有逻辑的意义，而没有逻辑系统的意义，逻辑系统是逻辑的具体的表现，逻辑系统的意义随逻辑系统而异。可是，系统虽多，而逻辑不二。在系统方面，"可以"的意义虽不见得相同，而在逻辑上，"可以"只有一意义。设有两不同的 P，Q 逻辑系统；P 有 P 的"矛盾"，所以 P 有 P 的"可以"；Q 有 Q 的"矛盾"，所以 Q 有 Q 的"可以"；但无论如何，就两系统之均为逻辑系统而言，"可以"总是无矛盾。

　　这样说来，凡事物之所表现都是可能，而可能不限于事物之所表现。"可能"本身也是概念，也是可能。它只有彼此区别的问题，没有事实上多少的问题，也没有一时一地的问题。它虽有现实与否的问题，而没有存在与否的问题。想得到与否既然是一时一地的问题，它当然没有想得到与否的问题。可能是一件事，想得到的可能又是一件事。我们现在所想得到的可能，不过是可能中极小极小的一部分而已。

虽然如此，"有可能"这一句话，也是宽义经验方面的话，尤其是官觉经验与知觉经验。对于经验，我们也有以经验之道还治其自身的情形。具体东西的表现，使我们得到一种归纳方面的材料，这材料就是各个体的共相；就归纳所得条而理之，得到了共相与共相间彼此的关系之后，我们又以之规律或范畴以后的经验。这两方面均给我们以"可能"的思想。"可能"的思想虽来自经验，然不必即随经验而去。（这句话有毛病，可是在此处我不愿多作讨论。）这是就我们对于可能的思想而言。至于"能"与可能的本身，既不随经验而来，也不随经验而去。

一·五　有式，而式是析取地无所不包的可能

如果我们把以上所说的可能，包举无遗地，用"或"的思想排列起来，这析取地排列起来的可能本身为一可能。这可能就是此处的"式"。关于这句话，我们应注意以下诸点。

"包举无遗"这几个字是指"所有的可能"而言。根据以上，可能的有无，不是想得到的可能的有无，不是一时一地事实上的可能的有无；可能既是可以有"能"，而"可以"又是逻辑上没有矛盾，则可能的多少，或可能究竟有多少，我们当然不敢说。可能的多少及种类，我们既不能知道，要我们在事实上把它们排列起来，当然办不到。我们只能在思想上把它们圈起来，不过怎样圈法要表示一下才行。

我们可以从知道的，事实上的可能起，利用经验所给与我们的"或"的思想或概念，把这些可能排列下去。"或"非常之重要，它是可以兼而又不必兼的"或"。设暂以（1），（2），（3），（4），……（∞）代表可能，则"或（1）或（2）或（3）或（4）……或（∞）"表示"能"可以套进（1）或者套进（2）或者套进（3）或者套进（4）……或者套进（∞）。单独地套进去固可，如果没有矛盾，"能"也可以同时套进好些的可能。

可能虽没有事实上的多少的问题，可是在理论上，它们的数目可以说是"无量"。这可以从两方面说。数目本身就是可能，数目中有无量数，可能也有无量，也是无量。同时可能的定义既如上述，可能的排列即在思想上也没有止境，而"无量"也可以表示这排列的程序是没有止

境的程序。这样一来，"无量"既可以是"所思"或"所排列的可能"的无量，也可以是"思"的无量，或"排列"的无量。"静"的无量固可，"动"的无量也可。

"式"中的可能，在另一标准上，不必是同等的；例如"人"是一可能，"动物"是一可能，"生物"也是一可能；如果我们注重它们的包含关系，这些可能不是平等的可能。但在我们的式中，它们在一平等的线上排列着，或在不平等的线上排列着，至少在本条的立场上没有什么关系。从式的立场着想，只要是个可能就在它的排列中。这些不平等的可能以后会谈到。

这里的式就是逻辑的泉源，可是它不限于任何一逻辑系统。我在不相融的逻辑系统那篇文章里，曾表示逻辑系统虽可以不同，而逻辑则一。我觉得逻辑的积极意义就是表示"能"之不能逃"式"。从逻辑系统方面着想，不相融的逻辑系统之发现是非常之重要的事体，可是，从逻辑的本质或逻辑的形而上方面的泉源着想，这件事体是否同样的重要至少使我怀疑。一逻辑系统不过是以一种方法表示此"能"之不能逃此"式"，即有另外不同，或不相融的方法表示此意，而所表示的仍是一样。

一·六 道无"无"

一·七 无无能的式，无无式的能

我们对于"能"的思想是从经验得来的。经验方面有它，而在经验方面我们的确是没有方法消灭它的。可是，我们对它的思想虽来自经验，而它本身不靠经验。我们很容易根据经验方面的情形，回溯以往，而以往不能无"能"，前望将来，而将来也不能无"能"。"能"只能改变它的可能的依附，而它本身不能消灭。那就是说它老是"在"那里的。

问题是"式"是否可以无"能"。"式"的定义既如上所述，当然没有"式"之外，那就是说，没有未曾排列在"式"之中的可能。这样一来，我们一想就可以知道"式"之外没有可以有"能"的架子或样式，"式"之外既没有可以有能的架子或样式，那么"能"只能在式之中。

能既不能消灭，"式"之中总有能。这当然就是说没有无能的式。既然如此，"能"既老在"式"之中，"式"既不能无"能"，"能"也不能无"式"，那就是说，没有无"式"的"能"。

也许有人因为以上两句话，马上就跟着说，"能"就是"式"，"式"就是"能"。我个人听见过人说这样的话："因必有果，果必有因，因就是果，果就是因"。说这话的人也许有他的信仰，而这句话的前后两半本来是两句话。但是如果他以为后半是由前半推论出来的，那我就有点不懂了。如果意思是说："乙为甲之果，又为丙之因，所以乙既是因又是果"，这当然是可以的。可是如果说这句话的人以为因之所谓因就是果之所谓果，那可不成。有夫必有妻，有妻必有夫，但夫不是妻，妻不是夫。

当然"甲是乙因"不能离"乙是甲果"，而"乙是甲果"也不能离"甲是乙因"，我们的确可以说"甲是乙因"就是"乙是甲果"。但这里的情形与以上不一样。这不过是以两不同样的语言表示一件事实而已。

无论如何，由一·六、一·七两句话，我们不能就以为"式"就是"能"，"能"就是"式"。

朱子的"理"与"气"，我不敢说就是这里的"式"与"能"，亚里士多德的"形"与"质"，我也不敢说就是这里的"式"与"能"。"理不能无气，气不能无理"或"形不能无质，质不能无形"，似乎是常常遇着的思想，可是我个人总感觉不到这思想的必然；尤其是"理不能无气，形不能无质"的那一方面。若把"气"与"质"当作经验中的"东西"，这两句话似乎是真的，可是，它们虽然是真的，而它们似乎不是必然的。至少在我个人看来，经验的"东西"无所谓必然，而"理"与"形"很可以没有这些"东西"。我这里的"式"与"能"，在我个人，的确是不能分离的，而它们之不能分离，在我看来，的确是必然的。

一·八　能无生灭，无新旧，无加减

以上谈"能"的那一条，曾表示"能"是名字，不是名词或其他任何概念。以任何概念去"形容""能"不过是表示那概念是可能，"能"可以塞进那概念，而成普通所谓那概念范围之内的具体的东西。这与普通所谓形容不一样。任何类的东西均有生灭，有新旧，有加减。说一东西的"生"不过是说它既生后所有的"能"在它未生前塞在别的可能里面，而没有塞进这一东西既生后的可能或概念或共相。所以一东西的"生"不是"能"的"生"，一东西的"灭"不是"能"的"灭"；新旧加减的情形同样，其他可能也莫不如是。我们可以用"人"为例。有的时候我们说人是有理性的动物，跟着就说"有理性"形容任何人。无论这一句话应作何解释，我们不能说它的意思是以"有理性"去形容塞在"人"那一概念或共相或架子或样式里面的"能"。如果有这意思，那就糟了。因为如果"有理性"可以形容"能"，其他无量的可能也可以形容"能"，而"能"的性质的数目与可能的数目相等；可能中有彼此不相容的可能，"能"也就逃不了彼此不相容的性质。总而言之，如果"生灭"是东西的生灭，则"能"无所谓生灭；"新旧"等等同样。

可是，"生"与"灭"等等都是可能。"生"可以有"能"，"灭"也可以有"能"。有"能"的"生"不是"能"的生，是"一可能之有'能'"的生；灭也不是"能"的灭，是"一可能之有'能'"的灭……一·八这一句话不是说可能中无"生"这一可能，"灭"这一可能，"新"这一可能……

既然如此，此处的生灭，新旧，加减等等只表示：没有式外的"能"，加入式内，所以无生，无新，无加；也没有式内的"能"跑到式外，所以无灭，无旧，无减。"式"外无"能"，所以无外入；只有式内才有能，所以也无外出。

这里的思想也许就是 indestructibility of matter-energy 那一原则所表示的思想。那一原则似乎很早就发现了，现在的科学似乎还引用。可是，有以下四点我们要注意：

（一）如果 matter-energy 是一概念或共相或可以有定义的名词，它就是本文的可能，而不是本文的"能"。如果它是本文的可能，也许就是本文的"式"；如果是本文的"式"，indestructibility of matter-energy 那一原则就不是本条这一句话了；因为"式"虽无生灭（照式的定义无所谓生灭），而本条所说的不是式无生灭，是"能"无生灭。同时 matter-energy 似乎不是本文的式；如果它是式，则那一原则不是自然律；如果那一原则是自然律，则它不是式。

（二）那一原则似乎是自然律，至少科学家以为它是自然律，而我们也把它当作自然律看待。果然如此，则所谓 matter-energy 不是式，在定义上至多是式中的某一可能。生灭虽是可能，而任何可能的本身均无所谓生灭，这一点参观"有可能"那一条即可知。说 matter-energy

这一可能无生灭似乎也不是这一原则所要表示的意思。

（三）以 matter-energy 为式，这一原则不是本条所说的话；以之为可能，似乎也不是这一原则的意思。结果只有两条路走：（甲）是把 matter-energy 当作名字看待，（乙）是把它当作本文所谓有"能"的可能看待。如果我们走（甲）这条路，而同时 matter-energy 之所指就是"能"之所指，这一原则当然就是本条所说的话。这也许是原来的意思，但在我们把它视为自然律的情形之下，这条路似乎走不通。

（四）这样看来，我们似乎只能把 matter-energy 当作有"能"的可能看待，那就是说把它当作是 matter-energy 那样的实在的东西看待。果然如此，则 indestructibility of matter-energy 这一原则是科学家的自然律，当然也是我们的自然律；事实上是真的，可是，不是本然的道理。把这一原则作如是解，它当然不是本条所说的那句话，它的范围比本条的范围窄多了。

一·九 式无生灭，无新旧，无加减

"式"也是无生灭等等。这一点在一·八那一条的注①里已经提及。从定义方面着想，这一句话可以说是用不着说的。"式"是析取地无所不包的可能。可能是逻辑上可以有"能"，而不是事实上有"能"的东西；它根本就没有时空的问题，也没有任何具体的东西所有的事实上的问题。它似乎是很显而易见地无所谓生灭等等。但是因为我们在日常生活中留心具体的东西的时候多，留心抽象的概念的时候少，我们免不了注重前者，忽略后者。我们很容易因为甲是乙的父亲，乙是甲的儿子，甲比乙老，遂以为"父亲"这一概念比"儿子"这一概念"老"；因为甲在乙之前，乙在甲之后，遂以为"在前"这一关系在"在后"这一关系之前。这些话只要提醒一下，我们就知道它们是没有意义的话。无矛盾的概念就是可能，可能就是无矛盾的概念；概念既没有具体的东西在事实方面所有的问题，可能当然也没有。可能没有这些问题，"式"当然也没有。

可是，有一点我们得注意。因为生灭等等都是可能，所以生灭等等都在"式"中，所以"式"中有生灭等等，也许就有人以为"式"有生

---

① 原文如此，下文中提到出注处亦未见有注。——编者注

灭等等。这当然是错了。这差不多等于说人有腿，人是腿。"式"中虽有生灭等等，而"式"仍无所谓生灭等等。这一点在一·八那条的注中已经提及，此处不过重新注意一下而已。

一·一〇　式与能无所谓存在

"式"与"能"既无生灭，新旧，加减，当然也无存在。这里说无所谓存在者，一方面因为前面说有"式"有"能"，或者有人以为它们和东西一样地存在，另一方面说它们无存在恐怕引起误会。

如果我们把"存在"两字限于具体的东西的存在，则存在也是可能，也可以有"能"，也在"式"中。"式"中虽有存在，而"式"无所谓存在；存在虽可以有"能"，而"能"无所谓存在。本文的有无不是存在与不存在。是道的内容则有，不是道的内容则无。存在固然是可能，不存在也是可能，它也在"式"中，它也可以有"能"。"能"可以塞进存在这一可能里面去，也可以塞进不存在这一可能里面去。我们所要避免的误会就是以不存在为不可能的误会。生灭，新旧，加减，这些相联的词没有存在所能有的误会，所以仅用无字已够。

有些人很喜欢提出存在问题。存在似乎是大多数人的一种实在与否的标准。这标准从我们的极狭义的经验看来，的确是非常之重要。从研究历史或其他尚且不容易轻视个体的学问的人们这一方面看来，也的确是非常之重要。可是我们在宽义的经验中日常所用的工具，有一部分根本就没有存在的问题。例如我们问在这一段文章中，有几个"存"字？假如我们答案是"n"，那么这里有 n 个"存"字（甲），但同时这 n 个"存"字都是"存"字（乙）。至少这里的"字"字就有（甲）（乙）两意义的分别。由（甲）义，则前后，左右，大小，等等问题都有，而这 n 个字都存在；可是由（乙）义，则前后，左右，大小，等等问题都没有，这些问题它既都没有，它也没有（甲）义所有的存在问题。

本文在此处把"存在"二字限制到具体的东西的存在。既然如此，"式"与"能"当然是无所谓存在。问"式"存在与否是一不应发生的问题，问我们怎样知道"式"存在当然也是不应发生的问题。"能"也是一样。本条的意思本来用不着以明文表示，其所以终于以明文表示者，一部分的理由也是因为有好些人发生"式"与"能"的存在的问题。

一·一一　式与能无终始

"式"与"能"既无生灭等等，当然也无终始。这里的"终始"就是东西事体有终始的终始。这一条也用不着特别提出的，理由与前几条一样。但是终始似乎是注重存在的人们所特别发生而又似乎无法解决的问题。有些人因为注重存在的东西，所以很容易把一方面的问题移到另一方面去。存在的东西都有终始，存在的世界有终始，存在的宇宙也有终始。因为存在的宇宙有终始的问题，时间也发生终始的问题。从可能这一方面着想，时间无所谓终始，从在时间的东西这一方面着想，时间有终始。它的终始也许相差很近，也许相差很远，但显而易见地始于其始，终于其终。其始也许无量，其终也许无量，也许这具体东西的终始与道同"寿"。所谓"与道同寿"就是"时间这一可能老是有'能'的可能"。关于这一点，以后还要谈到。我们现在所注意的就是即令具体宇宙与道同寿，而道仍无终始。

从前的人已经说过"道无终始，物有死生"。这两句话在本文也很有道理。用本文的语言，说道无终始，就是说式与能无终始。说它们无终始，就是说它们无所谓终，无所谓始。物大概就是所谓具体的东西或事体。果然如此，则物占时间；所谓物占时间就是说物有生死。也许物之中有特别的物，如天文学的宇宙，而这样的物与道同寿，但道仍自为道，物仍自为物。从道这一方面着想，无终始；从物这一方面着想，有死生。

一·一二　式与能无所谓孰先孰后

根据以上一·六，一·七，一·八，一·九，一·一〇，一·一一，"式"与"能"当然无所谓孰先孰后。可是，我们特别提出来讲讲也有道理。有好些人发生事理先后的问题，而这一问题引出许多的辩论。有些辩论或者是针锋相对，有些也许根本就是没有问题的辩论。他们的"理"或者相应于此处的"式"，或者不是，但他们的"事"决不是此处的"能"。关于此问题，我们要注意以下诸点。

如果所谓"理"是知识的对象而又能独立于我们的知识的理，它大概就是这里的"式"；如果所谓理是知识的对象，仅是知识的对象而不能独立于我们的知识的理，则所谓理不是此处的"式"。如为后者，它是我们经验中能以理称的事体，好像能以"四方"称的四方东西一样。兹以理（1）表示前者，以理（2）表示后者。所谓事大概就是普通所谓"东西"或"事体"的事。事也可以分事（1）事（2）两义。但除此分别外，我们还可以引用另一办法，我们可以把相应于一理的事与不相应于一理的事分开来。这句话似乎要补充几句才行。例如人有人的理，树有树的理，动物有动物的理，植物有植物的理，等等，具体的人就是相应于"人理"的事，具体的树就是相应于"树理"的事，等等，而具体的人不是相应于"树理"的事，具体的树也不是相应于"人理"的事，等等。我们先讨论理（2）与事（1）的先后问题，而先后两字限于时间上的先后。

（一）总有不相应于理（2）而先于理（2）的事（1）。这似乎是毫无问题的。至少在实在主义者，这是毫无问题的。如果"有事始有理"这一句话是作如是解，它似乎是一句不容我们否认的话。

（二）相应于一理（2）的事（1），不一定先于它所相应的理（2）。有些在前，有些在后。发现的事（1）（discovered）先于它所相应的理（2），发明的事（1）（invented）后于它所相应的理（2）。如果有人以为所有的发现都是发明，则事（1）等于零，而实质上就只有事（2）。如果有人以为所有的发明都是发现，则事（1）的意义等于理（1）。坚持理（1）理（2）与事（1）事（2）的分别，同时承认有理（1）理（2）与事（1）事（2），这两假设是无法承认的。

（三）不相应于一理（2）的事（2）既不先于所有的理（2），也不后于所有的理（2）。这句话似乎不清楚，它的意思如下：假设理（2）事（2）均有所谓最初，则此最初的理（2）事（2）没有先后的关系，即有时间上的关系，我们也只能说同时。仅有理（2），无经验，仅有事（2），也无经验；除非把"经验"二字用到那无知无觉的事体上去。

（四）不相应于一理（2）的事（2），在大多数人们的经验中，大概先于理（2）。如果"有事始有理"的意思是这个意思，这大约也是一句比较靠得住的话。这当然要看所说的"那一理（2）"是甚么样的理（2）。大约对于愈深奥的理（2），这句话愈靠得住；对于愈粗浅的理（2），这句话愈发生问题。

（五）相应于一理（2）的事（2），有些先于它所相应的理（2），有些后于它所相应的理（2）。究竟那些先，那些后，似乎是研究历史的人们的事。

（六）理（1）无所谓时间上的先后。既然如此，它与事（1）说在一块也好，与事（2）说在一块也好，总不能发生先后的问题。这一点在讨论"存在"的那一条，已经表示过与它同样的意思。"兄弟"的理（1）既不在"某甲是某乙的兄弟"之前，也不在其后，也不与之同时。理（1）本身既无所谓先后，我们不能把有时间上先后的事（1）事（2）与之相比以定孰先孰后。总而言之，理（1）与事（1）或事（2）的先后问题是一不应发生的问题。如果"事先于理"或"理先于事"有此处的解释，它是一句无意义的话。

（七）理（1）是此处的"式"与否颇难坚决地说，它与"式"有同样的情形。事决不是此处的"能"。理（1）与事无先后问题，"式"与"能"更无先后问题；因为不仅"式"无先后问题，"能"也无先后问题，它们彼此更没有先后问题。这就是本条的意思。以上（一）（二）（三）（四）（五）与本条的题目本来是不相干的，我们把它们提出来实在是借题发挥，其所以借题的道理就是要预先避免把以上的问题牵扯到本条上来。

一·一三　式无二

以后慢慢地把"式"与"能"的分别提出来。"式"既是析取地无所不包的可能，则"式"外无可能；"式"外无可能，所以"式"外无"式"。"式"外无"式"，所以不能有两"式"。这是一句很重要的话。所谓"一理"的理大概就是这里的"式"，所谓"唯一逻辑"的逻辑就是这里的"式"。我们表示"式"的方法可以不一，而"式"无二。一种表示"式"的方法仅是一可能，这一可能也许是事实上的唯一可能，但即令是事实上的唯一可能，而它本身仍不是"式"。从这一方面着想，没有一本讲逻辑的书等于逻辑，没有一本讲物理的书等于物理，等等。这点道理我在不相融的逻辑系统那篇文章里曾经从长讨论。逻辑与逻辑系统是两件事。逻辑无二，而逻辑系统不一；前者是说"式"无二，后者是说表示"式"的方法不一。

一·一四　能不一

所谓"一"者不是单位的一，也不是性质的一。在单位上我们不能说"能"是一或不是一，在性质上我们也不能说"能"是一或不是一。关于"能"的本身，我们不能说甚么话，说甚么话就限制"能"。说"能"不一就是说可能不一。可能不一就是说可以有"能"的架子或样式不一。这就是说能可以套进许许多多的架子或样式。"能"有无量的可能，所以能这一名字是很好的名字。我们差不多可以说"能"的能不一，或能力不一，它可以是这样，也可以是那样。但这样的说法恐怕引起两种误会。"东西"的能是有量的能，不然不容易谈归纳。把这样的能用到"能"身上去免不了限制它。同时"东西"的能，或能力的能是可能，是可以有定义的概念，而不是名之为"能"的"能"。如果我们用"形式"两字表示"能"所能有的可能，本条这一句话等于说"能"无一定的"形式"。

一·一五　式无内外

兹先从"外"说起。"式"既是析取地无所不包的可能，则"式"外无可能；"式"外无可能，"式"外当然无"式"。同时，无无"式"的"能"，所以"式"外也无"能"。这都表示"式"无"外"。这里的外最好不要视为那至大无外的外，这里的内也最好不要视为那至小无内的内，因为"式"根本就无所谓大小。可是，"式"虽无所谓大，而宇宙在"式"中；"式"虽无所谓小，而至小亦在"式"中。这里的内外是对能而说的。这里说"式"无外，是说"能"不能跑出去；说它无内，是说"能"不能跑进去或不跑进去。前此曾表示"能"老在"式"中，这也就是说"式"无内外。总而言之，"式"既没有可以让能出去的外，也无所谓让"能"进来或不进来的内。"式"既无内外，所以把"式"视为范畴，"能"没有承受或不承受的问题，因为它不能不承受。

"式"无内外是"式"的大本领。我们对于"式"的知识的确是"先天"或 apriori 的知识。"先天"两字也许不妥。无论知识是甚么东西的知识（是人的知识也好，是猴子的也好，是狗的也好……），它总来自那东西的经验。任何知识决不能先于经验而得，我们得到"式"的知识也靠经验。可是，所得到的关于"式"的知识的正确性不靠经验。这句话的意思如下：设以 p 代表"式"的知识的命题，q 代表其他知识的命题，我们不能由 p 推出 q；这就是说 q 可以假而 p 不随之就假。其所以有如此情形者就是因为"能"可以逃出我们现在的世界，而不能逃出这无内外的"式"。

一·一六　能有出入

所谓"出入"当然要有内外。"式"无内外，"能"既不能出"式"，当然也不能入"式"。可是，"能"的可能不一，可能不一，则每一可能均有内外。所谓"出"就是跑出一可能范围之外，所谓"入"就是套进一可能范围之内。这里的出入可不是出入一间房子那样的出入，那是有空间的界限的，但根据出入房子那样的出入，我们可以意会到这里的出入。

"有人"表示"能"之套入"人"这一可能范围之内，"现在无恐龙"表示"能"之跑出"恐龙"这一可能范围之外，"无鬼"表示"能"根本就没套进"鬼"这一可能范围之内。照从前的说法，"能"无生灭，所以"人"，"恐龙"，"鬼"的生灭不是能的生灭；照本条的说法，"能"有出入，而这些东西的生灭就是能的出入。

这里说"能"有出入实在是说它"老有出入"。这一点以后自然会清楚。可是，"能"虽老有出入，而我们不能跟着就说，我们一定有现在所有的这样的世界。这是两件事，它们的关系，以后会谈到。

一·一七　式常静，能常动

"式"与"能"均不能以普通形容词直接地去形容它们。这里的动静与上条的出入有同样的问题。这里说"式"常静不是说它像山一样，老是摆在那里；这里说"能"常动也不是说它像瀑布一样，老是在那里流。"式"与"能"均无所谓"这里""那里"，所以"式"的静不是普通静的东西的"静"，"能"的动也不是普通动的东西的"动"。但是我们不能不假借这种字眼去表示它们的意味。除此之外，我们没有旁的法子。

兹先从"式"说起。"式"无生灭，无终始，既无所谓存在，当然也不占时空；同时，"式"无二，也无内外；我们可以用图案式的方法去想它，也可以用公式式的方法去想它，但它既没有图案所引起的形式，也没有公式所表示的秩序。想来想去，总觉得它老"有"，总觉得它老"是"。这就是我们借用"静"的思想去表示的意味。

再说"能"。它也没有生灭，终始，也无所谓存在；但我们在经验中感觉的云蒸雨降，沧海桑田及其他种种等等，本人生活上的变迁也在内，所感觉到的情形之中，有那从前是"那"，现在是"这"的 x。由这些的感觉我们很容易想到天下既无不变的事体，就有那老在出入的"能"。"能"的出入不是普通东西的出入，可是我们借出入思想去表示从前是"那"现在是"这"的情形。"能"的动也不是普通东西的动，可是我们可以借动这一思想去表示"能"与"式"的不同的意味。

一·一八　式刚而能柔，式阳而能阴，式显而能晦

这里的刚柔等等一方面都是形容词，另一方面都不是形容东西的性质的形容词，它们所表示的是"式"与"能"的不同的意味。这一点已经提出过，本条不赘。

所谓刚柔不是强弱的刚柔。"式"的刚很容易想到，它的刚就是普通所谓"理"的刚，或"原则"的刚，或"自然律"的刚；而"能"的柔就是与此刚相反的柔。阳与阴，显与晦所表示的意味，也就是这里刚柔所表示的意味。根据"式"无二，"能"不一这两方面的思想，刚柔，阴阳，显晦的意味很容易得到。

"阴阳"二字颇有问题。中国哲学里常用此两字，意义非常之多，至少我个人弄不清楚。我在这里的确利用含混的意义表示"式"与"能"的不同的意味。至于显晦，则"式"的显在本文里面应该是毫无问题，它是明显的显，所以本文给"式"下定义。"能"与之相反，所以只给它取名字。

一·一九　道非式

一·二〇　道非能

道是"式与能"。仅"式"无以为道，仅"能"亦无以为道。这是显而易见的道理。同时我们要知道无无"能"的"式"，无无"式"的"能"。"式"无"能"为不可能，"能"无"式"，即"能"之不可，也就是不可能。有"能"方有"式"，有"式"方有"能"。"式"与"能"

虽可以分别地讨论，却不可分开地"是"。道是二者之"合"，不单独地是"式"，也不单独地是"能"。这里分两条说，也就是要表示道不单独地是"式"或"能"。

一·二一　道无生灭，无新旧，无加减，无终始，无所谓存在

道既是"式与能"，这也是显而易见的道理。这里的"无"与以上一·八，一·九，一·一〇，一·一一，一·一二的"无"一致。

一·二二　道无二，亦无内外

这表示道与"式"一致。道"外"无他道，道"内"即此道。

一·二三　道无动静，无刚柔，无阴阳，无显晦

这里表示道与"式"或"能"均不一样。道既不是分开来的"式"与"能"，所以"式"虽静而道无所谓静，"能"虽动而道无所谓动；"式"虽刚而道无所谓刚，"能"虽柔而道无所谓柔；"式"，虽阳而道无所谓阳，"能"虽阴而道无所谓阴；"式"虽显而道无所谓显，"能"虽晦而道无所谓晦。这些表示意味的形容词都不能引用到道身上去，引上去，就有偏，有蔽，有所限制，而所谓道者就不是此处的道。

一·二四　道无出入

这表示道与"能"不一样。能可以出于可能，也可以入于可能。道本身为道，不能出于道，入于道。道是"式与能"，不能出于"式与能"，入于"式与能"。可能在道中，所以道不能出入可能，这一点见下条。

一·二五　能出为道，入为道

"能"之入于可能即一类事物或一具体事物的生，"能"之出于可能即一类事物或一具体事物的死。烧一本书是那一本书的灭，不是"能"

的灭，"能"不过离开了那一本书跑到灰，烟，气，等等里面去了。一个人的死是那一个人的死，不是"能"的死，"能"不过先跑到尸，以后又跑到别的可能里去而已。一人个人的生是那一个人的生，不是"能"的生，"能"只由别的可能跑进那一个人。

具体的单个的东西是这样，一类的东西也是这个样子。从前有恐龙，现在可没有了；有恐龙的时候就是"能"套进恐龙那一可能的时候；现在没有恐龙就是"能"完全退出恐龙这一可能的时候。从自然史这一方面着想，从前有现在没有的兽非常之多，这表示"能"之入而又继之以出。从前没有飞机，现在有飞机；现在虽有飞机，而能未因此就增加；"能"虽未因此增加，可是，已经由别的可能套进飞机这一可能里面去了。这表示能之出而又继之以入。

但是谈具体的东西也好，谈一类的事物也好，"能"总有出入。"能"出于一可能就是入于别的可能；入于一可能，就是出于别的可能。出也好，入也好，"能"老在"式"中，老与"式"合，所以出为道入亦为道。

一·二六　居式由能莫不为道

"居式"表示"能"老在"式"中，"由能"表示"能"老有出入，而出入又无限制。"能"既老有出入，而出入又均为道，则"居式"由"能"莫不为道。

这句话所表示的道理很容易明白。只要知道以上所说的道理，就明白这一句话。现在所注意的是我们对于这道理所感觉的意味，与浸润于此意味的情绪。我们要回到最初关于道所说的几句话上去。这里的"居式由能"有点"由是而之焉"的味道。但这里的"能"既根本就没有"不居式"的问题，所以"居式"不至于给我们以不自由的感觉。从这一方面着想，这里的道，至少在我个人的感觉中，不见得很直，不见得很窄，它很有那浩浩荡荡的意味。"式"虽冷，而道不冷，至少不会冷到使我们在知识方面紧张的程度上去，也不至于冷到使我们在情感方面不自在的程度上去。至于这里的道是否有"如如"那样的浑然自在的味道，颇不易说，因为它多少带点冷性。

（原载《论道》，长沙，商务印书馆，1940；
选自《金岳霖文集》第二卷，兰州，甘肃人
民出版社，1995）

几与数[*]
（1940）

七·一 能之即出即入谓之几

第一章说能有出入。能既有出入，当然有入此出彼底情形发生。既出彼入此，也当然有未入而即将入未出而即将出的阶段。此即出即入我们叫作几。

几字从前大概没有这用法，可是，在本文里这用法似乎可以说得过去。我底感觉也许是错的，但我感觉得几字带点子未来而即将要来未去而即将要去底味道。这未来而即将要来未去而即将要去，在日常生活中，是相对于我们所注意的事而说的，其实任何事体都有这一阶段。可是，未来者不必来，不一定来，未去者也不必去，不一定去；本条所注意的是即来即去。

以上是从事体着想。但所谓事件最后的分析仍是能之出入。即以天下雨而论，如果我们根据以上几章底讨论一层一层地推上去，我们会达到能有出入那一原则。几底最普遍最基本的说法还是从能这一方面说。如果我们说事之即来即去谓之几，一方面不够普遍，因为有好些即来即去的不是日常所谓事体；另一方面也不够基本，因为事之即来即去不过是形而下的现象而已，它们底本质仍是能之即出即入。

七·二 有理几，有势几，自能之即出入于可能而言之几为理几；自能之即出入于个体底殊相而言之几为势几

能之出入于可能在本书底条理上是比较基本的出入。在自然史上某

---

* 《论道》第七章。——编者注

时期有某某种动物或植物而在某另一时期无此种动物或植物。所谓有某某种动物或植物，照本书底说法就是能之入于某某可能，而所谓无某某种动物或植物就是能之出于某某可能。能既出入于可能，当然也即出入于可能。这样的几为理几。

在自然史底历程中，从前有而后来没有的动物植物非常之多，这表示能之入而后出的可能非常之多。在现在能之出入于可能底速度似乎比从前增加。就出而说，不仅天演淘汰许多东西。人力也加入此淘汰而增加此淘汰底速度。煤与煤油底恐慌都是人力消耗底恐慌。可是，虽然如此，人力增加的东西更多，并且速度更快。各种发明的机器都是能所新入的可能，各种试种出来的草木鸟兽电都是能所新入的可能。能之出入于可能的机会既多，能之即出即入底速度也增加。

能不仅出入于可能而且也出入于个体底殊相。所谓出入于殊相就是前此说的殊相底生灭。入于一殊相就是一殊相底生，出于一殊相就是一殊相底灭。出入于殊相与出入于可能当然不同。出入于一殊相不必就是出入于相应于该殊相的可能。例如一个体由黄变红，这就是该个体底能出于特殊的黄入于特殊的红，但这并不表示黄类的东西灭而红类的东西生。能之出入于可能虽然在本书底条理上基本，而在事实上不若能之出入于个体底殊相来得频繁。个体底一举一动莫不是能之出入于殊相，既然如此能之即出即入于殊相也就无时不有。时间与几底关系以后再谈。

这两种出入既不相同，这两种即出即入也不相同。能之即出即入于可能我们叫作理几，能之即出即入于个体底殊相我们叫作势几。

七·三 个体底变动莫不出于几入于几

个体底变动，就一方面说，就是殊相底生灭，殊相底生灭有那生生相承灭灭相继底历程，生前有生，灭后有灭。可是，生灭就是能之出入于殊相，生前有生灭也就是入前有出入，灭后有生灭也就于出后有出入。由此我们知道即入之前有即出即入，即出之后也有即出即入。这就是说几也有它底历程。几既有历程，则执任何几以为注意点，有此几之所自来之几，也有从此几而前往之几。

即以上面所说的"由黄变红"而论，在未变之前也许有 y 事体发生，而从 y 着想，也许我们要说个体虽未由黄变红而即由黄变红，在既变之后也许有 x 事件发生，而从 x 着想，也许我们要说，个体虽未由红变紫，而即由红变紫。可是，在未变之前，y 那样的事本不必发生，而发生之后，也许有 w 发生而该个体因此不由黄变红，个体既由黄变红之后，x 那样的事体也不必发生，而发生之后，也许有 s 发生而个体因此不由红变紫，y 与 w 那样的事体是由黄变红之所出，x 与 s 那样的事体是由黄变红之所入。

以上的例子只是殊相生灭方面的例子，这似乎表示我们所注重的几是势几。这也可以说，但是我们要记得势几虽不必是理几而理几总同时是势几。个体底变动虽有时兼是类底存亡而大都仅是殊相底生灭。所举的例子难免不偏重势几。

请注意我们这里所谈的不是因果关系。说一件事体未发生而将要发生，我们说话底根据也许是因果关系，而我们底题材不是因果关系。仍以由黄变红而论，也许 y 发生而根据因果关系，我们说此个体将由黄变红，但究竟即由黄变红与否不是因果关系底问题，因为也许有 w 事体相继发生，而同样地根据因果关系我们可以说此个体不至于由黄变红。前后两说都根据于因果关系，而究竟此个体即由黄变红与否不是因果问题。这"究竟"两字，若从事实上的承继着想，我们只能一步一步地住上推，并且永无止境。可是，如果我们不从事实上的承继着想而从能底出入着想，究竟怎样仍是能底即出即入。这就是说一件事体究竟发生与否不是因果问题。

七·四　个体底变动不为几先不为几后

上条说个体底变动莫不出于几入于几。那是注重一变动底来踪去迹。可是，一变动本身有有相当于它的几。从一变动本身之亦有相当于它的几着想，它当然不为此几之先不为此几之后，这是显而易见的。可是这差不多完全是形式的话，这差不多只是说一件事体在它所发生的时候发生，而不在那时候之前或那时候之后发生。

本条底表示不完全是形式的。在七·一那一条底注解里我们已经表示几没有事先决定底意义。定一点非常之重要，这表示从几这一方面着想，我们底将来不是已经决定的将来。同时我没有说而实在可以说几有事后不移底意义。但已经的事总是不能变更的，所以如果我们仅说事后不移．也不足以表示本条底意思。本条底意思是说一件事体发生之后，我们总可以举出理由表示在那件事体发生的时候之前，它不至于发生，在那时候之后，它也不至于发生。这就是说当一件事体发生的时候总有特别的理由使它恰恰在那时候发生。这特别的理由既不是必然的也不是固然的而是适然的。

说一件事体适然地是怎样就是说不仅有必然的，固然的，理由使它那样，而且有一时一地底环境底总和使它那样。请注意如果我们说"这件事体不必在这时候发生"，例如七点半吃早饭，我们所说的或者是"早饭那样的事体不必每天在七点半发生"，或者是"如果第一件事体不发生，早饭不至于在七点半"。前说不过是表示"早饭"与"七点半"没有必然的关系，后说底根据是因果关系，特别点不过是把这关系引用到当前的事体上而已。这两说法都是从普遍的关系着想。可是，如果我们所注重的是某年某月某日底特殊的早饭，则根本就不应该有不必在那时候发生底问题。如果它不在那时候发生，它根本就不是那件事件，另一方面，它底环境也就根本不是那环境。

如果我们有为什么一件事体在它所发生的时候发生底问题，我们可以举出必然的理由，而必然的理由不够，我们可以举出固然的理由，而固然的理由不够，我们也可以举出以后所要提出的当然的理由，而当然的理由也不够，从事实这一方面着想，我们只能说一时一地底世界既然是那样的世界，这件事体只能是这样的事体。可是从本书底立场上说，特殊的事体发生总是能底出入，而能底出入总靠能底即出即入。这就是说个体底变动决于几。能不即出，不出，能不即入，不入；此所以本条说个体底变动不为几先不为几后。

七·五　在现实底历程中无量的几皆备

现实底历程是无量的历程。它从无量来，到无量去。所有能底出入都在这历程中。这一点我们可以根据以前所说的话表示出来。所谓现实就是可能之有能，可能之有能就是能之入于可能。同时变、动、时间都现实。老是现实的可能总是老是现实的。以这些可能为背景，其它的可能既可以现实，也可以成虚，而现实与成虚都表示能底出入。现实不会不个体化，现实既个体化，能也不会不出入于个体与个体底殊相。凡此都可以表示现实底历程就是能底出入底历程。能底出入底历程也就是能底即出即入底历程。从日常生活看来，即出即入与出入有先后问题，而出入底历程与即出即入底历程不会一致；但在无量的现实历程中没有这不一致底问题。至于几本身底数目也是无量，这似乎不必提出讨论。

七·六　相干于一个体底几对于该个体为运

对于一个体不是所有的几都相干，有些相干，有些不相干，可见相干与关系是两件事。所有的几都是有关联的，而相干于一个体的几与不相干于一个体的几当然也是有关联的。对于相干前此也许已经有解释，但不妨重提一下。

所谓相干是有影响，所谓不相干是无影响。所谓对于一个体有影响是引起该个体底变化。任何个体总有它所据的空间，所居的时间，它与别的个体总有时空上的关系。一个体所据的空间有小有大，所居的时间有长有短，但无论如何总有时空底限制，此限制即划分相干与不相干底最大的范围。

根据相对论发现以后的理论我们可以说如果两件相干的事体甲与乙，发生底时间底距离是 I（例如一秒钟）则它们底空间距离不能超过 D（例如 186 000 英里）。例如甲与乙底空间上的距离是 20 万英里，则在一秒钟之内，甲乙彼此不相干。我们当然可以反过来先从时间说起，如果甲乙底时间上的距离是两秒钟，则假如它们空间上的距离是 372 000 英里，它们彼此不相干。

任何特殊的个体有始终，而始终之间总是时间上的距离。任何特殊的个体都据空间，而所据的空间对于其它个体总是一位置或一路程。以此位置或路程为中心，时间上的距离，在空间上划出一范围，在此范围之外的事体与该个体不相干。这当然是最简单的说法。其实在一个体底历史中，每一分钟，每一秒钟都有这样的范围，如果它动，此范围也是活动的，如果它不动，此范围也是呆板的。

以上是从事实这一方面说，从几这方面说情形同样。可是有一点要注意。以上不表示在某范围之外的几与一个体不相干，这不是说在该范围之内的几都相干。这范围是在物理学底学理上相干事本不能超出的大范围。在此大范围之内，我们可以根据因果关系说有些事体与这一个体相干，有些不相干。从几这一方面说，虽然同在一大范围之内，有些几与一个体相干，有些几不相干。

根据以上，我们可以说的确有相干于一个体的几。或者说所有相干于一个体底几不同时都相干于另一个体。本条不过表示这样的几对于该个体我们叫作运。运字从前大概没有这用法。在从前它与几字也许有某种关系，类似本文所说的关系，但在本文几字底用法大概不是从前的用法。虽然如此．这用法不见得就是坏的用法。日常生活中所谈的运气有好有坏，所遭遇者底本身不过是事体而已，其有好有坏完全是根据于一个体底主观的要求。这样的意思不必限于人类，万事万物自它底本身而言之，都有它底主观的要求与它所得的遭遇。所谓它所得的遭遇总是与它相干的事体，这用本书底术语表示总是相干于一个体底几。

七·七 能之会出会入谓之数

会字也许比即字麻烦。会字底普通用法至少有两个：一是知道或能够如何如何，例如某某会用打字机；一是一定如何如何可不知道在甚么时候如何如何，例如某某会来。本条底用法是后面这用法。或者说会入就是未入而不会不入，会出就是未出而不会不出。

这里的会字与必字分别很大。老是现实的可能与不可以不现实的可能底分别可以用会字与必字表示。不可以不现实的可能"必"现实，因为它不现实是矛盾，是不可能。老是现实的可能不会不现实。然而假如它们现实结果不是矛盾，不是不可能，只是下章所要谈到的混沌而已。

在上章底六·二〇注解里，我们曾说这样的话："Eddington 曾表示如果我们以一首诗为标准。让一个猴子在打字机上听其自然地打字，只要我们给猴子以无量的时间及不重复地打字，那猴子可以把那首诗打出来。以彼喻此，我们所有的现在这样的世界，好比那首诗一样，从无量的道底开展上说，它总会出来的，总是不能或免的。"这"会"虽不是必然的"必"，而仍有不能或免底意思。

现实底历程就是能底出入底历程，而此历程是无量的。在此历程中任何状态能都可以出入，不仅可以出入，而且在某某时间会出会入。本条说能之会出会入谓之数。数字底用法也许违古，但根据以上所说的不能或免底意思，这里所谓数也有普通所谓数底意义。从这一点说，数字底用法也许不至于有多大的毛病。

七·八 有理数有势数，自能之会出入于可能而言之，数为理数，自能之会出入于个体底殊相而言之，数为势数

能之出入于可能与能之出入于个体底殊相，在七·二那条已经提出

讨论，此处不赘。那一条所谈的是能之即出即入，而本条所谈的是能之会出会入。能之会出入于可能我们叫作理数，能之会出入于个体底殊相，我们叫作势数。

也许在日常生活中，我们对于几的印象觉得几仅有势几，而对于数的印象觉得数仅有理数。几之有理几，自自然史方面说似乎没有甚么问题，某所以在日常生活中把几限制到势几者，因为我们用几字的时候，所想的是中国人所习的思想，而在中国人所习的思想中，整类底生存死亡大都不在计算之列。至于数之亦有势数，问题也许麻烦一点。

我们以为数之限于理数也许是因为计算底关系。我们大都以为数是可以计算的，既可以计算，必有计算底根据，而此根据总是理，此所以我们认为数总是理数。计算的确是根据于理，不根据于理，根本就不能计算。但所计算的不必是理，它可以是普遍的，也可以是特殊的。如果我们把每年所用的天然煤油底用量与世界底产量两相比较，我们可以计算多少年后煤油会绝迹；这里所计算的是某类会灭。如果我是医生，我计算某病人因种种关系晚上会死，我所计算的是某个体会死。前一例表示理数，后一例表示势数，前者是能之会出入于可能，而后者是能之会出入于个体底殊相。

七·九　有数底变动无所逃于数

七·三那一条表示个体底变动莫不出于几入于几，七·四那一条表示个体底变动不为几先不为几后。所有的变动都有相当于它的几，所有的几也都有相当于它的变动。几是能之即出即入，能不必在某时出，也不必在某时入，不一定入而适在某时入，不一定出而适在某时出。究竟出入与否就是几底问题，而不是几以外的问题。这与数大不相同。数是能之会出会入，可是，究竟在什么时候出入仍是几底问题而不是数底问题。我会死，死是我之所不能逃的，但究竟在什么时候死，就得看几如何。

虽然如此，数与几有彼此相对待的情形。人会死是数，在什么时候死不是数。可是，如果某人因种种关系也许会在某天晚上死，这又是数，而在某天晚上什么时候死，不是数。也许更因种种关系，从某晚八点钟起，某人底生命不会超过一点钟，这又是数，而在八点钟之后究竟什么时候死，这又不是数。

几与数也可以并存于一件事，例如一个人自数而言之会在八点钟死而他在八点钟果然死了。这样的事不见得没有，可是，即有这样的事，我们只能承认几与数之并存于一件事体，而不能因此即以为几与数没有分别。它们底分别总是有的。

我们也可以说个体底变动无所逃于几。可是，如果我们说这样的话，我们底意思仍是说个体底变动莫不出于几入于几与不为几先不为几后。这个"无所逃"底意义就不是本条所说的无所逃底意义。数虽可以有时间上的限制，而没有究竟的时间上的位置。个体底变动没有恰恰是数底问题。本条说个体底变动无所逃于数，仍是说个体不会没有某某变动。

也许有好些变动根本就没有数底问题。如果它们根本就没有数底问题，这些变当然没有那能逃于数或不能逃于数底问题。本条当然是说有数的变动无所逃于数。从这一点我们也可以看出几与数底不同。任何变动都有几，都是几，至于数不是任何变动都有的。虽然如此我们还是可以说个体底变动无所逃于数。

七·一〇　在现实底历程中无量的数亦备

七·一一　相干于一个体底数对于该个体为命

七·一〇条用不着注解，所说的与七·五相似，不过是对于数而说的而已。七·一一条与七·六条相似，分别虽然只在几与数之不同，然而我们仍得说几句解释的话。相干底意义与以前的一样，但是因为有七·三、七·四、七·九诸条，也许有人发生这样的问题：相干于个体底几既为运，一个体底变动既老是相干于该个体，则七·三那一条等于说个体底变动莫不出于运入于运，七·四条等于说个体底变动不为运先不为运后，而七·九条说个体底变动无所逃于命。

可是，有说法底不同，有观点底不同。七·三、七·四、七·九诸条都是综合的说法而不是分析的说法。它们所注重的是所有的变动，而从所有的变动这一方面着想，我们不会分别地注重到运与命。同时观点有分别，七·三、七·四、七·九三条底观点都是道底观点或现实历程底观点，而不是各个体底观点。从道底观点而言之，所有个体底运都是几，所有个体底命也都是数。这一点非常之重要。至于从各个体底观点说，我们的确可以说各个体底变动不为运先不为运后，出于运入于运，而又无所逃于命。

命字前此有此用法否我不敢说。它与数底分别即在从前似乎也有这里所说的分别。冯芝生先生曾表示它们从前有类似这样的分别。"命"在日常生活中似乎有决定底意义，有无可挽回不能逃避底意义，此意义在本书以能之会出会入表示。会字在七·七条已经解释过，此处不赘。根据会字底用法，命虽是无可挽回的，无可逃避的，而它不是逻辑那样的必然的，也不是自然律那样的固然的。

在日常生活中命与运都有好坏，有好坏就是因为有主观，而主观的成分本条以"相干于一个体"这几个字表示。至于何以为好何以为坏，我们没有表示。

七·一二　现实之如此如彼均几所适然数所当然

这条比较地重要，现实底历程是两头无量的历程，立有尽有的现实都在此历程中出现。我们底兴趣既不在历史也不在科学，我们用不着谈到现实底历程有怎样的陈迹，或现实是怎样的现实，现实底历程既两头无量，在任何时间，总有现在的现实与已往的现实。如果我们要知道现在或已往的现实，我们底兴趣或者是历史的或者是科学的，而在本书范围之内，这样的兴趣无法满足。本书底主旨本来就不在增加历史或科学方面的知识。

事实总是有的，现实之如此如彼就是事实。现实不必如此，可是，它是如此，现实不必如彼，可是，有时它是如彼。所谓不必如此如彼就是说根本没有纯理论上的理由使它如此如彼，既然没有纯理论上的理由使它如此如彼，而仍如此如彼者，只是普通所谓恰巧如此如彼。现实之恰巧如此如彼就是所谓事实。也许普通所谓事实其意义超过此范围，这在现在不必提出讨论。事实两字底用法非常之多，问题也就非常之复杂，详细讨论决不是本条底事体。

事实或现实之如此如彼，照本条的说法总是几所适然，数所当然。在现实底历程中，各种各样的现实本来皆备。同时无量的几亦备。所谓各种各样的现实就是能所出入的可能与个体底殊相。能出入于可能与殊相，也就即出即入于可能与殊相，这就是说现实之如此如彼，总有相当于它们的几。根据以上所提出的"适"，现实之如此如彼总是几所适然。这就是说现实在这时候是这样就是几恰恰是这样。其实所谓"这时候"与几是分不开的，但关于这一点，以后专条提出。

数这一方面的问题稍微麻烦一点。假如所谓现实之如此如彼是某种状态，此状态我们叫作"甲状态"。现实底历程既两头无量，所有的现实既都在此历程中现实，甲状态一定在此历程中现实，可是究竟在什么时候现实，不仅我们不知道而且根本没有事先决定。从一定会现实而又不知其何时现实着想，甲状态是当然的。这当然既不是必然，也不是固然。关于这一点，我们要记得必然是纯理的必然固然是实理的固然，而数不限于理。

或者我们可以这样地说：如果甲状态是数所当然，则甲发生底必要条件已备，所以它不能不发生，可是它究竟在何时发生底充分条件老是没有的，所以究竟在何时发生，我们不会知道。数所当然的事虽一定发生，而在未发生之前，我们只能表示当它发生的时候，它才发生。

现实之如此如彼总是两方面合起来的结果，一方面它无逃于数，另一方面它不为几先不为几后。个体底变动是这样，一时间底所有的个体底变动也是这样。可是，一时间底所有的个体底变动就是现实历程中一平削面的现实，而此现实总有一个状态，它不是如此，就是如彼，而无论其如此如彼总是几所适然数所当然。

七·一三　自数而言之，这样的世界不会没有，自几而言之，现在适然

本条可以说是不必提出的，因为它所要说的上条已经说过。不过上条是普遍的说法，本条不是，上条是抽象的说法，本条是比较具体一点的说法。本条所谓这样的世界我们可以用以下的方法表示。设有以下三套对于现在的现实为真的命题，O、P、Q。O 这一套命题表示所有的自然律，P 这一套表示普通的情形，而所谓普通的情形，就是既非特殊的事实，又非自然律之所表示，而是传统逻辑中 I 与 O 那样的命题之所表示，或限于一时期内的普遍命题之所表示的情形，Q 这一套命题表示特殊的事实。本条所谓这样的世界是 O、P 两套命题之所表示的现实。

本条说这样的世界不会没有。O、P 两套真命题表示或形容这样的世界底状态。现实底历程既两头无量，在此历程中无量的数皆备，无量

的可能都现实，O、P 所形容的状态不会不现实。这样的世界虽然不会没有，而 Q 这一套命题不必真。这样的世界恰在这时候产生不是数底问题而是几底问题。此所以说自几而言之现在适然。

七·一四 自数而言之，人类不至于不现实，自几而言之，现在适然

本条自几与数两方面说与上条同样，大可以不必费词。可是，对于人类之不会不现实，我们应该表示以下诸点。

人类是一类非常之复杂的个体。从性能方面着想，它是有机的，有反应的，有习惯的，有感觉的，有情感的，有记忆的，有意志的，可认识的，有知识的，有悟性的，有心灵的个体。把有机，有反应等等视为可能，它们都不必集合地现实于一类的个体。显而易见地有些个体仅是有机的或有反应的，而不是有知识的或有心灵的，而这些个体在现实底历程中也不至于不现实。可是，无论如何，这些可能既综合地不至于不现实于一类的个体，分别地当然也不至于不现实。从这一点着想，本条所谈的虽然只是人类，而其所包含者不只于人类。

人底定义及有机，有反应等等底定义，我们都不必提出讨论。本章以后所注重的是有知识与有意志两项。

七·一五 几与数谓之时

本条底"时"颇复杂。它既是时空的时，也是普通所谓时势的时，也是以后所要谈到得于时或失于时的时。最根本的仍是时间的时。我们先从时间的时说起。

以前所提出讨论的时间，无论在第二章或第五章，都注意在秩序方面，架子方面，那个说法是免不了的说法，因为时间问题底一重要部分是秩序，是间架，我们利用时间以安排事物也是把时间分成段落，而这也是根据于秩序与间架。这看法是静的看法，这好像把长江两岸分成一格一格的段落，从水上乘船的客人看来，这些段落虽然也不断地往不断地来，然而从天空中看水，这些段落仅有方向，本身并不随江流而东去。这静的看法是一种空架子的看法，时间底内容差不多完全抹杀了。

但是，时间是有内容的。长江是活水，所以如果两岸有一格一格的

段落，每一段落都不断地有恰恰在那一段落的水。假如长江是空河，这些段落虽仍有自西往东的秩序，然而没有内容。时间是活的，不仅是活的，而且在事实上我们与同坐在船上的客人一样，无论船经过什么地方总有相当于那一段落的水，船上的客人在不分析的时候既不把水同岸上的段落分开，我们在事实上也不能把时间底内容与装满了此内容的架子分开。比喻总有不切题的地方，因此总难免发生误会，但它是一间接地达意的工具，虽最好不多用，而不容易完全不用。

一时间底内容就是该时间底个体底变动。这两者是分不开的，一时间之所以为该时间就是那些个体底变动，而那些个体底变动之所以为那些个体底变动也就是该时间。每一特殊的时候总有与它相当的，或相应的个体底变动，而一堆个体底变动也总有与它相当的或相应的时间。每一时间有它底形式上的意义，那就是它在时间秩序上的位置。例如 1938 年在 1937 年之后 1939 年之前。可是，这是一种不管内容的说法。

管内容的说法是说 1938 年是中日战争中大战武汉等等的那一年。这些事体与 1938 年是分不开的。从现实着想，1938 年就是这些事体，而这些事体也就是 1938 年。可是，所谓这些事体，照本条底说法，就是一些能底出入，而能底出入总是能底即出即入，会出会入。所以从现实这一方面着想，从内容这一方面着想，时间是几与数，而几与数也总是时间。此所以我们第一章说能有出入已经表示时间是一现实的可能。

普通所谓时势的时也就是时间的时，不过注重点不同而已。我们谈时势，一方面我们注重内容，我们决不会仅谈时间底川流或时间与空间底关系……那一类的问题，我们所注重的是事实、趋势等等。另一方面我们总免不了提出"当时"底问题。这当时大都就是时底"现在"，除非我们把时期标明出来，例如三国底时势。

我们谈时势的时候，我们所谈的既是实事．所注重的总是时间底内容，这就是说一时间底几与数，或当其时底几与数。这表示所谓时势的时也是几与数的时。至以后所谈的得于时或失于时也是这样的时。总而言之，从现实底历程着想，几与数就是时间（视为实的），从现实历程中任何一平削的现实状态着想，该状态所居的时间（视为空的），也就是该时间（视为实的）底几与数，而该时间（视为实的）底几与数就是该时间（视为实的）。

七·一六　有得于时，有失于时，
得于时者适，不得者乖

　　本条底时就是上条有内容的时。说得失总有主观者，对于时说得失，此时总是与主观者同时的时。上条说几与数谓之时。本条底得于时，失于时，即是得于几与数，失于几与数。对于几与数有所得失，此几与数总是相干的几与数。这几与数总同时是运与命。得于运的那运是好运，失于运的那运是坏运，得于命的那命是好命，失于命的那命是坏命。

　　照此说法有些几与数虽相干于一个体而该个体对之既无所谓得，也无所谓失。这当然就是说有些运与命无所谓好坏，这就是日常生活中的平平常常的事体。得与失虽彼此不相容而不彼此穷尽，不得于时不必即失于时，不失于时也不必即得于时。这是从个体对于一件一件的事底反应方面说。

　　若从一个体得于时的多少，或失于时的多少，或无所得失于时的多少说，一个体有得于时的时候多，失于时的时候少，也有失于时的时候多，而得于时的时候少。前者我们叫作得于时的个体，后者我们叫作失于时的个体，前者即运命好的个体，后者即运命坏的个体。前者我们说它适于它底环境，后者我们说它乖于它底环境。

七·一七　个体有生有长有成有衰有灭，
而生长成衰灭为命

　　所谓生长或衰灭用不着讨论，这些字底意义都是日常生活中所常用的意义。我们所要表示的是个体老有生长成衰灭。说某某是个体，一部分的理由就是因为它离不了生长成衰灭，此所以整个的包罗万象的宇宙不是个体，好像我们前此已经表示过，无论我们把个体如何缩小，不能缩小到不可以有内的"时点—空点"，无论我们如何把它放大我们也不能把它放大到不可以有外的"宇宙"。个体不能不是有量的。它一定有始终，而始终就是生灭。

　　可是，一个体总是一现实的综合的可能。它既是一现实的综合的可能，则分析地看，总可以把它当作许多东西看待。即以一个人而论，我们可以把他视为动物，视为生物，视为有机体，视为知识者等等。各方面的范畴不一，例如有知识异于有机，所以从有知识这一方面着想，这一个人底成与从有几这一方面着想他底成可以完全是两件事。但无论如何，任何个体，总免不了生长成衰灭。

以上的讨论已经表示一个体底生长成衰灭是一个体底性。前此已经表示过性有主属之分，一主性底属性总同时是命。古人说的"性亦命也"，在此解释之下也可以说得过去。

七·一八　个体底变动适者生存

这句话读者也许会感觉到似曾相识底味道。有些读者也许想到物竞天择，优胜劣败，适者生存。本条所要表示的意思与这差不多，可是，我们是特别提出以下诸点。

第一，这句话比天演论所说的范围要宽。天演论似乎是限制到生物，至少它是以生物为主题的学说。本条不限制到生物，任何个体都是适者生存。不仅草木鸟兽，就是山川河流也都是这样。也许有人以为山川河流无所谓适与不适。这其实不然。山颓底理由也许很多，无论如何，总是失于几与数，河流改道底理由也许同样的多，而无论如何，总同时是失于几与数。

第二，天演论所谓适者生存似乎是限制到种类底适与种类底生存。科学本来就不能注重个体，所以天演论之所谓生存是一种一类底生存，所谓淘汰也是一种一类底淘汰。本条没有这限制。类与种底生存固然在本条范围之内，个体底生存也在本条范围之内。请注意本条所谈的几与数均有理势底分别。一种一类底淘汰是失于理几与理数，一个体底淘汰也可以是失于势几与势数。

第三，我们在本条根本就没有谈到优胜劣败。当然我们可以说适者就是优，淘汰者就是劣。这样地说，优劣二字在这地方与人生哲学中底优劣虽同名而实异义。这办法虽无可非议，然我仍觉得以不谈优劣为宜。

七·一九　自知识而言之，几不可测，而数可先知

究竟如何才叫作有知识是非常之麻烦的问题，本章不提出讨论，所

注重的是几与数底分别。谈知识总有知识者底性能问题。有知识的个体能够知，能够识；另一方面，知识有对象，有知识的个体有所知，有所识。问题是从这两方面着想，几与数有何分别。

本条说几不可测而数可先知。几是能之即出即入，而照本章底说法，究竟出入与否我们只能说完全在能。能不是知识底对象，这一点在第一章已经表示过。完全从知识这一方面着想，想抓住能，总是有困难的。能之即出即入，除能本身底活动外，没有什么预兆，也没有超乎此活动之外的根据，既然如此，则自知识而言之，有知识的个体无从知道究竟如何。此所以说几不可测。

数可不同，数是能之会出会入。数是有决定的。根据"会"字底用法，"能之会出入于甲可能"等于说"能定出入于甲可能，可不定究竟在什么时候能出入于甲可能"。何时出入虽未定，而出入已定。所谓已定就是方向可以寻找出来，虽然有知识的个体不必能够寻找出来。数是知识底对象。有知识的个体虽不必知数而数可以先知。

七·二〇 自意志而言之，运可以改造，命不能改造；自道而言之，几与数均无所谓改造

有意志的个体总是要改造现实的个体。意志本来就是发于主而形于宾（或内或外）的举动，这举动底结果总是修改环境或客观的现实。在本条我们对于意志不必详加界说。我们所注意的是命运底分别。在未讨论此分别之前，有一点我们得注意一下。上条谈知识，我们说几与数，而本条谈意志，我们说运与命。这是有理由的。有知识的个体虽是个体，虽有主观，而知识活动总是求客观的活动。知识底对象总是客观的。从知识这一方面说，所注重的不是运与命而是几与数。

意志不能不是主观的，这不是说有意志的个体总是注重它本身底运与命。这是说从意志这一方面说，所注重的总是运与命而不是几与数。意志总是以主观去修改客观的现实，一个体意志之所及总不会是与该个体毫不相干的几与数。有知识的个体也许有意志，有意志的个体也许有知识，二者得兼的时候，主客也许不容易分，然而它们底分别仍不能因此抹杀。

从意志这一方面说，运是可以改造的。一个体与该个体底能是分不开的，一个体底最后的主宰就是该个体底能。一个体底能之即出即入，

自其它个体观之也许仅是该个体底活动或行为，自该个体本身底观点而言之，就是该个体底意志，自一个体本身而言之，它底能不必出于此入于彼，而竟出于此入于彼者，该个体底意志为之。此所以自意志而言之，运可以改造。

从意志这一方面着想，命是不能改造的。数是有决定的，命不过是相干于一个体而对于该个体而说的数而已，所以命也是决定的。能之会出会入与因果关系是两件事。因果虽是固然的关系，然而不必现实，所谓不必现实，就是说能不必出入于某因果关系。个体虽无所逃于因果关系，而可以逃于某因果关系。虽然如此，一因果关系也许不是一个体底命，而另一因果关系也许是的。总而言之，因果关系不必现实，而命不能逃，意志也不能改造它。

请注意以上是从一个体以意志为工具去改造环境而说的。如果我们从道或现实底历程着想，我们可以看出这个说法是以一个体为主而自别于环境而说的说法。有这样的界线之后，有些举动是主动的，有些是被动的。而此分别在一个体底主观上是说得过去的。但是从道或现实底历程着想，这分别根本无所谓。前此所谓主动或被动在道都是能之即出即入，能之会出会入。此所以在个体所认为修改环境的举动，在道仍是那么一回事。我们不能不表示自道而言之，几与数均无所谓改造。

七·二一　有知识而又有意志的个体底有意志的变动有手段有目标

本条前一部分表示有意志的个体底变动不必都是有意志的。这似乎是显而易见的。即以人而论，人是有意志的，但在人底变动中，有些虽是有意志的，而有的的确是无意志的。

无意志的变动此处不必提及。有意志的变动有时有手段与目标底分别。农夫耕田，春耕是手段，秋收是目标；入山采药，入山是手段，采药是目标。北雁南飞是有意志的变动，但比较简单，办大学也是有意志的变动，但比较复杂。复杂底程度随知识底进步而增加。

在复杂的意志中手段与目标底分明才显。手段是修改现实的工具，目标是修改成功后所要达到的状态。手段与目标之间有许多问题是道德方面的问题。这些问题虽然重要，本条不提出讨论。

七·二二　手段与手段之间有冲突，有调和；目标与目标之间有冲突，有调和，有矛盾

　　在本条我们把手段限制到可以现实的变动。这限制完全是因为简单与便利而加上的。这里表示手段与手段之间有相融有不相融。如果两手段合起来能达到同一的目标，或分开来能够达到可以并立的目标，则此两手段相融，否则不相融。相融的手段彼此调和，不相融的手段彼此冲突。手段既经限制到现实的变动，则手段与手段之间的调和与冲突只是事实上的调和与冲突。

　　目标也有事实上的调和与冲突，但除此之外尚有彼此矛盾的目标。手段虽可以限制到现实，而即在本文范围之内目标也不能限制到现实，因为本章一部分的问题就是未现实的目标。现实的目标仅是调和与冲突，因为现实决不至于矛盾。未现实的目标，或一现实一未现实的目标，可以彼此矛盾。所谓彼此矛盾意义如下：如果有两目标，我们用两命题表示，此两命题矛盾，则此两目标亦矛盾。目标底矛盾不仅只是事实上的不相融，而且可以是理论上的不相容。

七·二三　现实的目标都同时是手段，此为相对的目标

　　现实的目标都是相对于一现在而现实的，在此目标未现实之前，它的确是目标，可是，在现实之后，时间川流不息，意志泛然而生，原来的目标大都已经成为另一目标底手段。反过来的情形当然也有。有时我们有某目标，须用某手段；在此手段未现实之前，我们常以此手段为目标。在人事方面，这有时是很危险的事；例如于欲改良政治，有人以为须先做官，若千方百计运动去做官，久而久之，也许会忘记改良政治而以做官本身为目标。

　　本条所注重的不在未现实的手段可以是目标，而在已现实的目标可以是手段。现实的目标总不是绝对的。这不绝对有二层意思。一层意思就是说这样的现实的目标不仅是目标而且是手段。它既可以兼是手段，它就不完全地仅是目标。这也就是说相对于一范围它是目标，相对于另一范围，它是手段。我们可以说在一目标现实之后，我们对于它总有两个看法，一是把它当作从前的目标看，一是把它当作以后的手段。

可是，还有一层意思，而这一层也非常之重要。现实的目标虽现实而都不完全依照目标而现实。如果目标本身不是求完全的目标，则现实与目标底差别虽不易免而差别也许不大；可是，如果目标本身是求完全的。则此差别是不能免的，完全的红，完全的人，完全的方，在任何指定时间内都不会现实，因为每一项底完全都牵扯到其它项底完全。现实的目标一方面都不是完全地现实，另一方面目标虽可以现实，而求完全的目标不会现实。从这一层着想，现实的目标也是相对的。

七·二四　相对的调和与冲突有范围有层次

范围与层次可以联合起来表示。相对的手段或相对的目标之间的调和与冲突也是相对的。相对的调和与冲突既有所对总有层次与范围底问题。对于家为调和，对于国也许是冲突；反过来对于国为调和，对于家也许是冲突；对于私为调和，对于公也许是冲突；反过来对于公为调和，对于私也许是冲突。一时底调和也许是次一时底冲突，一时底冲突也许是次一时底调和。个体底调和也许是种类底冲突，个体底冲突也许是种类底调和。凡此都可以表示相对的调和与冲突有范围与层次。

七·二五　相对于任何一时期有未现实的目标，相对于任何一时期而在一指定的将来有不会现实的目标

本条底前一部分用不着费词，所注重的是后一部分。有些目标是相对于一现在而在一指定的时间内不会现实的。这种目标可以说是普通所谓理想的目标。如果我有一目标，在一年之内，它不会现实，则在一年之内，它是理想的；由此类推，千年、万年均可。普通所谓理想的目标也许是限于长时期内不会现实的，而短时期内不会现实的不在其内。但长短既只有程度上的差别，我们在本条忽略这一点。

另有一点比这程度问题重要。普通所谓理想的目标有时含有不能现实的意思。本条意思不是这样。只要是目标它总可以现实。普通所谓不能现实似乎不是本书中所谓不可以现实，用本书底术语，它只是在某长时间不会现实，所以总有时间上的限制。即以柏拉图底共和国而论，照本书底说法，它是可以现实的。可是，如果我们加上年限，说一百年或一千年，它大概不会现实。不加年限，即柏拉图底共和国也会现实。

七·二六　有相对于任何一现在，而在任何时期内不会现实的目标，此为绝对的目标

这样的目标当然是理想的。可是，照本书底说法，它不是不可以现实而是不会现实。在第二章我们曾表示有老不现实的可能。老不现实不是不可以现实。假如甲是矛盾，甲的确是不可能，但矛盾本身不是不可能。其它如特殊底极限，完全的人，完全的方等等都是老不现实的可能，有些目标也是老不现实的。这显而易见，以老不现实的可能为目标，这目标也老不现实。

一部分的目标是这样的目标。至善、至美、至真都是老不现实的目标。所谓止于至善实在就是说善不会有止。说这样的目标老不现实就是说在任何一现在去盼望它现实，在任何时期内，它总不会现实。这里说任何现在就是不限于某一时间以为现在，说任何时期一方面表示无指定的时期，另一方面也表示无论时期若何延长，这样的目标仍不会现实。在无量长的时期，它们会现实，所以它是目标，但无量时期本身就不会现实。

这种老不现实的目标是绝对的目标，这里的绝对有以上所说的两层意思。一层是说这样的目标不同时是手段，它们只是目标。我们不能说在这一范围之内它们是目标，而在另一范围之内，它们是手段。没有可以把它们视为手段的范围，也没有可以把它们视为手段的时候，它们无所对，所以绝对。另一层意思是说它们都是完全的目标，这也是说目标本身是完全的。它们既没有现实，当然没有是否完完全全地现实底问题，当然也没有现实与目标彼此底差别底问题。

七·二七　绝对的目标是综合的目标，此目标达，则几息而数穷

绝对的目标是综合的目标，所谓综合的目标是各种各样的目标会合而成的总目标。我们要记得相对的手段与目标，自现实底历程而言之，都是个体底变动，个体底变动总有适与不适底问题，此变动中的有意志的变动也总免不了调和与冲突。在现实底历程中，不仅调和免不了，冲突也免不了。绝对的目标根本不在现实底历程之中，它之所以能为绝

对，一方面就是因为它不在现实历程之中。另一方面它是完全的目标，而完全的目标彼此不会有冲突，能有冲突的都已经淘汰。此所以绝对的目标可以成为一综合的目标。

如果这样的目标现实，则几已息而数已穷。上面已经说过，相对的手段与目标都是个体底变动。个体底变动不能自外于几与数，相对的手段与目标也是这样。无量的几与数皆备于现实底历程，在此历程之外无几与数。在现实底历程中，绝对的目标不会现实。如果它现实，它底现实必在此历程之外，这就是说几息而数穷。

（原载《论道》，长沙，商务印书馆，1940；选自《金岳霖文集》第二卷，兰州，甘肃人民出版社，1995）

无极而太极*
（1940）

八·一　道无始，无始底极为无极

道无始，所谓无始就是说无论把任何有量时间以为道底始，总有在此时间之前的道；或者说从任何现在算起，把有量时间往上推，推得无论如何的久，总推不到最初有道的时候。可是，道既然无始，为什么又有极呢？如果有极，那极岂不就是道底始！这极是极限的极，是达不到的极。它虽然是达不到的，然而如果我们用某种方法推上去，无量地推上去，它就是在理论上推无可再推的极限，道虽无有量的始，而有无量地推上去的极限。我们把这个极限叫作无极。

无极是固有的名词，也许它从前有此地的用法，也许没有。从意义底谨严方面着想，大概能够不用固有的名词最好不用，因为不用的时候，可以免除许多的误会。可是，玄学上的基本思想不仅有懂不懂底问题，而且有我们对于它能够发生情感与否底问题。从这一方面着想，能够引用固有的名词，也许我们比较地易于接受这名词所表示的思想。好在研究这门学问的人不至于因名词底相同就以为意义也一定相同。

八·二　从时间底观点而言之，无极为既往，
故不知即不能言

如果我们注重时间，把时间加入我们底看法之内，无极当然是既

---

* 《论道》第八章。——编者注

往。如果我们以任何有量时间为单位——十年、百年、千年、万年均可——就已往这一方向推上去，无论我们在任何有量时间上打住，那时间总是既往，而对于那时间，无极仍在前面，所以无极也是既往。有量的既往总是事实，总是历史。如果我们对于历史上的事实没有知识，我们没有什么话可说。哲学也不是对于既往的事实而作考据的学问。

有量的既往虽如以上所述而无量的既往不必如以上所述。这是我们所承认的，所以有以下诸条底讨论。但就无极之为既往而言之，我们不能说什么。至多我们只能就我们之不能说而说些最低限度的话，而这些最低限度的话也不是就无极之为既往而说的话。以下所要说的话也是这种最低限度的话，至于无极底神情状态，我们没有什么可以说的。

八·三　无极为无，就其为无而言之，无极为混沌，万物之所从生

本条所说的混沌就是那"混沌初开，乾坤始奠"的混沌。不过，我们所谈的既然是无极，混沌是未开的混沌而已。未开的混沌真正是混沌，我们对于真正的混沌没有什么可以说的，我们只能说无极之所以为混沌的道理。无极之所以为混沌，因为它是万物之所从生，它是万物之所从生，因为它是无始底极限。但是，这万物之所从生可以分作两方面说，一是从时间方面说，一是不从时间方面说；一是从纵的方面说，一是从横的方面说。

我们先从纵的方面说起。现在这样的世界至少是"有"，有这个，有那个的"有"，每一个"有"从前都有"无"的时候。现在所有的"有"从前都有"无"的时候。现实没有开始的时候，所以在事实上我们不能从现在的"有"追根到"无"，可是，这样的"有"底极限总是这样的"无"。我们似乎要注重这样的"有"与这样的"无"。"有"既是有这个有那个的"有"，无也是无这个无那个的"无"。有这个有那个就是有分别，所以清楚，无这个无那个就是无分别，所以混沌。从时间上着想，这样的"有"虽不能上追到这样的"无"，而这样的"有"底极限就是这样的"无"。无极是这样的无，所以无极为混沌，万物之所从生。

从横的方面着想，我们可以把现在的"有"，这个那个等等，不从时间上说，而从这个之所以为这个，那个之所以为那个，慢慢地分析下

去。这个之所以为这个要靠许多的那个，而任何那个之所以为那个，追根起来，也要靠这个之所以为这个。若把这个之所以为这个与那个之所以为那个者撇开，所余的浑然一物，没有彼此的分别。若把其它的分别也照样地撇开，这分析下去的极限也是混沌。

本条说无极为混沌，万物之所从生。这从是无量时间的"从"。在有量时间，万物之所从生的仍是万物。就横面的分析着想，如果我们分析下去，无论我们在什么阶段打住，在那一阶段，万物之所从生的仍是万物。只有理论上的极限才是混沌，才是这里所说的万物之所从生的所"从"。但是绝对的"无"，毫无的"无"，空无所有的"无"，不可能的"无"不能生"有"，也不会生"有"。能生有的"无"乃是道有"有"中的一种，所无者不过是任何分别而已。这就是说，无极的无是混沌。

八·四　无极为极，就其为极而言之，　无极非能而近乎能

无极虽是既往，而是虚的既往。这里的虚就是上条底"无"那样的虚。极总是虚的，总是不会达到的。上条底无不是空无所有的无，不是不可能的无，所以在上条我们说无极是混沌。本条底虚也不是空无所有的虚，不可能的虚。无极虽混沌，而我们对于无极的思想不因此也就混沌，混沌虽混沌，而其所以为混沌也不必一定就混沌。

我们在第一第二两章曾表示过有不可能（不可能本身是一可能），无不可能的可能，有老不现实的可能，有不能不现实的可能，也有老是现实的可能。在本条我们用不着谈到不可能，也用不着讨论老不现实的可能。我们只提出不能不现实的可能与老是现实的可能。上面曾说过，无极虽是无极，可不是空无所有的极，或不可能的极，这也就是说不是单独的式或能。其所以如此者因为有不能不现实的可能。式即是不能不现实的可能。在第一章我们曾表示无无能的式，无无式的能。能不可以不在式中，式也不可以不现实。既然如此，现实也是一不可以不现实的可能。这就是说，现实是不可以没有的。假如无极不是现实的，则无极是不可能的，而我们对于无极的思想也就免不了是矛盾的思想。我们对于无极的思想不是矛盾的思想，所以无极是可能的，无极既不是不可能的，则在无极式现实，现实（此指现实这一可能而言）已现实。这就是说，无极不是单独的式或能，而是现实的能，在式的能。

不能不现实的可能非常之少，而老是现实的可能比较地多。逻辑底命题（propositions of logic）虽多，而所有的逻辑底命题仅表示式之不能不现实而已；这种命题虽多，而不足以表示不能不现实的可能也多。至于老是现实的可能则比较地多，例如时间、个体、变、空间等等都是老是现实的可能而不是不能不现实的可能。此所以肯定这些可能底现实不是先天的命题而是先验的命题。老是现实的可能是老是现实的，这就说道无始；说道有始就是说老是现实的可能有未现实的"时候"，所以说道有始是一句矛盾的话。如果我们把时间加入我们底讨论，除时间本身是老是现实的之外，其余老是现实的可能，无论在什么"时候"，总是已经现实的。

无极是极限，它是无始底极限。上面表示它不是不可能的无，空无所有的无。现在要表示它的确是另外一种无，在无极这些老是现实的可能还没有现实。也许有人以为这是矛盾的思想，其实不是。我们要知道无极是极限而不是道底始。道无始，所以老是现实的可能的确老是现实的，说道无始而有无始底极限并不是反过来又说道有始，假如那样，那就糟了。无极是极限，从极限之不能达这一方面着想，无始仍是无始；从极限之为极限这一方面着想，虽在无始中有些可能老是现实，而在此极限中它们还没有现实。

这些老是现实的可能在无极既还没有现实，所以无极底现实是混沌的，说它是现实的，表示它不是单独的能，所以非能；说它是混沌的，就表示它近乎能。何以近乎能呢？这些老是现实的可能既未现实，则无极底现实没有时间上的先后，空间上的分别，没有个体所以也没有这个那个。它的确是那混沌未开的混沌，真正的混沌。照我们底说法，混沌不会"初"开的，道无始，所以开不会有"初"。开既不会有初，无极才真是混沌。因为它混沌，所以我们不容易想像（imagine）它。我们在八·二已经说过无极底神情状态我们没有什么可以说的。可是，因为它是现实，它是不能不现实的现实，所以我们仍可以思议（conceive），此所以我们可以就其不可言而言之。

我们可以利用另一说法表示我们所思的无极。设以 p，q，r，…代表"这是桌子"，"中国在亚洲"，"所有的人都有理性"，以及科学所发现的自然律等等，而 T 代表逻辑命题，在无极 p，q，r，…都是空的，或不能证实的，或假的，而 T 那一组的命题仍是实的，仍是能证明的，仍是真的，从这一方面看来，先天与先验底分别非常之重要。有不能不现实的可能，所以有先天的命题；有老是现实的可能，所以有先验的命题。先验的命题老是真的，可是，它们虽然老是真的，而它们仍不是必然的命题。我们可以说我们底经验可以打住，我们这样的世界可以没有，而式不能没有，能不能没有，现实不能没有。无极是这样不能没有的现实，它不是能而近乎能。

八·五　共相底关联为理，殊相底生灭为势

我们表示理，似乎总要用普遍命题以为工具才行。理似乎总是用话表示的而不是用名词表示的。在文字上话与名词底分别似乎清楚。可是在思想上普遍命题与概念底分别比较地麻烦。一概念总等于好些的普遍命题，一命题也不止于一概念或仅有一概念。我个人对于这个问题总闹不清楚，也没有把它当作专题研究过。恐怕最自然的见解是把概念当作一套普遍命题底综合，把命题当作概念与概念底关系。分析概念其结果总发现它等于好些普遍命题，分析普遍命题其结果总发现它是多数概念与概念底关系。命题与概念底关系究竟如何，颇不易说，大致说来，它们彼此互为分合。

无论如何，理总是以普遍命题表示的，而普遍命题总是概念与概念底关系，所以普遍命题之所表示就是共相底关联或可能底关联。反过来说，共相底关联总是理。在本条我们所注重的是共相底关联而不是可能底关联。如果我们所注重的是可能底关联，我们所注重的也许可以叫作纯理。纯理是逻辑那样的理，不必就是共相底关联；可是，它虽然不必是共相底关联，而它也不会不成共相底关联。

势大都也是用话表示的而不是用名词表示的。可是，势比较地难讲。这里所说的势不是普通所谓"趋势"。普通所谓"趋势"（请注意这两字在此处是连在一块的），不过是我们所不甚知道的理而已。如果我们说某国底政治趋势如何，或经济趋势如何，这所谓如何也者总是根据已往的经验，引用一些普遍的原则，而说些概括的话。如果我们知道这些概括的话可以完完全全地引用到将来，我们不至于谈趋势，其所以谈趋势者因为我们不甚知道这样的概括是否靠得住，它也许有例外，所以仅是趋势。这就是说"趋势"不是本条所要提出的势，而是我们所不甚知道或知道不甚清楚的理而已。

本条所谓势虽不就是"趋势"，而与趋势之所以为趋势实在是连在

一块的。设有一套特殊事体发生如下:

$$a_1 \cdots\cdots b_1 \qquad a_5 \cdots\cdots d_1$$
$$a_2 \cdots\cdots c_1 \qquad a_6 \cdots\cdots b_3$$
$$a_3 \cdots\cdots b_2 \qquad \vdots \qquad \vdots$$
$$a_4 \cdots\cdots c_2 \qquad a_n \cdots\cdots b_m$$

我们也许会说 A 这样事发生之后,有 B 这样的事体发生底趋势。可是,A 发生之后,B 不一定发生。其所以说有 B 那样的趋势就因为有 b_1,b_2,b_3,$\cdots$,b_m 发生而发生的时候多。但 B 那样的事体既不必发生,则 b_1,b_2,b_3,$\cdots$,b_m 底发生一定有它们底特殊的缘故。这特殊的缘故,简单地说,就是每一次事体发生之前的殊相底生灭,或生生灭灭。本条说殊相底生灭为势。殊相底生灭有如流水一般,流到什么地方,不仅有理而且成势。

八·六　无极为理之未显,势之未发

无极是混沌,它虽不是能而它近乎能。它是现实,可是,它虽是现实,而它是混沌的现实。在这混沌的状态中,当然有共相底关联,当然还是有理。这当然的理就是根据于那不能不现实的现实。理之"有"是毫无问题的。即在无极也是有理的,不过它所有的理一方面近乎纯理,另一方面,就此理与彼理底分别而言,它又是非常之晦涩的。我们日常所注重的理不是纯理而是一套一套的共相底关联的理。本章所注重的理也是这样的理。可是,在无极这样的理是晦涩的,所以本条说无极为理之未显。

势底问题就麻烦得多。在第一章我们就说能有出入。这一原则是非常之重要的原则。它是变底原则,动底原则,这川流不息的世界底基本原则。但这原则不是先天的命题,它虽不是先天的必然的命题,而它的确是先验命题中至尊无上的真理。它不是先天的命题,它不是必然的理。这也就是说在无极能还没有出入。能还没有出入,所以无极是未开的混沌。我们老要记得无极是极,它虽是无始底极,而它不是道底始。在无极能还没有出入并不等于说能不是老有出入的。能虽老有出入,而在无极能还是没有出入。

如果我是欧洲人,谈无极之后,也许我就要提出上帝;那是欧洲思想底背景使然。这里的无极不是推动者,所以它不能做欧洲式的上帝。

能没有开始出入的时候，也不能有欧洲式的上帝开始去推动它。第一章就说式常静能常动，能本身就是推动力，不过它老在那里推动而已，而这也当然就是说它老有出入。如果它是上帝，它是无往而不在的上帝，如果它是总因，它是无往而不推动的总因。

但是无极是极，它既不是势底开始也不是开始的势。从这一点着想，我们可以说它是未发的势。能既老有出入，势不会有开始的时候。无论我们假设什么时候（甲）为势底开始，先于那时候（甲）总是有势的时候（乙），而后面所说的时候（乙）无论若何的"在先"，总不能"先"于无极。无极是未开的混沌，也就是说它是未发的势。

照这里的说法，我们可以说无极有理而无势，无极不过是未开的混沌而已，它不是毫无所有的无，也不是不可能的无；它既是现实，当然有理。可是，有理之有不是有势之有，未显的理仍为理，未发的势不是势。说无理是一句矛盾的话，在任何时间说无势是一句假话，在无极"无理"乃是矛盾的话，在无极"无势"不但不是矛盾的话，而且是一句真话。两"有"底意义不同可以从两"无"底意义不同看出来。有理是不能不有的有，仅有的有；有势是普通所谓有这个有那个的有。无极有理而理未显，势未发故无极无势。

八·七 个体底变动，理有固然，势无必至

这是我个人常说的一句话，我要借本条底机会表示我底意思。先从例说起。最好的例当然是因果关系方面的例，因为在因果关系中理与势之不同在思想史上早已发生问题。请先假设以下三句话所表示的都是因果关系（究竟靠得住否，不在本条讨论范围之内）：（一）如果一个人吃若干砒霜，他在若干分钟之内会死；（二）如果一个人底脑子为枪弹所中，他马上就死；（三）如果医生设法把一个人所食的毒吐出来，他可以不死。这三句话所表示的既假设其为因果关系，这些关系不应有例外，然而历来谈因果关系的人历来都以他们所谓事实上的"例外"为苦。

所谓事实上的"例外"也许是这样的情形：也许在事实上某甲吃了若干砒霜，可是，在几秒钟之内某乙照着某甲底脑子开枪放射，而某甲马上就死了。也许有人以为这是第一句话所表示的因果关系底"例外"。也许某甲吃了若干砒霜，医生某丙在旁马上就设法，使某甲把砒霜吐出

来，某甲得救；也许有人以为这也是第一句话所表示的因果关系底"例外"。在这种情形之下，也许有人以为他们可以这样地说：某甲吃了砒霜，而他或死于枪弹或竟得救，可见吃砒霜即死或者不是因果关系，或者虽是因果关系而因果关系不是必然的或一定的关系，因为它总有"例外"。否认所知道的关系为因果关系大多数的人总不大愿意，因为这样一来，差不多整个的对于事实的知识都否认了。结果是大多数的人走第二条路，把因果关系认为在事实上有例外的关系。

我要表示因果关系没有例外。某一种事体与某另一种事体是否有因果关系不在本条讨论范围之内。本条所谈的因果关系是我们假定其为正确的因果关系。正确的因果没有例外。即以上面所举的例而言，无论某甲为枪弹所中而死或为某丙所救而活，第一句话所表示的因果关系（假定其为正确）没有"例外"。照上面所说的假设，我们有三种因果关系，在我们所假设的情形之下，第一因果关系未现实，而第二或第三因果关系现实。某关系现实不足以表示它就是因果关系，某关系不现实不足以表示它不是因果关系或者是有例外的因果关系。总而言之，特殊的事体例如某甲底死活不现实一因果关系即现实另一因果关系。这就是说，任何事体总是有理的或总是遵守理的。此所以本条说个体底变动理有固然。

可是，从另一方面着想，某甲吃砒霜究竟是死呢？还是活呢？许许多多的因果关系都可以现实，可是，究竟哪一因果关系现实呢？这可不容易说了。最普通的看法是说我们底知识不够，如果我们知道所有的既往，我们也可以知道那一因果关系会现实。这假设是不可能的。所谓知道既往，不是知道理，理不是既往；所谓既往只能是一件一件的事体，及其环境、背景、历史；这就是说所谓既往就是知道势。我们知道既往所有的势，或整个的势，是办不到的，因为在时间上为已往的在经验上也许是未来。关于这一点请看讨论手术论那篇文章。

知道时间上所有的已往是不可能的，知道经验上所有的既往是办不到的，即令办得到也不能使我们知道一件特殊事体究竟会如何发展。这也就是说我们不知道一件特殊的事体究竟会如何特殊地发展。不仅如此，本条底主张以为即令我们知道所有的既往，我们也不能预先推断一件特殊的事体究竟会如何发展。殊相底生灭在本书看起来本来就是一不定的历程。不仅对于将来如此，对于已往也是如此。这也表示历史与记载底重要。如果我们没有记载，专靠我们对于普遍关系的知识我们绝对不会知道有孔子那么一个人，也绝对不会知道他在某年某月做了些什么事体，此所以说个体底变动势无必至。

这问题是非常之老的而且也是非常之重要的问题。休莫讨论因果关系，其所以绕那么一个大圈子者，也因为它碰着势无必至底问题。他承认势无必至，就以为理也没有固然。前几年习于科学，或对于科学有毫无限制的希望的人们又以为理既有固然，所以势也有必至。一部分归纳法底困难就是这势无必至的困难。势与理不能混而为一，普通所谓"势有必至"实在就是理有固然而不是势有必至。把普通所举的例拿来试试，分析一下，我们很容易看出所谓势有必至实在就是理有固然。若真正谈势，我们也很容易看出它无必至。

八·八 个体底共相存于一个体者为性，相对于其它个体者为体，个体底殊相存于一个体者为情，相对于其它个体者为用

假如 x 是桌子，y 是树，z 是人。这所谓是桌子是树是人总有两方面的问题。一方面是从定义着想，或桌子之所以为桌子，树之所以为树，人之所以为人这一方面着想。这些东西底定义都牵扯到别种东西底定义。每一定义都牵扯到许多概念，这许多概念都表示许多共相，也都表示许多共相底关联。从这一方面着想，x，y，z，都现实许许多多的共相。本条说 x，y，z，所现实的共相都是 x，y，z 底性。x 是桌子，y 是树，z 是人，一方面就是说 x 有桌子性，y 有树性，z 有人性。这就是说个体底共相在个体为性。如果所谓"天"就是理，或就是共相底关联，则性得于天。

另一方面不是从桌子之所以为桌子，树之所以为树，人之所以为人着想，而是从 x 之所以为桌子，y 之所以为树，z 之所以为人着想。x 之所以为桌子有它底历史上的生生灭灭底背景使它满足桌子底定义之所要求；y 之所以为树，z 之所以为人，也是这样。但是，定义底要求虽满足，而每一要求都不完全地满足，绝对地满足，x 虽是桌子而此时此地是桌子的 x 与其它 a，b，c 等等桌子都不一样，它们都不完全地美满地绝对地是桌子，它们都是特殊的桌子。x 是桌子，y 是树，z 是人，同时也表示 x 有桌子殊相，y 有树殊相，z 有人殊相。本条说个体底殊相在个体为情。

性情两字以前有此用法与否，我不敢说，但这似乎是一说得过去的用法，我个人觉得性总带点普遍味，情总带点特殊味。前几章谈尽性虽有主属底分别，而无论其为主为属都是共相。普通所谓情感底情，是动于中而形于外的情。那个"情"虽比这里所谓情者范围要狭小得多，然而那个情也是特殊的，也是殊相生灭中的情，不然不能说它动。性字底用法似乎不成问题，情字底用法也许有问题。我们一想就会想到情感的情，而不习惯于这个范围大的情。

从性质方面着想，从共相之存于一个体者这一方面着想，一个体是一个性；从关系方面着想，从共相之相对于其它个体者这一方面着想，一个性是一个体。相当于性质的殊相本条叫作情，相当于关系的殊相本条叫作用。上段已经表示情字底用法发生问题，体与用这两字底用法问题更大，体用两字是中国哲学思想中的老名词，但前此似乎没有这里的用法。从前的用法也许比这个用法高明，但意义比较地宽泛，本条底用法虽窄而比较地不泛。

前此中国哲学家对于体用很有许多不同的以及相反的议论。照本条底用法，这相反的议论实即重视共相或重视殊相底主张。在本书底立场上，二者之间，重视其一，总是偏重。无共不殊，无殊亦不共，无性不能明情，无情也不能表性；无体不能明用，无用也不能征体。我们所直接接触的都是情与用，所以在日常生活中注重情与用本来是很有道理的，但在哲学我们决不能偏重。

体用与性情同样地重要。可是，在以下各条底注解里，为避免重复起见，我们也许仅谈性情方面的问题而不重复地提出体用方面的同样的问题。

八·九　情求尽性，用求得体，而势有所依归

情总是求尽性的，用总是求得体的。水之就下，兽之走旷，是具体的水求尽水底性，具体的兽求尽兽底性。大多数树木之弃阴就阳也就是具体底树木求尽树木底性。风雨雪雹，星辰日月都有这情求尽性用求得体的现象。求尽性似乎是毫无例外的原则，不过程度有高低的不同，情形有简单与复杂底分别而已。有时因程度高低底不同，或复杂与简单底分别，遂在表面上呈现一种反于性的变动，其实根本就没有反于性的变动。

即以人而论，人是物，是生物，也是动物。就人事方面说，情形更是复杂。某甲也许是银行行员，也许结了婚，生了儿子，也许社会上有地位，也许爱美，也许长于文艺等等。某甲是物，他求尽物性；他是生物，他求尽生物底性；他是动物，他求尽动物底性；他是中国人，他求尽中国人性；他是银行行员，他求尽银行行员性；他是男人，他求尽男人性；他结了婚，求尽丈夫性；他生了儿子，他求尽父亲性；他在社会上有地位，他求尽社会方面的责任；他爱美，他求尽爱美性，这在他底环境之下也许出于留心装饰，也许出于收买字画，他长于文艺，也许他要办杂志。这样写下去是写不完的。总而言之，他所求尽的性非常之多。

所谓反于性的变动不是不求尽性而是求得不均，遂致于深浅轻重之间发生从一方面看来或者过之或者不及的情形。爱美而至于丧家，好交游而至于破产都是一方面过于求尽性，而另一方面不及。请注意这里所说的是求尽性而不是尽性，尽性没有过与不及底问题，只有求尽性才有过与不及底问题。说从一方面看来的意思是表示过与不及都是相对的。一方面太过总表示另一方面不及，一方面不及总表示另一方面太过。这里之所谓求也不是有意识的求，有意识的求非常之少；所谓求不过表示动机或动态而已。

普通我们对于一个人底举动用某种形容词去形容它，实不过表示那用某种形容词的人所要求的价值而已。例如某甲替人找事，一点钟之内打上七八个电话，闹得不堪。某乙在旁做文章，感觉困难，也许会因此说某甲"好管闲事"。某丙当其时无所事事，仅在人情心绪中漂流，他也许会感觉到某甲"忠于为人谋"。某甲本人既不必是"好管闲事"的人，也不必在意识上一定要"忠于为人谋"；当其时也许心理复杂，也许心理简单，无论如何，他在那特殊地点，特殊时间，受特殊心绪底支使，情不自已求当其时所认为比较圆满的交待。这个情不自已底方向就表示他底性格。

本条底讨论虽以人为例而本条底范围不只于人。万事万物莫不情求尽性用求得体。性是情之所依，性表于情，情依于性。个体底变动从一方面看来是情，是殊相底生灭，从另一方面看来是性，是共相底关联，情求尽性即势求依于理。八·七那一条说理有固然，势无必至。在那一条我们所特别注重的是在任何一时间势究竟要表现些什么理本来就没有决定，本条所注重的是势虽无必至而有所依归。势未成我们虽不知其方向，势既成我们总可以理解。势未成无必至，势既成，乃依理而成。

八·一〇　情之求尽性也，用之求得体也，有顺有逆

个体底变动有帮此变动者，有阻碍此变动者。帮助此变动者顺于此变动，阻碍此变动者逆于此变动。水流而碰着石头，石头是逆于水流的，碰着沟，沟是顺于水流的。水上行舟，相对于所要达的方向，有时候风是顺风，有时候风是逆风。车子按时开顺于旅行，不按时开逆于旅行。我写东西也是如此，前十多天身体好顺于写东西，这些日子身体不好，逆于写东西。万事万物莫不如是，一举一动有顺有逆，而一举一动都是情求尽性，用求得体。

有两点我们得注意。第一，对于简单的事体，顺逆底分别大都清楚，对于复杂的事体，顺逆底分别也许会很不清楚。同时相对于一件事体的逆，相对于另一件事体，也许是顺。塞翁失马焉知非福就表示这一层意思。一件事体于家为祸是逆于家，于国为福是顺于国。本条底逆与顺有点像上章底冲突与调和，不过逆顺既不限制到有意志的个体底有意志的变动，本条底逆顺范围较广而已。

第二，一个体底求尽性，所谓顺逆也许来自该个体本身。一个体同时是一现实的综合的可能。一综合的可能包含许许多多的可能，这些可能现实的时候，有调和，有冲突，有顺有逆。普通所谓一个人底"矛盾"就表示个体本身冲突的情形。"矛盾"当然不是逻辑上的矛盾，这两字不过表示一个体在情求尽性底程序中顺逆出于一身而已。顺逆出于一身的现象并不限制到人。黄河之所以难治的理由之一也就是顺逆出于本身。河底流要畅，河底身就要深，可是，黄河底河身，听其自然是不会深的，所以逆于河流的东西之一就是黄河本身。

八·一一　顺顺逆逆，情不尽性，用不得体，而势无已时

本条所谓顺顺逆逆无非是要表示许多花样及连绵成串底意思。所谓许多花样就是有顺、有逆，有顺于逆，有逆于顺，有顺于顺，也有逆于逆，等等；所谓连绵成串就是顺逆相承，逆顺相继底意思。有这顺顺逆逆，也就是说情虽求尽性，用虽求得体，而情不尽性，用不得体。请注意我们在这里不说顺顺逆逆"所以"情不尽性。顺顺逆逆不是情不尽性

底理由而是情不尽性底另外一种表示。

　　情之不尽性，用之不得体，表面上看起来似乎有两方面的理由；一是从一性底完全现实这一方面着想，一是从一个体尽它所有的性这一方面着想。其实这两方面的问题是一个问题。假如一个木匠要做出一个完全地绝对地四方的桌子，他所用的工具如尺、如斧等等都要是完全的绝对的工具；他所用的材料要是完全的绝对的材料；他自己底动作也得要是完全的绝对的动作等等。完全的绝对的方底现实要牵扯到许许多多别的完全的绝对的东西。别的完全的绝对的东西又要牵扯到另外其它的完全的绝对的东西。由此类推永无止境。一个体不会尽它所有性与一性底不会完全现实是一个问题。

　　事实上的情形大家都知顺逆兼有。木匠底工具不是同样地好，他底材料不是同样地合用，他底动作不是同样地照规矩。其结果是工具之中，材料之中，动作之中，有比较顺于工作的，有比较逆于工作的。除此之外尚有其它种种方面的顺逆我们都没有谈到。本条底顺顺逆逆形容情不尽性的状态，它不是情不尽性用不得体底原因而是情不尽性用不得体底另外一种表示。至于情不尽性底理由就在共相之所以为共，殊相之所以为殊。不完全绝对不成为共相，完全绝对又不会是殊相。理是绝对的，势是相对的，理一以贯之，势则万象杂呈。

　　情求尽性而不尽性，用求得体而不得体，情老在那里求尽性而老不尽性，用老在那里求得体而老不得体，这也就表示势无已时。势不会打住的，其实这也就是说时间无最后，世界无末日，或者更基本一点地说，道无终。这里的顺顺逆逆就是从前的生生灭灭，其所以更立名目的意思无非是要表示生灭彼此相克，彼此相成，而相克为逆，相成为顺而已。生灭底历程无始，势虽有未发，而无开始发生之时；生灭底历程无终，势虽以下面的太极为归，而势无已时。

八·一二　变动之极，势归于理，势归于理则尽顺绝逆

　　情虽求尽性而不尽性，用虽求得体而不得体，势虽依于理而不完全地绝对地达于理。变动当然是不会打住的。变动虽然不会打住，而变动也有它底极限。变动底极限就是势归于理。请注意这里又是极限问题。道无始，无极虽是无始底极而不是道底始；变动不会打住，而这不会打住底极限也不是变动在事实上的打住。变动虽不会打住，而在那不会打

住底极限，势完全地绝对地达于理。所谓"归"于理，就是完全地绝对地达于理。

所谓势归于理就是情尽性，用得体。具体一点地说就是方的东西尽方底性，张三李四尽人底性，万事万物各尽其性。在那各尽其性的状态中，原来所谓顺于尽性的变动，无可再顺；原来所谓逆于尽性的变动无可再逆；这就是说顺逆根本"取消"。可是"取消"虽一，而结果大不一样。顺于尽性的变动如 a，b，c 等等，分别地说，各顺于所顺的性，例如上条所说的木匠底好的工具，合用的材料，照规矩的动作等等，各顺于所要作的方桌子；综合地说，这些变动都求尽"顺"本身底性。在那势归于理的状态中，不仅各顺于所顺的性尽，"顺"本身底性也尽。逆于尽性的变动，分别地说各逆于所逆的性，例如不好的工具，不合用的材料，不照规矩的动作等等，逆于所要做的方桌子；综合地说，这些变动都求尽"逆"本身底性。在那势归于理的状态中，不仅各逆于其所逆的性尽，而且"逆"本身底性也尽。"顺"底性尽，就是各性都尽，以后无可再顺，所以不复有顺的变动；逆底性尽，也就是各性都尽，以后无可再逆，所以不会有逆的变动。这同表示取消底情形一样，可是结果大不相同。

从顺这一方面着想，尽顺即各性皆尽，各体皆得，自共相底关联而言之，所有皆顺，用不着有而同时也没有殊相生灭中属于顺的变动。这表示尽顺非绝顺，因为在势归于理的状态中，虽不复有殊相以为顺底表现（即顺为空的类），而因此有共相以为顺底份子（即顺为实的类底类），此所以对于顺，我们说尽顺。从逆这一方面着想，尽逆也是各性皆尽，各体皆得，但既所有皆顺，自亦无一为逆，所以根本不会有而同时也没有在殊相生灭中属于逆的变动。这表示绝逆即尽逆，因为在势归于理的状态中，无共相以为逆底份子（即逆为空的类底类），不能有殊相以为逆底表现（即逆为空类）。此所以对于逆，我们说绝逆。

八·一三　道无终，无终底极为太极

道无终始。无论以什么有量时间为道底始，在那时间之前已经有道；无论以什么有量时间为道底终，在那时间之后，道仍自在。道导无始，而无始有它底极限，道虽无终，而无终也有它底极限。无始底极，我们叫作无极。无终底极我本来想叫作至极。可是，既有太极这名称与无极相对待，我们似乎可以利用旧名称把无终底极叫作太极。无极既不是道底始，太极也不是道底终。追怀既往，我们追不到无极，瞻望将来，我们也达不到太极。

无极与太极都是极，都是极限的极。它们虽然是不会达的，而它们不是不可以现实的。这是它们底相同点。它们底异点颇多，以后会慢慢地提出来。

八·一四　太极为未达，就其可达而言之，虽未达而仍可言

上面曾说过，无极为既往，就其为既往而言之，不知即不能言。无极带点子"史"味，或者说带点子"因"味，即英文中 on account of what 那种味道。太极带点子"目标"味，即英文中 for what 那种味道。我们对于无极不容易想像，只能思议，其结果我们只能说些思议的话。我们对于太极也不容易想像，也只能思议，但是，因为我们是属于人类的，因为我们有尽我们底性底问题，因为我们底尽性也是现实历程中目标之一，也是势之求达于理，所以除开说些完全关于思议的话之外还可以说些关于我们本身底要求的话。

八·一五　自有意志的个体而言之，太极为综合的绝对的目标

上章表示在现实底历程中，会有有意志的个体，会有有知识的个体，会有有心灵的个体等等出现。所想的例子当然是人，但所思的对象不止于人；如果有比人更灵巧的动物出现，它也在上章讨论范围之内。自道而言之，万事万物莫不如如，这样的个体未出现，道固然是道，这样的个体出现，道仍然是道。自现实底历程而言之，这样的个体出现，而天下中分；有这样的个体本身的现实；有相对于这样的个体而非这样的个体本身的现实。前一方面的现实可以修改后一方面的现实，后一方面的性可以为前一方面所了解，后一方面的尽性能力可以因前一方面的意志而减少或增加，在这样的个体出现后，现实底历程增加一种主动力。

有意志的变动出现，目标也出现。目标底现实虽在未来，而目标之

所以为目标至少是因为它在现在已经是思考底对象。这就是说我们可以讨论，可以想像，可以思议未现实的目标。未现实的目标当其为未现实总是理想的。在日常生活中，对于已往不知即不能言，可是，对于将来，虽不知而亦能言，因为对于将来，主动的个体有盼望，有追逐，有理想，有要求，对于将来，如果我们是主动的，我们所言的不过表现其在自我而已。关于一个体底自我，该个体总有发言权。

在上条我们表示太极虽未达，而我们仍有可言，太极是变动之极，是势归于理；在那势归于理底状态中，各个体情都尽性用都得体。可是，有些个体是有意志的个体，有意志的个体底意志与它们底意志也是顺顺逆逆中或范围较小的冲突与调和中的情求尽性用求得体而已。它们一时一地的目标是它们一时一地的求尽性。性不会尽，它们底目标不会完全地绝对地达。老有求尽性，老有目标，而尽性也就是它们底总目标。此总目标就是上章所说的综合的绝对的目标。自有意志的个体而言之，太极是它们自我底极限，虽未达而亦能言。

八·一六 太极为至，就其为至而言之，太极至真，至善，至美，至如

至是登峰造极的至，至当不移的至，止的至，势之所归的至。普通所谓真善美的确是彼此不同。它们底分别在日常生活中，或者在现实底历程中任何一阶段，都是非常之重要的。在日常生活中，在逻辑，在知识论，如果我们不把真善美分别清楚，我们不开口则已，假如开口，所说的话大都是废话。普通所谓真是命题底值，所谓善是行为（conduct）底值，所谓美是东西或事体（人都含在内）底值。命题不是行为，行为不是东西，虽是事体，而不仅是事体。真善美底分别非常之大而且非常之重要。

但是，各别地说，分别非常之大的东西，合起来就其总体而说，也许就没有分别。好久以前，我弄政治学的时候，我记得我所看的经济学书大都说经济上的值 value 与经济上的价 price 不同，我自己也觉得它们两样。有一位教员说马克思认为它们应该是一件事体；别的理由不谈，据说所举理由之一是说如果我们把所有的经济货币积起来，那就是说，把所有的经济价与值的东西，银钱法币都包含在内，都聚集起来，这集起来的总体底价就是它底值，它底值也就是它底价。马克思是否有

此议论，我不敢说，经济学史本身不在本条讨论范围之内。本条所注重的是分与合底不同，经济价与经济值分开来说的确不同，而照以上方法合起来说，它们的确又一样。可见分开来有分别的我们不能盼望它们合起来也有分别，合起来无分别的我们也不能盼望它们分开来没有分别。

真、善、美就是这样的。在上面已经表示在日常生活中它们底分别非常之大。在日常生活中，我们维持生活的方法一大部分恐怕是要靠辨别能力。我们底生活既是辨别的生活，真、善、美总是分开来的，所以它们总有分别。谈太极情形就不同。即以真而论，在日常生活中，因为我们所知道的命题欠关联，真与一致是两件事；在太极因为势归于理，所有的命题都四通八达地呈现共相底关联，所以只要真就一致，只要一致也就真，而一致就是真，真就是一致。可是，就真说真仍是分别地说真，而不是综合地说太极。果然综合地说太极，太极底真是太极本身，太极底善与美也就是太极本身，太极本身总是太极本身，所以它们没有分别。我们要知道在日常生活中，真、善、美有分别，因为它们都是相对的，它们所相对的既不同，它们本身也有分别。太极是绝对；势归于理也可以说是万归于一。在这种情形之下真就是美，美就是真，而它们也都是善。

太极既是绝对的，真善美也都是绝对的，所以本条说至真、至善、至美。但是为什么也至如呢？虽然道莫不如如，而在日常生活中，因为情不尽性用不得体，万事万物各就其本身而言都不完全地自如。在现实底历程中任何一阶段，万事万物都在那不均衡的状态中，无时可以安宁，无时可以休息，所以无时不在相当紧张状态中。这就是说它们都不完全自在，不完全自在，当然也就是不完全自如。在太极情尽性，用得体，万事万物莫不完全自在，完全自如。本条特别提出太极至如这一点，因为我们要免除好些西方的性情中人对于天堂那种敬鬼神而远之的态度。太极不是不舒服的境界，它不仅如如，而且至如。本书底道本来是如如，可是，最低限度是如如，最高限度是至如如，简单地说是至如。

八·一七　太极为极就其为极而言之，
太极非式而近乎式

无极是无，太极是有，无极是混沌，太极是清楚。无极虽不是道底始，

而是道无始底极，太极虽不是道底终，而是道无终底极。无极非能而近乎能，太极非式而近乎式。在讨论无极非能而近乎能的那一条里，我们曾说有不能不现实的可能，有老是现实的可能，而不能不现实的可能虽然在无极现实，而老是现实的可能在无极还没有现实。我们又要注重无极不是道底始。它是极，所以我们可以说在无极老是现实的可能还没有现实，老是现实的可能虽还没有现实，而不能不现实的可能当然是现实的，此所以无极是未开的混沌。

太极也是极，而不是道底终。在现实底历程中，各种各类的可能或者同时地或者相继地或者相隔地现实；不能不现实的可能当然现实，老是现实的可能仍然是老是现实的；不可能当然是不可以现实，老不现实的可能也仍然是老不现实。这是从现实底历程说，情形如此；若谈太极情形就不相同。虽然不可能即在太极仍为不可能，而老不现实的可能即在太极也就现实。无极与太极相对称；在无极老是现实的可能还没有现实，在太极老不现实的可能却已现实；在无极不可以不现实的仍不可以不现实，在太极不可以现实的仍不可以现实。

无极不是不在式的能，太极也不是无能的式，无极不是单独的能，太极也不是单独的式。在太极不可以不现实的，老不现实的，及其它许许多多未淘汰的可能都现实。太极是充满着现实的境界。若从充实这一方面着想，太极最充实不过，它当然不是那仅是可能的式。在这一点上，太极与无极也相对称。太极之非式与无极之非能有同样地显而易见的理由。这是从充实这一方面着想，若从可能底数目这一方面着想，太极与式底分别也非常之清楚。式是析取地无所不包的可能，而太极不是无所不包的现实。有好些可能对于太极已经是现实过而不再现实的可能。这就是说，在现实底历程中这些可能底现实已经洗刷淘汰，太极所现实的不过是式中一部分的可能而已。

在无极老是现实的可能还没有现实，这也许难于想象；在太极老不现实的可能也现实，这也许更难于想象。有好些老不现实的可能似乎没有法子现实，例如空无所有的"无"（不是不可能的无），"将来"，"特殊底极限"，"空线"，"时面"等等，可是，这些可能在太极都现实。不仅如此，要空线时面现实，绝对的四方才能现实。有好些老是现实的可能似乎没有法子不现实，例如时间，变动等等，可是，在太极它们已经不现实。单独地从一方面说，例如时间方面，我们似乎要说太极是一刹那或者是一时面，可是，这不过是从一方面说而已。太极虽没有变动，虽无我们现在所有的这样的时间，我们也不容易说太极本身仅是一刹那。

我们要特别注意在太极势归于理，所谓势归于理就是理势合一。在理势合一的状态之下，理是纯理，势是纯势。在现实底历程中，情不尽性，用不得体，势虽依于理而不完全地达于理；我们似乎可以这样地说，势既不完全地达于理，势是拖泥带水的势，理既不为势所达，理也是带上渣滓的理，所以势不是纯势，理也不是纯理，在太极势归于理的情形之下，理势都纯。理是共相底关联而不仅是可能底关联，所以理不是式，这一点上面已经表示清楚。可是，势归于理的理是纯净清洁的理，是渣滓澄清后的理，纯到无可再纯。所以虽与势合而差不多纯到式那样的通明透亮。所以本条说太极非式而近乎式。近乎式所以在现实底历程中不会现实的可能也都现实。

八·一八　居式由能，无极而太极

第一章就说居式由能莫不为道。所有的变动都是由能居式，殊相底生灭是由能居式，共相底关联也是居式由能。整个的现实历程是居式由能底历程。无极与太极也仍然居式仍然由能。从情感方面说，居式由能是让我们自在的话，它表示如如。可是，不从情感着想，而从现实历程中任何一时期底事实着想，居式由能也表示事实本来如此，可是，居式由能是一句关于变动底横切的或断面的话．把现实底历程切一段下来，其中任何变动都居式而由能。但是，仅居式而由能不足以表示现实历程底方向。仅说居式由能似乎不够。

现实底历程是有方向的，现实底方向就是无极而太极。本条不说由无极到太极。因为"由——到"很容易给我们一种由什么地方到什么地方，由什么时候到什么时候的味道。果然如此，也许我们会忘记无极与太极都是极，也许会因此就想到道由无极起始到太极为终。道无终始，现实不从无极始到太极终。虽然如此，现实仍有方向，它底方向是由近乎无极那样的现实到近乎太极那样的现实。既然如此，我们利用已有的成语表示这方向。无极而太极底原来意义，本条不讨论，在本条无极而太极表示方向。若从现实底历程着想，整个底现实历程就在这"而"字上。

八·一九　无极而太极，理势各得其全

无极而太极可以说是天演，也可以说是造化。好些可能只在现实底历程中现实，例如自然史所发现的许多野兽，在太极这些可能不会再现实。从这一方面，现实底历程象天演，但现实底历程范围比天演大得多，而无极而太极比现实历程底范围更大。式中所有的可能都"会"现实，不然不是可能，我们想象力所能想象的任何可能也都会现实，我们可以思议的任何可能也都会现实，现在的问题是所有的可能底现实，而不是一些现实底淘汰。这样的无极而太极也许我们利用造化两字表示。这两字也不大好。本条说无极而太极理势各得其全。理势各得其全底意思就是说所有的可能都在无极而太极现实——或老在现实，或正在现实，或曾经现实而现在不现实，或曾经现实而现在继续地现实，或现在未现实而将来会现实——天演与造化底意思均有而范围更大。

请注意我们这里说所有的可能都在无极而太极现实，这显而易见地不仅是谈现实底历程，无极而太极不仅是现实底历程，在现实底历程中老不现实的可能依然老不现实，所以在现实底历程中，所有的可能不都现实。上条讨论方向的时候，我们曾表示过整个的现实历程在"而"字上，现实底历程不从无极始到太极终。无极而太极虽表示现实底方向，而不等于现实底历程，它不仅包含现实底历程而且包含无极与太极。要在这个条件之下，所有的可能才都现实，理势才各得其全。

八·二〇　就此全而言之，无极而太极为宇宙

关于宇宙我们要表示以下诸点：一，宇宙是全；二，宇宙不可以有外；三，宇宙虽唯一而不特殊；四，宇宙虽是具体而不是个体。

"宇宙"是"全"。"全"表示整体。宇宙不仅是时空架子而且包含时空架子里所有的一切。时空架子是宇宙底部分，而宇宙不是任何东西底部分。就宇宙之不是任何东西底部分而言，这里的宇宙不是天文学家所量的宇宙。天文学家所量的宇宙，无论其直径多么长，总不是包罗万象的宇宙。能够说直径多么长的宇宙根本不是"全"，它总是某时期内的"世界"，所以总是一部分。包罗万象的宇宙不是手术论所能表示的，而天文学家所量的宇宙是手术论之所表示的。

"宇宙"不仅是全而且是大全。宇宙不可以有外。说不可以有外者因为它不仅无外，假如宇宙有外，这在外的不是无能的式，就是无式的能，而这总是不可能。能既是在式的能，式既是有能的式，万事万物总逃不出能与式底范围，那就是说，它们总在无极而太极之中。此所以说无极而太极的全是至大到不可以有外的全。其它的全，假如上段所说的天文学家底宇宙，无论如何的大，不会大到不可以有外。

宇宙既是全，既是至大不可以有外的全，当然只有一宇宙，这就是说，宇宙当然是唯一的，宇宙虽然唯一，可是，它并不特殊。在讨论特殊的那一章，我们曾表示特殊化是个体底时空位置化，特殊有连级，一头是时面，空线，或时点—空点上的特殊，这在现实底历程中是不会达到的，另一头就是某时期的本然世界那样的特殊，而这一头底极限就是宇宙。宇宙虽是极限而不是特殊，显而易见地，它没有时—空上的位置。普通所谓特殊总是这两头中间的东西，它一方面有部分，另一方面也是其它特殊底部分。宇宙不是任何东西底部分，所以也不是特殊。

宇宙不仅不是特殊，它也不是个体。它当然是具体的。在第三章我们讨论现实底个体化，我们已经表示具体是多数可能之有同一的能，而现实并行不悖这一原则是一先验的原则。无极与太极都是具体的，无极而太极也是。宇宙不能不是具体的，可是，它虽是具体而它不是个体。个体也是连级的（serial），也是相对的；从这一方面着想，它与特殊相似。个体本来是具体底多数化，一个体虽一，而相对于多才能说"个"；唯一具体，本来就无所谓"个"，所以宇宙不是一个体。

八・二一　太极绝逆尽顺，理成而势归，就绝逆 尽顺而言之，现实底历程为有意义的程序

八・一二那一条已经表示变动之极势归于理，势归于理，则绝逆尽顺。太极之为势归于理与其绝逆尽顺，本章早已说过。本条特别注意理成势归及现实历程为有意义的程序。八・一九表示无极而太极，理势各得其全，所有的可能在无极而太极都现实，可是，在太极有些现实已经淘汰。天演这名词范围不够宽，"道演"两字也许合格，道演之极当然是势归，可是，势归也就是理成。在现实底历程中，好些东西互为顺逆。害虫猛兽，相对于我们底要求，我们不能不说它们阻许多现实之达于理；可是，害虫猛兽其本身也依于理，而相对于它们，我们也不能不

承认我们阻它们之达于理。在无极而太极顺逆兼备，不兼备不足以为道。在太极绝逆尽顺，不绝逆尽顺也不足以为道。

在太极有好些现实总是要淘汰的，历史上的野兽免不了已经淘汰。切己的问题当然是人。大多数的人以为人是万物之灵。这从短期的历史上着想，大概是这样。在现实底历程中是否有过类似我们这样的东西已经淘汰，我们不敢说，也无法知道。以后人类是否会被淘汰，我们也不敢说。我个人对于人类颇觉悲观。这问题似乎不是人类以后会进步不会底问题。人之所以为人似乎太不纯净。最近人性的人大都是孤独的人，在个人是悲剧，在社会是多余。所谓"至人"，或"圣人"或"真人"，不是我们敬而不敢近的人，就是喜怒哀乐爱恶等等各方面都冲淡因此而淡到毫无意味的人。这是从个体的人方面着想，若从人类着想，不满意的地方太多，简直无从说起。人类恐怕是会被淘汰的。

以上虽然切己，可是，与本条底主旨不甚相干。本条要表示太极绝逆尽顺，现实底历程是有意义的程序。这就是说现实底历程不是毫无目的，毫无宗旨的，它不仅是历程而且是程序。无极而太极不仅表示方向而且表示目标，表示价值，不过在短时期内，我们看不出来而已。以千年、万年、百万年为单位，我们看不出整个的道演底踪迹。虽然如此，局部的道演不见得毫无象征。即以人类几千年的历史而论，人类本身我们不能不说有进步，虽然以道观之我们不免沧海一粟之感，而小可以喻大，这点子成绩也可以表示现实底历程不是毫无意义的历程。这历程既是有意义，同时也是一种程序。

八·二二　无极而太极是为道

无极是道，太极是道，无极而太极也是道；宇宙是道，天地日月山水土木也莫不是道。本书前此已经表示过，道可以分开来说，也可以合起来说；宇宙则仅是就道之全而说的一个名词，此所以我们可以说天道，说人道，说任何其它的道，而不能说天宇宙、说人宇宙等等。道之可以合可以分也是因为共相与共相底关联。任何一共相都是别的共相底关联，任何一套共相底关联总是一共相。就任何共相之为其本身而言之，它总是单独的，整体的，就任何共相之为其它共相底关联而言之，它总是牵连的，部分的。共相底关联成一整个的图案，这整个的图案是道，各共相也是道；此所以道可以分开来说，也可以合起来说。

　　本条说无极而太极是为道，这是合起来说的道；第一章说居式由能莫不为道，那是分开来说的道。道一是合起来说的道，道无量是分开来说的道。有真底道（分），有假底道（分），而道（合）无真假；有善底道（分），有恶底道（分），而道（合）无善恶；有美底道（分），有丑底道（分），而道（合）无美丑。有如底道（分），有不如底道（分），而道（合）莫不如如；所谓如（1）如（2）就是如（2）其如（2），不如（2）其不如（2），或如（1）其所如（2），如（1）其所不如（2）；总而言之，无论如（1）何，都是道。就真、善、美……之各为其本身而言之，道无量；就它们彼此有关联而此关联之亦为道而言之道一。

（原载《论道》，长沙，商务印书馆，1940；选自《金岳霖文集》第二卷，兰州，甘肃人民出版社，1995）

势至原则
（1943）

　　本文底问题是何以有现在这个世界。这问题就小的范围着想，就是问我何以坐在这间房子里，这张纸何以摆在这桌子上，桌子何以有这颜色，洋火何以歪歪地摆在这一包烟上……详细地说，虽几千万言不为功，但是简单地说问题仍是何以有这个世界。本文分以下四节讨论。

一　问题的分析

　　A. 这样的世界与这个世界的分别

　　1. 我们也许要从现在这世界说起。"现在"两字伸缩力很大，在时间上没有一定限度的长短。如果我们假设它为一分钟，以后的讨论都是限于这一分钟的现在。如果我们假定它为一年，我们也可以把讨论限于这一年的现在。所谓"世界"也没一定限度的空间。我们可以假定其为宇宙洪流在这一分钟中或一年中的平削的现实，或者说这一分钟内或一年中的整个的现实的空间。不过，所谓一分钟是以两特殊时面为界限的一分钟，一年也是如此。这也就是说，是"这"一分钟或"这"一年，而不是不同的"一分钟"或"一年"。

　　2. 这一分钟或这一年的现实有这样与这个的分别。对于这一分钟或这一年的现实我们可以用三种命题尽量地表示：（一）普遍命题，（二）表示普通情形的命题，（三）特殊命题。（二）项稍有问题，但在本文为小节可以置之不论。无论如何。所谓"这样"的世界是前二种命题之所表示，而这个世界是特殊命题之所表示。（命题不得助于官觉可以表示普遍，但不得助于官觉不能表示特殊；这一点现在亦不讨论。）兹以 P，Q，R，…为表示这一分钟或这一年的现实的前两种命题。p，

q，r，…为表示这一分钟或这一年的现实的后一种命题。

3. 我们的问题既是何以有现在这个世界，所问的是何以有 p，q，r，…之所表示的世界。我们当然假设 p，g，r，…都是真的。这些真的特殊的命题联合起来表示这个世界。

4. 我们要分别这样的世界与这个世界，因为同样的问题有不同的答案。如果不加时间上的限制，专问何以有这样的世界，我们的答案是不会没有。这一点《论道》书中曾谈到，此处不赘。如果我们问何以有这个世界，我们不能说不会没有；这答案与问题不相干。

5. 何以不相干呢？因为何以有这个世界这一问题实在是问在这一分钟内何以有这样的世界。这问题与何以有这样的世界当然是两个问题。如果对后一问题底答案是不会没有，此答案对前一问题不会同时也是答案。

B. 理、数与势之至

1.《论道》一书第八章曾说个体的变动理有固然，势无必至。现在这个世界的确是可以理解的世界。本文最初提出的问题，例如我何以坐在这间房子里，都可以得答案。现在这个世界既云现在当然是势之已至。何以有这个世界的问题也就是此势何以至的问题。假如势有必至，当然不能有势何以至的问题。其所以有势何以至的问题，即理虽有固然，而势仍无必至。

2. 我在《论道》书中曾这样地表示。设有以下因果关系：（a）如果一个人吃砒霜，半点钟后他会死。（b）如果大夫在几分钟内使其人吃某一解药，他不会死。某人吃了毒药究竟死不死呢？如果无救，他死了。如果他死了，他现实前一因果关系。如果他被救，他现实后一因果关系。前一关系现实，不是后一关系底推翻；后一关系现实，也不是前一关系的推翻。无论他死也好，活也好，他总现实一因果关系。我知道这件事体会牵扯到许多别的事体，可是别的事体也牵扯到旁的因果关系。

3. 无论所牵扯的事体与所牵扯的因果关系若何的多，上面所说的主旨应该明白。一事体虽可以理解，而理解该事体的理不能决定该事体的发生。这就是说，此势已至虽可以理解，而固然的理不决定此势之所以至。这也就是说，势无必至。势何以至这一问题的答案不能在固然的理中去求。

4. 势何以至也不是数的问题。A 段的讨论已经有此表示。说这样的世界不会没有，就是说它无所逃于数；但何以有这个世界，这一问题不是数的问题。即以（2）条所说的那个人的死而论，他的死也许是数。但是，他死于某时某地等等，总有不是数的成分在内。势何以至这问题的答案不能求之于数。

C. 此势何以至与别问题的分别

1. 此势何以至这问题虽经分析，然而为增加清楚起见，我们得把这问题与旁的类似的问题分别出来。如果我们用英文表示势何以至这问题，所问的是 why is there such actualization，而不是 what is actualzed。这问题与以下问题相混，我们得提出它们的分别。

2. 这问题不是情求尽性用求得体的问题。这两问题有彼此牵扯的地方。《论道》一书曾说情求尽性用求得体而势有所依归；情不尽性，用不得体而势无已时。势的继续地至的确与情不尽性、用不得体有关。可是，这明明白白地说势的继续地至，而不是说势的所以至。势的继续地至只是表示宇宙洪流不会中断，这个世界不会打住。但这与何以有这个世界完全是两个问题。

3. 普通话中有"势使然也"这句话。无论这句话中的"势"是否我们所说的势，照我们所说的势说，我们也可以说已往的势支配现在的势。但是如果我们要表示如何支配法，我们仍得引用许多"如果——则"式的命题，而这些"如果——则"式的命题或真或假。如果是假的，它们不表示支配；如果是真的，它们断定固然的理。说以往的势支配现在的势，我们还是说理有固然而不是说势有必至。我们还是说没有以往的势不会有现在这样的势。这不是说有已往那样的势一定有现在这样的势。此势可以至这一问题也不是已往的势所能决定的。

4. 此势可以至不是普通所谓神或上帝的问题。在个人的思想中，我不能树立一推动者去解释此势何以至。如果此推动者是个体，它不能自外于其他的个体而同样地有共殊理势问题。此推动者何以在此时此地出现也是此势何以至这一问题中的问题。如果推动者不是个体，而是无所不在的现实，它本身就是理与势。就其为理而言之，它不能推动；就其为势而言之，它虽可以推动其他的势，而它自己亦有被推动问题。总而言之，此势何以至不能利用神或上帝去解决。

二　名言世界与说不得

A. 命题不能为以上问题的答案的工具

1. 本文最初所提出的问题，例如我何以坐在这间房子里，这样的问题可以得答案，而答案大都能满足我们在日常生活上的要求。但是，这些答案无论举事或举理以为解释，那是引用普遍以范畴特殊，而不是引用普遍以决定特殊。如果我们打定主意非得到决定特殊的原因不为满足，则我们可以打破沙锅问下去，而仍不能得到满足的答案。答案总是命题之所表示，而决定这房间底"这"的因素不是命题所能表示的。

2. 从一方面着想，命题之不能为解决此势何以至这一问题的工具理由很清楚。此势之所以至不决于已往的势，所以特殊命题（无论数目若何的多）不能为此问题的答案。此势之所以至也不决于固然的理，所以普遍的命题也不能为此问题的答案。仅从这一方面着想，本条不过补充上节 BC 两段而已。

3. 命题之所以为命题总是对于个体、事实或概念等等有所表示。个体、事实、概念等等都各有彼此的分别。命题总是分开来说的思想。普遍命题如此，特殊命题也是如此。分开来说的思想所说的对象总是名言世界，而不是那超形脱相无此无彼的世界。我们固然可以说这张桌子之所以有这个红颜色靠同时的太阳光，靠同时的光线，靠同时这墙底颜色，靠我在同时间的眼睛等等；然而对于这个世界我们不能说这样的话，它决不靠同时的形形色色，因为同时的形形色色都是它本身。何以有这个世界也就是何以有这整个的形形色色。何以有这整个的形形色色不是以形范形，以色范色之所能解答的。

4. 前一时的名言世界的情形也不能解答何以有这个世界这一问题。设在 t_1 有 p_1，q_1，r_1，…表示 t_1 时的那个世界，而在 t_2 有 p_2，q_2，r_2，…表示 t_2 时这个世界。这两套命题中一定有不同的命题，不然世界没有变。假设 p_1p_2，q_1q_2，r_1r_2，…为不同的命题。p_1 或者可以解释 p_2，或者不能。其余同样。如果不能，则何以有 t_2 时这个世界未得答案。如果可以，则 p_1p_2，q_1q_2，r_1r_2，…各套之间的关系一定是固然的理。固然的理虽可以分别地解释这个世界而不能综合地决定何以有这个世界。命题是分开来说的思想。（3）（4）两条表示它不能为解决何以有这个世界这一问题的工具。

B. 哲学与说不得

1. 治哲学总会到一说不得的阶段。说不得的东西就是普通所谓名言所不能达的东西。有些哲学家说，说不得的东西根本不成其为东西。如果我们一定要谈到这样的东西，我们不过是说些废话而已。这种主张也对。说不得的东西当然说不得。若勉强而说之，所说的话也与普通的话两样。所说的东西既不是经验中的特殊也不是思议中的普遍。但是，这不是哲学主张。因为治哲学者的要求就是因为感觉这些名言之所不能达的东西，而要说些命题所不能表示的思想。假若他不是这样，他或者不治哲学，或者虽治哲学而根本没有哲学问题。以上所提出的问题就是这样一个问题。这问题是命题所答不了的问题。这也就是说，它是说不得的。

2. 本人在《论道》一书中曾说"能"是说不得的。也许说不得的理由和别的哲学中说不得的理由不一样。兹先表示"能"之所以说不得。"能"既然说不得，为什么要提出它来说呢？"能"虽说不得而我们仍感觉到它。兹先表示我们何以得到"能"。我们对于个体可以无量地抽象下去。可是，无论如何地抽象下去，我们会感觉到有抽不尽者在。这抽不去者当然不是抽象的。换句话说，一个体不只是一大堆的共相。

3. 可是，个体也不是一大堆的殊相。此白的确非任何其它的成千上万的个别的白，但是这个东西不必有此白。此方的确也非成千成万的个别的方，但这个东西也不必有此方。从这个东西的历史着想，这个东西延续下去。然而它的殊相无时不更改。我们也可以分别地把一个一个的殊相撇开，而仍有非殊相者在。上条所说的可以叫做共相方面无量的抽象法。本条所说的可以叫做殊相方面无量的变更法。这两方法引用于任何一个体，使我们感觉到个体中有非共非殊的底子。此底子我能叫它做"能"。

4. "能"非共相，亦非可能。所以我们对于它无概念。"能"非殊相，所以我们对于它无官觉现象。它既不是普通之所能思的。也不是普通所能觉的。从知识论着想。"能"不是知识的对象。所以在知识上我们对于它无话可说。即勉强而说之，也是反对玄学者所认为毫无证据的废话。"能"的确是说不得的。可是，从某一知识论的观点说，"能"虽不能知不能觉，然而仍是我们之所不能避免的。如果我们不发生这样的问题，当然不会说说不得的话。如果发生这问题而认为这类话无意义，结果同样。可是如果我们发生这问题，虽在一方面我们认为这类话为无意义，然而在另一方面，我们认为有意义，则在一方面说不得的话在另一方面仍要说。即以本文的问题而论，我们可以在名言范围内得到局部的答案。但如果不认为这些答案为满足，我们也要超出名言范围之外去找答案。

C. 说不得的分析

1. 所谓说不得，最简单和最好的说法就是说"不在名言范围之内"。但这说法流行似乎太久，一部分的人对于这说法也许有不彻底的感想。兹以另外方法表示说不得之所以为说不得。说不得的东西当然说不得。可是，说不得是很容易说的。

2. 我们先就所谓文法上的主宾词和逻辑上的主宾词兑起。从文法上的主宾词着想，什么话都可以说。即以"能"有出入这句话而论，在文法上似乎没有不成其为话的理由。从逻辑的主宾词着想，这句话就发生问题了。普通说的话，如"那张桌子是红的"。在文法上，我们以"那张桌子"为主词，而"红"为宾词。逻辑的说法不是这样。逻辑的说法是以"那"为主词，而桌子与红都是宾词。而这命题是"那"之所指有"桌子"与"红"之所谓。这命题的形式为 $\varphi\times\cdot\varphi\times$。逻辑的主词总是个体或类似个体的关系体。

3. 至于宾词，则总是概念。而概念的对象总是共相或可能。由此看来，命题的逻辑主词总是表示个体，其逻辑宾词总表示共相或可能，命题之所表示总在名言范围之内。个体可名，名亦有所谓。对于它我们可以言。照现在的说法，不仅言，而且以命题言之。命题由简单而复杂化后，我们不仅可以谈个体，而且亦可以谈可能或共相。它们都是可以说的。

4.《论道》书中所提出的"能"就是说不得的。"能"不是个体，本来就无所谓这或那。我们勉强名之曰"能"，其实对于它名字也失其效用。"能"根本无所谓。所以，以"能"为逻辑主词的命题根本不能有宾词。最简单的说法乃是说"能"不在名言范围之内，这也就是说，关于"能"我们不能以普通所谓命题表示任何意见。如果我们没有意见，当然没有问题。可是，治哲学的人对于说不得的东西仍有意见，所以仍得说话。

三　本然陈述

A. 本然陈述与逻辑命题的分别

1. 本节论本然陈述最好用以"能"为主词的话为例。《论道》书中很有几句这样的话。例如，"能有出入。"本然陈述异于逻辑命题的有以下诸点。逻辑命题不断定任何事实之为事实，可是断定任何可能之为可能。本然陈述也不断定任何事实之为事实，可是，解释任何事实。"解释"两字也许麻烦。这里的意思是说，任何表示事实的命题都是本然陈述所说的一部分的话。例如，"我昨天搬家。"这一命题也就部分地是"能有出入"这本然陈述所说的话。

2. 逻辑命题的真是形式的，不同样的，无效的真。而本然陈述的真是实质的真，同样的，有效的真。兹分别讨论。逻辑命题是一种空的命题架子。我们可以把任何合乎架子的命题套进去。例如 $p \lor \sim p$，这可以视为架子。合乎此架子的都可以套进去。例如，这是桌子或者这不是桌子，那是椅子或者那不是椅子，……视为架子，$p \lor \sim p$ 是一形式。本然陈述不是这样。它对于"能"有表示。它不是设立一架子使我们可把许多命题套进去。它所表示的是"能"的本身。换句话说，本然陈述是实质地对于"能"说了一句话，不是说了一句许多命题所具的形式的话。

逻辑命题的真对于事实可以说是不同样的真。例如我们睁开了眼睛，可以指任何不同的东西说"这是椅子或者不是椅子"，这句话虽真而是不同样的真，对于一些东西，前面那一部分真，对于许多另外的东西，后面那一部分真。真虽一，而对于事实所以真则不同。本然陈述不是这样的。它对于任何事实是同样的真。它不是设立形式让事实依违于正负之间而又不决定谁依谁违。它直接地表示任何事实的最后的，实质的共同点。既然如此，它对于任何事实是同样的真。

逻辑命题的真是无效的真。这里所谓无效也可以用"消极"两字表示。可是，最容易抓住的说法是说逻辑命题的真是什么话都没有说而因此不能假的真。逻辑命题的确说了一句话。可是，从我们经验中的形形色色着想，它一句话都没有说。本然陈述不是这样。它不是消极的而是积极的。"积极"两字相对于逻辑命题的"消极"。它虽不肯定任何事实之为事实，然而因为它表示所有事实的最后的共同点，所以对于经验中的形形色色，什么话都说了。

3. 任何逻辑命题都是复杂的命题，都是命题的真假函数中的某一真假函数（truth function）。在它的结构中，总有逻辑常相。我们可以运用这些逻辑常相于普通命题而得逻辑命题。逻辑命题都不是简单的。至少它的简单程度不会到普通简单的命题的简单程度。本然陈述则不然。根据上面所说，我们虽可以认本然陈述为集普通命题之成，然而我们不能以它为命题的真假函数，在它的结构中没有常相。它虽不是寻常的命题而它是很简单的话。它虽然是简单的话，然而意思非常之深。

4. 逻辑命题有千篇一律处，有各自不同处。就前一方面说，一逻辑命题总是真假函数中的某一函数。它是一必然的命题。就后一方面说，每一逻辑命题是一与其他逻辑命题不相同的形式。而每一形式都是一推论方式。本然陈述根本不是推论方式。所谓推论的方式是由 P 而得 Q 的方式。我们不能利用本然陈述作这样的过渡工具。本然陈述不仅不是推论方式，而且也不是任何结论的前提。

B. 本然陈述与经验命题及科学命题的分别

1. 为便利讨论起见，我们把命题分为经验命题与科学命题。经验命题也许是真的，但不根据于科学方法。这种命题可以分为三种：普遍的，普通的，特殊的。头一种之所断定独立于特殊时空。第三种之所断定为特殊的事实。第二种介乎二者之间，它所断定的为历史上的普通情形，例如"清朝人有发辫"。头一种直接地断定固然的理，第二种与第三种断定事实。我们用不着谈真假问题。本然陈述有所断定，但所断定的既不是固然的理，也不是事实。

2. 科学命题是根据于科学方法的。这些命题中大都有物理（广义）意义。可是，也有无物理意义的。前者之所断定为固然的理，后者也许是逻辑命题（算学公式在内）。如果只是逻辑命题，它不过表示必然的理而已。无物理意义的命题也许是假设，也许表示固然的理，也许不表示固然的理。无论如何，本然陈述既不断定必然的理，又不断定固然的理，而它本身也不只是一个假设。

3. 经验命题与科学命题都划分界域。一命题对于它的界域之内的事实有真或假。如果它是真的，它与界域之内的某一事实有一种相应的情形，而与别的事实无此相应情形。每一界域都是名言世界的一部分。命题对于名言世界有相应有不相应，合于此者不合于彼，它不能对于任何事体都能合得上。此所以说，对于整个的现实命题只是分开来说的思想。科学命题与经验命题都是这样的。就这一点说，它们与本然陈述根本两样。

4. 在上节 C 段，我们已经提出命题中的主宾词问题。那种问题与上条所论是一问题的两方面。上条之所讨论是命题用主宾词之所表示的对象。上节 C 段所讨论的是命题表示对象所用的主宾词。本然陈述所表示的对象不在名言世界范围之内，而本然陈述所用的工具也不是个体词或概念词。

C. 本然陈述的分析

1. 也许有不用"能"以为主词的本然陈述。但我们所讨论的是以

"能"为主词的本然陈述。"能"非所指，亦无所谓。以"能"为文法上的主词的本然陈述当然不是 B 段所谈的命题。主词无所指，当然不表示个体；"能"无所谓，以"能"为主词的本然陈述当然没有普通所谓宾词。这也就是说，任何概念不能引用到"能"身上去。本然陈述之所陈述根本不在名言范围之内。

2. 从来源说，本然陈述是积极的总经验之成的话。它不是从归纳得来，也不是从演绎得来。从这两方面得来的都是命题，而其所断定都在名言范围之内。命题不能积极地总经验之成。主词的外延太宽，则宾词的内包一定浅到毫无意义。例如"一切皆心"或"一切皆物"。想要利用这样的命题把什么话都说了，而其实什么都没有说。命题既是分开来说的思想，它总有取舍。有取舍，才能积极。可是，有取舍，就不能总经验之大成。本然陈述则不然，它既积极而又总经验之大成。它无所取，亦无所舍。从个别的事或个别的理着想，因为它无所取，它的确什么话都没有说；可是，从各事之所同，各理之所共这一方面着想，因为它无所舍，它的确什么话都说了。

3. 从对象说，本然陈述陈述元理。本人认为理的种类不一。有必然的理，此即逻辑学的对象。有固然的理，此即自然律之所表示。但是，还有本然的理，此即本然陈述或先验命题之所表示。本然的理可以分为两种：一种为元理，一种为非元理。非元理与固然的理的分别，即在前者为老是现实的而后者则不必老是现实的，前者是先验命题之所表示而后者则不是先验命题之所表示。《论道》书中有好些命题，例如"现实并行不悖"，"时间是一现实的可能"等等都表示本然的非元理。至于本然元理则有"能有出入"这样的话表示之。本然陈述之所表示既不是必然的理也不是固然的理。它既不是逻辑命题，也不是自然律。它非常之基本。它是治哲学者最后所要得到的话，也是哲学思想结构中最初所要承认的话。

4. 就本然陈述的结构着想，文法上有主宾词，而实际没有主宾词。这一点不容易表示。命题中的主宾词总有分别，显而易见的例子可以撇开，即看起来没有分别的仍有分别。例如，凡人是有理性的动物，凡有理性的动物是人。虽人与有理性的动物有同一外延，然而主宾词之所表示仍有分别。前一命题对于人有所断定，后一命题对于有理性的动物有所断定。从外延着想主宾为相等的名称；从内包着想，主宾词仍为不同的概念。以"能"为主词的本然陈述不是这样的。它有点像"甲是甲"

那样的逻辑命题，不过主宾词都不是概念而已。以下有好几句关于"能"的话。例如，"能"是纯活动。这本然陈述实在是说"能"与纯活动为一而非二。以"能"为主词的本然陈述，无论宾词如何，都只陈述"能"的本身。如果一个人抓得住"能"，他不必利用本然陈述以表意。他只说一个"能"字就够了。

四　势之原则

A. 说能

1. "能"是不能以命题为工具而说的。但是以本然陈述为工具，"能"仍是可以说的。这里的话不是分析"能"之所以为"能"，那依然是办不到的。但是如果我们抓住了"能"，我们会感觉有其他的本然陈述可说。以下即这一类的本然陈述。

2. "能"是潜能。这里的潜能可以用英文 potentiality 这一字间接地表示。也许最容易的说法还是从可能那一方面说起。我们不能以任何一可能去规范"能"，也不能以所有的可能去规范"能"。但是"能"可以入于任何可能。这就是说，任何可能可以现实，而任何可能的现实都以"能"为潜能。反过来说，"能"对于任何可能为潜能。可能是可以用概念来表示的。概念是一抽象的。它只是可以有"能"的架子而已。它本身无潜在的能力，或潜在的力量，只有"能"是它的潜在的能力或潜在的力量。"能"对于任何可能如此。可是，它虽是任何可能的潜能，然而它不靠任何可能，它本身即是潜能。

3. "能"是实质。这里的"实质"可以用 substantiality 这一字间接地表示。这不是说"能"是哲学书中所谓的 substance。西洋哲学中 substance 似乎是有所谓的或者说可以用概念去表示的，而"能"不是那样的。但是，我们可以利用此概念以表示"能"是实质的。我们可以说未现实的可能不是实质的。共相是实质的。个体化的共相是实质的，存在的是实质的。所有是实质的东西的最后的条件就是"能"。可是，这不是说"能"是所有是实质的东西。从概念说，"能"无所谓实质或不实质。从个体说，"能"不是它的万殊中之一殊。可是任何是实质的东西之所以能是实质的，其根据还在"能"，这些东西的实质靠"能"。"能"无所靠。它本身即是实质。

4. "能"是活动。此处"活动"两字可以用英文的 activity 间接地表示。请注意我们这里所利用的英文字是 potentiality，substantility，activity，而不用 potential，substantial，active，其所以如此者，无非要表示我们不是形容"能"，而是说"能"本身是 potentiality-substantiality-activity。本文特别注重的是活动。以下从长讨论。(2)(3) 两条之所论以后不再提及。从概念方面说，活动有主动有被动。活动为主动者所发生而其影响及于被动者。就这一点着想，"能"的活动比它的潜能及它的实质容易表示一点。可能无所谓活动。现实中有活动，有相对的主动与有相对的被动。活动的最后的、必须的条件也是"能"。而"能"的活动也仍是"能"的本身。

B. 能的活动

1. "能"有出入即表示"能"的活动。"能"的活动比任何东西的活动的范围都广。它的活动范围超过一时间整个的现实的活动范围。"能"的活动的工具就是出入。《论道》一书曾说"能"之会出会入谓之数，"能"之即出即入谓之几。势之至即能之即入。何以有这个世界即何以有此势，就是何以有此几。这当然也就是问"能"何以有此活动。

2. 但是，这里所谈的活动不是个体的活动或一种现实的活动（例如人的活动）。个体与一种现实的活动都在名言世界范围之内。也就是说我们可以利用个体与个体之间的彼此的关系及现实与现实之间的彼此的关联去解释该个体或该种现实的活动。在名言世界的活动一方面有主动或被动的问题，另一方面有有宗旨或无宗旨的问题。"能"的活动是纯活动。此处所谈的纯活动也可以说相当于在名言世界的纯主动。现在我们可以不管名言世界有没有纯主动。无论如何，纯主动的活动是无致此活动的因的活动。简单地说，纯主动是无因的活动。显而易见，"能"的活动是无因的活动。消极地说，假如它有因，它就是名言世界的成分，而不是"能"。积极地说，"能"无所自。假如有致之者，此致之者仍为"能"本身。说致之者"能"为本身，就是说"能"的活动为纯活动。

以上也许说得不清楚。我们可以利用所谓"最初因"(first cause) 这一观念来表示以上所要表示的意思。名言世界不能有最初的因。名言世界的所谓因是因果关系的因。因果关系的因，从共相说无所谓初与不初，当然无所谓最初。从殊相说，虽有所谓初，而现实无开始的时期，故没有最初。在名言世界，最初的因是不通的意念。但是，如果我们能够作一种理智上的跳跃，跳出名言世界的范围，我们会感觉到"能"可以说是最初的因。不过，此因非因果关系的因，无特殊与普遍的分别。这个说法也就表示"能"是所有名言世界活动的总条件，而它自己活动的条件仍为它本身。说它的活动是最初的因，也就是说它的活动是无因的活动。

3. 从宗旨方面说，问题差不多。现实的历程可以视为天演，可以视为道德。天演是相对于一类的观点而说的。普通所谓天演是"自人观之"的历程。天演的天无非表示非人力之所能左右。人力虽不能左右，而人类的观点仍不能免。从人类看来，世界上何以有恐龙似乎毫无宗旨可言。个体的变动，视为天演，可以说有有宗旨或无宗旨的分别。但是，如果把现实的历程视为道演，情形两样。自分开来说的道而言之，情求尽性用求得体，个体的变动各有其宗旨，而现实的历程无无宗旨的。现实的历程虽无无宗旨的变动，而在名言世界没有总宗旨。因为宗旨不融洽，总宗旨也是不通的概念。如果我们作一种理智上的跳跃，跳出名言世界范围之外，我们可以说"能"的活动是所有个体的变动的总宗旨。可是，它自己无所谓宗旨。假如说它有宗旨，它活动的宗旨是它活动本身或它本身的活动。

4. "能"的活动是绝对的所与或绝对的有。absolutely given 一辞，最能表示这里的意思。任何个体的"有"其来有踪，其去有迹。它的有不是绝对的有。因为它的"有"离不开它的踪迹。它的踪迹的有也离不开它的有。相对于一官觉类的材料是对于该官觉类的所与。这所与的有不是绝对的有。它的有要靠该官觉类的有。一种现实的有也不是绝对的有。因为一种现实牵扯到许多共相的关系，它的有要靠许多别的现实的有。绝对，在此有"不相对"的意义，也有"不在关系中"的意义。这与寻常"绝对"两字一致。但是我们要特别注重 given 一字。我们的意思说，"能"的活动是毫无所自，根本无致之者，无条件地没有所以然。普通话中"它就是那样"宜于表示"能"的活动。但是表示更切的还是说"能"的活动如何。

C. 势至原则

1. 现在回到原来的题目上去。原来的题目是问何以有这个世界。何以有这个世界既与何以有这样的世界不同，我们的问题不是理与数的问题而是势的问题。何以有这个世界就成此势何以至的问题。"此势何以至"这一问题也就是何以有此几的问题。

2. 本文最初即表示如果我们把何以有这个世界这一问题分成无量

数的小问题，这些小问题都可以有相当的历史的或科学方面的答案。如果一个人对于这些答案认为满足，他大约没有本文所提出的问题。因为他同时一定承认理可以强势之至，他一定以为明理即可以得势。也许他要说他不明所有的理，所以事实上他不能预知势之所以至。但是，本文的立场与这不一样。本文以为理虽有固然，而固然的理不能强此势之至。数虽有当然，而当然的数亦不能强此势之至。势根本无必至。势之所以至既不能决于固然的理，也不能决于当然的数。如果这说法是对的，则何以有这个世界这一问题所能有的历史的与科学方式的答案都不能满足我们的要求。因为这些答案只表示已至之势无所逃于理而不能表示正在进行着，即至而未至的势（即"此"势），何以至。此势何以至，这问题依然未得答案。

3. 势何以至这一问题的答案不能求之于名言世界。命题不能为此问题的答案的工具。这可以说是更进一层的表示。上面不过说历史或科学方面的答案不能满足此问题。现在说任何命题都不能为此答案的工具。命题之所表示都是名言世界的事实或成分。而名言世界是分开来说的世界。命题是分开来说的思想。分开来说的思想不能答复何以有这个世界这一问题。命题既不能为答案的工具，我们只能利用别的工具。而别的工具之中有本然陈述。本文在本然陈述上多费些功夫，因为提出本然陈述之后，我们的讨论转入积极。根据三节对于本然陈述的讨论，以本然陈述为此问题的答案的工具，有短处。从我们在名言方面的积习说，它不能满足我们的理智欲，它什么都没有说。可是，一方面本然陈述什么都没有说，另一方面它与逻辑命题不一样，什么话都说了。

4. 势何以至就是"能"何以即出即入。我们的答案是"能"的即出即入是"能"的纯活动。这答案有上面的短处。可是，如果一个人了解《论道》一书所说的种种，如果他抓住了"能"，他会感觉到这一句话连什么话都说了。我现在坐在这间房子里，这样的坐法……连同许许多多的这这那那的形形色色，我可以用一言以蔽之："这都是'能'的纯活动。"言简而意无穷。它实在是超名理之所不能尽而总其大成。

（原载《哲学评论》第 8 卷第 1 期，1943 年 5 月；选自《金岳霖文集》第二卷，兰州，甘肃人民出版社，1995）

道、自然与人
（1943—1944）

序

在 1943—1944 那一学年，我接受了美国国务院的邀请，访问了美国。这对我来说是一件很好的事，它使我认识了许多朋友，否则我是不可能认识他们的；它也使我可以很自由地感受到美国公众舆论的走向。但是，当意识到作为回报我必须要做的事情时，我就有一种内疚感，因为对于要做的工作我没有充分的准备。虽然教授只是做教授，而不必比新教徒（protestants）的抗议（protest）做得更多些，但是他必须提供一个主题作为一种文化交流的内容。我在中国多年以来是教逻辑和认识论的，但是如果在美国来教这样的课程就无异于往 Newcastle 运输煤炭。我本人不是一位汉学家，因此以西方思想系统的术语来处理中国历史的问题完全是我力所不能及的。我倒有兴趣在美国介绍中国的思想，然而我也不是做这一工作的合适人选。胡适很多年来做的就是这样的工作，他也许是更合适的。我对中国思想有某些看法，我愿意在任何地方来谈论我的看法。公平的原则要求我把这样的看法视为我自己的，而不是历史上的思想家们的，以免把这些可能是站不住脚的思想归罪于这些思想家们。在下面的篇幅中，我用英语节录了几年前出版的一本书的部分。在中国目前的条件下，不要说在图书馆里找不到这一本书，就是我本人手头上也无此书。下面的篇章是我在坎布里奇洛威尔大厦和芝加哥东方研究院的和平宁静的环境中完成的。我增加了《论自然和人》的一章。这一章在原来的书中是没有的，增加它的目的是使本书的思想多少易为人接受。不管这本书是不是值得写或出版，但是它却给了我一个机会向哈佛大学、芝加哥大学，尤其是向美国国务院，表示我由衷的谢意。

一

我们以通常所谓的特殊事物或客体为例，如北京颐和园湖边那棵玉兰树，我们在此已经向你描述了这一特殊的客体及其位置；它在远近闻名的北京中的同样闻名的颐和园之内，而且它被划归为木兰科。曾经看到这棵树的人当然会回忆起它的"形状"和"特性"及它所在的位置。对于他们没有必要作什么进一步的介绍。如果他们的记忆是生动的话，他们就会在自己的心灵中看见那棵树。但对那些记忆不好或以前从未看见过这棵树的人来说，在他们的直接经验的范围内就没有这样的印象。

假如他们中的某些人不知道什么是玉兰花树或不知道它长得是什么样的，那么我们就得说上好多属于木兰科的树的知识。尽管所有这些陈述对于那棵玉兰树而言都是正确的，但它们并不仅仅对于那棵玉兰树才是正确的。这些陈述对于许多木兰科的树都同样是正确的，如它们也同样适用于国会图书馆前的那两棵玉兰花树。可见，虽然这些陈述告诉了我们玉兰花树是什么样的，但它们并未确切地指示那棵特定的玉兰花树的形状、树龄或大小，或它有多少树枝或它的树枝是否是直的，等等。因此要确切地知道那棵特殊的玉兰花树，我们还需知道关于它的其他一些事情。如果说我们是科学家或饱学之士，那么我们就会更加详尽地描绘那棵树，而不仅仅回答那些已经提出的问题，也同样应该回答那些可能提出的其他种种问题。如果拙于言辞，我们可以尝试着去画画。如果画画还是不能达意，我们可以照相。但我们又何以能确信这样的相片是在北京照的，而不是在好莱坞照的？显然，不管我们怎么努力，我们在显示那棵玉兰花树的"那个"的特殊性时注定是要失败的。当我们确信，事实上并没有其他的树和这一描述或画或照片完全一样的时候，但我们至少同样确信存在着这样的可能性即存在着不可否认的这样一种东西。在相关的事实结合之前，关于这一可能性的问题不是偶然的。任何事物只要不是自相矛盾的就是可能的。对 x 的最细致的描述对于 y 也可能同样是充分的：x 是 φ，Ψ，θ，…而且 y 也是 φ，Ψ，θ，…这并不矛盾。习惯于大生产的美国人比起中国人来应该说是更容易理解这一点。

我们现在谈到的是关于玉兰树的描述的问题。描述就得运用抽象的意念。抽象意念是一种工具，把一共相或一类共相从其他的共相或其他一类共相区别开来。说一个苹果是红的可能是完全正确的．如果这是正确的，那么它就排除了如它是绿的这样的可能性。它使你忽略其他的可能性，如这一苹果可能比别的苹果更大一些，或它比别的苹果更圆一些等等。它是红的这一命题也没有揭示出这一苹果的大小或形状，它的功能只是彰显某一共相，而不涉及其他的共相，排除掉其他的可能性。不应看轻抽象意念的作用，它们是经验具有可传授性的基础。特殊的经验没有可传授性。比如我不能仅仅告诉你我的朋友的名字让你去火车站接我认识了多年而你却不认识的一个朋友。我必须用抽象的术语来描绘他，比如说他个子高，有不少白发，或他有点驼背并有点瘸，等等，等等，而且要依赖于这样的可能性即在同一列火车上再没有和这样的描绘相像的其他人。描述是非常有用的，但它们并不总能使你与你关于被描述的客体的经验协调一致。说某一棵树是高大壮观的玉兰树并不会使你不感到意外，当你遇到那棵树，看到"那"高的，"那"壮观的时候。

一特殊的事物或客体从来就不仅仅是一共相或一类共相。温斯顿·丘吉尔在他那个时代是一位最有个性的人物之一。你可以尽可能多地对他进行描述，而且不管你对他描述是多么的充分和完满，然而你所能得到的也只不过是一堆共相，一类所谓的丘吉尔性的东西，它们可能为另外一个英国人或美国人所具有。亚里士多德也不是亚里士多德性的东西的总和。有这样一个玩笑，说所有亚里士多德的著作都是由另外的一个同样姓名的人所写的。对这一玩笑的通常的反映是，不管亚里士多德的著作是谁写的都没有什么本质上的区别。这是因为我们都只不过是他的读者，而不是他的妻子。如果我们是他的妻子，那么我们当然会比别人对这样的事实给予更多的关怀。虽然我们不可能想象有两个完全相同的亚里士多德，但这样的可能性的确不是不可能的，即所谓的亚里士多德的性质可以为许多人所共享，而其中的每一个人都是特殊的个体。由于其中的每一个人都是享有一类共同共相的特殊客体，因此就特殊性这一点而言，没有一个特殊客体就仅仅是一堆共相。可见，以抽象意念为术语的描述不可能揭示一特殊客体的特殊性。

在描述之外，我们还运用其他的工具来达到特殊客体。我们开始我们讨论的第一句话就利用了专名。为了在我们的心中达到特殊的玉兰树我们就不得不利用专名。我们依靠命名或手指或以有固定结构的参照系来指示。把事物指示出来可能是最简单的、最方便的一件事，因为对于大多数的事物我们不必麻烦给它们起名。但是用手指是一个行动，它需要共同的时间和空间方面的经验。正如你不能用手指示一棵未命名的树并且让你的远在其他城市的朋友来欣赏它的形状和颜色一样，你也同样不可能用手指示出过去。命名有它的长处。名称忠实地指示着被命名的事物。约翰·杜过去很瘦，现在却很胖。但不管他是瘦还是胖，约翰·杜还是约翰·杜。当一个特殊事物不能被用手指出来或不能被命名时候，那么经常的做法就是以有固定结构的参照系来指示。最常被运用的参照系就是时间和空间。在如此如此时间和如此如此地点的一个事物使已被提及的事物特殊化了。在特殊的环境中，有时只运用一种工具也就够了。但是更多的时候则必须要运用很多的工具来进行描述。这正如我们在讨论玉兰花树的第一句话时候所做的那样。

但特殊化的工具只能运用于殊相或适用于殊相的名称，严格说来，它们并不能运用于特殊事物或客体。一殊相不同于共相仅仅是因为它的特殊性，而不是因为它是一客体。即便是殊相的样型也只是外在的样型。作为外在的样型，殊相不具有特殊事物或客体的实质性、现实性和可能性。一套共相并不能组成一客体，也不能形成一套殊相，因为这两者都没有我们通常所说的所谓的"实体"。可能如果我们求助于时间的话，那么我们就能更容易地看到，一殊相是不同于一特殊的事物或客体的。殊相是一去不复返的，一旦它们消逝，它们也就永远消逝了。然而在特殊的事物或客体中却有着某种具有永久性的东西。可见，特殊化的工具只能使我们达到殊相，严格说来是不能达到特殊事物或客体的。让我们在此还是回到开头谈到的那棵玉兰花树。它总处在变化之中。然而考虑到目前它在特殊的时间所呈现出来的特殊的形状和特性而言，它们是不能变化的，因为它们并不会持续。确实，不同的殊相会连续不断地出现。而且这些连续不断出现的殊相可能会成为我们观察变化的标准，但是这些殊相中的任何一个都不可能转换成另一殊相。当然在这中间确实有某种东西在变化，就目前而言这某种东西是令人不可捉摸，使人疑惑不解的。

当我们描述时，我们把不同的共相区别开来。而当我们用手指或用命名或运用参考系的时候，我们是在指示殊相。正如我们已经指出的那样，在玉兰花树中有某种东西，它既不是一共相或一套共相，也不是一殊相或殊相的名称。如果我们把描述或指示叫做表现，那么有这样的所谓"那个性"使表现变得迷惑难解。在每一个特殊的事物或客体中都有这样一种东西，它就是"这个性"或"那个性"或 x，它是不能被表达的。在某种相对的意义上说，珠穆朗玛峰是一恒常的存在。但即使它也经常不断地经历着一系列的变化。用另一种不同的方式说，在"它"之中或周围总有连续不断的不同的殊相或连续不断的不同的共相的实现。我现在正在抽烟，我手中的这支烟着实使人感到困惑不解。它的纸的部分来自于造纸的工厂，作为植物它需要从阳光、水和土壤中吸取营养。它的烟草的部分也可以同样的方式追溯其来源。然而毫无疑问，水或阳光或土壤并没有转化成为香烟：有某种东西却经历了不同的转化过程，正如同我把制服换成了工作服一样。就我所知，香烟逐渐地消失了，它的某些部分变成了烟，不久就消失在空气中；它的其他部分变成了烟灰，而剩余的部分由我把它们弹入烟灰缸内。这支烟的"司一性"似乎消失了。然而如果情况果真像这样简单的话，那么我们便会发现说"这"烟灰是"那"香烟的一部分是毫无任何意义的一件事。在这中间必定有某种东西从香烟变成了烟灰，这正如一大学生从二年级升入三年级一样。

你们可能会以现代物理学的术语来考虑这样的问题，把这不可表达的 x 解释为是电子。你们可能会说，组成这或那的特殊客体的是特殊的电子束，所以它们是不可表达的。显然，这样的解释是不正确的。因为特殊电子的特殊组合事实上是可以表达的；只要它是殊相，它就能够被表达出来。而且只要它实现了一共相，它当然也能被表达。但在这特殊的电子及其组合背后的支撑物是不可表达的 x。在推进上述的讨论过程中，你们把从可表达的到不可表达的可分析过程误解为是从宏观到微观的科学过程。在物理学中，有从大到小的归约过程，或从复杂到简单的归约过程。这是企图以微观的术语来解释宏观的东西。科学所要解决的问题不是一星球是如何的大或一电子是如何的小。在这两者的背后存在着一不可表达的 x。显然，电子是可以表达的，而且在将来如果它能以它百万分之一的实体来描述，它依然是可以表达的。但是在这二者背后仍有不可表达的 x。

你们可能会建议，这里所谓不可表达的 x 可能就是一形态，一样型，一惟一的形式或偶然性质的一种畸形结构。一特殊的事物或客体就是这样的东西。但如果它仅仅是这样的东西，那么它也就没有什么不可表达的东西了。不管一结构是如何的畸形，或将来是如何的畸形，它总是可以运用共相来描述，而且可以被命名或用手指指示或运用参照系来指定。于是，实际的困难就这样产生了，我们可能没有那么多的意念或术语来描述这样的结构。或者我们不知道足够的东西来确切地表达它。显然我们因此而显得笨拙，最终以至失败。但是，从理论上讲，它仍然是可表达的。如果它是可表达的，那么描述之于它，在某种意义上，正如亚里士多德的性质之于亚里士多德。如果我们准备要去指出这一结构，那么我们可能要比指出亚里士多德与亚里士多德的性质的关系来得更为困难。如果我们把亚里士多德性或罗斯福性称之为综合的可能性（所谓的综合可能性是指这样的一种可能性，即这种可能性是组合在一起的，而不是从相互之间的关系推论出来的），那么它们仅仅是班级，而我们目前对之所知的充其量只是其中的一个成员。但是知道了班级中的一个成员是一个实际的问题，而不是一个理论的问题。这样的说法也同样适用于所谓的畸形的结构。不管一结构是多么的畸形或惟一的，在理论上讲，它并不是不可表达的。

二

我们所熟悉的常识世界，包括它的历史和科学，都属于可表达的领域，虽然我们经常遭遇到那种使我们无法表达的窘境。从语言的观点看，用来表达的工具是符号、词语和句子。我打算把那些关于语言的困难问题抛开，而直接从用语言来表达的所谓意义开始。在此很有必要把意义的内容和被表达的客体这两者区别开来。作出这样区别的一个最简单的方式就是以下面的简单句子作典范，"这张桌子很矮。"一方面你理解说出这一句话的人所表达的意义，在另一方面你也处在一种语境之中，和说出这一句子的人处在同样的语境中。前者就是所说的内容，而后者就是客体。当这两者都借助于句子得到表达的时候，它们也就不再是句子了。在这里，我们无须考虑感叹句或问题句表达什么这样的问题。为了某种目的我们现在只需考虑陈述句所能够表达的东西。陈述句通常是由名词或代词或专名、形容词、指示词和动词或其他的修饰词或量词组成的。从表达内容的角度说，这些词中有的是表达意念，有的如代词和名称则指示感觉材料或意象。我们感兴趣的是句子的特殊内容，这就是所谓的命题。命题不同于表达它的句子，也不同于由命题表达的事实或客体。命题的构成材料是意念、意象或感觉材料。

在明显的综合思想的过程中，意象和感觉材料是类似于具体的或类似于特殊的实体。在思想的分析结构中，它们并不存在。它们虽然是思想的或感觉的，但是它们不是意念。在某种意义上，它们是私人的，因此除非借助于意念，它们是不能传达的。它们向我们提供了有关感觉的和精神的丰富性和多样性。在某种意义上，尽管它们是私人的，但是它们却不是没有客观性，因为它们是经验能够传达的基础，虽然它们本身不是传达的工具。我们从表达它们的词语中可以清楚地看到这一点。一串没有经验内容的专名或代词或指示词如果它们不与名词、形容词和动词结合在一起，就不能表达任何东西。那棵玉兰花树的位置不仅仅是以专名的形式表现出来的，而且也是以描述的形式的表现出来的。如果没有描述，我们显然是不能够进行交流的。同样，没有意念，我们也不能交流，尽管我们有意象和感觉材料。

抽象意念是我们进行交流的工具。作为内容的抽象意念是以共相为其客体的。不管被给定的一共相是什么样的，它至少是可辨认的，是可以与其他的共相区别开来的。每一共相就是其自身，它包括属于自身的一切，而排除了一切不属于自身的其他东西。你能从下述的例子中很容易地看到这一点。比如壁炉架的红色花岗岩既不仅仅是红色的，也不仅仅是花岗岩，也不是这两者。这一意念尽管很简单，然而要表达它却也不是很容易的一件事。可能正是它的简单才使我们不能清晰地表达它。我们在这里所强调的是共相的可分离性，从意念的角度讲，正是这种可分离性才是使每一共相从综合具体的整体中抽象出来的基础。说这一苹果是红的，并不仅仅是说到红色，而不考虑到它的圆或甜或酸等等，在具体的存在中，这些属性是不可分割的。一意念只反映某一方面，而不反映整体；它只是抽象的，而不是具体的。不管名词与形容词之间在语法上有什么样的区别，它们表现的是同一方面的属性。庄它们表达的意念仅仅表达的是部分，而不是整体。当我们说这一椅子或那一书桌时，我们习惯于把这样的表述看作是指示一完整的具体的客体。在我们早期的生活中，情形似乎是这样的。但是如果你对之进行分析，那么你就会发现是特殊的环境向你提供了这样的整体感或具体感。你也会进一步发现，离开了环境，"这"和"那"就变得不确定了，而且由它们提供的信息也只仅仅是它们所指示的东西是可以运用椅子或桌子这样的术语来表达，而无须考虑到它们是红的或绿的或是由铁或木头做的。

我们关于意念所说的一切也同样适用于命题。命题也同样仅仅是表达我们经验的某一方面。只有通过把大多数尚未说及的东西撇在一旁的办法，我们才能确切地说到其他的东西。我们可能只有通过依次说及事物（当然也是依次撇开事物）的办法才有可能达到某种程度的确切性，而得出关于客体的几乎是完全描述的结论。但没有一命题自身能够达到完整性。如果我们企图说及一切事物，那么就等于我们什么也没有说。如"在所有的 F. D. R. 之后是 F. D. R."这样的陈述的目标是要达到完整性和确定性。虽然它可能经验某种确定性，但它实际上并没有真正陈述任何东西。罗斯福不可能是任何别的人或别的东西。这一姓名是一专名，除非作出法律上的改变，它只能适用于某一以这一专名命名的个人，不管他是谁，他就是他本人。如果他出现了一会儿趋于极右一会儿又趋于极左这样的情形，于是有人会这样说，他"不忠实于自己，他出卖了自己的事业"，那么他所说到的不是从出生到死亡这一时期中具体的罗斯福这一人，而是以政治意念和信念来描述的那个人的罗斯福性质，而现在他不能再这样来描述了。如果这一陈述是正确的，那么罗斯福仍旧是罗斯福，虽然在政治上，从某种角度讲，他已不再具有罗斯福所具有的性质了。这一陈述确实说了些东西，因为它没有说及某些东西。

命题具有这样的分离性。这种仅仅表达某一方面的性质，使被表达的这一方面能够与其他的方面抽象出来，分离出来。这一看法没有考虑到特殊的命题或普通的命题或普遍的命题或它们是真的还是假的。我们所具有的知识的总和就是我们所拥有的并能够断定的全部真命题。如果我们知道很多历史事实，那么我们就能够断定相当广泛的特殊命题和普通命题。如果我们知道许多自然科学的命题，那么我们也同样能够断定相当广泛的普遍命题。具有常识就具有了断定命题的能力。一些命题是真的，而另一部分的命题则是许多人信以为真的命题。知识在知识者中是综合的或组合的，而不是在任何我们所能断定的真命题中。但是我们所拥有的知识是有限度的，确实有相当多的真命题我们从未意识到，从未被我们掌握，从未被我们断定过。整个的真命题系统反映世界，也同样反映着我们在其中过着的感性的和精神的生活的世界。即便我们经常因为不能够表达我们的感性的和概念的经验而大惑不解，但我们也不能因此而否认整个经验世界也仍然是在可表达的王国之中。我们的生活是综合的，但我们能够表达我们是怎样生活的这一事实是由于如下的事实即我们的综合性的生活能够从不同的方面做有成效的处理。可用来断言整个世界的整个命题系统就是由不同方面组成的整体。这些方面相互之间能够抽象地加以区别。正是通过这样抽象的特点，完整的感性的和概念的世界才能说是属于可表达的世界的。

我们在此并不是仅仅考虑真命题。一假命题与真命题的区别在于它是假的，它并不因为自己的虚假性而不具有自己的特点。不管是真还是假，命题不是特殊的就是普通的，或者就是普遍的。一特殊命题表达的是这样的思想内容即它断定的是一特殊的客体或由"这是一张桌子"或"黄先生是英雄"这样的句子表述的事件。指示词和专名表示的是殊相，而谓词描述的则是共相。一普遍命题表达的是断定共相间相互联系的思想内容，如"不论一个 x 是什么，如果它是一个人，他就是要死的"这样的句子表达的就是共相间的关系。在这一事例中，有一点是很清楚的，这就是不管这一命题是真的还是假的，它处理的是能够加以区别的部分。一普通命题介于特殊命题和普遍命题之间，它不是特殊的，也不是普遍的。它是根据时间和空间的参照系对许多特殊的客体而作出的总结。如"1492 年之前居住在美国的是红色印第安人"或"在满清统治下的中国人梳着辫子"表达的就是这样的命题。社会科学与自然科学相比的一个困难是，直到目前，前者仅能够发现真的普通命题，而不能作超越时间和空间的推论。显然我们不能够期望中国人现在还仍然梳着辫子，因为他们现在早已不在满清的统治之下了。尽管有时间和空间的局限性，一普通命题处理的仍然是可以相互区别的部分。

在一命题成为真的或假的之前，它为了能够具有任何意义，必须要满足某种关于意义的条件。在这里，我不准备从纯粹逻辑的角度讨论这些条件。因为从那样的条件，我们不必关心认识论，而我们目前关心的重点是与认识论有密切关系的问题。以同一律和矛盾律为例。这两个思维律都是这一条件的不同的方面。同一律是这一条件的积极的方面，而矛盾律则是其消极的方面。这两个方面的综合要求每一个意念与自身要有同一性，而与其他的方面要能够区别开来。这些方面形成了不同于综合和具体的分析性的抽象的核心。这一核心是对不能区别的或能够区别而未经区别的东西作出区别的基础。如果一命题不是它自身或者是自身之外的其他东西，那么这一命题可以没有意义，这就是说，它根本就不是命题。显然，这一意义的条件较之于真假的问题具有优先性。这倒不是仅仅因为真命题是有意义的，而假命题同样是有意义的。我们将在下一部分讨论它。这一条件本身不能以它的完整性来表述。表达意义的条件只能在它本身的部分中得到表达。

可表达的世界是这样的王国，它可以以共相的术语来描述，也可以殊相的术语来描述或用手指或命名或指示。正如我们所已经看到的那样，一不能表达的 x 既不是一殊相或一套殊相，也不是共相或共相的结合。它不可能是通常意义上的真或假的命题（不管是特殊命题或普通命题或普遍命题）的主语或谓语。在某种意义上说，我们可以说知道历史和各个方面的自然现象，但我们却不能说我们知道不能被表达的 x。虽然我们在理智上能够把握它，但此种把握到的对象却不是概念知识或感性经验的客体。要把握它，我们所需要的是一种理智的想象，这是对理智的局限性的一种认识，要越出理智的过程，不是回到理智的本质，而是要超越理智的范围。正因为如此，我主张在理智的想象和理智的反映之间作出区别，因为后者主张回到纯粹的理智，如研究逻辑，而前者却快速地越过理智而进入不可表达的事物，使它们具有消极方面的清晰性，因此也使它们具有了非感性的可经验性。

三

确实存在着不可表达的东西，但理智的精巧却可以使它们成功地呈现在人类的沉思之中。这似乎是不可想象的，逻辑作为研究的客体是与我们研究的内容有区别的，它不能在其整体性或本质中表达出来。在两个方面，其内容与客体是不相符合的。第一个方面是，你处在逻辑——中心的困境之中。任何与逻辑打交道的企图在任何方面总是设定了它的存在。你可以尽你所能把逻辑塞进一个系统之中，但最终你却会发现某些属于逻辑的东西留在了该系统之外。当我们考察一逻辑系统的开头部分的时候，我们就能更容易地看到这一点。我们在此以《数学原理》中初始意念和命题为例。如果你认识到它们是一逻辑系统的开端，那么你就会假定与它们相连的意念和命题都留在该系统之外了。如果你不假定它们，那么你也就相应地不能把它们看作是该逻辑系统的开端。我在此并不准备讨论所谓的不同的逻辑系统的问题。承认了不同的逻辑系统也就自然而然地承认了有些逻辑留在了任何的系统之外。我们的目的是要说明，即便承认一个系统为惟一的系统，那么我们也就必须要假定逻辑，这一假定的逻辑在这所谓的惟一的系统之外。试图以任何一种方式来表达逻辑，这也就同时似乎在实质上以另一种方式将其视为未经表达的东西。在这种意义上，要达到完整性的企图也就失败了。

我们应该在此审查一下逻辑系统的秩序问题，蕴涵不同于推论。如果能够记住这一区别，你就会发现在《数学原理》中实质上有两种秩序。一种是水平的秩序，它是一种蕴涵的方式。另一种是垂直的秩序，它是一种推论的方式。从组织一个系统的观点来看。在某种意义上，推论更为重要，因为没有它，这一系统就不能展开。然而在形式上，推论只是系统中的一个部分。虽然推论的原则被视为初始的命题，但它与其他的部分不同，更为重要的是，系统中的每一推论形式上是外在于系统的，因为虽然每一个水平的秩序是蕴涵的形式表现（或类似的东西，等等，等等），但没有一个垂直的秩序是推论的形式表现。在前者，读者的职责不是要去做出蕴涵，如某些东西蕴涵某些东西。但在后者，很明显他的职责就是去做出推论，因为正是他在做推论。在后一秩序中的每一推论就是材料，这正如我的书桌的颜色就是我所要表达的材料一样。涉及原则的括号仅仅引导我认识到这样的材料是推论，如同经验告诉我那颜色是棕色的一样。关于它没有形式的东西。回到表现的问题上来，我们可能会说，蕴涵能在形式上得到表达，而推论却不能够，因为说水平的线表现的是蕴涵，垂直的线自身是事件或活动的秩序。这样，在展开的系统中的一个很重要的因素就不得不处在这一系统之外。

第二个方面是，从本质的观点着眼，逻辑自身也很难得到表达。假定我们以不同的逻辑系统为例。为了更好地说明问题，我们暂且不管以下的问题即同一逻辑是否有不同的逻辑系统或不同的逻辑有不同的逻辑系统或是否它们或它们中的某些是逻辑系统。我们以同一律或同一原则来说明问题。在《数学原理》中，同一律表示为 $p \rightarrow p$，在三值系统中表示为 $p \subset p$，在四值系统中表示为 $p > p$，在刘易斯教授的五值系统表示为 $p \rightarrowtail p$。这些表示都是不一样的，但它们却都被认为表示的是同一律或同一原则。由于每一个都被认为表示的是同一律，所以没有一个表述是惟一的。也可以说，没有一个表述穷尽了它的本质，因此对于任何一个表述，我们会感到它虽然表示了这一原则的某些方面，然而这一原则的其他方面却被遗漏了。你可能会说，之所以如此是因为我们假定了上述的不同逻辑系统都是逻辑的系统。由于这样的假定没有给予讨论，所以使我们觉得我们能够成功地表示同一律的某些方面。这一说法应该说有其一定的理由，但是如果我们采取任何一个系统，那么我们得到的是同样的现象。比如以《数学原理》为例。我们可以得到，$p \rightarrow p$，$p \equiv p$，$x = x$，$A \subset A$，$R \odot R$，…我们是否把这些都看作是对同一律的表示？在某种意义上，它们都是一样的，但在另一种意义上它们却彼此不同。如果我们是逻辑学家，我们可能会求助于这些表述，因为上述的表述都是同一律的值。我们会说表述的可变性体现了同一律的本质，而没有任何相互矛盾的方面。但是，同一律表述的可变性既不表现它的部分的值，更不表现它的所有的值。更为重要的是，作为同一律表述中的一个表述，在表现其值的同样层面上，它什么也没有表述。然而它也确实展示了某些东西，即表述同一律的形式。但是，它本身却不是同一律的表述。就同一律的完全的和本质的表述来说，后者始终是令人费解的一件事。

上面的讨论仅仅是要指出，即便在逻辑的领域内也有着不可表述的东西。但是如果我们的目标不是本质或完全性，那么我们就会在逻辑命题的这些表述中发现错误。只要承认表述上的差异性，只要承认被表述的东西的差异性，只要我们在理智上超越了它们，那么我们就能得到所要表述的东西的本质及其实体。我们作为逻辑学家必须坚持分析的立场，必须分别地看待 $p \rightarrow p$，$p \equiv p$，$A \subset A$，…以便使我们能够充分地认识到它们之间的差别。我们希望我们能够站在分析的立场上来充分地认识它们的特点及其它们之间的区别。但作为哲学家，我们也要能够审查它们的表述形式或其中的任何一个，并通过它们来掌握被表现的对象的本质或实质。逻辑学家能够帮助哲学家。在过去的半个世纪中，逻辑学所获得的进步使逻辑的表述更为清晰了。与过去相比，它们不再显得笨拙，却显得更为完全综合。但即便如此，逻辑还始终不能使我们去表达逻辑中不能被表达的东西，它只不过使我们比以前更牢固地把握住它。就目前我们所讨论的表述问题而言，逻辑学的最近进展使它的以相互联系的意念为基础的表述显得极为清晰。

哲学世界的一个常识性的看法是认为自语重复是命题的真值，它不断定事实，却指示了一切的可能性。在一个方面它不可能是假的，在另一方面它必须是真的。关于它不可能是假的这一点，我们无须讨论，逻辑教科书对此有较多的论述。对于哲学家来说较为重要的是自语重复必须是真的这一点。有很多的事物是不可能假的，但在任何一种意义上，也不能说是真的。然而我们现在不关心这样的问题。我们现在不讨论自语重复为什么是必须是真的，因为为什么它不能是假的也就是它为什么必须是真的理由。我们所最关心的主要问题是：究竟是在什么意义上说自语重复是真的？是以大写 R 开头的实在（Reality）真的？或者说是在实在背后的东西真的，或者用斯皮尔丁（Spaulding）教授所谓的非描述语词说，情状真的？或者说是先验的心灵真的？可能，从每一自语重复都是思想的规范这样的观点来看，我们倾向于把它看作是惟一与心灵相联系的存在。但如果仅仅心灵是真的，那么我们实在是看不出心灵必须总是是真的，或者说它必须曾经是真的？如果说的是心灵是真的，那么当然它就是真理，而且它可能就是先验真理。但如果它是自语重复意义上的真理，那么它就必须也是其他某种东西的真。讨论这一问题将必然会涉及很复杂的问题，我不打算在此讨论这样的复杂问题，而只是坦率地指出，自语重复的真是道的真，或者运用一个更为熟悉的术语说，是逻各斯（logos）的真。

就目前而言，对我们来说，关于自语重复的重要性并不在于道的真或者逻各斯的真，而是在没有提及道或逻各斯的情况下，它作为主语或谓语是真的。科学或历史方面的转瞬即逝的事件或偶然的事实都是不稳定的客体。从这样不稳定的客体的观点来看，逻辑确实是这样的主语，我们并不知道我们究竟谈论的是什么或我们所说的究竟是不是真的。但是从本体论的角度，我们知道我们在谈论道或逻各斯，而且知道我们关于它们所说的一切是真的。由于没有断定任何的事实，更由于认为每一事情都是可能的，所以自语重复并不企图涉及与历史和科学相关的事实。但这并不意味着，它就是与本体论也是中立的。正是由于没有断定任何的事实，所以自语重复才有可能谈论终极实体。在这一方面，确实可以看出逻辑学家的技能。然而这里所说的是关于宇宙的最基本的东西。是否可能拥有另一套陈述，给出最充分、最完备的描述？自语重复被称之为准命题。我们是否可能有另一套准命题来断定每一件不关于事实的事？在这一方面，我们确实一筹莫展。当我们看见某些十分重要的东西是与此相关的时候，我们也实在是没有能力来构造出这样的陈述。我自己本人没有这一方面的能力，我所能做的一件事就是回到不可表达的 x。然而要描述这不可表达的 x 却也有着很多的困难。我不能感觉到它，也不能指出它来，也不可能借助于时间和空间，更不可能描述它。我们只能依靠理智的想象。或者我们把握着它或者我们不能。如果我们不能把握着它，那么对于它我们就无能为力。

如果我们能够把握着它，我们也同样是处在困难之中。让我们现在给这不能表达的 x 一个专名。尽管 stuff 一词可能会使我们感到一种沉闷、乏味的感觉，但我们不能够想出一个比"stuff"更好的名字了。专名并不具有概念所具有的可推断的意义，因此它就显得枯燥无味，但是如果我们能够直接接触到被命名的事物，那么我们借助于名字而获得一种从其他名字不可能获得的恰当的感觉。我们认为，质料（stuff）对于不可表达的 x 来说是一适当的名字。必须承认，在日常的语句结构中，质料这一名字只能是主语，而不能是谓语。更为重要的是，从通常的意义上说，由这样的语句表达的陈述不是命题，也不是在自语重复意义上的准命题。遗憾的是，我们必须使用语言，而且根据怀特海的"哲学是运用语言的有限性来表达宇宙的无限性"的思想，我们同样可以认识到，这样的有限性和没有成效的思想是我们不可能避免的，我们应该尽可能地努力去超越这些局限性。在下面的章节中，我将利用消极的命题和积极的命题来使那些已经把握了质料的人更紧地把握住它。

四

在这一部分中所有以质料这一名字为主语的表述都不是定义，虽然它们类似于定义。定义中的术语代表着概念，而概念则是共相的意念形式。质料不是共相。因此，以质料为主语的句子也就当然不是定义。在可表达的领域内，我们有另一类陈述来引进如在演讲和信函中的个体。在这一部分中的某些句子与这样的引进的相似之处是很明显的，因为其功能是相同的。你可以把这样的引进运用于汤姆或威克或哈雷，但只是在质料这一点上，这样的引进不适合于它。质料不是个体。虽然这些陈述并不是定义或不是引进，但是它们却使我们能比以前更牢固地把握着质料。

对积极陈述的辩护存在于消极陈述之中。在此之前的一个分析已经揭示出这样一点，即对任何一个特殊具体的个体事物而言，从"它"所代表的观点看，所有共相和殊相的总和将使我们达到不可表达的 x。达到 x 的方式表明，有一定数量的消极陈述，当然这是以与第一部分中的讨论相一致的以及已经把握着了不可表达的 x 为条件的。有关质料的消极陈述是毫无疑问的。质料不是共相。如果它是共相，它就能以共相来描述了。质料也同样不是殊相。因为如果它是殊相，那么它也就相应地可以以日常的名词来命名了，或用手指出来，或借助于时间和空间而确定下来。它也不是个体。因为如果它是个体，那么它就具有自己的特点，并借此使自己与别的个体区别开来。尽管每一个体事物都有自己的质料，质料对于所有的个体事物都是共同的，但是，显然，质料本身不是个体事物中的任何一个。它既不是具体的，也不是抽象的。因为如果它是具体的，那么它就能在感觉经验中被经验到；如果它是抽象的，那么它就能借助于概念的思维而得到。它也同样不能说是存在或非存在。因为如果说它是存在，那么它就具有某些特征。如果说它是非存在，那么就是对某些特征的否定。质料必须能够被描述。它既不是开端，也不

是终点。因为如果它是，那么这种肯定就意味着时间。我将在后面指
出，它是时间的非常重要的条件，但是在目前我们无须考虑这一点。像
这样的消极陈述，真是可以说举不胜举。我们可以这样总结道，质料不
属于任何的共相，这就是以另一种方式说它是不可表达的。在可表达的
层次上，我们当然会使自己自相矛盾，但是如果我们使自己超越了可表
达的王国，那么我们只不过以日常陈述的形式运用某种工具使我们比以
前更牢固地把握着质料。

这些消极陈述使我们能够断定某些积极陈述。通过上面的叙述，我
们将会看到，质料是纯粹的潜在的可能性。在可表达的领域中，所谓潜
在的可能性是指使某一东西成为某种在任何时间内还不是某种事物的性
能。如果 A 在时间 2 能够变成 B，尽管在时间 1 它还不是，那么 A 具
有使自己成为 B 的性能，不管时间 1 和时间 2 之间的间隔是长还是短。
这一术语并不排除也不限制于价值标准。这样，A 先生或许有成为一个
大演员的性能，而 B 先生则只有成为一个数学家的性能，而不管是好的
或坏的或极其一般的数学家。在可表达的领域内，我们倾向于这样说，
当 A 先生的某些共相或殊相并没有变成其他的共相或其他的殊相的可
能的时候，这位 A 先生（我们说，这是一个个体事物）有着使自己成
为 B 的性能。显然，一殊相不能变化，因为一事物走出这一殊相之后，
该殊相也就死亡。如果一个事物走进了一殊相，那么这一殊相也就诞
生。如果第三个殊相作为中介出现，那么我们也只不过有着一个殊相的
无穷回溯的系列，在其中不断地有殊相死亡，也有殊相不断地诞生，然
而没有殊相会发生变化。这一殊相生灭的过程可能确实会导致某些事物
的变化，但是殊相本身是不会发生变化的。共相也不会发生任何的变
化。在秋天，如果我们发现某些树叶由绿色变成了红色，很显然作为共
相的绿色并没有变成作为共相的红色。这里存在着我们将在后面称之为
可能的实现的连续序列。这一连续系列可能导致某些事物实现变化，但
是共相本身在这样的序列中是不可能发生变化的。由于共相是这样的一
种东西，它不依赖于时间和空间，因此说共相的变化就是自相矛盾。

然而，变化终究是随处可见的事情。在日常生活的世界中，我们有
正当的理由把变化归之于被假定是可表达的事物或事件、状态和过程。
但是如果我们按照我们目前讨论的方式继续进行下去的话，那么我们就
会发现可表达的东西本身是不会变化的，而且我们也只有笨拙地运用代
词、指示词和专名来成功地表现变化。质料也同样不能变化。但是它却

与所有的变化有关。如果我们从可表达的世界中借用潜在的可能性一词，那么我们可能会说，质料是纯粹的潜在的可能性。正因为有质料潜伏在桌子中才使桌子成为一个客体，而不仅仅是一大堆的共相或殊相。也正因为质料与共相和殊相在一起才使其本身有可能通过代词、专名和指示词被指示出来，使它有变化的能力，尽管共相和殊相是不变化的。然而，可表达性是以分离性为基础的。因此，所有可表达的东西都是我们全部经验中有限定的存在，它们都是具有自己的限制性的方面。这张木头桌子有以"这"指示出来的质料在其中，叫作"这张木头桌子"。这张桌子在一定的时间内有可能变成某种东西比如"燃烧的桌子"，但是它却绝对不可能变成比如"奶牛"这样的东西。通常，我们会说这张木头桌子虽然可能变成燃烧的桌子，但却不可能变成奶牛。总之，它变成为什么东西是有所限制的，而且也要受制于像这张木头桌子不能控制的偶然性。但是如果我们谈论质料，那么我们就不应将其与这张木头桌子或那个红苹果混淆起来。我们能够很容易地看出，它作为一种潜在的可能性是无所不在的，是纯粹的。如果不管共相和殊相，质料可以变成任何东西。使世界发生变化的这种丰富的多样性仅仅在一种很小的程度上反映了质料的无所不在的潜在性，因为虽然我们可以很容易地看出这一点与目前这一世界有关，但是它却不会局限于任何一种具体的形式。

质料也是纯粹的能动性。在可表达的领域内，就作为一种动力因而言，能动性是指对对象施加影响的一种行为。能动的、活动的、现实的都与能动性有关。可能在英语中，actual 一词与 real 一词紧密相连，所以我们也就不容易在能动性意义上发现它与行动之间的关系。不管怎么样，我是在正对当前发生作用的意义上来运用 actual 一词的。当然，actual 是包括能动性在内的，而不仅仅意味着主动，而且也意味着受动。这就使我们想起了关于因果理论的一个老问题。可能某些阅读这一部分的读者会认为当偶然性的意念引入的时候，他们感觉到了认识论考虑的紧迫性。认识论的考虑当然是不可避免的，而且也并不局限于目前这一段落。但是对我们而言，偶然性并不仅仅是指认识论方面的。我不拟在此阐述我的某些看法。在这里，我只是说，我相信殊相生灭的偶然性。用能动性的术语说，这里的偶然性可以用这样的说法来表达，即作为共相的因果关系始终是有效的，它们相互影响，以至于不能确定其中的哪一个在特定的地点或时间能够实现。这就是说，虽然作为共相关系的 A—B 在相同的条件下总是有效的，但在殊相的领域内当"a"发生时"*b*"是否总是发生是不确定的，因为 *b* 是否发生所依赖的条件在现实中从来就不是相同的。在最广泛意义上的进化论可能从未重复自身。如果它能够重复自身，那么在所谓重复过程中时间一定是停顿的。无论如何，我采取并赞同上面的观点。我必须同样要指出，在可表达的特殊事物或事件，状态或过程的领域内，能动性是有限制的，是偶然的。*a*，*b*，*c*，*d*，…的能动性不是纯粹的，但潜伏在 *a*，*b*，*c*，*d*，…之中的质料的能动性却是纯粹的和无条件的。

由于我们已经涉及因果关系问题，我们可以接着这一话题继续进行讨论。如果我们谈论到作为共相的因果关系问题，那么我们就不能有时间中第一原因的观念，因为共相是脱离时间的。同样我们也不能在殊相领域内说什么时间中的第一原因，其理由是除非我们放弃作为共相的因果观念，否则我们就会涉及宇宙的开端问题，而宇宙本身是无所不包的，所以它不能有开端。以原因和结果的语言来谈论，我们就不能说什么没有原因的原因。如果我们把话题转到质料上去，那么我们就能很容易地看到，存在着无须推动、不会停顿的能动性。我们虽然不能以没有原因的原因这样的术语来谈论质料，但我们却可以指出，它多少类似于自由意志。从哲学思想的立场来看，自由意志的观念是否能够运用于可表达的领域内是一个问题，自由意志这一术语还不像没有原因的原因这样的说法遭到公开的反对，除非我们以后者来定义前者。如果我们借用自由意志这一术语并进一步剥除它的通常内容，那么我们就可以运用它来这样说，质料的能动性具有自我意志的属性，因此它是自由的。这一说法所要传达的意念是，质料的能动性是绝对的，是纯粹中最纯粹的，就它本身而言，质料是能动的，是现实的。

质料也是纯粹的实质性。我们已习惯于本体这样的说法。我们经常说这一或那一本体。所谓的本体的特征所指的就是一定的质料性，一定的硬性，以及独立于给定本体所具有的本质的规定。在我们经常运用这一术语的意义上，本体明显地具有可描述性，而且也可以不同的范畴对之进行分类。质料不是任何这样的本体，正如同不是任何可表达的事物或事件或状态或过程的潜在性或能动性一样。由于质料是纯粹的潜在的可能性，所以它不能局限于任何特殊的范畴；由于它是纯粹的能动性，所以它本身不在转瞬即逝的事件、不稳定的客体和偶然的事实的变化的链条之中。但是既然质料自身不是本体，而是潜在于所有的本体之中的，所以它就是实质性。没有它，共相只不过是空洞的可能性，由于不存在事物或事件，殊相也将停止存在。正是质料将实质性给了本体，因为没有它即便是本体自身也只不过是空的可能性。如果否认了它的硬性，那么就没有东西具有硬性，否认了它的抵抗力，那么也就没有东西具有抵抗力。可能，传统的看法是认为，性质所附着的基础会给我们实质性的观念。但是就这一观念能够定义说，它不是我们所谓的质料。一切本体所具有的共同的最基本的特性也不是我们所谓的质料，我们不可能建筑起一棵树或一座金字塔，使其承担起所有的事物。

五

对于上面的讨论，我们还可以补充很多东西。其中有些东西我们将在后面涉及，在此我们将要讨论的是一个比较特殊的问题。在这样处理的时候，我们将使自己遭遇到不同于我们的程序的看法，因为不同于上述的陈述，我们在此挑选出的一个陈述有着它自己的下属术语，在运作的环境中经常运用这样的术语。我们可以说，质料是完全没有性质和数量上绝对的恒久性。我们同意这样的看法，即看上去像普通命题的这一陈述是没有意义的，因为性质这一术语包含着经验性的环境，而在这里却没有这样的环境。而且像恒久性和数量这样的术语需要行动，而在这里却不能有这样的行动。不管怎么样，我在这里并不以常识意义上的意义为目标，我追求的是要通过一套非常的陈述来传达意味。

这一陈述在事实上确实使我们不能以任何的方式来描述质料。在通常的意义上，以任何方式去描述它，就是把某种性质赋予了它。而把某种意义赋予质料就是否认它具有某种其他的性质。以任何方式去描述它就是去限制它，也就是侵犯了它的纯粹的潜在的可能性和能动性。这倒不是因为像红或绿或方或圆这样的形容词不能适用于质料，因为很显然质料不能以这些形容词中的任何一个来描述。同样像真实或存在这样的形容词也不适合用来描述质料。"真实"这一术语能够被定义，尽管我们在这样做的时候可能会失败。这就说明概念"实在"是与其他的概念相连的，与之相关的共相能够通过与其他共相的联合而得到理解。如果质料是真实的，那么它就是可以表达的。我们知道，像"自然的"一词，"真实的"这一术语可能具有极其丰富的含义。我曾经统计过，好像它有二十多个含义。而且我相信这些含义也并没有穷尽它所有的不同的含义。但是其中每一个含义都是相互不同的，因此每一个含义都是可以定义的。这就是说，每一个都是概念。因此我们也可以说，它是共相或我将在后面所说的可能性的意念形式。任何一个人只要他把握住了质料，那么他就不得不承认，质料既不是共相，也不是可能性。同样，我们因此不能说，质料是存在。从这样一方面，我们可能会更容易准确地理解质料的性质。说质料是存在就是在另一方面限制了它，正如说它是实在的就不能说它是不实在的，说它是绿的就否认了它是红的一样。"存在"一词在日常用法以及我本人的习惯用法上较之于"实在的"这一术语含义要狭窄些。"存在"的意念包含着过去、现在和未来。孔子虽然现在已经不存在了，但是却可以说他是实在的。未来的世界状态现在虽然还不存在，但是它却也是相当实在的。说质料是存在的，就是在很多方面限制了它。而且如果你所谓的存在是指在目前占有实在的空间的话，那么说质料存在就是说质料局限于一定的空间和一定的时间。质料是不能有这样的限制的。

在没有进一步运用更为具体的论证来说明之前，我们可能再一次笼统地说，没有什么形容词可以用来描述质料，如果这样来描述是要将某种性质加给质料的话。但是你可能会这样说，质料一定是同质的，因为如果任何一个人把握住了质料，那么你必定会承认这张椅子和那个苹果的质料是绝对相同的，尽管这两个客体是不一样的。这样说并没有错。假如所谓同质不是指质料的性质上的属性。因为从消极方面说，如果质料在性质上是相同的，那么它就不能够进入像这张椅子或那个苹果这样不同的事物中去。从积极方面说，由于它确实进入了这样不同的事物之中，那么它在性质上肯定不是同质的。它只有在没有任何性质这样的意义上，而不是在具有相同性质的意义上，才可能是同质的。显然，如果它有任何性质，那么它就能够用性质这样的术语来表达。借用目前战争中经常运用的一个词"冻结"，那么我们就可以说它被"冻结"在那一共相之中。在我们的共相中"冻结"，它就不能进入其他任何别的可能之中，它的潜在性、能动性和实在性就不是纯粹的。物质的核心是，质料必须是在其潜在性、能动性和实在性方面绝对自由的，这样它才能成为这个现实世界多种多样事物的潜在实体和无限可能世界的事物无限丰富性的潜在实体。

这一陈述的第二个部分在某些方面更为重要。质料不仅不具有任何性质，而且它在数量方面也是恒常的。我意识到，这两个术语只有在某种具体的运用中才具有清楚的意义。当涉及到质料时，这样具体的运用是不可能的。然而，我们必须借用这样的术语来传达我们的想法，这一想法就是全部的（如果我们可以运用这一术语的话）质料既不增加，也不减少。质料既没有旧的也没有新的；没有旧的质料正在消失或死去，也没有新的质料产生或挣扎着形成。类似于质料的一个非常古老的意念或想法是这样的，它认为无不能生成有，同样，有也不会变成无。从某些角度来看，这是一种非常重要的思想。但是，从意念所需的表达角度来看，这样的看法虽然含义丰富，然而却显得有些笨拙。很难断定这样看法适用的范围。这一看法所带来的后果使它在某些方面表达得更清晰，例如物理学中的物质不可灭性。在这里我现在所关心的问题是如何使这样的思想运用于质料。质料不能够增长，因为任何增长必须是新的和有时间性的，那么我们也就不能否认质料的种种其他性质，其后果就是质料是可表达的。这样的论证也同样适用于关于质料的减少的说法。如果质料可以增长，而不能减少，那么就会出现这样的情况，即不会有任何其他的质料。如果质料的增长和减少保持同样的速度，那么有的部分就是新的，有的部分就是旧的。虽然质料的数量是一个常数，所以新的质料从何而来和旧的质料又去向何处都是不可回答的问题。显然，旧的质料是不可能变成新的质料的，因为既然没有任何的性质，质料就不能说是变化的，也不能说新的或旧的。如果新的质料来自于不是质料的其他任何事物，那么新质料就是无中生有。如果旧质料消失于任何不是质料的其他事物，那么它也就是从有变成了无。总而言之，如果我们说质料既可增长也可减少，我们就会遭遇到这样的难题，即无可变成有，有也同样可变成无。这就会得出一个相反的看法，即质料是恒常不变的，是无限的。

在我们注意不把我们常识的现象世界或科学的客观世界与潜在的、无所不在的质料混同起来的时候，我们就有可能得到这样的看法，即我们可以从我们关于前者的思想中得到后者。我们可以能量守恒定律为例。这一定律本质上就是从传统的看法发展而来的。传统的看法认为，无不能变有，有也不能变无。从常识的世界着眼，这一看法可能是很容易明白的。我们一想到"材料"或"实体"或"物质"，我们就知道它们是既不能被创造也不能被毁灭的。手表制造者可能会这样说他创造了手表，母鸡也可能说它创造了鸡蛋或小鸡。但这两个事例都是从某种材料而制造手表或鸡蛋或小鸡的。我们确实知道，某些创生模式是遵循一定的规律的，而另一些并不遵循规律或至少是我们不知道它们遵循一定的规律。但是，不管遵循还是不遵循规律，作为基本的材料既无所谓创生也没有什么停止存在。虽然这一原则是否能得到证明或证实或符合不是我们在这里所关心的问题，但是它却成功地描述了自然现象或我们关于它们的经验。在自然科学领域内这一原则的最新解释是将能量与物质紧紧地结合在一起。这一解释对两者之间的关系作了更进一步的分析，认为物质与能量是可以相互转化的，物质—能量既具有非创造性也具有不可毁灭性。非常有可能，在将来我们可能发现其他事物的恒久不变性可能被利用来作为物质变成能量或能量变成物质的标准。如果是这样的话，那么事物的不可毁灭性仍然是不可改变的，因为如果不是这样的话，转化的方程式从根本上说就是没有任何意义的了。

当我们谈论物质—能量或将来所谓的第三或第四实体时，我们正在谈论的不是质料，虽然渗透其中并潜伏在它们后面的仍然是质料。在物理科学的客观世界中，物质—能量可能被认为是所有存在着的事物的最基本的成分，它的恒久不变性可能被用作为任何一种存在形式的对称或传递的转化方程式的中介。不可毁灭性的原则可能有这样的功能，在科学领域内它可能被看作是一种方法论的原则，这就是说，它可能仅仅由这一功能而得到证实，而没有必要由它和外在实在的符合而得到证实。我本人并不知道事实是否就是如此的。但假如是这样的话，它也不会使我们看不到这一原则不仅仅只是方法论的原则，看不到它是以下述思想为其基础的，这一思想是无不能变成有，有不能变成无。我们会毫无疑问地怀有这样的思想，如果我们理智地进入质料的王国的话。我确信有质料。我并且断言，这样的信念是建立在经验基础之上的，且通过理智推测的途径而得到质料。在此不可能有什么证实或证明的问题。因为证实局限于殊相的领域之中，而证明则被限制在共相领域之中。质料则既不是殊相，也不是共相。如果某人得到了它，那么上述的陈述将显示它的意味并将引导他比以前更为坚固地把握住它；但是，如果一个人没有把握住它，那么这些陈述就丝毫也帮不了他。它们在自语重复的意义上不是命题。它们是形而上学的命题，既不能由历史和科学来证实或否证，也不能从逻辑和数学来演绎出来；它们只能在消极的方面由下面这样的思想得到证实，这一思想认为如果没有质料，那么我们就不能在感觉中和理智中体认经验中必不可少的东西。我意识到关于质料的这些说教并不是新的，因此我们当然对此不必大惊小怪，但是我也并不因此认为它的有是可以怀疑的，因为所有否认它的论据在我看来都是不相关的。

道

一

让我们从抽象开始我们的讨论。抽象是在思想中把某些部分从其综合的和具体的整体分离出来。它是把不可分离的东西或未曾分离而可分离的东西区别开来。在 1943 年，你不可能把美国总统和罗斯福夫人的丈夫这两者区别开来。这就是说，你不可能把其中的一个放置在海德公园，而把另一个放在华盛顿。我们现在所提到的这个绅士同时具有这两个方面。当这两者没有分开的时候，这两者是不可分离的。然而，它们是可分离的东西，这就是说，它们可以分别地加以辨认。与具体相区别的抽象从未把具体的个体分割成无数具体的个体。它不能这样做，也从未打算这样做。它的全部目的只在于引导我们去思考和去说出具体的东西。除抽象之外，并没有另外的方式去处理具体的个体事物。如果你与罗斯福先生握手，你所握的是他的手。如果你和他拥抱，你所拥抱的是他的身体，你不可能以任何一种具体的整体的和更为广泛的方式与他接触。只有通过抽象的方式，我们才有可能在思想只把握住他。抽象的重要性很容易为人们所忽视，这只是因为在我们的日常生活中抽象几乎是在每一分钟中都发生的事。我们说话或我们思想的时候，我们就是在进行着抽象的工作。同样的道理，由于在我们的日常生活中综合也是经常发生的，所以综合的重要性也容易为人们所忽视。但是当我们强调综合的重要性的时候，我们没有去反对抽象的作用，因为综合显然就是对抽象的综合。

抽象是在思想中进行的，它是意念或概念的抽象。我在此所运用的意念是在严格的抽象意念的意义上使用的。而且为了方便，我也只限于那些真实的意念或概念，排除那些不可能的或矛盾的意念。我也将把概念看作是实体或单位，在思想中，它们是基本的单位或单一的成分而不是复合体。这并不是说，这样的实体或单位本身是可以脱离它的发生的环境的。"方形"在某一时刻或环境进入我们思想的时候是一单位，而在下一个时刻或不同的环境中却成了命题或相互联系的概念如平行四边形、直角三角形的每一条边都等同于另一条边等等，等等中的可分离的因素。在我们的思想的单位中，不存在着终极性的单一成分或终极性的复合体。但是在思想中出现的条目是以单一成分或单位的形式出现的，只要它们不矛盾，我们就叫它们是概念。如果记住了内容和客体之间的区别，那么我们就能看到概念就是存在于思想中的内容，而不是客体。当一个人想着一个正方形，他就在思想中有着正方形这一概念，但是他不是想着"正方形"这一概念，而是正方形的性质。这就是说，他所想到的对象是客体。概念是我们迄今叫作共相而在后面我们将叫作可能性的观念形式。

概念是以经验为基础的，但是概念不必直接的以经验为基础。我们能够从具体中抽象地得到概念，也同样能够以从抽象到抽象的方式得到概念，因此我们不仅仅有概念的结构，而且也有概念的等级。除了逻辑之外，概念没有限制。这就是说，概念是不能自相矛盾的。在思想中作为单一成分所出现的矛盾的意念根本就不是概念。经验和事实仅仅限制了概念的运用，而不是它们的存在。没有经验或事实内容的概念可以在思想中出现，但在实际上并不如此。我们能够想到"食火龙"或"独角龙"。但是除非为了哲学的目的，它们一般不会出现在思想中。因此概念既不是矛盾的，也不是真的，也不是假的。如果一个意念是矛盾的，那么它就不是真实的，虽然这样的意念可能会进入我们的思想之中，但它不是概念。我们不能说一概念是真的，因为它是单一的成分或单位，而且我们并没有通过它断言任何事情，由于没有与内容或共相相符合的客体，所以它只是一空类。因此，像这样的概念也不能说它是假的。谈到概念，只能说我们采用了或我们讨论了概念。在这一方面我们是受了经验或事实的影响。因而，"方的圆"这一意念不是概念，"女巫"这一概念既不是假的也不是真的，在目前我们很少运用这样的概念。

概念是共相和可能性的观念形式（形式是观念意义上的）。每一共相都是一类客体所共享的一个方面。比如，人性是两足动物中的一类所共享的，马性是四足动物中的一类所共享的。我是在积极的方面运用共相这一术语的，因而可以说存在是一共相，而非存在则不是一共相，但共相或可能性的无限性则是一共相。这就是说，一共相总是显示一类客体，而空类并不包含于任何的共相之中或任何一共相的观念都包含着共相"真实"的逻辑构造。因此，如果这个世界从未有过一条龙，那么"龙性"就不是共相。我们的概念并不受到共相的限制，它们也没有穷尽所有的共相。我们的有些概念是某些空类的限定词，它们是概念，但没有与之相符合的共相。还有那些我们没有想到的共相。因此概念的世界反映着共相世界的过去。这两个世界是交叉的，不是完全重合的。当概念反映着共相，它们就是共相的观念形式。

不是共相的观念形式的概念表达的是可能。可能这一术语排除了一切矛盾的东西，其他的一切都是可能。那些不可想象的东西，即使是极端荒谬的，但只要它不是矛盾的，就是可能。一可能如果是思想上的可能，那么它就是思想的对象，而不是内容。因此虽然它由作为思想内容的概念来表达，它不是概念，因为它是思想的对象。正如哪里有未被认识到的共相，哪里就有可能，这样的可能还不是概念。虽然可能可能没有被想象到，但它们是可以想象的。可想象的世界和可能世界是两个并存的世界，因为说这两个世界是有限制的，这是矛盾的。通过引进可能这一术语，我们就可以把共相定义为现实了的可能。我们现在暂且不考虑现实，而在后面给出它的定义。共相是现实了的，而可能就其为可能说并不是。前面的陈述的大意是说，共相是客体（事件）中的一类所共享的一个方面或我们的共相的观念总是逻辑地包含着"实在"的共相。这些陈述的目的是要表明共相的现实性。"方形"的共相是实在的，因为实际上存在着方形的东西，或换句话说，存在着方形的客体。我们中的绝大部分人是停留在常识的层次上的，所以我们会承认某些客体或事件的实在性，正是这些客体或事件给了我们这一毫无疑问的实在感。那种实在感也是与通过那些客体和事件现实的可能相一致的。

但正如我们在第一章中已经指出的那样，特殊事物或特殊客体给分析带来了不少困难。有些事物是变化的，却也有持续性。有些事物由于与共相及其殊相的结合而持续存在。由于共相不能发生变化，而殊相不能持续，那些发生变化并且持续存在的东西既不是单独的共相或单独的殊相，也不是共相和殊相的结合。共相和殊相仅仅是这样的东西的某些方面，是质料给了它们统一性和个体性。仅仅是可能的可能是缺乏实在性的，但是除非它是矛盾的（这样的事例其实根本不是可能），它就是不可能现实的。此处所理解的可能的现实仅仅是指质料进入可能之中。一共相也只不过是有质料在其中的可能。我们不打算在此介绍具体化原则和个体化原则。我们将假定现实总是包含着具体和个体的。具体化和个体化的现实寓存于与共相结合的殊相之中。常识所认为的现实是以我们所说的质料在其中的可能或有共相在其中的并通过具体化和个体化的原则的具体的个体。共相和可能之间的区别是共相是现实了的，而可能却未必是。共相是可能，因为它是现实了的可能。

我们是从抽象和概念开始讨论的。概念是我们思想的内容，当然并不仅仅局限于它的内容。当我们想起方形的时候，我们并不是在想"方形"这一概念，也不是在想由所有的方形东西共享的"方形性"这一概念。与我们的概念相一致的我们的思想对象或者是已经现实的可能或者是还未现实的可能。显然，我们的思想并不局限于已经现实的可能或未现实的可能。我们有时会积极地想到空无或零或无限，但我们知道它们仅仅是可能。通过思考能为我们思考的可能本身的事实，传统逻辑对零的忽略，使它变成一个很不充分的思想工具。在另一方面，并不是所有的共相都在我们的思想范围之内，除非我们抱着相反的唯心主义的观点。我们必须承认至少存在着有些人还未曾听过的微观世界的现象。这也同样适用于可能。因此，虽然概念世界不是共相世界的一部分或现实了的可能，但是任何能够想象的或者可以想象的都是可能。由于所有的数量本身就是可能，因此可能的数量必然是无限的。与可能的数量相比，共相的数量确实就要小得多。这就是说，从可能的数量角度来看问题，现实的东西只不过是可能的东西的一小部分。或者用宇宙中可能世界的术语来说，我们当前的世界只不过是现实的微不足道的一部分，是这个无限过程中的一个阶段。

由于概念是我们思想的内容，所以我们的概念与我们很容易就处在一种非常密切的关系之中。如果审查我们的概念，那么我们就会发现某种内在的关系存在于概念和概念之间，存在于不同层次的概念之间。逻辑本身就能引导我们看到，某些概念蕴涵着其他的概念或与其他概念是等同的，而经验和科学却向我们提供了另一些关系。概念能够被编织成图案。虽然我们可能没有包含所有概念的巨大单一的图案，但是我们却确实具有小的概念图案及各种不同的探究线索。我们对此有着很大的兴趣。这些图案部分是演绎的，部分是归纳的。由于在图案中相联系的环节部分是真命题，它们也就显示出与之相联系的共相和纯粹的可能的图案。一知识系统就是一概念图案。由于它是知识系统，所以它也表示一共相和可能的图案。在此我们仅仅是说它们是共相和可能的图案，我们并不在意去讨论它们是什么样的图案。在认识论中，我们的兴趣是在概念的图案。这样的概念图案是我们从我们关于共相和可能的图案的经验所获得的。但是在逻辑和数学中，我们的兴趣只在于最基本的图案。无论是从概念的角度来看，还是从共相或可能的角度来看，这样的基本的图案都是不可避免的。式就是这样最基本的图案中的一个。

二

式就是这样的可能，把所有的可能按照析取的方式排列起来就形成了式。"所有的可能"这一术语可能会招致这样的反对意见，类型论就是为了应付这一反对意见而产生的。在目前这一部分，我们没有必要考虑事物是充分的还是不充分的。从困难的角度看，我们打算运用所有的可能这一术语不仅仅是指完全性，而且也是指可能的不同的层次、秩序或类型。所谓的析取就是逻辑上所熟悉的析取，这就使我们把式规定为绝对流动的。这就是说式是绝对的无形式的。式中的任何一个可能不能是流动的，不管它的现实是多么的宽广或容易。或许我们可以运用像内涵和外延这样的术语来讨论问题，不管一概念的外延有多广，内涵有多小，与式这一概念不同，与概念相一致的可能从来不是流动的或无形式的。除式之外的任何可能必须至少有一形式，因此也必须有一定硬性。这等于是说，它有一定的界限，清楚地划定什么是属于它的，什么是不属于它的。或者运用与空间类比的语言说，什么在它的范围之内，什么不在它的范围之内。任何东西只要不符合这一概念的定义，据此我们就可以说它在这相应的可能之外。式中的任何可能可以接受或拒斥。即便是像存在这样广泛的可能也是既接受又拒斥。它接受存在，而拒斥非存在。式中的任何一可能都可以分成积极的和消极的，但是式却不能这样划分。对于式而言，没有这样的界限来确定什么在它的范围之内，什么在它的范围之外。其理由很简单，式是无外的。每一事物必须在式之内。说任何事物都是内在的，在我们日常生活的环境中是毫无意义的。但是从本体论和形而上学的立场而言，我们就不能说它是没有意义的了。式的绝对的可流动性使得它是无所不包的。在中国的一部小说中，一只猴子一个筋斗可以翻出十万八千里路去。他可以很容易地翻出一个国家去，但是他怎么样也翻不出如来佛的手掌去。如来佛手掌的无所不包正如同式的无所不包。这正是因为式是绝对流动的，所以它才可能是无所不包的。我们已经谈到质料进入可能的话题，我们把可能的现实定义为质料进入可能，而且我们还把共相定义为现实了的可能。就质料而言，式是无所不包的。某些人可能会因此说这是旧说新传，并没有新意。因为古希腊人和欧洲人一直在谈论形式和质料。在中国，中国人也一直在谈论理和气。现在我们又在喋喋不休地谈论式和质料。一点不错，我们讨论的是同样的东西。但是不管是好是坏，我们毕竟是从不同角度来讨论式和质料的。无论如何，部分地说，这是现代性的工具使我们对所谓的区别作出负责任的反映。我们并不认为古代的思想已经被证明为是无用的。我们也不能因为这样的思想是古代的，就说它是无用的。就我们所能看到的而言，它们是最简单的将逻辑与本本论和形而上学联系起来的理论。逻辑本质上是式的表现。形而上学本贡上是对质料的沉思。本体论本质上研究的是作为道的一个基本成分的质料。然而，在此谈论这样的话题有点离题。从质料的观点，我们强调说式是无所不包的这样一点也就足够了。而更为重要的一点是，式的无所不包并没有给质料的潜在性和能动性带来任何的限制。

我们有一个形而上学的原则，两个元逻辑学的原则或一个本体论原则的两种形式。一个形而上学的原则是说，质料进出于可能。这一原则所以是形而上学的原则是因为它是通过我们对质料的沉思而直接谈到它的。这一原则是重要的，因为它不仅是整个过程和现实的原则，而且也是有限的时间阶段或曾经经验或未曾经验的变化的原则。在当前的这一章中，我们已经谈到，关于质料的任何陈述既不是通常意义上的命题，也不是自语重复意义上的准命题。它不可能得到形式的证明或经验的证实。证明是属于思想结构的内容的世界，归根结底，它假定了式。而后者是属于过程和实在展开过程中的客体和事件的世界，同样它也假定了我们正在谈论的原则。虽然我们不能说，它可能得到证明或证实，因此从常识的方面我们不能说它是正确的。但是从形而上学和本体论的角度我们却不得不承认它。从形而上学的角度我们必须承认它，因为如果我们把握住了质料，那么我们就能够很容易地看到它的纯粹的潜在性，能动性，实在性，它完全没有性质这一点如果从质料进出可能这一方面来看是必须有它作为中介起作用。从本体论的角度我们必须承认它，因为一旦质料被把握住了，上述的原则描述了任何实在性的形式以及从微观到宏观的任何过程。如果我们不能以任何方式把握质料，那么这一原则就确实是难以理解的了。但是如果我们能够成功地把握住质料，那么我们就能在抽烟和天文学的命题等事例中发现它的种种实例。即便是我们的手的一个微小的运动也是质料进入和走出可能的原因。一个人抽烟的时候，质料就离开"香烟"这一可能，而进入了"烟"和"灰"的可能之中，如此等等。

这一原则不仅仅是能够站得住脚的，而也是非常重要的。它要比先前有关质料的任何陈述都重要，只是因为在上一章中我们没有时间谈到它而已。事实上，它是所有关于实在性陈述的基本原则。它是具体和个体原则的基础，是时间原则的基础，是变化原则的基础，是真实性和存在原则的基础。它是实在性的核心的根本基础。有关这一方面的思想是很不容易表述的，但是我们还是要努力这样去做。假如你是一位已经习惯于形式的结构或图案或秩序的逻辑学家或数学家，你就会对这一结构或图案或秩序的一致性或合法性或真理性深信不疑。你可能会对自己的工作感觉到很满意，一如鱼网的织补者欣赏自己织出的好的鱼网不会漏掉任何鱼。但是正如鱼网织补者不会自己供给鱼一样，鱼网自己也同样不会去捕鱼。你会认识到，不管事实是怎样遵照你的形式的结构或图案或秩序，它们或你本人都不可能向实在性提供基础的，这样的基础就是所与性或硬性，是你所经验到的所有事实的核心。所谓的所与性或硬性，我不是说它们是静止不变的。即便我们面对具体不变的东西如我们有时在经验中所碰到的那些相对不变的东西，像同一个东西在消失了一段时间之后又出现，我们就会受不真实的感觉影响。实在性贯穿于整个过程，而且实在性或存在不是别的就是变化和能动性的表现。这里的意思是说，在事实或存在或实在中的某些东西在抵制操纵，简单说来就是这样。不管我们运用我们的理性作了多么多的说明，我们必须把它看作是当然的东西。这一硬性或所与性是我们的形而上学原则所提供的。在这样简短的段落中我们不可能充分展示这一原则的重要性，但是随着讨论的进展，它的重要性及其意义就会为我们强烈地感受到。

本体论原则有两种形式，其中一个是说，无无质料的式。我们已经表明了式的无所不包性，而且也指出这样的无所不包性是与质料相关的。质料出入于可能。从式来看，质料并没有出入，它总是在那里。式中的某一可能，在比较特殊的例外的情况下，可能没有是空的，即没有质料在其中。如果是这样的话，那么它就不是现实了的可能，这就是说，它不是一共相。之所以如此，是因为任何这样的可能都有一定程度的硬性。能的进入可能有一定的规则。因此，如果这些规则得不到满足，能的进入可能是不可能的。所以，"方形"这一可能要求四边形，与此相应，当然也要求四边和四个角，等等，等等。这些规则使不同的部分导致内在的和外在的区分。只要对于一可能而言存在着内在的和外在的这样的情形，那么质料可以在可能之内，也许在可能之外。式不是任何一个可能。虽然式这一概念在意义上是明确的，这意义就是与它相应的可能绝对是没有任何硬性的，这种情形就完全地导致了能进入可能的规则的形成。把质料与孙猴子、式与如来佛的手掌相比，你就能看到，质料是永远不可能在式之外的，因为式是没有边界的，是无外的。因此，式是不得不现实的，这就是说，式不可能无能。

另一个则与上述的形式可能相反，它首先表达的是：无无式的质料。这两个形式表达的是同一个本体论原则。所以，同样的理由也可以适用于第二个形式，所以我们也就无须在此重复这样的理由了。然而，我们必须注意的是，对于这两者，我们不能仅仅说"不存在"。这就带进了一个我们至今还未讨论到的很重要的因素。虽然质料是不可表达的，关于它的陈述也并不是通常意义上的命题。式则显然是可以表达的。从理智上，我们尽可以说，式是绝对没有硬性的。而且如果一个人把握了质料，我们就可以非常清楚地看到，无质料的式和无式的质料是相互矛盾的。在最全面和最深刻的意义上，它们是没有任何意义的。正是在这里，逻辑、形而上学和本体论是一致的。我们在此讨论的这一原则将对质料所作的形而上学沉思的结果与对式的理智的公式结合起来，确立了实在的终极性的基础，因此逻辑上矛盾的也就是本体论上无意义的。当然，从我们至此一直在讨论的角度来看，这些原则也并没有给我们提供一个仅仅是偶然的世界，一个现象的世界，甚至或者是一个意外的世界。但是，它们也确实提供了一个实在的世界或一种实在的状态，或一种实在的形式。对于这样的世界，自语重复不仅仅是不可能假的，而且必须是必然的真的。

这些原则是有区别的，因为本体论原则主张的是关于实在的最小值，而形而上学原则断言的则是关于实在的最大值。它们也在督促我们的方式上有区别。前一段的讨论显示了督促我们去接受本体论原则的方式。对式的分析使它成为绝对流动的，认为任何东西可以脱离式的陈述很容易地看出是相互矛盾的。我们可能会说，在逻辑上，我们被迫去接受这一原则的。然而，接受它并不会使我们谈论任何关于我们恰巧生活于其中的世界情形，它只是使我们接受这个宇宙。而形而上学原则却督促我们对质料作沉思。否认这一形而上学原则并不会清楚地导致矛盾。这就是说，这一原则并不是逻辑地迫使我们去接受它。然而如果一个人从根本上接受了质料，那么这一原则有这样的一种不可避免的情形使我们能够成功地把握它。在这不可避免性中有一种"必须"，它不同于逻辑上的必然性。人们认为伏尔泰可能说过这样的话，他没有看见必然性。并没有逻辑上的必然性迫使一个乞丐生活下去，然而他的生活环境却必须是有逻辑的必然性的。在所与性和硬性面前，我们不得不接受形而上学的原则。

三

式的绝对流动性，形而上学原则的不可避免性，和本体论原则的必然性，所有这些使我们不得不讨论先验的问题。让我们首先讨论关于式和质料方面的问题。假如我们把质料看作是原材料，把式看作是一种模型。这里就产生了一个这样的问题，即模型是否总能和原材料相适应。式的绝对流动性使它成为一令人注意的模型。在一种方式上，模型是有形状和形式的，而在另一种方式上又是没有形状和形式的。原材料不适应于模型是不可能的。如果我们从质料开始，我们也会得到相同的结果。质料是完全没有性质的。让我们看一下我们现在还未考察的可能及其一些例外的情形。让我们以时间和空间为例。我们所以要以时间和空间为例，是因为它们一直被认为是直觉的先验形式，通过这种形式本体被纳入时间和空间的现象之中。由于质料是原材料，时间和空间是模型，事情就完全不一样了。我们没有什么逻辑上的理由来保证，质料不会拒绝时间和空间的模型。如果质料拒绝这样的模型，正如在目前它拒绝进入"龙"这一可能之中一样，我们只不过是没有时间和空间罢了，一如在目前我们没有龙。没有时间和空间虽然是不真实的，但是并不是矛盾的。然而这与说这儿没有马是不一样的。因为后者如果是假的就是假的。如果它是假的，那么就不能说它从来没有真过。因此，我们可以看到有两种先验的形式。一种是不可逃避的形式，整个的逻辑系统都禁止它的可逃避性。这样的形式就是式。另一种是这样的形式，它以前、现在和将来都是不可逃避的，实在的所与性或硬性使它成为不可逃避的。这样的形式就是时间和空间以及式中的其他可能。让我们把第一种叫作理性的先验形式，第二种叫作非理性的先验形式。第二种先验形式蕴涵第一种先验形式，而第一种却不蕴涵第二种。从推论的观点看，前者显得更为重要些。但是从经验的观点来看，则应该说后者也同样显得更为重要些。

我们已经说到，无无质料的式和无无式的质料是矛盾的。但我们是否已经得到了确保式永远是有质料在其中的东西了吗？是的。实在的形式或状态就是。我们没有谈及除此之外的任何东西。在这里，否定似乎意味着更多的东西，而肯定则没有断定什么东西。在这里，我们再一次必须注意这样的一个事实，即流动性与富有成果性是不能共存的。式是不可逃的，因为它是绝对的流动的。但是它的不可逃或它的必然的现实并不导致任何东西的形成。如果我们想知道即便在最模糊的含义上我们究竟事实上生活在一个什么样的世界之中，那么我们就会看到从我们的知识中得到的结论只能是式是必然会有质料在其中的。在另一方面，时间和空间之间的关系是非常重要的。我们并不知道作为一种结果，是否存在着大峡谷或尼加拉瓜瀑布，或太阳和月亮，但是我们确实知道有时间和空间及因有了时间和空间而产生的一切事实。这是富有成果的，但是我们却不能逻辑地假定情况就不能是另一种样子。看来，这样的困境是不可避免的。如果式毫无疑问是不可逃脱的，那么它的现实就是完全没有任何结果的。如果式的现实根本上就是有成果的，那么式就不能保证是不可逃脱的了。理性的先验形式是逻辑的不可逃脱的，但确实是绝对富有成果的。然而作为非理性的先验形式，它的现实虽然是富有成果的，但是决不是不可逃脱的。前者使我们对实在的形式具有逻辑的确信，而后者使我们具有了某种世界应该具有的事实性的基础。正是由于同时接受了这两者，我们才能最终解释宇宙。我们的世界就是在这个宇宙的过程及其实在中现实的。

至此，我们还是没有对先验性作出任何解释。到现在为止，我们的讨论假定了先验形式是这样的形式，它或者是不得不现实的，或者是永远现实的。我们同样也没有说到，从认识论的角度讲，我们究竟是如何才能达到形式的。你们中的某些人可能会怀疑，虽然我们相信存在着先验的形式，但我们却不相信有先验的方式抽取或达到那些形式。虽然我们相信我们具有先验的知识，但是却不相信我们有先验的方式知道或达到知识。这样的怀疑是有道理的。我们不愿意在此讨论认识论的问题。我们只是要指出，存在着先验的命题或陈述，虽然我们得到或掌握或断定这些命题或陈述的方法或过程不能说是先验的。因此考虑到命题或陈述，对我们而言，关于先验的问题是合理性或真理性或可操作性的问题，而不是达到或派生出它们的方式的问题。一命题或陈述是先验的，如果它必须的是真的或必须是真的。也存在着两类先验的命题或陈述。一类是不得不真的命题或陈述。另一类是必然是真的。所有的自语重复都是属于第一类。而归纳，比如说，就属于第二类。关于自语重复我们无须在此再说些什么。归纳原则已在别处讨论过了，虽然还不能使人感到满意，但不管怎么样这一讨论是要表明它的先验性，即在任何情况下它都是真的。

本体论的原则是上述的第一种先验陈述。它不可能是假的，因为如果否认它就是矛盾。我们先前关于此一原则的不可避免性的讨论是从它的现实的观点着眼的。我们曾经说过，形式的绝对的不可避免性使它的现实完全没有什么意义或是没有成果的。对于本体论原则我们也可以这样说。这一原则是不能假的这一点没有必要在此再作讨论。但是它的无可非议的合理性却不能使我们有什么收获。作为结果，我们只是仅仅知道有这样永恒的形式，它无须是任何特殊的形式，有这样的状态，它无须是任何特殊的状态。确实，我们相信有宇宙存在，但是在这宇宙中过去或现在或将来是否有某种世界，我们却没有办法使我们自己确信这一点。这一原则的合理性仅仅向我们提供了可以说仅仅是最基本的东西。这一最基本的东西也可以说就是自语重复所能断定的东西。对于这最基本的东西而言，它们是合理的，是真的。否则的话，自语重复不可能是假的这一点在哲学上就不能等值于它必然是真的这一点。从这一方面考虑，本体论原则也同样是重要的，它确实说了某些东西，虽然它所说的东西并不能描述我们在这一个或那一个特殊世界中的经验。它虽然没有说关于我们通常叫作事实的任何东西，但是它却断定了关于实在的最基本的东西。

形而上学原则是第二种先验陈述。由于形而上学原则是一种非理性的先验原则，所以要讨论这样的原则就显得更为困难。非理性的先验陈述之所以是先验的，是因为它对于我们的经验或我们经验中的那些可能是偶然性的东西持一种绝对消极的态度。正是这种消极的态度使理性的先验陈述完全是可以表达的。形而上学原则不是消极的，否定它不是矛盾的，肯定它则说的是关于所有可能世界，我们这一世界当然是包括在其中的。否认质料进出可能也许是很难令人接受的，或者甚至与我们通常的看法是相反的。但是承认这一点却并不是矛盾的，因此逻辑并没有强迫我们接受这一原则。如果我们在通常的意义上把质料看作是一件事物或一个客体，我们可能或许会把所有的矛盾堆积在质料之上，但是我们却根本没有任何的权利来这样看待质料。如果我们正确地把握住了质料，那么我们就必须承认这一形而上学原则。我们会不由自主地看到，质料跑进或跑出的正是可能的纯粹的潜在性和能动性，因为它在同一时间内在数量上是不变的，是完全没有任何性质的。我们不得不说这一原则是有效的，虽然我们没有方法说否认它就是矛盾。正是通过形而上学的沉思，而不是通过逻辑分析，这一原则才为我们所接受的。

　　说否认形而上学原则并不矛盾是一件事，说这一原则说的任何事情都是关于这个世界的则是另一件事。前者仅仅意味着这一原则说了些什么，意味着它不是绝对的否定的，它无须说关于事实或经验的任何事情，而只是说它很少对于这一个世界说些什么。进一步的讨论必须阐述清楚在什么意义上说这一原则说的是关于这一世界的。我们非常清楚地知道，逻辑上自语重复并没有说什么东西。这不仅仅是说它没有断定在未来会发生什么，或没有断定过去发生了些什么，它只是意味着它没有断定任何事实。它没有说任何关于事实必须遵循的规律，或在作为现象的给定的事实背后的活动，或经验的表现。我们的形而上学原则也没有在使我们没有得到关于历史或科学知识的意义上说过任何东西，然而，我们却可以这样说，它说了一切，当然不是关于事实的，而是本质上的事实性的核心东西。我们是在下述的意义上这样说的，即给定一事实或经验中的任何一项或任何变化或自然或时间中的任一阶段，我们发现它是进出可能的质料的能动性的表现。这一原则是展示任何事物的本质的最全面的方式。本体论原则没有说及任何事实，是关于实在的绝对的最底值。形而上学原则没有说及事实，是事实性的最大值。通常说来，自语重复是必然真的，因为它也没有断定任何事实，然而却展示了一切事实背后的本质，因此不管可能会成为什么样的事实，它总是具有自己的本质的。如果这一原则断定了某一东西是事实，那么它就有可能是假的，因为偶然性有可能发生，使得某一东西不成为一事实。如果这一原则展示了某些而不是所有事实的本质，那么它也可能是假的，偶然性也可能发生，于是某些甚至大部分的事实没有这样的本质。这两个因素的结合，即既不断定任何事实又展示所有事实的本质，就会是这样的，即形而上学原则就可能断定可能或许会成为什么样的事实。它也同样是先验的，尽管否认它并不是矛盾。

　　虽然我们首先讨论的是先验的形式，但是我们得承认先验的原则却是更重要的。关于式和本体论原则，我们简直不能说哪一个更重要或哪一个更基本，因为每一个都直接地蕴涵着另一个。式的不可逃性也就是原则的必然性。但是对于形而上学原则和某些形式或可能如时间或空间来讲，相对而言的重要性的问题就是另外一个问题了。我们可能感觉到，时间和空间必须是现实的，然而我们却很难给我们的这种感觉给出像样的理由。然而，我们应当承认形而上学原则，时间和空间当然可以被看作是事实。在下面的章节中，我们将会更清楚地看清这一点。

四

现在是讨论道这一概念的时候了。道就是有质料在其中的式或有式的质料。因此，它就不是纯式或纯质料。借用康德的表述，当然不是严格意义上的，我们可能这样说，道如果是纯式，那么它就是空的；如果道是纯粹的质料，那么它就是流动的。可以说，道是宇宙，但是它又不像后者，因为它不能以总体和全体来表述，而这两者是宇宙的不可分割的部分。逻各斯这一术语可以在其原来的意义上被运用来既指某一思想的表述也指内容这两者。但是如果它的内涵被扩大也同时指涉思想的客体的话，那么它就是我们在此所说的道。在《圣经》中有这样的一段，在其中运用了英语的"word"一词来翻译"logos"一词。《圣经》的汉语译本是用"道"一词来翻译的，似乎也找不到更好的对应词来代替道。不管怎样，这里所使用的道这一词并不局限于思想的表现和内容，也同样指涉思想的对象。当说到有道的时候，我们并不仅仅是在谈论说有思想或在思想，而且也同样是说存在着宇宙。

我们可以在两种不同的方式上谈论道。这两种方式是道一和道无限。前者是指道在内涵上的最小值，后者是指道具有最小值的内涵本质。如果我们说到逻各斯，而且让我们也同样谈到生理学，那么这一点就是很容易理解的。从外延上说，生理学可能是逻各斯的一部分。但从内涵上说，它具有纯粹的逻各斯的本质的东西。说到关于生理学的某些东西时候，我们也就同时通过暗示在谈论着逻各斯。但是当说到逻各斯的时候，我们并没有谈论到生理学。道一和道无限之间的关系类似于逻各斯和"……学"之间的关系。只是关于道无限，我们没有指明"……学"中的哪一种。这样的比较可能把我们引向道无所不在的观念：任何东西只要是可表达的就是道的一部分，即便是表达本身也是道的一部分，因为表达是属于由种种"……学"所涵盖的领域。没有任何东西可以逃避道。由道一看，整个宇宙都是可以理解的。宇宙中的任何一部分，由道无限看，也是可以理解的。

然而我们暂时只讨论道一。道一是不可否认的。本体论原则担保了道一。否认道一本身就是矛盾的。一般说来，任何矛盾的东西就是纯粹的无。这是绝对的无。存在着这样一些无，它们没有纯粹性，没有绝对性。比如说在这间房子里没有任何东西并不意味着在那里是纯粹的或绝对的没有任何东西。它只不过是说在特殊的时间没有通常所要的东西，或者说断定有东西在那里的命题是假的。关于这样所谓的无，应该是没有问题的，至少在目前是这样的。但是，矛盾的问题却可能由此而产生。你可能说，当然，这里存在着矛盾，我们的思想史充满着矛盾。在人类思想史上当然是充满着矛盾的，因为矛盾是一种存在 所以在思想的过程之中也就现实地产生着矛盾。无论如何，这就意味着矛盾的意念是作为思想的内容而产生的，而不是作为与这些意念相关的事情或客体而产生的。另外，矛盾的意念只是产生在思想的过程之中，它们并不在思想的结构之中发生任何作用。它们可能在你准备论文的时候产生，但是一旦你认识到存在着这样的矛盾的时候，那么在你定稿的时候这样的矛盾也就不再出现了。我们必须记住，产生矛盾的意念是一事件，是矛盾的形成，并不是说它本身是矛盾的，沿用我们在此所采纳的方法，它不过意味着"矛盾"可能的现实，它并不意味着本身有矛盾的可能的现实。矛盾作为一种现象是每天都会发生的。矛盾意念的产生仅仅是思想者自身的矛盾。或许，我们是在暗中摸索，没有任何清楚的思想产生。或许，我们更应该说，当谈到矛盾意念产生的时候，我们并不是说矛盾的产生是矛盾的，而是说这一意念是矛盾的，并不是意念作为产生的事件是矛盾的，而是作为结构的一部分的意念由于内容的不合理而被排除，因为在道的展开过程之中，相应的可能的现实是不可能的。

在这里所采取的讨论步骤是为了易于理解，它并不是一个形式的步骤。形式上，我们应该说，是道一谴责矛盾。说否认道一是矛盾的并不是仅仅指通常意义上的任何一类陈述，因为矛盾的本质归根结底并不在逻辑的范围之内，而是与我们的断定没有式的质料或没有质料的式的思想方式有关。断定道一就等同于排除了矛盾。因此断定道一，我们也没有断定任何别的东西。本体论原则仅仅是断定了实在的最低值，我们把这样的最低值一直看作是道一。正如我们早已指出的那样，道一并不蕴涵道无限。我们把道无限看作是特殊种类的世界的无限可能。由于我们只是在一般的意义上讨论，所以我们没有考虑任何特定种类的世界。因此，通过断定道一，我们也就顺便断定了我们当前世界的实在性，正如断定了逻各斯，我们并不就断定了一种状态，在其中物理学或化学或历史描述或解释自然现象。我们可能有道一，然而我们这样特殊的世界并不必存在。

假如我们以下面的方式来描述我们目前的世界。假如我们有这样的世界，对于这一世界下面三类包罗无遗的命题都是真的，这就是说，所有真命题都包括在下面的三类之中：

1. 一类普遍命题 P，Q，R，…
2. 一类普通命题 p，q，r，…
3. 一类特殊命题 φ，Ψ，θ，…

所有这些命题的总和描述了我们这个当前的世界，也同样断定了我们恰巧生活于其中的这一特殊世界。普遍命题中的某些命题是科学原则或自然律，它们归属在整个"……学"的不同的范畴之下。普通命题中的某些命题可以在历史和社会科学中发现。特殊命题中的某些命题可以在历史和新闻报道中发现。一部真正有价值的百科全书应该涵盖这些命题中的重要的部分。然而这些命题中的大部分，至少在目前，我们还未发现。我们说当断定道一的时候我们并未断定我们目前这一世界的存在，其真正的意思是说，虽然陈述"道一是"或本体论原则是正确的，那么所有这些包罗无遗的命题中的每一个可能是假的。采取这样颇费心思的过程是因为在此思议这一被描述的状态其实要比想象这一状态来得更容易些。例如它不同于想象一个其中没有空间的状态，因为想象包含着类似于具体的意象或图像，所以是占空间的。但它却可以是思议的。在此被思议的这一状态很可能是真的，道一或本体论原则是有效的。

我们可以进一步拓展上述的思想。我们能够很容易地思议这样的可能性，即普遍命题是真的，而其他的命题则是假的。如果是这样的话，那么我们只能具有一种类型的世界，但不是这一特殊的世界。从自然律的角度看，自然还是和以前一样，但其他所有东西却和现在的大大不同了。也有这样的可能，即第二类和第三类的命题部分是真的，部分是假的，而第一类的命题却完全是假的。如果是这样的话，那么在某种方式上我们可以有现在这样特殊的世界，而不可能具有其他类型的世界。但这样的特殊世界并不属于以第一类命题描述的类型。同样，我们也可能有三类完全不同但却真的命题，如果是这样，那么我们就会具有完全不同的世界，而且特殊的世界也与我们恰巧生活在其中的世界是不同的。但是不管我们怎样思议，重要的一点还是留了下来，即本体论原则是有效的，存在着道一。任何可以思议的东西都是可能的，因为它们并不是矛盾的。只有矛盾的东西才是不可思议的，因此道一也就必然会得到断定。在后面我们将试图指出，所有的可能世界都是能够现实的，但是那是形而上学原则的结果，而不是本体论原则的结果。

如果我们从另一不同的角度来讨论，那么我们将更容易清楚地看到道一的无所不在的性质，只要我们不要忘记某些含义。我们容易忘记这一点，因为这些含义有着假的嫌疑，我们总是不能将这一点保存在记忆之中。因此作为一个人，人又往往会有错误，所有这些都使得一个人总容易忘记他是一个动物，是一个活的存在，一件东西，更基本的是他是有质料在其中的式的一个部分。绝大部分的人会感到极大的愤怒，当人们告诉他们他们是动物，告诉他们他们是东西的时候。他们因此会感到吃惊，他们会因自己显然缺乏健全的理智而感到怜惜。然而，一个东西并不是一个人，但同时一个人却十分确定的是一个东西。说一个人是一位生理学家在某一所大学教书或正在写或已经写完了一本书显然要比说他是一个人或一个动物或一件东西提供了更多的信息。说他是一个东西确实只给我们提供了很少的信息。而说他有式的质料的一部分则什么也没有说。但是这并不意味着这一陈述是假的。事实上，第一个蕴涵着第二个。自我中心的思想经常使个人看不到他的基本的特性是与其他个人的是紧密相连的。而人类中心的思想则使人们看不到人类的基本特殊是与其他的动物、其他有生命的存在和其他的东西是紧密相连的。明智的态度是要以普遍同情的态度来说话，但是我们不打算这样做，因为我们目前较为关注的是道一的无所不在的性质。从任何一个东西开始，不管相关概念的内涵有多么丰富，你也只是从道无限的一部分开始的，在所有的时间里你都是在道一的王国之内。这一点适用于存在的事物，但也同样适用于任何可以想象或可以思议的事物。因此，想象或思议你自己就是任何一件东西。你总是不能够逃避你自己与其他事物共享的那些特性。能够思议的纯粹意外事件，最无谓的东西都不过是道一展开过程中的一个阶段和实在中的一个东西。

至此我们一直在说道是不能否认的，说我们断定道等于什么也没有断定，说断定任何东西我们也就断定了道一。我们在此更为关注的是道一的无所不在性以及道无限的多样性。我们不久将谈到这两者之间的关系，但是在这样做之前，我们还需对有关道一的某些问题做进一步的澄清。虽然我们可以在形式上就式谈论什么东西，但是我们却不可以在形式上就质料谈论什么东西。在一种意义上关于道一我们没有什么东西可以说的。而在另一种意义上我们却可以说很多关于它的话。由于道一就是宇宙，因此在整体上和统一体方面关于它是没有什么东西可以说的。不能说它是开始或终结，说它增长或减少，说它是存在或不存在，说它是真实或不真实，……在形式上，可以把主语归属于谓语，但道一作为主语出现的陈述是不可能作出的。在道一作为谓语出现的所有陈述都是合理的。当然在这样的陈述中是存在着相当多的困难的，然而在这里我们可以对此略而不计。这里的关键是，道一是不能归属于除它本身之外的任何东西的。但是，虽然在它的整体性上道一就是永恒的无所不在的统一体，这就是在用另一种方式说道一是宇宙，因此无须在此提及它的整体性。虽然宇宙的任何部分并不是宇宙（因此用物理学家和天文学家描述成的以多少光年为半径或直径的球体并不是我们这里所谓的宇宙），但是道一的任何部分却仍然是道一。正是这种独立的适用性使我们可以思想或谈论关于道一的情形，而关于道一的整体性和统一性我们却是无话可说的。

五

本体论原则是针对于道一的，而形而上学原则则是道无限的原则。这两者之间的关系可以分析成两个不同的方面。对于我们理解道来说，这两个方面是同样重要的。其中的一个方面是有机的部分对有机的整体之间的关系，另一个方面则是一类包含于另一类的关系。类的包含关系使我们能够说包含类是真的话，那么被包含的类也是真的。这种基本的相同性是包含类和被包含类都具有的。但是有机部分对有机整体的关系却没有这样的共同特性。显然，虽然在一方面一个勇敢的男人是男人，但在另一方面虽然血液循环与人体有着有机的联系，然而它却不是人体。有机性是一包含有内在和外在关系的系统。它们的关系是这样的，部分可能是相互联系的或相互依存的，部分和部分之间可能是独立的。但是整体总是要依赖于它的部分的。因此给定部分的性质，那么有关整体性质的某些方面也就同时被揭示出来了。正因为如此，所以我们可以从已绝种的动物的骸骨来恢复它们身体的结构。这两种关系各有其长处，也各有其短处。它们的结合可以使我们从道无限来谈论道一，因为道无限不仅仅被包括在道一之中，同时它也是道一的一个有机组成部分。在此只要有一点儿想象就可能会给我们很大的帮助。可以把道比作一段丝绸，它有不同的图案，由经纬编织而成。这一丝绸的任何一部分并不仅仅是经线和纬线，而且也显示出了图案和花样的一部分。这整块的丝绸是紧紧地联系在一起的，如果其中一部分脱离开了它，那么其他的部分就会自动地补上。在此我们想象得到的丝绸是静态的，而道既可从静态观察，也可从动态观察。或许我们可以用我们的心灵的眼睛看到这样一幅画，在画中，一条流动的小溪跳跃着流过崎岖不平的岩石而激起阵阵浪花。每一浪花都是水的浪花，然而每一浪花也同样都属于整个图案。因此当水流受到激荡，就会形成不同的图案。画面既可以得到澄清，也可以被歪曲。但是，如果我们不去考虑被歪曲的方面，那么我们就可能通过类比而得到关于道的看法。道既是水流，也是图案。它既不是它的水流，也不是它的图案；它是有机整体中的一类实体和事件。我们可以分别地和间接地谈论它，也可以整体地谈论它。从意念可以得到表达的角度来看，正是不同的适用性使道保持不变，然而却与宇宙不同。

我们已经提到，道可能类似于逻各斯，如果后者不仅仅是思想的表现和内容，而且也是思想的对象的话。不真实的思想的问题在细节上可能是不同的，但是我们仍然可以很容易地看出，即便是没有平常所谓客体的不真实思想依旧是道的一部分。在不真实的思想中也一定有其逻各斯的。假定想象我们的知识几乎是完全的，即我们完全充分知道几乎每一件应该知道的事情。我们的百科全书至少可以大体上分成两个分支，即历史和科学这样两个领域。一部分处理的是特殊的事件，另一部分处理的是普遍的图案。我们的知识不仅仅反映道，而且它本身也同样是实在中的一个个体和道的展开过程中的一个阶段。这样的反省所揭示的是什么呢？历史部分揭示的是过程和现实性，而科学揭示的是普遍的图案。我们将在后面谈论前一个问题，而现在集中谈论后一个问题。我们的看法是，这一图案只不过是各种"……学"之中多种多样花样中的一种，而所谓的"……学"通过自然律、设定和方法论原则将各种不同的自然律相互之间紧密地联系起来。这些作为部分或花样的不同的"……学"被编织成一有机的整体，这就是图案自身。关于不同的"……学"之间的相互联系我们有很多可以说的。从相互间的距离来说，有的要比其他的似乎联系得更紧密；从推演的能力方面来说，有的要比其他的更强；从内在的联系讲，有的要比其他的组织更紧凑；从内容来看，有的要比其他的更来得丰富些；等等，等等。但是它们之间的联系类似于一个国家内的城市之间的联系。没有一个城市是不可以达到的，虽然某些道路可能并不直接通向某一城市。生理学可能与地质学枉去甚远，但这两者之间决不是毫无关系的。它们之间可能没有直接的联系，但是通过间接的方式，如通过生物学、动物学、植物学、地理学等学科，我们就能从生理学走向地质学，或者从地质学走向生理学。

这样的图案不是我们所谓的逻各斯或道，因为就其本身而言，它是空的，是静止的，是没有现实性的，它就像没有筛过任何东西的筛子，或者它就像没有光线照射的窗帘显得毫无颜色一样。我们在此并没有谈论质料和式之间的关系，而只限于谈论现实的和假定的之间的关系。我们分析地谈论普遍的图案，而没有涉及特殊事件和客体的具体过程。实际上，每一事件都依赖于其他的事件。电影胶卷在此可以被用来作一个比喻。所有胶卷中的画面并不能组合成一完整的电影，因为它们必须以某种图案放映才能成就一完整的电影。这些画面也不限于图案，因为如果这些画面是不同的，那么整个电影就将完全不同。正如必须将图案和胶卷中的画面结合起来才能成就一电影一样，只有将过程和图案综合起来才能形成道或逻各斯。在最后一个段落中，我们曾经强调了图案，在此我们必须谈谈事件和客体的阶段或流。特殊的客体就其特殊性而言是可以指称的，是可以参照的，或是可以表达的。然而它们的特殊性是绝对不可以描述的，它们本身只有通过展示共相或它们实现的可能才能得到描述。这就是说，特殊事件或客体像筛过的筛子弥漫于图案，像光线穿透窗帘。图案就是共相的内在联系，而不同的"……学"是内在相连的花样。是特殊的事件、客体具体过程和流赋予图案以生命和现实性，是图案使具体过程的流具有可理解性。如果我们所谓理性是指与自觉的决定相联系，那么道就不能说是理性的。但是，它是完全可以理解的，因为它是完全与图案相符合的。

　　如果给定了道无限和道一的关系，那么你就能看出不仅仅道无限是道一的全体，而且道无限的有机性也是道一的统一体。这就是无限和一，一和无限的关系。道无限的有机性将从特殊事件和客体的角度来讨论。从某一角度来看一事物，一特殊事件或客体反映的是整个宇宙。从认识论的角度来看问题，我认为，特殊的客体和事件在内在和外在两个方面都是紧密联系在一起的。如果不是这样的话，那么知识将是不可能的。但是，这一看法并不与特殊客体和事件是有机整体的思想相冲突。首先，内在关系和外在关系并不总是或一般说来是对称的。这就是说，如果 x 在外在关系上是与 y 联系着的，那么 y 未必就与 x 有外在关系。其次，存在着各种各样的有机性；有的单从性质方面要求部分之间的相互影响，而有的不仅仅从性质方面而且也从关系方面要求同样的相互影响。就关系讲，没有一个特殊客体或事件可以独立于其他的特殊客体或事件；每一客体或事件都是如此，因为其他客体或事件也是或过去是或将来是如此这般的。特殊性从来就不仅仅是局部的或仅仅是特殊客体或事件的性质或属性。如果它是这样的话，它就可能重复自己，因为它可能脱离它的环境，一旦可以脱离，就没有什么理由说它不能重复自己。但是正如我们已经指出过的那样，一殊相是不能重复自己的。这就是说，它不能脱离它当下的环境，它的当下的环境同样也不能脱离间接的环境。假定我们不在讨论宇宙，而是局限于讨论宇宙的任何一个阶段，我们称之为在时间 1 的世界。时间 1 的世界中事件的重复也意味着时间 1 世界的重复。我们可以很容易地看到，时间 1 世界是不能重复自身的，不管是在连续性的意义上，还是在孤立的意义上，都是不可能的。连续性意义上的时间 1 世界的重复自身就是时间 1 的停止，而孤立意义上的时间 1 世界重复自身就是使它自身从它的前后的环境中脱离开来。这一世界最终将导致宇宙的重复。宇宙的重复就是对宇宙自身的否定。因为能够重复自身的宇宙从根本上说不是宇宙，它也不是整体性和统一性意义上的道。由于一殊相是不能重复的，所以它必须反映整个宇宙。每一殊相是如此，是因为其他的殊相是或过去是或将来是如此的。

如果将上面所讨论的要点牢记在心头，那么我们就能够进一步说些关于普遍同情的话。从这样的思想的角度来看问题，我们可以说宇宙就在我们之中，而不仅仅是我们在宇宙之中。"天地与我并生，万物与我为一"这一思想完全可以用来解释其他的生命现象，但这样做可能会偏离我们此处所讨论的问题。罗素曾经在什么地方这样说过，人们追求永恒，而从不想使自己无限制地胖起来，这就是说，他们想存在于所有的时间之中，而不想占据所有的空间。从美学的角度来看，人们当然不希望自己无限制地胖起来。而经济学和心理学却驱使人们去追求永恒。这后一方面的愿望在东方表现得不这么强烈，它只局限于统治者。生活的富裕可能使追求永恒的想法在西方尤其强烈。然而，这样的想法在实质上是很粗陋的。以我们在这里的讨论的思想为基础，如果我们自觉地意识到我们与宇宙及与宇宙中的每一事物所共享的基本的统一性，那么我们就能从这种意义上说，我们是充溢着整个的空间和时间的，而这样的意义是不能给我们上述那种粗陋的满足感的。对于一个富有哲学智慧的心灵来说，这样的意义是能够慰藉人心的，因为正是这种意义使他意识到他对自己周围的每一事物给以普遍同情。希望有一个不老的躯体的想法会夺取一个人应该具有为变化、成长和衰老所带来的种种乐趣。希望有一个永恒的心灵的想法实际上是惩罚一个人使他具有包括排遣上帝样的孤独和寂寞。想要上面的一个或想同时要上面的两个想法都不过是在追求别人所不能具有的一种特权。这样的企图是想要借助于下面的手段来保持自我中心的地位，这一手段就是扩大差异、忽视同一性。我们可以看到，正是西方的古希腊和希伯莱的传统把作为宇宙一部分的人类看作是整个宇宙的中心，把自我看作是整个人类的中心。如果普遍同情在这样的条件之下是可能的，那么它就与上述的思想是极不相同的。只有通过认识到人是处在有质料的式或有式的质料的海洋之中，我们才能获得自己的普遍同情，自己的无所不在和自己的永恒。

正如其他的人在另一个方向上走向了另一极端一样，我们也在这一方向上走向了极端。如果在实际生活中，比如一只蚊子咬了我一口，我们准备作出什么样的反映呢？如果你可能的话，就打死它。但是我们不能因为这只蚊子咬了我们一口而谴责它。因为这只蚊子的工作就是咬人。请不要把性质的世界和价值的世界混为一谈。在存在者所享有的民主体制下，每一个人都有与其不同的角色相适应的作用。成为一个人就是一份工作，你喜欢也可以叫作停泊地，但不是地位；它是人应该保持的职责，而不是供人贪婪注目的遗产。在道的展开过程中，人与蚊子都有相应于他们不同角色的作用。人的作用是那些在同样时间内的人的客体所不能逃避的，正如蚊子的作用是在同样时间内是蚊子的客体所不得不完成的一样。一旦人成为了尘土，那么作为人的作用也就停止，但作为尘土的作用也就相应地开始了。在蚊子和人的角色中，一个咬，一个打。在物理客体的角色中，它们有物理上的接触，在其中有能量的转换及其所产生的化学后果。咬和打的语言在此是与这两个客体是相适应的，蚊子的作用是咬，而人的作用则是打。而这样的语言对于它们的物理客体的角色中的一个或两个来说都是不相适应的。我们并不是要求蚊子或人忘记各自的蚊子性或他的人性，我们只是要求他们记住在同样的时间内他们都是客体，这与要求美国总统或来自内华达的参议员不要忘记他们也同样是美国的公民一样。

可能有人会说我们的这些看法会阻碍进步。在西方一个被普遍认同的看法似乎是认为，无论如何进步部分的是由于人对自然的征服。这就意味着后者的武断态度。如果人只是一味地努力使自己与自然或自然的上帝和谐相处而无所事事，那么希腊的明朗、希伯莱的美妙、罗马的法律、欧洲的科学和美国的大工业都将是绝对不可能的。谈论进步是一个很困难的话题，尤其是在与道的展开相联系的这一方面来谈这一话题使我们更感觉到困难。作为人，我们当然会将自己的感情放在人性方面，但是当我们以超然的态度来看这样的问题的时候，我们的这种感情就会淡漠。没有任何理由可以使我们认为进化的链条会在人类出现之后打住。如果我们能够有超然的态度，那么我们在努力发现人性中使我们赞叹不已的优良品行方面一无所获而感到莫大的遗憾。但是即便把我们自己限制在人类历史方面，我们所知道的关于进步的一切也显然并不完全是积极方面的。更为重要的是，即便在一般的意义上来谈论进步，我们的看法也不会阻碍进步。你必须记住，我们在此所提倡的不是指导人类行动的原则，它没有发布戒令反对打死蚊子或建筑庞大的桥梁或研究自然现象的实验室，而是提倡一种沉思的看法，一种旨在拓展我们的视野而决不阻碍我们行动的超然的理解。如果我们把它看作是由人强加的宇宙最小抵抗力原则的话，那么这样的看法确实阻碍了通常意义上所谓的进步。但是如果把它看作是对实在和过程的认识，在这样的认识过程之中不管我们做什么，我们都是在道的展开过程之中起作用，那么我们就没有必要完成作为人来说更少的东西，虽然我们必然会感觉到自己更像是存在着的民主体制下的要素。

实在与过程

一

从可能现实的角度看有四种类型的可能。在下面我们将依次讨论这四种可能。

不得不现实的可能就是必然的。这样的可能如果没有现实就是矛盾的。因此这样的可能必然是共相。如果我们记住了前面的讨论，那么我们就会很容易地看到，式就是这样的一种可能。虽然这样的可能的数量不大，但是这样可能不仅仅局限于式。作为式的必然现实的结果，可能的现实是现实的，由此这一可能也是现实的。由于不得不现实的可能必然是共相，共相也同样是必然的。从逻辑的观点看，从我们在上面已经提到的自语重复来看，这样的可能当然是重要的。但是从认识论的角度来看，这些可能并不是重要的，它们的现实也并不必然导致我们目前这样的世界。

如果一种可能在我们上一章已经讨论过的意义上现实的，那么这样的可能就是总是现实的可能。这样的可能没有现实并不就是矛盾的，只不过并不是偶然的。总是这一术语意味着时间。我们不应该在时间的意义上来谈论这种可能，因为时间本身就是这样的可能。但是如果我们从时间方面说，我们就能很容易地看到在一段时间内这些可能是没有现实。这些可能的现实是由于形而上学原则。它们的现实并不是由于纯粹的逻辑方面的原因，而是由于所与或硬性和现实的核心，这是我们在经验中经常碰到的。不管我们怎么努力都不可能摆脱它们的。这一类可能的数目也并不是很大的，然而可能要比第一类可能的数目要来得大些。变、空间和时间就是这样的可能。在此我们可以清楚地看到，形而上学原则在某种程度上的重要性。不得不现实的可能当它们现实时只不过给出了实在的最基本的东西，而并不能展示我们所熟悉的形状或特性。是形而上学原则指出，实在是逻辑地要我们接受的，而且必然是要变的，是有时间和空间的，等等，等等。其结果就是，我们已经拥有一种世界，它在很大的程度上与我们生活于其中的世界是极其类似的，因为不仅我们有变，有时间，有运动和空间，而且也有参照系使实在很有秩序地分解成多样性。这样的宇宙可能并不是詹姆士所说的宇宙，它从来就不是现实的状态。

如果一可能曾经现实过或未曾现实过或曾经现实而现在成虚，这样的可能叫作不老是现实的可能。这类可能的现实既不是必然的，也不是强制性的。这一类可能的数目必然是无限的。式中的绝大多数的可能就属于这一类。我们可以用偶然的实在来代替式中的可能。我们所碰到的绝大多数的事物就是偶然的实在。我们常常对所谓"纯粹的事实"不屑一顾。如果我们对共相或共相间的关联感兴趣，我们的这种蔑视是有其理由的或者是可以得到证明的，但是我们却从不确信我们可以始终对所谓"纯粹的事实"持这样蔑视的态度。"纯粹的事实"是被给与的，它有一种硬性。它们是不能被忽视的，除非假定一参照标准，依据这样的标准宣布它们是不相干的，这正如狐狸扔掉了葡萄是因为葡萄太酸一样。在这两种事例中，都有包括被忽视了的所与，所与似乎更接近于偶然的实在，而与必然的实在相去较远。由于某种原因使我们接受了后者，这就使我们感到这样的接受是有道理的。由于单是这样的原因还不能使我们接受前者，所以我们所能做的只不过是说"它就是这样"。

自然史告诉我们，植物和动物在它们现实的时候，它们中有极大数量的植物和动物曾经现实或已经成虚。如果它们具有想象的能力，它们可能把自己想象成注定是要永久存在的。曾经有过一段时间是不存在人类的，将来也可能人类不再存在。几年前有一个新闻记者为巴尔福冷淡的态度所激怒，他说道，巴尔福似乎总是意识到间冰期而且在感情上也似乎有了准备去迎接另一个冰河期。很困难说这样的意识是否可能使人类的生命深感不安，是否可能降低人类的声音及其怒气，但是如果这样的意识也能够使人类的重要性的观念有所改变的话，那么它对于人类来说无疑是非常重要的。从我们的观念看来，这样的意识确实是非常健康的，然而从长期进化的观念来看，这样的意识并不适用。我们也没有必要过分地为此深感不安。在人类之外是否有可能出现超人实际上也不会有太大的区别。我们已经接受了人是要死的观念，相反追求永恒的观念则是站不住脚的。我们也同样能心平气和地承认了以下的观念，即人类历史的伟大时期已经过去。没有理由假定我们应该为人类将来的终结而苦恼不已、痛苦万状。虽然进化是不会重复自身的，但是可能的现实却是可能重复现实的。在人类灭绝后的几百万年或几亿年之后人类发展的另一个阶段的出现并不是不可能的。

我们在此感兴趣的并不是人类的命运，而是以我们的术语来复述自然的历史。当我们说啮齿虎和龙出现之后又灭绝，我们在此只是说在道的展开过程中有这样一段时间，那时啮齿虎性和龙性现实了而后来却成虚了。当我们说不存在龙的时候，我们是说在目前龙这一可能并没有现实。我们没有理由假定在道的展开的过程之中从来没有或将来也不会有龙，因为龙性不是老是现实的可能。它当然既不是必然的，也不是不可能的，既不是永远现实的，也不是永远不现实的。它是这样的可能，即它的现实并不是必然的。这样的话也同样适用于人类。我们的存在也并不是逻辑上必然的。虽然对于我们而言，我们的存在是非常重要的。然而对于任何一类存在来说，与某一概念相关的可能的现实显然是很重要的，是很有意义的。从我们的观点来看，我们可能看到蚂蚁的灭绝，但是从蚂蚁的观点来看，如果它们有能力回答问题，它们就有可能不同意我们的看法，并且对这样的看法表现出极大的愤慨。伏尔泰不能欣赏乞丐的观点是因为伏尔泰没有注意到伏尔泰之为伏尔泰的本性。如果他对乞丐的窘境有更多的同情的话，那么他就会看到即便是乞丐也应该有生存下去的权利。情况可能是这样的，按照某种既定的价值标准，人类可能要比别的类更有价值，或者说伏尔泰要比乞丐更有价值。但是价值是一种规定，而不是一种描述。被指定为是价值的东西并不总是与被描述为是性质和关系的东西相一致的。辨别不同的领域，我们就能清楚地看到，有价值的东西在道的展开的过程中并不总是必然的。从某种价值观来看，正是具有偶然性的东西才是有价值的。考虑到我们自身的存在，对于我们中的大多数人而言并不是活得长寿就能使我们快乐，但是有意义的经验却能够在生命中得到不断的累积。大多数人可能会珍惜瞬间的爱情或短暂的精神上的享受或成功发现的时刻，而不是整年的机械的毫无色彩的生活。即使是在日常生活环境中，意外的期待，深陷在汪洋大海之中，对逝去的懊悔，对过去的回忆，才使得人的生命和生活不同于一般的存在。

在此我们不是对上述的特殊标准感兴趣，我们关心的仅仅是不老是现实的可能的作用问题。正是这种可能的现实才向宇宙提供了丰富性、多样性和它的色彩。显然如果仅仅是必然的和老是现实的可能是惟一现实的可能，那么宇宙将是沉寂的、荒芜的和惨淡的。由于许多可能的世界被排除在宇宙之外，宇宙自身也不会存在。我们将在后面指出，如果宇宙的确实实在在地包含所有我们认为是实体的东西，那么所有不老是现实的可能就会在过程中现实。形而上学原则将使我们确信这个宇宙是丰富的、多样的和有色彩的。虽然任何不老是现实的可能的现实不是必然的，但是整类不老是现实的可能的现实并不就是偶然的。如果不老是现实的可能本身是偶然的，那么质料可能会停留在必然的和老是现实的可能之中，而形而上学原则也将不是统一的原则。

一可能如果仅仅在所有的不老是现实的可能曾经现实或现在现实的时候现实，那么它就是老不现实的可能。由于在过去或现在或将来不可能有这样的时间，在其中所有的不老是现实的可能都现实了，所以这样的可能就是老不现实的可能。这样的可能的现实不是不可能的，因为如果它们是可能的，那么这样的可能也就不是可能了，而是不可能了。虽然它们是老不现实的，但它们依然是可能。这就是说，与这样的可能相一致的意念并不是矛盾的意念，而是真正的概念。可能我们有很好的方式来定义这样的可能。但是从讨论不老是现实的可能出发，我们发现最方便的方式就是以不老是现实的可能来定义这样的可能。我们现在以"无穷"这样的可能为例来说明这一点。显然"无穷"是一老不现实的可能。或许我们最好从与这一可能相关的概念开始讨论。这样的意念当然不是不可能的，就我们现在所能知道的而言，它并没有被证明为是矛盾。作为一意念或概念当然它不是不真实的，因为即便那些宣布它是不真实的人也是在反对它，而不认为他们自己反对的是无。有些人可能会把想象与概念混淆起来，因此把真正是不可想象的无穷也看作是不可思议的。但是如果它是真正地不可思议的，那么它就会被证明是矛盾的。然而它不是矛盾的。因此问题不在概念方面，而在可能方面。作为一可能，无穷必须得到承认，而它作为一可能是老不现实的。正是由于缺乏可能的现实，所以使得相应的概念看上去是不真实的。

可能关于无穷可分性的看法会使我们一直在努力探索的东西明确起来。说一英尺长的木棒可以无限地分割下去，实实在在地是在说它从未被无限地分割过或从无限小的观点看是否认无限分割是实在的一个事实或一个项目。正是因为无限分割是老不现实的，所以无限可分性是一个正确的理论。反过来说也是一样，正因为无限可分性是一个正确的理论，所以无限分割从未得到现实。承认在现实采取具体和有限的形式的世界中无限可分性理论的合理性，我们就会认识到无限分割不是一个具有现实性的事实，而是过程的一个极限。这一过程会无限地接近于这样的极限，但是永远不可能达到这样的极限。如果我们认为这样的极限是可以达到的，那么无限可分的理论也就不攻自破了。无限可分的理论要求无限可分的可能是老不现实的可能。它只有在这样的情况下才能现实，即它的现实并不是先验的矛盾。它不能是现实的，因为现实的过程本质上是不老是现实的可能的现实过程，在它现实之前这一过程必须是完全的。但是，这样的过程不可能是完全的。

前两类可能是重要的，因为其中的一类向我们提供了关于实在的绝对的最低值，而另一类则向我们提供了关于事实性的所与的终极基础。后两类可能由于不同的理由也是相当重要的。不老是现实的可能给我们以道的丰富性、多样性和完全性。而老不现实的可能是重要的是因为它向我们提供了思想和思考的工具。从与它们相应的概念来看，这些可能作为可能并不是很重要的。我们说"无穷"、"无"……是极其重要的，不是从它们是可能的观点来看的，因为作为可能它们是老不现实的可能，而是从与它们相应的概念的观点来看，因为它们是思想过程中最重要的润滑剂，是思想结构中最重要的联系项。事实上，没有它们，我们根本不可能进行思想。即便是在日常生活中，我们也经常能够有效地运用比如像"未来"或"明天"这样的老不现实的可能。明天作为一个变项是不可能现实的，但是它的值如 1944 年 1 月 15 日，即 1 月 16 日却可以被我们在不到 24 小时内经验到。一旦我们经验到了它，它当然也就不是明天了。

二

现实是具体的，如果多数可能由于同一的能而现实化。从任何一个具体的事物我们都能发现具体存在于多数可能具有同一的能。因此，道必然是具体的，因为一方面由于式的现实，现实和实在的现实，结果就是多数可能的现实。另一方面在式中的能必须是同一的。虽然我们并没有直接说宇宙是具体的，而我们却直接说了道必然是具体的。我们在此的任务就是要确立和讨论三个原则。需要讨论的第一个原则是和谐的原则。实在在展开的过程中是要遵循和谐的原则的。和谐这一意念是从日常生活中借用来的，即从不同的道路出发最终却达到同一的或不同的目标。把不同的现实了的可能看作是不同的道路，把所达到的同样的或不同的实在看作是目标，那么我们的原则提供给我们最基本的特性，即具体。它是具体的原则仅仅是因为它是具有最少内容的原则。如果我们记得只要我们关心的是有质料的式，而质料必然是同一的，那么可能现实的和谐必然要导致具体化。

与这一具体的桌子或那一具体的苹果相联系着的具体的思想是从我们运用于道的思想借用来的。道的具体性是不可怀疑的，因为一方面我们有多数的现实了的可能，另一方面我们有同一的能。不管是什么事情都必须与自身同一，而且由于所有的质料都在式之中，所以质料也必须与自身同一，但是考虑到这张具体的桌子或那个具体的红苹果，情形却有所不同。我们必须相信在每一情形中有现实了的不同的可能，然而在它们中的任何一个之中使其现实的质料只能够说是大体的和不明确的同一的。在这个具体的苹果中有不可表达的 x，但使红色、圆、甜这些可能现实的"这一点"质料在那张桌子中并不是不可表达的 x，这一点质料使长方形、棕色等可能现实；除此之外我们不可能再辨别什么东西，由于我们不能够指出不可表达的 x，所以我们不能够断定在这个具体的红苹果中或在那张具体的桌子中不可表达的 x 是否与自身同一。在日常生活中的任何具体的客体的具体性是不可能得到证明的。只有通过有适用性的粗略统计才能说日常的客体曾经被经验过。

具体是和谐原则的最基本的内容。作为最基本的内容，这一原则也是一致原则的基础。我们非常熟悉这样的一个平凡道理即意念之间必须是一致的。不管一致有什么样的含义，这一道理并不能使前后不一致的意念在思想过程中消除。它所能做的只是宣判有不一致的意念出现的思想结构是无效的。不一致意念的出现必须被看作是无效的，因为如果不是这样的话，那么思想结构将不能反映可能实在的图案。终极的基础是具体的实在是和谐的。在最广泛的意义上说，一致只不过意味着排除矛盾。这就是说，如果两个或更多的命题或两类命题都是假的，它们仍然是一致的。一个人可以使他所说的谎话完全一致。在平常，我们倾向于将一致的含义局限在这样的范围内即给定一命题是真的，而包含这一命题的命题集团又是真的，那么这一命题集团就可以说是与这一给定的命题一致。在此我们往往为逻辑上的考虑所引导，而一致的标准经常是富有成效的。但是这一标准只有在这样的条件之下才有效果，这一条件就是某一命题必须是给定的或我们确实具有某些不是必然的但却真的命题。在必然的和老是现实的实在的层面上，和谐的原则仅仅导致实在的具体化。但是给定了某些不老是现实的可能的现实，这一原则也会向我们提供可能的倾向。这只不过是说，如果没有不老是现实的可能的现实，那么这一和谐原则也只不过是具体或具体化的原则。

难道我们确信不老是现实的可能会现实吗？我们已经在某处说过，虽然这一或那一不老是现实的可能的现实没有逻辑上的必然性，但不老是现实的可能作为一个类，那么它们的现实就不是偶然的了。如果仅仅是本体论原则主张我们不必具有偶然性，那也就罢了，但是由于形而上学原则也持同样的主张，而且我们也有老是现实的可能，因此偶然性是不能被排除的。由于从形而上学原则的角度看，时间和变必须是现实的，因此不老是现实的可能作为一个类也必须是现实的，否则就不可能有时间和变。形而上学原则说的是质料进出可能。必然的可能是这些可能即质料必然要在可能之中。而老是现实的可能是这样的可能，如果它们不现实，那么就没有时间。如果仅仅是上述的这些可能为现实的可能，那么质料就不能说是进出可能。在这样的假设之下，质料只不过在可能之中，我们所具有的世界将完全是静止的。正是根据形而上学原则，时间和变必须是现实的，由于有时间和变，那么必然会有不老是现实的可能的现实。说必然会有不老是现实的可能现实是说实在是一致地展开自身。

如果实在仅仅是和谐地展开自身，那么我们的世界虽然是具体的然而却是静止的。但是由于实在也同样遵循一致的原则而展开自身，这样我们就不只具有具体的而且也是运动的世界。这两个原则向我们保证这世界既是静止的，也是运动的，在某些方面是静止的，在另一些方面则是运动的。在一般人类经验中必不可免的相对性及个体或主体对特殊东西的喜好经常导致某些人将运动看作是更具有实在性，而另一些人将静止看作是具有更多的实在性。就目前而言，保守者和激进者之间的区别在于，前者认为运动是危险的，而后者却不这样认为。这种区别不仅仅局限于政治领域。有些人的思想倾向于巴门尼得斯，而另一些人的思想却倾向于赫拉克力特。不同的人有不同的思想倾向，这应该说是件好事，是有益的，但是实在的意义却应该同时包含静止和运动这两者。正如我们在前面已经指出过的那样，真实性或所与或硬性并不是没有变化的事物所具有的，它们也并不仅仅是与瞬息万变的事物联系在一起的。在我们经验中所具有的关于事物性质的看法，不管我们的经验多么具有偏见，将会向我们提供实在感把或多或少的静止性和运动性归之于各种不同的事物，因此在日常生活中我们并没有以静止吞并运动的危险，或运动吞并静止的危险。只有在形而上学或本体论中，由于它们中的一个被认为是实在的标准，那么另一个可能就是不真实的。

在不同的时间或者强调静止或者强调运动都是有益的，把我们认为是终极的实在与经常被看作是显而易见的实在区别开来是错误的。使我们作出这样的区别是有一定原因的。可能是我们认为，终极的实在必须是永恒的，而永恒的东西容易被看作是没有变化的：情形可能是这样的，变化的观念本身充满着种种的困难，从理论上讲似乎实在不能承载这样的困难；也可能更容易的做法是把变化看作是终极的实在。但是理智的过程引导出这样的区别是一件事，由此而产生的结果则是另一件事。在认识论中，素朴实在论必须受到批评。但是我们却不可能完全抛弃素朴实在论而不摧毁认识论的基础。私人感觉材料的理论看上去得到了充分的发展，为人类的智力所信任，但是不管我们多么想根据这样的方法来从事理论构造，我们也绝对不可能从这样的方法构造出共同的客观世界，而我们的素朴实在论却能够极其容易地向我们呈现出这样的世界。一旦基础摧毁，那么任何上层的材料不管多少都不可能给我们提供可靠性或安全性。这样的话也同样适用于实在的理论。一个人很容易对我们生活中转瞬即逝的事物表示同情，但是如果我们急于想建立一与我们的经验有很大区别的实在理论，那么就必然会产生这样的错误结果，即或者是我们感觉不到与上面所提倡的理论相一致的实在感，或者是如果坚持这样的看法那么对我们的伙伴来说我们自己就是不真实的了。我们所具有的实在的观念是这样的，一方面实在在某些方面是静止的，在其他方面它却是运动的，另一方面在本质上它与呈现在我们经验中的个体事物并没有很大的区别。和谐原则向我们展示的是具体的和静止的世界，而一致原则向我们展示的是一致的和运动的世界。虽然这些原则是分别得到阐述的，但它们并不是分别起作用的。如果要问哪一原则首先起作用，那么显然这样的问题是毫无意义的。

偶然性原则仅仅使我们具有多样化。但是它并不向我们提供经济原则。很有可能我们具有单一系列的现实。如果是这样的话，我们有前后相接的时间方面的多样性，但是却没有空间方面的多样性或空间上的并存关系。我们可能有一个空洞的世界，虽然有变化，然而却没有行色状态方面的多样性。为了向我们展现这后一方面的多样性，我们必须要有第三个原则，即实在以丰富的多样性展示其自身。这一原则就是经济原则，它向我们保证可能的现实不是单一的，而是具有多样性的现实。因此整个世界是由众多的个体而综合而成的，这就使得几乎所有的可能在同样的地点在同样的时间可以一致地现实。如果这个世界是单一的，那么在任何时间内只能有一小部分的可能能够现实。然而由于世界是由众多的个体综合而成的，所以有巨大数量的可能可以现实。把六块方形东西罗在一起只能得到六个面，而把一个方形的东西切割成六个方形东西则能够得到三十六个面。因此如果我们承认了经济原则，那么可以现实的可能的数量就是巨大的。因为这一原则，不老是现实的可能的现实就会蜂拥而至。随着时间的推移，这一原则就会给我们提供不断增长的丰富性。

虽然这第三个原则是在最后才提出的，但这决不是说它是最不重要的。从某些观点说，这一原则是最有成效的。它不仅仅是个体化的原则或负面的经济原则，而且它也是关于不同现实的特性的原则。我们不打算运用诸如同质异类或异类同质这样的术语，也不打算追随《圣经》的做法，从一个亚当和一个夏娃开始，然后产生成千上万个亚当和夏娃。对我们而言，宇宙既没有开端，也没有终结。它并不开始于完全的简单性，也并不终结于最为复杂的复杂性。由于没有开端或终结，我们的原则不是那些开始在遥远的过去起作用或在遥远的未来停止发挥作用的原则。但是如果我们以任何一段时间为"现在"或为参照系，那么这些原则就会发挥着作用，而且随着时间从现在开始流逝我们的个体化原则引导这一世界走向多样化。或许如果我们记住偶然性原则的可能的合作，那么我们将会更容易地得到上述的看法。一旦个体化原则得到认可，不老是现实的可能现实得越多，在不老是现实的可能的现实中的偶然性的成分也就越多。用不着假定最初的贫乏，在描述的而不是命令的性质和关系中的丰富性在道的展开过程中就会不断地增长。

三

由于有了偶然性原则，我们也就有了变化。在某些方面世界就是一个永远变化的世界。这就是说，"变"这一可能是老是现实的可能。并不仅仅是偶然性原则蕴涵了这样的思想，而且形而上学原则也蕴涵着这同样的思想。如果质料进出可能，显然就有关系方面的变化。当我们说"变"是老是现实的可能，我们必须知道变必须是现实的，运用时间的术语来说，没有一段时间中变是没有现实的，也没有这样的时间在其中变停止了现实。世界并不开始于静止的状态，接着就开始运动。在某些方面可以说世界是静止的，它总是静止的，而且将来也是这样的。而在另一方面可以说世界是运动的，它总是在运动的，而且将来也是运动着的。在我们日常经验中关于这一点是没有任何困难的。目前我们没有必要关注那些尚不在时间和空间之中的抽象意念或共相。即便当我们局限于我们经验中的具体事物时，我们发现它们中的某些是相对稳定的，其他的则是转瞬即逝的，这就表明了客观世界中的相对静止和相对运动。由于哲学家是具有感觉能力的人，在日常生活中经常经验到变化这样的事实，所以我们并不认为他们始终是不留心观察以至于否认变化这样的事实的。

这里的麻烦恐怕在于变的意念或在于与之有关的推理。在这里我们确实有困难。变这一意念包含有同一性和差异性，在某些事物中它呈现为同一的，而在另一些事物中它则呈现为差异。这两者中的每一方面都是相当重要的，因为很明显如果没有其中的一方那么另一方也就必然不能形成变。如果说 A 变成了 B，那么必然有某些东西是同一的，当然同时也有某些东西是有差异的。如果没有这些有差异的东西，那么就不可能有变，A 和 B 也只不过是同一个东西的不同的名字罢了。如果在另一方面 A 和 B 是不同的，而且它们之间也没有具有同一性的联系，那么它们也只不过是两个实体。它们之间可能有时间上的间隔，我们也不能说一个变成了另一个。这样的观念显然是从经验中抽象出来的。在经验中绝大多数的或所有的变是部分的。部分发生了变化，同一和差异的问题在实践中却没有什么不同。哪里发生了部分性质的变化，经验便会在实际上向我们揭示某些同一的方面和其他不同的方面。但是经验往往是粗糙的、转瞬即逝的，它包含了某些没有很好地组织起来的推论的因素。经验到的差异可能经常是决定性的，而经验到的同一往往并不如此。被经验到的后者是某一方面的东西，在这些方面中的同一性也只不过是一种指示，而并没有肯定某种具有同一性的其他东西。从这些方面的被经验到的同一中得到后者的推论可能并不会经常把我们引向实际的困难，但是理论上的困难却是不可避免的。两个不同的客体有同一的方面当然未必是可能的但是决不是不可能的。因此被经验到的同一方面并不决定性地表明基本的或本质上的同一性。如果它不是，那么即便在有部分的同一和部分的差异的情形中所需要的变化也不可能发生。这就是说，即便当我们说 A 经验上变成了 B，因为在这两者之间有部分的同一方面和部分的差异方面的事实，那么我们在理论上从不可能确信，变化在实际上发生了，因为 A 和 B 很有可能从一开始就是两个不同的实体。

因此这标准并不是在同一的方面，尽管它包含着差异的方面。同一和差异并不在同一的层次上或能够适用于同样的客体。当我们说有两个事物可能具有同一的方面，我们不可能把事物当作同一方面的同一的结合。因为如果是这样的话，就没有两件事物是可以有同一的方面，因为如果是这样的话，那么说它们是"两个"就是没有意义的了。那么当我们说不同的事物或同样的同一的事物是什么意思呢？方面中既有共相也有殊相。一件事物不能等同于一套共相，因为在任何时间中，这一事物可能发生变化，而共相却不会发生变化，虽然在变化中某些事物会从一套共相走进另一套共相之中。一件事物也不是一组殊相，因为一件事物会持续一段时间，而一组殊相却不会，虽然在变化中某些事物从某一组殊相进入另一组殊相。在一组殊相之外或之上肯定有某些东西使这一事物与其他事物区别开来。我们早已指出这样的事物就是不可表达的 x 或质料。一同一的事物不是一套同一的殊相或共相，而是一些同一的质料。正是这些同一的质料使一事物具有"这"或"那"的特性。借助于殊相，"这"或"那"是可以被指示出来的，虽然"这"或"那"能够持续的时间较之于一组殊相的时间来得长。在一件事物中形成变化的是同一的质料穿越不同的方面。任何变化都类似于一个人脱下制服而穿上他的夜礼服那样的变化或类似于这个人脱下他的棕色的鞋而穿上他的黑色的鞋的变化一样。没有事情曾经发生变化，即便是那个穿戴者也没有发生变化，除了他变换了他的衣服和鞋。归根到底，质料才是穿戴者。

在经验中，我们从来不可能确信质料是同一的。不管什么事物中的不可表达的东西，由于它们是不可表达的，所以是不能进行经验的区分的或作实际的处理的，严格说来，说质料就是毫无意义的一件事，更不用说质料本身是同一的了。质料没有区分成不同的用隔板隔开的空间。

不管用什么样的隔板，它们都是事件和事物的界线，而且它们本质上是共相的方面或殊相的方面的。我们能够说质料是同一的惟一的方式就是从整体上说质料。由于质料本身是既不增加也不减少，是完全没有性质的，所以它不可能不是同一的。在 Tm 的整个世界和在 Tn 的整个世界肯定是同一的，然而由于 Tm 和 Tn 在内容上是不同的，它们也肯定是有不同的方面的。因此变化这一观念显然是能够适用于在时间中的整个世界的。这整个的世界是不断地发生变化的，而不老是现实的可能在世界和空间的架子中总是现实的和不现实的。只有当我们说整个世界的时候，我们才能有理论上的把握说质料是同一的，而且也只有在整个世界的层面上我们才能有把握说它曾经变化过，正在变化或将要发生变化。而这样的变化基本上说就是时间。考虑到其他的事情，变化的观念多少有点替代性的运用。这种替代性的运用并不会置我们于实际的困难之中，因为在某些方面的同一性粗略地显示了质料的同一性，而在另一些方面的差异也总是能够从永远变化的世界中得到确认或推论出来。当我们说一个事物从 T_1 变到 T_2 时，不管它们之间的间隔有多短，也不管在经验中所有方面具有多高的同一性，我们说之所以能够如此是因为这是从永远变化的世界中推论出来的。当一个客体被说成毫无变化的，它只不过是说它的具有差异的方面没有被观察到。说 A 变成了 B 这样经验性断定的理论上的困难在于它缺乏一种经验的标准来断定质料的同一性。如果所呈现的材料在某些方面是同一的，而在另一些方面是有差异的，那么就没有什么实际上的困难，因为虽然前者并不决定性地表明质料的同一性存在于这些具有同一性的方面之中，但是它却在很大的程度上显示了这样基本的同一性以至对于所断定的变化不可能发生任何经验上的怀疑。当同一的方面在数量上远远超过了差异的方面的时候，情形更是如此。由于在理论上，任何事物的变化都是在时间中进行的，所以对于经验变化的断定都具有尤其是与经验环境相连的直接的因素。这就是说，或者一个事物被观察到是在变化的，或者有证据表明它发生了变化。在前一个事例中，变化是显示在材料中的。而在后一个事例中，证据在经验上满足了经验的要求，尽管它们可能没有满足理论上的标准。所有这些都表明了在实际上并不存在多少困难。当然这样说我们并没有忽视这样的事实，即变化这一观念是从它的用法引起理论上怀疑的地方借用来的。如果我们停留在个体化的客体、事件和方面的世界上，变化观念当分别地运用于每一个体的时候在理论上是令人满意的。但我们却碰到了某些困难，我们应该在此讨论这样的困难。这些困难的解决或取消存在于我们把变化的特性归属于整个世界，而且把它派生地运用于经验中的个体化的客体和事件。

当我们说这一整个世界是永远在变化的时候，我们当然是在说宇宙中的具体世界，而不是说宇宙自身，说的是道无限的展开，而不是道一自身。在宇宙中的某些实体不能说是变化或没有变化，这样的实体有可能、宇宙和概念，等等，等等。宇宙是无外的，是无所不包的，它并不局限于某个具体的世界，而接连不断的具体的世界并不能构成宇宙。我们在此不谈可能，因为可能本身不是现实的，虽然它们是宇宙中的因素。由于共相是现实的可能，所以它是现实了的，然而它们不能说是变化的或不是变化的。它们的现实性存在于归属于它们之下的殊相之中，它们两者都寓存于特殊事物又超越于特殊事物。一可能的现实是一事件，它的成虚也是一事件。但现实了的可能本身不是一事件。可能有这样的一段时间，在其中一可能变成并持续地成为一共相，如果是这样的话，那么变成和持续地成为就是历史中的事件，但宇宙本身不是。如果现实的期间不断地重复，这重复本身也是历史上的一事件，但是这一事件与原来意义上的现实是不一样的，然而宇宙却仍然是同样的宇宙。与一共相相应的一类存在是历史中的个体。但是与定义这一类的概念相应的共相不在历史中。恐龙的出现和消失是一历史事件，但是恐龙性本身不是一历史事件。虽然恐龙性是一共相，而命题"恐龙这一可能的现实"仅仅是一特殊的命题。它的真仅仅表明了一事件的发生或一事件被断定了，而不是一普遍的规律。即便当我们说到个体的时候，我们也处在同样情形之中。虽然只有一个柏拉图，只有一个亚里士多德，而柏拉图性和亚里士多德性则是共相。如同共相，它们并不局限于某一特殊的地方或时间，它们可以不断地现实，虽然可能有困难去想象完全相同人物会再次出现。虽然个体的柏拉图会一再地发生变化，而柏拉图性却不能说是有变化的。我们从中想得出的结论是，虽然具体的世界是不断地处在变化之中，然而却有些实体不能说是曾经变化了或是没有发生变化。

四

变化直接把我们带到了时间之中。在这一部分中我们将只讨论时间，当然我们是把时间与空间联系在一起来进行讨论的。时间和空间这两个概念可以在很多的意义上来使用，我们在此将不考虑它们所可能具有的很多其他的意义，我们是在客体和事件及其所占据的时间的意义上来使用时间这一术语的。在这一意义上的时间概念有两个重要的方面，即内容和架子。在这一部分我们主要是考察架子意义上的时间。时间和空间是老是现实的可能。这不过是说有时间和空间的另一种说法。形而上学原则向我们担保有时间，而且实在是与个体有机地联系着的。我们相信有空间。无论是从架子的观点还是从内容的观点来看，时间不能说是有开端和终点的，同样空间也不能说是有边界的。由于时间是老是现实的可能，由于这世界不是属于变化的，也不会停止变化，所以你就可以看到时间是既没有开端，也是没有终点的。空间及其边界的问题却有所不同。你可以很容易地看到，作为架子的时间是没有边界的；在空间中给定了一起点，我们就可以从这一点向三个不同的方向引出三条在时间上无限延长的线。如果我们说这三条线中的任何一条如果充分地延长的话就可能回到起点，那么我们在此所说的就不是架子，而是内容。更为重要的是，我们可能是从手术论的角度来谈论的。从这样的角度来谈论问题的方式不适用于我们目前讨论的领域。我们的问题是先于概念的手术论观点的假设和先在假设的，而不管后者作为科学的方法论是多么的有用或多么的富有成效。从时间 1 到时间 2 的世界确实既有时间上的界线也有空间上的界线，因为确定了时间上的界线也就同时确定了空间上的界线。然而我们正在谈论的并不是时间 1 至时间 2 之间的世界，而是在谈论空间和时间。由于所谈论的是空间和时间，所以不但时间没有界线，就是空间也同样没有界线。

如果我们看重的是那些包含着同时性的陈述而不是手术论层面上的所谓同时性，那么我们必然地有了绝对的空间和时间。当我们说一事件在两年以前发生在某一星球上时，那么这就是说这一事件发生在离地球有两光年的距离。我们不得不承认，这一事件在某一星球上发生的时间和这一事件达到地球上的时间是有同一性的时间片段。除非我们在整个的世界上具有同一性的时间片段，否则我们就不能说在时间 m 时间 n 的世界，因为后者明显地是在架子之内的有内容的时间之流的标志。世界就是世界内容的方便的总结，而世界 m 世界 n 就是世界的架子。事实上，在时间 m 和时间 n 之间的世界只不过是从时间 m 到时间 n。如果没有对于这一世界（不是地球）的所有部分都适用的具有同一性的时间片段，那么这些部分就不可能与时间片段有同一的关系。不管确定同时性的标准是多么的不同，但同时性是必须要得到承认的，因为否则就有与客体和事件的多样性相关的连续的多样性出现。在后一列子里，确定同时性的实际困难变成了这样的理论困难即没有什么时间。我们必须把确定同时性的实际困难和根本否认同时性这两者区别开来。如果同时性被排除了，不仅整类陈述在使用上是毫无意义的，而且在理论上也是没有任何意义的。显然这些陈述是很重要的，尽管很困难给它们以任何使用方面的意义。

从现在起我们将分别地讨论时一空，而且讨论它们中的每一个都是从架子的观点着眼的。从时间的内容来看，一时间片段是一客体和事件的世界，它也是可以用架子标志出来的一段时期。为了得到纯粹理论上的和绝对的时间和空间的架子，我们应该引进一些代表抽象的界线的术语以便给架子的结构更准确的理论意义。从时间持续的角度看，一时间的片段是不确定的，它可能是指几秒或很长一段时间。我们需要某些确定的和不变的东西。我们所需要的是熟悉的时点，只不过它多少与通常所谓的时点有所区别。我们将在此把时点这一术语看作是指整个空间，而没有任何时间的维度。一时点是三维空间，没有任何时间的延续。它只是时面，没有时间的厚度。任何有限的时间片段都有两个时点作为它的界线，而时点的有限性就在这两者之间。没有一时间片段是整个的时间。在时间片段中作为界线的两个时点中，一个是开端，另一个则是终点。时间是既没有开端，也没有终点的。只有时间片段才有开端和终点的。我们可以把有限的单位运用于时间片段，测定它的长度。在时间 1 和时间 2 之间的世界是一时间片段，在实际上不可确定的时间 1 和时间 2 就是它的开端和终点。因此，世界能够说有开端和终点的就是这样的世界。当然这样的世界不是宇宙或道或实在的全体。所有不同的时间延续是这一或那一时间片段，如果它们的开端或终点是在一个个体的时点中，它们同时开始或终结。因此，1994 年 1 月 20 日波士顿 11 点和 12 点之间的这一时期至少有两件东西是结合在一起的，一个东西是相对于一定数量的事物如太阳在波士顿的位置等的时间延续，另一个则是时间片段，它的作为界线的 11 点和 12 点（实际上是不可接触到的时刻）这一时间片段是横切整个宇宙的。这后者不是与波士顿相对应的，它是可变的"在时间 1 和时间 2 的世界"的一个值。时间不仅仅是客体和事件的流，而且也是由时点的无限性及由此形成的秩序的架子内的流。正是根据时空的架子，理论上的而不是实际上的意义才被给予了那些断定如此如此的事件发生在如此如此的时间的陈述。也正是通过这一架子，客体和事件才显示出在时间之流中的同时性的内容。

一时点是一老不现实的可能。它是一可能，但是它也是老是不现实的可能。虽然我们不能说它是不可能的，但是我们却确信它是不现实的。它不是现实的不是因为在现在它不是实际的或存在的正如龙的可能一样。它是不现实的是因为它是老不现实的。它的现实依赖于任何时间片段的无限可分性，任何时间不管多短都是可以无限地可分的。虽然这一可能不是老是现实的可能，但是与它相关的概念并不是没有用处的。因此作为时点的 12 点虽然从未现实过，但是这一概念显然是有用的，因为在实际上我们可以接近它，而且只要它具有了粗浅的意义，那么它还是可以在实际的生活目标中加以运用的。时点的老不现实的性质也不会使由它们组织或安排的架子变得不真实。架子是实在的，因为由这些时点为界线为秩序的而在其中它们是先后相连的时间片段是真实的。我不知道科学家是怎么来看这里所提倡的理论的，因为很显然这一理论可能就是他们所要反对的绝对的时间理论。我们此处所说的架子确实是绝对的，但它也同样具有实际意义的。就我们现在所能看到的而言，所有这些手术论意义上的反对意见是不适用的。在手术论意义上确实没有什么绝对的时间，这样的命题的真并不包括或意味着在非手术意义上也没有绝对的时间。

正如在整个空间中一时点是没有时间维度的，同样空—时—线也是没有空间维度的整个时间长度。正如时点或时面并不是通常意义上的时点，同样空—时—线也不是欧几里德意义上的点。欧几里德的空间是没有时间的抽象的空间，结果是其中没有事件和客体。它的空间是一时面的空间或者我们通常称之为在一时点上的空间。像时面一样，空—时—线也不是真实的。在我们思想的基础上，欧几里德的空间是不真实的，因为时面是不真实的。虽然它是不真实的，但与它相对应的概念却是有用的，把时间和欧几里德的空间结合在一起就形成了架子，在其中时面和空—时—线相互交叉。这样的交叉就是空—时。虽然空—时—线不是欧几里德的点，而空—时是的。正如时间能够由时面组织成秩序，同样空间也能够由空—时—线组织成秩序。我们在此必须引进空线，它是空—时面，必须引进空面，它是空—时量，也必须引进空量，它是空—时的积量。空—时可以由空—时架子内的实体来确定秩序。实在就是在这样的架子内展开自身的。这一展开的具体内容使架子变得真实。

架子并不是脱离过程和实在的某种东西，它与特殊的东西是如此紧密地结合在一起以至于这些特殊的东西由于它而一致起来。每一个特殊东西在架子中都有其确定的和惟一的位置，事实上，这就是它在时间中的位置或它在空—时中的定位。它是不能移动的。只有当我们绝对地将时间与事物的空间方面区别开来，运动才是可能的。作为持续存在的个体我们是能够在时间 Tn 从 A 移动到 B，当时间 Tn 被认为是时间单位，在其中我们的移动表明了我们的特点。但是当时间 Tn 被看作是 T_1—T_2，并且我们自身与那些和 T_1—T_2 紧密联系在一起的殊相是统一的时候，我们是不能够从 A 移动到 B 的，因为那些殊相是停留在 T_1—T_2 之间的。这就是一个很古老的问题，叫作飞箭不动。在这一中国传统思想命题中所包含的慧见与西方类似的命题中所包含的慧见都具有很丰富的内容。我们不打算离开正题而来讨论运动的问题，我们现在努力所做的就是要指出一殊相不仅不能够变化，而且它也不能移动。在实在之流中它在那儿生和灭，它就永远地在架子中的这一位置上。这至少可以算是一个理由来说明为什么特殊命题的真不是殊相，这正如命题和命题所断定的事件的关系一样。"约翰·莱克兰德今天早晨走过。"是卡莱尔所作出的评介中的一个转瞬即逝的事件。但是卡莱尔作为一个历史学家更感到兴趣的是这一命题的真实性，而不是这一命题所断定的特殊事件。因为如果这一命题的真值与那一个特殊的早晨或与那位约翰·莱克兰德走过的特殊事件一样消失的话，那么值得怀疑的就是卡莱尔是否有十足的艺术家的才情而使自己沉湎于欣赏特殊的事件。时间和空间的架子类似于分类目录。当然它有它的缺点，但是与大多数其他的目录相比，它看上去似乎并不具有它们所具有的片面性。对于一个秘密机关来说，一个特工比如说是 B29，对于一个图书馆馆员来说一本书是 B75M34，虽然作为前者的那个人既吃又喝，有爱情，也有游戏，而作为后者的书，它的封面可能是红色的或蓝色的，它的内容充满着重要的思想或很无聊的思想。空—时架子也有它的单一性，但是与其他的目录比较起来它并不显得更是如此。可能它比其他的目录更具有目录的特点。

五

在前一章中，我们已经谈到了图案与对象和事件的流动或过程是相互依赖的。所谓图案我们是指共相之间的关联。与之相关的是我们更为熟悉的概念之间的关联。虽然所有的概念都是相互联系着的，但是它们也是能够被分成不同的类。在最广泛意义上的科学——这就是说，不局限于自然科学，虽然科学这一概念的意义是从自然科学借用来的——是一知识系统，它以可能和共相的相互关联为其对象，以概念的相互关联为其内容。我们将不在此讨论认识论的问题。我们在这里关心的主要问题是如何通过概念间的关系来谈论可能和共相之间的关联。从欧几里德几何学的内容来看，它是关于概念相互关系的图案。物理学也是这样。由于内容是概念相互关系的一个方面，科学知识就是关于共相和可能的知识。由于概念是可能和共相的观念形式，所以前者的相互关系也就是后者的相互关系。所有的"……学"都是以与共相和可能的相互关系相对应的观念的相互关系为其内容的。因此，"……学"的总和就反映了实在展开自身的图案。在任何特殊的时间内，由于现实的过程永远不会终结，所以图案也是永远不会完满的。这也就意味着，不会有这样的一天，到那时科学知识已经终结或科学研究也走到了尽头。

自然律有时被认为是指客体，有时被认为是内容，有时甚至在极端的情形之下被认为是科学知识内容的表现。我们将忽视自然律的第三个含义，因为根据这种意义来理解，万有引力定律在英语和汉语中就有两套自然律。不管怎样，这一术语经常被用来指科学知识的内容。当说自然律在不同的时间发生变化的时候，我们很有可能是这样来理解这一术语的，即这一术语被用来指科学知识的内容，因为在科学思想的历史上科学家确实经常舍弃某些概念而采纳另一些概念，如果是在这种意义上来运用这一术语，而且舍弃是指拒绝某一套概念，而采纳是指启用另一套概念，那么自然律确实是有变化的。我们运用自然律这一术语是指科学知识的对象。如果是这样的话，那么它简直就是相互关联的共相和可能的另一名字。由于相互关联本身就是一共相或一可能，所以它是不能变化的。自然这一术语并不排除人，律这一术语在此暂时局限于指正义感。自然律仅仅是自然律，而说它仅仅是自然律时，我们也是在说其他的事情也必须同样要遵守自然律，对于自然律而言它们不是例外的。

当我们说实在的过程根据于图案流动时，我们是在说对象和事件遵守自然律，虽然自然律是共相，但是在它们不得不如此的意义上或在任何环境下它们必须如此的意义上，它们并不是先验的。在它们必须被发现或被证实的意义上，它们是经验的。它们中的每一个都不过是如此的。把自然律看作是一个整体，那么我们确实可以说自然律有其必然性，只要它们中的一定数量的东西被给定了，那么其余的就可以从中推出来。而且给定的越多，那么可以推出的东西也就越多。但是分别地来看，每一个就是其自身。自然律可能有着静态概括的形式，但即便是如此，它也是没有例外的。然而在任何给定的状态中，自然律可能是没有现实的，因为一既定自然律的现实不是必然的，虽然某些整体的自然律的现实可能不是偶然的。我们决不能把自然律的并非必然的现实看作是有例外的理由。比如一个人吃了致命的毒药之后并没有死去，这是某一自然律没有现实，而其他的自然律却现实了的结果。自然律是共相的关联，共相关联的现实依赖于"其他的事情是平等的"这同样条件的出现。由于条件从来不可能是平等的，所以不可能有任何有力的理由说明哪一自然律在任何一特殊的时间中将要现实。在此我们将要再一次强调作为整体的自然律和每一个自然律之间的区别。我们已经指出过，不老是现实的可能作为一类可能不是偶然的，虽然它们中的任何一个可能的现实是偶然的。对于自然律来讲也是如此。只有在这里，我们才必须以另一种方式来说明这一问题。虽然作为整体的自然律的现实不是偶然的，但是它们中的任何一个的现实却是偶然的。当由于条件不平等的时候一自然律没有现实，这并不意味着例外的出现。因为只有在相等的条件之下而规律没有出现，这时才有所谓的例外。

关于征服自然是一个需要充分讨论的话题。在某种意义上说征服自然是对的。如果我们说征服自然是在我们通过某些自然律实现而另外一些自然律没有现实途径下能够使一系列有利于我们的对象和事件实现的意义上讲的，那么我们就能够正确地说我们是在与过去相比更为高的程度上征服自然的。但是如果我们是在取消自然律或不遵守自然律的意义上说征服自然，那么我们就是在说胡话。自然律的作用是从来就没有被取消过，在今天和在过去都是一样的。顽石坝实际上并没有抵制自然或自然律，它只不过是利用了某一个自然律来抑制另一自然律而已。对于人类来说一件十分重要的事就是，虽然我们能够逃避作为个别的自然律，但是作为选言整体的自然律我们是逃不脱的。我们能够逃脱作为个别的自然律只是因为我们利用了另外的自然律。从这样的角度来看问题，那么我们就显然不能说自然律是有例外的。奎宁并不是取消了自然律后才能够治疗疟疾，而是靠了某一自然律起作用来抵消其他自然律的作用，从而避免了令人讨厌的结果。要能够做到这一点必须依赖于我们的理论知识、我们的实际所已经具有的智慧和把握或多或少相等条件的能力。医院建立就是试图把握或多或少的相等条件的尝试，这样做就可以达到使某些自然律起作用从而取得令人满意的结果。建立实验室的目的也是企图把握或多或少的相等的条件使某些自然律能够起作用从而作出新的发现。如果自然律有例外，我们的世界就会出现一片混乱，而不再是井然有序的世界了。

正是根据于自然律的图案，具体的实在才展开自身。这就意味着实在是完全可以理解的。当然我们所说的可以理解，在一方面不是说是理性的，在另一方面不是说是可以预见的。理性意味着运用充分的工具去达到预期的目的，而避免与此目的无关的其他任何事情。如果一个人是理性的，那么他就会做某些事情，而不做其他的事情。实在在展开自身的过程中似乎并不要做某些事情而避免去做另一些事情，虽然它也会达到某一目的。预见涉及了过去和现在的关系，如果给定了过去，那么未来虽然还未现实但在某种意义上也已被给定了。虽然我们没有说在过程中的实在是理性的，但是我们也同样没有说它不是理性的。在某种方式上它是可以预见的，但在另一种方式上它又是不可预见的。殊相的出现是不可预见的，虽然可能的现实是可以预见的，有时甚至可以有很大的概率。可理解性却是不同的，如果任何一个人具有理解的能力那么它就是可以理解的。它包含着以过去来解释现在，以共相和可能来解释现实。就有理解能力的人而言，它还包含着回答关于现实的什么、如何、为什么、什么时候等问题的能力。在目前，我们不打算讨论和回答现实是如何成为现实的这样问题的理解，因为这样的问题是历史的问题，所以它在我们目前讨论的主题之外。如果我们把自己局限在讨论这样的理解，它包含着从横断面的角度而不是从历史的角度来回答比如实在如何、为什么和实在是什么这样问题的能力，那么我们正在谈论的是在抽象概念和它们的相互联系的意义上的理解。这是在以另一种方式说当我们确实理解了，我们就能展示实在所遵守的自然律。因此当我们说具体实在根据图案展示自身的时候，我们也在同时说它是完全可以明白的或可以理解的。

实在在其中展示自身的图案就是可能和共相的相互关联，这又是所有作为科学知识的"……学"的对象。从不同的科学及其相互关系的观点来看，这里存在不少的问题。每一门科学从内容的角度着眼就是相互关联的一组概念。某些这样的概念向我们揭示了概念之间的相互关联的性质。物理学似乎能够以数学的甚至可以演绎的方式组织起来，虽然以演绎的方式把它组织起来的时机尚未成熟。随着物理学的进一步发展，物理学有可能从某些基本的原则出发，从中推演出整个物理学知识系统。如果是这样的话，那么这样的一组概念就能够变成一演绎系统。是否其他的概念系统也与物理学相似？在这里我们又遇到了这样一个关于不同概念相互关联的老问题。在未来有没有可能出现这样系统的和演绎的百科全书如《数学原理》那样，可以以某些科学为出发点，其他的科学可以从中推演出来？几年前就曾出现过这样的问题，即生物学能否从物理学推演出来的问题。虽然这一问题多年以来被搁置在一旁或者说消解了，但是这似乎并不意味着这一问题已经被解决了，而且随着思想的不断进步，这样的问题可能还会不断地被提出来。我们不知道对于这样的问题可能会给出什么样的答案。但是不管答案可能会是什么样的，然而有一点是确定的，即它们反映了可能和共相之间的相互关联。对于科学问题所给的科学答案揭示了具体实在据以展示自身的图案。科学知识的对象并不是脱离实在的某种东西，它不是它的"现象"或"表象"，它仍然是实在的共相方面，它并不是与它不同的其他东西。

六

在这一部分中，我们将讨论殊相和个体对象或事件。殊相不同于特殊的或个体的对象和事件，因为前者只是一个方面，而后者则是具体性的全体，前者可以被指示出来，可以被命名或被谈论到，而严格地说起来，后者是不可表达的，因为后者包含着不可表达的 x。我们将首先讨论殊相。正如我们已经指出的那样，一殊相不同于一共框仅仅是因为它是一殊相，它只是一个方面。就它自身而言，它正如共框一样也是"无体的"。当在时间、空间中占据着惟一位置的时候，一方面就是一殊相。一组或一套殊相本身也是一殊相。同样，一系列殊相本身也是一殊相。这就是说，作为整体的它在时间和空间中也占有惟一的位置。一组或一套或一系列的殊相的组合因此也在空—时的架子之中，而不在我们在前一章中所讨论的共相图案之中。由于一组或一套或一系列殊相本身也是殊相，这对于我们讨论殊相问题就显得简单多了。一殊相没有时间上的延续性，因为它只在自己作为殊相的时间内存在，超过这一时间它就不再是它自己本身了。一殊相是有限的，这就是说，并没有殊相占据空点—时点，也没有殊相占据着整个的空—时。一殊相也不能有变，因为在一殊相中是没有差异的，在两殊相之间也没有同一性。由于殊相不能有变，所以它也就不能移动。有时我们比如说，这只玻璃杯子呈现出某种特殊的蓝色，因为这一杯子几个月来都在这里，而且从一个地方被挪到另一地方，所以可以认为它的蓝色发生过变化，移动了。但是如果我们把杯子的整个经历看作是这一特殊的蓝色存在的阶段，那么这一蓝色既没有变化，也没有移动。在这一事例中，我们只是把整个的过程看作是一个时间单位，在其中可能有其他的殊相出现，但显然的那一殊相也没有变化，因为那一时间单位并不接续自己。它在空间中的位置也有这同样的情形。我们必须记住，每一殊相既是一殊相，也是一组或一套或一系列殊相。对于这整个杯子来说，特殊的蓝色在一种意义上说就是殊相，在另一种意义上是一组或一套或一系列殊相。在后一种意义上，有较深的蓝色能够与较浅的蓝色区别开来，但是没有一种颜色发生过任何变化或移动过。没有一殊相是简单，可以不是一组或一套或一系列殊相。或者说没有殊相是如此的复杂，以至于没有简单的殊相。对于殊相来说，既没有最简单的殊相，也同样没有最复杂的殊相。

反过来说就是，在空间中给定位置上的一个给定时间位置就是殊相。殊相就在这一位置中，而不能在别的位置中。在目前，让我们从概念上把架子和占据架子的殊相区别开来。殊相是方面。就殊相是方面说，它们根据自然律而相互作用。每一殊相是内在关系的综合，而不是时间和空间方面的外在关系的综合。由于殊相不能变化或移动或超越自己生存的时间，所以不能说殊相具有如此这般的性质，我们只能说它们只能如此这般。谈到个体的对象，我们能够说在这种那种的影响之下，它发生了变化。但是谈到殊相，我们只能说在这种那种影响之下，它不再是其本身。这里所提到的影响或者是指自然律的作用，或者是指其他殊相的同时发生和占据同样的位置。一殊相不仅仅是内在关系的关系质，而且也是外在关系的关系质。把桌子上的墨水瓶位置变一下，你就会有另一套殊相。借用政治学中经常运用的一个术语，每一殊相都是现状。以任何方式改变这样的现状，你就会看到无数殊相的连续不断的生和死。我们在此努力要说明的是殊相的有机联系，实在的任何变化所导致的不仅仅是对象和事件的变化，而且也是殊相的生和死。这不是说一殊相经过了某些变化导致了其他殊相的出现，而是说当其他的殊相产生时，一些殊相衰亡，另一些殊相产生。这就是说，谈到殊相，每一殊相都是依赖于其他的殊相。这一有机联系并不仅仅局限于殊相，因为由于每一殊相是它在空间—时间中的位置，从概念上说与殊相分离的所有的空间和时间的位置有着同样的有机性。时间的流或过程也是这样，我们不仅仅遇到不同的殊相，我们也同样穿越了不同的时面，占据着不同的空—时—线。当说到一个人于1943年11月3日在纽约被杀死，这一陈述听起来非常的简单，但是这一事件发生的特殊方式是很复杂的，以至于我们处理这一陈述的方法都会遭受失败。这就是我们以下述的语句来总结整个境遇的部分理由。这一语句是这样的"1943 年 11 月 3 日在纽约"。为什么我们能够这样做的理由就是殊相的有机联系能够在概念上与空间和时间位置的有机联系分离开来。当然在实际上它们是不能这样分离的。警察可能再次重显这一事件，但是重显的事件显然就不是原来的事件。

下面我们将来讨论个体的对象和事件。它们是不同于殊相的，因为它们是有具体性的整体，而不是方面。在它们中间包含有不可表达的 x，我们把 x 称之为质料。我们已经说过，在实际上，我们认为个体的对象或事件就是在任何特殊的空间和时间中的一套殊相。这样的看法在理论上是站不住脚的。休谟在把这两者看成是一个东西方面的任何论证都不具有结论性的意义。但是这样的看法在实际上却没有什么太多的困难。如果我们暂时忘掉理论方面的困难而跟着实际走，那么我们就能很容易地看到通过殊相与空—时架子的同一性，个体的对象和事件也是以这样的方式被安排在其中的。正是这些现实性组成了具体实在过程中的内容，它们是由图案筛过的事物，是透过窗帘的阳光。因此具体性的实在并不仅仅是根据图案而延续自身，而且也是以个体的对象和事件来充实空—时架子的。后者不仅仅使可能现实，而且也在一定的时间和一定的空间中产生。它们可以根据共相而得到理解，它们也可以根据自身在时间和空间中的位置使自身得到现实和确认。在科学发现或努力去发现对象和事件遵循的图案或自然律同时，历史却在断定或努力断定关于对象和事件的事实，即根据它们与其他对象和事件的关系来断定它们的性质和关系。在此我们是运用科学知识这一术语来指示共相图案的水平知识，而历史知识这一术语则用来指示殊相或普通的有机联系的垂直知识。我们在前面曾经讨论过关于"普通"这一术语。在此我们比较一下下面两个命题。一个是"在 1492 年之前红色印第安人居住在美国"，另一个是"每一件比空气轻的物体在没有支撑的时候就会下落"。前者是所谓的普通的命题，而后者则是普遍命题。历史不仅仅是处理特殊的事件，它也处理普通的命题。

这些术语的用法是比较新的，因此需要做一番澄清的说明。虽然所有的知识系统包含着或关注着真命题，但并不是所有的知识系统对它们的发现感到兴趣。有些知识是属于行为训练方面的知识，有些知识是属于实际应用方面的知识，而且还有些知识是属于表达创造冲动的知识。

在对发现真理感兴趣的知识系统中，科学的目标在于共相，而历史的目标则是特殊的事件和普通的东西。显然，这样的区别与书本和个人没有什么关系。所谓的百科全书是把所有的知识系统塞进一本书里去，Lie-buity 不过是许多编辑参与者中的一个而已。有科学的历史，这是历史，而不是科学。可能存在着一门关于历史的科学，如果是这样的话，那么它就是科学，而不是历史。一位科学家可以同时是一位历史学家。但是作为一位历史学家，他所关心的则应该是特殊的或普通的真理。一位历史学家可能在同时也是一位科学家，但是作为一位科学家，他所关心的应该是普遍的真理。现在被看作是社会科学的似乎是名义上的可能，而在实际上并不是科学，至少它们似乎还没有变成科学。似乎是它们还没有发现普遍的真理，但它们却似乎发展出了去发现普遍真理的技术手段。可以说它们的全部是把各种知识系统结合在一起，其中的很大部分是历史，已被发现的似乎大部分也仅仅是普通的真理。我们在此所运用的历史这一术语是指断定或努力去断定特殊的和普通的事实的那些知识系统。它们的目标是在空—时架子中的性质和关系的相互联系。

我们至此的讨论能够得出什么样的结果呢？我们的和谐原则向我们提供了一个具体世界，不管你是或试图成为一个多么强的怀疑论者，这样的世界却是不能否认的。一致原则和经济原则则向我们提供了一个在过程中的实在，一个不断变化的时间和空间的世界。这样的世界分化为个体的对象和事件。这些个体的对象和事件通过殊相的生灭使共相现实。这些个体的对象和事件是被安排在空—时架子之中的。在广泛的意义上说，本质上我们所有的这个世界就是我们经验到的世界。我们没有把这个世界分成两个部分，现象和本质，或者现象和实在。虽然我们在这里没有讨论认识论的问题，但是我们耽搁了一点儿时间就是为了说虽然我们承认在殊相方面对于不同类的人来说被感觉到的东西是有相对性的，但是我们却不承认在共相方面对于不同类的人来说被知或可知的东西有任何的相对性。比如从被感觉到的殊相的角度看，相对于人、狗、马、猴子……这些感觉者来说红是相对的。但是红性是共相，它是知识的而不是感觉的对象，所以相对于不同类作为认识者的人来说，它不是相对的。我们正在谈论的是共相，即便我们在此讨论的主题恰巧是殊相。从共相的角度来看，由这三个原则决定的这一世界本质上就是我们所能经验到的世界。有着不同的实在，但是并没有更高或更低的实在，也没有更深刻或更浅薄的实在。有实在便也就规定了有不同的价值，作为价值，就有不同的层次；作为实在，就不能说某一实在要比其他的实在更真实。

人类的诞生或进化既不是偶然的，也不是最终的。正是这样的认识才赋予我们人类以必不可少的尊严。正如作为个人，人类是人类生活中的一个阶段一样，整个人类也只不过是道的展开过程中的一个阶段。我们赞同罗素在其《自由人的礼赞》一文中的某些看法。对于我们而言，人类的生命可能是非常漫长的，但是这样的一天必然是要到来的，到那时人类生活本身只不过是过去时日中的一个非常短暂的阶段，只不过是道展开过程中的一个章节。在我们之后这一世界是否变成死寂的物质或有超人出现似乎并不是重要的一件事情。虽然我们并不是最终的存在，但是我们也不是偶然出现的生物。如果在某些时间中所谓的实体中没有像人类这样的实体出现，那么这一宇宙就将是不完全的。在人类生命的漫长历史中那些可以被叫作人的人必须活得像个人，他们必须去做孤独的努力和奋斗以完成所期待于他们的那些作用或角色，尽其可能去完成或尽其可能去接近人性的最全面和最本质的现实。如果他们持续存在下去；那么也就没有什么黄金时代是有价值的。如果任何东西持续存在下去直到永远，那么它们也同样是没有任何价值的。目标并不一定要比过程更有价值，目的也并不一定比手段更重要。只有在过程中所需的工作已经做完，目标才会变得更有价值。整个人类的生命正像个体人的生命一样，盛大铺设的葬礼并不能给个人生命以尊严，真正给他以尊严的是他的生活方式。

时间与现实

一

上一章向我们描绘了这样一个对象世界，在其中对象根据图案而变化，并被安排在空—时的架子之中。从图案说，共相现实或成虚；从空—时架子说，殊相出现和消失。对于每一出现的殊相，都有一共相与之相应。但是由于有可能相对于一共相有众多的殊相出现，因此对于殊相而言就呈现出多样性，而共相却没有这样的多样性。这样，虽然实在根据图案而展现自身，它在空—时架子内具有殊相的丰富性，但是图案本身却不具有这样的丰富性。至此，我们是在以静止的语态来谈论实在，即便我们在谈论变化的世界或过程中的实在的时候，我们还是把自己局限在谈论变化的状态或实在的位置，而不是谈论变化或过程本身。由于不谈论实在的动态，我们也就同样不谈论行动和受动，或者一句话，不谈论现实。我们在此运用的现实这一术语中包含着当前这一观念。由于是由它的理论的形式组成的，所以现实就目前而论就是很丰富的。让我们把殊相的出现或消失叫作势。可能通过实在的势要比通过它的图案使我们更能接近现实的问题。正是通过实在的势，对象或事件才相互影响，而且虽然当它们根据图案这样相互影响的时候，并不是图案本身是现实的。势是根据于图案的，它遵循着自然律。但是被遵循或被现实的是自然律或一组自然律，而存在着的并遵循着自然律的不是自然律，而是我们通常叫作事实的东西。世界像棋类游戏，有了兵、马、象、王，有了游戏规则，棋类游戏并不必一定要在实际上进行，然而如果这样的游戏进行的话，那么它就一定要遵守规则。问题在于，在那里的所谓现实的是什么。

通常我们把现实性归之于对象和事件。我们都经历过红色煤炭的燃烧和开水的灼热，我们于是总结道，某些东西在受到别的东西的影响，而煤炭和水在施加影响。对象是变化的和移动的，事件是会发生的。只要方便于我们看出对象和事件与覆盖它们的殊相或共相间的联系，我们就会这样做。在时间上生活中不可能有什么不方便的。但在理论上却有不少的困难。当对象确实是在变化和移动的时候，殊相却既不变化也不移动。对于共相来说也是这样的。很容易看到，且不说其他的共相，变化这一共相本身并不变化。运动这一共相也不移动。如果对象与某些殊相或某些共相完全同一，那么它们也就不能变化或移动。如果它们既不能变化也不能移动，那么它们又怎么能够施加影响或接受影响？惟一能使一个对象变化或移动的是寓存于对象中的质料。因此基本上说来，质料是能动的。质料可能需要殊相或共相的帮助，这正如穿衣者利用他的服装来改变他的形象。但是，是质料或穿衣者在做出变化或是能动的。质料的能动性表现在它的走进或走出可能。

能的出入可能有两种方式，自愿的和被动的，无条件的和有条件的，自由的和被迫的。这些术语中没有一个是充分的，但是通过这些术语多少还是表达了一些主要的看法。当质料将要进入或走出可能，我们把这种情形称之为几。我们是在这样的方式上运用这一术语的，即一方面是要排除我们有时叫作"心灵的变化"这样的东西，另一方面是要排除或许进入能动性的所谓决定的意志或目的。我们尽一切努力使这一术语成为自然的和事实的术语。所谓几就是任何一个东西必然成就自身，它只是变成或就是自己。它不是偶然的，也不是有目的的，它会使先前未曾现实的可能现实，或使先前现实的可能不现实。在这样的事例中，从共相或殊相的角度看，它就是几。在自然史上，恐龙的出现或消失就属于这样的范畴之内。几可能也会导致殊相的出现或消失。在这样的事例中，从殊相自身的角度看，它就是几。一个苹果昨天的绿色消失了而在今天出现了红色，这样的情形就属于上述的第二个范畴。由于所有的几都与殊相的出现或消失有关，所以我们在此更为关心的是几的第二种情形。

几本身既不是一对象，也不是一事件。它不是一共相，也不是殊相。所以说几不是一对象，是因为它是能动性。而对象是能动的，它们不是能动性。虽然几是能动性，但是它不是一事件。总而言之，事件是质料的进入或走出可能。事件可能是比较简单的或比较复杂的。如果是这样的话，那么你或者有比较简单的进或出的综合，或者有比较复杂的进或出的综合。几不是质料的进入或走出可能，它是将要进入还未进入的一种状态，或者是将要发生的一种状态。如果一个人看着斜塔而不知道它几个世纪以来一直是这样倾斜的事实，那么他就可能有一种悬空的感觉，有某些事情将要发生的感觉，将要发生是与一件事情确实发生之前的即将要发生的感觉是不一样的。只有在我们当前的几这一观念之下，才总是有质料进入或走出可能，因为我们已经排除了"心灵的变化"。几本身不是共相这一事实并不需要我们作进一步的讨论。它也不是殊相。殊相是一个方面。就殊相作为一个方面而言，它类似于共相，它的表达方式是形容词或副词，它依附于对象和事件。虽然几不是某个方面，但不能说它是依附于对象和事件。或许更为重要的是殊相是被安排在空间和时间架子之内的，它是时间之流中的漂浮者，它本身不是流。然而我们将在后面看到，几是流本身的一部分。

就一对象的产生说，它的变化或运动总是与它的几相伴随的。在适当的几之前和之后都不可能有变化或运动。说在适当的几之前没有变化和运动，是因为在质料能够进或出可能之前，质料必然是处在即进而未进可能或即出而未出可能的状态之中。比较困难的是为什么说在适当的几之后变化或运动也不会发生。我们在此所运用的"即将"这一术语是不充分的，它们暗示着行动之前的某种目的所具有的时间顺序或目的之后的行动。我们所需要的术语不应该是暗示时间顺序的，然而我们不知道有这样的术语。在此我们需要的术语"适当的"是为了引进这样的思想，即给定的任何变化或运动不是预先规定的，有的只是适当的几。变化和运动不能在适当的几之后发生的理由就是，如果它发生了，那么它就有可能脱离它自己的适当的几，那么就有可能它没有自己的适当的几或它是由不是自己的适当的几的别的东西所引起的。这里所要表达的思想是，在几一方面和在变化或运动的另一方面之间存在着一一对应的符合关系，因此对每一被引起的运动或变化来说就有与其相当的几，没有一被引起的变化或运动或者是后于或者是先于它自己的适当的几的。正如这一世界是永远在变化的，质料也是老有出入的。变化或运动和它们的适当的几之间是没有时间方面的顺序的。

对于几而言，它也不是它自己的适当变化或运动的目的。在几这一观念之中并不包含目的这一含义，几就是质料进出可能的努力。它们没有其他的东西作为它们的原因。说它们是没有任何其他别的原因是在这样的意义上说的，即它们是根据因果律而由先前的几推出的。如果我们以在时间 1 的世界和在时间 2 的世界为例的话，那么不管它们之间的间隔是多么的短，我们都能轻而易举地看出前一个世界并不是后一个世界的原因。在这两个世界之间是没有这样的因果律的，这两个世界可以归属它们之下，其关系也可以因此而被推导出来。而且这两个世界都是整体，不可能是在产生同一性问题的背景中形成的，这只是因为根本就没有这样的背景。因此，相对于在时间 1 的世界的几并不会引起与时间 2 世界相应的几。在时间 1 世界中的一个事件和在时间 2 世界中的一个事件可能有因果方面的联系，如果是这样的话，那么就有几适合于某一因果律的现实，而不是其他的因果律的现实。我们只是说几适合于某一因果律的现实，而我们没有说与 A 相应的几引起了与 B 相应的几。就几说，B 并不需要以别的东西为自身的原因。假设它发生了，这也只不过表明它适合于某一因果律的现实。适合于这些事件的因果联系也并不一定适合于几。从因果联系方面说，几是有原因的。如果说它是由质料引起的，我们也只不过断定了就考虑到其他事情这一方面说，它是没有原因的。而且说质料是自己的几的原因等于根本什么也没有说。

由于几既是没有原因的，也是没有目的的，所以我们不能预先知道它。从几的角度说，这一世界是自由的。说它是自由的，并不仅仅是说我们的知识不够充分或者是不够详细具体，所以不能够预先知道什么东西将要发生，而是说从几的角度看，这一世界根本上就不是被预先规定好了的。这与海森堡的原理毫无关系，它也并没有否认这个充满着对象和事件的世界中的自然律或因果联系的作用。对象和事件必须要遵守自然律，在任何时间和地方，只要给定了相应的同样条件，那么某些规律的现实是可以预料到的，这种预料甚至可以达到极高的概率，以至于接近确定性。但是究竟什么规律可以现实，从几方面着想，是不可能预见的。我们可以不断地逼近预见的确定性，但是绝对不可能达到它。我们决不能把几和自然律的作用混同起来。自然律的作用确实具有强制性，但是某一自然律在某一时间和地方所起的作用本身并不在自然律的作用之下。如果我饿了，那么我肯定是要吃东西的，但是我不一定非要在 11 点 58 分吃东西。如果你说有其他的规律引导我在 11 点 58 分吃东西，那么你就没有把它们中的任何一个区分开来，同时假定了现实的条件是有利于它们中的某些起作用导致了我在 11 点 58 分吃东西。从几的观点看，后者开始提出了这样的一个问题，由于从那一观点看问题，在这一争论中的相同的条件根本无须给出，只有在它们是被引起的情况下，这样的条件才被给出。

至此，我们从质料或它的现实的角度讨论了几的问题。质料及其能动性都是不能被我们所经验到的，我们运用这两个术语来讨论的观念也不是我们所熟悉的。幸好，我们没有必要把自己严格地限制在这样的说话方式中。我们已经说到，几是与个体的变化或运动的客体相应的。如果从单个的对象看问题，那么我们就会发现与之相应的几本质上就是我们有时叫作运的东西。运的观念隐含着主体性的思想，而且由于我们是从几与之相应的个别对象的角度谈问题，所以我们也就具有了个别对象的主体性。在前面的部分中，我们还未涉及到主体性的问题，我们只是在运用质料及其能动性这些术语时谈论几。由于引进了主体性，我们就能比较容易地看到，几在此转换成了运。运这一观念本质上就是几的观念，它包含着"不必如此"的因素，但却包含着"就是'这样的因素。对于某些个别的对象来说，它也具有好或坏、有利的或不利的这样的因素，但是在目前我们不必考察这样的问题。

二

与几不一样，数是质料会出会入于可能。正如我们已经说过的那样，进出可能或许是自愿的或不自愿的、无条件的和有条件的、自由的或被迫的。我们也已经指出，这些含义并不是意义充分的术语。联系到数来看，这些术语更是不充分的。我们运用"会"这一术语是指自由的，然而是已经决定了的。可以运用"要"这一个词，但是为了避免整个的自由意志的学说，我们还是倾向于那些没有很丰富含义的词。在此想要表述的思想是，一方面质料是自由地进出可能的，然而另一方面它是已经决定了要进出某一可能而不是其他的可能。在不是由其他事情决定的意义上，它是自由的；在不是随意的意义上，它是已经决定了的。这就是说，它不是被迫的，而是主动的。数所具有的决断的意味向我们提供了这样的意义，即不管某一过程是否明智，都必须继续下去，而不能仅仅是采取观赏或观望的态度。由于大量的决定作为实际的措施被作出时对它们可能带来的后果并没有信心或信仰或足够的知识，所以决定的意味不必包含有如"要相信"或"要想活下去"这样的术语经常所具有的复杂观念。我们也可以通过其他的方式开始，从变化或运动的对象的角度来考察数。对它们来说，数是某种不得不如此的东西，它只是将要发生，以心理的状态来接受它或者是盲目地接受，当它是有利的或无关紧要的时候把它看作是完全应该发生的，或者当它是不利的或有害的时候不得不屈从它。虽然几只不过是具有现实性的东西，但是数却是实际中不能保持其存在的东西。

上面讨论的目的是要澄清数这一观念，这会使我们将它与其他的事物区别开来，而这些区别又会反过来进一步澄清这一观念。像几一样，数也不是一对象或事件或一共相或殊相。我们不必在此再讨论这些区别，因为这些事物和几之间的区别也同样地存在于它们与数之间。在这里可能比别的东西更容易引起混乱的是自然律作用的结果。如果 $A—B$ 是一自然律，"a"在 T_1 发生，让我们假定"b"在 T_2 发生，与"b" T_2 相应的数可能被说成仅仅是自然律 $A—B$ 作用的结果。事件"b" T_2 是自然律的结果。这是 $A—B$ 作用的结果，当然应该加上 $A—B$ 在其中起作用的相应的背景 S 的帮助。但是如果我们使自身处于能动性之外，这就是说，如果我们不使我们的意念受它们的束缚，那么我们就看不出有什么样的理由，为什么 S 应该现实以便 $A—B$ 起作用，而不是另外的规律 $A—C$ 可能在与 S 不一样的条件之下起作用。因此虽然事件"b" T_2 是某一自然律在既定的环境中作用的结果，但是与"b" T_2 相应的数不是，因为它本身就是与那些环境有关的数或几的一部分。自然律所起的结果要求某种给定的东西，而数却不要求任何既定的东西，相反它却对所与负责。板报上的任何一个变动都要遵守规则，但是现实地作出任何一个变动并不是规则的问题，它或者是随意地作出的，或者是某种决定之下作出的。对于每一个事件来说都有或者是随意的因素，或者是有利于意志的因素。我们把前者叫作几，把后者叫作数。正是这些因素对可能作出选择，使它们在某一特定的时间和地点现实。如果自然律自身选择了现实，那么文明将是不可能的。如果自然律不起作用，那么文明也是不可能的。文明要求所与的某种机动性，这样，自然律才有可能向着所要取得的目标的方向起作用。

我们已经说过，能动性就是实在，但是它们与实在并不是同时并存的，因为某些实在可以说是非现实的。孔子在某种意义上是实在的，虽然他不再是现实的了。某些天文上的实在是现实的，而另外一些则不是。现实的总是存在的，它有现在这一因素，而且如果我们谈论地域现实，那么它也还有在这里这样的因素。现实是正在起作用的东西。把某一段时间作为现在，那么就有一整个的世界是现实的，在其中对象和事件运动着并且相互影响着。由于能动性本身并不是对象或事件，所以它只能通过作为它的中介的现实或通过作为它的工具的对象和事件而起作用。然而对象和事件不能够作为工具通过它们的共相或殊相而起作用，因为共相不能够说在此时此地，而殊相是此时此地具有惟一性，所以也是不能够运动或变化的。基本上说来，能动性是质料的能动性。质料在两个方面可以说是能动的，或者是通过几，或者是通过数。上一段落曾说到这些能动性选择了现实，我们的意思也是说，正是它们选择了什么样的共相将要现实，什么样的殊相在现在出现。像所有的实在一样，现实遵守自然律，但是究竟遵守哪一个自然律这一事实本身不是自然律的作用。因此，虽然现实遵守自然律，但是它们之成为现实并不是自然律作用的结果。这至少说明了一个意思即我们经常说虽然我们能够描述自然，但是却不一定能够解释它。

或许我们能够利用蕴涵和推论这两者之间的区别来使这一点变得更为清楚。蕴涵可以从"如果……那么……"这样的陈述得到表达。在这样的陈述中蕴涵者和被蕴涵者分别地说是真的还是假的并没有多大的关系。但是如果要作出任何一推论，那么有些蕴涵者必须被断定为是真的。然而蕴涵者的真并不是由蕴涵提供的，而是由别的方面提供的。自然律被编织成一图案，这样的图案非常类似于由"如果……那么……"关系联结起来的命题之间的相互关联。任何真正的普遍命题都是由"如果……那么……"的句子形式表达的。现实的呈现类似于传统假言命题中的小前提的真值。如果它不是以被断定的小前提的真值形式给出，那么就不可能得出结论，因此推论也就不可能作出。正如不能由假言推论中的大前提得出结论一样，一组自然律也同样不可能允许我们推出在特殊的时间或地点有什么样的现实。在下述的意义上，现实遵循着自然律，即给定了小前提的真值，那么结论必然会得出。在小前提的真值并不包含在自然律之中的意义上，结论不是由自然律决定的。只有在现实被给定的情况之下，现实才能被推出来。这就是我们在事实中所发现的硬性。就几和数的范围而言，我们面对着纯粹的所与。除非我们接受所与，我们就没有别的选择，因此在这里就存在着所与的硬性。当说我们会解释事实但我们却不能够消除事实的时候，那么这一说法的部分意思可能是说硬性包含在遵守自然律的现实中，但此硬性不是由自然律给予的，比起其他可能的选择来它不能说是很清楚的，但是不管其他的选择是多么的清楚，然而在此时此地它们却不是现实的。

　　与几不同，数是能够预先知道的。数能够知道，部分是由于自然律的作用，部分是由于有利于某一自然律而反对其他自然律起作用的背景的现实。在事实上它们可能没有被断定，但它们是可以断定的。对现实的阅读可能会误导我们，对现实的推论也可能会有错误，但是对数的预见却可以有很大的准确性。平常所谓的从原因到结果的推论既是以因果关系来阅读现实也是对数的断定。可以采用某些规则来这样做，现在盛行的相对论可以帮助我们将时间和空间以下述的方式联系起来，这样的方式就是，给定时间的间隔，某些空间距离就变得不相关，反过来也是。越来越多的计算错误是与事件之间的空间距离的增长是成比例的。因此，断定多多少少是在某一限定的时间间隔之内，并且是限制在某一地点的。然而在此所强调的重点是，断定不仅仅是依据于我们通常所说的自然律的，而且也是通过阅读现实来断定数的。在现实中有图案也有势，而且现实的势显示了数，如果对现实有了正确的估价的话。我们在此实质上是在提倡常识的看法，即为了能够在某种程度上知道未来，我们必须知道过去和将来。只有在我们的知识中，我们才能说现实显示了数。为了能够断定，我们也必须知道自然律，但是知道它们并不是充分的条件。在这里，我们又回到了前面已经提到过的观点，即实在根据图案而持续存在，但它不是由图案决定的；它是对事实的理解，而不是反事实的合理性。在数之外还有几。与既定位置相应的背景的总和以及背景与之相合的自然律的作用都显示了与位置有关的数。

　　对于个别的对象或事件来说，与之相关的数是命。我们早已指出，与个体相应的几是运。正如几不同于数，运也不同于命。有一类个体是既有感觉也有理智的，他们能够感觉到运和命之间的区别的。虽然运和命都与个体相关，但是运是外在的，而命却内在于个体的。一个体没有运仍然可以是一个体，然而作为个体如果没有他的命那么这一个体可能就不是这一个体了。运是恰巧发生于个体的东西。而命对于个体来说却是必然要发生的，是决定它的命运的特性的一个部分。与一个人自己的运斗有时是荒唐的，有时是滑稽的，因为人经常是作为旁观者置身于这样的战斗之外的。但与自己的命斗总是以悲剧而告终，因为与自己的命斗就是与自己斗。运是不必如此但又不知为何就是如此，而命却总是必然如此的。正如运可能是好的也可能是坏的一样，命也是如此的，但我们现在不讨论这些方面的问题。我们至此一直讨论的是禀赋着感觉和理智的个体，这样的个体能够看到与命运相连的感觉的区别。但从一个更广泛的范围说，我们并不仅仅局限于这样的个体。我们已经看到由他物引起的变化或运动既不在几之前也不在几之后，我们可能说由数决定的变化或运动能够逃脱它的数。这是以另一种方式说，没有一个体，不管它具有还是不具有理智和感觉，总是不能逃脱它的或是好或是坏的命的。

三

我们早已指出，形而上学原则为我们提供了时间。这是千真万确的。然而时间是非常复杂的，而且虽然我们没有涉及到时间的某些含义，但是为了做到最低限度的公正，我们必须承认时间的某些含义。我们已经把时间的内容和时间的架子加以了区别。虽然类比往往有不少的牵强附会之处，但是这样做在某种程度上也是能够说明有些问题的。时间可以比作有火车在上面奔驰的铁轨。树有里程碑的路基类似于架子，而火车及其在车内所装载的一切多少有点儿像内容。如果一个人从外面看过去，时间架子是静止的，它的1月或2月像树在路基旁的里程碑。只有当从时间内容的角度去看的时候，它才会显得运动起来，正如当我们从在路基上飞驰而过的火车上看树在路基旁的里程碑时才会感到里程碑是向后退去的。但是时间内容也还有另外两个因素，时间之流以及在时间之流之中的东西，像奔驰的火车也是由两方面组成的，一方面是火车的奔驰，在另一方面是火车以及它所装载的东西。类比不能走得太远，否则不同之点就会糟蹋了整个画面，与本来要表达的意念相反的意念会出现而搅乱了我们的问题。不要仅仅想着火车来回奔驰或没有奔驰的火车的铁轨。时间是单向的轨道。

时间内容是纯粹的时间之流和在其中的东西构成的。前者是一系列的几和数，而后者却是整个的事实界。内容总是在目前的，而流是包括逆转的。我们在讨论几和数的时候所运用的"即将"、"正要"、"将会"这些术语在某种意义上是不充分的，但是它们却具有这样的好处，即显示真正的发生，而不是什么发生了或变成了什么。事实是共相的现实或成虚，是对象或事件在历史上的出现或消失。时间内容是充满着有事实在其中的几和数的流，从事实和现在的观点来看，它是在过程中的同样古老的实在，它是和谐的，偶然的和经济的，而且也遵循着图案，不断地积累成丰富的同时同地的殊相系列。这就是与时间架子相区别的时间内容。由于时间之流中有着几和数，因此在其中也有着运和命。与理智和感觉不一样，在其相互关系之中对象和事件也有着相对性和主体性。滑坡当然会给河流带来变化。事实上，比如说，与某一河流的变化相比，滑坡似乎与某一高山或小丘有着更多的关系。对于几和数来说也是这样的。它们也是与某些东西而不是与另一些东西有着更紧密的关系。在这样的相关性中，我们必须对相关性和不相关性作出区分。从高山或小丘的持续的和相对不变的存在来说，与滑坡相关的几或数和高山或小丘并没有相关性，但是它却可能与其他的有些事情有着相关性，因为它有利于这些其他事情如花和树的存在，花和树以前可能过于遮蔽，而现在却直接暴露在阳光之下。虽然事实是和谐的，但在事实中的不同东西之间的相互关系并不都是相关的或不相关的。

我们从现在开始不再以几和数这样的术语来谈论问题，为了方便我们将只谈论时间，当然是在这样条件之下即时间是意味着内容及其与架子相区别的流。根据相关性和不相关性，时间要保留某些在时间中的东西，而在另外的时候却抛弃它们。那就是说，某些东西保留了下来，另外有些东西则消失了。在保留和消失之间也存在着不同程度的变化，从那些最细微的变化直至那些最为激烈的变化，包括存在的和消失的。这些不同程度的变化表明了殊相的出现或消失。经常可以就个体事物对消失或存在作出预料，比如说："作为滑坡的结果，某一高山或某一小丘将要消失。"那一高山被看作是个体的对象。这样来看的话，那么它就不仅仅是一殊相。但是虽然它不仅仅是一殊相，然而它的消失却仍然是殊相的消失。一个体对象的变化通常是通过殊相的出现或消失来表达的。比如说："昨天还是绿的那个苹果现在却完全变成红的了。"在此我们把这个苹果看作是个体对象，而作为殊相的绿或红或者出现或者消失。然而，从消失或存在的方面考虑，我们可以这样说，苹果依然存在，但绿色的对象消失了。不管怎么样，随着时间的流逝，殊相会出现或消失，个体的对象会存在或灭亡。存在或灭亡或许会以两种方式出现。在一种方式上它仅仅是作为一个体而存在或灭亡，而在另一个方式上个体所属的种类也依然会有存在或灭亡。在后一个方式中，在自然史上我们可以发现经常发生的种类的出现或消失这样的现象。如果将一对象或事件与它的环境区别开来的话，那么我们就能容易地看到时间使与每一对象或事件相关的环境形成，这样的环境具有某些相关的因素，而另外还有些不相关的因素。这只不过是以另一种方式说，事实以有利于某些东西而不利于别的东西的方式发生并相互影响。有些存在，另一些灭亡，某些是时间所载的货物，而另一些则是它的残骸。

这里所说的时间与日常生活中有关时间的某些重要用法并不冲突的。当说到了谈论许多事情的时间，这并不是意味着现在是 12 点或是 1944 年 3 月 15 日。它只是意味着某种被描述的潜在性在一环境中将要现实，在这样的环境中给定的实在显示了它们当下的现实。是否到了谈论卷心菜和国王的"时间"，或是否到了谈论离开你的主人回家去或开始发动革命或仅仅是抽烟斗的"时间"，这里所意味的是时间的流将会使在其中的由这些句子所描述的潜在性现实。这样，在这里我们又经常谈到好的时机或坏的时机。虽然这里所说的不是纯粹的时间，然而这里所说的也同样不是时间架子，而说的是时间及其在时间中的一切。当我们说"在像当我们以自己的生命去战斗这样的'时间'里，我们将不能像平时那样去吃饭的"或"如果我们正确地看了'时间'表，那么我们……"等等的时候，我们正在谈论的是时间及其在时间中的某些事实。在时间中的某些东西被说成是好的或坏的，或者是某些行为被说成是有道德的或是聪明的，或者是相关的某一措施将被采纳。在时间中有一种相互冲突的关系存在于这样的事实之间，有的事实有与某些事物相关的主体性，有的事实有与某些事物相关的客观性，因此也同样有着相关性和不相关性趋同的现象。当在一个事物中不相关性超过了相关性，那么对于这一事物来说它的时间也就过去了。当一个人说他的时间已经过去，这不是说时间之流的停顿，而是说他快要离开这个现实世界了。

这样，我们就可以看见，时间本质上是一不断进化的过程。它是我们在这篇论文中叫作过程实在的一个基本因素。正是在时间之流中，一切事物都在变化之中，某些事物继续生存下去，而另一些事物则停止了生存。而且所有变化的发生都是根据于殊相的出现或消失或者是可能的现实或共相的成虚。我们在此仅仅是描绘了发展中的时间，并没有提出什么特殊的进化理论，或追溯这样的理论的历史。至于什么将生存下去，或从什么东西中幸存下来的，或在过程中是否有进步，或如果有进步，那么什么是标准，等等，等等的问题不是我们在此所要考虑的问题。我们也不是从某一遥远的年代开始讨论的，因为不管它们的年代是多么的久远，它们也不可能久远到成为时间的开端，因为对我们来说时间是没有开端的。不管自然史选择什么样的年代作为它的主题的起点，在这一年代之前总还是有时间的，因此也就有进化。这样的进化并不因为人类的出现或也不会因为 20 世纪的到来而终止。我们现在正在谈论的不是时间的片段，也不是局限于地球表面的属于我们的现实。因为我们在本质上谈论的是过程中的实在，我们当然也在谈论着道的展开。表明时间是一进化的过程也同样是说在道的展开中也有进化的过程。我们也同样可能说，所有不老是现实的可能将在进化过程之中现实。这也不过是另一种说法说时间是没有终结的。

作为进化过程的时间是一无限的过程。在这一过程之中所有种类的事物的发生都是可以想象的和可以思议的。可以想象的或可以思议的是可能，而且除非它是必然的或老是现实的可能，它就会在时间中现实。对于某些人来说这样的说法可能令人费解，听起来简直不可相信。让我们进一步来排除它所不包含的意思而找出它所包含的意思，从而把它的意义弄清楚。它不包含的一个意思是这样的，即所有可以想象的或可以思议的将会在我们通常叫作"这个世界"上发生。不管"这个世界"是什么意思，它总是从时间 n 到时间 m 之间的时间阶段。不管我们所说的是几何时间还是天文时间，或仅仅是历史的年代或甚至是世代，我们也只不过是把值给予了 n 和 m。如果它们之间的距离是巨大的，那么我们就具有了一个很长的时间阶段；如果它们之间的距离是很小的，那么我们所具有的就是很短的时间阶段。总之，当我们谈论有关这个世界的时候，我们真正谈论的只不过是在一段时间之中的享实的总和。在那一世界中或者在那一段时间中，某些事情发生了，而其他事情没有发生。但是即便在这样的世界中仍然有许多能够想象或能够思议的事物产生，然而我们既没有想象过也没有思议过它们。虽然有许多的事物可能在这样的世界上产生，但是我们不能够说某些事情是已被想象到或者是已被思议到。比如说 x 将会产生，因为时间 m 可能在 x 产生之前到来，从时间的角度来看，x 是可以被想象到的或是可以被思议到的，尽管时间 m 是多么的遥远。从时间 m 的方面说，直到 x 产生之前，它是没有职责去延缓它的到来的。当我们在日常生活中说，某些事情是否会发生，我们总是在有意或无意之间对预料它们在其中发生或不发生的时间有所限制。当我们说世界和平是可能的或不可能的，对于这样的问题或陈述是有时间方面的限制的。如果和平将在一千年以后才会姗姗来迟，那么绝大多数人是否会对这样的和平感兴趣就是一个问题了。如果对绝大多数的人而言所说的和平的时间限制是在目前这场战争之后马上就会到来的和平，那么你们就不会感到意外了。

如果没有时间方面的限制，那么问题就会完全是另一种样子了。任何可能的事情（除老是不现实的可能之外）都会在无限的时间中得到现实，因为只要它没有现实，时间就会欢快地流过而毫无任何限制。只有当可能现实的时候，时间方面的限制才确定了，即相关的可能现实的时间。我想是爱丁顿曾经这样说过，如果给一只猴子无限的时间让它在打字机上跳，只要它不重复的话，那么它就有可能机械地打出它自己也不知道的比如说济慈的一首诗《希腊颂》。这样的过程可能在几十亿年的时间内都不可能完成，但是只要有无限的时间，这样的过程就有可能完成。因为它不可能在任何有限制的时间之内，打字的过程可以无限制的进行下去，惟一的限制就是要打的是这首《希腊颂》。这样的情形对于老不现实的可能来说也是完全适用的。这样的可能在无限的时间之内现实的这一陈述并不是实际的或实证的，因为它还包括着这样的可能即所说的相关的可能在任何有限的时间内不现实。它不可能在时间 n 到时间 m 这一段时间之内现实，只要这段时间是有限的，不管 n 和 m 之间的区别有多么大。对于在日常生活背景之中讲话的人们来说，这就意味着某些可能是绝对不会现实的。所有能够想象的和能够思议的事物在无限的时间内能够现实这一陈述附带着这样的一系列假设，其中的一个假设就是实在像历史是不会重复自身的，或如果确实有重复自身的印象，它也只有在图案方面的些微的相似性而不是势的方面的同一性。最有可能的是，还有另外的假设，但是我们不准备在此列举它们。时间是一无限的流，这就是说，它无限地流动，部分是因为宇宙本身就是具有丰富的多样性，在其中发生的事情的数量远远不是我们所能想象或思议的。

四

牢牢记住上面所说的一切，我们就能看到在道的展开过程中，或在实在和过程中，无限的事物已经产生，无限的事物将要产生，只要它们不是不可能的，或如果是可能的，不要是老不现实的可能。从现在这样的时间阶段的角度来看，任何事物都会在有限的时间之内现实。我们不能够说某一事情将在何时发生，但说它们将要在某时或另外的什么时候产生似乎不会引起任何的疑问。从另外的角度说，此处所采取的态度需要我们作进一步的澄清。我们没有把事物的存在或事实的形成归之于任何先验理由的推动或先验的上帝的意志或先验的目的的完成。因为道是与宇宙并存的，所以不可能有任何别的事物在道及其展开过程之外存在，如果有这样的存在的东西的话，那么它们就是道的一部分，或者是在道的展开中起作用的事物。如果它是先验的，它也只有对实在或过程中的某些事物来说是先验的。由于所有种类的事物都是在道的展开中产生的，因此所有的价值也同样在它的过程中出现。在这一部分中，我们将要讨论的是目的和心灵的出现这样的问题。能够很容易地看到，道既不是目的性的也不是非目的性，既不知道或不思想，也不是不知道或不思想。但是由于目的可能在展开过程之中出现。只要它出现，它在其中出现的道的展开就是部分地有了目的。这一关于目的的讨论也同样地适用于心灵的出现。道以事实为工具而展开自身的。关于道一的任何事情都是不可预料的，然而对事实的所有可以分别地作出的预料都只不过是道无限的功能。如果道是不能够说是有目的的，那么在同时就必须承认道在展开中不得不是具有目的的。

"目的"在日常生活中最普通的用法是指意欲或要用一定的手段来达到意欲的现实。在某种方式上，"目的"这一术语的运用包含有意识，但是由于我们将要专门讨论心灵的出现，我们还是不把意识看作是这一术语的一个成分。我们将把目的这一术语局限为运用某种手段来实现最终要达到的东西，而不管这样的手段是有意识采纳的还是无意识采纳的。在这种意义上，最终要达到的东西就是目的，而手段就是有目的的或有目的性的行动。这样，向日葵向着太阳弯腰的行动就是具有某种目的性的，因为可以说它有达到某种目的的愿望，即面向太阳。目的的出现使个体具有了目的和有目的的行动。这些都属于对象和事件的领域。就我们目前的讨论的范围而言，它们与其他对象的区别就是因为它们具有某种目的。目的所包含的需要相对而言是比较简单的，而它们所包含的实现需要的政策却是复杂的。目的可以分成不同的层次。从比较简单的到比较复杂的，但是即便如此，这也不是说进化就是根据这样的层次来进行的。虽然在某一领域内，在空—时架子内的某一段时间内的某一具体的方面，进步的理论是可以成立的。但是从普遍的方面着眼，这样的理论是可能成立的。某种价值标准可能要会被采纳。根据这样的标准，价值会被归属于目的这一范畴之下，而且价值本身也可以被分成不同的层次，从基本的价值观念直至最高的价值观念。在这里我们也同样必须注意的是，虽然在价值方面，在某些限定的领域内进步性的发展可能会发生，但是关于全面性的发展观念的普遍理论是不可能成立的。对于目的来说的手段的充分性必须要作比较，而且充分性的标准也同样必须得到承认，但是虽然从某些方面来看（这些方面可能是要以其他方面为代价而取得的），这样的充分性是可能得到的，然而充分性在所有方面的普遍的增长是不能够塞进时间进化的历程之中的。

目的将要在时间中出现。在关于什么是时间这一点说清楚之后，我们有这样一个疑问。目的性是一可能，与它相关的概念不是矛盾的，也不是老是不现实的可能。因此，它是不老是现实的可能。从任何特殊的时间或地点的角度来看，它的现实是偶然的，但是在它可能老不现实的意义上说，它不是偶然的。以一种方式说，没有不老是现实的可能会现实，这就是为什么我们说，随着时间的流逝，不老是现实的可能的总和会现实。目的的出现是可靠的，但是至于它究竟在什么时候出现则是一个完全另外的问题了，而且这不是我们在此感兴趣的一个问题，它是一个历史的问题。现在有目的的存在只不过是一个事实的问题。目的究竟能够存在多长的时间也不是我们感兴趣的问题。似乎没有理由认为为什么目的不能够在历史上持续存在很长的一段时间，而且也没有理由认为为什么有些目的突然停止存在。在历史上确实存在过无生命物质的年代，也没有理由可以否认在将来为什么不能再次出现这样的年代。我们必须理解的是，我们正在谈论的是事实和现实，是分别地谈论过程的阶段，而不是整个儿地谈论道的展开。道的展开不能说是有目的的或者说是没有目的的，只能说它不是这两者，或者说这两者都是。当实在不再包括有目的性的存在的时候，这并不是说整个道的展开不再具有目的性，好像是无生命的冰河时代的再次出现一样。整个的道的展开因此并不会变成无生命的。目的的出现影响了现实之间的相互关系，它打乱了现实界中实体的相关性或不相关性，但是它并没有更改道的展开本身。

由于目的的出现，某些最为重要的东西也就随之出现了。出现了实在的最低限度的两分化，即自我与他人开始有了最初的区分，或内在的与外在的之间有了细微的划分。在既定的时间地点内现实了的整个实在由于目的的出现也不再是一个整块了，现实中的某些东西给自己保留了一个部分，他们并不是使自身离开时间和空间，而是引进了主体性。由于我们没有把目的和心灵或意识联系在一起，所以这里所谓的两分化并不是有意识地作出的，因此也没有宣布这样的两分化，至少没有作出像当目的和心灵结合在一起的时候所能作出的那样的宣布。但是两分化照样同样还是两分化。不管是有意识地或是无意识地采用某种手段来达到某种目的总是意味着，如果不采用某种手段，那么想要达到的目的是不可能现实的。因此，这就意味着改造实在的某一部分，这一部分是其他而不是自身，是外在的而不是内在的，是对象而不是主体。采用某种手段来达到目的的能力往往是与避免有害的结果的能力联系在一起的。总之，对象化的实在是沿着主体化的实在的愿望或需要的方向得到改造的。我们将不讨论对对象化实在的改造是成功的还是失败的。我们想要指出的是，不管这样的改造所取得的成果是大还是小，得到改造的只能是对象化的实在。整体的未经两分化意义上的实在仍然是没有改造过的实在。正是在这样的意义上，不管有什么样的革新，是几和数使它们成为某种东西。

有这样一个术语可以在很多的意义上使用，而且对于这些意义也都可以提出不同的理论。我们在此所运用的这一术语局限于进行抽象、运用符号的能力，和将抽象的东西或符号运用于各种不同的材料（包括感觉材料在内）的能力。如果一个人有了这样的能力，那么就可以说他具有了心。它是这样一种东西即可能或不可能有生命功能。但是如果当它有的话，它的功能就完全是理智的，而且完全与理智的程度是不相关的。如果从这样的意义上来看的话，那么就会有一定数量的动物也是具有心的，因为它们有能力运用符号和进行抽象的能力，正如在实际上它们就是把抽象的东西和符号运用于它们所能得到的材料上去的。心的出现与目的的出现一样也是在预料之中的。当然在此它也不是什么时候出现的问题，如果这世界是能够等待的话，那么它就可能要等上很漫长的历史时期才能看到心的出现，它也有可能空等上这样漫长的历史时期。我们现在有心本质上是一历史事实，而完全没有哲学方面的任何意义。同样也有可能它会完全地消失，或者消失之后又会在相当不同的条件之下再一次地出现，这就是说，在与此时此地的现实环境不同的另一现实环境之下出现。我们没有必要担忧，认为这世界将始终不会有心。也不必担心，因为有了心而空添不少负担。虽然需要和愿望不必与心联系在一起，但是心却总是与需要和愿望紧密相连的。思想要求这样的联系，知道也包含着想知道的需要和愿望。即使为了知道而知道的知道也不过是这一方面的一个事例，即知道本身就是一目的。虽然心是主动的，它的主动性本身并不是直接指向对象化的实在的改造。它的真正目的是我们通常所说的获得对客观世界的理解。对这一世界的完全的知识是按照这一世界的原貌来认识的。这就是说，这样的知识的目的并不在于改造这个世界。心的出现也同样把实在两分化了，但是虽然这一出现将实在分成动作者和受动者，然而心的出现将实在分成被知的客体和能知的主体。

目的的出现和心的出现这两者在各自的方式上都是柜当重要的。但是当这两者结合在一起的时候，这就是当禀赋着目的和心的个体出现的时候，现实的相互关系，从它们的相关性或不相关性的角度看，就发生了极其重大的变化。目的没有心有时是有效的，但有时却是无效的，如果它必然要有效就必须与一定范围内的有目的性的行动结合在一起。没有目的（不是纯粹认识论意义上的目的）的心只能区分知和被知，仅仅靠其自身并不可能使被知得到任何的改造。但是当它们结合在一起的时候，由于得到了心的帮助，为了达到目的而采纳的手段的充分性和范围都有了很大的提高。目的变成了综合的、复杂的和有效的了。由于有了心和知识，这就有可能有了目的和手段的系列。在这样的系列之中，目的可能是其他的目的的手段，而手段也有可能是其他手段的目的。手段的系列越长，目的也就变得越远越复杂，而且也更有可能把作为中介的手段本身误作为是目的。手段之间的相互联系可能是以知识为其基础的，或者是以被相信是知识的东西为基础的，或者是以被想象为是知识而实际上并不是知识的东西为基础的，因此为了目的而采纳的手段的充分性不可能是一致地增加，但是当目的与心结合在一起的时候，其范围确实必然会增大。在此，价值可能会进来解决这样的问题。由于引进了价值的标准，那么目的是最有价值的，而手段可能成为遭谴责的东西。如果心不与目的结合在一起，那么道德的问题就会永远存在的。如果确实有原罪的话，那么这就是心与目的结合在一起的必然结果。但正是通过它们的结合才使善和恶能够现实。极大数量的其他事物也伴随着心和目的的出现而共同出现。因此，文化诞生了，人为的物品创造出来了。政治学、伦理学和其他各种科学使实在变得比以前更为复杂了。从人类文明发展的角度来看这些科学是相当重要的，但是我们却无意在此讨论这些科学。从作为无限进化过程的时间来看，我们没有理由认为文明是会永远地持续下去的。可能通过未来的几和数，一个相当不同的世界，或相当不同的文明会诞生。

我们在此想强调的是，实在是由于目的和心的共同出现而两分化的，而不是由于它们中的任何一个的出现而两分化的。让我们把两分化的实在分别地叫作对象实在和主体实在。夸张地说，这两个实在之间的关系类似于主动者和受动者的关系。心和知识这两者较之于单独的目的使主体实在更像是一位主动者。因此对象实在也更像是一位受动者。从主动者的角度看，很容易感觉到或在感情上容易有这样的感觉，即几乎任何事情都可以沿着将自己转变为适应主动者的愿望或需要的受动者。在这样做的时候，主动者或作为主体的实在就会离开这个存在的世界或事实界或实在，而提升为它们的规则，从而成为这一方面的惟一的裁断者。关于心和目的的这一方面的特点可以有很多要说的。为数极多的实在方面的改造可以完成，为数极多的人工的东西可以被创造出来，与主体实在的目的相关的价值可以被给予这样的改造，创造性的进步可以不断地取得，在人类努力的各个方面都不断地有令人满意的成绩。但是客体实在和主体实在之间的划界也会因此而变得越来越明显，它们之间的区别变得越来越大，其结果自然就是主动者的自我重要性得到恶性的膨胀。我们也同样能够很容易地感觉到，在改造客体实在的同时，主体实在也在改造整个过程中的实在或道的展开。后者并不是这一方面的事例。心和目的都是可能，它们本身是通过几和数而现实的，不管作为心和目的的共同出现的结果的改造或创造是什么样的，它们的现实也同样通过几和数。整个的主体实在也并不是个例外。道的展开如主体实在一样是对客体实在的改造有影响的，因为它也同样对后者施加影响。

五

现在是讨论涉及人类的有关问题的时候了。到目前为止，如果我们从把时间阶段的积累叫作历史的角度来看的话，那么人类是目的和心的最有成效的一种结合。可能在这之前或之后也有更有成效的结合，但是如果我们在心灵中不把现在看作是过分遥远的过去或过分遥远的未来的话，那么人类的出现就是命定的事实。人类的出现既不是偶然的，也同样不是最终的。如果人类的出现是偶然的，那么也只有在他们究竟是在什么特殊的时间出现的意义上说是偶然的。这就是说，在他们必须如此或事实上如此的意义上为几和数所决定了的。人类在时间中必然要出现，因为它是不老是现实的可能。根据我们对可能的分类理论，它不是属于其他类的可能。显然，它并不是必然的，也不是老是现实的或老是不现实的。由于它是不老是现实的可能，所以在时间之内它是会现实的。它的出现并不值得给予过分荣耀的赞美，也同样没有必要虚假地认为它的存在的历史有着终极性。与同时其他的事实相比，或与自然史上已知的其他事实存在的历史相比，人类及他们在其中起作用的可能存在的时期可能是很值得夸耀的，是很辉煌的。但是与其他的同时存在着的种类相比，不管人类是多么的荣耀，他们也同样要依靠其他种类的合作；也不管他们在其中起作用的历史时期是多么值得夸耀，它也只不过是道展开过程中的一个阶段而已。而且其他的历史阶段也必然会在道的展开过程中代替人类的位置。在各种不同种类的存在之间是相互依赖和相互渗透的，只是由于思想和行动方面的经济原则的必要性而使我们忽视了这一点。就实际的目的而言，有必要从其他同时存在的种类的累加结果中挑选出我们这一类，这正如同把某一个人从他所处的复杂环境的影响中挑选出来一样。然而，如果我们记住了这样的存在之间的相互渗透（在第二章中已经提到过这一点），那么我们就既无须过分的谦虚，也无须过分的自大。

对于人类自身而言，人类当然是极其重要的。对于一个人来说，他的愿望、他的需要、他的希望、他的某些突发的异想等等当然都是很重要的。它们只是在程度上有所区别，有的与其他的比较起来显得重要些。上述东西的满足也具有同样的情形。他的心灵本身就足以使他充满着自豪。在这里显得更为重要的是，在他的目的的力量的驱动之下，他的心灵给予他力量。其他的种类不可能像人类那样以更为巨大的力量和更高的效力来统治这个世界，不管这样的统治是仁慈的还是不仁慈。到目前为止，我们还看不到在这方面有革命的前景，而且真有革命发生而新的统治因此形成了，那么也没有一个种类的力量能够强大到足以推翻人类力量的程度。有药物和医生作为安全的警察，病菌和疾病也只不过是小偷和刺客，它们尽其量也只能偶尔给和平的生活带来一些不便，而决不可能强大到足以发动一次革命来推翻人类的统治。但像所有的统治一样，人类也面临着来自于内部的更多的困难。内在的倾轧、贪婪、愿望似乎毫无节制地在蔓延，奢侈的生活不断地变成人们的欲望；社会可能在一方面变得一体化，而在另一方面则变得更加分化，以至于个人可能停止其存在，而不同的社会阶层或经济阶层之间的差异也可能变成几乎是不同种类之间的差异。这些困难有可能得到克服，长时期的既是仁慈的又是专横的统治将要维持一个相当长的时期。从人类的观点看来，也没有更令人称心如意的东西了。由于我们没有往前看几百万年或几百亿年的习惯，人类因为自己的辉煌成就而产生的自鸣得意可能是牢固安全的。力量有这样的一种倾向，即陶醉于自己的成就而沾沾自喜。

然而不管怎么样，还有一个价值问题，它可能会使人感到缺乏自信。考虑到价值，就当然有一个标准的选择问题。有不同的标准可供选择，它们能使人类充满着自豪感和优越感。谈到某些标准的选择问题，可以说印度哲学要优于希腊哲学。但是如果采取了另外的一些标准，那么希腊的思想似乎可以说更有价值。在中国的社会控制和罗马的法律这两者之间，我们也同样面临着一个价值标准的选择的问题。当采纳了某些能够使人类感到骄傲的标准的时候，其他的标准则有可能使人类缺乏自信和恐慌。就本能来说，我们或许会碰到一个与其他种类做比较的问题，我们可能会选择鹈鹕而不是猴子做我们的紧邻。可能是卢梭这样说过，一个理智的存在是一个邪恶的动物。在身体能力的综合方面，我们面临着与老虎、豹，甚至与我们原始的祖辈做比较的问题。在某些方面，不能说我们要比动物更道德些。我们永远不可能达到鹰所具有的功能上的美，或隼的视觉上的美。正像个体的人一样，人类因为自己的力量而苦恼，因为像个体人的力量一样，他们的力量也就是他们自己的缺点。心可能是人类的最为重要的特性，然而也正是因为有了这样奇异的心，所以人类才有时变得更为不道德，更加邪恶，更加使人厌烦的虚假的糟糕，在战争中他们对于他们自己变得比起其他的种类来更加没有必要的残忍。或者是幸运或者是不幸运，他们反正依赖于规范的价值而幸存下来了。

人类可能会宣称，他们并不仅仅是对于自己来说才是重要的。由于实在被分成为主体和客体这样两个部分，因此不仅仅只存在着主体实在，而且也同样存在着客体实在。比较一下人类出现之前的客体实在和人类出现之后的客体实在之间的区别。对于坏人来说，正是因为这样的区别使得他们要征服自然。在许多方面，这可能是正确的。由于有了人类，这个地球的面貌发生了变化。人们可能说，如果没有人类的出现，地球就不可能发生这些变化。客体实在的相当大的部分可以说是人类的创造或人工创造。它们就是我们所说的文明的踪迹，文明的留存和保持依赖于人类的出现和持续存在。人类的成就并不仅仅局限于创造，它已扩展到了这样的领域之内，以至于我们可以说它已经改变了进化的进程。如果仅仅依靠自身，银杏绝对不可能存活到今天，狗、钻蛀虫和猫的命运也存在着类似的问题。运用这本书中的语言说，有些可能如果没有人类或许是从来没有现实过，但是在现在由于人类的出现，它们现实了。其他的有些可能或许不再现实，而现在却现实了。还有其他的一些可能或许是由于漫无节制，在现在它们没有现实仅仅是因为它们的现实对人类有害处。是不是被摧毁的要多于被保存的，或者相反被保存的要多于被摧毁的，当然是一个很难回答的问题。但是客体实在的变化似乎在相当大的程度上可以通过人类的出现而得到预料。因此，可见人类的重要性并不仅仅局限于人类本身。

然而，我们可以看到，在某种重要的意义上，我们可以这样说，自然从来也没有被真正地征服过。显然也没有一个自然律仅仅因为为了人类的利益而按照人类的意志被真正地悬置起来过。人类真正所能做的仅仅是得到某种能力来使某些自然律起作用，而抑制其他的自然律同时起作用。正是通过这样的方式，人类所想要得到的状态才能够现实。实在运作所依据的图案本身并没有被人改变过。即使在没有人类的时候，自然律也是以这样的方式起作用的，即防止其他的自然律同时起作用。在这里惟一的区别在于，在一种意义上所得到的结果是人类所需要的，而在另一种意义上所得到的结果可能不是某些种类所想要得到。虽然客体实在方面所产生的某些变化无疑是由于人类的出现。如果从没有被两分化的实在的角度来看，这些变化可能不会因为人类的出现而发生同样的变化。只有当实在被两分化之后，客体实在中才有可能具有主体实在赋予的东西，并不存在或者是客体或者是主体这样泾渭分明的东西。所出现的不管什么样的变化都只不过是实际上所发生的变化，而不是从主体的角度所观察到的那样，认为它们的发生可以归属于主体实在的能动性。对于没有被两分化的实在来说，任何变化都不过是变化自身的变化。一旦我们想到未经两分化的实在，我们也会同样想到它的有机统一性。这统一性部分是由存在之间的相互渗透组成的，人类和同时并存的其他的客体和事件，或其他的客体和事件与人类之间是相互渗透的。所有的现实之间都是相互依赖、相互渗透的。如果不从主体性的角度看问题，那么没有一种东西可能比其他的东西对实在的过程要负更大的责任。现实就是在纯粹的时间之流中所出现的东西，如果人类也在其中起作用，那么他们也像其他任何东西一样由道展开过程中的几和数所决定的。

我们已经不断地指出，人类将来可能会消失。他们的消失可能会采取这样两种方式，即或者他们突然消失，或者他们逐渐地演变成另一种存在。我们习惯于说，没有什么东西是终极性的，但是在感情上我们却认为我们自己应该是一个例外。然而却没有理由表明，因为我们在纯粹的时间之流中享有最高的辉煌，所以我们就应该是例外。我们可能想象自己是最有价值的存在，而且我们在事实上可能就是这样的存在，但是我们将要成为博物馆中的收藏品的时间终究是会到来的。作为个人，我们有生有死，我们是否来自于或归回到尘土，这与我们有生有死并没有什么太大的关系。对于人类情形也是一样的。只有在有质料的式或有式的质料的形式中我们才有可能是不变的，是永恒的。作为人类，我们正如在过程的实在或实在的过程中的任何其他东西一样都处在变化的旋涡之中。我们当然可能生存很长很长一段时间，我们甚至可以肯定我们能够生存几百万年，但是整个的宇宙能够容忍我们生存这么长的时间，然而它却不可能容忍我们无限地生存下去。至于究竟什么将会取代我们，现在是不可能预料到的。虽然我们根据数可能说某些东西，但是根据几我们却不可能说些什么东西。然而我们人类必定会消失应该说是没有什么问题的。

通常所遇到的反对意见是，根据上述的看法，人类必定要变成毫无感情的、冷酷的和命定论者。如果人类真是这样冷酷无情的话，那么其结果必定是如此的，即所谓的坏的东西可能会避免，而所谓的好的东西也必将是不可能现实的。于是，文明也将不可能发展到我们今天这样的地步。有人可能会如此说道，如果像这样的观念被人类采纳的话，而且如果我们现在就采纳这些观念，那么文明将会保存，但却是静止的和无用的。危险可能会来自于这样的一些人，他们不仅仅追求永恒，而且也同样要求这作为他们持续生存的条件。绝大多数的人将不会受到任何不理想的方式的影响。生活毕竟是由能动性组成的，没有人会仅仅因为死亡是不可能避免的而去自杀。对死亡的意识也同样从来不会妨碍人们享受今天的生活，或去创造美的形式，或努力工作去争取更为理想的未来，或执著地追求真理或思考终极性的存在。如果在某些时候因为我们明天要死所以我们要喝，那么我们有时也可以为了同样的理由去工作。有人可能会从另外的角度来与我们争论，认为由于明天总是会不断地到来，所以我们命中注定是会得到永恒的，所以在今天我们用不着做任何事情。这样的看法显然是不能接受的，因为生活是现实的和能动的，生活方式的本质是按照被给予的或被分配的角色去发挥作用。一个活着的人应该朝着按照活着的人的本质去生活或去努力。亚里士多德就是向着亚里士多德性而生活或努力的。

自然与人

一

中国哲学中有这样的一种理论，我们可以把它概括为"自然与人合一"这一命题。这一思想在某些哲学中得到了更多的强调。但是这一思想不只是一种技术性的思想，它几乎为每一个普通接受过教育的人所信仰。它是一个很复杂的意念图案，我们不打算在此运用系统阐述的方法来处理这一思想，我们也不能说我们在下面所说的一切是完全准确地表达了历史上的思想家或某些思想流派的思想家所接受的这一思想。在此，我们的目的是多多少少用我们现在语言中的某些术语，并通过在前几章已经显示出的推论方法来介绍类似的思想。我们不是从思想历史的角度来介绍一历史上的思想，来追踪它的源头或来描绘它的发展线索，我们也不打算根据提出这一思想的思想家的自然环境来介绍它的发展的原因。

我们在此讨论的这一思想很可能是与农业社会或农业文明相关的，因此有关技术的知识还未得到过充分的发展足以给人们提供他们的力量可以征服自然的观念。相反，他们依赖于环境的意识得到了充分的发展，这一意识提供给他们的思想是自然的力量胜过人。在游牧生活中捕捉猎物是主导的方面，这样的生活所注重的是个人的主动性和积极性，因为捕捉猎物的成功更多地要依靠下面的一些能力，如观察什么将要发生、准确地估计机遇、及时作出决断和恰当勇猛地采取行动的能力。由于注重个人主动积极性的观念的牢固树立，所以人的力量胜于自然的观念更加容易地得到重视。而在农业文明中，人们遵从季节性的变化，被动地观望着天气的变化，完全无望地面对着洪水和干旱。从这样的文明中很困难能够得出人的力量要胜于自然的观念。从几千年来中国社会所具有的文明类型中就很有可能产生"自然与人合一"的思想。萨谬尔和亨廷顿可能运用他们分析和处理其他的一些观念的同样方法来解释"自然与人合一"思想的出现。这可能是很正确的。但是如果是这样的话，那么这也就是一个历史的事实，而不是一种哲学的理论。

观念是怎样演变而成的和它们是什么样的观念是不同的两个问题。欧几里德可能就是一个心理分析方法的实例。他对几何图形的着迷可能与他孩子时代的经验有着密切的关系。但是尽管如此，他对几何图形的着迷仍然不是他的几何学的一个部分。虽然它与历史家是相关的，然而它与几何学家却是不相关的。现在有一种相当流行的说法，说的是下落的苹果与牛顿的关系。这一故事是十分有趣的，而且也很有启发性，但它却不是物理学的一部分。给定了历史，我们就能知道一个意念是怎样形成的。然而我们却面临着这样的一个问题，即这样的意念是什么意念。可以有相当多的方式来处理这个问题。比如，这里就有它是真的或假的问题，它是一致的或是不一致的问题，或当它的真或假还不可能作出断定的时候它是否能站得住脚的问题，或当这一意念被认真考虑的时候从这一意念能引出什么样的结果方面看，它是富有成果的还是智慧的问题。天人合一的思想历史地起源于中国几千年来所拥有的文明，它仍然是一意念图案，需要运用已经提到的方式来考察这一图案。此外，它还是相当数量的人们情感方面的依托，不管它的其他方面是否可以被接受，它却是信念资源的一部分，是一部分人类生活的主要源泉。

我们应该区分知识和信念。至今为止的人类行动并不总是为知识所引导的。在一方面，我们可能说，我们的知识到目前为止是有限制的；我们忽视了太多的东西，所以尽管我们想要以知识来指导我们，但我们却没有足够充分的知识来作指导。可是在另一方面，即使我们有了足够充分的知识来指导我们，我们也不总是在知识的指导之下的。在某些事例中，在我们所做的事情中有着固执己见的倾向。在另外一些事例中，有遵从最小阻力的倾向；而在极端的事例中，有人沉湎在蔑视知识强迫所得到的结果的行动或行为中。可能我们的行动应该由知识来引导，尽管它们经常并不是这样的。从想取得理想结果的效率的角度来看，是不存在什么问题的，知识应该指导我们的行动和行为。从其他的标准来看，问题就并不这样简单了。事实上，我们的行动是由习惯、习俗、规律来引导的，在我们行动的精神基础方面，我们的行动由信念引导和由知识引导的是一样的多。知识当然伴随有信念，但是信念却并不总是伴随有知识或甚至是以它为基础的。更为重要的是，尽管信念并不伴随有知识或以知识为其基础，信念的效验并不因此而有任何的影响。我们中的每一个人都有这样的信念的资源，从知识的领域内把一意念驱逐出去并不是意味着把它也从信念的领域内驱逐出去。因此尽管我们可以拒斥作为知识的天人合一的思想，但是它却可以被当作信念来接受，而且尽管真和假的问题可以取消，但是成果和智慧的问题却依然存在。

我不是中国哲学和历史的研究者，就目前讨论的思想而言，我所感兴趣的也不是思想的历史发展，而是思想的具有代表性的图案。在感情上我向往中国哲学的思想及其韵味，而且坦率地说我喜欢我将要在此介绍的中国哲学思想。在前几章中，我们已经说到，在道的展开中，人类是必定会出现的。他们的出现既不是偶然的，也不是终极性的，虽然他们存在的历史时期是有限度的，但是他们的本质要求他们发挥作用，而且他们所发挥的作用是诚挚的和真实的。只要他们在现实中起着作用，那么他们就必须在与我们称之为共存者同享的民主中发挥作用。对于我们个人而言，我们必须要与我们的邻居友好相处。对于人类来说，他们也必须要与他们的共存者友好相处。在理智上有这样的一个问题，即就人类而言他们应该采取一种什么样的态度。在感情上的问题则是，在我们一直所描述的主体实在和客体实在之间的和谐问题。在这里，我们必须要引进"天"这一概念。至此我们一直是为了方便但同时也不很充分地把这一思想叫作"自然与人合一"。但是"自然"不是"天"的同义词。如果我们从分析的角度来看问题的话，那么运用"自然"这一词就是一个不这么太好的选择，因为显然这一个词可以有很多不同的意义。但是它还是具有与"天"十分相近的意味，然而这一意味却是非常含糊的。它可与不同的术语结合在一起而指示完全不同的事物。在"天人合一"这一命题中的"天"这一概念所表达的思想要比英语中的"自然"一词要丰富得多。可能自然和自然的上帝这样的词语要比其他的术语更接近于天，如果我们记住这里所说的上帝并不是基督教的上帝的话。我们将要运用"纯粹的自然"这一术语来指称两分化为主体的领域和客体的领域的自然，而保留"自然"一词则专门用来指示自然和自然的上帝。

自然和纯粹的自然之间的差异在于，对于前者来说，人类是归属于它的；而对于后者来说，或者人类被排斥在它之外，或者它与人类相离。不管认为自然的神性部分应该是什么样的，是基督教的或者不是，它渗透于人和纯粹的客观自然，它使人意识到他们具有自己的性质，意识到纯粹的人性正如同纯粹的客观自然一样是自然的一部分。在这一方面，我们所要强调的不是具体的和相互分离的事物，而是人在其中很难使自己分离的紧密联系的图案。如果认为自然不仅仅是自然，而且也是自然的上帝，那么自然律就不再仅仅是存在于物质之间不变的关系或者描述相互分离的客体或事物的变化和运动，而且从具有目的性和自觉意识的人类来考虑，自然律也是行为律。自然律不仅仅包括自然的规律而且也应该包括自然法，只要我们不把绝对的因素加于以人的形式出现的上帝的意志之上。无生命的物质仅仅遵循着不变的关系，它们不会因为自己被置身于不可摆脱的困境之中而有目的或有知识的赞美或诅咒，仅仅作为它们性质的它们所具有的善不是它们的恶。同样，它们的力量也不是它们的弱点。高耸入云的树的力量并不是它容易被风吹折的弱点，在上述的事例中，它仅仅遵循着不变的关系。但是以带有知识和目的的性质来祝福或诅咒树，那么就会有一定数量的"如果……那么……"的命题来表明那棵树如果太高，它就会被风吹折；如果它不想被风吹折，那么它最好就不应该长得那么高；如果抵挡不住要比别的树长得高的诱惑，那么它就必须准备着被风吹折；如此等等。在后一例子中，那棵树就会像哈姆雷特一样有着自己的精神方面的斗争，它也就会被诸如长得太高或不要长得太高这样的问题所折磨。对于我们来说更重要的一点是，一不变的关系在一方面要求箴言和规则，在另一方面则要求有选择的智慧。这样来解释的自然律，如果没有传统的自然法丰富，那么它就体现了现代的不变的关系。

二

但是为什么自然与人应该合一呢？难道它们还未合一？如果它们能够合一，为什么它们还没有合一呢？如果它们不能够合一，为什么要提倡它们的合一？而且所谓的合一又是什么意思呢？我们必须要提出合一这一问题。我们早已指出，随着目的和知识的出现，实在已经被两分为主体的实在和客体的实在。由于人类既具有目的也具有知识，所以他们不仅要求改造客体实在，而且也知道如何不断扩大改造的范围。客体实在经常拒绝这些改造，它的拒绝是成功的还是失败的就要看主体实在所能够利用的力量，而他们的力量又与他们所能够具有的知识成比例。我们至今一直叫作客体实在的，我们现在称之为纯粹的客观自然。而我们至今一直叫作主体实在的，我们现在仅仅局限于纯粹的人化自然。如果不存在具有目的性的人类，那么纯粹的客观自然就不会有抵制，因为实在还没有被两分化。一旦实在被两分化，那么斗争和拒斥就成为不可避免的了。就纯粹的客观自然讲，问题似乎是多少已经决定了的，这就是胜利至今是属于人类的。从我们后面将要讨论的观点来看，结果并不具有这样的确定性，甚至人类可能是胜利者同样也是失败者。

当然关于人类困境这样的话题可以说上很多。人类诞生之后就具有了目的和知识。他们中没有一个会成为一个人，如果他只满足于他自己个人的意愿的话。然而他既然被赋予了人的责任，他就必须像一个人那样地发挥作用。他必须要生存，必须要吃，必须要繁殖，必须要穿衣。他们有很多基本的欲望和需要，这些欲望和需要的满足并不总是很容易的一件事，因为总有不少的障碍需要克服，而且经常是很难克服这样的障碍的。为了生存，他必须要斗争，必须取得力量来征服他的敌手。他必须要获取知识，用知识的力量来争取生存，他必须要生存下去来完成赋予他的使命。不管他意识到还是没有意识到，作为人的纯粹本性会督促他去获得力量。他不能够成功地抛却他前进的愿望而丝毫不影响他自己纯粹的本性。不管他可能与其他动物之间有多大的区别，只要考虑到他的生存是由他的本质决定的这样的事实，那么他与动物之间就不应该有区别。正如木料必须有木料性或马必须有马性一样，人也必须是一个人。但是一块石头不会为了强壮或获得石头性而去做努力。而人却不一样，人的本质要求他去努力，因为他赋予目的和知识。他必定要努力改造纯粹的客观自然来满足他的需要或欲望，因此他一定会采取某种手段来达到一定的目的。这正如马不能逃离是马，石头不能逃离是石头一样，在这方面他也简直是毫无办法即不得不是一个人。用我们前几章所运用的语言来说，是人意味着就是要完成人的本质或就是要使人这一可能现实。考虑到为了生存而进行的斗争，是人也就是成为纯粹的自然的人。

但是，目的和知识的结合给人提供了力量。虽然力量并不必然是危险的，但它却经常能带来危险。它孕育着追求得到更大的力量的欲望。而且它不满足于仅仅作为某种目的的一种手段，有着使自己成为目的的倾向。为了生存的斗争可能会演变成为了力量而进行的斗争。作为一种手段，力量是有局限的，当某种目的达到之后，它也就停止发挥作用了。如果邮票仅仅是为了邮寄信件，那么有多少信件我们就需要多少邮票；如果钱是为了维持一定的生活水准，那么我们所需要的也仅仅是能够达到这一生活水平的钱的数量。但是如果我们收集邮票和金钱仅仅是为了它们本身，那么对于邮票和金钱的需要就是没有限制的了。对于力量来说也有着同样的情形。随着力量的不断积累，也就出现了追求力量的不断膨胀的欲望，这种欲望可能会膨胀到以前从来不可能梦想过的程度，已完全超过了生存所需要的程度上去。在纯粹人性的驱动之下，我们不可能确定力量究竟应该如何运用。它可能被运用来清除纯粹客观自然中的种种障碍，或者它可能被运用来反对自己的同胞，或者甚至它可能被运用来反对他自己本人。人们可能会倾向于同意卢梭的看法，人是无处不在枷锁之中，不管是否存在着他在其中享受自由的那种自然状态。就知识本身而言，知识是和谐的，但是目的却是经常相互冲突的。这样的冲突不仅仅存在于国家和国家之间或种族和种族之间或不同的人之间，而且也同样存在于单独的个人本身。有着相互冲突的目的的个人是一封闭的精神斗争的堡垒。石砌的围墙并不是真正的监牢，纯粹客观自然中那些妨碍他的欲望现实的种种障碍也不是，然而他却是他本人的囚犯。他个人所取得的力量越多，那么他就在多大的程度成为奴隶。

我们早已指出过，在知识的帮助之下，目的可能变得极其的复杂。可能存在着这样的目的和手段之间的链条，某些目的成为了其他目的的手段，而某些手段却成为了其他手段的目的。如果一个人在这样的目的与手段的链条之间徘徊，那么他就有可能把手段看作是目的。而且价值的问题也会使这一问题变得更为复杂。第一，由目的来证实手段的问题可能会出现，如果一个人看不见目的而只停留在手段上，由于目的被遗忘，那么由目的以前所证实的手段也不再是原来的手段了。如果某种目的不被认为是能够证实某种手段的，那么不管这一目的挪到多远，也不管它们是否在视野中消失，它们是不会影响手段的，因为后者将不得不在自己的基础之上得到证实。但是如果情形是这样的话，那么实现目的的手段的力量也将大大地降低。第二，手段与目的之间的链条越长，目的之间的冲突也就可能越激烈。纯粹客观自然的冲突是一个直截了当的问题，一个人可以勇敢地走进这样的冲突中去。人与人之间的冲突常常伴随着疑虑担忧。自身之内的冲突可能会导致悲剧性的结果，因为在这里一个人的力量同时也是他自己的弱点，他的胜利同时也是他自己的失败。当一个人自身像是一座分崩离析的房子，那么就没有什么东西可以给他带来希望。第三，有了知识的帮助，目的就不断地分化，欲望也不断地增长。某些欲望转变成为需要，而突发奇异的念头则变成了欲望。

这样的转变可能是很令人满意的，但是事实上并不会如此的。然而不管它是否会如此，毕竟某些事情在这一过程中失掉了。曾经带有柔和的轻松愉快的富有诗意的念头或愿望或希望，现在则转变成了伴随着粗野鄙陋性质和坚决要实现的意愿或欲望或需要。如果我们有了在月亮上举行野餐的能力，那么我们身上的某些因素会因此感到很高兴，而另外的有些因素则会促使它实现，欢享月亮上的孤独的荒诞想法就会转变成粗俗浅陋的欲望，并且会导致为了争夺门票而发生的斗争，会出现在狭窄的通道上拥挤不堪的现象，于是就有可能出现像笛卡儿的观念一样的如下观念，即使在月亮上也不会再有孤独了。

但是，可能不断增长的欲望所带来的最重要的结果是我们本人也成为了这样的欲望的奴隶。由于满足欲望能力的不断增长，欲望也呈现了以几何级数增长的趋势。如果欲望是简单的素朴的，那么我们可能不会有被奴役的感觉，因为目的就在眼前，而手段也是直接的。如果我们不用走很长的路就能到溪边喝水，那么我们就不会感觉到我们的喝水或我们必须要走的路侵犯了我们的自由。但是如果我们要反复做这样的事情，而且为了我们自己的生存必须把水送到不同的家庭中去，那样我们就会感觉到这种来回走动会影响我们的谈话或在茶馆消度宁静的下午。在这样的情形之下，目的没有被意识到或感觉到就在目前，那么一个简单的欲望就会引起被奴役的感觉。想象一下与现代文明相伴随的无穷数量的欲望以及这些欲望所包含的目的和手段的漫长的链条。人们就禁不住会感到，一个人像一条蚕那样在作茧自缚。虽然在一方面我们必须要承认人类行动的范围大大地扩展了，以前不可能完成的事情现在却很容易就能做到。但在另一方面，欲望和需要也在不断地增长以至于人们比以前更多地被这些欲望和需要所驱使，被它们所奴役。我们可能这样富有诗意地宣告，一位"铁器制造者"在推动我们；显然这是不可能的，除非我们自己推动我们自己。人们可能会反对让别人来推动自己，但是当一个人自己推动自己的时候，也就没有纠正自己的可能了。由于征服客观自然和人类其余部分的力量的不断增长，人的自我奴役的可能性也在极大地增加。是否有任何反对欲望主宰一切的斗争或不依赖任何个人的斗争，但是即使有这样的斗争，人们也不能不感觉到他们是被奴役的。问题是我们是在征服纯粹客观的自然使我们自己成为奴隶？在做事情方面所享有的更大的自由必定会使我们自己在更大的程度上成为自己的奴隶吗？

　　这样就出现了一个本质上是人本身才具有的问题。有些事情必须通过社会经济和政治措施才能做到。首先，这里就有一个选择的问题。一个大的社会可能为了权利或为了公众的幸福而组织起来。所谓幸福，我们是指人类社会组织的各种要素间的综合性的和谐。我们不应该把幸福与所谓的快乐混淆起来，因为快乐有时并不能给人们带来幸福；或者与欲望的满足混淆起来，因为这样的欲望的满足会危害社会的和谐。如果一个大的社会仅仅是为了力量而组织起来的，不管是军事的力量还是工业的力量，那么上述的问题是绝对不可能得到解决的。如果一个大的社会是为了幸福而组织起来的，那么个人与个人之间将必须联合起来，共同作出积极的努力，设法自助自救。社会只能够为我们提供一定的条件，在这样的社会中个人可以做到自救。总而言之，他们必须依靠自己来解决自己所遇到的种种问题。在以前是宗教担负起了拯救个人的使命，但宗教似乎已经丧失了它以前所具有的许多效用。而且由于与我们的问题相关的仅仅是解决人类问题的宗教部分，因此我们在当前的讨论中把宗教暂且放在一旁。即使是有关的那一部分也必须传授给个人，由个人去体验，去沉思，去预测。这里的问题不仅仅是人类的，而且也是个人的。

三

　　在下面的部分中，我们将起用一个术语来指示某种事物，其含义要远远多于词典所能包含的。根据 Webster，vista 一词的意思是"首先是指通常通过或沿着两排树之间的道路得到的观点或视野，或第二延伸指关于一系列事物的观点或视野"。我们将保持这一词的观点或视野的部分，而舍弃树或事物的部分。我们的兴趣并不在于所看见的或所听到的，而在于从经验中所收集到的意义。可能这样收集到意义依赖于个人的特点及其他们与他们的环境之间的关系，而且可能依次归于纯粹的主体自然或环境。但是，事实是否这样，我们无须努力去确定，因为我们在此的兴趣仅仅是所收集到的意义。任何一个人都知道生活的意义。这样的意义，就我们而言，是指收集到或组织进图案中的整体的意义，而不是仅仅指"生活"这一术语的概念意义，也不是指生活的情感的内容，也不是指每一个人生活所具有的某种韵味。它是指所有的事物及所附带的某些事物，某些激励或引导或指引一个人精神的基本动机。事实上，用来描述它的常用的词是下面意义上的哲学一词，即人们经常说每一个人都有他自己的哲学。但是为了保持哲学这一术语在学院或大学所运用来处理基本问题的那种正式的和概念的意义，我们还是把它叫作人生观点或意义的图案。

我们已经说过，或者是纯粹的主体自然或者是环境或者是这两者都对一个人所持有的人生观有影响。为了使某一人生观是可以达到的，因此我们忽略了某些最为基本的本能的禀赋。即使所要求的本能的禀赋被给予了，也是环境必定要求他发挥他的作用。"人皆可以为舜尧"这一句话表明了环境的重要作用。某些人生观形成了，某些其他的人生观实现了，在这中间环境起着很大的作用。某些人生观必定要通过有意识的和紧张的努力才能够现实。如果这样的努力被误导了，那么这样的人生观也就相应地会失败。我们现在关心的是观点和视野，而不是行动或本能或刺激。如果我们努力的目的是阻止将要现实的某些癖好实现，是压抑某些极力要得到表现自身的本能，或使已经得到表现的某些刺激失效，而要得到某一人生观，那么我们就有可能成为心理分析的对象。但是如果我们的努力是指向得到某一人生观并坚持这一人生观，那么我们就可能成功地使某些本能起作用而使另一些本能没有机会表现自己，成功地使某些感情得以发泄而其他的感情则没有这样的机会，或者使某些行动发生而使另外一些行动消灭于萌芽之中。以一种可能是最简单的语言来说，我们可能像在事实世界中的任何一个人一样的生活，然而却超越这样的世界，因此我们的意义世界是非常地不同于我们同时代的很多其他人的。人们得到这样的人生观的问题不是去改变客体或人，而是设法尽可能多地去完成存在于动物或客体中的人性。只有粗俗的人才试图树立崇拜的偶像或期待着超人来帮助解决本质上是人类自身的甚至多少是世俗的问题。

可能存在着相当多的不同的人生观。如果人们想到不同的人有着不同的哲学，它们是如此的不同和多种多样，那么人们就会对有那么多的人生观的结合和变种有了初步的看法。然而我们感兴趣的是多少具有柏拉图类型的人生观。这样的人生观有如下三种：素朴人生观、英雄人生观和圣人人生观。用来描绘这三类人生观的这些术语并不是个人的职业或特点或能力或仅仅是意念。显然，伟大的科学家或音乐家可能具有英雄的人生观，虽然他对科学的兴趣是单向度的或他对音乐的兴趣纯粹是感情的表现。通常所说的伟大的人物本质上是单纯的，这不可能是说这些伟大人物的各个方面都是伟大的，而更可能是说尽管他们是伟大的或可以说是伟大的，但是他们的人生观却具有单纯性。战争中的英雄就可能具有这样素朴的人生观，虽然他的英雄主义可能表现在他尽其所能杀死了很多的敌人，然而他的人生观还是素朴的。很有可能的是具有素朴人生观的人在许多方面都是素朴的，一个具有英雄人生观的人在他同时代的人看来是个英雄。但是在这之间必须做出区别。不管被认为体现了勤奋、忠诚和智慧的人生观的柏拉图的"工匠"武士和政治家是否意味着在描述不同的人生观，而我们在此所运用的术语并不是运用来描述社会阶层或个人的品德的。如果人生观是生活中的职业或阶段的产物或相应的品德的话，那么人们就很难从他们碰巧或经过选择而在其中起作用的事实世界中超脱出来。

素朴人生观是这样一种人生观，在其中实在的两分化和自我与他人的两分化被降低至最低的程度。一旦人们具有了这种人生观，那么他们就会从自我中心的困境中解脱出来。由于一个孩子还没有得到足够的人生意义，所以不能说他具有一定的人生观，这是非常正确的。然而把在他的行动中表现出来的孩子气的性质拿来和一个成熟的人做比较却是有意义的。一个孩子可以享受到他与环境间的某些和谐气氛。他不可能起来反抗他的环境或想要征服环境。如果他受到了挫折，他可能会痛快地哭，如果他又立刻想要笑，他就会毫不掩饰地去笑。他不会因为行动一致的欲望而困惑，也不会纠缠于精神方面的斗争。他的行动所具有的孩子气的性质可能被一个具有某种人生观的成人习得。一个具有素朴人生观的人是这样的一个人，他具有孩子气的单纯性，这种单纯性并不是蠢人或笨伯的单纯性。它表现为谦和，虽然具有欲望却不为欲望所控制，有明显的自我意识却没有自我中心论。正因为如此，所以具有单纯性的个人不会因为胜利而得意忘形，也不会因为失败而羞愧万分。他不希望拿自己与别人相比。不管他是愚蠢的，或者是缺乏智慧的，或者是毫无生活地位的，还是才华横溢机智聪明，具有非凡的能力，或者是具有很高的智力，他就是他自己。他就是他自己，这一自己是纯粹既定的，他在生活中发挥着自己的作用。对于上述的两种截然相反的情形他都安之若素，毫不动于心。就他本人来说，他完全地意识到自己的责任就是保持他的自我。就他的环境和同胞的方面来说，他对于他们要求甚少，因此他也不可能为他们所牵累。他也不疏远他们。这样的人生观引导他达到经常被称之为心灵的平和的境界。

英雄的人生观则与素朴的人生观不一样，在这样的人生观中实在的两分化达到了最大的程度。而且这里所说的是人生观是英雄的，并不必然是个人的。英雄人生观有着各种不同的类型，而且与其他人生观相比也充满着更多的心理学方面的复杂性。人类中心的英雄观就是英雄人生观中的一种。具有这种人生观的人可能在内心中燃烧着由人来征服纯粹客观自然的热情，而且为强烈的情感所驱动来达到征服自然的目的。在这里，实在被两分化为纯粹的客观自然和人。人所着迷的是要征服纯粹的客观自然。如果从纯粹的客观自然的角度来看，直到今天胜利是属于人的；但是从纯粹人类的角度来看，问题至今却并没有这样的确定。事情很可能是这样的，胜利者本人结果会同样地会成为失败者。似乎在一方面从内心讲人们不愿意来处理人的问题，来解决他们所面临的问题；但是在另一方面却在激励人们采取具体的行动来达到征服纯粹客观自然的目的，或者正如同被内乱纷扰的国家经常是通过发动对外侵略来达到内部统一的目的。但是正如对外侵略不是真正解决国内纷扰问题的办法一样，对客观自然的征服也同样不是真正解决人内在种种问题的办法。可以暂时不管这些问题，甚至它们可能在目前已经得到了解决。但是问题会不断地出现。如果它们出现了，那么它们就会不断地以问题来进行报复。人类的欲望可能会变得毫无节制，征服纯粹客观自然对于这样的欲望来说并不是真正的解决办法，相反却会带来无穷的烦恼。借用军事战略学中经常运用的一句话说就是，先发制人者可能就是失败者。人类不仅仅为征服纯粹客观自然的欲望所驱动，而且他们也同样为被他们所忽视的自己的本性所驱使。

英雄人生观的另一种表现形式便是自我中心论。在这里界线是划在了人类的环境和自我之间。外在的成绩依然是主要的因素，所不同的是它的目标不仅仅是要征服纯粹客观自然，而且它的目标也是要指向人类的环境的。从营造或者想象一个个人中心而得到满足，征服环境的胜利者主要的当然是人。下面的这些说法如"有志者事竟成"，或"人就是他所成就的一切的总和"，或"只要专注和努力，你就会无往而不胜"表达的就是这种形式的英雄人生观。一个人可能最不像是一个英雄，但是他却坚信只有通过征服人类的环境人才有可能达到自己个人的现实。英雄人生观并不局限于个人的社会。但是单向度的英雄主义却是最为主要的一种。多形式的明确开辟的机会引导个人把自己的价值和以他个人的雄心或成就为标准来断定的成功或失败统一起来。成功所需要的素质是感觉的敏锐，计划的熟练，抓住机遇的能力和执行自己计划的冷酷无情；虽然作为结果的成功可能有时是正确的，但是却不包含任何深刻的人生的意义；然而由于人们在什么是成功方面没有达成统一的看法，所以人们可能会认为无情的、有能力的和成功的人就是英雄。在某种重要的意义上说，他们确实是英雄。许多伟大的政治家、士兵或实业家或者甚至某些宗教家就是具有这样的英雄人生观的人。如果人类的文明没有这样众多的英雄人物，那么它就可能只不过是一种静止的状态。对于人类的文明来说，这些英雄人物是必不可少的。对于人类的环境来说更是如此。但是仅仅有他们是不充分的。他们是战争的胜利者，而不是和平的维护者。从他们的人生观的角度来看，这种人生观所体现的意义也只不过是人类本性的一个方面。

四

圣人的人生观在某些方面类似于素朴人生观，所不同的在于它的明显的素朴性是得自于高级的沉思和冥想。具有圣人观的人的行为看上去像具有素朴人生观的人一样素朴，但是在这种素朴性背后的训练是以超越人类作用的沉思为其基础的，这就使得个人不仅仅能够摆脱自我中心主义，而且也使他能够摆脱人类中心主义。在这里没有必要详细地讨论这样的思想，即每一个具体的人因为他人而成为自己。只有在抽象的意义上，个人才可以说是相互独立的。关于"如果亚里士多德生活在古代中国将会是什么样的"这个问题是一个关于亚里士多德性的沉思；实际而且具体的亚里士多德是因为他当地的同时代的人而成就了亚里士多德本人。我们现在谈论的不是每一个人为了某些目的如安全、保护、食物和职业等等，我们现在正在谈论的是每一个人具有本质性的特质。我们所有的人在不同的程度上都是劳雷德和哈迪思，或者是马特和杰费思，或者是贝格和麦克塞思，或者甚至是西孟兄弟。个人之间的关系越是紧密，那么每一个人也就与他人更紧密地结合在一起。一个人越是把自己投射到他人之中，他也就越因为别人而成就了他自己。实际上在个人的特性之间是存在着相互渗透或相互弥漫的情形的。一旦这种情况实现，那么巨人和侏儒之间应该是平等的，因为如果没有对方，那么他自己也就不可能存在了。因此强者和弱者有着同样的命运或生活在同样的世界之中。个人之间确实存在着差异，这是不能否认的。虽然为了某种目的，通过标签和抽象的方法可以对他们做有用的强调，但是不应该过分地强调个人之间的差异，因为这样做会在现实的和具体的生活中防碍个人之间相互交流和渗透。

由于每一个人的存在都深深地浸透着或渗透着与他息息相关的同胞

的存在，那么把人类划分成个人的界线应该在什么地方呢？诚然，从生理上讲，我们中的每一个人就是一个单位，但是挑选出这样的生理的方面无疑就是一种抽象。确实，我们中的某些人具有某种精神能力，是其他的人所不具有的，不管我们是否称他们是非凡的或卓越的或特殊的能力，无论如何，他们总是独特的。但这确实是在描述而不是估价，描述毕竟就是一种抽象。我们能够把一个人的性质与他前辈的性质，与他同时代人的性质区别开来吗？我们能够断定这些性质中的哪些部分是属于历史的，哪些是属于文化环境和时代精神的吗？如果我们不能够作出这样的区别或者作出这样的断定，那么一个人的心灵就是杂乱的一堆，就是一个复合体，或者是不同的杂多因素的综合，这样，也就不再有个体的人了。如果我们能够作出这样的区别和作出这样的断定，那么就会有不属于作为整体的个体的剩余物，或者是什么东西也没有遗留下来。如果是这样的话，那么作为具体的个人也就消失了。我们可能会这样说道，每一个人都有自己的与他人不同的心灵。这一说法不管是正确的还是不正确的，我们在此不必纠缠不清，因为除非我们认为心灵是没有窗户的或者是在真空之中的，我们就不可能解决它们相互之间渗透的问题。全部问题的关键在于被认为是个人的事物本身就是抽象的；实际上他就是一个所谓的流动区域，在其中有数量众多的事情在作用和反作用的方式中产生。一个人的心灵如果能够自觉地意识到普遍的渗透，他就必定能够怀有这样的人生观，即虽然在理智上承认个人之间的区别，但是他却可以超越这样的区别。有了这样的意识并超越了自身的心灵拒绝任何个体自我的情感上的既得利益。

这种相互渗透的情形并不仅仅局限于人类。在每一个体因为其他个体的存在才能存在的意义上说，每一个特殊的个体都反映它所隶属的整个的特殊世界。这样的特殊客体在不同的方式上与每一其他的客体相互联系着。这些关系中有的具有内在关系，有的则具有外在关系。任何一单独的客体的性质和关系质都要依赖于每一其他的特殊客体的性质和关系质。就特殊性的角度来看，没有一客体是可以变化或移动的。在其他的地方和在不同的时间在任何一特殊客体中可以重复的东西不是一套由客体现实了的共相或者它本身是一虚幻的同一性。我们习惯于谈论抽象的东西，因此对我们来讲谈论推论或者甚至谈论特殊的东西就感到非常的困难。以我现在正在写字的书桌为例。我们通常以为它是能够来回移动的；我们可能说，事实上它在昨天就被移动了。它可以移动就表明它是一个持续存在的客体。但是如果从它的特殊性的角度来看，我们坚持认为"这张桌子"这一术语首先包含着这一系列的殊相最初在某一的地方，然后经过一系列中介地方，最终达到了一个新的地点。没有一个殊相发生变化或移动。说一个客体改变了它的性质或者是改变了它的地点，仅仅是在断定它经过了一套不同的殊相或者它与其他特殊客体的内在的和外在的关系已经与以前的不一样了。在这两种情况下，整个世界图案的特殊性也是不同的。

特殊的客体还有另一种反映特殊世界的方式，但是我们不打算在此谈论它。我们不应该忘记的是一个人同时也是一个动物和一个客体。这是千真万确的。作为一个动物，人是不同于某些客体的，作为人，他又不同于某些动物，作为自我，他又不同于他人。但如果他认识到被认为是自我的东西是渗透于其他的人、其他的动物和其他的客体的时候，他就不会因为自己的特殊自我而异常兴奋。这一认识会引导他看到他自己与世界及其世界中的每一事物都是紧密相连的，他会因此而获得普遍同情。这样，他不会歧视其他的客体，因为他自己就是它们中的一员。而且在这种生存的民主状态之中，他获取多少，也就给予多少。他不会对其他的动物表示不满，因为像他一样，这些事物也只不过是根据各自不同的本性来发挥自己的作用。他也同样不会谴责某些在他身上表现出来的动物性的本能，因为他作为一个人并不能使他自己完全不考虑发挥实现其动物本性的作用。虽然有些本质必须要得到鼓励，具有了这些本质的人可能会认为自己在具体的生活中要比其他的客体优越或糟糕，或者在现实的时间阶段中，他只不过是不同于其他的人，正如其他的人相互之间也是有区别的一样。一个人所具有的人性给他带来了不少严重的问题，因为人类的能力使得他与他的同类中的其他人的关系变得最为复杂；因此他有可能享受极度的欢乐或者遭受最为强烈的痛苦。如果他不能够有以上这样两种感受，那么可以肯定，他本人是一个极其麻木不仁的人。对于他而言，他最多所能得到的是素朴的人生观。如果他能够有上述的两种感受，那么他就是一个富有激情的人。如果是这样的话，那么不是盲目的感情给他带来厄运，就是得到升华并有理性指导的感情会引导他通向自我拯救。如果一个人起来斗争反对自己的感情，那么他就是一个处在困境中的动物，就是一个被监禁的人，陷于感情冲突的迷津之中而不能自拔。为了处理这些问题，一个人必须要具有重要的知识和相关的智慧。对于一个具有圣人观的人来说，并不是以一种有用的方式来解决这样的问题，因为对于他来讲这样的问题消解了，因此这些问题不会困扰他。

可能最无私的感情就是同情。在它的最真诚的意义上说，它显然是无私的。由于一个人与他同时的其他存在的性质和关系相互渗透的实现，他就能够有这样的真诚和纯粹的普遍同情。如果一个人不再是一位人类中心论者，那么他也就不再是一个自我中心论者了。一旦脱离了自我中心的困境，那么他也就不再会为自我奴役这样的问题所困扰。正是个人的既得利益使个人成为自己的欲望的奴隶。也正是他的欲望扰乱了他与其他人之间的那种和平的关系。也正是他的欲望使他与他自己进行着斗争。然而当一个欲望引起另一个努力以同样的固执求得自己的满足的欲望的时候，欲望也就为欲望所累。一旦它们有机会进行越岛作战，那么我们就根本没有办法可以阻止它们可以这样无限制地做下去。惟一可行的方式就是认识到自己的命运，以一种比仅仅是社会的和政治的意义更为广泛的和平的心态来对待自己生命中的位置。显然某些欲望是必须要满足的，但是如果在满足或试图满足它们的时候，人们要能够平和地对待自己的命运，要能够安心于自己努力的限度。不管面临什么样的命运或位置，对他来说保持它们是他的责任，是在同时并存者的相互依赖的民主的状态中必须要完成的一种作用。他既不承认自我的满足，也不承认自我的请求。他不会起来反对自己职责范围内的任何东西，也不会乞求这样的职责范围之外的东西。由于他是一个人，他就必须要争取现实他的存在的本质。包括独立自我在内所给予他的一切东西，他都会以一种像他接受自己的命运一样的宽厚的态度来接受。他所需要的不是如上帝的信徒那样的圣洁，因此能够超越人，而是包含着超越人的纯粹自然方面的敏锐智力，使他能够接近人所包含的自然，这样的自然就是天。后者是任何人都可能达到的。一旦达到了它，那么人们可能就具有了不同于绝大多数人的人生观，然而在其他的一切方面他们却像任何一个迪克或哈瑞。在他那里，客观自然和主观自然是统一的，这样的统一就是和谐。

必须强调的是我们在此所讨论的是人生观，而不是人的类型。我们并不是极力在提倡要创造圣人这样类型的人，也不提倡英雄类型的人。在我们今天这样的社会中，人们的职责有着太多的分化和综合，因此根本不可能把人们分为简单的阶层。没有理由说明为什么一个划船者或一个制鞋者或一个律师或一个医生不可以是具有圣人观的人。一个具有圣人观的人与一个制鞋者或国家管理者的关系应该是平等的，因为在任何一种关系中他都是在实现所给予他的职责，即努力为他在其中生活的这个特殊的世界做贡献。在这样做的时候，他不允许在谦和的和自命不凡的人之间作出什么区别。也并没有什么特殊的职业有碍于去达到圣人观，每一个人都可以达到圣人观。当然，并不是每一个人都能在实际上成功地达到这样的境界。在这里，重要的问题是要使每一个人想成为圣人或引导或鼓励他把圣人观当作一种理想去追求。有了这样的理想在胸中，人们就不会误用权利、知识、财富和人的智慧。它们对于我们所要达到的某种特殊的目的来说是非常有用的，然而只有智慧才能引导人们过一种导致社会和谐和个人心灵平和的生活。以知识为例。对于维持和改善生活条件来讲，知识是客观的，可靠的和极其有用的。但是它在给人们提供能够指导他们过一种有意义的生活的智慧方面却并不是同样成功的。至今知识方面的进步所导致的结果是英雄观和使人成为他自己的欲望的奴隶。不管这种情形是好是坏，或者谈不上什么好或坏，知识本身已经成为了中性的，天使和魔鬼都同样可以利用它。权利和财富方面的情形也并不见得要更好一些。我们今天所面临的最为基本的问题，可能是社会的改造和经济结构的重新调整的问题，以达到改善人们的生活条件的目的。但是明天的问题就肯定是个人自救的问题，以便改进生活的质量。所需要的并不是一些圣人，而是一部分人们起着不同的作用，努力获得圣人观。社会方面和个人方面的麻烦不在于我们所生活于其中的星球，而在于我们自己，而且为了防止社会机体被即将要影响整个世界的英雄观所控制，很有必要以圣人观来救治英雄观。

五

西方世界似乎一直是英雄观占着统治地位。虽然在西方偶然也有人断言调和适中的态度将会继承这个世界。但是占统治地位的态度仍然是自信的态度，是努力使欲望得到满足的态度，是把欲望和追求幸福统一起来的态度。结果就是，社会的结构就是一个权利和成就的社会结构。仅仅人类所取得的成就就足以令我们头眩目晕。所取得的成就的数量是不可计算的，它们的范围极其广泛，它们的意义是十分巨大的。事实上，这些已经取得的成就形成了这样的一个局面，即在西方人们几乎是生活在一个被创造出来的人工的环境之中。纽约可以说就是人类所取得的辉煌成就的一个顶峰。主体自然的主宰几乎达到了这样的程度，即客体自然几乎正在消失。而且知识的力量，工业的力量和社会组织的力量更是令人不寒而栗。在它的建设性的方面已经通过其成就表现出来了的同时，它的破坏性的方面也已经通过目前全球性的战争对文明所带来的危害表现出来了。在过去，文明可能由于冰河，由于洪水，由于地震或滑坡，或者是由于干燥和腐朽而遭到破坏。但是在最近的将来，它们不可能由于这些因素而遭到破坏；如果它们被毁灭的话，那么很有可能这样的破坏者就是人类自身。随处可见的进步是指向旨在安全的个体的组织，有些进步甚至旨在计划和努力建立一个全球性的组织。这确实是应该做的事情。然而，我们却不敢肯定，这样的全球性的组织不久就会出现。而且即使这样的全球性的组织出现，我们到那时也不敢保证，再也不会有内战或者将来的内战的危害性要比现在的全球性的战争的危害小得多。似乎有人企图把人类所面临的问题外在化，准备运用理智的力量来解决这些问题；这样的企图是由于我们不愿意从人类经验的角度来看待这些问题。能够征服我们的力量尽管令人毛骨悚然，然而运用这些力量的正是人类自身。如何来运用这些力量，最终说来是依赖于我们将会成为什么样的人这一事实。我们是不能够把我们自己的问题外在化的，因为我们本身就是这些问题中的一部分。

西方世界是由英雄观占统治地位的，这似乎是没有什么疑问的。我们可以在这方面找到无数的思想方面的证据。比如说人是万物的尺度，说物是感觉的复合，说理解决定着自然的本质，所有这些说法基本上都是人类中心论思想的必然产物。人们都认为这样的思想是不言而喻的，也就当然地接受了这样的思想。即使是《圣经》也是以这样的思想为基础的。如果没有人类中心论，甚至没有自我中心论，谁还会相信是上帝根据自己的形象创造了人，或者希望上帝这样去做呢？如果我们确实具有谦卑的本质，那么我们就不应该以自己的形象来羞辱上帝，因为这样的形象是我们这些下属的，是我们这些将永远是下属的人的形象。这样，我们就可以比较稳妥地得出这样的结论，即不仅仅在希腊的明朗中，而且也在希伯莱的美妙中都有人的自信的倾向，有因为我们自己而骄傲的倾向，有深入骨髓的自信认为我们是高尚的人。因此，人类的职责得到了高度的赞扬，因此人们为战胜了自己的生物性遗传的满足而沾沾自喜。社会呈现出多样性，但是很少能发现对自我的不满。但是即使在自我禁欲和自我拷打中也没有真正意义上的人类中心的谦卑，在其背后的真正动机可能是要成为非我的好战欲望，正常的人如果不具有自我中心思想，那么他也会具有人类中心的思想，他的一般的态度是要把客观自然看成或者是要被征服的敌人，或者是根据自己的欲望加以改造的具有可塑性的材料。在这样做的时候，他可能屈从于人内心的纯粹的自然。他可能会以自己的哲学来继续"建设"客体自然，而且会努力调动自己所有的资源根据自己的意志来"征服"它。在某一种意义上，他可能会成为征服的英雄。但是如果他屈从于人内心纯粹自然的话，那么在另一种意义上，也可能是更为重要的意义上，他也就是一个被征服者。

英雄观具有它自己的长处，这也是没有疑义的。前面已经提到在英雄观的指导下人类所创造的种种辉煌成就。远东社会似乎更需要的就是这样的英雄观。但是为了达到保持这样的英雄观的长处这一目的，那么我们就必须使它得到圣人观所具有的基本人性的补充。所谓征服自然的思想应该得到尊重，如果它不会因此而导致更大程度上的人类自己奴役自己的现象。在一种意义上，客观自然从来就没有得到过真正的征服，没有一个"自然律"因为人类的利益和仅仅在人类意志的支配下而被悬置起来或者被取消了。实际所能做到的是只不过是形成这样的一个状态，在其中为了使某种自然律起着作用而使其他的自然律暂时不起作用，因此人类预定的结果就能得以现实。人类利用客观自然的一个方面来反对它的其他方面，其目的是为了满足自己的欲望。由于一个欲望产生其他的欲望，因此自然在多大的程度上得到了征服，那么我们的欲望也就在多大的程度上变得毫无节制。成就接着成就，力量产生力量。我们当然可能说，对客观自然的"征服"有好的也有坏的方面，或者说有建设性的也有破坏性的方面。但是由于毫无疑问在以这种折中主义的观点来看这一问题时候显然是有某些有用的目的，因此似乎一个更为重要的真理被忘记了。这一问题的根源也是同样的，成就和力量只不过是同样的刺激的表现。而且如果一个人追求建设，那么他在这样做的时候也会带来潜在的破坏。英雄观把取得成就的意愿看作是既定的和最终的，除非这样的意愿在其思想资源上带有圣人观的因素，否则我们就不会确定它不会通过欲望和满足的链条来摧毁人类。

当然，东方社会没有解决人类的困难的问题，而西方社会同样也没有解决人类的幸福所带来的问题。一旦太平洋的印度可以从不同的方向达到，那么人类所遭受到的困苦就会令西方的旅游者感到极大的痛苦。在那里，人们的生活还像多少年以前那样依赖于气候，取决于连年的洪涝灾害。生命是与死亡相连的，然后是死亡。生活并不是毫无意义的，因为即便是以谦卑的目光来看，对于个体生命的诞生也会带来无穷的惊喜。但是确实也可以这样说，生命是不值钱的，因为人的大批的死亡事实上并没有引起社会的和政治方面的同情。人的诞生并没有经过本人的同意，他的死亡也并不违背他本人的意志。因此生命是一种麻木悲惨的状况，遵循着最小抵抗力原则走向既定的命运。然而令人不可置信的是，在如此苦难的生活之中也并不必然地缺少幸福。在这里，很少有后悔或者愤愤不平；很少有苦恼或者痛苦，因为除了自我之外，人很少有什么欲望；也很少有什么悲剧，因为悲剧蕴涵着这样的感情冲突，它使欲望的拥有者常常成为失败者，不过在冲突中哪一方面获胜都导致悲剧的产生。而且与通常的信念不同，这样的冲突从整体上讲是与东方不一样的。英雄观在东方并不是没有，但是很少有以人类中心的形式出现的，所以在东方这样的英雄观并没有实际的重要性。客观自然的力量仍然压抑着纯粹的人。在东方正是这样的事实给西方人的心灵留下了深刻的影响，认为比起任何其他的事情来它具有更大的力量。无疑，人类中心论应该得到更多的鼓励，需要作出更大的努力来"征服"自然，无疑更高的生活标准应该成为每一个人的目标。但是我们必须要理解的是，这些事情是有意义的，仅仅是在它们现实时某些素朴的或圣性的性质没有与它的自然的自然性或令人满意的满足一起失掉。

西方的文明将会影响整个世界，能产生这样的影响既是由于它本身的长处，也是由于它本身的力量。一旦这样的文明诞生，它就会以其磅礴的气势滚滚向前，粉碎前进道路上的任何一个障碍。显然它具有自己的优势，它使人们的生活水平提到了以前从来不可能想象的程度，它保证使人们的生活条件可以在很大的程度上免除自然灾害。然而人类管理所带来的苦难并不能从根本上得到消除，但是这样的灾难因为社会和政治方面改革的成绩而不断地减少。对于西方文明的长处，东方人除了表示敬佩之外没有什么可说的。对于世界变化的速度和效率，人们感到极大的好奇和敬畏。但是考虑到所要达到的目的，人们却不得不感到担忧。是否能够保证整个文明不会像乔装打扮的某些东西那样无处可去或者为实际上不存在的旅程作精心准备？如果幸福是与纯粹欲望的满足同一的，那么使人感到疑惑不解的是，是否生活在新世界的人要比古希腊人或中国人或伊丽莎白时代的英国人更幸福。幸福既是内部生活的和谐，也是与外在世界融洽相处的能力，后者只有当它能够对前者有所贡献的时候才能成为宝贵的财产。但是如果英雄观及其所含有的刺激和活力主宰了我们的思想和行动，那么它就有可能驱使人们进入行动的旋涡之中。每一个人都处在重压之下，束手无策，被无数的不断增长的欲望折磨着，其最后的结果就是苦难的消失并不意味着幸福的出现。西方人所需要的是更多的圣人特性，不仅要承认那种自信并不是人类中心的也不是自我中心的，也要承认它是与人类尊严相一致的自信，但却不会产生虚假的人类自傲。民主的信念，人类价值的观念，朝着生活条件平等的现实的奋斗应该与实现如下的目标相一致，即人不应该使自己脱离纯粹的自然并主宰它，因为当它这样做的时候他仅仅是在帮助自己求得对自身中的纯粹自然的满足。为了拯救自己，他是必须要超越这些欲望的满足的。

（原为英文，载《金岳霖文集》第二卷，兰州，甘肃人民出版社，1995；中文由胡军译，原载并选自《金岳霖集》，北京，中国社会科学出版社，2000）

三 逻辑的本性及其作用

逻辑的作用
（1927）

彭加勒（Henri Poincaré）说："怀疑一切或相信一切，这是两种同样简单的解决办法，二者都使我们不用思考问题。"而且，它们均排除哲学的可能性。无论从什么观点出发，哲学都应该不仅包括彻底的和经过训练的怀疑态度，而且包括某种信念作为自己一种必要的组成部分，因为它必须有一个出发点。在政治思想中似乎一直很容易形成普遍的虚无主义，但在哲学中却不那么容易。因为不论任何否定，如果它不肯定任何东西，那么它就否定自身，因此什么也没有否定。另一方面，肯定同样是困难的。如果一个人不打算进行哲学思考，那么他就处于一种特殊地位，因为他不需要任何肯定的东西以此来润滑自己思想的车轮。但是，当且仅当一个人进行哲学思考——并且没有他为什么这样做的理由——他就会遇到在某处从某种东西出发的困难，无论这种东西是什么，他的怀疑态度可能使他习惯于否定它。而且，使他难以保持其地位的是，在我们日常生活中他所熟悉的大多数东西几乎从一开始就超出我们肯定的能力而面临否定。甚至不用提供任何进一步论证的理由，就可以否定我们这个世界的存在。我们所得到的仅仅是无谓的安慰：被肯定的恰巧不是我们这个世界。任何逻辑或事实都不能用来弥补这种否定。列数这个世界上的事物或诉诸我们感觉的证据，我们也无所收获。

然而，我们必须从某处出发。困难在于从什么和从哪里出发。除了我们个人的偏见或我们所处时代的兴趣外，一般无法说明做出一种选择的原因。对神秘主义的偏爱也许将决定一个人赞成热烈讨论永恒的意识，而对实在的健全感觉可能引导一个人首先检验我们的感觉与料。不仅不同的人做出不同的选择，而且不同的时期提出不同的问题。今天，恶这一问题就像在柏拉图时代一样依然没有解决，但是却没有什么人努力去解决它。中世纪没有解决一个针头上可以站多少个天使，然而我们知道，现代没有人致力于解决这个问题。哲学问题难得解决；经常是，它们对于某一时代来说是解决了，但更经常的是，随着使它们作为问题而出现的兴趣的消失，它们也逐渐消失。但是，如果一个人以受过训练的和彻底的怀疑态度来开始写一篇哲学论文，那么个人的偏见或时代的兴趣就需要某种证明，没有这种证明，二者就不能用作出发点。但是，证明必须基于某种自身需要证明的标准。这样就产生一个只能有任意的出发点的无穷过程。我们的偏见最终成为我们哲学思想的基础，尽管我们应该记住，从逻辑观点看是偏见，但从人类积累的经验的观点看却可能不是偏见。

本文将探讨逻辑与哲学、生活以及对我们所处世界的认识的关系。我们将试图提出逻辑在所有上述领域中所起的作用，并且看一看根据什么标准证明我们对逻辑的信赖是正确的。我们将扼要讨论我们关于便利、节省和逻辑的看法，我们还将试图确定它们的关系。也许我们的讨论本应组织得更好一些，而实际上它可能有时似乎是无的放矢。但是，我们的讨论可以清扫许多陈积的污垢，可能在这个意义上讲，我们的讨论至少不是徒劳一场。

一

除在逻辑和数学中外，我们也许只在哲学中探讨面临或处于某些标准之下的命题，而且有些命题长期以来一直受到批驳。如果我们能找到一个据以确定一些命题是不可否定的标准，大概我们就可以用这些命题作我们的出发点。当一个命题的对立是不可思议的，就完全可以认为这个命题被确定。但是，不可思议是难以理解的，不能作一条标准。对一个人来说是不可思议的，很可能对另一个人是可以思议的。历史上不乏这样的命题实例，它们在某一时期是不可思议的，在另一个时期则是完全可以思议的；它们在某一时期是可以思议的，而在另一时期则是完全不可思议的。同样，当认为命题是自明的，就完全接受它们。但是怎么样反对不可思议，就可以怎么样反对自明性，二者均不可靠。因为它们都是对奇怪和陌生的思想的心理抵触，并且被误用作逻辑有效性的标准。如果我们从自明的思想或其对立是不可思议的命题寻找出发点，则我们必然失败。

如果命题是真的，它们就被说成是有效的；如果它们与事实相符，它们就被说成是真的，因此，这种与真实相符常常被当作命题有效性的标准。然而很容易看出，这里与其他地方一样，我们几乎不能得到任何安慰。首先，如果认为"命题"和"事实"这两个词体现出其常识意义，我们就无法知道我们的命题与事实是否相符。一方面，它们相互极为不同；另一方面，我们与它们中的一方十分一致，以致我们不能够以第三者的身份来判断是否有任何相符。当有进一步的相符时，这样一种相符的断定本身就是一个只能真的命题。因此无论我们多么固执地断定一个给定命题是真的，我们都将发现它们应得到进一步的断定。第三章我们将更多地讨论这个问题，但是现在只需说明：即使这个标准成立，我们在寻找出发点时的处境也绝好不了。如果这个标准是可接受的，则它仅帮助我们发现真命题，它不能够使我们选择其中任何一个真命题作我们讨论的出发点。如果真命题的产生就像林肯对"美国人"那样是平等的，那么正如美国人在 1860 年不必选林肯作他们的领袖一样，我们也没有理由选择任何一个真命题作我们讨论的出发点。另一方面，如果真命题的产生不是平等的，那么必须选择某个特殊的真命题，并且还要发现这种选择的标准。

一般认为，有一种标准是不可反驳的，即通过否定的预先假设。无论如何，它是严格的、逻辑的和自足的。有些命题属于这一类，例如"有命题"，"有真"，"我们论证"等等。一般认为，否定任何这样的命题必然肯定它们，因此它们均坚持各自自足的立场。但是如果仔细研究这个问题，很容易导致二三种思想。首先，在这些命题中，至少有些命题不是其自身否定所严格预先假设的。以"有真"这一命题为例。表面上看，否定如果是真的，则肯定这个命题；如果是假的，则允许原初的命题成立。因此，显然"有真"这一命题被其否定预先假设。但是如果我们以这种方式推论，则我们暗含着这里没有指明的假设；例如，我们暗含着，若不考虑逻辑上优先和逻辑上在后的步骤所包含的差异，则以任何方式定义的真都可以普遍应用。这些命题的真和由它们肯定的或否定的真属于逻辑过程的不同类型；如果罗素先生的类型论（我承认对它的技术一无所知）适用于所有这样的命题，那么用通过否定的预先假设作为这里讨论的意义上的一条标准，就受到很大程度的限制。

以上推理也许可靠，也许不可靠，但是它表明一种可能性，即在被其否定预先假设的命题中，有些命题包含另一些既不在肯定中也不在否定中蕴涵的命题。

其次，还有其他一些命题，它们根据类似的理由否定自己，而我们有些人可能确信必须坚持认为它们体现了我们真诚的信念。"说谎"这一问题比起那些为了自己的哲学目的而使用爱因斯坦相对论的人的问题，是微不足道的。确实，那些断定每个事物是相对的的人，不太知道不变的光速和"间隔"的绝对性，但是，如果这个命题体现了其提出者真诚的信念，那么看到它随着有时似乎仅仅是字面的自我否定而逐渐消失，几乎令人痛心疾首。据我所知，类型论旨在消除这些命题产生的困难。它是否已经达到它所追求的技术完善，这似乎包括它的应用这一非技术问题。无论在哪里应用它，结果很可能是：通过否定的预先假设这一标准变成比我们一眼可以看出的更复杂的东西。因此我们要发现一个出发点的企图至此没有得到确切的收获。

第三，通过否定的预先假设这一标准本身预先假设了对逻辑的相信。如果一个人拒绝相信逻辑，那么对他来说，仅仅因为他不能根据逻辑规则而否定命题，因此命题绝不能建立起来。由于大多数人都可以感到逻辑的说服力，逻辑就不必对小孩、疯子或哲学家是有效的。后者可以很容易相信有真，同时他们又相信没有真。如果一个人不相信逻辑，那么他就没有逻辑的理由改变自己的思想，尽管他可能有三种这样做的理由。还有其他理由，这将是这一章讨论的主要问题。

符号逻辑学家完全有理由祝贺他们自己发现了一些基本思想，从这些思想即使推不出全部逻辑规则，也可以推出大部分逻辑原则。这样通过数学家的技术可以形成一座逻辑的金字塔。然而，在哲学中引入在其他领域中运用得卓有成效的相同方法，是否在哲学中也将取得类似的结果，却是有问题的。因为哲学在其领域中没有逻辑严格，它探讨具有更为复杂多元性质的论题，它的各种不同的问题一直没有并且也不可能被连成一条无缝隙的链条。任何逻辑系统的出发点不必是哲学的出发点，因此，随着符号逻辑的成功，在哲学思想中迄今并未出现相应的成功。

"哲学"和"哲学家"这两个词的使用一直极为含混，有些人称哥德是一位大哲学家，另一些人称莎士比亚是一位大哲学家。这两个陈述的意思大概均是说这两个人深刻洞察人的本性和生活，但是无论这两个陈述可以有什么意思，却没有什么人反驳它。据我所知，雪莱被一位和怀德海一样的思想家看作是一位大哲学家，但是无论效果如何，从未有人梦想撰写富有争议的反驳那位天使的思想的诗篇。如果在哲学中同在法律中一样，沉默意谓同意，那么可以说雪莱的哲学得到普遍的接受。同时，所有哲学家都被某些人说成诗人；默里（John Middleton Murry）先生认为柏拉图是一个优秀的诗人，黑格尔是一个低劣的诗人。无论诗人是否觉得这里表达的意思是一种侮辱，哲学家的哲学尊严似乎依然不受任何影响。这种情况的原因似乎在于：哲学与作为思想的思想无关；与科学一样，哲学的兴趣在于那些获得这些思想和使这些思想相互联系的方法。

柏格森（B. Bergson）的情况对我们讨论的这一点很有启发。这是一位先生，他的诗没有意味深长的语言和响亮的词句，却要采用哲学的形式，结果两方面相互受到不利影响。他的"生命冲动"成功地融入社交界的高雅气氛，而他的哲学却被他的广大同行视为自我毁灭，因而毫无意义。如果他允许他的读者通过直觉从他的作品获得灵感，那么他对公众的影响可能更大；他甚至可能成为一个宗教领袖。任是这样，他就不会呆在现代哲学界中。由于他选择要积极从事哲学界的活动，他就必须以论证服人。而当他进行论证的时候，他受到逻辑的约束，必须强调理性而不要直觉，因为就其广大读者而言，正是通过理性，人们才感到直觉。人们不能充分地论证直觉的重要性，仅仅因为论证包含着这样的因素，这些因素与根据定义而不同于理性的直觉是不相容的。我们不是为理性辩护，至少现在不是；因为我们都知道，理性可能很容易附属于直觉。柏格森可能强烈地感到是这样。如果大部分人只有通过论证才能分享他的看法，那么他们自然认为理性更重要而不是直觉更重要。这样，柏格森只能在两种情况选择一种，而不能选择两种：要么他采取系统哲学的方法，在这种情况下，他可能不得不放弃他的哲学立场；要么他放弃论证，在这种情况下，他可能不得不以雪莱或基茨（Keats）的文体传播他的思想。

批评一位老哲学家只用短短的一段话是不够的，并且在这里也不能详细地展开论述。我们仅仅是想说明，哲学主要与论证有关，而不是与这里或那里任意拼凑的一些思想有关。相信上帝的人在哲学中的地位不会比不相信上帝的人好，也不会比他们坏，因为哲学不提供能够证明特殊感情依属的标准。当论证支持一种信念的时候，哲学就开始有话要说。但是论证包括分析和综合，其中前提和结论起着重大作用，而且如果哲学主要与论证有关，那么逻辑就是哲学的本质。大量的见识令人神往，健全的实在感觉在今天大概比丰富的想象更有说服力。但是无论如何，严格的推理能力是必不可少的。哲学家受到批评往往不是因为他们的思想，而是因为他们发展这些思想的方式，许多哲学体系都是由于触到逻辑这块礁石而毁灭的。

除专门定义外，哲学对大多数人来说是一种或多或少系统化的世界观。无论"世界"是什么，一般认为它对每个人是共同的，而我们对它的反应，我们关于它的思想，在不同的个体却公认是不同的。自然界有自己一贯的特有现象，它坚持有自己的方式。它可能不会对科学家的求爱表示不满，但对哲学系统几乎也没表现过兴奋，它对我们的希望和恐惧，我们的信念和怀疑无动于衷，而这些信念和怀疑毕竟是大多数哲学体系的已经表达的或未经表达的前提。自然界不会偏爱一些前提而不喜欢另一些前提。我们偏爱一些前提，这主要是由于我们自己的偏见。我们对世界的终极信念是不能证实的；这些信念不需要任何论证，因而是不可论证的。因此，正像神父试图说服我们是毫无用处的一样，我们与神父进行争论也是毫无用处的。然而，我们的信念一旦建立在理性的基础之上，正像哲学思想应该的那样，那么逻辑的有效性就成为最重要的问题。正像柏格森完全有权相信他的生命冲动一样，布雷德利（Bradley）先生也完全有权相信他的绝对。没有论证支持他们的信念，他们的观点在哲学上不比基督徒信仰上帝的观点糟，也不比一个旅行推销员信奉 13 这个数的观点好。但是如果这两位哲学家都认为他们的信念是由理性得出的，那么他们的观点站得住还是站不住，必定由他们推理的可靠性来决定，就是说由逻辑来决定。

但是，逻辑比我们的信念更幸运吗？它是不太难以理解的吗？显然，布雷德利的逻辑与罗素先生的逻辑不同。而二者的逻辑又与 J. S. 密尔的逻辑不同。在德国人手中，由于他们的无与伦比的学术工具和他们的多音节语言的丰富的可能性，这个课题逐渐被赋予丰富的形式，色彩，光泽和形状。相比之下，甚至现代绘画几乎也不能斗胆言称丰富性和多样性。逻辑不仅在不同的逻辑学家那里是不同的，而且在不同的时期也是不同的。直到最近，它才表现出某种累进成就的能力。它似乎与哲学本身一样混乱，很难看出如何能够使它成为进行哲学批评的一条标准。

实际上有不同的逻辑系统，但是理论上只有一种暗含的逻辑。这个问题显然不是逻辑学家的问题。作为一个人而言，一个逻辑学家可以与任何其他逻辑学家尽可能的不同，但是对于他研究的课题，他必须与他的逻辑同仁达到某种一致。只要他提倡他的逻辑系统，他就必须证明它是正确的，但是他只能在逻辑领域证明它是正确的，因为其他领域完全无关。然而，他不能根据他自己的逻辑原则证明他自己的逻辑系统是正确的，因为他的问题是也要证明这些逻辑原则是正确的。如果他不能声称他的逻辑证明自身是正确的，他就必须以其他某种逻辑证明他的逻辑是正确的；但是如果他的逻辑证明自身是正确的，那么他就不能证明他提倡它是正确的，因为从逻辑看，在这种情况下他没有理由提倡它。当且仅当他提倡一个逻辑系统，他就必然假定有某种逻辑，它不完全是他自己的，而且他有理由选择自己的逻辑而不用它。无论实际上他有没有意图，理论上必须认为他有说服他的对手或使他的读者能够做出有利于他的选择的意图。如果要实现他的愿望，他必须以一个推理过程进行论证，而这个推理过程不专门是他自己的逻辑的，也不是他的对手的逻辑的，否则理论上他就不能是公正的。因此，只要两个逻辑系统竞争让我们选择，就暗含一个逻辑系统，根据它，我们做出取舍。如果没有这个暗含的系统，不仅双方均不能胜过对方，而且也将没有论证的基础。如果各自以自己的逻辑所暗含的推理进行论证，则不仅对自己的对手是不公正的，而且双方借以进行论证的东西从一开始就是对立的。如果没有一种暗含的逻辑系统，逻辑学家的论证与一位英国女士说法国人叫作"pain"而德国人叫作"brot"的东西实际上就是面包，是完全一样的。

实际上，逻辑从不是自我解释的。它一般是由完全不同于逻辑的东西解释的。一个逻辑系统可以构造成一个连接的链条。如果这样，则可以用这个链条解释其每一个链环，但是如果没有外来因素，以这些链环就不能解释这个链条，因为否则每次它需要解释时都必须重复自己，因而绝不能解释自己。事实上，我们的逻辑比这松散得多。它一般包括不能由它自己的原则所解释的因素，然而，它必须是逻辑的，但是它不能根据自己的逻辑是逻辑的。它的终极逻辑性的问题必然将任何给定的逻辑分解为更大的逻辑的一部分，但是无论这种逻辑是什么，如果又提出其终极逻辑性的问题，则它的处境依然好不了。这样，形成了一个逻辑上不允许有结果的无穷倒退的过程。因此，如果询问一给定系统的逻辑性，则要求一种暗含的逻辑系统，而这样的暗含的系统是无法得到的。惟一的选择是根本不问这个问题，把它看作是无意义的或无法回答的。后一种选择不过是承认我们的无能，但我们有些人是不愿这样做的；而前一种选择最终使我们将逻辑基于我们的信念。这等于说，除了那些相信逻辑的人将实际发现他们的信念产生一个推理链条，而这个推理的每一步本身却不是信念的问题外，为什么应该有逻辑，这是没有逻辑理由的。

可以用另一种方式阐述上段后一部分的意思。对于那些不相信逻辑的人来说，作为逻辑本质的严格的推理绝不是必须接受的。众所周知，在宗教狂和激情满怀的恋人那里，无论多么严格地建立起来的论证都是无效的。论证并非总是因为不合逻辑而是无效的，相反，它们是无效的，常常因为它们所施用的那些人在应用时不相信任何严格的推理过程。据说，马丁·路德相信他生气时比不生气时讲道更好。对目前这一点上可以发表一些看法，但是与我们的讨论相关的一个看法是，生气的时候是丧失推理能力的时候，因为对逻辑的相信与必然伴之以生气这样的情感激动的急躁是无法相容的。历史上，对逻辑的相信可能是懂逻辑而产生的结果，但是逻辑上却不能这样得出，因为对逻辑的相信本身是逻辑推理的有效性的一个必要条件。

现在我们似乎陷于一种困境，它把我们恰恰带到我们开始的地方。一方面，为了逻辑可以是可行的，必须相信逻辑；另一方面，我们的信念与逻辑的有效性无关，因为有效性依赖于逻辑的严格性，而不依赖于我们的信念。但是这种困境只是表面的，而不是实在的。一个小孩必须是某些父母所生，但是他一旦出生，就可以没有父母而生活。因而可以看出，这种困境根本不是困境，因为"有效性"一词是在两种不同的意义上使用的。逻辑严格性的有效性对于一个相信逻辑的人来说，与逻辑可能带有的使人确信的有效性对一个不相信逻辑的人来说是不同的。在一种情况下，有效性是在逻辑的框架之内；而在另一种情况下，有效性完全是在逻辑的框架之外，因此各种情况所指的系统是不同的。但是，尽管困境消除了，困难却依然存在，正像上帝的存在对于一个不可知论者来说是没有说服力的一样，逻辑对于不相信逻辑的人也是没有说服力的。

二

应该承认，到目前为止我们寻找出发点没有成功。如果我们从一个不同的观点出发，也许我们可以比我们迄今所能得到的结果更进一步。至此我们试图在我们确切知道我们的命题是什么之前，证明它是正确的。我们对我们采取的任何一种观点寻找在先的证实，我们发现不会有任何在先的证实。然而假定我们以另一种方式出发，暂时假设有一个世界，我们可以越来越多地认识它，无论我们能不能证实它，我们必须接触它并且达到某种与它一致的工作安排。如果我们从这样一种观点出发，世界是混乱的还是有秩序的这个问题就毫无意义。我们可以随鲍尔弗（Balfour）先生探测未来并得知："我们这个宇宙的能量将衰灭，太阳的光辉将黯淡，没有潮汐、没有生气的地球将不再忍受目前搅扰它寂寥的日月运转"；或者我们可以随罗素先生预言并同意："任何激情，任何英雄行为，任何强烈的感情都不能保持一个个体生命不进坟墓；所有时代的劳作，所有忠诚，所有灵感，所有如日中天的人类才华，注定要随太阳系的毁灭而消亡，整座人类成就大厦必然埋葬在毁灭的宇宙废墟之下"；我们可以随亚当斯（Henry Adams）预言，太阳能的消耗肯定将为我们带来灭亡，然而我们却不预先有意识地自杀。我们可能会毫无意识地这样做，当然这是可行的，但是我们大体上不会以我们吃西瓜或打乒乓球所具有的那种勤奋、刻苦并有目标地故意加快我们通往我们最终归宿的旅行。

只要我们活着，我们就必须达到某种与这个世界一致的工作安排。如果世界是混乱的，我们就必须制造某种秩序，以此我们可以生活得和谐。如果世界是和谐的，我们就必须发现这种和谐是什么。在各种情况下，问题可能相互不同，但是实际结果大致相同。这里我们不是在讨论实践理性或纯粹理性，我们不过是坚持认为必须做出某种安排，以此也许使我们能够为我们的生活尽最大努力。因此问题是，世界是帮助我们的生活还是阻碍我们的生活。我们追求便利，避免障碍。换言之，我们遵循阻力最小的方向，然而这种方向是历史确定的。人们发现，在我们与世界打交道时，无论我们考虑什么，遵循阻力最小的方向只能是遵循自然界或人类思想中蕴含的某种确切的关系，就是说，遵循逻辑。我们这里不是考虑逻辑是自然界规律还是人类思维规律的问题，逻辑可以二者都不是，也可以二者都是；我们要指出的是，没有逻辑，我们的生活十分沉重，以致几乎是不可能的。

但是，正像人们一般认为的那样，生活与逻辑没有关系。生活据说是没有逻辑的，理性很少在生活中起任何重要作用。我们未经我们的同意而来到世间，我们违反我们的意愿离世而去；我们活着，一方面我们是我们的感情、我们的欲望、我们的希望和我们的恐惧的奴隶，另一方面我们现在并将永远处于自然界、即奥斯本（H. F. Osborn）先生称之为四重原生质环境的神秘力量的统治之下。我们有时由于爱而恨，我们常常由于难过而笑；我们为高兴而落泪，我们随哀乐而起舞；有时痛苦对我们是欢乐，有时欢乐表达我们的精神痛苦；我们为我们知道不可及的东西而努力，我们活着并允许活着，无论我们选择的道路是宽广、容易，还是狭窄、平直，我们都看不清我们的目的地。

北京的毛驴过去曾以它们的灵性而闻名；据猜测，它们认识到飞快的奔跑是没用的；鞭子的恐吓，驭手的命令都不能使它们从广阔牧场的绿草边移动一步。但是后来发现它们非常喜欢吃胡萝卜，有时看见它们为了胡萝卜而在驭手的大棒下飞快地奔跑。也许这些毛驴还不够机灵，但是它们不如我们机灵吗？看见毛驴的缺点要比看见我们自己的缺点容易得多。有一次某位美国教授在一个湖里看见一只水獭，于是划起自己的皮舟紧追不舍，双方的速度飞快，这位教授想："水獭不过是只水獭，它甚至不知道怎么逃跑。"人的优越性这种思想令这位教授同令普通人一样欢欣鼓舞。但是，他还没有来得及高兴，他的皮舟就撞上一块碎礁石，他被一下子掀入水中。我们的生活是为胡萝卜而飞快奔跑，还是追逐一只水獭而撞上礁石呢？这是合乎理性的吗？

但是生活是合乎理性的或不合理性的，是合逻辑的或不合逻辑的，这种说法大概是思想混乱的结果。带大写字母 L 的生活（Life）是一个不可能的概念。它十分含混，对它不能做出任何断定。在诗中，用它可能是有利的，但是在系统的哲学中，与其说它表明难以理解的看法，不如说它表明思想的贫乏。坦白地说，它对我们有些人是无意义的。如果它确实有什么意义，那么它一定意谓我们所过的生活，而我们所过的生活相互性质极为不同，以致几乎任何关于它们的一段陈述都不能是哲学上有效的。如果实际上断定有关生活的某些一般陈述，那么它必定是一个含混的概念，而作为这样的概念，正像我们已经指出的那样，它不能得到任何有效的表述。

然而，假定我们放弃这种观点，并把生活看作一个可以表述的概念。问题是它是不是得到正确的表述。这里断定了生活是不合逻辑的。现在，逻辑几乎与事物、概念或个别命题没有任何关系。事物和概念不能以任何方式与逻辑联系起来，因为严格地说，逻辑是命题之间的一种特殊关系。因此，没有联系的思想、概念、信念或命题既不是合逻辑的，也不是不合逻辑的。因此，从逻辑的观点看，信恶和信上帝是同等的。因此哲学不考虑随意的思想。生活不是一组得到清楚陈述的、其间存在某些关系的命题。根据我们的假设，生活是一个概念，作为这样一个概念，不能用逻辑对它作任何表述。它既不是合逻辑的，也不是不合逻辑的。

生活是不合逻辑的这个陈述大概意谓着生活中没有什么逻辑。以这种表达，这个命题极端含混。这允许有许多不同的解释。这里为我们的讨论可以例举其中两种解释。一方面它可以意谓：一个共同体的人一般没有一个目的；或者有一个目的，但他们没有采取共同的步骤来实现它；或者他们采取共同的步骤来实现它，但没有达到相同的结局；或者他们达到相同的结局，但没有从相同的目的出发。换言之，既没有共同的目标，也没有共同的努力。另一方面，这个陈述可以意谓：我们的个体生活充满矛盾。一个思想上轻松自在的人可能感到自己与自然界和谐一致，但是一个敏感而奋发的人很可能不断地与自己作斗争。由于只有思想活跃的人才能在某种程度上进行反思，因此很可能是他们最敏锐地感到生活的矛盾。但是，无论是许多人还是只有少数几个人敏锐地感到它们，似乎所有人都承认它们。

为了判定以上讨论是否切题，我们必须清除上一段开始提到的那个陈述所包含的一种歧义。我们必须指出，无论生活中是没有什么逻辑，还是有许多逻辑，我们都没有理由根据那种描述说，生活要么是不合逻辑的，要么是合逻辑的。"生活"这个词的含混和逻辑这个词的明确不允许这样的推论。如果一间屋子有许多灰尘，可能就可以断定"它"是布满灰尘的，因为有许多灰尘的东西大概就是断定为布满灰尘的东西，并且一间屋子布满灰尘的程度与它具有的灰尘的量有某种关系。但是在生活和逻辑的情况下，这样的设想是根本不可能的。没有什么逻辑的"生活"不能是被断定为不合逻辑的生活；因为严格地说"逻辑"这个词不允许有程度，因此"或多或少逻辑的"这个表达式是无意义的，并且对我们考虑的任何主体的逻辑性的表述，与这个主体中具有的逻辑的量没有关系。如果生活没有什么逻辑，则这不过意谓生活没有什么合逻辑的方面，而有许多不合逻辑的方面。被说成没有什么逻辑的"生活"是一个属词，它包括一切是生活的东西，而被断定为不合逻辑的"生活"则限于没有逻辑的那些生活方面。

现在需要考虑生活中是没有什么逻辑还是有许多逻辑。绝不能以统计学的方式回答这个问题。我们的回答必然是思辨或信念的问题，而且正像大多数信念一样，它很可能带有我们个人气质的色彩。但是尽管几乎不能作出统计学的回答，仍必须清除一般为这两种可能的回答之一列举例子而引起的任何思想混乱。一般认为，生活中冲突的愿望是逻辑矛盾，然而情况并非必然如此。在那种情况下，期望"同时在欧洲和在美洲"被说成是自相矛盾的，因为一个人总不能同时在两个地方。这样一种愿望可以一分为二，例如这可以以陈述的形式表达如下："我期望在 T 在 A"，"我期望在 T 在 B"，这里 B 和 A 表示不同的地点，T 表示相同的时间。仅仅由于假定任何人都不可能期望同时在两个不同的地点，这些陈述才是矛盾的。但是这样一个假定与一个人不能同时在两个不同的地点这一或多或少公认的事实是完全不同的。事实的限制无须与我们的愿望有任何关系。我们不能参观月亮，这一事实不能解释为什么逻辑上我们不能期望参观它。

满足一种愿望有时确实排除满足另一种愿望的可能性。但是一般相信，满足愿望与满怀愿望是不同的；它可以在感情或情绪的范围内实现，或者它可能产生某些来自外界的反应。期望得到维纳斯雕像与期望得到一位有血有肉的太太截然不同。在前一种情况，不指望得到行为的反应；而在后一种情况，则渴望得到行为的反应。因此，不同愿望的满足可以是不同的。如果满足一种愿望在愿望、感情或情绪的范围内发生，那么它不必导致与满足另一种愿望的逻辑矛盾或逻辑一致。如果它在外界引起某种反应，则它不证实愿望范围的逻辑矛盾，即使假定这些愿望在这里是冲突的；它仅仅证实逻辑在外界的一席位置。我想"同时在欧洲和在美洲"，作为愿望这是相互没有逻辑矛盾的；如果我们假定我们不能同时在不同的地方，那么分别满足这些愿望确实就是相互矛盾的。但是一个外界的逻辑矛盾不意谓一个愿望范围内的逻辑矛盾。

因此，我们的讨论至此只得出如下结果：我们不能说生活是合逻辑的或不合逻辑的，不能以统计学的方式确定生活是没有什么逻辑还是有许多逻辑，我们关于生活的看法是信念的问题。至少生活中有些所谓逻辑矛盾不是严格意义的逻辑矛盾。然而，以上任何结论结论与争论的重点都没有任何直接的关系。争论的重点是，没有逻辑，生活就会十分沉重，以致几乎是不可能的。逻辑在生活中仅以一例职能就充分建立起它的重要性。"如果……那么……"这一关系归根结底乃是一种逻辑关系；因此它是这样一种关系，如果我们要满足我们的自我保护的愿望，就必须认真考虑它。如果我们的生活观恰巧不是唯物主义的或唯心主义的，那么我们很可能把我们的生活看作某种我们自己和自然界之间的判断。

我们可以是自然界的一部分，或者自然界可以是我们自己的一部分，二者也许不能相互分离；但是当我们讨论它们的关系时，我们必定把它们看作是两个实体，至少是我们的讨论过程中的两个实体。我们的理想，我们的目的，我们的意志和我们的本能，必须区别于对它们的满足，必须把后者看作是超出马克·吐温称之为我们人的最边远区域的范围。

我们似乎又转向那个许多哲学家从未走出来的自由意志和必然的泥潭。幸亏我们在这里不能详细讨论这个问题。只需要提一点：在自然界若没有某种相对严格的关系，就不能自由地满足我们的意志，不论是确定的还是不确定的。如果在北京的严冬，我们要在屋里感到暖和，那么一个很普通的人显然也知道，我们最好在屋里生炉子。只有傻瓜和哲学家才会对我们要在屋里找到暖和和生炉子之间的关系困惑不解。无论哲学家在对这种关系的讨论中会得到什么结论，普通人都认识到如果我们要如此如此一个东西，那么我们必须做这般这般另一事情。普通人和哲学家同样懂得"如果……那么……"这个关系，只不过哲学家能够比普通人更详细地描述其中所包含的步骤。无论如何，这是一种方便我们生活的关系，我们大多数人都能亲身看到，当我们恰巧有了某种愿望，而与这种愿望有关的关系一旦被发现，就会指明我们行为的方向时，发现这样的关系，就解除了我们身上的负担。

但是，这样一种关系是逻辑关系吗？无论 A 和 B 可能恰巧是什么，"如果 A，那么 B"这一逻辑关系都不使我们知道，"如果如此如此一个事实，那么这般这般另一个事实或另一些事实"。后者限于事实或事件的范围。这是原因和结果的关系。作为这样一种关系，它本身有许多逻辑困难。无论因果律可以是什么，可以如何陈述，它必须是严格的，这样，从我们日常生活的观点看，它才可以是有效的。而从逻辑的观点看，它不能是完全严格的。自然界创造它大概不仅是为了让它为人类服务，但是如果它可以为人类服务，那么不仅对过去的事实，而且对还将出现的可能类似的情况，它都必须是有效的。换言之，它必须为我们提供某种预见根据。但是，关系的这种严格性不能存在于事实和出现的然而还不是事实的情况之间。关于未来不能说出任何确实的东西，所以如果把因果律用于未来，它就不能是严格的；如果它不是严格的，那么在这种程度上就削弱了它作为一个工具的有用性。

此外，还有一个更根本的困难。"如果 A，那么 B"这种抽象关系绝不能引导我们认识事实范围的任何特殊因果关系，而且，这种被发现存在于一定事实之间的因果关系绝不能引导我们抽象地概括出"如果 A，那么 B"这种性质。这个困难是历史的，无论它在科学家和逻辑学家那里已经解决还是没有解决，它在哲学家那里仍然没有解决。这是关于先验和后验推理之间基本关系问题的困难。归纳概括总是包含不是归纳的东西，而且先验的思想，正像我们已指出的那样，归根到底不能得到先验的证实。它们似乎有些相互依赖，而且虽然我们这里不考虑解决它们的一段相互关系问题，但是我们依然对它感兴趣，因为它产生下面的问题：事实范围中的"如果……那么……"这种关系是不是逻辑领域中的这样一种关系。

回答这个问题在很大程度上取决于调解"如果……那么……"的松散的事实关系和严格的逻辑关系。如果二者可以调解，那么几乎没有任何理由为什么不能把它们一方（至少为了我们的目的）看作另一方。只有使逻辑关系在逻辑上不太严格，这种调解才是可能的。事实关系可以随认识的深入变得越来越不松散，但是它们绝达不到传统意义上的逻辑严格性。但是由于逻辑中引入概率演算，因而大大修正了逻辑严格性的传统意义。发展这一比较新的认识分支实际上是认识到事实范围中似乎到处可见的不确定性。同时，一旦认识到这些不确定性，就可以使我们把我们对事实或事实关系的认识看作是统计的，而不是绝对的。因此，我们一方面发展了概率逻辑，另一方面认识到我们对事实的认识的统计性质。

这两种倾向，或一种倾向的两个方面，造成事实关系和逻辑关系之间理想的调解。一方面，我们越改进我们的统计方法，事实关系就变得越接近确定。（我们这里探讨已知的事实并且假定我们对未来的计算基于我们对过去的认识。）另一方面，概率逻辑正在变得越来越严格，尽管它不能达到形式逻辑的严格性，但是概率演算已成为一个逻辑过程。当然，我们不是说演绎和归纳推理之间的一般关系问题得到解决；它可能并也许依然像以前那样极有争议。我们仅仅指出，通过统计学方法的改进，"如果……那么……"这种事实关系，包括相应的原因和结果这样的变化，可以变得很接近确定，并且必须承认，在逻辑中引入概率演算，某些"如果……那么……"这样的逻辑关系却不是非常确定的。因此我们可以说，为了特殊的目的，可以把"如果……那么……"这种事实关系看作一种逻辑关系，如果这样的关系解除我们的某些生活负担，那么我们很乐意懂得其中逻辑所起的作用。

于是我们看到，无论生活是没有什么逻辑还是有许多逻辑，正是逻辑能够使我们最容易的生活。后面我们也许能够说明，随着我们探讨未知的未来，逻辑将在生活中起越来越大的作用，但是在这一段我们仍需要指出，逻辑为生活提供便利，仅仅在于满足我们既定的愿望，它与作为愿望的愿望的价值、性质和数量没有任何关系，与探讨它们的相互关系的心理学也没有任何关系。生活无论意谓什么，正像它可能是浪漫的、诗一般的或令人神往的，或者是枯燥的、无聊的或平凡的那样，它可能有越来越多的逻辑意义，或者根本不会有逻辑的发展。精神上的痛苦或斗争，超出人的能力的雄心，围绕自我的情绪激动，或不受时空限制的想象，或者宗教感情或弗洛伊德的情绪，根据其构成部分来看，都是生活中逻辑所不考虑的那些方面。

<h1 style="text-align:center">三</h1>

大多数人批评逻辑与生活毫不相干，而哲学家却抨击逻辑不适于并且不能用于认识问题。这些抨击有种种来源，这里将讨论其中三种。首先有来自科学观点的抨击。科学成就辉煌，这是不容否认的，甚至哲学家要无视这一点，其代价只能是毁灭自己的哲学。在科学史上，科学一直与传统发生冲突，在其生存斗争中，它没有得到三段论逻辑的帮助。科学包含不用经验得出的原则，而科学的进步却主要是实验和经验观察的结果。由于科学的论据十分复杂，以致以应用范围十分有限的三段论逻辑不能组织它们并使它们系统化，因此容易，并且比较容易得出逻辑对科学没有用处的结论。对于那些把科学看作不仅是通往认识的最佳途径而且是惟一途径的实证主义者来说，由于逻辑对于科学是不适宜的，因此逻辑被断定对于认识同样是不适宜的。

第二种批评来自怀疑论。一些古希腊哲学家反对认识的可能性的论证，实质上是反对逻辑的论证，因为认识论那时比今天大概更紧密地与逻辑交织在一起。但是历史上，与亚里士多德和柏拉图的绚丽多彩相比，古希腊怀疑论者毕竟黯然失色。此外，欧洲哲学后来受到希伯莱人的唯情论和教会的统治，只要违背教会，就可能招致非哲学的待遇，而怀疑论不是一种鼓动其信徒乐于献身的学说。因此古希腊的怀疑论即使有影响，也只是间接地影响我们。倒是休谟的怀疑论引导许多人重新攻击逻辑。这位对传统观念进行攻击的伟人的哲学意味着逻辑极为无能，因为它不仅从哲学领域排除形而上学和神学，而且使科学本身是非理性的。以后哲学的发展可看作是对休谟的回答，但是尽管今天的反唯理智论可看作是休谟思想的残存，但它却有自己不同的、主要得自达尔文进化论的要素。

对逻辑的第三种攻击来自实用主义和生机论的反唯理智主义。由于世界是进化的，实用主义者很快推论逻辑和真也是进化的。这样一举取消了任何特定的逻辑系统的永恒的有效性，任何永久的系统不过是一种用词矛盾。它像任何其他事物一样，产生并且消亡；它是仅在某一时间，大概也仅在某一地方适合生活目的的工具。不仅逻辑被看作是永远不断进化的，而且逻辑的进化也被断定是一个弥补逻辑缺点的优点，因为否则它就不会有能力处理变化着的世界中的事件。柏格森的直觉主义特别强调这一点，他大概像他以前的 Lipo 一样觉得世界是一个旅馆，时间仅是一位过客，看到逻辑学家通过处理静止的概念、词项和关系，声称认识世界，大概伤害了他敏感的心灵，因为在他看来，由于一切事物都是流动的，我们自己是这长河中的一部分，因此熟悉我们周围环境和认识其实在性的惟一途径是随其前进而运动。

这些批评可能遇到三种论证。首先，三段论逻辑不应与逻辑混为一谈；第二，逻辑可以说明这里认为无法说明的某些事实或问题的原因；第三，逻辑的静态性质不能反驳逻辑。

据说，科学大大超出逻辑的局限性。如果"逻辑"这个词意谓三段论逻辑，那么这个陈述几乎是令人无法反对的。逻辑和三段论逻辑没有理由要混为一谈。三段论逻辑过于狭窄，不能满足科学的要求，这是真的。但科学本身是合逻辑的，这也是真的。几乎不需要证实，科学不仅仅是知识的化身。它也不像人们常常声称的那样，仅仅是经验知识。如果科学确实有别于古代巫医的实践或没有文化的农民所作的天气预报，那么它一定有某种专属于自己的性质。它似乎暗含着秩序、组织和系统化。它不仅是它所包含的东西，还包括使它的内容相互联系起来的方法。事实上，科学成功的荣誉主要应归于它的方法论。但是科学方法意谓十分严格的程序，而这个程序仍然是逻辑的，尽管它不仅仅是三段论。

对逻辑的许多类似批评都是围绕这种用语的混乱而产生的。它的另一例情况是声称逻辑不能处理一些非常基础的概念。芝诺的问题，康德的二律背反，以及无穷和连续概念被认为是逻辑没有能力解决的问题。这里逻辑的意思又是三段论逻辑，它的局限性，无论真假，都不是专门的逻辑局限性。那些所谓在逻辑上不可解决的问题，有些毕竟在逻辑上已经解决了。现在通过逻辑分析确切地构造了无穷和连续的概念，并且我们很可能依然使用它们，除非在哲学中发生一场像数学、物理学中的相对论一样的革命，使之必然彻底清理我们的基础概念。我们关于时间和空间、变化和运动的概念尚未得到任何广泛接受的表述，但是今天比以往任何时候都更加可能提出这样的批评或接受的表述。

似乎学哲学的学生一般忽视了一个问题，即逻辑已发展得远远超出原来的范围。今天逻辑体现了大量的纯科学方法。不仅科学认识，而且科学程序都能够以数学方式表达。由于数学与逻辑的结合，许多过去一度专门是科学的东西或专门是逻辑的东西，今天已无法由一条清晰和鲜明的分界线分开。通过使用符号达到了更高的综合，因此正像罗素告诉我们的那样，很难说数学在哪里开始，或逻辑在哪里结束。不同的人根据不同理由一直批评符号逻辑，但是无论这些批评可能会怎样，至少可以声称符号逻辑有一种优越性：它能够比传统逻辑的范围更大。一方面它允许更大的概括，另一方面，它可以化减到很少几个初始思想。它是前所未有的封闭系统，也许它十分深奥、技术性很强，以致问津者极少，但是由于它不再是一些肤浅的哲学家手中简单的玩物，它成为严肃的哲学批评和构造的空前可靠的工具。

以上几段旨在说明，对逻辑的一些批评是基于思想混乱，今天的逻辑与三段论不同，逻辑以其最发达的形式能够处理棘手的认识问题。我们依然要遇到实用主义和生机论的论证。前面有一节讨论已遇到这样的论证：逻辑是进化的，因而没有一种逻辑。存在的不同的逻辑系统实际上暗含着一种可能存在也可能不存在的系统。存在的系统可以消亡，但是暗含的系统在逻辑上适合于一切时间和一切可能世界。我相信如果一个人论证逻辑，那么他一定达到上述结论，无论他信不信它。避免这一结论的惟一方式是完全废除对逻辑的论证。

逻辑是静止的，因而不能处理不断变化的世界的事实，这一论证值得讨论几句，因为有人极其坚持主张这种论证。

彭加勒曾指出，如果我们关于进化的思想随着生物进化而进化，那么我们实际上对它不能发表任何看法。概念的恒定性，命题系列的必然性，是科学的进步必不可少的。世界可以变化，但是我们关于这个变化世界的概括却不能随它而变化；因为如果这些概括随着变化的世界而变化，它们就不会有赋予它们的超出某一确定时刻的有效性。当然这不意谓我们关于变化的世界的思想不变化，这只不过意谓它们的变化与变化的世界没有一一对应的比例。对于某一给定时期，必须假定有些概括至少对这一时期是有效的，因为否则就不能有任何可用以粗略地描述过去和评价未来的参照系统。

不仅过去和未来表现出具有上述性质的困难；而且如果描述中的用语随着不断变化的世界而变化，那么自然的描述和评价过程本身将是完全不可能的。科学现在被看作是对自然的系统而详细的描述，而不是对自然的解释。我们这些仅仅学习哲学的学生没有能力怀疑这样一种科学观点的有效性，我们仅接受提供给我们的东西，并且如果许多科学家坚持认为科学是对自然的描述，那么就可能要求我们证实他们的观点。

根据这种观点，公式就是描述。因此，用词必须是具有一般性的统计概括或所有特殊的个体对象的严格等价物。后者既不可能，也无用处；其不可能性以后将讨论，其无用性已经提到，或者说，它不能使我们对世界发表任何看法。

剩下的惟一选择是把公式用词看作统计概括。如果这样看，则"人类"这个词包括这样的概念：人活到从1分钟至100岁这一时期的任何时候。尽管有些人一生下来就死了，也有些人活到110岁，但是这个词包含的概念并不因此而无效。但是如果我们根据这种观点看这个问题，那么描述中使用的词、名字或符号仅仅不如概念持久，但绝不是所有特殊对象的等价物，它们不会随着它们描述的对象而不断变化，因为统计的平均数不会以与统计研究的类中包含的特殊个体的变化相同的比例而变化。因此，统计描述不能随描述的对象变化，它们是相对持久的。统计描述这个概念包含着共用词的相对持久性。

也许正是不能随变化的世界而变化的这种思想倾向引导有些人强调直觉而放弃理性。让我们现在不考虑是否我们的思想最好应该像变化的世界那样变化这个问题。让我们仅仅对直觉发表一二点意见。对我们来说，宗教信仰是凭空掉下来的，还是可以分析、因而可以理性证实的？如果是前者，我们对它就不必再说什么，因为这不再是一个论证和说服的问题。如果是后者，则它失去其特有的性质，因为将发现它与理性仅是程度上不同而不是类的不同。很可能正像我们有些人主张的那样，直觉仅是一个迅速的推理过程，在这个过程中，前提和命题序列并入几乎一下子得到的结论之中。如果有直觉认识，那么凭直觉认识的人也许不能分析他们获得认识的过程，但是他们认为那些不太喜欢神秘主义的人可以分析这个过程。直觉和理性之间的本质差别大概是速度问题。如果我们的推理迅速，则很可能包含含混的步骤，而如果推理等同于我们的直觉，则我们绝不能十分公正地认出并分析这些步骤。这些步骤可能不是十分严格的逻辑顺序排列，而且一些选择也可能被忽略。这就是直觉常常不可靠的地方。因此推理过程最好是缓慢而稳健，而不要快得令人瞠目。

相信直觉的人很少愿意接受论证。根据把恶归于恶魔，把善归于上帝这样一种心理，他们把成功归于直觉，把规则仅归于"感觉"。如果他们感到一小时后要下雨并发现一小时后没有下雨，则他们仅仅"感到"；但是如果实际上一小时内下雨了，则他们欢呼雀跃，对他们的直觉的深奥心醉神迷。算命在北京依然很普遍，算命先生仍然是旅游者好奇的对象。在短短的六个月时间里，我自己就听说好几起算命的显著成功，但是使我饶有兴趣的是没听说算命的失败。成功似乎莫过于做生意、算命或直觉上的成功。强调结果是偶然的，这是毫无用处的，因为据我们所知，由于仅仅成功的感觉才配直觉的见识这一名称，所以在未来事件和直觉之间没有逻辑或统计关系。

但是，使一些人强调直觉的原因之一毕竟在于理性不能跟上变化的世界，而且他们把这种无能看作是我们对这个世界的认识的一种局限性，因而是一种缺陷。这是不是我们的认识的一种局限性，现在不需要我们考虑，但是，这是否因而是一种缺陷却值得说几句。无论我怎样努力，我自己也看不出一种与变化的世界并驾齐驱的认识的优点。如果我们对一棵树的认识能够并且确实从某一精确时刻到另一精确时刻随着那棵树的每一细小变化而变化，那么我们就会像做恶梦一样，比《项狄传》中的项狄更加困惑不解并且更陷于我们的日常生活。如果生活包括这样的认识，那么生活不但十分沉重，甚至是不可能的。我们不能生活，因为我们甚至不能开始生活。如果我们的生命是无限延续的，我们也许可以生活，但是无论我们的精神在我们的肉体化为灰烬后可能做什么，任何人都认为我们的生命总是有限的。

因此，我们的认识若要对我们的生命是有用的，那么与已知的世界相比，它就必须是更静止的。它的名字、符号或用词必然至少暂时具体地形成统计概括或严格的概念，它们的关系必然是具有相对持久性质的一般概括，因此它们可用作进一步的更复杂的推论的数据。如果我们的认识是绝对的和抽象的，则它包含概念和命题系列的关系，如果它是统计的和描述的，则它包含概率计算。无论哪种方式，认识都不能逃避逻辑；它可能包含不同的逻辑种类或不同的逻辑系统，但是没有某种逻辑或某个逻辑系统，认识就不能发展。

四

这样就可以看出，逻辑对生活、认识和哲学是必不可少的，大概对其他一些这里无需列举的事物也是必不可少的。然而，这不是说，逻辑能够得到逻辑的证实。就逻辑存在的任何先验原因而言，我们还未前进一步。然而正如我们已看到的那样，如果我们要最容易地生活，如果我们要进行哲学研究，如果我们要认识我们所在的世界，我们就必须有逻辑。这样，我们的讨论清楚地说明或至少似乎清楚地说明我们企图采取的观点。如果我们不能在逻辑上证明逻辑是正确的，我们就必须用它取得的成果证明它是正确的。在形而上学上，我们必须是实用主义的，否则我们就不能开始任何讨论。没有理由说明我们为什么应该认识世界，承认世界的存在，或有愿望并努力满足我们的愿望，同样也没有理由说明我们为什么应该合逻辑。也许"我思故我在"似乎对笛卡儿是确定的，但它对其他许多人绝不是确定的。

但是结果怎样？显然可以有许多种结果，而且任何一种结果的选择又包含所有上述讨论困难的标准这一概念。我们多次相当直率地宣布，任何出发点都是任意的。从逻辑的观点看，这基本是一种偏见。一些偏见比另一些偏见更适合我们过的生活和我们所在的世界，但是它们仍然是偏见。我们的特殊偏见是便利。我们的基本概念是相信逻辑是很便利的，至少比不相信逻辑更便利。有时人们说逻辑使人发疯，因为它包括各种各样复杂交织的情况，而这些情况被认为是超出常人的天真的理性行为的。很少有人承认，逻辑大概比我们生活中任何其他要素为我们提供了更大的便利。它为我们提供便利，因为它大概是最节省的力量。正是这种力量，节省了我们的生活、我们的思想和我们对我们生活的世界的认识。

我们这种看法与其他看法一样困难重重。首先，如果用便利作出发点，那么几乎到讨论结束时才能证明它是正确的。一个先验的过程要求结论在某种程度上依赖于出发点。然而，便利作为标准，则要求以结论解释出发点。它的本质性质似乎主要体现在在作出选择后，选择所导致的结果。但是这里我们遇到困难，我们不知道结果将怎样。我们不能预先说，哪个是便利的，哪个不是便利的。我们必须试验。但是试验意味着即使我们不知道哪个是便利的，我们也知道什么是便利的。我们被迫定义便利，正像我们后面将看到的那样，如果要这种定义是最基本可理解的，则是完全不可能的。如果我们的定义不能是完全可理解的，我们就不得不承认，尽管我们选择便利作出发点，我们仍不确切知道我们的出发点是什么。

但是大体上说，我们假定，便利的意思类似遵循阻力最小的方向，或沿着最节省的方向。阻力或节省的概念有待说几句。然而二者均不易把握。可以用数学方法将节省的概念设计成某种从更基础更初始的思想得出的公式。但它不是一个可以证实自身的概念，因为毕竟不能有节省的节省这样的东西。一般认为，节省是相对的，即应该有节省与之相联系的东西。我们可能有思想的节省，或者我们可能有行为的节省，但是如果穷究底蕴，则我们必须得出这样的结论：最大的节省是一方面没有思想，另一方面没有行为。如果这样，就根本不需要节省。因此，节省这个概念包含需要节省的东西。

这里我们又陷入困境。不能逻辑地得出那些我们需要节省的东西。只是为了便利的缘故而形而上学地假定它们。因此我们在循环推理。这可能真是困难，但是这可能就是说，我们迄今尚未承认逻辑，逻辑的反对无论是否有效，至此都是不适宜的。即使逻辑的反对是适宜的，通过把用词看作基于这样一种基础的关系，以致相互既不是逻辑居先的，也不是逻辑在后的，就可以排除它们。一方面节省的概念即使不暗含也包含譬如行为和思想这样一些东西，对这样的东西，节省是一种便利；另一方面没有节省，思想将是不可能的，而且没有节省，行为就会是一种像彻底的自我毁灭一样的能力浪费；对我们大多数人来说，看到前者也许比认识到后者更容易。

我们想与上述绝非清晰明确的思想尽快告别，任其"清晰的含混"。但是我们尚未放弃作为一个工具的节省的概念。皮尔逊（Pearson）教授大概是科学不过是思想的节省这种观点的最新倡议者。无论这种观点是否得到广泛接受，它像任何观点一样有道理。在后面一章我们希望讨论科学和哲学的关系，其中我们将更详细地提出与皮尔逊教授相似的观点。但是现在我们仅想指出，不仅科学是思想的节省，而且思想是生活的节省，并且，认识和事实不过是自然的节省。

几乎从远古以来就认识到思想是生活的节省。"三思而后行"这句老话大概是指避免犯错误，但是，尽管根据我们的道德观念和风俗习惯，错误是十分复杂的，但是从我们的行为观点出发，错误主要是那些由于失算而未实现目的的结果。这就是说，错误是白费努力。因此长期以来，思考被看作是行动的节省。困难不在于猎人和流浪汉的起码常识，也不在于旅行推销员的常识。人们早就承认它们节省了我们的努力。相反，正由于很难推论什么可以称为脱离外界的更高的理性区域，因此常常很难看出理性在生活中所起的节省作用。就其表面价值而言，持怀疑态度的哲学比教条主义的信念似乎更不节省，我们的信念是安逸的根源。如果它们是教条的，就排除紧张思考的必要性。它们甚至节省了我们的活动，然而不幸的是，它们不节省而且在历史上没有节省我们实现我们的目的的努力，而认识的发展却为此提供了统计上更为可靠的指南。与教条主义的信念相对照，持怀疑态度的哲学提供了一种尽管也许不太明显，然而却更为深远和更为广泛的节省。无论哲学怎样深奥，它节省了我们的活动。现在我们不必考虑哲学的详细步骤，我们只需要说，哲学与科学有十分密切的关系，以致如果科学节省了思想，并且思想节省了生活，那么哲学实际上获得相同的成果。

下一章将看到事实是自然的节省，因此这里不必考虑它。这一章的其余部分主要是讨论逻辑作为一种节省因素所起的作用和形而上学假设的实质。我们再次声明我们的任务不是判定逻辑是自然规律还是思维规律。它是自然还是思维，这是认识论中的问题，我们在这里不予考虑。逻辑的方式是从逻辑的定义出发，但是如果我们诉诸这样一种过程，我们从一开始就必须承认我们的无知。逻辑得到各种方式的定义，定义一般受到、也许无意识地受到有关逻辑学家的形而上学观点的影响。坦白地说，除了任何定义中包含的困难外，我们并不确切地知道逻辑是什么，我们不能在任何严格程度上定义它；但是我们，并且也许大多数人都对逻辑教科书的主要内容留下深刻的印象。我们应该称命题为判断，还是应该称判断为命题，这一事实使我们深思，我们却不这样探讨它们。我们仅探讨它们，以便确定它们的关系，看是不是一个从另一个得出，并且建立起它们的序列。

逻辑是自然还是思想，这对我们的观点没有多大区别。这两个词都是十分含混的。约翰斯·霍普金斯大学某位教授收集了自亚里士多德以来"自然"一词在欧洲流行的四十八九种不同的意义。汉语中的"自然"一词也许会对我们上述逻辑观点有所启示。严格地解释，它意味"本身——如此"（itself – so）。这样一个词意味着这样一种客观性，如果一事物本身如此，则无论它愿意如此，还是不愿意如此，它都不依赖于任何外在因素。它还意味着关系的不变性和它的过程的严格性，即任何其他关系或任何其他过程与其前例是不相容的。换言之，它意味着预先决定。但是预先决定不是一个自然事件，严格地说它是一种逻辑关系。一事件从不在结论被其前提预先决定这种严格的意义上被预先决定。由于"本身——如此"这个词意味自然的，所以它意味着合逻辑的东西。自然和逻辑是仅仅由思想而必然分开的同一种东西，这绝不是不可能的。

无论逻辑是不是自然的东西，它毕竟是本身如此这样的东西。得出的东西是合逻辑的。因此，逻辑是一个命题或判断序列，或可任意命名的从一个得出另一个的序列。但是它不是任意一个序列或具有许多可选序列的序列，它是一个序列并且只是这个序列。它是一个必然序列。众所周知，"必然"这一概念很难下定义，我们就不在这里下定义了。有些定义，譬如罗素的定义包含关于真的意义，即使接受这一定义，也要等到说明真这一概念之后。根据我们的设想，"必然"这一概念甚至比"真"这一概念更基本，因此不能用"真"定义"必然"。但是最好说明我们的态度，否则当我们说逻辑是一个必然序列时，我们几乎不能说明任何意思。如果经过对给定前提的最后分析，一个并且仅有一个能从这些前提得出的结论保留下来，那么一个序列就是必然的。

但是，我们说结论从前提"得出"是什么意思？显然，"得出"一词没有时间或空间序列的意思。就像一条河有自己的流向，它大概说明阻力最小的方向，但是思维中阻力最小的方向是遇到最小反驳的方向，这是使原初思想的意义得以继续的方向。这是前面常说的结论蕴涵在前提之中的另一种说法。如果情况是这样，那么提不出对前提的反驳，就提不出对结论的反驳。思想中遇到最小反驳的方向就是使前提的意义得以继续的方向。使前提的意义得以继续就是"得出"。思想中"得出"的意思是指，如果一旦以前提的形式给出意义，则它是继续的。如果前提的意义是简明精确的，那么只能找到一个继续的方向，在这种情况下，就包含"必然"这一概念。

现在，逻辑的本质有些清楚了。当然这决不是严格的。逻辑本质的严格表述大概需要数学技术，而大多数人，包括学哲学的学生恰好没有这种能力。我们将不得不满足于一个相当含混的概念并且看看逻辑实际上如何用作一种节省的因素。但是这一章已经说明这一点。我们已经看到逻辑是哲学的本质，逻辑是科学的结构，正是通过逻辑将感觉数据组成事实，而且逻辑是生活寻求满足其愿望的实际工具。

前面还非常扼要地提到一种节省，由于它十分重要，应该再强调一下。这就是信念的节省，相信一个神并不包括相信一个女神，或甚至相信英国的外交政策。这些东西均要求独立的信念，因为相信某一东西并不导致相信其他任何东西。但是，相信逻辑包含相信整个逻辑过程。如果一个人相信导致一个结论的一组前提，那么他就相信作为过程的结论。任何推理过程包含的步骤不要求独立的信念，在这种意义上，逻辑节省了信念。

这是科学比宗教优越的原因之一。科学节省我们的信念。一旦相信科学，科学就是自己的原因；可以怀疑科学家个人的理论，但是公认的真理形成一个自身一致的整体，这个整体一度是可以相信的，而且作为一个整体，在任何特定时期都是可以相信的。科学采用的过程尤其是这样。相反，宗教不包含其独立的特殊信条之间的不变的关系。信仰基督教包含一整套逻辑不同的信念，例如相信创世和基督的神圣，二者均不能相互推出并且逻辑上均要求独立的信念。换言之，宗教信仰基于情感，而科学的信念是由理性支持的，不同之处就在于前者要求独立的情感，而后者只需要少数几条基本信念。因为一种宗教包含独立的信念，它就不是能够进行论证的题目。一个人只要论证一种宗教，他就摧毁这种宗教。当泽勒（Edward Zeller）到他的教室构造有关上帝的思想时，他比异教徒的宝剑更有效地摧毁了这位造物主。

五

现在必须对我们基本的形而上学假设说几句话。如果我们说，为了便利的缘故，我们相信逻辑，那么我们并不意味逻辑能够由意志创造。坦白地说，我们不知道由意志创造是什么意思。如果这意味无中生有，那么这似乎是不可能的。如果上帝在一个瑞士人创造一块手表的意义上创造世界，那么正像白哲特（Walter Bagehot）早就指出的那样，上帝从他没有创造的某种东西创造了世界。如果创造意味从某种基质造出某种东西，那么原料一定早就在那里并因而在我们的创造努力之外。在这种意义上，创造与发现实际是一样的。如果我们为了便利的缘故而相信逻辑，那么我们就是相信某种已经在那里让我们相信的东西，而且相信它比不相信它更便利。这意味形而上学的实用主义。

一个形而上学的实用主义者不必是哲学任何其他分支的实用主义者。他可以在任何其他领域都是一个实在论者。除了当不断的询问将他逼入思想既不可证也不可反驳而且证明或反驳的方法本身也令人怀疑的领域时，他看不出他为什么应该这样。他的观点根本没有诗意，而且在那些迂腐的院士看来，甚至有失大雅；他几乎就像美国基督教青年会的秘书，后者相信诚实才是上策，因为诚实不会吃亏。在形而上学上，除了他的本身不可证明的信念，即是一个实在论者结果会比不是一个实在论者更为便利，他看不出他为什么应该是一个实在论者。

但是，如果一个人是一个实在论者，那么他到底应该参与形而上学吗？形而上学在现代实在论思想家那里不是受到各种各样的嘲笑吗？我们必须记住，"形而上学"一词完全是个好词，意味高于或超出物理事物或自然事物之外。但是在近代，它被等同于康德的先验论和黑格尔的唯心主义以及近代唯心论者和神学家的理论。作为这样一种理论，它似乎在某种程度上被罗素先生和其他一些人描述成进入学术界的伦敦的大雾。这里，理性之光十分昏暗，以致使我们怀疑远处隐隐出现的空中楼阁。但是对"形而上学"一词的这样一种限制是对一个有用的好词的浪费。这里用这个词表示哲学的一个分支，这个分支探讨那些非常基本以致既不能证明也不能反驳的思想或概念。它是一种领域。在这个领域中，对假设、公设、假说、基础前提，或我们可随意命名的这些东西进行检验和分析，以便做出一种选择，以此用作任何一种哲学讨论的出发点。

但是，选择包括关于标准的看法，如果需要进行逻辑的证实，则这种标准困难重重。剩下的惟一办法是做出一种不要任何证实的选择。在这种情况下，一种选择就像任何选择一样是哲学上有效的。因此，我们的根本信念，或那些不是从其他信念推出的信念，基本是偏见。我们自己选择便利作标准，这本身就是一种偏见。它可能正像我们将试图说明的那样，有超过其他选择的优点，但是这些优点不是它的先验的证实。它们与我们选择它没有逻辑关系。这就是说，只有当它成为我们的选择之后，才看到它的优点。实际上，这些优点可能导致我们采取我们的选择，但是它们并不证明它逻辑上正确。此外，我们相信逻辑，这本身是一个便利的问题。

正像我们已经说过的那样，我们相信逻辑，这并不必然创造逻辑。某处可能有逻辑，就好像某处可能存在着一种以世界或宇宙著称的事物的状态。世界和宇宙就其自己的存在而言，均不必然依赖于我们的信念。但是对我们任何人来说，逻辑的存在却依赖于我们的信念，而且我们的信念是个选择的问题。如果一个人拒绝相信逻辑，那么多少逻辑论证也不会说服他。如果一个人拒绝相信世界的存在，那么多少经验论证也绝不会转变他的看法。对于那些不相信便利的人，大概没有有利于便利的论证，但是对于那些相信便利的人，却有优点。

至少有一种形而上学的优点。我们的便利概念带有节省的概念。它不容忍大量的假设。它与时代精神或世界意志、生命力量或生命冲动，斯宾塞的不可知论或康德的固有或先验的自身事物，不必有任何关系。它利用奥卡姆剃刀砍去所有我们不需要的基本思想。它满足于在任何给定时间所要求的最低限度，它可能根据我们在任何一个时间的实证认识或加或减，但是它不增加概念以适合宗教偏见或情感的怪癖。它旨在哲学的节省，尽管它可能并且正像我们将看到的那样，它大概最终将使实证认识领域变得更为复杂。而且，为了我们生活的便利，它使我们的认识变得复杂。

另一个优点是我们的标准促进实证认识。它认识到一个有实在问题的实在的世界，而这些问题需要实在的解决。换言之，它促进科学，唯物论和唯心论都不促进实证认识，因为它们均试图根据自己的偏见说明世界的原因，而这种偏见正像它在历史上发展的并且今天正在发展一样，恰巧与我们的实证认识是不相容的。实在论与科学更一致，这个问题将在以后的章节提出。这里只需要说，我们的观点对科学提供的支持一旦得到承认，就是一个有利于科学的重要论证。

还有另一个优点，正像我们已看到的那样，我们相信便利包含我们相信逻辑。逻辑一旦被相信，就是哲学中最强有力的工具之一。逻辑是证明一些正确的基本命题的工具，通过采用逻辑规则，这些命题可以成为不容置疑的。这样的命题是这一章开始时提到的命题。我们提到一二个，其他的可能有待于发现。可能会遇到一些技术困难，但是通过技术手段也可以清除它们。随着逻辑技术的改进，可能会发现越来越多不可反驳的和自身一致的命题。在不远的将来可能会出现一种基于这些命题的彻底的、坚固可靠的而又持怀疑态度的哲学。对哲学寄予希望大概同对其他生活领域寄予希望是同样没有用处的。但是，既然学哲学的学生毕竟是人，因此他们与所谓普通人一样需要得到安慰。

无论这种希望是不是没有用处，在哲学的进步本身几乎被当作哲学思辨的进步这种意义上，上面一段容易使人误解，逻辑是一种结构，是一种联系，但它本身不是一个哲学链条。它可能帮助我们判定哪些思想与一组给定的思想是一致的，但它不帮助我们选择我们每个人所欢迎的思想。关于基本思想，我们遵循自己的偏见，如果它们是相互分离的，它们就没有逻辑有效性的问题。逻辑并不发明思想，它不会从水中救出我们喜欢的小姐，也不会向我们说明我们关于世界应该形成什么样的思想。如果逻辑对我们所在的世界做出某种反应，那么它仅仅表明那种能够使我们关于世界的思想联系起来形成一个可理解的整体的方式。它与我们的思想方向几乎没有任何联系。迄今它没为我们提供选择前提的标准。随着逻辑的发展，不同的哲学体系可能变得与不同的几何学有些相似了；推理可能是相同的，而思想却是不同的。

　　逻辑怎么帮助哲学呢？逻辑技术的完善是对哲学批评的帮助。通过严格的逻辑分析，可以彻底澄清或清除含混、模糊或无意义的思想。随着逻辑的改进，可能不会把含含糊糊的意见当作哲学的深奥见解而忽略。首先将一个命题分为其词项，看它们是不是清晰明确，就是说，看它们是否有确切的意义。然后再把它们重新组成原来的命题，看他是否有意义。它可能有意义，却不是真的，这就是说，与其他命题不一致。"人在自己的脑袋上走路"这个命题似乎是完全有意义的，但是它与其他一些表述"人"的命题是不一致的，在这种意义上，它不是真的。逻辑帮助批判的哲学，它几乎在相同的程度上帮助实证哲学，因为只要哲学是批判的，它也就是实证的。

　　我们不是逻辑学家，这一点几乎是不必指出的。至此提出的论证说明我们对我们苦心费力强调的问题只有肤浅的理解，或更宽容地说，只有不太在行的理解。但是我们强调逻辑，而不是在试图制造逻辑原理，甚至也不是在创作一部提出逻辑原则和方法的适宜的教科书。我们的问题主要是对基本的哲学思想进行逻辑分析，而不是对逻辑概念进行哲学探讨。换言之，我们在试图用逻辑方法分析哲学思想，而不是用哲学方法分析逻辑思想。

　　后面的章节想探讨一些思想，承认这些思想似乎为我们提供我们在这一章所讨论的这种基本意义上的便利。首先我们将探讨我们关于事实的看法，然后探讨关于真的看法。我们将假定世界或至少世界的一部分是不断持续变化的。我们将分析我们关于变化的看法。由此我们进而讨论时间、空间和运动，最后将以对形而上学和科学的研究结束这本书。

然而，我们必定要说，这种企图总之要失败。这不是虚伪的谦虚，这不过是承认达到目的的方法很不胜任。这本书如果确有关键性的部分，则主要是逻辑分析的问题；如果确有积极的部分，则主要是逻辑构造的问题。整个企图的成功依赖于逻辑的严格性。但是逻辑的严格性很可能是在这寥寥数页达不到的理想，因为我们从一开始既没有关于逻辑本质的清晰概念，也没有明确定义了的逻辑过程的方法，如果我们的逻辑缺乏严格性和明确性，那么我们的分析就不能非常清晰确切，结果就可能证明这里提出的思想系统与它所要批判的那些思想系统同样混乱不堪。

但是，如果从一开始就怀疑这种企图要失败，那么究竟为什么还要一味地尝试它呢？这是一个非常根本的问题，它深及生活的本质。这些页已经暗含着回答。我们不做能够得到任何抽象证明的事情，我们一般不为一个目的而活着，所谓我们为之而活着的目的本身是不能证明的。当我正在思考的时候，我正在连续抽第三支烟，这不是因为我仍不满意香味的刺激，而是因为只要我没有挥笔疾书，我的手就要拿点东西，这可能正好是支香烟。我们有些人进行哲学研究，是因为对真感兴趣，也有一些人进行哲学研究，是因为想得到安慰。许多人涉足哲学，是因为没有其他事情可干。如果我们不期待哲学最终得到相同的结论，那么我们就几乎不能期待哲学家从相同的动机出发。

坦白地讲，哲学对我们来说是一种游戏。我们可能天真地做哲学游戏，这立即使专家感到可笑和气愤，但是我们尽可能努力根据哲学规则来做哲学游戏。我们不考虑成功或失败，因为我们并不把结果看作过程的一半。正是在这里，游戏是生活中最严肃的活动之一。其他活动常常有其他打算。政治是人们追求权力的领域，财政和工业是人们追求财富的领域。爱国主义有时是经济的问题，慈善事业是某些人成名的惟一途径。科学和艺术，文学和哲学可能有混杂的背后动机。但是一个人在肮脏的小阁楼上做游戏，这十足地表达了一颗被抛入生活之流的心灵。

（原为英文，载《哲学评论》第 1 卷第 1—2 期；中文原题名《序》，由王路译，原载《金岳霖学术论文选》，北京，中国社会科学出版社，1990；选自《金岳霖集》，北京，中国社会科学出版社，2000）

论自相矛盾
（1927）

一

自相矛盾，在哲学上是一种批评哲学的极利害的工具。现在的哲学所最注意的似乎是逻辑，如果一种哲学在理论上有自相矛盾的地方，它就不容易成立。注重逻辑的人很喜欢用这个工具来批评哲学，康德的哲学，实验主义，休谟的哲学都时常得了"自相矛盾"的批评。我在本文仅举两个例，表明引用"自相矛盾"这种工具的法子。至被批评的哲学的价值不在本文范围之内。

甲 用极简单的方法说，——须知简单就不免误会——我们可以说：康德把宇宙间所有一切分为可知的现象与不可知的原体。在可知的现象中，每种现象各有我们的知识在内。在不可知的原体中，有一种特别原体，就是知识原体。这种特别原体与他种原体凝结起来，变成了可知的现象。但这种现象不是原体；原体是不能知的，而现象是包含知识工具在里面的。比方我说"我知道这张桌子"，我的知识中的桌子就是现象，虽然有一部分是桌子的原体，而它自己不是桌子的原体，因为除桌子的原体外尚有知识的工具在内。在知识中的桌子，桌子的原体与知识的工具是不能分开来的，因为分开来后，这桌子就不是现象，就不是知识中的桌子了。这样说来，照康德的认识论看起来，认识与被认识的东西是不能分开来的。这样简单的说法，不免误会康德的哲学，但本文既不注重在阐明他的哲学，也就顾不了这一层。

假定以上的话可以代表康德的认识论，我们可以问（一）康德的哲学是不是知识？康德可以说"不是"也可以说"是"，也可以说一部分是，一部分不是。如果他说"不是"，我们对于他的哲学，可以置之不理，因为它不是知识。如果他说"是"或一部分"是"，那么我们可以说，照他自己的认识论看来，他的哲学与居于它相对地位的宇宙一切，发生知与被知的关系。我们可以问（二）他的哲学与宇宙一切是否可以分开？他自然可以说"可以分开"，也可以说"不能分开"。如果说能分，他就自相矛盾，结果他只能说"不能分"。如他的哲学与宇宙一切不能分开，那么，如果他的哲学是真的，就有以后所讨论的情形发生。

现在再从真理方面讨论这问题。如果知识与被知识者不能分开，我们怎样可以分别真知识与假知识呢？知识的真假似乎有分别之必要，因为从康德的举动看来，哲学的真假似乎有分别之必要。如果哲学的真假没有分别之必要，康德又何苦著书立说呢？无论别人的哲学是真是假，他自己至少应该以为他自己的哲学是真的哲学。上段说过，哲学是知识，如果哲学有分别真假之必要，至少一部分的知识有分别真假之必要。但是我们可以问（三）怎样分法呢？

这问题发出后，康德不能不找一个标准。但如知与被知者不能分开，这种标准就不容易找到，因为根本就不能有这标准。比方我"我知道这桌子是圆的"我可以问康德（四）"这知识是真的呢，还是假的呢？"他自然可以说是"真的"，他也可以说是"假的"，但无论他的答覆是怎样，他似乎应该有他的答覆的标准。这种标准不能在我那句话范围之内，因为在那句话范围之内的标准，不能定那句话本身的真假。所以这句话的真假的标准。只能在这句话范围之外。

如果一种知识的真假的标准在那知识范围之外，康德对于我们的第四问题又怎样办呢？他可以说"我知道这桌子是圆的，我知道我的知识是真的，因为这桌子本来是圆的"。他也可以说"我知道这桌子是圆的，因为我知道我知道这桌子是圆的"。前者注重在桌子，后者注重在知识。这两种答覆都不行。照第一种办法看来，我们所知的不是现象，是原体，与康德的认识论相矛盾。第二种办法简直不是办法；因为它的结果仅仅是我知道，因为我知道我知道。这样一层一层的推下去，真假的标准永远在前，你进一步，它也进一步，永远摸不着。

但第一答覆既然与康德的认识论相矛盾，他在理论上就只能用第二答覆。那么我们可以问（五）他自己的哲学是真的呢，还是假的呢？这问题问别人或者不要紧，问他自己，可是有点为难了他。他既然著书立说，他似乎不容易说他自己的哲学是假的，他似乎不能不说他自己的哲学是真的；同时他不能证明别人的哲学是假的，也不能证明他自己的哲学是真的。现在又申明，康德哲学是真是假，或好或不好，或有价值或无价值，与本文都不相干。

照康德的哲学看来，知与被知者既不能分开，哲学与宇宙一切也就不能分开。知识真假的标准既然是永远摸不着，一种哲学之能成立与否在那哲学范围之内，也就不能定。如果康德的哲学是真哲学，那么，甲乙丙丁的哲学，甲乙丙丁各个人都可以说他自己的哲学是真哲学。甲乙丙丁既然各是其是，就不免各非其非，但是既然各个人在理论上可以各是其是，在理论上就没有一人能非别人之所是，各个人虽可以非其所非，而其所非者不是别人之所是。

有以上的情形，结果如下。如果康德的哲学是真的，

（一）他人的哲学，康德不能说是假的；

（二）他们的哲学，他们个人都可以说是真的；

（三）易地而居，康德的哲学，康德自己可以说是真的；

（四）康德的哲学别人不能说是假的；

（五）如果康德以为他自己的哲学是真的，他就不能说别人的哲学是假的；

（六）如果他说别人的哲学是假的，他就不能以为他自己的哲学是真的；

（七）综合五六两条，如果他以为他自己的哲学是真的，别人的哲学也是真的，那么他自己的哲学是真的；

（八）如果他以为他自己的哲学是真的，别人的哲学是假的，那么他自己的哲学是假的；

（九）照第七条看来，世界没有假哲学，无分哲学真假之必要，与康德著书立说的宗旨相反，所以第七条的理论是决不能成立的；

（十）如果他著书立说，如果他以为哲学有真假，如果他以为他自己的哲学是真的，那么，他的哲学与别人的不同，他不能不说别人的哲学是假的，所以只有第八条的理论可以应用；

（十一）我们可以删繁就简，从第八条理论，推论到一极自相矛盾的结果，"如果康德的哲学是真的，那么，他的哲学就是假的"。

乙　以上这种批评，是学哲学的人常常遇着的，我不过在理论方面

加了许多层次而已。对于实验主义，我们可以作同类的批评，并且还用不着这样弯弯曲曲的理论。实验主义者以为真理和别的事物一样，同受天演的范围，随时随地而变迁。结果是有适合于一时一地的真理，而无永久不变的真理。那么我们可以问，"实验主义是不是真理"？实验主义者可以说是，也可以说不是，也可以说超乎真理之外。如果他说不是真理，我们从求真理方面看来，可以把他的主义置之不理。如果他说他的主义超乎真理范围之外，那么我们似乎无相信与反对之必要，我们相信也可以，不相信也可以；赞成也可以，不赞成也可以；即置之于不闻不问也未尝不可以。无论我们的反感如何，总而言之，与真理无关。但是如果实验主义者以为他的主义是真理，那么照寻常的理论看来，以下的情形就不容易免。

（一）实验主义是一时一地的哲学。

（二）时与地两字，不加范围，意义不易清楚，但我们可以大约的说，当实验主义者发表他的主义的时候，在发表主义的地方，他的主义是真理。

（三）但严格的说，因为说话是有限时间中的一件事体，实验主义者说到第二句话的时候不一定能说头一句话是真的。这样看来，实验主义者似乎没有著书立说鼓吹主义的可能。

（四）但实验主义者既著书又立说又鼓吹他的主义，可见他的主义不是限于一时一地的。

（五）他的主义已经假定是真理。

（六）第四第五两条不能同时成立。如果实验主义不是限于一时一地的，那么它不是真理；如果它是真理，它就不是限于一时一地的。

（七）我们可以说，如果实验主义可以成立，它的"真理论"不能成立，它的"真理论"能成立，它自己就不能成立。

以上是从极简单方面立论。还有好些个理论上的层次在此处用不着写出来，以免读者讨厌。在此段，除本文之外，应请读者注意的有以下三点：

（一）受这种批评的，不仅是实验主义与康德哲学，其他如怀疑主义与休谟的哲学也时常受这种批评；

（二）我所以举实验主义与康德的哲学为例者，不是我特别的不喜欢它们，是因为它们在中国，似乎懂得的人多一点；

（三）本文与这两种哲学的价值无关。

二

我们所注意的是批评的工具。以上两例都是用自相矛盾的方法批评别人的哲学。这种自相矛盾与寻常的自相矛盾稍微不同。如果我说这支铅笔是红的，同时又说不是红的，如果铅笔不能同时是红又不是红的，那么这两句话摆在一块，我就自相矛盾。这类的自相矛盾似乎没有甚么很大的问题，即令有，也与本文无关。以上两例所引用的自相矛盾可不是这类。它有一种以本身的全体为本身的部分的情形。如果这情形不改变，有几种哲学似乎都不容易成立。

这问题是历史上很有趣的问题。老早就有人说"所有的人都说谎"。这句话是真是假呢？说这句话的人似乎也是人，他说的这句话大家也都承认它是人说的一句话。如果他这句话是真的，那么，至少有一个人说真话，所有的人不至都说谎，而他原来的话就不能成立。从另一方面看来，如果这句话是假的，那么所有的人不能都说谎，这句话就不能成立了。总而言之，所有的人中间有说话的这个人，所有话中间有这一句话，无论这句话是真是假，它总是不能成立。

讨论这问题的人很多，罗素也是其中之一。照他说来，极简单的话如"我说谎"也有这种情形。"我说谎"这句话是真是假呢？如果是真，我就不说谎；如果是假，我固然说谎，但是我既然说谎，我的话就是真话了。简单的说法如下："我说谎"，我真说谎，我就不说谎；我不说谎，我就真说谎。

这类问题，似乎是一种丢圈子的走马灯，供小孩子的玩意则可，摆在哲学里似乎是不合格。如果它的意义仅仅限于它自己的本身，至多也不过是一种有趣的问题，用不着把好好的光阴对付到它身上去。但以上的理论不限于这几句话的本身，所举的批评的两例，其中所引用的理论，也就是这种理论。更有进者，不但批评哲学有这种理论，就是建设哲学也受这种理论的范围。所以无论批评与建设哲学都离不开自相矛盾的问题。它与批评的关系已经说过，以下就讨论它与建设的关系。

一种哲学主义，一定有它的根本主张。所谓根本者，大都在耳闻目见范围之内，不能证明，也不能否认；所以如果要证明或否认这类的主张，我们不得不另外想法子。此处所谓想法子者，是要在耳闻目见之外，找一种标准，可以使我们审定某种主张是否能成立。这种标准在历史上的种类很多，我们用不着一个一个的去讨论它。这种标准自己也应该有标准，我们在本文仅提及，也不详细讨论。在近世哲学所常遇着的标准，大约有下列三种（一）显而易见（二）反面不可思议（三）否认包含证明所以不能否认。

第一种在理论上不能成立。事实上或者有相当的价值。如果我们对于一种提议，在事实上我们觉得显而易见，我们大都相信不疑。但这种价值——即令有这种价值——与理论无关。理论上这显而易见的标准不是一个标准。它简直是心理上的一种懒惰性。所谓显而易见的主张大都是我们不愿意往下探讨的主张。同时引用这标准实在靠不住。你以为显而易见的不是他以为显而易见的，而他以为显而易见的我或者以为既不显而又不易见。我在这段说了这一大篇。照我看来，是"显而易见"用不着多说，而我所以多说的原故，就是恐怕各人的观察不同，不一定是"显而易见"。

"反面不可思议"也是心理上的作用，也就不能当作理论上的标准。可思议与不可思议是心理上的习惯问题，成见问题。我以为不可思议者别人家不必以为不可思议；现在以为可思议者从前或者以为不可思议。三千年前，如果有人说地球是圆的，大多数的人，或者以为不可思议。这种标准在心理上或者有很大的力量，因为如果我们对于一种主张，以为不可思议，就是想法子去思议它，恐怕也没有法子想。因此我们觉得不可思议者，不但在事实之外，而且在可能之外。但可思议与不可思议之间，既然没有标准，那么，它自己就不能做标准。

以上两种标准都不能应用，能应用而时常引用的是第三种标准。这种标准完全是理论的标准，没有心理作用存乎其间：而它所以能应用的原故，也就是它的理性充足。上面已经说过，根本主张之能成立与否，其标准不能在耳闻目见范围之内，而在耳闻目见范围之外。心理上的感觉既然不能帮助，我们只得在理论上设法，而在理论上居然有许多主张似乎是我们所不能否认的，因为如果我们否认这类的主张，我们适足以证明它们。这类主张既然不能否认，在理论上我们似乎就不能不承认它们了。

现在举出几个例来（一）"有真理"，（二）"有命题"，（三）"在同一范围之内，一命题或者能成立，或者不能成立，没有第三可能"，（四）"我们辩论"。以上都是寻常认为不能否认的命题。（一）"宇宙所有的一切都是相对"，（二）"真理是限于一时一地的"，（三）"所有的人都说谎"，（四）"宇宙间所有一切都是不可知的"。以上都是寻常认为不能成立的命题。

（一）"有真理"。这句话不能否认，因为否认时，我们要说"没有真理"。那么，这句话是不是真理，如果是的，适足以证明"有真理"，"有真理"的话就成立了。如果否认的话不是真理，那么它本身既不是真的，怎样可以否认"有真理"那句话，而"有真理"这命题就不能不以为成立了。

（二）不能否认的第二例与以上相同，理由一样。

（三）这一例的理论稍微杂一点。如果我说"一命题在同一范围之下或者成立，或者不能成立，没有第三可能"，读者要否认这句话的时候，大约免不了要说"一命题在同一范围之下，可以成立，可以不成立，也可以同时成立与不成立"。这不过是说成立与不成立之外有第三可能。但理论上似乎没有第三可能。我们可以用甲乙代表这两句话，甲代表命题，乙代表否认。甲乙之间，如果没有否认关系，那么没有问题发生。如果有否认关系，我们可以问，乙是否能否认甲。如果乙不能否认甲，那么甲依然成立，也没有问题发生。如果乙可以否认甲，那么，否认成功，甲不能成立，而乙成立。这样一来，甲乙之间有一种特别关系，就是"如果甲能成立，则乙不能成立，如果乙能成立甲就不能成立"。简单言之，甲与乙或者成立或者不能成立，没有第三可能。第三例的命题也就是不能否认的。

（四）第四例与第一第二例相同，不赘。

现在再谈谈不能成立的命题。第二第三两例，以前都说过，此处不再论。

（一）"宇宙间所有一切都是相对"这句话似乎是宇宙间所有一切中之一，它自己是否相对呢？如果相对，那么，这句话就靠不住了。因为既然相对，这句话有时能成立，有时不能成立，要看对方的情形如何，而它自己就失了普遍的性质。结果是我们只能说这句话不相对。既然他不是相对，那么，至少有一句话不相对，而宇宙间所有一切就不能都是相对的了。

（四）"宇宙间所有的一切都是不可知的。"我们可以句这句话是不是知识呢？如果它不是，我们可以置之不理。如果它是知识，那么，不知为不知，是知也，我们至少知道宇宙间所有的一切是不能知的。我们既然知道宇宙间所有的一切都是不可知的，那么在这范围之内，宇宙间所有一切是可知的了。不能成立的命题，大都是自相矛盾的命题，而不能否认的命题，大都是它们的反面自相矛盾。

说到这里，恐怕大多数的读者已经讨厌到万分了，所以我也就不再举例。综合以上的讨论，似乎在理论上，似乎有一类命题是不能否认的，另外一类命题似乎是不能成立的。在这种情形之下，学哲学的人，似乎很得了一点便宜。表面上看来，似乎只要学哲学的把这类理论上不能成立的命题，都给它们打倒，事体就完了。其实不然。仔细想想，如果这种情形不加修改，至少有两个毛病：

（一）信仰太不自由，理论的束缚太利害。理论固然要紧，信仰也就不能小视。如果学哲学的专讲理论，他所得的不过是一个空架子，与我们的世界没有多大的关系。学哲学的，多多少少，总有他们的信仰，如果受理论的束缚太利害，他们简直无话可说。如果他们相信他们的主张而觉得不能不说话，那么说话时，不免发生哲学家与他自己的哲学自相矛盾的问题。

（二）寻常的理论不充足。下段再讨论这一层。

三

讨论这问题的材料，我所知道的是罗素与怀悌黑的 *Principia Mathematica*。听说哈佛大学里有一位教授对于这问题很有兴趣，对于罗素的主张觉得有修改之必要；但怎样修改，我未读他的论文，我不能说。罗素的思想我不敢说了解，但在以下数段中偷了他的意思不少。我说"偷"者，一方面因为我不十分懂罗素的意义，我不敢引用他的思想；再一方面以下数段中有许多思想不是我自己的，是从罗素的书中得来的。

对于自相矛盾的问题最初所应注意的，一方面是普遍的情形，一方面是特别的情形。普遍方面我们所应注意的约有两点，这两点均须简单的讨论一下。

（一）自相矛盾是几句话的事，不仅是一句话的问题。严格的说起来矛盾不是字的问题。红与不红虽然彼此相反，彼此不同，而实无所谓矛，无所谓盾，因为空空的几个字，没有一定的范围，不能有冲突发生。一句话也无所谓矛盾，因为矛盾是一种理论上的情形，而理论又是多数句话中间的一种特别关系。既只有一句话，就谈不到理论，既谈不到理论，就不能有矛盾的情形发生。如果有矛盾的情形，就不是一句话的问题。所谓一句话自相矛盾者，是那一句话可以分作几句话，或包含几句话，而这些句话在理论上发生冲突不能融洽，所以发生矛盾的情形。以上所举出的例可以证明一句话的自相矛盾是几句话的矛盾。如果我说"无真理"这句话之所以能自相矛盾者是它包含几句话——"这句话是真的"——"所以有真理"——"在同一范围之内，不能同时有真理与无真理"，彼此不能相容，彼此矛盾，所以"无真理"这句话自相矛盾。

（二）多数句话发生矛盾，一定有它们发生矛盾的情形。别的不说，只说以下三种。

（a）一定有同一的范围，没有同一的范围，不能有矛盾发生。在此处所应注意的，一方面是不在同一范围之内，彼此反对的话不相矛盾。一个人有亿兆千万的细胞，一与亿兆千万虽有天壤之别，而一个人是从人方面说话，亿兆千万的细胞是从细胞方面说，范围不同，没有发生冲突的余地。一直线有无量数的点，有有量数的直线；一直线可以说是无量的，也可以说同时是有量的；从点方面看来，直线是无量的，从直线方面看来，它是有量的；范围不同，所以没有矛盾的问题。

再一方面，我们所应注意的是没有范围或范围不清楚的问题。有时范围不清楚，发生表面上的矛盾问题，等到范围弄清楚后，这问题也就消灭。在不能否认的例里面，第四例说"我们辩论"。如果有人说"我们不辩论"，那么岂不是我们辩论了。但所谓辩论者范围如何，差不多没有根据可以使我们猜想。从常识看来，辩论是一件事，与时间发生特别关系；这句话既没有提及时间，我们可以说辩论没有相当的范围，或者范围不清楚。就是辩论的意义相同而范围不一，也没有矛盾的情形发生。不能否认中的四例，在此处就可以打倒。

（b）几句话一定要在同样前题之下才能发生矛盾的情形；如果我们假设一种另外不同的前题，那矛盾的情形或者也就消灭。寻常逻辑书中的 A 与 E 两命题，大家大都以为可以同时是假的而不能同时是真的。比方我说（一）所有的甲都是乙（二）没有一甲是乙。这两句寻常都以为不能同时成立的。但其所以不能同时成立者，不是有自然而然的前题，是有一种特别的前题，为大家所默认而没有受我们的明明白白的解释。大家所默认的前题，就是存在问题。我们谈到 A 与 E 这两个命题时，不知不觉就把存在问题夹杂在两句话中间去了。那就是说不知不觉我们就假设甲乙的存在。如果甲乙都存在，这两句话似乎是不能同时成立。但如果这两句话不包含甲的存在，那么我虽然说到甲，世界上不必有甲，虽然说到乙，世界上不一定有乙。如果世界上本来就没有甲，A与E两命题就可以同时成立。A仅仅取消不是乙的甲，E不过是取消是乙的甲；这两句话可以同时成立，而成立后的结果就是证明世界上没有甲的存在。这样看来，矛盾的情形发生与否，须视前题为转移。

以上是普遍的情形但与以下第三第四两条有特别关系。

（c）几句话发生矛盾情形，所用的字一定要意义一致。意义不一致，不能发生矛盾情形。如果湖南人说一吊钱是一百个铜子；北京人说一吊钞是十个铜子，这两句话不矛盾，因为"一吊钱"没有一致的意义。如果我说某甲好，他说某甲不好，我所谓"好"者是和蔼可亲，他所谓不"好"者是喜欢辩论；那么两人之所谓"好"者不同，这两句没有矛盾的情形。

以上也是普遍的情形，但与本文无关。所举的例大都不犯这毛病。真理的定义，是哲学上很难的问题，各有各的见解，向来就不一致；但本文与定义无关。无论定义是怎样，"有真理"这句话，照普通的办法看来，是不容易否认的。否认的时候，我一定要说"无真理"。这两句话里的"真理"两字，意义一定一致；因为如果不一致，根本就没有否认的事实发生。从反面说，如有否认的事实，真理的意义不能不一致。至真理的定义如何，与这两句话简直没有关系。如具"有真理"这句里的真理是佛教的真理，"无真理"这句话里的真理也就是佛教的真理，因为如它是康德的真理，这两句话就没有接头的地方，不能发生赞成与否认的情形。

所举的例，只有一例恐怕免不了意义不一致的毛病。在不能成立的命题中，我们有一例如下："宇宙间所有的一切都是不可知的"。这句话说了之后，我们马上就想起，如果宇宙间的所有一切都是不能知的，我们怎样知道它们是不能知的呢？如果我们知道它们是不能知的，我们似乎已经知道它们了。如是乎矛盾。但知识是可以有等级的；知道北京大学在北京，是一件事，知道北京大学第一院在汉花园，又是一事。知识虽可以有同一的定义，而不必有同一的等级，既不必有同一的等级，就不必有同一的意义。如果意义不一致，就不能发生矛盾的问题。

综合言之，几句话相矛盾与否，要看那几句话的彼此的关系如何。一句话可以包含几句话，如果包含的几句话相矛盾，这一句话就自相矛盾。照这种说法，自相矛盾的问题仅仅是平常的矛盾问题，似乎是没有什么特别。其实不然。以下两条是自相矛盾的特别情形。

（三）程序问题。在第二节里我们曾说过"我们说谎"的这句话。这句话似乎自相矛盾，因为如果我们真说谎，我们就不说谎，如果我们不说谎，我们就说谎。真假之间，翻来覆去，弄出矛盾的情形出来了。如果我们把程序弄清楚，或者没有这种毛病。

（a）"我们说谎"。这算第一程序。无论真假的定义如何，这句话的真假似乎不能包含在这句话里，所以要在第二程序里说。这句话既然有真假，第二程序里至少可以说两句话，或者说第一程序的话是假的，或者说它是真的。现在假定它是真的。

（b）第二程序，我们可以说："我们说谎"是真话。第二程序的话的真假又要在第三程序才能发表。

（c）在第三程序，我们可以说"（我们说谎）是真话"是真话。

真假的定义虽然一样，而各程序的真理不同，不能混在一块。不把程序混乱，就不会有矛盾的情形，而其所以表面上发生矛盾情形者是因为程序没有分清楚。以前的理论（甲）我说谎，（乙）我真说谎，（丙）我就不说谎；程序不分，第一与第三矛盾。程序分清楚后，在（a）段所说的与在（c）段所说的不能混在一块；因为两句话间，其所以为真为假者虽相同，而所真所假者不相同。既不相同就不能混乱，既不混乱就不至于有矛盾情形。如果我们看看第二程序的话，或者容易明白这道理。在第二程序里，我们可以分别两层真假（甲）第二程序话里的真假，（乙）第二程序话的真假。（甲）虽在第二程序里发表，而所指的是第一程序的话；（乙）所指的是第二程序的话，不过在第三程序发表而已。（甲）与（乙）不能混合。那就是说程序不能混合。

以上仅说程序应该分别，但何以应该分别呢？我们可以说，程序分别后，这几句话的理论关系就容易看出。比方，（甲）我说谎（乙）我真说谎；我可以接着说"所以我说谎"，也可以接着说"所以我不说谎"，看我所注意的是第一句话，还是第二句话。我既然可以再说两句话的可能，我就没有只能说一句话的必要。严格的说，我就不能得理论上的结论。但理论的结论虽不能得，而矛盾仍不能免。如果我们说"所以我说谎"，那么，这句话与第二句话冲突。如果我说"所以我不说谎"，那么，这句话又与第一句话冲突。若是程序分清楚，以上的毛病就没有了。如果在第三程序承认第二程序的话是真的，就不能不承认第一程序话里所说的谎是谎。如果在第三程序不承认第二程序的话是真的，就不能不推论到第一程序的话里的谎不是谎。因为范围一定，各程序的话可以得一定的必要的结论。

（四）程序不是很根本的问题，因为它可以消灭在另外一个问题里去。那更根本的问题就是全体与部分的问题。这问题是哲学上逃不脱的问题，它的范围也很大，但在本文所讨论的仅仅是限于这问题中的一点。问题是一事一物的全体可以作它自己的部分吗？我们的答案与自相矛盾这情形有极要紧的关系。

最清楚的说法还是用例。（一）所有的人都说谎（a）这句话是假的（b）那么所有的人不都说谎；或者（c）这句话是真的（d）那么至少有一人不说谎，所以（e）所有的人不都说谎。这里的理论不但不分程序而且混乱全体与部分。我们可以问"所有的人"包括说这句话的人吗？所有的人所说的话包括这个人所说的话吗？如果我们用甲代表"所有的人都说谎"这句话，乙代表所有的所说的话，丙代表无论何人所说的一句一句的话。照以上的理论看来，

（a）甲包含乙。

（b）乙包含丙。

（c）丙又包含甲。

但是丙应不应该包含甲呢？如果丙可以包含甲，岂不是甲乙丙周而复始，无先无后，无全体与部分的分别了吗？（二）无真理我们可以说（a）这句话是假的，所以（b）有真理；或者说（c）这句话是真的，所以（d）有真理。这也是不分程序，混乱全体与部分。如果我们用甲代表这句里的真理，乙代表这句话，丙代表这句话的真理。以上的辩论也就包括同样的情形。

（a）甲包含在乙里面。

（b）乙包含在丙里面。

（c）丙又包含在甲里面。

甲乙丙也就是一种走马灯。但我们能够这样兜圈子吗？如果能够，"无真理"这句话就免不了自相矛盾；如果不能够，这句话就不必自相矛盾。这不是范围清楚与不清楚的问题，也不是意义一致与不一致的问题；范围似乎很清楚，意义也不能不一致。这是前题问题。如我们以为全体既然包括部分，部分就不能包括全体，或者部分既然包括在全体之中就不能再包括全体，那么我们所讨论的自相矛盾就不能发生。如果我们以为全体可以包括部分，而同时部分又可以包括全体，那么，我们永

远跳不出圈子来，永远免不了我们所讨论的这种自相矛盾。

现在从另外方面讨论这问题。我们可以说几句极寻常的话：（a）中国人是黄种人，（b）这桌子是方的，（c）这位小姐是北京第一美人，（d）这位先生是本地人，等等。这几句话详细的分析起来，很可以分出几类来。但从理论方面可以推论到一种很普遍的话：“甲是乙”。再从上推，可以推论到“甲是甲”。但无论用哪句话，甲乙所代表的东西可以说是无量的。但无量不是无限制。在这无量数的东西里，用这句话方式发表时，有一部分是有意义的，有一部分是无意义的，有一部分是真的，有一部分是假的。但真假问题在此处不算重要，因为假命题也有意义。如果甲代表人，乙代表方的，甲是乙这句话就等于“人是方的”。这句话大都以为是假的，但我们不能说它没有意义，它不过是一句假话而已，在理论上仍有它的存在。在事实上虽然没有找着方人，而理论上不能说没有方人的可能。

这样说来，甲乙所能代表的东西，似乎是没有限制。其实不然，在“甲是乙”这句话里，甲乙均似乎不能代表这句话的本身。因为如果不然者，全体与部分就混乱了。如果我们说“甲是乙”是乙，那么乙包含在“甲是乙”这句话里，而“甲是乙”既然又是乙，那么，“甲是乙”又包含在乙里面去了。这句话岂不是没有意义？我们可以举出例来：（a）中国人是黄种人是黄种人，（b）这张桌子是方的是方的，（c）这位小姐是北京的第一美人是北京的第一美人，（d）这位先生是本地人是本地人。这些话，一看就知道它们不能成立。其所以不能成立者，不是说它们是假话，是因为它们都没有意义。如果他是人，“他是人”这句话没有是人的可能，根本就没真假的问题。

在本节所提出的注意的点，第一与第二是普通的，第三第四是特别的。第三与第四可以当作一种思想，也可以当作两种思想。我们可以说，所以要分程序的道理，就是因为全体与部分不能混乱；或者说全体与部分不能混乱所以程序有分别清楚之必要。但我们把它们做两条讨论，也就有理由，以后再说。此处应该说本节的主张是全体与部分不能混乱。

四

现在最重要的问题是全体与部分的关系的问题。它们永远可以混合吗？它们永远不能混合吗？如果它们可以随时混合，那么有许多自相矛盾的情形，我们无法可以对付。如果它们永远不能混合，我们也就逃不了困难问题。那问题就是：在理论方面，差不多没有不能否认的命题。

（一）不能否认的问题都可以否认。"有真理"这是很要紧的问题，有一部分持实在主义的人，靠这个命题来建设他们的哲学。但是如果全体与部分永远不能混合，那么，有真理这句话就可以否认，因为无真理这句话就不自相矛盾。而无真理这句话不自相矛盾者，因为这句话虽然或者是真理，而这句话所否认的真理与这句话的真理，既然不能混合起来，就不至于发生冲突，既不发生冲突，就不能有矛盾的情形。"有命题"也可以同样的否认。

"一命题或者能成立或者不能成立，没有第三可能"这是理论上一极重要的原理。理论似乎非他不可的样子。比方我说"甲是甲"这是何等根本的命题。我说了之后别人听了就可以接着说"甲不是非甲"这又是何等根本的推论。但我们所以能如此推论者，是因为理论上有以上的原理，说如果甲是甲，它就不能同时是非甲，如果它是非甲，它就不能同时是甲，没有第三可能。这原理在理论上可以说是极根本的了。照寻常的理论，它是不能否认的，因为否认它就是证明它。理由见前此处不赘。但如果全体与部分不能混合，不能彼此互相包括，那么，这极根本的原理也就可以否认了。

（二）在所举的例中，不能成立的命题都可以成立。

其所以有这两结果，总而言之，是一句话自相矛盾的机会差不多根本消灭了。自相矛盾的机会既然消灭，我们就不能时常应用得着它做我们批评哲学的工具。以上所举的对于康德的哲学与实验主义的批评，照第三节所讲的道理看来，就不能成立，因为这种批评所包含的理论，就是一句话自相矛盾的理论，自相矛盾既然推翻，这种批评也就打倒了。在此处我又要申明，本文的宗旨不是讨论各种哲学的价值。在第一节我们虽然用自相矛盾做工具，批评实验主义与康德的哲学，我们没有以为它们受了自相矛盾的批评，就因此没有价值；现在我们推翻第一节的批评，我们也不以为它们就因此有价值。

打倒一句话自相矛盾的情形似乎是一极便利的事，但仔细想想，也未必尽然。在上节所用的方法有抹杀一切的毛病。在所举的例中，不能成立的命题，在未用这方法之前，无分彼此的内容，都不能成立。在引用这方法之后，它们也无分彼此的内容，都不能成立。都能成立与都不能成立均有抹杀一切的毛病。一句话的内容与它在理论上能成立与否简直没有关系。

有了以上的情形，我们对于第三节的提议似乎有修改之必要。我们所注意的是限制引用自相矛盾这种工具的范围不是消除自相矛盾的存在。所以从提议方面看来，我们似乎不应该说全体与部分完全不能混合，绝对的不能彼此互相包含。我们的问题似乎是要用点分析功夫，看全体与部分什么时候可以混合，可以彼此互相包含，什么时候彼此不能混合，不能彼此互相包含。在本节我们所宜注意的有以下数端。

（一）上次说"甲是乙"这句话里的甲乙所能代表的东西非常之多而不能代表这句话的本身。我们说"甲是乙是乙"没有意义。但这也不尽然，要看所代表的东西的性质怎样。"甲是人是人"没有意义，而"甲是一句话是一句话"有意义。因为所代表的东西的性质不同，"甲是乙"这句话有时可以代表它自己的本身，有时不能。那就是说全体有时可以做自己的部分，有时不能。但是哪时能，哪时不能呢？哪种东西的性质能，哪种东西的性质不能呢？哪样的话有意义，哪样的话没有意义呢？

有意义与没有意义是不容易说的，至少可以分作两种看。一种是心理上有无意义，一种是理论上有无意义。心理上的有无意义是靠不住得很的。各个人的思想的背景，各个人的习惯，各个人的兴趣等均可以存在它的意义。理论上的有无意义，从普通方面看来，牵扯出来的原理太多，在本文不便讨论，而从我们的特别问题着想，就是我们所要解决的问题。断不能拿它来作有无意义的标准。

（二）我们只得用分析功夫，看可否能得一点小结果。最初一步，就是要认清题目。题目是"甲是乙是乙"在怎样情形之下可以成立。但是要解决这问题。先要知道甲乙所代表的东西的性质，而最关紧要的，就是这类东西的全体与部分关系。所以根本的问题是全体与部分的问题。不是普通的全体与部分的问题，是一句话，或一命题中的全体与部分的问题。对于这问题我们可以分别以下几种不同的情形。

（a）在一个命题中，如果全体是单个的集合——无论是有机体或无机体，有组织的集合，或无组织的集合——凡关于全体者不能当作它自己的部分。

甲例："宇宙间所有的一切都是相对。"这句话所说的宇宙一切是指甲，乙，丙等等而言。它是一种单个的集合，所以这句话不能当作宇宙间所有中之一。

乙例："所有的人都说谎"。这句话里所说的"所有的人"是指甲，乙，丙，丁……而言，不是指所有的人的总数，因为人的总数不能说话。既然不能说话，自然不能说谎话。说这句话的人不能当作"所有的人"中间之一。但这句话是不是谎话似乎是另一问题。

丙例："有一个一个的真理"（truths），或者"有一个一个的命题"（propositions）。此处的真理是个体的真理，是这真理，是那真理，等等。如果这句话是真理，我们也不能把它摆在这些个体的真理中间。"有命题"，如果是个体的命题，结果相同。

（b）在一命题中，所谓"全体"者仅仅是一种概念，凡关于这种"全体"者不能当作它自己的部分。

甲例："直线是两点间最短的距离。"此处的直线与这条直线，那条直线无关，它似乎是一概念。这种话简直没有问题发生。

乙例："博爱之谓仁，行而宜之之谓义。"此处的仁与义似乎都是概念，也不至于有困难的情形发生。

（c）如果在一命题中，所谓"全体"者，可以当作个体的集合解，也可以当作概念解，凡关于"全体"者不能当作它自己的部分。

甲例："时间是不停留的"时间两字可以作概念解，凡是所谓时间者有不停留的性质；也可以当作个体的集合解。甲时，乙时，丙时等都有不停留的性质。

乙例："空间是不动的。"情形同上。我们所应注意的是两种解释不能混乱。那就是说一字不能够同时有两解。是概念就不能同时当作个体的集合，是个体的集合就不能同时是概念。总而言之，随便哪个均可以，但二者不可得兼。

（d）如果在一命题中，所谓"全体"者是概念，同时那概念与语言发生特别关系，语言受那概念的范围，凡关于全体者可以当作那全体的部分；或者说凡关于那概念者可以仍为那概念下的个体。

甲例："有真理"（truth）。此处的真理应作概念解。真理的概念与语言文字发生特别关系。我们对于真理的意见不能不用语言文字或符号来发表，我们的意见发表后，又似乎不能不受真理的范围。凡关于真理者就受真理概念的范围，那么，有真理这句话，如果是真的，也就是真理概念下之一个体。

乙例："有命题"（proposition）。情形同上。

何以真理两字在此处当作概念解呢？因为如果不作概念解，我们只有两个办法：（一）作单个体的集合解，在（a）条已经讨论过了；（二）作各单个的本身解。但是如果作单个的本身解，"有真理"中的真理与这句话的真理不发生关系。如果这句话是真的，那么世界上有两个个体的真理；如果这句话是假的，那么，世界上有一个体的具体的真，有一个体的具体的假。彼此不发生证明与否认的关系。同时可以证明者仍为真理的概念。照（d）条看来，在所举的例中不能否认的命题，如果均作概念解，除第四例外，都是不能否认的。

对于（d）条，我们所应注意的又有以下诸端。

（甲）我们曾说过，程序问题与全体部分问题有紧要关系。现在稍微再说说。我们所知道的至少有三种事实发生特别情形：（一）真理（二）实在（三）命题。这种事实似乎都包含它们自己的对象，同时又与语言文字发生特别关系。"有非真理"大家都似乎承认可以为真理，"有不实在"大家都似乎承认可以为实在，"无命题"大家都似乎承认它是一命题。既然有这样的情形，我们就不能不把程序分清楚。有个体的真理与有概念的真理之所以大不同者，就是程序问题。（a）条的真理是个体的真理，与其余的个体真理，彼此有彼此的个性，彼此不能混合，所以程序非分不可。（d）条中的真理也有个体的真理，与其余的个体的真理，同在概念范围之中，无论程序分得若何清楚，它们总逃不出概念范围之外。（a）条与（d）条不同的地方就是这程序问题，所以程序有分别讨论之必要，即无必要，亦有相当的利益。

（乙）我们应注意概念与在它范围内的个体的关系不是寻常全体与部分的关系。我们简直可以说概念不是全体。但是如果我们当它作全体时，我们应该知道它至少有两种不同的部分。一种是概念的部分，一种是个体的部分。几何上"直线"的概念包含"点"的概念，"点的概念"可以称为"直线"的概念的部分。这是第一种部分。但这条直线，那条直线，都受直线概念的范围，也可以说是直线概念的部分。这可以说是第二种部分。一概念所包含的概念是有限的；限制的境址就是那些不能下定义的根本概念或假设。但它所包含的单个的个体是无限的。本文所注意的是概念与它的第二种部分的关系。

（丙）概念的全体既然可以有两种部分，个体的部分也就可以有两种全体。一种是概念的全体。一种是个体集合的全体。（a）条与（d）条的情形就根本不同。（a）条所说的是个体的部分与个体集合的全体的关系。（d）条所说的是个体的部分与概念的全体的关系。其他相关的不同点，我们已经说过，此处不赘，而所以不同者，至少有我们方才所讨论的情形。

（丁）以上所述的三种事实，都与语言文字符号发生关系。尤其是命题与真理。这是一种事实。理论上没有什么必然的道理可说，而事实上我们不容易否认。这也是（d）条的一种特别情形。

五

以上不过是一种临时的办法，实在不能解决这个问题。我提出这问题的用意是要引起读者的兴趣。至于这问题应如何解决，自愧不能，只得静待高明之士。但本文的提议似有以下的结果。

（一）对于第一节所举的批评，一部分或者能成立，一部分或者不能成立。

（二）一命题能成立与否，在耳闻目见范围之外，仍可以有理论上的标准。

（三）在理论上仍有不能否认的命题。

（四）在理论上仍有不能成立的命题。

（五）一句话自相矛盾的情形仍然存在，但发生的机会比从前少。

（原载《哲学评论》第 1 卷第 3 期，1927 年
8 月；选自《金岳霖文集》第一卷，兰州，
甘肃人民出版社，1995）

释必然
（1933）

如果论理学的定义——狭义的定义——是研究命题与命题间的必然关系的学问，则论理——论理学的对象——的性质也就包含必然的性质。我们似乎能进一步说，论理的性质就是必然。必然二字的意义颇不易说。普通生活中所用的必然二字，其意义似乎有极不一致的情形。我们至少可以分作三类，而每类中尚可以有各种不同的必然的意义。三类的必然即（a）心理方面的必然，（b）事实方面的必然，（c）论理方面的必然。

A. （a）心理方面的必然。此种必然差不多限制到个人的感觉方面。有时一个人对于一件事件觉得非这样或那样办不成；他的朋友或亲近虽以种种的方法去劝止他，而终于毫无结果。这种情形在普通生活中非常之多，尤其是感情方面的事。失恋可以生"必"死之心，仇雠可以存"必"报之志。此种"必"完全是心理方面的必，有旁观与当局的分别。据说有一乞丐求助于福禄特尔，福禄特尔说："我为什么要帮助你呢？"乞丐说："先生，我一定要活才行。"福禄特尔说："我不觉得一定。"此处因旁观者与当局者的感觉不同，而所谓"一定"者也有不同的意义。

（b）事实方面的必然。此种必然不是个人的心理问题。我们似乎可以分作两层讨论：一从经验中的事实讨论，一从自然科学中的事实讨论。经验中事实的必然有如苏老先生的势有"必"至。"月晕而风，础润而雨"似乎是统计方面的大约，很有例外的可能，根本就没有必然。

自然科学中的事实的"必然"，其理论的成分很重。我们要知道这种事实的必然的性质，最好是从表示这些事实的自然律着想。自然科学中的自然律可以分为以下两种：一为统计的自然律；一为实然的自然律。还有第三可能，但因此第三可能涉及论理方面的必然，在此暂不提出讨论。

（一）统计自然律。如果我们以 A，B，代表东西或事实的类称，以 a，b，代表东西或事体或事实的个体，φ^1 代表属性，R' 代表关系，⇸代表不能推论，则统计自然律的统计性质可以有以下的表示：

1.1　$\varphi^1 A \nrightarrow \varphi a$

1.2　$AR'B \nrightarrow aR'b$

这就是说，A 类虽有 φ^1 的属性而我们不能推论到 A 类中任何分子 a 也有 φ^1 属性。A、B 两类虽有 R' 的关系，而我们不能推论到 A 类中任何分子 a 与 B 类中一分子 b，也有 R' 的关系。

在此情形之下，我们可以说统计自然律所表示的事实中仅有或然而无必然。

（二）实然自然律。我们利用以上相似的符号，加上 "→" 代表可以推论，则实然自然律可以有以下的表示：

2.1　$\varphi^2 A \rightarrow \varphi^2 a$

2.2　$AR^2B \rightarrow aR^2b$

这就是说，A 类有 φ^2 的属性，a 也有 φ^2 的属性；A 与 B 两类有 R^2 的关系，a 与 b 也有 R^2 的关系。这种自然律大约要有精密的实验，严格的定义才能发现。

我们似乎可以说实然自然律所表示的事实有"必然"。可是这里的"必然"二字的意义是"一定"或"固定"的意思。如果我们说在 Y 条件满足之后，X 对于 Y 有这种事实方面的"必然"，我们不过是说除 X 之外没有别的可能。

事实之有必然与否即在今日仍是问题。但是，即令我们承认事实有必然，而此"必然"亦非我们所要提出的论理方面的"必然"。

（c）论理方面的必然是两命题或多数命题的关系。命题的关系很多，可是为讨论必然的性质起见，最便利的方法似乎是从两种包涵（implication）关系着手。一种是对称的（symmetrical）包涵关系，一种是非对称的包涵关系。后一种包涵可以分许多小类，这些小类我们现在不必讨论，我们所要提出的是它们的共同的性质。

为便利起见，我们把包涵限制到两命题的包涵。如果一命题包涵另一命题，我们称前一命题为前件，后一命题为后件。如果前件包涵后件而后件不包涵前件，此包涵为非对称的包涵；如果前件包涵后件，后件也包涵前件，则此包涵为对称的包涵。

包涵关系不必是两命题的意义关系，可是在此处我们要把它限制到意义的关系。在非对称的包涵，前件与后件的意义不相等；在对称的包涵，前件与后件的意义相等。

如果两命题有以上任何一种意义方面的包涵关系，则此两命题均有必然的关系。不对称的包涵关系中所有的必然也不对称——那就是说承认前件必承认后件，而承认后件不必承认前件。对称的包涵关系中所有的必然也是对称的——那就是说，承认前件必承认后件，承认后件也必承认前件。

假如有两个演绎系统，在第一个系统之内，命题与命题间有以上两种必然，而在第二个系统之内命题与命题之间仅有第二种必然。那么，在前一系统由最初几命题可以推到最后几命题，可是由最后几命题不能推论到最初几命题；而在第二系统内，不但由最初几命题可以推论到最后几命题，而且由最后几命题也可以推论到最初几命题。

以上两种必然均是论理方面的必然。如果论理仅有第一种必然，则论理的系统充其量不过是内部一致而已，不能有普遍的用处。它的地位，在这种情形之下，与欧克里几何的地位相似。欧克里几何的内部虽一致（究竟一致与否现在可以不管），而有时我们能引用它，有时不能引用。如果论理系统仅有以上第一种必然，则论理系统虽"对"而它的用处不能普遍；用处既不普遍，则论理不能作各种科学的共同工具。

可见除以上第一种必然之外，论理系统还要有第二种必然。

B. 在未讨论论理方面的第二种必然之前，我们可以提出一青年所难免发生的问题。作者在十几年前与同学清谈时，就不免表示对于算学家有十分的敬仰。尤其使他五体投地的就是算学家可以坐在书房写公式，不必求合于自然界而自然界却毫不反抗地自动地承受算学公式。这问题在许多读者们中或者根本没有发生过，或者发生过而自己有相当的解释亦未可知。作者对于此问题，以算学素非所习，所以谈不到解释的方式。近年经奥人维特根斯坦与英人袁梦西的分析才知道纯粹算学，至少他们所称为纯粹算学的算学，或论理学，有一种特别的情形。此情形即为以上所称为论理方面第二种的必然，或穷尽可能的必然。对于这种必然我们可以分以下三层讨论。

（a）要知道此种必然的性质，我们最好先谈谈二分法。设以 X 代表任何东西或事件或事实或思想，如果我们引用二分法，即有 X 与非 X 的正反的分别。如果 X 代表类称，引用二分法后，即有正反两种类称，那就是：X 与 $\overline{X}$（非 X）。

这种正反两分别的变类要看原来的类称数目多少。有 X 与 Y 两类，引用二分法后，就有四种不同的类称。如果以 $\overline{X}$ 代表反 X 类，$\overline{Y}$ 代表反 Y 类，这四种类称如下：

XY，$X\overline{Y}$，

$\overline{X}Y$，$\overline{X}\,\overline{Y}$。

如果我们有 X，Y，Z，三类称，引用二分法后，就有以下八类：

XYZ，$\overline{X}YZ$，$X\overline{Y}Z$，

$XY\overline{Z}$，$\overline{X}\,\overline{Y}Z$，$X\overline{Y}\,\overline{Z}$，

$\overline{X}Y\overline{Z}$，$\overline{X}\,\overline{Y}\,\overline{Z}$。

由此我们可以看出，如果我们以 2 表示正与反两分别，n 代表原来类称数目，引用二分法后，所能有的类称的总数为"2^n"。

以上是以二分法引用于类称，可是当然不必限制到类称方面。现在研究论理学的人似乎都觉得命题比类称还要根本。这一层在此处不必讨论。我们所注意的是二分法之引用于命题方面与用之于类称方面是一样的。命题也可以有正与反。普通以正为真以反为假，我们可以照办。可是我们不要把真假看得太呆板，专从论理方面说，它们不过是正与反两绝对分别中之一种解释而已。

如果我们有一个命题 p，引用真假二分法后，就有以下真假两可能：

p，$\overline{p}$

如果有两个命题 p 与 q，引用二分法后，就有以下四可能：

pq，$p\overline{q}$，

$\overline{p}q$，$\overline{p}\,\overline{q}$。

如果有三个命题 p，q 与 r，引用二分法后，就有以下八个可能：

pqr，$\overline{p}qr$，$p\overline{q}r$，

$pq\overline{r}$，$\overline{p}\,\overline{q}r$，$p\overline{q}\,\overline{r}$，

$\overline{p}q\overline{r}$，$\overline{p}\,\overline{q}\,\overline{r}$。

$$p$$

1,	真
2,	假

这种可能我们称为真假可能。它的公式为"2^n"，与类称方面的正反可

能一样。

（b）类称方面的正反可能有正反可能的函数，命题方面的真假可能有真假可能的函数。我们从最简单的例着手。一个命题 p，引用二分法后，有真假两可能，我们最好用以下方式表示这两个可能：可是对于这两个可能，我们从承认与否认方面着想，可以有四种不同的态度，或者说有四种真假可能的函数。这四种不同的态度，可以表示如下：以上"1"与"2"代表一命题的真假两可能，"a"，"b"，"c"，"d"代表四种不同的态度，或真假可能的函数。原来的真假两可能是两个命题：一个说 p 是真的；一个说 p 是假的。"a"，"b"，"c"，"d"，四个不同的态度是四个不同的命题如下：

	1	2
a	真	真
b	真	假
c	假	真
d	假	假

"a" —— "'p 是真的' 是真的，或 'p 是假的' 是真的"。
"b" —— "'p 是真的' 是真的，而 'p 是假的' 是假的"。
"c" —— "'p 是真的' 是假的，而 'p 是假的' 是真的"。
"d" —— "'p 是真的' 是假的，'p 是假的' 也是假的"。

以上四命题中，"b"与"c"可以不必提出讨论，因为它们只承认真假两可能中之一可能。"b"命题中不过是说"p 是真的"，因"p 是假的是假的"等于"p 是真的"。"c"命题不过是说"p 是假的"，因为"p 是真的是假的"等于"p 是假的"。

"a"与"d"两命题有特别的情形。"d"命题对于原来的两可能均不承认。原来的真假两可能一方面彼此不相容，另一方面彼此穷尽；事实上的情形无论若何的复杂也不能逃出二者范围之外。换句话说，所有的可能都包括在原来两可能之中。若将所有的可能均否认之是不可能。"d"命题既否认所有的可能，是一不可能的命题，那就是说是一矛盾的命题。

"a"命题与"d"命题的情形恰恰相反。"a"命题把原来任何可能都承认了。"d"命题不能是真的，而"a"命题则不能是假的。这两个命题的真假与寻常命题的真假不同。寻常命题或者是真的或者是假的，而这两个命题中一个不能不假，一个不能不真。

我们要记得"a"命题说"p 是真的是真的或者 p 是假的是真的"，这不过是说"p 是真的或者 p 是假的"。我们可以用一个很寻常的命题来试试。假如我们说："这个东西或者是桌子或者不是桌子。"这句话无论如何是不会错的。所谓"这个东西"者既可以是桌子，而不是其他的东西，但也可以是人，或者是椅子，或者是米，或者是匹瓜等等。可是无论它是什么，它都可以容纳到"是桌子或者不是桌子"的范围之内。照此看来，"a"命题无往而不真，我们不能否认它，因为在引用二分法条件之下它承认所有的可能。

同时我们也要注意"a"命题这样的命题对于具体的事实或自然界的情形根本就没有一句肯定的话。这种命题既不限制到一个可能而承认所有的可能，在无论什么情形之下，它都可以引用。这就是承认所有可能的"必然"命题。

以上不过是就一个命题而说的话，如果有 p、q 两命题，原则一样，不过真假可能加多而已。p 与 q 两命题的真假可能有四个如下：

pq $p\bar{q}$

$\bar{p}q$ $\bar{p}\bar{q}$

而这四个真假可能的函数则有十六个。那就是说，我们对于这四个可能可以有十六个不同的命题表示十六个不同的态度。此十六个命题之中有一个不可能的命题，有一个必然的命题。前者否认所有的可能，后者承认任何可能。

如果我们有三个命题如 p，q，r，我们有八个真假可能，有二百五十六个真假可能的函数。那就是说，我们可以有二百五十六个命题，表示对于这八个可能有二百五十六个不同的态度。这些命题之中有一个否认所有的可能，所以是矛盾的命题；有一个承认任何可能所以是必然的命题。

（c）凡从以上所讨论的必然的命题所推论出来的命题都是必然的命题。这句话容易说，而不容易表示，更不容易证明。现在姑且就容易着手的一方面，表示论理学的基本命题是方才所说的这一种必然的命题。论理学与算学或者是已经打成一片，或者是可以打成一片，或者是根本不能打成一片；但无论如何在 *Principia Mathematica* 的定义范围之内它们是已经打成一片。这部书的基本命题也就是它的论理学与算学的前提。我们可以看看这些基本命题是否是必然的命题。

Principia Mathematica 第一章（在 1910 版中）有六个基本思想，一个基本定义，十个基本命题。基本命题之中，有五个是用符号表示的，有五个是用普通语言表示的。后者之中有两个是推论的规律。以语言表示的基本命题应否视为此系统的基本部分，颇发生疑可。无论如何本文可以不去管它们。我们在此处仅表示所有以符号表示的五个基本命题都是必然的命题。

1.1　$p \supset q = \sim p \vee q$　$Df.$

这是基本定义。我要利用这个定义去表示以下五个基本命题都是必然的命题。我们要知道：

$$\sim p \vee q = \sim pq \vee pq \vee \sim p \sim q.$$

以上 "$\sim$" 代表 "非" 或 "反"，"$\vee$" 代表 "或者"。

1.2　$\vdash : p \vee p . \supset . p$　$Pp.$

这是第一个以符号表示的基本命题。照以上的定义它可以变成以下的形式：

$$= \sim (p \vee p) \vee p$$
$$= \sim p \sim p \vee p$$
$$= \sim p \vee p$$

这个命题说 "p 或者是假的或者是真的"。一个命题 p 只有这两个可能，若此两可能之中任何一可能均为此基本命题所承认，它一定是必然的命题。

1.3　$\vdash : q . \supset . p \vee q$　$Pp.$

照以上的基本定义，这命题可以变成以下诸形式：

$$= \sim q \vee (p \vee q)$$
$$= \sim q \vee (pq \vee p \sim q \vee \sim pq)$$
$$= p \sim q \vee \sim p \sim q \vee pq \vee p \sim q \vee \sim pq$$
$$= p \sim q \vee \sim p \sim q \vee pq \vee \sim pq$$

1.4　$\vdash : p \vee q . \supset . q \vee p$　$Pp.$

$$= \sim (p \vee q) \vee (q \vee p)$$
$$= \sim p \sim q \vee pq \vee \sim pq \vee p \sim q$$

p 与 q 两命题的真假可能可用下图表示：

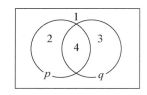

$$1=\sim p\sim q \quad 2=p\sim q$$
$$3=\sim pq \qquad 4=pq$$

以上 1.3 与 1.4 两基本命题把 p 与 q 所有的真假可能中的任何可能均承认之，所以它们都是以上所讨论的必然命题。

1.5　⊢：$p\vee(q\vee r).\ \supset.\ q\vee(p\vee r)$　　$Pp.$

根据同样办法，这一个命题可以有以下的形式上的变化：

$$=\sim[p\vee(q\vee r)]\vee[q\vee(p\vee r)]$$
$$=\sim[p\vee(q\sim r\vee qr\vee\sim qr)]\vee[q\vee(p\sim r\vee pr\vee\sim pr)]$$
$$=\sim p\sim q\sim r\vee[q\vee(p\sim r\sim pr\vee pr)]$$
$$=\sim p\sim q\sim r\vee\sim pq\sim r\vee\sim p\sim qr\vee p\sim q\sim r$$
$$\vee p\sim qr\vee pq\sim r\vee\sim pqr\vee pqr$$

1.6　⊢：$q\supset r.\ \supset:\ p\vee q.\ \supset.\ p\vee r$　　$Pp.$

我们可以先把以上命题分成两部，用同样的办法改变它的形式。

$$q\supset r=\sim q\vee r$$
$$=\sim q\sim r\vee\sim qr\vee qr$$

而　　　　$p\vee q.\ \supset.\ p\vee r=\sim(p\vee q)\vee(p\vee r)$
$$=\sim p\sim q\vee(p\sim r\vee\sim pr\vee pr)$$

所以整个的命题是：

$$[\sim q\sim r\vee\sim qr\vee qr].\ \supset.\ [\sim p\sim q\vee(p\sim r\vee\sim pr\vee pr)]$$

而这照基本的定义有以下的形式：

$$\sim[\sim q\sim r\vee\sim qr\vee qr]\vee[\sim p\sim q\vee(p\sim r\vee\sim pr\vee pr)]$$
$$=q\sim r\vee[\sim p\sim q\sim r\vee pqr\vee\sim pqr\vee\sim p\sim qr\vee pq\sim r\vee p\sim q\sim r\vee p\sim qr]$$

可是 $q\sim r$ 对于 p 有两个可能：$pq\sim r$ 与 $\sim pq\sim r$，所以以上又等于：

$$pq\sim r\vee\sim pq\sim r\vee\sim p\sim q\sim r\vee pqr\vee\sim pqr\vee\sim p\sim qr\vee pq\sim r\vee p\sim q\sim r\vee p\sim qr$$

此中 $pq{\sim}r$ 一可能重复，但毫无妨碍。

  p，q，r 三命题的真假可能共有八个，兹以图表示如下：

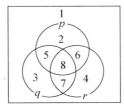

$1={\sim}p{\sim}q{\sim}r$ $2=p{\sim}q{\sim}r$

$3={\sim}pq{\sim}r$ $4={\sim}p qr$

$5=pq{\sim}r$ $6=p{\sim}qr$

$7={\sim}pqr$ $8=pqr$

以上 1.5 与 1.6 两基本命题把 p，q，r，所有的真假可能中的任何可能均承认之，所以它们也是以上所讨论的必然命题。

  Principia Mathematica 的十个基本命题中，五个以语言表示的都没有"├"符号。没有这个符号，表示这部书的作者没有肯定地说这些命题是真的。可是五个以符号表示的命题都有"├"符号，那就是说，这部书的作者肯定地说这些命题都是真的。照以上的分析，这五个以符号表示的命题不但是真而且都是必然的命题。

（原载《清华学报》第 8 卷第 2 期，1933 年 6 月；选自《金岳霖文集》第一卷，兰州，甘肃人民出版社，1995）

不相融的逻辑系统
（1934）

I

前年十月哈佛大学的路易斯先生在 *Monist* 杂志里发表了一篇讨论不相融逻辑系统的文章，引起大家的兴趣与讨论。本人去年在《世界思潮》里曾提出过此问题①，但在那篇文章里，仅谈到知识论方面的影响，正题并未讨论。数月以来，对于此问题时想时辍，未能得圆满答案；但为时已久，仅由个人拼命的想下去，不见得有所发现。兹特就感想所及，把此问题重行提出，盼关心此问题者有以见教。

路氏文章的主旨似乎可以总结如下：

a，有不相融的逻辑系统。

b，对于不相融的逻辑系统，我们势必有所选择；而选择的标准事实上是"适用"（"适用"二字包括的思想很多，详见路氏原文，为简单与便利起见，此处仅用"适用"二字）。

c，落选的系统均因此选择遂不能再视为逻辑系统。

若仅从（a）（b）两条着想，此问题似乎不至于引起大众的兴趣。（c）条不仅有关逻辑而且影响到知识论。各种杂志中的讨论一部分似乎是因知识论而发的；路氏本人似乎也免不了想利用"不相融"的逻辑系统的问题以之为他所主张的"概念实用主义"的证据。但（c）命题不能视为（a）（b）两命题的结论，所以即令我们承认（a）（b）两命题，

①　即金岳霖的《彼此不相融的逻辑系统与概念实用主义》，见《大公报·世界思潮》，1933-10-05。——编者注

我们也不必承认（c）命题；既不必承认（c）命题，则'不相融"的逻辑系统即为事实，也没有（c）命题在知识论方面所有的影响。本文拟先讨论所用名词的意义，再讨论事实上不相融与逻辑上或理论上不相容的问题，然后表示此问题不能视为"概念实用主义"的一个证据。

最初就有"alternative"这个字的意义问题。这个字我不知道如何翻译好。路氏所表示的是各不相融的逻辑系统均为选择的"alternatives"。兹以下列方式表示"alternative"的意义。这个英文字至少包含以下成分，（a）共同概念，（b）各种选择的标准，（c）所要选择的东西。如果 x，y，z，……东西同样地是"C"，可是不同样地或不相等地是 P，Q，R，……，则"C"为共同的概念，而 P，Q，R，……均可以为选择的标准。在共同概念既有或既定之后，而选择标准未定之前，x，y，z，……均为"C"，概念之下的"alternatives"。从"C"概念方面着想，x，y，z，……相等，从 P，Q，R，……方面着想，它们不相等。共同概念不能视为选择标准，而选择标准也决不是共同概念；二者相混，根本不能有所选择。如果以"P"为选择的标准，则 x，y，z……之中有一当选；假设当选者为 x，则 x 为"既 C 又 P"的东西。如果以"Q"为选择的标准，则 x，y，z，……之中有一当选，假设当选者为 y，则 y 为"既 C 又 Q"的东西。现在所要注意的就是：在"C"概念之下的"alternatives"无论选择的标准如何，无论那一个东西当选，落选的东西仍不失其为"C"。

本问题范围之内所要选择的东西为逻辑系统。逻辑系统不是寻常的系统而是演绎系统。演绎系统所要的最低限度的条件如下：

a，各部分的相互关联。演绎系统的各部分的关联的程度或有高低的不同，各部分的位置或有更改的可能；但一部分的更改不仅全体也更改，而且使其它各部分也有相当更改的必要。

b，自生思想的情形。所谓自生思想的情形即在一系统范围之内，既有它的特殊的起点，其它的思想都由这起点产生。即产生的方法也可以由系统自备。

c，系统型之潜在。每一演绎系统须有一系统型（system-form）潜存于系统，使那一系统不过为那一系统型的特殊解释而已。其所以有此要求者不过是使系统之站得住与否的问题不靠那一系统事实上所用的特殊的解释。

不同的逻辑系统包含多数的系统，而此多数系统均能满足"逻辑"

这一个共同的概念；但虽满足它们所有的共同的概念，而它们仍为不同的逻辑系统。兹先从不同这一方面说起。这些系统的不同，不是逻辑的不同，而是它方面的不同，如"美"，"简单"，"适用"，"便利"，等等。设有 S_1，S_2，S_3，……逻辑系统，如果它们是不同的逻辑系统，它们一定要满足它们的共同概念——"逻辑"，同时它们要有不同的"美"，不同的"适用"，不同的"简单"，不同的"便利"，等等。"美"，"适用"，"简单"，"便利"等等均可以为选择的标准。设以"美"为选择的标准，而此标准定后所选的系统假设其为 S_1，则 S_1 为"既美且逻辑"的系统或"既最美而且逻辑"的系统。设以"适用"为选择的标准，而此标准定后所选择的系统假设其为 S_2，则 S_2 为"既适用而又逻辑"的系统，或"既最适用而又逻辑"的系统。但无论如何，落选的系统不因有此选择而遂失其为逻辑系统。

现在要提逻辑与逻辑系统的分别。逻辑是逻辑系统所要表示的实质，逻辑系统是表示逻辑的工具。对于逻辑系统，逻辑可以说是"type"或者暂名之为"义"；对于逻辑，逻辑系统可以说是"token"，或者暂名之曰"词"。这两个名称或容易起误会。所谓"type"有似"美金一元"，所谓"token"有似美国的银元，或美金一元的钞票。逻辑与逻辑系统的关系有似前者与后者的关系。这种名称虽容易发生误会，但我们不妨引用以表示我们所要借此以表示的思想。"义"与"词"的问题不同。

从"义"方面着想，积极地说，逻辑就是"必然"；消极的说，它是取消矛盾。它是两方面的。一方面它是"对"的标准；另一方面，它也是"不对"的标准。在思想方面，或知识方面它的功用是保留对的淘汰不对的。它不是研究类的学问，或研究关系的学问，或研究命题的学问。但是没有以上所说的"词"或"token"，我们不能或不容易表示逻辑。那就是说，不容易或不能表示"必然"。表示"必然"就要"词"，换句话说，就要系统。表示"必然"之系统为逻辑系统。一系统之是否为逻辑系统，要看它是否表示"必然"，一系统的工具究竟是什么样的工具，表示"必然"的方法，究竟是什么样的方法，完全是系统方面或"词"的方面的问题。

一逻辑系统可以从两方面着想，一方面是它所表示的"义"，另一方面是它表示此"义"的"词"。前者是"必然"，后者是表示"必然"的工具。普通用以表示"必然"的工具即为命题，类，关系，运算，等等。其所以利用这些东西以为工具者或有经验方面或有归纳方面的理由。但我们要记清楚，我们所利用以为一系统之原子（system-elements）的"命题"、"类"、"关系"等等不是逻辑系统的"义"，不是逻辑系统所要表示的对象，而是表示那对象的工具。就这一层而言之，逻辑系统与其他的系统不同。欧克里几何可以说是研究"点"、"线"、"平面"等等之学，而它们又为几何系统中的原子；物理可以说是研究"力"、"光"、"电"、"动"等等之学，而物理要是成为整个系统的时候，这些东西也得要是那系统中的对象。逻辑系统则不然，它虽然以命题、类或关系为它的原子，而它不是研究命题、类或关系的学问。这些东西是系统的工具，不是系统的对象；是系统的"词"，不是系统的"义"。

以上所述至少在本文范围之内非常重要。逻辑系统的两方面不应相混，相混起来，就有毛病。两逻辑系统之所以为"两"个逻辑系统，不是因为它们的"义"不同，是因为它们的"词"不同，不是因为它们的对象不同，是因为它们的工具不同。有好些问题：例如两值（two valued）或三值（three valued）系统的决定；基本思想应用"或"，或应用"与"；命题部分是否应摆在类的部分之前，或类的部分是否宜摆在命题部分之前；"蕴涵"的解释宜从"严格"（strict）还是宜从"真值"（material）等等；均是工具方面的问题而不是对象方面的问题；是"词"方面的问题，而不是"义"方面的问题。即初治逻辑学时所发生的问题：例如"同一律"是否比"矛盾律"与"排中律"为根本，或"排中律"是否比"同一律"或"矛盾律"更为重要等等；也是工具方面的问题，而不是对象方面的问题；是系统方面的问题，而不是逻辑方面的问题。在一系统中，"排中律"或比其他二"律"更为"重要"或更为"根本"，而在另一系统中适得其反。此三"律"所表示者既均为"必然"，它们当然均在逻辑范围之内；所以从"义"一方面着想，它们可以属于任何逻辑系统。但逻辑的"义"或逻辑当作"义"看，不是系统，无秩序，无组织，所以无所谓那些"根本"，那些"不根本"，那些"重要"那些"不重要"的问题。有系统，才有系统方面的秩序；有秩序，才有比较"根本"或比较"重要"的问题发生。普通所谓"思想律"所表示的"必然"无所谓那一"根本"，那一"重要"的问题；表示"必然"的命题而为大家所认为"思想律"者有那一最"根本"，那一最"重要"的问题，因为它们既是表示"必然"的工具，就有系统为它们的背景。有系统为背景，始有"根本"或"重要"的问题发生。

II

不同的逻辑系统是不同的系统，不是不同的逻辑；是不同的"词"，不是不同的"义"；是不同的工具，不是不同的对象。但"不同"二字的意义如何呢？路氏所要表示的不是普遍的、泛的、数量的不同。任何两逻辑系统，只要我们能够说它们是"两个"逻辑系统，就有这普遍的、泛的、数量的不同。引用此种"不同"的意义，则 1910 年出版之 $P.\,M.$（$Principia\ Mathematica$ 之简称，以后照此）与 1925 年出版之 $P.\,M.$ 为不相同的逻辑系统；而此两逻辑系统之不同点中，亦有可以供选择标准者，不然作者不至于在此二者之中选择 1925 年出版之系统。但这种普遍的、泛的、数量的不同似乎不是路氏所要注意的不同。

路氏注意的不同是不相融的不同。此处的不相融不是选择的标准问题，而是不同的解释问题。"不相融"这名称颇不易解释。本文分事实方面的不相融与理论方面或逻辑方面的不相容。请注意，前者我们用"融"字，后者我们用"容"字。

两逻辑系统之相融与否事实上似乎有两个标准，一为翻译，一为兼消。如两系统相融，则彼此或能对译或能兼消。设两系统既不能彼此对译又不能彼此兼消，则它们为不相融的逻辑系统。本节所说的是"融"的问题，而不是"容"的问题，"能"与"不能"的意思是我们"办得到"与"办不到"的意思；下节我们要讨论相"容"与否的问题，那里的"能"与"不能"有时有"可"与"不可"的意思，有时意义同上，究竟意义如何，要看上下文才能定。

先提出两逻辑系统之能否相互对译问题。这个问题似乎因逻辑系统之"义"与"词"两方面相混发生困难。两系统之对译，所译者是系统中的命题。一逻辑系统中的命题有以下三成分：（a）表示的工具，（b）工具的普通意义，（c）工具所表示的"必然"。前二者均为工具方面的成分，最后者始为对象的成分。两逻辑系统之对译须根据于"义"，不能根据于"词"，须根据于对象，不能根据于工具；那就是说，须根据于以上所说的最后的成分，不能根据于以上所说的前二者的成分。在 $P.\,M.$ 系统中的"$p \supset p$"如能译为三值系统中的"$P \subset P$"；其根据不是在 $P.\,M.$ 中的"p"与在三值系统中的"P"一样，它们不一样；不在于"$\supset$"与"$\subset$"之相等，它们不相等；也不在于"$p \supset p$"与"$q \subset q$"

两命题在普通语言文字或生活方面所能有的意义，在这两方面，它们的意义不同；其根据是"$p \supset p$"在 P. M. 系统中所表示的"必然"是三值系统中"$p \subset p$"所表示的"必然"。在 P. M. 系统中"$p \vee \sim p$"不能译为三值系统中的"$pONp$"；这两个命题不相等，我们也不应盼望它们能彼此对译；在 P. M. 中的"$p \vee \sim p$"似能译成三值系统中所能有的"$p.O.DP.O.Np$"。这种翻译当然是不容易；一系统中的工具所能表示的"必然"或者是另一系统中的工具所不能表示的。普通语言方面也有这样的问题，一语言中一种句子所能表示的思想有时是另一语言中任何工具所不能表示的。但在语言方面，没有人把一语言的字母与文法，与另一语言的字母与文法，一一相应地对照起来，说这种对照就是翻译；然在逻辑系统方面，有时竟把翻译当作这种工具方面的对照。

无形之中我们盼望一系统中的"p"等于另一系统中的"p"，一系统中的"$\supset$"等于另一系统中的"$\subset$"等等。这好像把英文的字母译成中文方面各字的部分。这种比喻当然是有毛病，可是我们正要利用此毛病以表示二者之不同。英文的字母在英文范围之外完全无意义；如果有人把英文视为研究字母的系统，他免不了受人讥笑。英文既不是研究字母的系统，中文也不是研究一点、一横、一直的系统，翻译的时候，不至于发生翻译工具的问题。逻辑系统则不然，它不仅表示"必然"，而且是命题，是类，是关系的系统。一种文字的字母没有那种文字范围之外的意义，而逻辑系统中的命题，或类或关系有逻辑系统范围之外的意义。文字只有文字一方面的意义问题，而逻辑系统中的命题有两方面的意义问题。即以两值系统中的"p 是真的或 p 是假的"与三值系统中的"p 定是真的或 p 不定真假或 p 定是假的"而论，这两命题，若把它们当作普通的话看待，当然不能对译，翻译的问题不应发生；因为它们根本就是两句意义不同的话。但从逻辑方面的命题看来，它们既都表示形式相似的"必然"，它们可以对译。头一命题表示的工具与方法适宜于头一系统，第二命题表示的方法与工具适宜于第二系统。系统中的命题与普通话相混，系统范围之内的意义与系统范围之外的意义相混，翻译乃不可能。二者不相混；翻译不至于发生问题。

我们在此处所表示的意思是逻辑系统的翻译须根据于"义"不能根据于"词"，须根据于对象，不能根据于工具，须根据于逻辑系统方面的意义，不能根据于普通语言文字方面的意义。从逻辑的"义"方面着想，没有不能对译的逻辑系统。但是两系统中的命题的翻译有难，有易，有能与不能的问题。所以两逻辑系统仅有翻译与不能翻译的成分的多少的问题，而没有能不能翻译的问题。既没有不能翻译的逻辑系统，则逻辑系统之是否相融，不能以翻译为它的标准。以上所说的两标准之中，这一个标准可以不算，这个既取消，所余的只有兼消问题。

兼消与翻译不同。翻译是从一系统之命题根据于"义"，以另一系统的工具表示之。兼消不仅是把一系统之命题以另一系统的工具表示之，而且是把一系统所有或所能有的"义"消纳于另一系统范围之内。两系统之兼消其结果为第三系统，此第三系统把原来两系统所有的成分均包括在内。兼消的方式不一。结果要一系统兼消另一系统，我们在头一系统之内或者要介绍新定义，或者要介绍新基本思想，或者要介绍新基本命题，或者对于一系统中的固有的思想要加以新解释，或者这几种办法同时并用。这种工作比翻译的工作要难。除天赋才能为我们所不能计算者外，在训练方面，至少要有运用符号的本领。对于兼消我们不仅要能指出一系统之思想，另一系统无形之中已经潜有；而且要用成文的方法把头一系统的思想使之发现于第二系统。这种工作不善于运用符号者似乎没有成功的希望。

我们能够把"真值蕴涵"（material implication）的系统兼消到"严格蕴涵"（strict implication）的系统里去吗？路易斯说可以。我们能够把"严格蕴涵"兼消于 $P. M.$ 的系统里去吗？亚伯拉罕氏说可以。我们能够把三值系统兼消到二值系统里去吗？路易斯说不能。我疑心可以，可是我不敢说我能够办到；我虽不敢说我能够办到，我也不敢说别人不能够办到。

请注意我们现在的问题是事实方面的问题。事实上两逻辑系统之相融与否，要看我们能不能够把一系统兼消到另一系统范围之内去。兼消的工作成功，系统即相融；兼消的工作失败，系统即不相融。但成功与失败的结果其解释可不是一样的。事实上的成功表示在理论上两系统的兼消是可能的；但事实方面的失败并不足以表示两逻辑系统之兼消在理论上是不可能的。路易斯氏曾把"真值蕴涵"系统兼消于"严格蕴涵"系统之内，直到现在似乎没有人怀疑他的方法，如果方法有毛病，也没有人指出他的毛病。他的工作可以说是成功，而这个成功表示在理论上，或在可能方面，前一系统可以兼消到后一系统范围之内。

亚伯拉罕氏要把"严格蕴涵"系统兼消到 $P. M.$ 系统之中，他的工作似乎是失败了。有人指出它的失败。他是否失败，本文不必有所讨论。可是，失败表示什么呢？如果亚伯拉罕氏真的失败了（现在假设他完全失败了），他的失败能够表示别的做同样工作的人一定也要失败吗？同时我们可以说亚氏的工作至少不能算完全失败。他的"extensive possibility"的思想与他对于（x）的解释似乎均为兼消"严格蕴涵"系统于 $P.M.$ 系统的初步工作。他的方向似乎是对的。路易斯氏似曾表示在 $P.M.$ 系统中的命题如－$p \supset q \cdot \supset \cdot \sim q \supset \sim p$ 一这类的命题均为"必然"的命题，它们的主要蕴涵关系，其符号虽为"真值蕴涵"，而其意义实为"严格蕴涵"。如果"真值蕴涵"系统中有"严格蕴涵"潜在，以成文的方法表示之：非不可能，不过办得到与否，要看我们的才力而已。亚氏的工作究竟失败与否，我们现在可以不管，即令现在失败了，以后成功与否不能以现在的失败而定。同时他的失败也不能表示别的人也得要失败。

总而言之，如果我们要以一逻辑系统兼消另一逻辑系统，而在事实上我们失败了，我们不能根据此事实上的失败，遂以为理论上我们的成功为不可能。两逻辑系统的兼消在事实上虽办不到，而在理论上不必就不可能。历史上化圆为方的工作不知道失败了多少次，在未证明其为不可能之前，我们不能因历次的失败，而得此种工作为不可能的结论。总而言之，不相融的逻辑系统不必就是不相容的逻辑系统。

III

我们现在要提出两逻辑系统在理论上或逻辑上或可能方面相容与否的问题。这问题虽仍可以用兼消为标准，但不能以我们兼消的工作的成功与失败为标准。我们所要的不是事实方面的成功与失败，而是理论方面的可能与不可能。我们所要的是证明两逻辑系统是否可以兼消。这问题对于事实上相融的系统似乎没有困难。两逻辑系统事实上既相融，则任何一系统之证明标准与方式均可以利用以证明此两逻辑系统在理论上为相容的系统。其所以如此者，因为两逻辑系统在事实上既相融，则必有第三逻辑系统兼有原来两系统所有之工具，原来两系统中任何一系统之工具，用之以为证明的工具的时候，实在是以第三系统之工具的资格证明原来两逻辑系统为相容的系统。

对于事实上不相融的系统，理论上它们相容与否就发生困难。所谓证明者必有证明的方式与标准。在不相融的两系统中，此标准与方式从那里得来呢？这问题又涉及"义"与"词"的分别。如果我讨论的两系统不是逻辑系统，而是其它的演绎系统，我们可以用两系统范围之外的逻辑的"义"以为证明的标准与方式，利用此标准与方式，我们可以证明此两系统在理论上为不相容。可是我们所讨论的不是任何两不相融的系统，而是两不相融的逻辑系统。这两系统既均为逻辑系统，它们就有它们所共有的"义"那就是说，它们都是"逻辑"。它们既都是逻辑，我们不能利用逻辑的"义"以供给我们所要求的证明的标准与方式。如果我们用逻辑的"义"以为证明的标准与方式，证明两逻辑系统彼此之不相容，我们实在不过是说两系统之中，一系统根本就不是逻辑系统。

两逻辑系统之不相容，既不能根据于逻辑的"义"，势不能不根据于逻辑系统之"词"。然而"词"也不能为不相容的根据。两逻辑系统既均为逻辑系统，则它们同是逻辑，我们不能厚此薄彼；同时因为它们既不相融，自无第三逻辑系统可以供给我们所要求的证明的工具、标准、方式。我们不能在（甲）（乙）两不相融的逻辑系统之中，拿（甲）系统的工具，利用（甲）的标准与方式，去证明（甲）（乙）两系统之不相容。（甲）系统之标准在（甲）系统范围之内，固为公；但引用于（甲）系统范围之外而与（甲）系统不相融的（乙）系统，则为私。在（甲）（乙）两不相融的逻辑系统中，利用任何一系统的工具以证明此两逻辑系统之不相容，不过是表示彼此"排外"而已。彼此"排外"仍是两逻辑系统之不相融，而不是它们的不相容。

结果似乎只有一个办法。说"似乎"者，因为我们以后要表示这个办法仍不是办法。无论如何，这个办法就是证明只有一个逻辑系统的可能。那就是根本否认有多数逻辑系统的可能。这种思想或者表示我们本能方面的信仰，或者是我们所持哲学的根据，或者是我们"内心"所得的真理，或者是我们所认为显而易见的命题，但不是我们用逻辑方法所能证明的命题。证明须有证明的方式与标准，这点意思我们已经表示好几次。如果证明的标准与方式为一逻辑系统所供给，而此系统不是我们要证明其为唯一逻辑系统之系统，则我们遇着一件根本不可能的事体；因为如果证明的方法对而结论靠得住的时候，我们实在是承认两逻辑系统均为"唯一"的系统。如果证明的标准与方式为一逻辑系统所供给，而此系统就是我们所要证明其唯一逻辑系统的系统，则最高限度亦不过是得到那一系统范围之内的一个"必然"的命题，而不是证明那一系统本身为"必然"或唯一的系统。

逻辑系统是"必然"之系统。如果一系统，因其为"必然"之系统（system of tautology）即为一"必然的"系统（tautological system），我们至多不过能说那一系统不能不是逻辑系统，我们不能就说那一系统是唯一的系统。可是如果一系统虽可以是"必然"之系统，而不必即为"必然的"系统，那么它可以是而不必是逻辑系统；即令事实上它是逻辑系统，它不能穷尽逻辑系统之可能，那就是说它不是唯一的逻辑系统。所以如果我们能证明一"必然"之系统即为一"必然的"系统，我们不能就算同时证明那一系统之为唯一的逻辑系统，但如果我们有理由使我们能说一"必然"之系统不是"必然的"系统，我们至少可以说那一系统不穷尽逻辑系统之可能，所以它不是唯一的逻辑系统。我们似乎不能证明一"必然"之系统即为一"必然的"系统，也不能证明一"必然"之系统不是"必然的"系统。现在的问题是事实上我们是否有理由可以使我们说"必然"之系统不是"必然的"系统。

对于这一个问题至少我：个人不能有坚决的答案。我也不敢说这问题不是废话。以下的理由使我疑心一"必然"之系统不是一"必然的"系统。

a，一逻辑系统的基本思想应视为那一系统范围之内的思想，因为它们供给表示"必然"的工具。这些思想无所谓"必然"或"不必然"。

b，一逻辑系统的基本命题似乎不能都是"必然的"命题。关于这一点，意见不一致的理由或者比较的多。我也不敢坚持此说。

c，一系统之是否为逻辑系统似乎是事实上的问题。那就是说它的答案是一真假的命题，而不是一"必然的"命题。

d，必然之表示与系统为相对，所以如果一逻辑系统为"必然的"系统，似乎应有一不同等级的系统，使前一系统与之相对时为"必然的"系统。这个不同等级的系统不能视为系统型。

e，事实上似乎没有这种不同等级的逻辑系统。

如以上诸点完全地或部分地靠得住的时候，我们似乎可以说一"必然"之系统不是"必然的"系统。那就是说任何逻辑系统不穷尽逻辑系统之可能。我们要注意这不是证明。这不过是说有种种理由使我们说事实上一"必然"之系统不是一"必然的"系统。

我们可以进一步着想。假设我们能证明一"必然"之系统即为一"必然的"系统，我们是不是证明了那一系统之为唯一的逻辑系统呢？在此条件之下，前此似乎已经提及过，我们不仅能说那一系统是逻辑系统，而且可以说它不能不是逻辑系统。后一命题或者是很重要的命题。

它或者可以使我们对于一逻辑系统说那一系统穷尽它所能表示的逻辑。这可不是说那系统穷尽逻辑系统之可能。我们仍不能说那一系统是唯一的逻辑系统。

我们可以进一步。假设我们可以证明一逻辑系统之为唯一的逻辑系统，那么我们只能有一个逻辑系统的可能。这个命题与逻辑系统之相容与否有什么相干呢？我们的困难与从前一样。如果我们只有一个逻辑系统的可能，我们根本就不能有不相同的逻辑系统，根本就不能有逻辑系统相容与不相容的问题；如果我们可以有多数逻辑系统的可能，在这些不相融的逻辑系统之中，没有一系统占特殊权利的地位可以供给理论上相容与不相容的标准。

以上的讨论表示在本文所用各名词的意义的条件之下逻辑与逻辑系统不同。逻辑是逻辑系统的"义"，逻辑系统是逻辑的"词"。逻辑系统之翻译须根据于"义"，而根据于"义"没有不能翻译的逻辑系统。既没有不能翻译的逻辑系统，则翻译不能为逻辑系统彼此相融与否的标准。只有兼消是这种相融与否的标准。兼消有办得到与办不到的情形，那就是说有成功与失败。两逻辑系统之兼消成功不仅证实它们相融而且表示它们相容。但是两逻辑系统之兼消失败，虽表示它们不相融，而不表示它们不相容。要表示两逻辑系统之不相容，我们要证明它们不相容。可是证明要有证明的方式与标准。如果我们承认多数逻辑系统无一逻辑系统有特殊权利供给这证明的标准与方式。其结果似乎只有想方设法去证明只有一逻辑系统的可能。这个与证明逻辑系统之为"必然的"系统不同，因为即令一逻辑系统可以证明其为一"必然的"系统，而它仍不是唯一的系统。进一步说，既令我们能证明一逻辑系统为唯一的逻辑系统，它也不能供给逻辑系统相容与否的标准，因为根本既没有不同的逻辑系统，自无相容或不相容的问题发生。同时我们有理由使我们说一逻辑系统不是"必然的"系统，那就是说它不穷尽逻辑系统的可能；既不穷尽逻辑系统的可能，则无论事实上有多少逻辑系统，理论上总有多数逻辑系统的可能。

以上所说的或者部分地是废话亦未可知，但如是我们能表示不相容的逻辑系统是不能成立的思想，我们的目的已经达到。结果是"有不同的逻辑系统的可能"这一命题无论何时均可以成立。但"不同"虽能作"不相融"解，不能作"不相容"解。"有不相融的逻辑系统"可以成立，有时或竟是真的，但它不等于"有不相容的逻辑系统"。"有不相融的逻辑系统"这一命题如果是真的，事实上就有不相融的逻辑系统。事实上虽有不相融的逻辑系统，理论上没有不相容的逻辑系统，那就是说，没有不相容的逻辑。事实上虽有不同的逻辑系统，理论上没有不同的逻辑。关于逻辑与逻辑系统，本文所得到的结论不过如是。但关于此问题的讨论，一分部的意见不是对于逻辑而发的，是对于知识论而发的。在下节我们要提出知识论方面的问题。

IV

路易斯氏似乎有意利用不相融的逻辑系统以为他所主张的"概念实用主义"的一个证据，而他的批评者似乎也想推翻不相融的逻辑系统以免它们不利地影响到他们自己在知识论方面的信仰；那信仰就是："有一种为我们所不能不承认的客观的事实或存在或关系。"这两种知识论方面的主张各有其立场及理由，它们能成立与否是另一问题。我们所要表示的是不相融的逻辑系统既无利于路氏的主张，也无害于他的批评者的主张。有利于前一主张，有害于后一主张的命题如下："在不相容的逻辑系统中，以适用为选择标准，根据此标准以为选择，当选的系统为逻辑系统而落选的系统非逻辑系统。"此命题不仅止于承认有多数不同的逻辑系统，也不仅止于承认有不相融的逻辑系统，也不止于承认对于这些逻辑系统我们有选择的可能，也不止于承认"适用"是选择的标准。这命题要我们承认这些不相融的逻辑系统是不相容的逻辑系统，它们既不相容，所以选择其一，其余遂非逻辑系统。

如果以上这个命题说得过去，则当选的逻辑系统为唯一的逻辑系统，"适用"既为选择的标准，则定"逻辑"之意义者就是"适用"。在当选的逻辑系统范围之内或仍有客观的关系或情形，但所谓"逻辑"者既依选择的标准而定，自无客观的或不能不承认的意义，因为引用另一标准，意义就不同。这种思想的确有助于"概念实用主义"，的确有害于一部分实在主义者的主张。问题就是"适用"这标准是否定"逻辑"之意义。即令我们承认（a），有不相融的逻辑系统，（b）对于这些不相融的逻辑系统，我们可以用种种选择的标准加以选择，（c）事实上我们所用的标准是"适用"，而根据此标准，有一系统被选为逻辑系统，我们仍不能得到"适用"定"逻辑"的意义的思想。

路氏与其批评者似乎以为由以上（a）（b）（c）三命题我们可以得

"适用"定"逻辑"之意义这一思想。其所以如此者似乎有两方面的理由。一方面他们或者以为不相融的逻辑系统就是不相容的逻辑系统。不相容的逻辑系统彼此不能并立，彼此既不能并立则当选与落选的系统不能并立，如果当选的为逻辑系统，落选的就不是逻辑系统。落选的系统既不是逻辑系统，那系统所表示的也不是逻辑。但在第三节里我们已经表示不相融的逻辑系统不是不相容的逻辑系统；在选择的标准方面当选与落选的分别虽大，而在逻辑方面它们没有分别。如果我们用"repudiate"这一字，我们只能说当选的系统"repudiate"其他系统之被选，我们不能说当选的系统"repudiate"其他系统之为逻辑系统。关于不相融与不相容的相混，以后不再提及。但除此以外似有第二方面思想混乱的情形。

第二方面的混乱是"逻辑"这名词的用法不一致。在他那篇文章里，路氏曾说他所提出的不相融的逻辑系统都是"真"的，可是"适用"的程度不同；以"适用"为标准，我们可以选择一系统，一系统既经选择，我们不能不"repudiate"其他系统之为逻辑系统。但所谓这些逻辑系统都是真的这"真"字作何解释呢？这里的真不是"孔夫子是中国人"这句真话的"真"，也不是"相对论是真的"这一命题的"真"。假设有一本理想的"美国政治大纲"的书其中句句话都是真的，同时条理分明全书成一真命题之系统，路氏一定不至于把这本书列入他所举的系统之内。可见他所谓"真"者不是普通的真而是逻辑的真，或真的逻辑，或简单的说"逻辑的"。

路氏之所谓真既即等于"逻辑的"，许多人恐怕不容易了解何以在未选择之前，这些系统都是逻辑的，而在既选择之后它们不都是逻辑的？我们要记清楚此处逻辑两字不是"有用的逻辑"或"被选的逻辑"或"便利的逻辑"，而是"真的逻辑"或简单的称为"逻辑"。这些系统在未选择之前既是"逻辑的"，在既选择之后仍是"逻辑的"。正因其如此，所以在未选择之前这些系统是"逻辑"范围之内的"alternatives"。

同时路氏对于"逻辑"这一名词有另一用法，那就是"适用的逻辑"或"便利的逻辑"或"被选的逻辑"。这个用法可以使他说在未选择之前这些系统都是真的，而在既选择之后，仅被选的系统是逻辑的，落选的系统均不是逻辑的。但是照这个用法，这些系统在未选择之前不都是逻辑的，所以它们不能够称为逻辑范围之内的"alternatives"。逻辑二字在那篇文章里有两义，一是"真的逻辑"，一是"适用的逻辑"。由前义则这些系统是逻辑范围之内的"alternatives"，而选择不能定逻辑的意义；由后说则这些系统不是逻辑范围之内的"alternatives"，而选择所定者不是逻辑的意义，而是"适用逻辑"或"被选逻辑"的意义。用法一致，任何意义都可以；用法不一致，意义相混，就有毛病发生。

这毛病就是无形之中得一有利于"概念实用主义"的结论。若用"真"字的时候而所谓"真"者实即"既真而又逻辑"，用'逻辑'两字的时候，而所谓"逻辑"者实即"既逻辑而又适用"，则在未选择之前这些系统都是"真"的（既真而又逻辑的），而在既选择之后（选择的标准为"适用"）仅被选的系统是"逻辑的"（既逻辑而又"适用"），那么选择定"逻辑""之义。但那一义呢？"所有供选择的系统都是"逻辑"的那一"逻辑"的义呢？还是当选系统仅是"逻辑"的那一"逻辑"的义呢？

如果这两义不相混乱，选择标准至多只能定被选逻辑的意义，"适用"至多只能定"适用逻辑"的意义。如果有 S_1，S_2，S_3 等逻辑系，P，Q，R 等选择标准，假设以"P"为选择标准，而 S_1 为当选的系统，假设以"Q"为选择的标准，而 S_2 为当选的系统，假设以"R"为选择的标准，而 S_3 为当选的系统……所有的 S_1，S_2，S_3 等等均为客观的逻辑系统；S_1 为客观的逻辑系统而同时可以客观地是"P"；S_2 为客观的逻辑系统而同时可以客观地是"Q"，S_3 为客观的逻辑系统而同时可以客观地是"R"……选择不能"repudiate"逻辑系统之为逻辑系统；若以"适用"为标准，选择不过表示当选的系统为"适用的逻辑系统"而已。以"适用"为选择的标准，当选的系统可以为客观的适用的逻辑系统；以"美"为选择的标准，则当选的可以为客观的"美"的逻辑系统；以"便利"为选择的标准，则当选的可以为客观的"便利"的逻辑系统……"适用"、"美"、"便利"等等是否有客观的标准是另一问题。假设它们有客观的标准，在逻辑方面，虽有选择，仍有客观的标准。假设它们没有客观的标准，任何系统当选，也没有客观的标准。客观不客观似乎与逻辑系统的数目多少，及对于这些系统我们是否有选择的问题无关。这不过是说不相融的逻辑系统这一问题既不能利用以为"概念实用主义"之助，也不能利用以为推翻实在主义者之一部分的主张的工具。

（原载《清华学报》第 9 卷第 2 期，1934；选自《金岳霖学术论文选》，北京，中国社会科学出版社，1990）

四

知识和客观性

休谟知识论的批评
（限于 *Treatise* 中的知识论）[*]
（1928）

一

在未讨论休氏哲学之前，我们似乎应该要提出讨论的问题作本文的纲领。

A. 意象。"idea"一字的意义极不精确，有许多种类；中文中的"意思"亦复如是。以下几种不能说是包举无遗，但主要的种类可以说大概如是。

1. 不在现象中的假设。此处所谓现象者，是五官所能发现的事物。在现象之外可以有假设，而这种假设，有时也名之曰意象。以"上帝"为讨论的根据，而后研究万事万物，我们可以说"上帝"是意象。

2. 不在现象内的推论。如果我们不以"上帝"为讨论的根据，先研究万事万物，研究的结果，觉得非有"上帝"不能解释宇宙；这样的"上帝"可以说是不在现象内的推论。此条的"上帝"也可以说是意象，而意义与上条的不同。

3. 不在现象内的概念。寻常几何中的"点""直线"等类都可以说是不在现象内的概念。这种概念可以说是货真价实的概念，从历史方面着想，与事实风马牛不相及。这种概念有时也当作意象。

4. 在现象内的概念。这种概念有人名之为名相。它与事实发生特别关系，根据事实而同时超越事实，可以说是一种统计上的形容词。一本"书"一个"人"不是现象中的这本书，这个人，或者那本书，那个

---

[*] *Treatise* 指休谟的 *A Treatise of Human Nature*（《人性论》）。——编者注

人；但所谓"书"者"人"者实根于现象。这类的概念有时也叫意象，但与以上的意义都不同。

5. 印象的意象。这本"书"，这个"人"此处的"书"与"人"都可以说是印象。在我看见这本书、这个人的时候，它们都是印象。在我们不看见它们的时候，想到它们，它们是意象。这种意象与以上四种都不同。

6. 印象意象。这种意象与第五条的意象不同。第五条的意象与印象是两件事。无论若何相同，印象是印象，意象是意象，不能看作一件事。此条的意义就是印象，意象不过稍欠清楚而已。这是休氏的意象。

7. 经验中的意象。这种意象或是印象，或者根据于自己的印象，或者根据于他人的印象，所以比第六条的意象范围较宽。历史上的人物的意象都是这种意象。这种意象包括第五与第六两种意象。

8. 所有其它意象不在以上七种之中者都包括在这一条。休氏所谓复杂的意象，就属此类。

以上种类凡多，意义各有重大的分别。休氏所承认的极少。以后再讨论看休氏所承认的够用否。

B. 实在。实在的意义也不精确，也有以下数种。但在本文所讨论的范围之内，不必多所分别，只列四大部分已经够了。

1. 现象之外的存在的实在。这种实在是我们寻常的"东西"是现象背后的根本。有人把它当作本体，有的说它是事物的本身，有的说我们可以知道它，有的说我们不能知道它。学哲学的人对于它的思想非常之不一致。

2. 现象界的存在的实在。这种就是学哲学的人的"现象"。寻常所谓"东西"者也可以说是这类的现象，因为"东西"的意义不清楚，实包含两义。现象似乎没有人不承认的，但有的说它不存在，有的说是唯一的实在。有的说它常常存在，有的说它即时消灭。各人的意见也就很不一致，休氏的实在似乎是这一种。

3. 现象之外的不存在的实在。以上的实在都是存在的，本条的实在是不存在的，如"上帝""点"一个"人"的"人"等等。这类的实在（除"上帝"外）大都是承认为不存在的。虽不存在而大都承认它是实在。当然各人对于这种实在的意见也有大同小异的地方。也有人说它不实在。

4. 现象界不存在的实在。这类是一种灰色的实在，分子非常之复杂。记忆中已往的事实，梦境中的情形，等等都可以摆在这类。这类实在，是否是实在，意见当然极不一致，而是否在现象界的范围之内也是一问题，现在且不讨论，以后或者用不着它亦未可知。

所谓实在者似应有一定义，而实在的定义也就不是容易的事。以上分类法包含一种定义，但要用字句表明这定义，或者有困难问题发生：好在在本文范围内用不着很精确的定义。以上分类法所包含的定义很宽，所以能有这许多不同的种类。如果定义狭的时候，有几种就不能当作实在。有人对于这四类实在都承认，有的只承认一种而以其它为非实在。休氏的意象的范围很小，所以他的实在的范围也很小。

C. 关系。现在注重关系的人极多，关于关系的思想很复杂，分类也因此很困难。有两种方法可用，一是根据关系的性质不同而分类，一是根据与关系者所受的影响不同而分类；后者可以得分类的简便，因为所有的关系，似乎都可以分为两类（此话能成立与否，现在不必讨论）。如果用第二法，我们可以有以下两种关系。

1. 相凝的关系。关系者在这关系之中，得一种关系值，使凡无此值者在性质方面皆异于此关系者。我们可以换句话说：如果有关系名之曰 R，有一 A 在 R 关系之中，得关系质，名之曰 X，举凡所有的 A 不在此关系之中，因此没有得 X 者其性质皆异于此 A，则 R 关系为相凝的关系。照这样说法，水中的氢气与空中的氢气的性质，我们可以说不同，如果不同，水中氢氧两气的关系是相凝的关系。化学中的凝结，有机体中的机体关系，似乎都是这类。因果关系似乎也是这一类。

2. 不凝的关系。关系者在这种关系之中得一种关系质，使凡无此质者皆非关系者。如果有关系名之曰 R，F 有一 A 在 R 关系之中，得关系质名之曰 X：举凡所有的 A，不在此关系之中，因此没有得到 X 者，皆非此 A，则 R 关系为不凝的关系。那就是说，凡同类的东西在此关系之中与在此关系之外，没有性质上的不同，其不同之点仅限于是否有此关系质而已。时空的关系大都是这类的关系，长短，大小，轻重等等似乎都是这类的关系。休氏所举的关系大半是这类。

说明第一条的时候，用了"性质"二字，"性质"的意义很模糊，我们也不必一定用得着它，其所以要用的理由，不过是要把第一与第二两种关系的分别弄得特别的清楚而已。

以上的分类法是否得当，是否能成立，现在均不必讨论，大意是从 Moore 的书中得来的，但不能说是代表他的思想。

D. 经验。经验的意义也极不一致，大约也可以分作两大类，而一类之中又可分作多种。

1. 五官直觉的经验。这类的经验根据于五官的直觉而与理论玄想等无涉。似有以下数种。

a. 根据于个人的五官直觉，这种经验非常之狭，仅仅相信这种经验的人非常之少。

b. 根据于五官的直觉，不限于个人的经验，这种经验的范围也是很狭。

c. 根据于五官的直觉，而所直觉者限于物质，这种经验的范围也很小。

d. 根据于五官的直觉而所觉者不限于物质，这种经验比较的宽。

2. 五官直觉之外，承认理论，意想，幻想等为经验之一部分。这类经验也可以分作数种。有承认理论的，而不承认理论中的假设或推论，有承认梦想为经验的，有否认梦想为经验的。这种经验所包括的成分，各人有各人的意见。它的特点就是所经验的不限于五官的直觉。这是宽义的经验，相信它的人或者比较的多。

E. 理论与事实。在这项下，我们所注意的不是彼此自己的分类问题，是彼此离合的关系问题。对于这问题，我们可以得以下三种办法：

1. 把理论与事实当作完全两件事。这种办法是把理论当作绝对抽象的，把事实看作绝对具体的。这种办法的好处是理论可以独立，可以单独进步不受事实的牵制；它的坏处就是理论与事实既然完全两件事，它们的关系不免发生困难问题，它们没有接触的地方。

2. 把理论与事实当作一件事。这种办法当然消灭彼此关系的困难问题，但理论受事实之牵制，不免减少了进步的可能（这话能成立否现在不管）；而理论不精，其组织与解释事实的能力就薄弱。

3. 把理论与事实当作一源两流，来源接触，而去路分离。这种办法含有彼此分类的必要。一方面有极具体的事实，极抽象的理论，再一方面又有极具体的理论，极抽象的事实：前者分离，后者接触。那就是说，理论有种类，事实也有种类，理论中最具体的差不多就是事实，事实中最抽象的差不多就是理论。还有一种办法与以上是一样，不过说法不同而已。理论与事实可以当作两种看法，一种质素，因质素的层次不同而分门别类，有的名为事实，有的称为理论。这种办法可以使理论与事实得部分的接触，同时得部分的分离。

以上三种办法当以各人对于理论与事实的定义为根据，它们的定义如何，他们的关系也因之而定。

A、B、C、D 与 E 所提出的问题或者可以帮助以下的讨论。但能帮助与否，现在可不敢说。

二

休氏的认识论中的极根本同时极重要的一部分是他对于意象的思想。休氏对于意象的思想，虽有时不大贯通，而大致清楚。照他的意思看来，印象是活泼显明的意象，意象是模糊的印象，有时虽然把印象与意象当作两件事，说意象与印象符合，前者由后者得来，而追根起来，实为一事；新鲜时候是印象，模糊时候是意象。这世界是印象的世界，印象之外是否有物质，休氏不理，印象的背后是否有心质，休氏也就不管，这是他一刀两段，把"质"的观念打破的地方。这类意象的范围很小，似有以下数点使我们注意。

A. 所谓"东西"者没有意义。

1. 如果"东西"不是印象，而是印象的来源，那么，休氏虽然不能否认它，也不能承认它，所以这样的东西，在休氏哲学中没有意义。

2. 如果"东西"是印象，它的意义与印象的意义没有分别，不但无引用它的必要而且不应该引用它。

3. 印象与意象既然只有活泼显明与模糊的分别，所谓"东西"者当然也有活泼显明与模糊的分别，活泼显明的东西是什么样的东西，模糊的又是什么样的东西呢？

4. 不但所有的东西都应该有以上的分别，而且以上的分别就是印象与意象的分别，那就是从极根本方面着想，"东西"只有一种，不过有时活泼，有时模糊而已。

5. 这样看来，"东西"的性质，随我们的感觉而变迁，与寻常所谓东西者大不相同。

B. 所谓东西的印象者似乎也没有意义。东西既没有意义，所谓东西的印象者似乎也没有意义。东西不是印象的来源；而所以不能作为印象来源的道理，也禁止我们把它当作印象的结论。最容易的办法就是把它当作印象，但如果我们把它当作印象，我们似乎免不了好些困难问题。

1. 桌子，椅子，地板等"的"印象，似乎都没有意义。如果桌子，椅子，地板，等等是印象范围之外的东西，或在印象范围之内而本身不是印象的东西，那么桌子等等"的"印象才有意义。如果所谓桌子者，不是离印象独立的东西，而是印象，那么桌子等等"的"印象当然没有意义。恐怕不但没有意义而且说不通。因为桌子如果是东西，东西是印象，那么，不但桌子是印象，而且桌子的印象等于印象的印象。

2. 这样看来，似乎只有"桌子印象"，没有"桌子的印象"。休氏既然把离印象而独立的东西当作"怪力乱神"置之于讨论范围之外，那么所谓桌子者就是印象，所以"桌子印象"有意义，因为我们可以说，我们经验中有一种印象，那种印象叫做桌子。"桌子的印象"，即令有意义，意义也模糊。它的含义有与休氏的思想相冲突者，而它的意义也可以当作"桌子印象的印象"解，如作是解，牵扯出来的问题太多，而印象二字的意义也因此不一致。

3. 休氏既然不能说"桌子的印象"，当然也就不能说"桌子的意象"。"桌子意象"也有意义，与桌子印象不同的地方，就是印象与意象不同的地方。照休氏的说法意象不过是一种变体的印象，性质上没有他种不同的地方，所以如果他不能说"桌子的印象"，他也不能说"桌子的意象"。在此处我们所应注意的，是"桌子的意象"与桌子的概念，或名相，均没有关系。

C. 休氏对于意象与印象，均有简单与复杂的分别。我们现在只注意简单的印象与意象。

1. 照以上所提及的两句话看来，除显明与模糊之外，印象与意象是一件事。不但意象来自印象，而且印象之外没有意象。印象与意象可以说是相等。

2. 但以上两句话中，——A 印象是活泼显明的意象，B 意象是模糊的印象——第一句与第二句没有理论上的关系，第二句不是从第一句直接或间接的推论出来的。那就是说，即令印象是活泼显明的意象，意象也不见得是模糊的印象。不但如此即令印象是活泼显明的意象，活泼显明的意象也不必是印象。如果假设印象与意象相等，这两句话才有理论上的关系。我们也可以把这两句话当作两个前提而得印象与意象相等的结果。休氏对于这一层是否有特别的意见，我不知道；我现在所注意的仅仅是声明这两句话似乎包含两个不相关的意见，不是发表一个理论上相连接的思想。

3. 印象是活泼显明的意象一句话，似乎注重在排除外界的物质，盖言印象不是离人类而独立存在的东西。这种思想与常识相近，同时又缩小"实在"的范围。哲学中的思想与常识相近的很多，没有什么要紧，但缩小"实在"的范围，排除独立存在的物质或者有困难问题发生。

4. 意象是模糊的印象一句话，似乎注重在排除离印象世界而能运用自如的心灵，盖言意象者不是离印象而能单独发生的思想。这种思想当然缩小意象的范围。第一节 A 段中所提出的各种意象，至少前三种，不在现象中的假设，不在现象内的推论，不在现象内的概念，都是休氏所不能引用的意象。意象的范围小，种类少，就不免发生够用与否的问题。

本段所讨论的两句话，第一句话排除非意象的印象，第二句排除非印象的意象；这两句话包含两种主张；这两种主张在理论上没有关系，那就是说第二句话不是由第一句推论得来的。

D. 有复杂印象，也有复杂意象，二者的关系也比较的复杂。这两件事相象，而不相同，有符合的地方，而从不绝对的符合。彼此的关系我们现在可以不必讨论，我们也不必注意到复杂的印象，我们仅说对于这类的印象，不能得一绝对相合的意象。复杂的意象可是另外一件事。对于这一层，我们似乎应该注意以下数点。

1. 复杂的意象虽然从不与复杂印象绝对符合，而来源仍逃不出印象。所谓从不绝对符合者是指复杂的情形而定，不是说复杂的意象可以离印象而独立。

2. 复杂的意象大约可以分析，分析之后，大约总可以得多数简单的意象，而所有的简单意象都各有各的相符合的印象。这可以说是复杂意象中的一种。我对于巴黎、伦敦，我的书房，前门大街等的意象，似乎都是这种意象，都很复杂，都可以分作简单的意象，而这种简单的意象，似乎都可以追根到简单的印象。休氏所谈的复杂意象大约是这一种。

3. 但复杂的意象不限于以上一种，关系也是一种复杂的意象。休氏提出各种关系的时候，就说关系是复杂的意象。如果关系是复杂意象，它的复杂情形与以上所讨论的复杂情形不同。讨论关系的时候，再谈一谈这个问题，现在所注意的在指出不同点。第二条所说明的复杂意象大都可以分作多数的简单意象，而关系大都不可以分作多数的简单意象。关系虽然包含印象，或意象，而它不是印象或意象，虽然可以分，而有点不能分的东西在里面。

4. 休氏虽然把关系当作复杂的意象，而不承认它是印象。它不是印象，它不过是秩序。这话对于时间与空间，或者说得过去，而对于普遍的关系，或者说不过去。究竟如何在此处可以不管。

E. 普遍意象。这也是复杂意象的一种，但包含的问题与以上不同，所以另条讨论。我们可以把普遍的意象分作三种。

1. 抽象的概念。这种意象，在现象范围之外，纯由定义凝结出来的，与印象不发生关系，这类的意象，休氏当然不能承认。

2. 抽象的名相。这种意象休氏承认，但不承认它是离开单个印象的意象。所以它的抽象的性质减少。休氏的意思大约是说有共同的名词，可以代表许多相同的一个一个的印象，但共同名词的背后没有一个共同的印象，仅有单个的印象。这态度是休氏在理论上所不能逃的。但这共同名词，怎样产生的呢？对于这一层，休氏的意见，似乎不甚圆满。这种共同名词是不是抽象的名相呢？如果意象不必根据于印象，我们可以承认这共同的名词是抽象的意象，而不必追问它的背后是否有印象，更不必追究这印象是共同的还是单个的。休氏之所以不能不追究者，因为它把所有的简单意象都根据于简单的印象。我们想到一共同名词的时候，是否想到单个的印象，我们想到一个人，我们心中是否一定想到这个人或者那个人是一个问题，但这个问题是心理问题，在理论上与抽象意象或抽象性质没有关系。那就是说，我们用共同名词的时候，即令我们免不了想到单个的印象，这个共同名词不仅包括那个单个印象而且包括许多相类的印象。那就是说这共同名词，无论背后是共同印象或单个的印象，总免不了有抽象的性质。而这抽象性质怎样来的呢？似乎不仅仅是由单个印象得来的。

3. 种类的意象。这种意象与以上一种或者不免大同小异，但也值得注意。它在历史上没有神乎其不可测的学说夹杂其间，所以对于它的问题或者简单一点。类的意象与共同名相的不同地方在它的统计性质。"人"与"人类"在统计方面的不同处最显明。关于"人"所能说的话，关于"人类"不必能说，而关于"人类"所能说的话，关于"人"也不必能说。"人"是一个人的普遍性，"人类"代表所有的人的全体。"自古皆有死，民无信不立"这两句话，头一句可以说是关于"人"的话，第二句可以说是关于"人类"的话。如果有甲，乙，丙，丁，名之曰

A，使我们能说甲是 A，乙是 A，……我们也可以把它们称为一类，名之曰 A 类，而

甲有 X，Y，Z，X，等性质

乙有 R，X，X，Y，等性质

丙有 X，Z，Y，W，等性质

丁有 S，X，Y，R，等性质

我们可以说所有的 A 都有 X，X 可以说是 A 的普遍性。这情形时常使我们跳出范围之外，不但说无论那一个 A 都有 X，而且说只要是 A 就有 X。我们对于名相的玄妙思想，或者大部分是这样来的。关于 A 类，我们不但可以说有 X，而且可以说四分之三有 Y 或者四分之二有 R。A 与 A 类不同的地方在这一方面最显明。类的印象也是复杂的意象。休氏或者说我们想到 A 类的时候，不想到 A，因为没有 A 的意象，我们仅想到甲，或乙，或丙或丁，而这些甲乙丙丁无论单个的是 A 与否，不能单个的是 A 类。类的意象似乎没有类的印象。这样看来复杂的意象虽然由印象发生而不是简简单单的印象。

F. 还有许多复杂意象，如善恶美丑，正义等等，现在均不讨论。休氏对于复杂印象之所以有特别困难问题者，恐怕大部分根于他对于简单印象的态度。在 B 段已经说过，照休氏的印象论看起来，他不能说到桌子的意象，也不能说到桌子的印象，我们可以接续下去看他是否能承认意象的印象，或者印象的意象。

1. 印象的印象。这类印象休氏或者引用，而实在没有意义。这里有本书，我们可以说我有"书"的印象，我也可以追随休氏之后，仅认"书印象"。照前说，"书"是"书"，印象是印象，我对于书有印象，对于印象也可以有印象，所以"书的印象"有意义。照后说，书是印象，印象是书，我对于"书印象"的印象仍是"书印象"，根本我就不能说"书印象的印象"。所以印象的印象没有意义。

2. 印象的意象。对于这一类的意象，我们可以问，是复杂呢还是简单呢？如果简单，那么它可以追根到一印象的印象；如果印象的印象没有意义，它本身也没有意义。或者也可以追根到一个印象。如桌子的印象，那么那个印象既然就是桌子，那个印象的意象就等于桌子的意象，那就是桌子意象。如果印象的意象是复杂意象，是由许多印象得来的，那么照以上两段所讨论的结果，这种意象的背景不见得有印象，而以上两处所讨论的困难问题都发生。

3. 意象的印象。这印象恐怕是不能有的。它不能是复杂的印象，因为如果复杂，即有许多的意象，而对于许多的意象，休氏恐怕不能承认它们有共同的印象。如果简单，没有意义，理由与第一条所说的差不多。

4. 意象的意象。这种意象休氏自己也说过，也引用过。对于这种意象，很有堪注目的问题发生。一方面他似乎不能承认意象的意象，理由与第二条所举的差不多，再一方面他又不能不承认，因为他所说的关于意象的话都可以说是意象的意象。在休氏哲学中，意象的意象是偷偷摸摸跑进来的，没有相当的位置，然而用得着它的地方可不少。如果我们承认意象的意象，给它一个理论的根据，一方面对于复杂意象，或者可以减少困难，再一方面对于休氏的哲学或者可以免去一种特别的批评。他的认识论，他的哲学，都是意象的意象，复杂意象；如果这两种意象在理论上没有根据，或根基不坚固，那么休氏的认识论与哲学都没有根据，或者根基都不坚固。如果他以为他的哲学是真理的时候，他就不免自相矛盾。这种批评不见得确当，因为"自相矛盾"不是一个极稳健批评的工具。但为预防这种批评计，休氏似乎应该给意象的意象一种理论上极坚固的基础。

5. 在第一节所举的意象共有八种，前三种是休氏所不能承认的，第四种似乎给休氏一个困难问题，结果也就是给我们一个困难问题：休氏的态度似乎有点半推半就，而我们对于他的思想也就有点无所适从。对于第五种意象，休氏有时承认有时不能承认，他有时引用这种意象，而严格的说起来，似乎不能引用这种意象。对于第六第七两种，休氏都承认。对于第七种或者发生问题，但我觉得没有问题。第八种意象既然是复杂的，休氏对于它的思想当然不能十分精确，也不能十分坚决。我们对于休氏的意象有以下的问题。

a. 前三种意象既然不能承认，没有概念的可能，而经验外的假设与推论都不是理性的，这三种都是理论所不可少的。休氏既然不承认概念，他的根本思想当然不能完全由定义得来而不根据于印象。这样一来，休氏的问题与他人的大不相同。休氏虽然承认有"点"而不承认数学家的"点"，虽然承认有"直线"而不承认数学家的"直线"。意象既然不是离开现象的概念，自然是不能十分精确的。他的理论也就不是一种精确的工具。假设也是理论所必要的，不有假设，理论无从起首。推论是休氏所承认的，但不在现象内的推论，休氏似乎不能承认，理论的范围更加缩小。然而假设是不能免的。休氏的哲学开宗明义就有假设。理论上既不承认假设，所以他自己的假设都变成了非理性的。如果休氏的哲学有一种特别情形，他非常之注重理论，而同时他又觉得它的哲学是非理性的。他在理论上遇着困难问题的时候，他不增加假设，而以与理论毫不相干的"习惯"来解释他的困难问题。休氏的理论的特别情形现在且不讨论。

b. 休氏既不承认概念与假设，他引用的思想也特别的少，如果他是德国人，或者用德文写出，他一定用不着多少"-heit"与"-keit"。从这一方面看来，休氏的哲学有一点好处；它非常之简单，就是我们手里拿一把屠牛雉刀，恐怕也无用武之地。"以虚为实"是哲学家的普遍毛病之一，别人攻击学哲学的人恐怕一大部分就在这里；对于这一层，休氏可告无罪。但反面看看，休氏是不是能免以实为虚呢？意象的种类非常之多，实在的种类非常之多，关系的种类也非常之多；我们固然不能说休氏所未讨论到的休氏以为都不实在，但是我们可以说他所未讨论的不见得都没有讨论的价值。如果要讨论起来他的意象够不够呢？

c. 照第一条所说的，休氏所承认的意象有限。就是从表面上看来，也可以觉得不够用。休氏的态度虽然是怀疑的态度，而他的哲学仍是理性的哲学：最前面逃不出印象以外的假设，而最后也逃不出印象以外的推论。专往普遍一方面着想也就觉得他所承认的意象不够。如果我们研究枝节问题，恐怕我们更觉得他的意象的种类有增加的必要。

<h1 style="text-align:center">三</h1>

在本节我们要讨论实在问题。在第一节我们曾提出四种不同的实在，其中第二与第四是休氏所承认的，第一与第三受休氏认识论的范围是他所不能承认的。先讨论休氏所承认的再讨论他所不承认的，因为后者发生的问题较多。

A. 现象以内的存在的实在。在这一类至少可以分以下三种，或者还不止此数亦未可知。

1. 外界的印象。如果实在有程度不同的可能，恐怕休氏所以为最实在的是这一种。这一种大约可以说我们常识所相信的"东西"，理论上或者有出入，但在此处我们可以不管。这一种实在，不仅是实在，而且是存在的东西。休氏是相信经验的人，所以存在的东西大约很容易当它做最实在的东西。如果我们用流行的哲学名词我们可以说这一类的实在是印象，或者就是现象。

2. 内体的印象。休氏的印象本来有两种，一种是外界的一种是内体的。所谓内体印象者，在常识中可以说是感觉一类的东西，如痛痒等等。这一种也实在，也存在；但不存在的感觉与存在的感觉或者不容易分别出来；这一层现在也不必讨论。我们应注意这两种印象不必代表哲学家所最喜欢的心与物，外界的印象既不必是"物"内体的印象也不必是心。我们用现在的眼光来看看，或者要把印象分析一下，分析的结果或者是无论那一种印象都有物，都有心，但休氏的意思或者不存在印象的成分而在两种印象的区别。头一种实在，第二种也实在。

3. 意象。意象是否实在，颇不易说。如果我们专从意象是模糊的印象一句话着想，我们只得说所有的意象，至少可以说所有的简单意象都是实在的，并且都是存在的。但休氏所引用的意象颇不少，笼统的说它们都是实在，或者有困难亦未可知。或者我们可以把意象分作两种：一种是简单的意象，这一种都实在，不仅实在，而且存在；另外一种是其他的意象，有的存在，有的不存在。

B. 现象内的不存在的实在。这种实在除记忆中的事实，梦境中的情景外，我现在仅想到两种，以后或者多找出几种来亦未可知。

1. 关系。关系是实在的东西，休氏一定承认，因为在他的哲学中，关系是非常之要紧的一部分，如果关系不实在，他的哲学就有困难问题。但关系是否存在，是另一问题。休氏谈时空的时候，似乎很明白地给我们知道关系虽由印象得来而本身不是印象。时空都是关系，都不是印象，都是印象的秩序；所谓秩序者并不是神乎其不可捉摸的东西，不过是多数印象发生的程序或方式；这种方式本身不是印象。至少休氏论时间空间的时候是这样说。但当他论关系的时候，他曾说过，关系是复杂的意象，复杂的意象是否是存在的东西，颇不易说，因为复杂的意象不必有百分相合的印象，如果没有，这类意象就不存在。从这两方面看来，休氏对于关系的存在与否，思想不甚一致，但前一说或者靠得住一点。那就是说，关系大约是不存在的。至于实在与否，似乎不成问题，所以在本文我们把它当做不存在的实在。

2. 共同名词。"存在""实在""白""红""四方""三角"等都可以算是这一类。"存在"不是印象，休氏的意思是有某种印象，那种印象就存在，想到一种意象，就想到那种意象的存在，但是印象虽存在，而"存在"没有印象。如果我们看见桌子，我们得一种桌子印象，同时我们知道那印象存在，但除桌子印象外，没有另外的印象可以使我们叫它做"存在"印象。"白""红"等，也是这样。这里一尺白布，那里一本白书，白布白书都可以有印象，"白"没有印象，"红"也是如此。"四方""三角"也都是如此。这种共同名词当然有复杂程度不同的分别，但无论若何的分别，都是不存在的。虽然不存在，而都是实在。

以上可以说休氏所承认的实在其中有存在的，有不存在的，但无论存在与不存在，都是实在，都是现象范围中。

C. 现象外的存在的实在。这是休氏所不承认的。对于这一种实在，我们可以注重以下数点。

1. "现象外"三字或者发生误会。这种实在，简单的说，就是常识所谓离开我们而能独立存在的东西。独立两字颇不容易说。如我们暂且把这种实在当作"物"，把"五官"当作与物相对而得"官觉"的东西，把"官觉"当作物与五官发生的关系，那么官觉是关系，物与五官都是关系者。怎样可以说关系者彼此独立呢？对于这问题的意见颇不少，在此处可以不必讨论这种意见的得失，仅仅稍微说独立的意义。极简单的办法就是说如果甲与乙的关系是不凝的关系，甲与乙彼此独立。不凝的关系是怎样的关系，在一节已经说过，以后也要重提，所以在此处不必多谈。在本条我们所要说清楚的就是照以上独立的意义，常识中的东西，可以说是能离开我们而独立的东西。

2. 外物在官觉关系之中得关系质。外物得此关系质者为现象或印象，未得此关系者非现象。我们在此处的问题不是知识论的问题，是本体论的问题，我们所要讨论的不是"外物是否一定要变成现象才能使我们知道它存在"，我们的问题是"外物是否一定要变成现象才能存在"，知识论的问题在此处比较的复杂，而本体论问题比较简单。我们可以用最简单的说法，说：如果现象存在，外物也存在，如果有"官觉"关系质的外物存在，没有官觉关系质的外物也存在。对于这一句话，理论上当然有枝节问题，但在此处我们可以不管。没有官觉关系质的外物，就是现象外存在的实在。"现象外"三字经以上两条的讨论或者不至于发生误会。

3. 但何以要把外物摆在现象之外呢？这问题所包含的问题很多，不必一一讨论。外物与现象当然不同，但不同的地方，不必是性质不同，如果官觉是不凝的关系，外物不特与五官独立，而且与官觉关系质独立；那就是说除有无官觉关系质外，外物与现象没有别的不同的地方。但外物是否有官觉关系质，是一个很要紧的问题，所以外物与现象应该分别，而分别起来，最容易的办法是把外物摆在现象之外，如果我们不把它们分别起来，我们或者逃不出困难问题。但分别之法不一：有的以为两者并存，而性质互异，有的以为二者并存而现象为知识之源，外物在知识之外，有的说外物存在而现象不存在，有的说现象存在而外物不存在。各种说法不同，我们也可以不必一一研究。

4. 大家知道休氏不承认有外物，但他似乎也没有坚决的说没有外物，他的问题似乎是知识问题，他不知道有外物，他没有外物的印象，如果有人承认有外物，能够指出外物的印象，休氏或者可以承认有外物。但他有时似乎以为所有的存在都是印象，如果外物是在印象之外，外物当然不存在。实在的范围不仅限于印象，从理论方面着想休氏虽然不承认外物有存在，而可以承认外物实在。休氏对于外物至少有三个问题发生（一）外物实在问题，（二）外物存在问题，（三）知道外物存在问题。对于第一问题，我可以不必多说什么。外物似乎不在本节 B 段所举的实在之内，但实在的范围不甚清楚，休氏可以说它是实在，也可以说它不是实在。如果把它当作实在，只能说它虽然不是印象而是由印象得来的普遍名词；那就是说把它当作本节 B 段所举的第 2 条的实在。

5. 在本段第二条，我已经说过，外物是否一定要变成现象才能使我们知道它存在，与外物是否一定要变成现象才能存在是两个问题，不能混作一问题。不但如此，知道外物存在，与外物存在也是两个问题。如果我们知道外物存在，我们可以推论到外物存在。但是如果我们不知道外物存在，我们不能推论到外物不存在。休氏只说他没有外物的印象，所以至多也不过说他不知道外物，所以也不知道它存在。他固然不能说外物一定存在，他也不能说外物一定不存在。如果他假设所有的存在都是印象，他才能说他没有外物的印象"所以"外物不存在。有时休氏似乎相信所有的存在都是印象，但我不知道这是假设，还是不应得的理论上的推论。我疑心他这种思想是不应得的推论；他相信所有的印象都是存在的，不免推论到所有的存在都是印象，或者可以变成印象。单就他的信仰而言，他得不到如此的推论，他不应得如此的推论。如果不是推论，只好把它当作假设。如果没有这种假设，休氏在理论上似乎有相信外物存在的可能；但这个可能，可不是休氏的"可能"，休氏的"可能"，在印象意象范围之内，而这种理论上的可能不必在休氏意象范围之内。在理论上凡不相矛盾者皆是可能，而休氏的可能既在印象意象范围之内，它的范围当然也狭小。从休氏的根本主张着想，不能承认外物有存在的成分居多。

6. 第三问题就是不知道外物存在的问题。对于这问题，休氏的主张不见得有困难问题。他仅说没有外物的印象，他不知道外物存在；如果我们把外物究竟存在与否的问题摆开，他这句话似乎无可批评。但在休氏的哲学里，这两个问题是连在一块的。他虽然可以说，他不知道外物，所以不知道外物的存在，而他不能说他不知道外物，所以他知道外物不存在。第二句话与康德的主张似乎有同样的毛病。康德的意思似乎是说他不知道外物，而知道外物是不能知道的：如果他不知道外物，他不能知道外物是不能知道的，如果他知道外物是不能知道的，就这一点而言，他就知道外物。如果休氏说他不知道外物，所以外物不存在，就等于说，他不知道外物，他知道外物是不存在的；如果他有这种思想的时候，他就有困难问题；如果他不知道外物，他就不能知道外物是不存在的，如果他知道外物是不存在的，就这一点而言，他就知道外物。这种批评不能说确当，理由见本刊第一卷第三期自相矛盾论；然而思想混沌之讥或者难免。

7. 如果休氏仅说他不知道外物，所以他不知道它存在，同时不想方设法证明它不存在，休氏的主张似乎无可批评。我们可以假设休氏的意思是不知道外物存在，不是知道外物不存在。但这个假设仅能使休氏的哲学在理论上比较圆满，而不能使它的哲学得若何另外的帮助。那就是说，即令有这个假设，他的哲学仍不能引用外物的观念或思想，所以因承认外物存在而容易解决的问题，在休氏哲学里都不免发生困难。不但在意义方面，就是在实在方面，休氏所承认的种类也有够用不够用的问题。

D. 现象外的不存在的实在。在这一项下我们至少应注意以下数点。

1. 休氏所不承认的意象，在休氏哲学中都不是实在。这样一来，概念假设等都不是实在。一方面这类东西，都不实在，再一方面休氏又不能完全不用它们；结果，就不免有以上曾经提及的情形，一方面休氏极力的提倡理论，做治哲学的工具，再一方面他又觉得他的哲学虽极力的引用理论，而终究难免成为非理性的哲学。在休氏的时候，几何大约可以算是一种极精确的科学，而休氏不承认它"精确"匿为他不承认几何中的概念与假设，只承认他自己的意象。他的"精确"不是理论上的精确，是印象上意象上的精确；他的哲学，如果可以说精确的时候也不过是这一类的精确，而不能得我们现在所能得到的理论上的精确。

2. 理论层次上所谓得来的实在。这种实在，休氏似乎从未讨论。休氏虽时常提及到事实，然而对于事实应作何研究，似乎也没有致意。事实的种类非常之多，差不多可以说有完全印象的，有完全非印象的，有官觉的事实，有理论的事实。现在不论印象官觉范围内的事实，因为这一类差不多无论何人都承认的，我只举出几个理论上的事实来。(1)［"甲"是一句假话］，"甲"可以是真话，也可以是假话，如果"甲"是假话，"甲"虽然假，而［"甲"是一句假话］这一句就是真话。(2)［他没有杀人］，"他杀人"或者是事实，或者不是事实，如果"他杀人"不是事实，［他没有杀人］这句话就代表事实。(3) 如果他真杀了人，而［他说他没有杀人］，那么"他杀人"是事实，"他没有杀人"不是事实。(他说［他没有杀人］)是事实。"他杀人"如果不是事实，不能在现象范围之中，而［他没有杀人］是事实，也不在现象范围之中，总而言之，如果"甲"不是事实，则［"甲"不是事实］这句话所代表的是事实。这类事实是理论层次上所得来的实在。

3. 承认以上这类的实在，可以使我们承认许多反面的实在。如果"上帝"不是事实，"上帝不是事实"所代表的情形是事实。如果"鬼"不存在，不在印象之中，"鬼不存在，不在印象之中"可以代表事实。如果休氏没有外物的印象，或意象，如果凡不在他的印象意象范围中者，他都不承认为事实；那么我们可以问他是否有"没有外物的印象或意象"的意象。如果他说有，他逃不了困难问题，因为"没有外物的印象或意象"似乎不能代表印象，他只能把它当作复杂意象，而解释这复杂意象的意象，就不免愈弄愈复杂，结果，他或者说他没有"没有外物的印象或意象"的印象或意象，但是如果他说没有，照他自己的思想看来，"他没有外物的印象或意象"这句话就不能代表事实了。如果休氏承认第二条所讨论的实在，他可以说他没有"没有外物的印象或意象"的印象或意象，而"他没有外物的印象或意象"依然代表事实。我想休氏对于这一类的实在当然是承认的，不过没有讨论罢了。

4. 再一方面如果我们承认第二条的实在，就是我们不承认某种实在而我们可以承认关于那种实在的假设或命题。如果我们谈上帝，我们不必相信上帝存在，然后相信它实在，也不必相信它实在然后相信关于它的命题实在。我们不必相信以太是实在，才相信以太的公式是实在，我们似乎可以否认前者而承认后者。我们不必相信完全相同是事实，才相信理论中的相同律是事实。对于这一层思想，我没有什么主张可说，在此处不过提及罢了，但我觉得理论之所以能极端抽象而仍能范畴事物者恐怕与这一层思想的关系非常之密切。无论如何，如果我们承认这种情形，假设的机会大，可能大，而我们的哲学功夫可以比较的活动些。

四

关系论在休氏哲学中是非常之根本的问题；研究他的认识论的人，总觉得他的大部分的思想是用种种关系来解释事物，尤其是相象，相连与因果三关系；他遇着困难问题的时候，大都是从这三种关系中找出一种办法来。找出的办法不见得对，而他引用关系做解释事物的工具，我们不能否认。这也是他的长处。照我个人的意见，他影响后人最大的地方，不在打倒物质与心质的观念，而在注重关系，不注重个体本性的研究。依我的成见（我说成见者，因为在此处我不愿意讨论这问题）研究关系是认识论的活路，研究个体的本性是认识论的死路。同时现代哲学似乎非常之注重关系；现代的论理学可以说是关系的论理学；关系之重要可想而知。

A. 休氏对于关系似乎没有什么普遍的讨论，仅举出七种不同的关系，但我们可以注意以下数点。

1. 关系是复杂的意象。复杂意象可以有相符的复杂印象做张本，而不见得都有复杂印象做张本。休氏虽说关系是复杂的意象，他不必相信关系是复杂的印象。意象的复杂可以说是它背后的印象复杂，也可以说它有多数的意象。而追根起来所谓多数意象者，逃不出多数的简单意象，简单意象又发源于印象。这样看来关系是不能离印象的。

2. 两意象可以使我们比较的时候，这两意象就发生关系。这意思休氏自己曾说过；这样一来，我们可以说关系有极根本的两大种类，一是没有关系的关系，一是有关系的关系。第一种是说如果甲与乙没有关系，那就是他们的关系。这种关系可以说是理论层次上推论出来的。理论的第一层，甲与乙是没有关系，理论的第二层甲与乙没有关系是实在情形，而他们的关系就是这没有关系的情形。第二种的关系是指理论第一层有关系的关系。我比他高，我与他就有这种关系。

3. 谈到关系就不能不谈到关系者；照休氏的意见，关系者可以是印象也可以是意象。休氏所谓"理论"者就是意象的关系，那就是说在这种关系之中，关系者是意象。休氏之所谓事实，大约就是印象的关系，那就是说，在这种关系之中关系者是印象。关系者的性质可以不同而关系不因之而不同；"相象"与"相同"两方面均可引用，那就是说两印象"相同"，两意象"相同"关系者的性质虽不同而关系则一。换句话说，一种关系可以发生于理论与事实两方面，发生于理论方面的是理论关系，发生于事实方面的是事实关系。以后我们讨论理论与事实的时候再说明二者的分别很大。

4. 关系者虽可以是印象，或者是意象。而关系不是印象。关系可以是意象，前面已经说过，但不是简单的意象。关系虽可以由印象得来而它不是印象，这一层休氏讨论时空的时候说得最明白。印象有时空的关系，而我们没有时空关系的印象；印象可以相同，而"相同"没有印象；那就是说，关系者可以是印象而关系本身不是印象。关系既不是印象，我们当然可以说它不是复杂的印象，但休氏是否有这种结论，颇不易说。

5. 关系者不必是两个印象或意象，一印象或一意象可以与本身发生关系。昨天的我与今天的我就有这种关系。但一印象或一意象在一时一地或一范围之中似乎不能与自己发生关系。

6. 关系可以从直觉得来，也可以从经验得来。从直觉得来的关系，休氏似乎不甚注意，他或者以为既是直觉，当然用不着特别的解释；从经验得来的关系。他非常之注意，他的认识论的一大部分就是解释从经验得来的关系。休氏的意思既然如此，那么关系是否是直觉的问题就成问题；我们先要看是那种关系，有的可以直觉；有的要从经验得来，不能一概而论。

7. 关系者可以发生关系也可以离开关系；休氏的思想不过是说关系者与关系不是一个整个的东西，如果是整个的东西，照休氏眼光看起来，它们或者就不能发生关系。如果甲与乙是关系者，甲乙在关系之中与甲乙在关系之外是否一样，如果不是一样，不同处在什么地方。这问题休氏似乎不曾讨论，或者不曾想到；而这个问题可又不是一个枝节问题。

B. 休氏对于关系的普遍思想，大略如是；关于关系的最大问题似乎没有讨论，因之以下数点或者有讨论的价值。

1. 我们可以把关系与关系者当作一种全体，名之曰复杂意象；休氏或者以为这复杂的意象等于它所包含的简单意象。他有时似乎说关系者的性质，在关系之中与关系之外，无所增减。至少他曾说，两印象发生关系的时候，我们仍只有两印象；意思大约是说没有另外新东西随关系而发生。这似乎是不承认发生关系的时候，除原有印象之外，有一种新事实。那就是说甲与乙发生关系时，休氏只承认甲与乙与关系而已。以上是否是休氏的思想，我不敢说，照我个人的意见他似乎有以上的思想。假设休氏有以上的思想，他的关系论或者太简单而不能对付困难问题。在别的地方全体是否是部分的总数，我们在此处可以不管；而在关系方面着想，似乎不仅仅是部分的总数。如果甲与乙发生关系是一种事实，这事实似乎不仅仅是甲乙与关系；那就是说如果我比他高是事实，这种事实所包括的不只"我"，"他"，"比……高"，还有一种新的东西夹在事实里面。所谓新者就是另外的意思。至于那另外的东西是什么，颇不易说。但是我们可以说如果我们有"我"，有"他"，有"比……高"的关系，我们仍不能得"我比他高"的事实。

2. 以上的情形不是从关系的虚实得来的，虚关系与实关系的事实，具体关系与抽象关系的事实都有这种情形。如果甲与乙代表存在的，在某时某地的东西，X 与 Y 代表未经指定的无论什么东西，R 代表关系，那么甲 R 乙与 XRY 同有以上的情形。甲 R 乙不仅等于甲，R，乙；XRY 也不仅等于 X，R，Y。

3. 以上的议论是从 G. Moore 书中得来的，他的意思似乎说甲与乙发生关系的时候，有一种另外的情形发生的，而这种情形至少是不容易分析的。他以为关系事实既有不便分析的情形发生，有许多哲学家就利用这机会说所有的关系事实都是不能分析的，因之都含有创造的作用，不是呆呆板板的事实，再一方面分析工作是理智工作，宇宙既不是分析工作所能穷其究竟，也就不是理智工作所能穷其究竟。

4. 照本节第一条所讨论的看来，一关系发生，有一种另外的特别的情形发生；但这种情形不必是不能分析的，或者仅仅是我们现在所没有分析，或我们现在所不知道分析的情形。我们没有分析之前，似乎不能说它是不能分析的。Moore 所提出的"关系质"似乎就是分析功夫所得的一种良好的结果。

5. 我自问对于关系事实，没有什么意见，可以供同好的研究；但我可以把它所包含的部分弄清楚一点，看可以得到什么结果否。如果

"我比他高"是一种关系事实，大家所承认的是 1，"我" 2，"他" 3，"比……高"，但就个人而论，"我"与"他"都不必有什么高低，而在这事实中，4，我可说"我高"。如果我说"我高"，至少有两种说法：我可以说有一标准，照那种标准看来，我可以算是高；我也可以说有一个人，我比那个人高。但在这事实中，只有第二义，没有第一义，所以 5，我可以说"我比 X 高"。"我比 X 高"有普通的意义，没有个体的意义，如何要有个体的意义，我们似乎要指出 X 是一个什么。在这事实之中。我们可以说 6，"X 是他"。在"我比他高"这关系事实中，"我"得了以下的关系质，a. "高"，b. "比 X 高"，c. "比他高"。这关系事实是否等于以上六部分，我不敢说，以上六部分是否包举无遗，我也不敢说；但我可以说，"我比他高"不仅等于"我"，"他"，"与比……高"。关系事实是否有不能分析的情形，我不敢说，但我可以说它有超出前三部分的情形发生。休氏似乎相信关系者发生关系时，没有新情形发生，而照现在的眼光看来，如果所谓"新"情形者，是"关系者"与"关系"之外的情形，我们可以说关系者发生关系的时候，有新情形发生。

C. 在本段我们研究关系者在关系中所得的关系质。或者我们由关系的性质不同，推论到关系所给予关系者的影响不同，再由影响不同的地方推论到关系的性质不同。在"我比他高"这关系事实中，"我"得了三种关系质，A. "高"，B. "比 X 高"，C. "比他高"。对于这几种关系质且作以下的讨论。

1. 如果世界上只有一个人，那个人出来的时候，就是他现存这样一个人，那么所谓"高"者没有意义，说他"高"，他是这样一个人，说他不"高"，他也是这样一个人，他没有受什么影响。说他比 X "高"，此处的"高"有意义，因为如果这句话是事实，X 比他"高"的可能，他与 X 无高低分别的可能都不是事实。但他虽然比 X 高，而他不因为比 X 高就变了他本来的面目；那就是说他虽然得了一种关系质，而不必得到另外的性质。如果 X 是黄先生，而他比黄先生"高"是事实；此处的高也有意义，而此处的意义比以上的意义更浓厚。但他虽然比黄先生高，他不因为比黄先生高就得了另外的性质。

2. 以上的话似乎可以说得过去。假定以上的话可以说得过去，我与他可以发生我比他高的关系，而发生关系时，我与他都受一种影响。只要有关系发生，关系者不能不受影响。如果这一句话可以说得过去，我与他在关系之中与在关系之外当然不同，因为在关系中，我有比他高的关系质，而在关系外我没有比他高的关系质。但照以上的道理说，我虽然得一种质，而故我依然没有变更。从"高"一方面着想，我虽然比他高，而我自己没有加高。那就是说，我虽然不能说在关系之中的我与在关系之外的我一样，而我可以说在未发生关系之前的我与关系发生终了后（如他死了）的我一样。这句话或者发生误会，我们可以更进一步说：我们可以把"我"分作三时期：（a）未发生关系时的我，（b）发生关系时的我，（c）关系终了时的我。我所要说的是（b）时的我与（a）时的我不同，与（c）时的我也不同；那就是说在关系中的我与关系外的我不同；但（a）时的我与（c）时的我可以相同；那就是说在未发生关系之前的我与关系终了后的我可以一样。

3. 我们可以从另外一方面想。"我"所包含的，有无量的非我，"他"不过是非我之一；在我比他高的关系事实中，我仅与他发生关系，我与别的非我或者不发生关系，或者本有关系而关系仍旧。如果有这种情形，我们可以说，"我比他高"这关系中的"我"与其余的"非我"（"他"在外）的关系，不因这个关系而改变。"我"与其余的"非我"的关系可以改变，而不因这个关系事实发生而改变。其余的非我可以与"我比他高"关系中的"我"性质相同，不过不是这一个"我"而已；也可以性质不同，不过不是因为有这个关系才性质不同。我们可以说"比……高"这种关系所给于关系者的影响非常之小。这种关系是一节C段2条所提出的不凝关系。那就是说：有"比……高"关系，有"我"在此关系之中，得关系质"比他高"，凡不在此关系中，因而没有得到此关系质者皆非此"我"。"此"字非常之重要，它的意义至少有"这一类"与"这一个"的分别。照我个人的意见，"我比他高"这样的关系不是类的关系，是直觉的关系，个体的关系。既然如此，"此"字当作"这一个"解；不然以上这句话没有意义。"皆非此我"这几个字仅表明单位的不同而不包含性质的不同。

4. 仅有第二条所讨论的情形而没有三条所提出的情形我们仍不能得不凝的关系。如果 ARB 是一种关系事实，第二条所讨论的就是说 A 在关系中所得的关系质不能接续的影响到此关系完终后的 A。但一种关系事实虽然有这种情形，而我们仍不能说它就是不凝的关系。如果它是不凝的关系，它一定还有第三条所讨论的情形。那就是说除以上情形外，在不凝的关系中的 A 所得的关系质，不能使 A 因此得另外若何的影响，或者因此经历另外若何的变更。第三条所讨论的情形比第二条所讨论的情形要紧。有第二条的情形不必有第三条的情形；有第三条的情形就有第二条的情形。我们似乎不能不把第三条所讨论的情形作为不凝关系的根本要求。

5. 大，小，轻，重，高，低，左，右，前，后等等似乎都是不凝的关系。这一类的关系非常之重要，非常之根本。在理论上尤其是根本，因为它们大多数有极大的推论的可能。我们在此处不讨论这些关系的特性，我们仅指明它们都是不凝的关系。不凝关系的重要于斯可见。

6. 我们可以说凡没有第三条所提出的情形的关系都是相凝的关系。相凝的关系大约可以分许多种类，至少有两种，一是具有第二条所讨论的情形，另一种没有这情形。前几天有电车撞破汽车的事。一撞当然不一定破，但也可以破；撞是一关系，撞破也可以算是一个关系。如果我们把撞破当做关系，电车与汽车是关系者，那么这关系事实就与以上的关系事实大不相同。电车受了影响与否我们不知道，汽车所受的影响就是破。不但在关系中的汽车与在关系外的车不同，就是在未发生关系以前的汽车与关系事实终了后的汽车也不同。换句话说，汽车在关系中所得的关系质接续的影响到关系完了后的汽车。这关系事实既然没有第二条所讨论的情形，当然不能有第三条所讨论的情形。那就是说汽车所得的关系质改变了汽车的性质；或者说汽车因为得了这关系质所以改变了它本来的面目。把撞破当作关系，它就是相凝的关系。

7. 还有一种相凝的关系，有第二条的情形，没有第三条的情形。氢氧二气可以发生一种特别关系变成水。未加入水的成分的氢气我想可以与从水中出来的氢气一样，这句话化学家是否承认，我不知道；但假设这句话可说得过去的时候，在未发生关系之前的氢气与关系终了后的氢气相同。那就是说氢氧二气成水的关系有第二条的情形。但在水成分中的氢气与空气中的氢气不特有有无关系质的不同，而且有别的性质上的不同；我们差不多可以说在水成分中的氢气不是氢气，至少我们可以说关于空气中的氢气所能说的话不一定能引用到水成分中的氢气。这一条所带出的关系也是相凝关系，但与第六条所举出的不同。

D. 以上的两类似乎很根本。休氏所举的七种关系中只有因果关系是相凝的关系。相凝的关系所给与关系者的影响比较大。休氏对于其他六种关系所发生的问题比较小而对于因果关系所发生的问题比较的大。我想休氏的意思大约以为关系事实似乎都没有新情形发生，如是不免觉得有新情形发生的关系事实是特别出乎常轨的或者简直可以说是来路不明的事实。照当时普通的说法，因果关系似乎是有新思想夹杂在里面。同时从休氏的印象论方面着想休氏对这个新的思想很不容易对付。他没有新思想的印象，这新思想又是从那里来的呢？如果是从经验得来的，又是怎样得来的呢？如果休氏用以上的分类法把因果关系分在相凝的关系里面，这个问题或者简单一点。相凝的关系可以从经验得来，他的新情形也有经验上的根据。至于新的情形是一种什么情形以后讨论因果关系时候再讨论这问题，现在所应注意的有下三点。

1. 即令我们承认休氏很狭小的印象与意象的范围，我们仍可以得到不凝的关系。这类关系休氏自己就举出很有几个，如果他把它们的普通情形分析一下，他不难想到它们的共同点，得了它们的共同点，它们就可以分成一类。

2. 即令我们引用休氏印象与意象范围，我们或者也可以得到相凝的关系。休氏论因果关系引用了相象与相接两关系，如果他加用相同与不相象两关系，他似乎可以得到相凝的关系。

3. 如果我们把 R 代表不凝的关系，RP 代表关系质，Y 代表所有的东西，x 代表“不是”，)-(代表包含，$>$代表在前，$<$代表在后，$\overline{RP}$ 代表没有关系质，那么不凝的关系事实有以下的情形。

ⓐARB，)-(ARP，BRP，而 $Y\overline{RP}xA$，$Y\overline{RP}xB$

ⓑARB)-($A>$（ARB）$=A<$（ARB）

但仅有ⓑ情形仍不能成不凝的关系，前面已经说过。休氏的印象与意象的范围虽小，而以上 RP，RP，x，$>$，$=$，$<$等都可以从他的印象范围中得来，所以 R 是他所能承认的。

4. 如果我们用⦵代表相凝的关系，∍代表性质上的不同，A（⦵ B）代表相凝中的 A，$A\overline{(⦵)R}$代表在关系外的 A，那么相凝的关系事实有以下的情形：

ⓐA ⦵ B)-(ARP 而 $Y\overline{RP}$ ∍ ARP

ⓑA（⦵ B）∍ $A\overline{(⦵ R)}$

ⓒ$A>$（A ⦵ B）∍ $A<$（A ⦵ B）

相凝关系事实情形是ⓐ种情形，内中有ⓑ情形ⓒ情形两种。具ⓑ种情形者不必有ⓒ种情形，而有ⓒ种情形者，有ⓑ情形。休氏的印象与意象范围虽小，而以上的∍可以从那范围中得来，所以⦵也是他所能承认的。

以上是从普通情形着想至各种重要关系以后当分节讨论。

五

关于经验我所要说的话不多仅有以下数端。

A. 学哲学的常以官觉（此二字在本节包括感觉）为经验的大本营。最初以为官觉之外，没有什么经验，后来觉得官觉不够才把经验范围扩张，包括理论与想象等等。经验有宽狭的范围不同，狭的以官觉为范围，宽的则范围不定。从治哲学方面着想，狭义的经验大概总是不够用的，结果大概是要用宽义的经验。休氏也有这情形，他似乎宽狭两义并用。但他总不免觉得狭义的经验靠得住一点，而宽义的经验总不免有点来路不明的嫌疑。从这方面看来他的主意似乎没有拿定，但从另一方面看来他似乎又把宽狭两义融洽起来，所以宽的意义也就根据于官觉。对于这一层我觉得休氏的工作不甚妥当，而不妥当的来由也就是他的印象与意象的范围太狭。

B. 休氏承认官觉不够用，承认我们的经验除官觉之外还有理论与想象。但是他又觉得理论与想象摆在印象之外难免有危险，所以他又把理论与想象摆在印象范围中。这样一来宽狭两义的经验，都与官觉发生关系，但是他用怎样的方法可以得这样的结果呢？照我们的猜想，他把官觉的范围当作或有的范围，印象尤其是意象当作可能的范围，或有（probable）的范围小，可能的范围大，官觉的范围小而意象的范围大，意象与印象有密切的关系，印象与官觉有密切的关系，结果经验虽不止于官觉而仍以官觉为大本营。

C. 对于或有与官觉、可能与意象我们似乎要讨论一下。

1. 我想我们可以说或有的范围不止于官觉，而曾经官觉过的都入或有的范围，同时或有的范围是官觉的可能的范围。官觉的可能的范围不止于已往的官觉，但以以往的官觉为根据。我们在此可以不管或有的性质，我们仅指明曾经官觉过的或有的程度高，未经官觉过的或有的程度低。

2. 可能与官觉的关系不密切。我们可以把可能分作三种，A. 理论上无矛盾的可能，B. 意象上的可能，C. 官觉上的可能。我们所应注意的是休氏的可能限于BC两义。休氏谈到可能的时候，有时是意象的可能有时是官觉的可能，但他不能承认我们所谓理论上没有矛盾的可能。这一种可能的范围非常之广，只要理论上没有矛盾就有可能性。这种可能不受休氏的意象或印象的限制。休氏所注意的似乎是 B 种。这一种的范围从一方面看来似乎不能说大；而从另外一方面看来似乎又不能说小。休氏的意象逃不出印象，印象的范围小，所以意象的范围也小，而意象的可能也就不能说大。但休氏承认复杂意象，复杂意象逃不出印象，而本身不必曾经是印象。这样一来意象的可能也可以说是差不多无限。印象的数目虽小，而印象可以有种种不同的联合，而这些不同的联合的数目非常之大。一种联合就可以得一个意象。如果世界上只有 10 个印象我们可以得 1 024 个复杂意象。如果世界上有 10 000 印象，我们就可以有 210 000 个复杂意象。即令我们承认休氏的印象与意象的范围，意象的可能也就是非常之大。

3. 休氏的经验除官觉之外有理论与想象，而理论与想象又逃不出印象与意象的范围。印象与官觉发生直接关系，所以意象与官觉发生间接关系，所以他虽然觉得仅有官觉不能成经验，而经验仍以官觉为主。休氏虽注重官觉而他的经验不能说狭，但我们知道他的意象可能虽大，而他意象的范围不大，所以他的经验的范围也不大。

D. 休氏虽引用假设而不承认无印象的假设，结果就是他引用假设的时候，他有点觉得他引用非理性的思想。他常用习惯做一种思想上的媒人，如果思想本来可以接合，用不着媒人，如果本来不能接合，虽有媒人也没有致力的机会。这种情形的根本来源照我看来似乎是他的意象的范围太小，他虽然引用理论与想象做经验的工具，而意象的范围小，他的经验仍是狭义的经验。狭义的经验有它的好处，如果我们一心一意把我们思想根据在狭义的经验上，我们或者没有用屠牛雄刀的机会，但是十有九它是不够的。宽义的经验够用而无确实根据的思想容易发生。休氏的经验不是十分狭义的经验，也不是十分宽义的经验，他的思想似乎十有九有根据，而范围太小他的哲学不免过于简单。

六

休氏谈到理论与事实时，似乎把它们当作完全不同的东西，然就他的基本思想看来，他的理论与事实不是完全不同的东西。他的态度不必有矛盾，但不加修改或者不免发生误会。

A. 如果理论与事实完全不同，它们的起点也就应该完全不同。如果起点相同，理论与事实似乎不能完全不同。

1. 离事实而独立的理论，其起点大都为定义与假设。寻常论理书中的三大重要思想如同一律矛盾律排中律似乎都不必与经验发生若何关系。它们或者可以由经验得来——大多数的意思是不能——而它们不必由经验得来。最根本的名词都可以下定义。定义得当与否完全看以后应用的时候是否适用而与事实无关。根本名词的关系可以用命题发表；根本命题能成立与否，要看它们的推论力量如何，能适应与否，与经验亦不必发生若何关系。有这样的来源，理论才能与事实独立。所谓独立者，大意不过是说它不能被经验所否认；它可以与经验相符，而不必与经验相符；与经验相符固好，但不与经验相符也不要紧。此处所用经验二字，暂用休氏的意义。

2. 有以上的情形，理论的范围，才能变成完全抽象的范围。有极精确的定义的名词，才有货真价实的概念。这类概念不但是抽象，而且可以说是离象，因它背后不必有印象，而大都没有印象。以上所提及的根本命题就是根本的假设；它本身不是从经验得来，或不必从经验中得来，所以从它推论得到的思想也就是抽象的命题。几何中的点，是否是我们所能意想得到的，在理论上不成问题；它是我们意想得到的固然很好，如果它是我们意想所不能得到的，它也可以尽职。理论中的同，是否是经验所能得到的也不成问题；如果它不是经验所能得到的，它也可以尽职。

3. 有以上的情形才能有"必"的思想。此处的必是理论上的必，概念关系中的必，只有一条路的可能的必。此处的可能是无矛盾的可能。如果甲高于乙，乙高于丙，则甲必高于丙。世界上有甲乙丙与否我们可以不管，如果有甲、乙、丙，而甲是否高于乙，乙是否高于丙，我们可以置之不理。我们所注意的是甲乙丙的关系；如果甲乙丙有以上的关系，则甲与丙不能不存有结论中的关系。因为如果我们不承认它们有结论中的关系，我们就免不了得一种矛盾的情形。总而言之，世界上不必有甲乙丙，甲不必高于乙，乙也不必高于丙，这种必的思想完全是理论上的思想。

4. 根据以上的情形看来，理论与事实不同的地方很多，此处也不必一一讨论。我们可以大略言之，理论是多数命题的关系；命题代表事实与否，与它们的关系没有影响。这样的理论才与事实完全不同，休氏的理论似乎不是这样的理论。

B. 休氏的理论似乎是意象的关系。从表面上看起来这句话包括第四条所说的话，因为命题的关系也就可以说是意象的关系；但仔细想想，至少有两个问题发生。第一，我们可以说，多数命题的关系虽然都可以说是多数意象的关系，而多数意象的关系，不必都是多数命题的关系。多数意象的关系或者仅成一命题；如果仅成一命题，照我看来，似乎没有理论可言。这或者是我的成见，但照这成见看来，如果世界上只有一个命题，那个命题既不能是理论的，又不能是非理论的。同时如果我们可以说是理论的，或者非理论的，我们就可以说，我们所直接承认的或间接包含的就不只一个命题。这样说来理论不仅是意象的关系还要是命题的关系。以上是一个大问题，但比较更重要的是第二问题，那就是"意象"的问题。

1. 本文已经说过几次，休氏的意象范围太有限，印象外的假设与定义，他似乎都不承认；他既然不承认印象外的假设与定义，他对于上段所说的理论的要求，他就不能满足。他既不能满足以上的要求，他的理论就不能与事实完全不同，而不能完全不同的地方至少有以下数端。

2. 休氏的理论不能十分抽象而他的事实也不见得十分的具体。事实不十分具体一句话或者发生问题，但我们可以不讨论。理论不能十分抽象差不多可以说是显而易见，因为休氏的意象就不是抽象的意象，他的意象虽有简单与复杂两种，而简单的意象不过是变态的印象当然不能抽象，复杂的意象虽不必与一种特别的印象符合，而不能逃出印象的范围，所以也就不能十分抽象，意象既不十分抽象，它的关系当然不十分抽象，那就是说理论不能十分的抽象。

3. 由定义与假设得来的命题关系中才有"必"，休氏的理论似乎不能有"必"的思想。由定义得来名词与经验无关，经验上的变迁不能更改它的意义；同时如意义更改了一毫一厘，就等于新名词发生老名词消灭。由定义得来的意象随定义而终始；这种意象的关系就可以说是它的定义的关系。定义的关系中有"必"因为如果没有必要的时候，定义就不免改变了。在一种定义之下，我们可以说因"必"有果，因为无果之"因"不是因，而根据于印象或经验的意象没有这种"必"的关系。休氏不承认经验中有必，所以他对于因果律发生困难问题；但他似乎以为他理论中有"必"，然从他的意象论方面看来，他的理论既不是极端抽象的理论，所以也不能有"必"。

4. 有以上的情形，休氏的理论不能说精确，不是关系不精确，是意象不精确。由印象得来的意象，不免是一种模模糊糊的东西；我们似乎只能形容它而不能定它的义。形容事物的命题与定义的命题，似乎根本就不同，定义似乎是种正反俱通的命题；如"直线是两点间最短的距离"这种命题，我们可以由反面说两点间最短的距离是直线。严格的说起来恐怕这种反面与正面俱说得通的命题才能算是定义的命题。形容事物的命题没有这种情形。形容词不能完全代表被形容者。休氏似乎只能形容他的意象而无论若何的形容，所有的形容词都不能代表那个意象。那就是说对于休氏的意象所能说的话都有遗漏的地方，都不能十分精确。更进一步说，休氏的理论不能十分精确。

在这一段所要说的话或者还多但我们可以不必十分深求；我们往下讨论休氏的理论与事实的不同点。

C. 休氏的理论虽然不是极精确的极抽象的理论，而与事实也有极大的分别。

1. 理论不必是经验过的，而事实似乎是经验过的。理论或者可以经验，或者不能经验，但不必一定要我们曾经经验过才能成为理论。事实似乎一定要曾经经验过才能成为事实。对于这一层有许多意见不同的地方。有人以为休氏不承认旁人的经验为经验。我以为他是承认旁人的经验为经验的。但无论是旁人的经验或是自己的经验，都是人类的经验。至少我们可以说休氏的事实是人类曾经经验过的。

2. 事实的范围小，理论的范围大。这是显而易见的；因为事实是印象或者印象的关系，而理论是意象的关系；意象的范围比印象的大，所以理论的范围比事实的大。另外方法说，凡属可能都有理论，但可能的不必是或有的；可能的范围比或有的大，所以理论的范围比事实的大。

3. 从休氏的眼光看来理论应该模糊些事实应该活泼些。这也是显而易见的；因为事实既是印象或者是印象的关系，而理论是意象的关系；印象比意象活泼，所以事实应该比理论活泼。但现在所经验的事实才有这种情形，以往的事实不见得活泼。严格的说起，以往的事实也就是意象的关系；而与理论不同的地方，休氏似乎应该注意而未十分注意。理论与以往所经验的事实似乎应该有精确的界限，而休氏似乎没有这种界限。

照以上所讨论的分别，理论与事实有分别，而无多大的分别，休氏有时或者忘记自己的论理的特性而以他人的理论为理论，所以不知不觉间把理论与事实当作截然两途。

七

时间与空间的问题相同可以在本节同时讨论。

A. 休氏的时空观念似有以下的数点。

1. 时空本身均不是印象，均是印象来往进退的一种秩序，所以时空均可说是一种关系。可以说是普遍的情形而不是概念. 本身既非印象，当然不是"东西"。

2. 时空均不能离印象，或事实，而本身没有独立的存在。这样看来时空当然无所谓终始，无所谓界限。有多数事物才有时空问题；那么总而言之统而言之的宇宙当然没有终始。时空与事物没有事实上的先后问题，仅有理论上的先后问题与经验中意象发生的先后问题。

3. 时空不是空架子可以让我们把事物当作一块一块的砖摆在这架子里来定它们的秩序。那就是说时空不是绝对的；本身既不是绝对，那么，绝对时空观的困难问题当然不会发生。

4. 时空不是人类知识的工具，是事物给我们的材料。我们也可说他们是事物本来面目，不是我们的创作品。时空是由经验得来的。休氏有时似乎说它们可以由直觉得来；但从他讨论时空的语气看来，它们不是由直觉得来的。至于在经验中我们怎样得到时空的意象，我们可以不必讨论。

5. 休氏的时空可以相合，所谓相合者是说时空不是彼此独立而是彼此相连的关系，可以使我们说凡有时者都有空。这情形是根据休氏的印象而发生的。他的印象不仅是物，也是事，只要有多数印象，不特有时间的关系也有空间的关系。

以上可以说是休氏时空论的要点。本想详细讨论，但本文已经太长，所以只得从略，但以下数点，似乎不能不简单的讨论一下。

B. 因为休氏的印象与意象的范围太小，他能承认经验或感觉中的最短时期如心理学中的 specious present；而不能承认刹那；只能承认经验中的最小点，而不能承认几何中"点"，既有这情形就不免有以下的问题。

1. 时空可以有两极的无量。这话或者可以当以下解。如果我们以两条直线代表时空，这两条直线的长度无论从那一方面都可以增加到无限。这不过是说，时空两头可以无限。不是说时空两头是无限，是说它们在休氏哲学中可以当作无限。那就是说如果休氏以为时无终始，他这思想可以与他的其余的思想不发生冲突；如果他以为空无边际，他这思想也可以与他的其余的思想不发生冲突。时空两头既然可以无量，两无量的中间似乎也可以无量，这两无量的中间是否可以无量暂且可以不论，但有量时期与空间中的分断均不是无量。那就是说，如果甲……乙代表时期，从甲往前可以到无量，由乙到后也可以无量，而甲……乙之间没有无量。

2. 有量时空不能得无量的分段的理由大约有二，一是休氏的接续性不清楚，不精确；一是休氏的印象与意象论不能使他承认"刹那"与"点"。这两个理由可以说是一个理由，因为接续性不精确的地方，追根起来就是没有"刹那"与"点"。但表面看起来时空与接续性的关系密一点。如果时空没有精确的接续性，我们只能有各种各色的时空，而不能有一串的时空，如果没有一串的时空，恐怕前后左右的意义就不免受一极大的限制。它们的度量与推论都有困难问题发生。休氏承认它们连续，但严格的说起来，他的接续只能算是继续，不能算是接续，至少不能算是现在哲学中的接续。

3. 休氏的接续性其所以不能精确者，一部分的理由就是没有"刹那"与"点"的意象。如果有"刹那"与"点"，间断的情形可以打消，同时再加一点别的思想就可以得一种精确的连续性。如果时空有接续性，本段所提出的问题就不至于有困难。但是休氏不能承认"刹那"与"点"，他的接续只能当作继续，所以他的时空只是继续的，间断的，不是接续的，一贯的。即令他在经验中能够得左右前后的关系，而这些关系不能连串起来，只能得个体的前后左右，而不能得共同的前后左右。从这一方面着想，他的时空论似乎有根本不圆满的地方。

关于时空或者还有别的问题发生，但讨论起来要说的话太多。本文只注重以上一点，因为照我看来这一点非常之重要。

八

因果问题是休氏认识论中最困难的问题。对于这问题我们不能不稍微说几句话。

A. 休氏的因果论包括以下数点。

1. 休氏的问题不是理论上因必有果，果必有因的问题，是事实上某事为因某事为果的问题。前一问题，休氏看起来不值讨论；后一问题是休氏的困难问题。它是经验问题，是从经验中得来的。但是经验中怎样可以找得出这样的关系呢？休氏所承认的经验不算很狭也不能算很宽；范围不能说是十分妥定，所以因果关系是否完全由经验得来也不易说。

2. 因果所包含的关系如下：a. 相象，b. 相继，c. 相接续，d. 相连，e. 联想。甲与甲^1 甲^2……甲^n 相象，乙与乙^1 乙^2……乙^n 相象，甲乙相继，甲^1 乙^1 相继，……甲乙相接，甲^1 乙^1 相接……甲乙无时不继且接，则甲乙两类相连，甲乙相连能使我们想到甲时就联想到乙，则甲乙两类有因果关系。

3. 相象的用处非常之多，休氏时常用得着它。似乎有困难的时候，休氏总是要用它。它是直觉得来的。直觉两字在此不限于一时一地的官觉。以往的印象可以与现在的印象相象，那就是说，一时一地的官觉可以与另一时一地的官觉相比较。如果这一层不承认，则甲与甲^1 甲^2 等不能相象，而以上因果关系的要求之中就有一点不能满足。

4. 相继的关系当然是时间的先后关系。甲乙相继就是甲在前乙在后的意思。休氏认因果不能同时。对于这一层的思想似乎极不圆满。因果似乎可以同时，可以不同时，但因不能在果之后而已。统计的说，大多数的因在果之前。所谓前者当然是时间的前而不是理论上的前。在此处我所最应注意的是两事两物的前后关系，不是一事一物的前后关系。不然起首可以作为终了的因。

5. 相接的意义不甚清楚。谈时空的时候已经说过，休氏的接续不是精义的接续，不能作为精义的接续，只能认为间断的继续。既然有此情形，甲乙相继相接问题，或者简单一点亦未可知，甲乙要相继，要相接，而继接的情形可以有两种不同的可能：一是在甲未终之前乙已起始，一是在甲已终之后乙才起始。前者甲乙结在一块，后者甲乙之间有非甲非乙或不甲不乙者在。同时我们可以说甲不能先始而后乙终，因为如果甲可以先乙始而后乙终，甲就不能算是在乙之前了。我们也可以说甲之终不是乙之始，因为如果甲之终是乙之始，甲就变成了一事一物而无所谓因果了。所以我们可以说甲乙相继相接的情形只有以上两个可能。但是如果休氏的接续是现在数学中的接续，情形似乎可要复杂一点；第二种可能不能成立只得取消，第一种可能或者不能满足接续的条件。

6. 所谓甲乙相连者，就是说，甲乙在经验中无时不相继，无时不相接。休氏谈到相接时，他是说甲类与乙类相连。这相连的关系已经是经验中综合得来的关系。但是其所以有这种综合的关系，还是先有个体的甲与个体的乙发生相继相接的关系。这样看来，因果关系是普遍关系，不是个体关系。能重复循环的事物，才可以发生因果关系，而不能重复循环的事物，是否可以发生因果的关系，或者要看它们的个性能否归纳到普遍性的程度为何如（这一点是与朋友讨论后才想到的）。

7. 寻常所谓因果关系似乎都有"必"的思想夹杂其间。理论上因必有果，所以不加思索想到事实上某事为因也就不必有某事为果。休氏百分坚决的说事实上没有"必"。甲乙在经验中虽无时不相连，而我们不能说它们"必"相连，因为它们可以不相连。同时经验中我们只能有本段第二条所列的各关系。休氏的结论是甲乙之间没有"必"而我们联想中有必。如果甲乙两类相连，我们想到甲时"必"定联想到乙。因果中的"必"是我们心里的"必"，不是事物中的"必"，这联想是我们思想上的习惯。

以上七条可以说是休氏因果论的大要。这个问题在哲学历史上似乎没有受很详细的讨论；休氏恐怕是注重这问题最深的一个人；他的议论是否可以得我们的赞同是另一问题；而在他讨论后我们对于这问题的种种困难情形比以前要了解多了。至少这一点是他的贡献。

B. 休氏所注意的问题是因果中的"必"的问题，对于因果中旁的问题似乎没有特别的注意。因果是否应以宇宙为可分开的背景一问题，似乎是一重要问题，而休氏没有讨论过。一因一果，多因一果，一因多果，多因多果等复杂情形，休氏虽曾讨论，而似乎不甚十分注重。同时他也没有想出适用的方法可以使我们在经验中能寻因觅果。他所最注重的"必"的问题，他的结论就是上段所说的事物间无"必"而联想中有"必"。

1. 事实间无"必"的话，我们或者很容易赞同。已往的经验是一事，将来的事实又一事；已往者情形不必重现于将来，所以因果关系也就不是必定的关系。至少我们不能说它是必定的关系。理论中有"必"的话，我们也很容易赞同，但休氏的论理中有"必"，则不容易赞同。我们讨论休氏的理论与事实的时候，就说过休氏的理论不能有必；理由在此处不赘。这样看来不特事实中无"必"，就是联想中也不能有

"必"。前半的思想是休氏的思想，而后半的思想，休氏或者不赞成。他可以说，他的理论是否有"必"，我们可以不管，而联想中的"必"不是理论中的"必"；所以理论中有必与否与联想中有"必"与否是两个问题不能摆在一块。

2. 联想中的"必"从那里来的呢？休氏的答复就是甲乙两类相联给我们一个内体的印象，那个印象就是"必"的印象或者必的意象。但是这话有困难问题发生。第一，我们要注意"必"的印象这几个字的意义；"必"的印象就是"必"印象，那个新印象就是"必"。第二，"给"字也就有困难，似有"致"的意思。休氏既说甲不能致乙，何以甲乙两类相连后又可以致一种新印象呢？如果甲因不能致乙果，甲乙无时不相连，即使是因也不能"致"一种新印象的果。甲乙两类相连我们是否得新印象，现在且不理，即令能得新印象，也不能说是甲乙相连所"致"的新印象。第三，印象背后的因，休氏早就承认是我们所不能知道的；那就是说休氏只能知道有印象，不能知何以有印象。而在此处他不仅说我们有"必"印象，而且说因为我们知道甲乙两类相连，所以有"必"印象，这样他的思想已经超过他的认识论范围之外了。照我看来以上的理由可以使我们怀疑他的主张。

3. 事实上既没有"必"何以休氏要想方法找出一种"必"来呢？这问题不容易答复。他或者以为事实中虽找不出必来，而我们对于因果关系，心理上实在有"必"的思想，所以不能不想方法找出"必"来。他或者以为因果关系没有必的时候它的致用的地方就不免减少。或者在他的时候，科学与因果律的关系比现在密切。如果要巩固科学也就要巩固因果关系。因果关系之所以能致用者就在那"必"字上；如果因不必有果，以往的经验就不能十分的引用到将来，而因果关系之所以有用者似乎就是可以引用到将来。从这一方面着想我们不能不想到另外一个问题，在下段讨论。

C. 这问题就是 a. 因果关系 b. 科学 c. 归纳原则的关系。休谟虽然不谈科学，也没有十分注意归纳原则，而他对于因果关系所发表的议论与科学很有影响。

1. 照现在的眼光看来，因果律不过是科学中的一个工具，与科学本身虽有关系而没有多大的关系。恐怕最发达的科学最用不着因果律，而最不发达的科学最用得着因果律。在未得知识以前，我们或者要用因果律做探讨知识的工具。在既得知识之后，我们或者用不着因果律。我想物理学的精密可靠的知识或者都可以用数学意味很重的方程式发表，而用不着说某种事实为因某种事实为果。休氏或者把因果律看得太重，把它当作组织经验的唯一工具。既然如此，所谓科学也者不得不依靠因果律才能发达。休氏想到科学与否不得而知，而他注重因果律过甚，则才易否认。但是如果科学不一定依靠因果律关系，就是因果律不精密，或者竟不能成立，科学也就不因此而不精密或不能成立。总而言之，因果律能成立与否与科学或者没有多大的关系。

2. 但是如果归纳原则推翻，则科学即能成立也就不是一个理性的东西。科学的最大前提就是归纳原则，承认此原则，科学在理论上的根基才固，不承认此原则，科学就有点说不过去。我们并不是不承认归纳原则就没有科学，就是不承认此原则我们还是可以有科学。只要我们能用归纳及其他科学方法，我们就可以有科学，而科学也就可以成立，也就可以发达。我们现在所注意的是理论上的根基，这个根基坚固与否要看我们对于归纳原则的态度如何。休氏讨论因果关系的时候，似乎把归纳原则当作一种非理性的习惯；果如是者科学在理论上的根基就动摇了。

3. 归纳原则休氏认定是不能证明的，对于这一层我们似乎不能不赞成他的意见。如果我们想要证明归纳原则，我们似乎先要假设它做一种前提。假设它做前提，当然就不是证明它。同时也不能以统计方法给它一个大约的"或有"性。总而言之归纳原则似乎是前提不是结论，是起点不是终局，要证明它是不容易的。但是不能证明的命题都是非理性的吗？这也不见得。不能证明与不能否认的命题也不少，只要有旁的理由要用它们，而同时不能不引用它们，我们就可以把它们当作一种假设，而这种假设本来就是不能证明与反证的命题，就无所谓理性与非理性。那就是说即令我们不能证明归纳原则，归纳原则也就不因此是非理性的。

4. 休氏似乎把归纳原则因果关系混在一块；如果我们不能证明因果必要关系，我们也不能证明归纳原理。如果因果间的必要是一种习惯，一种非理的习惯，归纳原则也就是一种非理性的习惯。我以为因果关系是否是非理性的没有多大的关系；但是如果归纳原则是非理性的，则科学也是非理性的。休氏的哲学就发生了一个很重要的问题。科学的发达不免受影响。完全是经验的科学或者没有困难的问题。但现在的科学愈发达，愈成了理论的，愈成了数学的，愈成了推论的，这样的科学与理论的关系极深，如果它在理论上的根基不固，它本身就可以说是非理性的。

5. 或者最妥当的办法还是承认归纳原则，把它当作理论上所不能证明，而事实上所需求的命题。如果我们承认理论的起点无所谓理性与非理性，这种命题也就无所谓理性与非理性；即令它不是理性的，它也不是非理性的。承认归纳原则以后，我们可以推论到因果关系，给它一种大约的"或有"性。如果因果关系在事实方面本来就是有"或有"的关系，那么因果之间本来就用不着必的关系，而不至于发生困难问题。心理上的感想用不着牵扯到这个问题上。我们虽然由甲因想到乙果，或由乙果想到甲因，而事实上甲发生时，以后不必有乙发生，乙发生时，以前不必有甲发生；那就是说，即令休氏给我们一种心理上的必而事实依然没有必。因果是事实关系，是经验中得来的关系，在经验中不能有"必"存乎其间，心理上是否有"必"似乎没有多大的关系。这样，因果关系是或有的关系；不是如果甲，就有乙，是如果甲，大约就有乙。这问题与"因必有果，果必有因"那句话，可以说是没有关系，那句话完全是定义上的关系，而我们所讨论的是事实上某因某果的关系。

因果关系的问题很多，似乎是特别的多，但详细的讨论起来，本文就无从收束了。

九

别的问题我不讨论了。本文就在本节收束吧。一方面我可以说几句总批评的话。再一方面我想说几句关于我个人兴趣的话。

A. 我觉得休氏的哲学的最大的限制，就是他的印象与意象论。他的印象与意象的来源太有限，范围都太小，所以他的实在的种类不多；他所举的关系不是根本分别，不是根本的种类，他的理论与事实不能严格的分别，而他的理论也不能十分的精密，他的可能的范围也就太小，他的经验没有一定的范围，他的时间空间似乎不能贯串，他的因果关系发生种种困难问题。同时他的知识论也有问题。理论上的知识不能精密，而事实上的知识又似乎有别人的经验与自己的经验不同的问题。我的印象当然是印象，别人的印象不是我的印象，但是是印象吗？如果他人的印象对于我不是印象，他人的经验对于我也不是经验。同时"知"是一事，所以"知"又是一事，专就前者而言，问题或者简单，若再进求后者，问题就复杂。我们知道事物，不见得同时就知道所以知道的方法，对于一种事实我们可以不知道所以知道的方法，而知道那种事实。休氏有时似乎把两事混作一事，以为我们知道一事实时，我们就知道所以知道的途径与方法，而如果不知道所以知道的方法时，我们对于一事一物的知识就是非理性的知识，简直可以说不是知识。有以上的种种情形，休氏的哲学虽十分的求理性，而我们不免觉得休氏自己以为他的哲学仍是非理性的哲学。

B. 我个人对于休氏的哲学极其兴趣，而特别有兴趣的地方大约在以下数端。

1. 休氏注重关系。我个人的成见世界上种种都是关系事实，而所谓事实者不能离开关系而言。注意事实就要注重关系。我个人觉得所谓"东西"者，在哲学里差不多是不毛之地，虽极力研究它而终不能得到若何的结果。如果要在哲学里找出门径来，似乎非注重事实不可，而注重事实又非注重关系不可。

2. 在休氏的哲学里，事物相对而不必研究整个的宇宙，个体可以绝对而不必推翻它彼此的相对。很有许多人以为事物果真相对之后，我们要知道整个的宇宙才能知道一事一物；同时个体绝对的时候，就非打倒它们的相对不可。我觉得这是迷途，而休氏的哲学没有这种迷途。从这一层着想，休氏似乎不能不注重不凝的关系；要有不凝的关系，事物才可以相对，而不相凝，个体才可以绝对而不因此就与万物万事脱离关系。

3. 印象之外，不必有心与物，如有，我们可以不理它们。如是绝对的心与物就没有问题。这样的思想是否便利，是否圆满，是另一问题，在此不讨论。我所要注意的是心与物虽可以成为哲学中心问题，而不必是哲学中心问题；我们可以不理这问题而接续的研究哲学，不必用终身的精力徘徊于心物之间，一方面觉鸡肋之磨人，再一方面对于其他哲学问题，又不能得相当的研究。

4. 我觉得休氏的因果论，在建设方面或有不足的地方，在批评方面可以使后人知道内中的困难，不致根据于所谓因果律者而推论到不相干的思想。对于因果论，休氏的讨论，就在离他近二百年后的今日，我们似乎还是要特别的研究，特别的注意，因为我们对于这问题的普通态度，恐怕不但同样的有更正之必要，而且应该有同样的更正。

5. 休氏的哲学以事物为主，以经验为出发点，不到拿得稳时不轻易从事推论，所以他的思想来源去迹很容易寻找，不至于玄之又玄使读者头昏颠倒而终莫明其妙。

有以上诸端我个人对于休氏的哲学非常之有兴趣。同时我觉得他是一个提出问题的人，不是解决问题的人。

（原载《哲学评论》第 2 卷第 1 期，1928 年 12 月；选自《金岳霖文集》第一卷，兰州，甘肃人民出版社，1995）

内在关系和外在关系
（1930）

I

很难说，关系是什么。也许它们是非常基本的，以致无法定义。无论如何，我们尚不能定义它们。然而，我们直接面临着涉及"在……左边和在……右边"，"在……前边和在……后边"等等这样的情况。关系比比皆是。没有联系的实体这种思想，尽管本身在逻辑上可能是没有矛盾的，但事实上是站不住脚的。对于有些事物，我们有时的确说，它们是完全没有联系的，但是，这样一个陈述中蕴涵的东西，仅仅是对某种特殊的关系或恰巧成为我们注意的问题的关系的否定。在任何特殊的方面是没有联系的，这本身就是一种关系，从这种观点出发，没有事物是没有联系的。

任何实体和每一个实体都可以成为一个关系者，包括逻辑命题和关系复合句。逻辑命题和关系复合句不过是词项被联系起来。但是关系本身不能成为关系者。这样，象"我比你高"这样一个关系复合句，与另一个关系复合句"我比你重"，可能有"因此"这种关系。但是，"比……高"这种关系与"比……重"这种关系不能有"因此"这种关系。就关系而言，布雷德利（Bradley）的无穷倒退对我们是没有意义的。

布雷德利似乎接受了另一个同样站不住脚的概念。他不仅以为关系能够被联系，而且以为关系能够进行联系。为了不纠缠文字细节，我们可以说，关系不是在通过关系活动而产生出关系复合句这种意义上进行联系的。关系不是活动的，它们仅仅存在；绝不能说关系可以能够或不能够相互联系。问题不在于某种关系能够还是不能够与某些实体联系在一起，而在于这些实体是不是在以那种特殊关系为特征的关系复合句中。因此，关系不是关系者，它们也不是根据自己的选择进行联系。

II

我们提出下面三个关系复合句进行考虑，它们分别叫作 a，b，c 关系复合句，表示 a，b，c 关系。

a. "这本书在桌子上"

b. 作为关系复合句的 "H_2O"

c. "他懂物理学"

a 关系复合句中的 a 关系，与 b 关系复合句中的 b 关系是相同的吗？如果相同，所有关系都是同一类的吗？如果所有关系都是 b 关系，那么 c 关系复合句中的 c 关系也是一个 b 关系。如果关系是不同类的，那么 c 关系可能或是一个 a，或是一个 b，或是与 a 和 b 不同的东西，因此仍需要我们确定它是哪一个和什么样的关系。

从常识的观点出发，以上没有表现出多大问题，因为乍看上去，可以指出许多含糊的、也许是显然的差异。但是哲学诡辩利用这种情况制造了一个头等重要的问题。一直有人坚持认为，所有关系都是"内在的"，很难发现一种"内在"关系是什么。但是如果以为它是任何具有 b 关系性质的东西，那么我们就面临着非常严重的问题。因为在这后一种情况下，存在于认识者和被认识者之间的 b 关系也是内在的。因而它有这样的性质，它们是 b 关系的特征。这样，认识就会影响被认识的东西，而且任何形式的认识，包括科学，都不能声称客观性。尽管很难确切地说"客观性"意谓什么，但是很容易看到，如果作为内在的认识修正被认识的东西，那么认识至少在下面的意义上不是客观的：

a. 如果所有关系都是 b 关系，那么认识者和被认识者之间的关系就是一个 b 关系。如果是这样，那么被认识者永远是一个关系者，即一个实体，但这个实体不是它原初的自身，因为它被认识修正。由此得出，除作为关系者的实体外，我们绝不能认识任何实体。因此，出现"本体"（noumenon）。无论可能有什么差异，都没有丝毫关系，重要的是存在着实体本身和作为关系者的实体之间的差异，而且甚至更重要的是，我们从不能够知道这些差异是什么。

b. 但是根据上述假定，我们就不能够说，没有实体，只有关系者，因为在这种情况下，怎么能说实体与关系者是不同的呢？如果我们承认二者之间的差异，那么它们要么存在，要么仅仅存在，而否定其一或否定二者将与前提相反，如果任何认识关系中的实体是外在对象，那么这些对象就不能被认为是它们本身的那样，而只能被认为是它们被认为的那样。

c. 既然我们认识的仅仅是认识关系者，因此认识的有效性几乎不能有任何标准。我们认识的只是"我们认识的"。如果对"我们（有关某一事物）认识"的提出疑问：那么我们只能通过这样的方式来回答：可能以"我知道我知道"这种形式等等，来对认识做出进一步断定。这个问题可以无限地问下去，而且任何与第一个不同的回答，既不比第一个回答好，也不比它差。

d. 上述情况同样也可以适用于认识者，他在任何与认识能力或生物体不同的能力中大概会像任何外在对象一样难以理解。

根据我们的假定，不可能知道任何事物的本来面貌，对这一点可以从另一个角度来探讨。

e. 如果所有关系都是内在的，那么像"在……右边"和"在……左边"，"在……前边"和"在……后边"，"在……上边"和"在……下边"这样的关系就都是内在关系。认识者和被认识者不仅相互有一种特殊关系，即认识关系，而且包括空间关系。这里是一张桌子：如果所有关系在 b 关系的意义上是内在的，那么在我东边的这张桌子，与当把它放到我西边时就是不同的。我自己随着空间关系的变化而发生变化。这样，当我在这张桌子的东边时，我对这张桌子的认识是适合于一个特殊位置的，即这样一种认识，它不应与当我把这张桌子移到西边时我可能认识的有关这张桌子的任何东西混淆起来。

f. 根据相同的假定，时间关系也会是内在的。被认为是认识的关系复合句是一个在有限时间内发生的事件。但是在有限时间内，无论多么短暂，这张桌子和我都改变我们的时间关系。这样，我在此时有关这张桌子的认识绝不能与我在彼时有关这同一张桌子的认识混淆起来。用诗人的话说，时间流逝，我们的时间关系随之变化，正像上一段唯一可以被说成有效的认识是适合于点的认识那样，唯一可以被说成有效的认识是适合于时刻的认识，但是，既然作为一个关系复合句和一个事件的认识在有限的时间和地点产生，那么如果所有关系在 b 关系意义上都是内在的，则任何认识都不是有效的。

g. 所有实体向时都是有联系的，而且它们时刻有关系变化。根据我们现在这里提出的这种假定，如果任何东西引起任何一种关系变化，那么我们不能知道有关它的任何情况。我房间这里的这张小书桌与一万光年以外一颗亮闪闪的星星有某种关系；如果这颗星星以任何方式发生变化，即使是最小程度的变化，这张书桌也变得与它过去有所不同。这样，如果我们想知道这张小书桌，我们就必须知道那颗小星星，以及埃及金字塔和拉希拉多的树木，既然我的书桌与这个宇宙的任何事物和每一事物有关系，那么根据我们的假设，为了知道这张书桌，我们必须知道宇宙。但是我们不知道宇宙，因此，我们不知道这张书桌。然而，做出一个以与我们确实接受的、含糊和无法表达的认识概念也许不太相应的合适的认识定义，我们就能说，我们知道这张书桌，但不知道任何类似意义上的宇宙。我们的一般信念是虔诚的迷信吗？或者更确切地说，这里讨论的这种假定是基本站不住脚的吗？

h. 逻辑没有内容，它不需要有任何内容；但是，如果它实际上确实有任何作用的话，那么它应该应用于自然事件或实体。换言之，为了逻辑可以是有用的，像"A 是 A"，"A 是非 A"这样的陈述必须不仅在逻辑上有意义，还必须在实际上有意义，它们可以是真的或假的，或者它们可以既不真也不假，但是，我们必须在我们能够说之前，认识到它们的某种有效性。但是，如果开始时知道它们是无效的，那么我们就绝不能说。那些也许可以称为真的陈述，仅仅是那些在某时某点做出的陈述。在任何有限的时间和在任何有限的位置，无法提出有任何实际意义的有关事实情况的命题。眼下，不用考虑纯逻辑是不是受到影响，应用逻辑肯定变得无影无踪，这里出现具有讽刺意义的情况：那些接受这一节的假定的人不能为它辩护，而那些为它论证的人却绝不能接受它并避免矛盾。

让我们回忆一下，我们的假定首先是所有关系都是内在的，第二，内在关系是一个 b 关系。至此我们一直论证，根据这样的假定，认识在已经讨论的各种不同意义上是不可能的。为了使我们摆脱这种不理想的后果，只需要推翻这个假定的第一部分或第二部分。有相当数量的人相信，所有关系是内在的，但是如果内在关系意谓的不是 b 关系，那么无论有什么其它反对意见，这里提出的这些特殊的反对意见就不是适用的。但是，如果内在关系被看作是 b 关系，我们就必须说明一些关系之所以是外在的原因，这样就要求在外在的和内在的关系之间做出清晰的区别。如果澄清外在关系意谓什么，就可以建立起有外在关系这一命题。在这种情况下，我们只需要判定认识者和被认识者之间的特殊关系是外在关系，还是内在关系，还是与二者完全不同的东西。我们至此一直论证的是：不能把那种特殊关系看作是在 b 关系意义上内在的。

Ⅲ

这一节，我们首先讨论布雷德利（F. H. Bradley）先生的观点。然后讨论斯堡尔丁（Spaulding）教授的观点，他们的观点可能都不幸地被歪曲了。

A. a. 布雷德利先生似乎认为关系是不可能的。如果实体处于联系之中，那么它们之间的关系就不是"进行联系"。因为它们已经以某种方式联系起来；另一方面，如果它们没有联系，那么没有任何关系可以联系它们。换言之，如果实体处于联系之中，那么联系它们就是多余的；如果实体不处于联系之中，那么联系它们就是不可能的。不可能联系没有联系的实体，因为为此关系需要无穷的关系，而根据定义，无穷的关系是无法达到的。以后将提出相对详细的批评，眼下我们愿意提出以下几点：

1. 关系和关系复合句不应相互混淆。关系仅仅存在，但关系复合句可以开始或结束。问题绝不在于某种关系是否存在，而总在于某些实体是否相互有这种关系。

2. 关系不应被看作参与活动。关系在其进行联系的努力中能够成功或失败，这样说是没有意义的，因为显然不能说关系实际可以做出任何努力。

3. 关系不应被看作可能的词项，所以，绝不能说两个相互联系的词项可以变成使另一个关系成为必然的三个词项。

b. 布雷德利似乎接受了所有关系都修正它们的词项这种思想。如果 A 和 B 是有联系的，那么 A 就不是原初的 A，B 也不是原初的 B。它们处于相互联系之中，均以某种方式直接受到这种关系的影响并间接地受到相互影响。但是，如果 A 和 B 不是处于相互联系之中，那么刚刚提到的这种影响就不会在那里影响它们。也就是说，关系修正它们的词项。

c. 既然关系修正它们的词项，那么当词项处于联系之中时，一些差异就对它们有影响。处于联系之中的词项必然与这些词项在不处于联系之中时有所区别。如果词项没有差异，那么在什么意义上我们可以说，它们被它们的关系修正呢？因此在是关系者的词项与仅仅是词项的词项之间，必然有些差异。似乎我们很少有人清楚地知道这种差异是什么。布雷德利的思想是，性质和关系相互蕴涵，但是据我所知，他绝没有试图始终把它们看作重言表达式。以后我们要试图说明性质差异蕴涵关系差异，但是我们现在无权断定关系差异蕴涵性质差异。

d. 处于相互联系的实体形成一个关系复合句，这个关系复合句无论是否可以进一步分析，与其部分之总和绝不是等价的。这样，如果我们现在探讨"日本在中国东边"这样一个关系复合句，我们绝不能说，这与"日本"，"在……东边"，"中国"是等价的；因为显然可以有几种各不相同的组合。因此至于关系复合句有某种独一无二的东西，而且这种独特性（它本质上是整体的独特性）已被含混地转变为构成部分的独特性。

e. 由于与这里阐述的类似的原因，一些哲学家得出这样的结论：所有关系都是内在的，一个内在关系是这样的，处于联系之中的词项与那些没有联系的词项是不同的。我们暂时不检验这个推理是不是正确，我们也不关心结论是否从这个论证的不同阶段得出。但是如果我们接受这个结论并且把"修正词项"解释为指出词项的性质差异，那么上一节提出的反对意见就会适用，并因而会使认识成为瞎子，用来吓唬人的东西。

B. 很可能由于这个原因，少数几个学哲学的学生得出这样的结论：不能接受所有关系都是内在的这个命题。也许"心急吃不了热豆腐"（hasty hands catches frogs for fishes），由于极为渴望推翻那个命题，提出无法经受任何仔细检验的思想。可以以斯堡尔丁教授为例，说明那些其大勇不幸变为小心的人。

但是应该指出，那些与内在关系论者对立的人并不反对内在关系的思想；他们不过是反对所有关系都是内在的这种思想，因此，外在关系论者想要的不是否定有内在关系，而仅仅是肯定有些关系是外在的。

a. 根据斯堡尔丁，有些关系不修正其词项，"在……上边和在……下边"，"在……之前"和"在……之后"是这样的关系。如果我围着桌子走，那么我得不到我在与桌子的联系中所处的各种不同位置的修正。

我可能比我的朋友高些或矮些，但不能说我因此要么高要么矮。以这样的关系相联系的词项是这样的，以致说出任何超出其关系之外的东西是没有保证的，因此词项的联系与那些譬如以有机关系相联系的东西是完全不同的。

b. 如果有不修正其词项的关系，那么相信可以得出有对词项没有任何影响的关系。是处于这些联系之中的关系者的实体，与那些不是处于这些联系之中的关系者的实体是相同的。人们相信（尽管我没有把握这么说），不仅词项在以外在关系联系之前与在以外在关系联系之后是相同的，而且处于这样一种联系的词项与它们没有这种联系时也是相同的。这看上去可能是一种没有差异的区别，但是确有一种差异，而且在某些情况下是非常重要的差异。

c. 既然处于任何外在关系之中的词项与它们没有外在关系时是相同的，那么就得出，它们各自相互独立，而且都独立于关系。独立性的意思不过指缺乏相互修正。因此，独立性不是实体在没有相互联系时所具有的东西，而是这样的东西，它表示实体相互间有外在关系这样的事物状态。实体虽然是有联系的，但是相互独立，因此人们认为，以实体作其组成部分的整体还不足以产生独特的思想，这样，内在关系论者似乎把整体的独特性与部分的独特性混淆起来，而外在关系论者似乎把缺少组成部分的独特性误认为缺少整体部分的独特性。

d. 斯堡尔丁教授得到的结论不仅仅是有外在关系，而且是认识者和被认识者之间的特殊关系就是外在关系的一个例子。就是说，认识者和被认识者尽管是有联系的，却是相互独立的。被认识者不仅仅是关系者。它是关系者，但它还是其他某种东西；它是原初的对象。这样就自动消除了本文第二节提出的反对意见。

有一些人赞同斯堡尔丁的结论，但不赞成他的推理，也许有另外一些人在某种程度上赞成斯堡尔丁的推理，但是发现取消他的结论绝非易事。如果外在关系应该被确证，那么其确证的基础和方式必须与斯堡尔丁教授采用的那些基础和方式有所不同。对这个题目，罗素有些话要说，但他的话没有太多的意义。据我所知，G.穆尔先生大概最恰如其分地评价了这个问题。至少我认为，他确实对此做出最敏锐的评论，我不装作确切理解了他的理论是什么，但是我毫不怀疑，我受到他很大影响，同时，我必须承认观点的差异，而在我看来，在这里讨论这些差异将是不适宜的。

这一节提出了两种几乎截然对立的观点。其中哪种观点应该是可取的呢？在回答这一问题之前，应该普遍澄清"差异"，"修正"，"影响"等等这样一些用语，我希望随着我们的进程来完成这种澄清工作。

IV

我们回到第二节提到的三个不同的关系复合句。我们要强调的是 a 和 b 关系之间的差异，并且判定 c 关系是否属于它们之一。如果是，那么属于哪一种。

A. 所有关系的共同点。

a. 必然有关系，例如 R，而且必然有一些实体，例如 A，B，等等。

b. 必然有 ARB 这样一种关系复合句的可能性。给定了关系和实体，我们不需要有关系复合句。在我们生活的现实世界中，我们可能从来没有遇到不涉及关系复合句的关系。但是从分析的观点出发，关系比关系复合句更基始，而且关系的研究可以先于关系复合句的研究并且不考虑它。

c. 关于 ARB 这样一个关系复合句，有某种独一无二的东西。这是某种整体，这种整体不易化归为其部分，因为这些相同的部分以不同方式连结起来，可能导致其它完全不同的整体。不是整体的独特性可以或应该被否定，而是赋予这种独特性单独一种样式的企图，我们不能遵从。

d. 处于联系之中的实体受到关系的影响，用穆尔的话说，它们获得一种"关系性质"，但是如果它们是没有联系的，它们就不会得到这些关系性质。

既然情况如此，就有一种确切的意义，在这种意义上可以说，处于联系之中的实体与它们在没有联系时是不同的，A 和 B 是没有联系的实体，但是在处于联系之中时，它们也是关系者。这种情况中的特殊差异是各自从对方以及双方从关系得到的关系性质。

上述被承认为是所有关系的那些共同点，似乎证实了内在关系论者的观点。如果内在关系意谓的是一种可分析为这里提到的事物状态的关系，那么所有关系都是内在的。但是这种事物状态毕竟被一些人也许无意识地与 b 关系的特殊情况混淆起来，因此内在关系最终的意谓大大超过前面几段对所有关系所承认的。在我们着手处理 b 关系的特殊情况之前，我们应该澄清几个眼下需要的用语。

B. 正如"相等"，一词有许多意义一样，"同一"一词也有许多意义。这里，我们不关心这些词可以包含的可能的意义，对我们眼下的目的来说，"同一"一词可用作一种关系特征，"相等"一词可用作一种性质特征。前者用符号表示为"I"，后者用符号表示为"＝"，因此，"Ī"表示关系中的差异，"≠"表示性质中的差异，关系中的差异是容易理解的，在任何有限的位置，在任何有限的时间内，我改变我的关系。关系差异可以不考虑经验证据而被断定，因为以合适的时空构造，总可以从我们的数学、物理和天文学知识推出它们。然而，性质却是完全不同的。它们的差异或相等，有时是操作的，并且总是经验的，但是，一个性质差异的判断就某种操作来说是终极的。而一个在我们的意义上的相等的判断，毕竟总是暂时的，后者不能是终极，因为判定的相等不过是缺少某些操作方面经验的或实验的差异，这些操作可以被其它操作取代，而且当它们被这样取代时，我们可能遇到我们以前没有经验过的性质差异。

我们在这里假定有某种确切的意义，在这种意义上，性质是不同的并可以从关系分离开来。至于我们的假定是不是被证实，后面我们将予以讨论。这里我们也不关心可以假定性质和关系相互区别的这种特殊意义。我不能定义关系，也不能定义性质。但是常识认为它们不同。在没有清晰的定义和明智的区别的情况下，为了我们眼下的目的，我们可以接受常识的观点。

C. 让我们首先以 *a* 关系复合句，即"这本书在桌子上"的 *a* 关系为例。

a. 在这个特定的关系复合句中，这本书得到一种关系属性，即"在桌子上"。如果没有这样的关系复合句，这种特殊的属性就不会归于这本书，当然，我们不是在问是否有"种关系"在"……上"；总有这种关系。相反，我们的问题在于是否有一个关系复合句，即"这本书在桌子上"。如果有，那么"这本书"就获得已提到的关系属性。

b. 尽管这本书在桌子上，却不能说，因为它在桌子上，此时它改变了它的颜色或增加了它的重量。它可能改变它的颜色，它也可能增加它的重量，但是如果它造成其中一种情况或两种情况，那么这与它恰恰需要的那种关系属性是没有关系的。有一个这里涉及的推理的问题，但是这个问题将在单独一节中讨论。

c. 既然情况如此，我们就完全有理由说，与桌子处于这样一种关系之中的书，与任何没有这种关系的书是不同的。断定的这种差异是关系的差异。我们还完全有理由说，处于这样一种关系中的书，与没有这种关系的这同一本书是相等的。肯定的这种相等是性质的相等。

d. "这本书在桌子上"这个关系复合句是一种整体，但是很难说它是一种什么样的整体，整体与其部分之间的关系不是对称的，整体有一种独特性，因为它在性质上不同于其它以相同的部分构成的整体，但是部分没有独特性，因为它们可以进入不同的整体而自己不变成在性质上不同的。一种东西是确定的，即这种关系复合句既不是一个有机的整体，也不足以引起其部分之间的化学作用。并且，如果"X"代表任意一个这样的整体，我们就可以确切地说，"这本书在桌子上"这个关系复合句不是"X"。

e. 我们将用"$\bar{R}$"这个符号表示一种关系，用"$\bar{R}P$"表示这样一种关系的关系属性；用"X"表示提到的两种整体。下述表达式将体现这里讨论的观点。

$$a. A\bar{R}B, A\bar{R}P, A\bar{R}P\bar{I}A, A\bar{R}P=A, A\bar{R}B \neq X。$$

D. 让我们以 B 关系复合句，即"H_2O"中的 B 关系为例。

a. 这是一个关系复合句，其中，处于联系之中的实体是氢和氧。它们均获得一种关系属性，但是如果它们不是这样相互联系在一起，它们各自是不会有这种关系属性的。

b. 但是，在这种情况下，作为这个关系复合句中一个关系者的氢，由于是一个关系者而改变了自己的性质。当它变成一个关系者时，它作为一个实体可以谈论的东西就不适用了。

c. 根据上面我们完全有理由说，在 b 关系复合句中联系着的实体，与那些没有这样的联系的相同或类似的实体在关系上是不同的，在性质上也是不相等的。

d. 这个关系复合句是一种带有自然出现的性质的整体，这些性质可以以不能分别应用于其组成部分的词来描述。它是一和与"X"的某一种类或某种形式等价的整体。

e. 我们将用"$\bar{R}$"这个符号表示这种关系，用"$\bar{R}P$"表示这种关系属性。下面的表达式将体现这里讨论的观点：

b. $A\overline{R}B$，$A\overline{R}P$，$A\overline{R}P\overline{I}A$，$A\overline{R}P\ne A$，$A\overline{R}B=X$。

V

这一节讨论的问题是不容易的。首先需要几句引言。a 关系和 b 关系都包括 $A\overline{R}P\overline{I}A$，但是 a 关系体现 $A\overline{R}P=A$，而 b 关系恰恰包含其对立面 $A\overline{R}P\ne A$。这似乎是最重要的差异点，与此相比，提到的其它那些差异点可以不予考虑。问题是：什么样的关系（如果有的话）存在于 $A\overline{R}P\overline{I}A$ 和 $A\overline{R}P=A$ 之间？什么关系存在于 $A\overline{R}P\overline{I}A$ 和 $A\overline{R}P\ne A$ 之间？如果在这两种情况下均可以从第一部分推出第二部分，那么一定在什么地方有矛盾。我们要指出的是：本质差异在于 $\overline{R}P$ 和 $\overline{R}P$ 的实质，即这两种关系属性；$A\overline{R}P\overline{I}A$ 和 $A\overline{R}P=A$ 均可从 $\overline{R}P$ 独立推出，并且 $A\overline{R}P\overline{I}A$ 和 $A\overline{R}P\ne A$ 均可从 $\overline{R}P$ 独立推出；但是 $A\overline{R}P=A$ 绝不能从 $A\overline{R}P\overline{I}A$ 推出，$A\overline{R}P\ne A$ 也绝不能从 $A\overline{R}P\overline{I}A$ 推出，因此有必要就我们讨论的范围处理一下蕴涵和推论的问题。我们将处理三种不同的蕴涵；它们用符号表示为 "＊"，"△" 和 "∴"。

A. 说一说一般的命题，在这里不是不适当的。有一些命题，它们没有存在意义并可称之为纯逻辑命题。还有一些命题，它们有存在意义并且当否定主项的存在时就变得没有意义。命题间的对当关系取决于对其主项存在的解释。以 A 和 E 形式的命题为例，如果不假定它们的主项存在，那么它们就没有对当关系。如果假定或断定它们的主项存在，那么它们就是反对的。当主项存在时，它的非存在就使这个命题变得没有意义。但是当断定主项存在时，它的非存在就会意谓这个命题是假的。

通过教科书所表现出来的亚里士多德逻辑，似乎陷于自相矛盾。A，E，I，O 被说成是蕴涵了对其主项存在的断定的直言命题。如果 I 和 O 是上述意义上直言的，它们就不是下反对关系，如果它们像人们声称的那样是下反对关系，它们就不是上述意义上直言的。

以"凡人皆有死"这个大家熟悉的命题为例（词项被解释为类），它可以被解释为一个断定"人"和"有死"之间抽象和独特关系的命题，这种关系被表述和定义得十分严格，以致这个命题可被翻译如下："无论有没有人，如果任何事物是人，它是有死的"，正如人们就一条欧几里德直线说，无论它存在或不存在，如果任何事物是一条直线，它就是两点间最短的距离。然而大家熟悉的对上面提到的命题的解释是：事实上凡人皆有死，或凡人皆有死且有人。无论以大家熟悉的还是不熟悉的解释，是人蕴涵着有死，但是此种情况含有的蕴涵与彼种情况含有的蕴涵是完全不同的。

B. 这里用符号"＊"表示的这种蕴涵，是命题的第一种非存在解释中含有的蕴涵。它无需与事实有任何关系。据说从某些可能完全任意的公设和定义可以得出一些命题，因为它们被给定的公设和定义所蕴涵。事实与这种过程毫不相干。这样，正如我们看到的那样，以对人和有死的合适定义，可以将一个具有"无论有没有人，如果任何事物是人，它是有死的"这种形式的命题解释为：是人"＊"有死，尽管可以认为人类的存在与这些定义没有关系。"$p * g$"意谓命题"p"蕴涵命题"g"，无论事实可能怎样，这依然是"严格"蕴涵，但它不需要包括任何经验证据。

C. 但是，如果"凡人皆有死"这个命题被解释为同时断定人的存在，那么它含有的蕴涵与上面的蕴涵完全不同。这样解释的命题变成归纳概括，因此离开经验就不能有有效性。如果首先没有人，或者如果有人并且他们全部或有些是不死的，那么这个命题就会是假的，是人就不会蕴涵有死。这样，这种情况含有的蕴涵不能脱离事实。无论如何眼下我们不能说，所有纽约的居民都是美国居民，因此，是前者居民蕴涵着是后者居民，但是这无需如此，同样，人无需有死。然而事实上，关于人的这个概括是有效的；因此事实上，是人确实蕴涵有死。"$p \triangle q$"意谓：事实如此，以致命题 p 蕴涵命题 g。

D. a. 这两种蕴涵常常混淆。使它们的区别可以得到澄清的方式，导致我们认为，这里介绍的观点有些像穆尔先生的观点。例如，"$A > B$，$B > C$，因此 $A > C$"，这里，"$>$"表示"大于"。我们可以有下面的表达式：

$$A > B \triangle (B > C * A > C)$$

这就是说，如果事实上 A 大于 B，那么命题"B 大于 C"就蕴涵命题"A 大于 C"，无论究竟有没有 C。但是我们不能有下面这个表达式：

$$A > B * (B > C \triangle A > C)$$

这就是说，命题"A 大于 B"不蕴涵这一事实：如果 B 大于 C，那么 A 必然一直也大于 C。

b. 下面我们应考虑"$*$"和"$\triangle$"之间的关系。只要有"$*$"的可能性，那么如果满足一定条件，就会有"$\triangle$"的可能性。例如，如果我们有蕴涵式"$p*q$"并且 A 在 P 的定义内，B 在 g 的定义内，我们就可能有蕴涵式"$p\triangle q$"。因此，给定 $A\bar{p}=O$ 和 $B\bar{q}=O$，我们就完全有理由说 $(p*q)\triangle(p\triangle q)$。至于事实是否令人愉快，以致可为我们所用并证实我们的理论，这是无关重要的，因为首先，我们不主张 $(p*q)*(A\triangle B)$，就是说，我们不是说总是有具有这种关系的 A 和 B；其次，如果没有 A 和 B，或者如果有 A 和 B，但它们不能纳入 p 和 g，那么就没有满足这种条件，因此不产生蕴涵的问题。

c. 这样我们就看到，在某些条件下，我们可以有 $(p*q)\triangle(A\triangle B)$，尽管绝没有 $(p*q)*(A\triangle B)$。我们需要看到，给定 $A\triangle B$，我们是否就完全有理由达到 $p*q$，即使条件 $A\bar{p}=O$，$B\bar{q}=O$ 被满足。我个人看不出会达到任何这样的结论。这很可能是经验概括被说成是或然的一种原因。据我们所知，没有可以将 $A\triangle B$ 转化为 $p*q$ 的方式。我们可以主张的就是，给定 $A\triangle B$，就会有利于 $p*q$ 的可能性。似乎不可能有 $(A\triangle B)\triangle(p*q)$，或 $(A\triangle B)*(p*q)$；我们至多可以断定 $(A\triangle B)\therefore(q*P)$，并且仅当满足已提到的条件时，才能断定这一点。

E. 让我们现在处理"$\therefore$"。首先，我们可以指出，这不是任何严格意义上的蕴涵；它可以被称为一种实际推论，即一种最初大概仅仅是心理的，但后来通过人类文明的影响变为训练有素的推论。所有经验知识在应用于尚未体验的事物时，都含有这种推论；但是从逻辑的有效性这种观点出发，这是很成问题的。在这种情况下，没有任何严格意义上的必然性的迹象。所有由此可以说明的只是一种或高或低的概率程度，这是某种表达出人类心理愿望的东西，但无须认识到人们期待的是什么。

"$*$"和"$\therefore$"一般不会混淆，但是"$\triangle$"和"$\therefore$"却会混淆，这主要产生于这样的观点：就事实而言，没有必然性。"$\triangle$"是一种部分逻辑的和部分事实的蕴涵，经验认识使我们能够把人归类为动物，因此是人蕴涵是动物。如果我们在现实中遇到一个太空人，我们就完全有理由称他为魔鬼或神。据我们经验所知，人是动物，就像一本绿色的书是有色的一样必然，但是一个人不需要保持是一个人；一本绿色的书也不需要保持是绿色的或一本书。然而，状态将可能保持不变，这种可能性就是我们以符号"$\therefore$"表示的这种推论的根源。

Ⅵ

现在我们要把上述蕴涵用于 a 和 b 关系复合句。

A. 我们已经说过，处于相互联系的实体受这种关系的影响，它们得到一种关系属性，而这在它们没有联系时是不会得到的。但是，A 和 B 之间相互联系的这种关系是什么？什么叫它们获得关系属性？对于这个问题，我承认我不完全确信我的理由。有时我以"△"蕴涵来考虑，但是眼下我倾向于以"∗"蕴涵来考虑。可能我过去有时想的是，获得一种关系属性是一个存在实体的特征；可能我过去感到，把一种关系属性归于一个本身可能是非存在的实体，这是毫无意义的。现在我倾向于认为，无论有没有"A"和"B"，断定它们之间的一种关系，蕴涵着它们获得某种关系属性。我们关于关系的概念尽管模糊，至少包含这一点：如果一个关系确实是有意义的，那么它必然给予有联系的词项某种属性，而这是这些词项在没有这样的联系时所不具备的。这种关系概念使我们完全有理由说，凡断定或假设 A 和 B 之间一种关系的命题，都蕴涵一个命题，使得 A 和 B 获得某种关系属性。因此我们可以有下面的表达式：

a. $A\bar{R}B * A\bar{R}P$，
b. $A\bar{R}B * A\bar{R}P$。

B. 如果 A 由于与 B 的关系而获得一种关系属性，那么它在关系上与它在没有这种属性时是不同的。这里又有一种蕴涵，它有些复杂并且像上一段讨论的蕴涵，它似乎是命题之间的蕴涵。只有在这种情况下，它似乎才更明显。有关任何具有任何一种属性的实体的断定，仅当这种属性使这个被断定为具有这种属性的实体有某种差异，才是有意义的。如果断定确实像它意谓的那样是有意义的，那么就蕴涵着某种差异，唯一的问题是这种蕴涵的差异是不是关系的。人们无法论证这种蕴涵的差异不是关系的，因为这一点上的关系差异的是蕴涵的最低限度。可以论证可以蕴涵着多于最低限度，却不能论证没蕴涵着最低限度；因为当记住命题的意义时，断定这种最低限度差异的命题与原来断定 A 和 B 之间一种关系的命题是重言的。因此我们有下面的表达式：

a. $A\bar{R}P * A\bar{R}P\bar{I}A$

b. $A\bar{R}P * A\bar{R}P\bar{I}A$

C. 关于性质差异，问题与上面完全不同。我们已经以 a 关系复合句表示性质相等，以 b 关系复合句表示性质差异，即前者为 $A\bar{R}P = A$，后者为 $A\bar{R}P \neq A$。这些差异可以可靠地归为关系属性中的固有差异。但是在我们考虑蕴涵问题之前，我们不得不顺便说一说性质相等和差异，正像已经指出的那样，对性质相等的断定是暂时的；与对性质差异的断定相似，它基于经验知识，但与前者不相似，它仅在某一阶段是有效的，并且适于某类经验或实验，因而可以被随后更巧妙与更详细的实验修正、补充或推翻。如果我们把实验分为粗糙和精细这样的不同程度，我们就可以说，对性质相等的断定，就所有比作为这种断定基础的实验更粗糙的实验来说，是终极的，但是就所有更精细的实验来说，是暂时的。但是性质差异的判断却恰恰相反，就粗糙的实验而言，它是暂时的，而就更精细的实验而言，它是终极的。因此，严格地说，性质判断就其相等和差异而言，在经验上在相反的方面上既是终极的，又是暂时的。严格地说，我们没有任何根据可以使我们有理由偏选它们其中的一方，但是我们有偏见，不知什么原因，我们竟已相信，实验越精细，就越清楚地揭示现实。既然情况如此，我们就更信赖性质差异的判断，因为它就所有比作其基础的实验更精细的实验而言，是终极的。

在 a 关系复合句的情况下，我们有一个性质相等的判断。考虑到上述偏见，我们就不能说我们的判断是终极的。我们只能说，有有利于这种判断的很大的可能性，特别是当重复实验证实它时。在心理上，我们期望 $A\bar{R}P$ 与 A 在性质上相同。它们可能是不同的，而且它们的差异可以并且常常不归于与它们相互联系这一事实不同的其它因素。但是我们不能肯定这种联系不会造成某种在进一步的经验或实验中没有显示或尚未显示出来的性质差异。当然我们可以把 a 关系定义为这样一种关系，其中对联系的实体没有任何性质影响；因此，如果在进一步的实验中显示出任何性质差异，那么这里包含的关系就不是 a 关系。这样一个定义可能招致下述反对意见。首先，"没有任何性质影响"这一短语是指一具有某种特殊的精细程度的经验或实验吗？如果是，那么一个更细致的实验可以得出一种不再是这样的 a 关系。这一短语是指任何种类或任何程度的经验或实验吗？如果是，那么定义就是完全抽象的，因为它不指某类特殊经验，而且性质判断就会不再是经验的。在这两种情况下我们均可以说，$A\bar{R}P$ 和 A 应该在性质上相向，如果事实上它们不同，则我们始终可以说，这种差异的责任在某种与关系不同的因素。在这样一种情况下，我们不过是以一种抽象的性质相等替换了一种经验的性质差异。当发现这样一种决定因素时，就证明这种替代是正确的，而如果不能确定有这样一种因素，则不能证明它是正确的。从所有上述所说似乎可以可靠地推论，$A\bar{R}P$ 和 A 之间的性质相等不是确定的，而只是可能的。这就是说，给定 $A\bar{R}P$，则十分可能 $A\bar{R}P$ 和 A 相等。因此我们有下面的表达式：

      a. $A\bar{R}P \therefore A\bar{R}P = A$

当然，我们可以以否定方式陈述这种情况，我们可以不用相等，而用不相等来表达。我们可以不说我们期待性质相等，而说不期待性质不相等。从逻辑观点看，否定陈述比肯定陈述可能更强。我们可以说，如果 A 和 B 以一种 a 关系联系起来，则得不出 $A\bar{R}P$ 和 A 是性质上不同的。我们可以有下面的表达式：

      a. $A\bar{R}P \triangle A\bar{R}P \neq A$

在 b 关系复合句中，我们有一个不相等，即性质差异的判断。同样由于我们有偏见，我们可以说一个性质差异的判断是终极的。这并不意谓现实中的性质差异总在经验中显示出来，它仅仅意谓只要性质差异在经验中显示出来，它就也在现实之中。在 b 关系复合句中，$A\bar{R}P$ 和 A 的不相等总在经验中被发现，以致这样一种关系复合句的定义的一部分是：是其关系者的实体与不是其关系者的实体在性质上是不同的。由于 b 关系包括被看作是终极的对不相等的判断，因此它在经验上总能够被确立；但是，由于 a 关系包括暂时的对相等的判断，因此它在经验上不能被确立，尽管有利于它的可能性可能足以使它成为实际上确实的。既然情况是这样，因此能够不参照我们判断中任何暂时的因素来定义 b 关系，并且可以把 b 关系复合句中的一种蕴涵看作具有实际必然性的蕴涵。因此我们可以有下面的表达式：

      b. $A\bar{R}P \triangle A\bar{R}P \neq A$

D. 我们可以将以上概括如下：

      a. $A\bar{R}B * A\bar{R}P * A\bar{R}P\bar{I}A, A\bar{R}P \therefore A\bar{R}P = A$；
      b. $A\bar{R}B * A\bar{R}P * A\bar{R}P\bar{I}A, A\bar{R}P \triangle A\bar{R}P \neq A$。

至此我们基本一直在考虑个体的关系复合句，至少就 a 关系复合句来说是这样。我们可以有下述修正：

a. A 和 B 可以被看作类，在这种情况下，以它们作关系者的关系复合句就是一个类关系复合句。上述公式依然是有效的。

b. 至此我们也一直在把 $A\overline{R}P$ 和 A 进行比较，要么作为一个个体的不同阶段，要么作为一个类的不同个体。我们可以把 $A\overline{R}P$ 与任何没有 A 所具有的关系属性的东西进行比较。如果 X 代表这样一个东西或一个由这样的东西组成的类，我们就可以把上述公式变为如下：

  a. $A\overline{R}P * A\overline{R}P * A\overline{R}P\overline{I}X, A\overline{R}P\triangle A\overline{R}P \nleqslant X$；

  b. $A\overline{R}P * A\overline{R}P * A\overline{R}P\overline{I}X, A\overline{R}P\triangle A\overline{R}P \nleqslant X$。

E. 是 a 的那种关系，是我们称之为外在关系的东西；是 b 的那种关系，是我们称之为内在关系的东西。它们之间清晰的区别在于关于性质相等或差异的不同的蕴涵或推论。

那些坚持认为所有关系都是上述意义上内在关系的人，似乎一直不仅混淆了关系差异和性质差异，而且混淆了蕴涵。就 a 关系而言，内在关系论者由于没有注意到 $A\overline{R}P = A$ 这一经验事实，似乎认为既然事实上是 $A\overline{R}P\overline{I}A$，因此 $A\overline{R}P \nleqslant A$ 必然是真的。他们的混乱是双重的。首先他们可能从一种"$*$"蕴涵推出一种"$\triangle$"蕴涵。但是我们看到，只有在特殊条件下这才是可能的，因为必须满足这种条件，推理才是有效的。其次，他们可能认为，既然"$\nleqslant$"事实上的确蕴涵"$\overline{I}$"，因此"$\overline{I}$"蕴涵"$\nleqslant$"。下一节我们将看到，尽管"$\nleqslant$"蕴涵"$\overline{I}$"，却没有其相反的蕴涵。

a. 由于内在关系论者似乎犯了上述双重错误，因而他们关于内在关系（即我们的 b 关系）的观点也变为荒谬的。关系差异和性质差异包含在 b 关系之中，这是真的；它们都被内在关系属性所蕴涵，这也是真的；但是前者蕴涵后者却不是真的。$A\overline{R}P$ 和 A 之间的性质差异是一个经验事实，它不是从它们之间的关系差异推论出来的。

内在关系论者似乎对以下混乱是有责任的。

1）"$\overline{I}$"和"$\nleqslant$"没有清晰地区别开。

2）由于"$\nleqslant$"蕴涵"$\overline{I}$"，因而认为"$\overline{I}$"蕴涵"$\nleqslant$"。

3）$A\overline{R}P \nleqslant A$ 被看作是从 $A\overline{R}P\overline{I}A$ 推论出来的，而不是一个经验事实。

4）由于在某些条件下"$\triangle$"可以从"$*$"推论出来，因而内在关系论者也许认为 $A\overline{R}P\triangle A\overline{R}P \nleqslant A$ 总是可以从 $A\overline{R}P * A\overline{R}P\overline{I}A$ 推论出来。

5）由于后者对所有关系都是真的，因而前者必然也是真的；因此所有关系在上述规定的意义上都是内在的。

b. 一些外在关系论者似乎犯了以下错误：

1）"$\bar{I}$" 和 "$\neq$" 也被混淆。

2）由于 "$\neq$" 蕴涵 "$\bar{I}$"，因而有些外在关系论者可能得出 "$=$" 蕴涵 "I" 这样的结论。

3）由于他们认识到 $A\bar{R}P$ 和 A 之间的性质相等，因而他们可能认为他们不得不得出 $A\bar{R}P$ 和 A 在关系上也是相同的这一结论。

4）由于情况如上，因而得出比较疏忽的结论：外在关系不产生任何影响其词项的差异。

VII

从以上所说，我们可以很容易看出，混乱的两种根源是不同的蕴涵和缺少性质差异与关系差异之间清晰的区别。前者已得到某些深入的讨论，但是后者需要比前面段落中给出的更详细一些的考虑。整个问题以我们对性质和关系的观点为转移，而我们现在转而注意的正是这些性质和关系。

布雷德利在他的《现象和实在》的第三章中说："没有关系就没有性质"，随后又说："没有性质的关系是不存在的"。对我来说，布雷德利似乎总是多文学味道而少清晰性。我不敢说我懂得他的这些话是什么意思。似乎"关系"一词既被用作关系复合句，又被用作纯粹而简单的关系；"性质"一词既被用作实体，又被用作纯粹而简单的性质。也许没有实体就没有关系复合句，也许布雷德利认为，没有性质也就没有关系；也许，由于事实上实体在关系复合句中相互联系，因而性质总是由关系联系起来。从关系复合句对关系和实体的综合依赖性论证关系和实体之间不可能有分析的独立性，大概是很容易的；因为很容易忘记，整体与其部分相联系的方式和部分之间相互联系的方式极为不同。整体为其整体性而依赖于部分，但是部分却不为其部分性而相互依赖。

此外，即使关系和性质相互依赖，也不意谓它们因而就相互同一。无论一方对另一方由于其间存在的关系而多么依赖，丈夫也不是其妻子，结果也不是其原因，儿子也不是其父亲。正是这种同一性构成我们讨论的题目，任何缺少这样同一性的东西都不会对这里提出的论证有任何影响。如果关系和性质相互同一，那么关系相等就会意谓性质相等，关系差异就会意谓性质差异。但是如果它们相互不是如此同一，就不可能有任何这样的推论。

A. 首先我们必须承认，性质差异包括关系差异。只要我们体验到性质差异，我们就总能同时体验到某种关系差异。这是显然的，因为性质差异只能在有限的时间内被体验；而在有限的时间，时间关系的变化已经发生。我们可以用文恩（Venn）符号说，（$\mp$）（$\bar{I}$）＝O 是真的。因此命题"$\mp$"△"I"也是真的。这样就得出我们的 a 关系、即外在关系在它是矛盾的意义上是不可能的吗？对这个问题的回答取决于当我们承认性质差异蕴涵关系差异时，性质相等是不是蕴涵关系相等。如果性质相等蕴涵关系相等，那么，作为我们 a 关系复合句中一种要素的 $ARP＝A$，就会蕴涵 $AR\bar{P}\bar{I}A$。但是 a 关系复合句也包括 $A\bar{R}P\bar{I}A$；因此 a 关系会是矛盾的，因而是不可能的。这样，问题就在于"$\mp$"△"$\bar{I}$"是不是蕴涵"＝"△"I"。

B. 为了解决这个问题，我们（为简便起见）可以使用下述八个采用文恩符号的命题：

$$A.\ (\bar{I})(\bar{\mp})=O \quad A'(\mp)\overline{(\bar{I})}=O$$
$$E.\ (\bar{I})(\mp)=O \quad E'(\mp)(\bar{I})=O$$
$$I.\ (\bar{I})(\mp)>O \quad I'(\mp)(\bar{I})>O$$
$$O.\ (\bar{I})(\bar{\mp})>O \quad O'(\mp)\overline{(\bar{I})>O}$$

a. A 和 A' 都是真命题，这是可能的。如果这样，性质差异和关系差异就是同一的。不仅"$\mp$"蕴涵"$\bar{I}$"，而且"$\bar{I}$"也蕴涵"$\mp$"；不仅"＝"蕴涵"I"，而且"I"也蕴涵"＝"。在这样规定的意义上，外在关系将是不可能的。

b. E 和 E' 都是真的，这也是可能的。如果这样，就没有关系差异和性质差异之间的蕴涵，并且我们对外在关系和内在关系的定义是有效的。

C. 很可能性质差异和关系差异既非相互同一，也非不相互蕴涵。如果这样，就可能有下述可能性：

a. 所有关系差异都是性质差异。这样，下面的命题就会是真的：1）（$\bar{I}$）（$\bar{\mp}$）＝0，2）（$\mp$）$\overline{(\bar{I})}>0$，3）（$\mp$）（$\bar{I}$）＞0。由于（$\bar{I}$）（$\bar{\mp}$）＝0 是真的，就得出"'$\bar{I}$'蕴涵'$\mp$'"也是真的。由于"'$\bar{I}$'蕴涵'$\mp$'"是真的，就可能出现这样的情况：满足了某些条件，我们就能从

$A\bar{R}P\bar{I}A$ 推出 $A\bar{R}P\nless A$，而且我们关于外在关系的观点是不可能的，因为它肯定前者，而否定后者。

b. 关系差异和性质差异是部分重合的，即一方的某部分与另一方的某一部分相交，但双方不是完全相交。在这种情况下，四种特称命题都是真的，而且我们对内在关系和外在关系的定义依然不受任何这些命题的影响。

c. 所有性质差异都是关系差异。如果这样，下面的命题就会是真的：1）$(\nless)\overline{(\bar{I})}=0$，2）$(\bar{I})(\nless)=0$，3）$(\bar{I})(\nless)>0$。从 $(\nless)\overline{(\bar{I})}=0$ 我们可以推出"$\nless$"蕴涵"$\bar{I}$"，但是从 $(\bar{I})(\nless)>0$ 我们不能推出"$\bar{I}$"蕴涵"$\nless$"。如果"$\bar{I}$"蕴涵"$\nless$"是假的，那么 $A\bar{R}P\bar{I}A$ 就不蕴涵 $A\bar{R}P\nless A$，而且我们关于外在关系的观点就没有矛盾。同时，尽管"I"蕴涵"$=$"是真的，但是"$=$"蕴涵"I"却是假的，因此 $A\bar{R}P=A$ 不蕴涵 $A\bar{R}P\bar{I}A$，因此某些极端的外在关系论者的论点、即外在关系对其词项没有任何影响，是不能接受的。

D. 所有关系差异或者是或者总是包含着性质差异，这个命题对于我们关于外在关系的观点是至关重要的。我们看到，所有性质差异在经验上都包含关系差异。因此，如果我们接受上面的断定，则我们要么认为性质与关系是同一的，要么断定它们总是相互包含。现在我们面临着作为内在关系论者的主张的基础的基本论点。实际上，命题 $(\bar{I})(\nless)=0$ 与所有关系都是内在的这一主张是重言的。这样我们就有理由接受这个命题吗？

a. 我们可以试图从经验证据来回答这个问题。性质相等或性质差异是一个经验问题。如果我们拒绝承认这一点，我们就可能发现科学和科学过程将面临困难。在经验中，性质差异确实包含关系差异，但是在经验中，后者不包含前者。经验可以证明的是命题 $(\nless)(\bar{I})=0$，它不能证明命题 $(\bar{I})(\nless)=0$，如果认为经验太原始，那么我们可以扩展这个词，使之包括科学实验，而情况与以前依然一样。如果坚决认为科学实验本身在其不能揭示极其微小的差异这种意义上仍是原始的，那么可以回答说，这种建议是有效的，仅当性质相等或差异是为了逻辑构造的目的而从所有其经验关系中抽象出来的，但是如果它不是这样抽象出来的，就是说，如果性质相等或差异应该被看作任何可由经验肯定或否定的东西，那么命题 $(\bar{I})\nless0$ 绝不能要求任何经验证据。

至此我们一直在说，上述命题不能被经验证明。它能被经验反驳吗？回答这个问题，取决于关系差异是不是限于那些经验的关系差异。就我们目前的文明阶段来说，甚至我们经验的关系差异也不伴之以性质差异。因此相对我们目前的经验范围而言，命题 $(\bar{I})(\bar{\ne})=0$ 可以被经验地反驳。但是正如我们已经指出的那样，我们现在对性质相等的判断，就比作为这些判断的基础的实验更为细致的实验来说，是暂时的。因此可以有一条划分相对粗糙和相对细致的实验的分界线，使得我们对性质相等的判断就前者来说是终极的，就后者来说是暂时的。有一天我们可能醒悟过来，发现我们的文明如此先进或实验调整得如此细致可靠，以致对每个经验的关系差异都可以体验到某种性质差异。这样，如果我们把自己限于经验的关系差异，那么我们对命题 $(\bar{I})(\bar{\ne})=0$ 的反驳就决不能是终极的。但是有幸或不幸的关系差异从不是这样有限制的。它们有些确实是经验的，另一些仅仅是推论的，而且就某些超出有限经验范围的关系差异来说，这样的关系差异绝不能被体验到。同时，性质差异若不是经验的，就不能存在。由于经验是一系列有穷事件，因而实验无论多么先进，必定依然是有穷的操作，不仅我们从不能证明命题 $(\bar{I})(\ne)=0$，而且我们最终还能从我们有穷的经验的观点来反驳它。

b. 我们已经看到，就我们的经验范围而言，没有理由接受所有关系差异包含性质差异这个命题。而且不仅如此，还有理由拒斥这个命题。但是经验理由不必总是应用于逻辑构造的领域。经验拒斥的东西未必不可以作为一条基本假设而进入一个理论或系统，而且只要它起到引用它所欲达到的作用，那么可以认为事实与它毫不相关。我们希望指出，即使在这一逻辑构造领域，我们也没有理由接受命题 $(\bar{I})(\bar{\ne})=0$。

1）首先，我们没有理由拒斥命题 $(\ne)(\overline{\bar{I}})=0$；因此，如果我们接受 $(\bar{I})(\bar{\ne})=0$，那么我们或者把性质与关系同一，或者断定它们相互包含，以致一方没有另一方就不存在。

2）如果性质和关系相互同一，那么由于本文第 II 节阐述的原由，我们就不能知道任何东西。自然界确实总是一个已发生的事情，但它总是这样一种事情，以致没有人会悄悄看上它一眼。因此实用地说，为了方便起见，不应该接受命题 $(\bar{I})(\bar{\ne})=0$。

3）那些接受命题 $(\bar{I})(\bar{\ne})=0$ 的人，几乎不能说任何有利于它的东西，除非类型论接受支持它脱离关系和性质论域的论证。这样一种辩护是可能的还是不可能的，对此我还没有想好确切的回答。如果内在关系论者考虑它，从而求助类型论，那么他们的论证可能是一致的，但他们说的绝不能是真的。另一方面，如果他们不考虑这种辩护，那么他们根本不能进行论证，因为他们的论证本身是在关系和性质论域之中，因而与引起这些论证的那个命题是矛盾的。

在逻辑上和实用上，我们看不出有任何理由接受命题（$\bar{I}$）（$\mp$）＝0。由于这个命题被拒斥，因而我们就没有"$\bar{I}$"蕴涵"$\mp$"或"＝"蕴涵"$\bar{I}$"的可能性，因而我们关于内在关系和外在关系的定义可以确立。为了提醒读者，我们重复前面给出的公式：

$$a. \; A\bar{R}B * A\bar{R}P * A\bar{R}\bar{P}IA, A\bar{R}P \therefore A\bar{R}P = A, A\bar{R}P \triangle A\bar{R}P \mp X.$$
$$b. \; A\bar{R}B * A\bar{R}P * A\bar{R}\bar{P}IA, A\bar{R}P \triangle A\bar{R}P \mp A, A\bar{R}P \triangle A\bar{R}P \mp X.$$

VIII

现在我们要回到认识问题上来。上述讨论可能使这个问题变得较为容易。认识是一个带有词项的关系复合句，而这些词项本身是关系复合句，因而认识包括许多关系。认识论将不得不决定应该如何解释这些实体和关系；但是为了我们眼前的目的，我们要把认识者和被认识者看作由一种特殊关系即认识关系结合起来的整体。这种特殊关系是一种什么关系，对此人们已提出各种各样的理论，而且有些理论得出以下结论：这是一种上述规定意义上的内在关系。

A. 那么认识关系是内在的还是外在的呢？如果它在 a 关系的意义上是内在的，那么第Ⅱ节提出的所有论证就描述了类乎我们的大脑制造的认识。不幸的是我们不能经验地证明我们的认识关系是一种什么关系；我们不能证明它要么是内在的，要么是外在的。我们至多只能把它解释为是内在的或外在的，或者是与二者完全不同的东西。本文达到的结论是，它必须被解释为外在的。

a. 但是，如果所有关系都是内在的，那么认识关系必须也是内在的，因为不可能有其它选择。

b. 本文研究的目的是反驳所有关系都是内在的（在 b 关系的意义上）这个命题，并且同时建立有些关系是外在的这个命题。如果我们的这种努力是成功的，我们至少有两种选择来解释认识关系。

c. 我们必须强调，如果我们把认识关系解释为内在的或外在的，我们就不能证明或反驳它要么是内在的，要么是外在的。

B. 我们为什么把认识关系解释为外在的？

a. 如果把它看作内在的，我们就无法对付第 II 节中的反对意见。

b. 如果把它看作外在的，人们就不能用这些反对意见来反驳我们。

c. 我们不能证明认识关系是外在的，这仅仅因为我们从不能对任何作为认识关系者的实体与那作为外在对象的实体进行比较。

C. 我们在外在关系中所要使用的就是 $A\bar{R}P=A$。如果 A 代表任何外在对象，R 代表认识能力，那么 $A\bar{R}A$ 就代表认识关系复合句并且 $A\bar{R}P$ 代表一个认识关系者。如果外在对象恰巧是我桌子上的这本书，那么处于认识之中的这本书与脱离认识的这本书在关系上是不同的，但是这并不阻碍我们推论，这本作为一个外在对象并作为一个认识关系者的书，在性质上是相同的。总之，这本书可以被看作是一个外在对象。

（原为英文，载《清华学报》第 6 卷 1 期，1930 年 6 月；中文由王路译，选自《金岳霖学术论文选》，北京，中国社会科学出版社，1990）

论事实
（1931）

一 事实不是什么

既要论事实，则先要下一定义，至少要一临时的定义，所说的话才能容易清楚。比较起来事实不算很根本的——关系比事实根本得多——临时的定义或者不十分难得。至于定义对与不对当然是另一问题。从正面看来定义要说事实是什么，从反面看来，定义要说事实不是什么。我们先从反面说起，把事实与它类似的东西或情形分别一下，然后再说它是什么样的东西。

A. 事实与"东西"的分别

1. 寻常所谓"东西"者大都是可以用数目计算而全体可以用整数表示的情形。十个同样的"东西"代表一个，两个三个等等同样的东西。事实大都不是这样，例外的情形恐怕是难免的，但例外的情形很少。

2. 寻常所谓"十个同样的东西"者总合起来大都不是一个那样的东西，但十人十次所经验的同样的事实可以说是一件那样的事实。

3. 寻常所谓"东西"者大都可以用化学的分析方法分成化学上的原子。事实大都有一部分不容易分析到化学上的原子。

4. 抽象的东西，不是"东西"，而抽象的事实仍是事实。以上几种分别，已经可以使我们得到事实与东西的根本不同点。所以其他分别可以不必提及。

B. 事实与事体及事素的分别

1. 事实与事体的分别：

a. 我们似乎可以说所有的事体都是事实，我们的确也可以说有些事实不是事体。

b. 事体都发生时空关系，而事实不必发生时空关系。事体大都是具体的，事实不必是具体的。

c. 形容事实的是科学，形容事体的是历史。（历史是否是科学现在可以不必讨论，即令是科学也不是与自然科学相似的科学。）

2. 事实与事素的分别：

怀体黑教授所讲的 event，从瞿菊农先生的译法，此处称为"事素"。

a. "事素"到现在似乎还是理论上的结构，本身是否是事实还不易肯定的说。

b. 如果事素是事实，它也就是微渺的事体。以上所提出的分别也就是事素与事实的分别。

C. 事实与存在的分别

1. 寻常所谓"存在"大都是说占有时空的面积，而事实不必占时空的面积也不必有时空的位置。

2. 寻常所谓"存在"或者本身是"东西"或者可以分析到"东西"而事实虽包含东西而本身不必是"东西"。

3. 普通的思想以为存在——至少大部分的存在——是不能永久的，而有些事实是可以永久的。

4. 所有的存在都可以是事实的成分，而事实不仅有它的"存在"的成分。

5. 现在不存在的东西也可以做事实的成分。这一层很值得注意。孔子现在已不存在，但"孔子是周末的人"这句话所代表的情形现在仍是事实。

D. 事实与种种现象的分别

1. 如果"现象"是科学家所经验或试验的情形，则那种情形可以是事实也可以不是事实，要看他们最后的结论如何。

2. 如果"现象"是我们普通经验中现出来的象征，它可以是事实也可以不是事实，要看我们的解释与证据如何。

以上都是表明上述两种现象都不必是事实。

3. 如果"现象"是康德哲学中的"现象"，它大都是事实但我们寻常所谓事实似乎不仅是现象，因为它包含康德所认为不可知的本体在内。

4. 如果所谓现象者是官觉现象它不必是事实的成分，它当然可以成事实的成分，但如果它是事实的成分的时候，本身恐怕已经变成了知觉现象。

5. 如果所谓现象者是知觉现象，则有以下的情形。

a. 由知觉现象可以推论到知觉事实，所以有这样现象的时候，就有一种特殊的事实。

b. 现象本身可以是事实也可以不是事实，但大都是事实的成分。

c. 知觉现象是事实的大来源，也是事实的重要成分之一。

E. 事实与命题的分别

寻常大都把命题与事实看作两件事，但也有人把它们看作一件事。它们的分别也应简单的说说。

1. 命题似乎逃不出人们创作的符号寻常大都以语言表示之。事实则不受此限制。

2. 真理的定义颇不易说，但在此处我们可以冒一次险说真的命题是与它所代表的事实结合起来成一件事实的事实。

3. 命题有真假而不是命题的事实无真假。

4. "势有必至理有固然"这句话似乎要改一改才行。如果所谓"势"者代表一时一地的事实，则势无必至；如果所谓"理"者代表命题的关系则理仍有固然。

5. 命题有对与不对的问题，但它对与不对与事实不必发生关系。

6. 命题不一定根据于事实，事实当然也不一定用命题表示。

F. 事实与真理的分别

真理有两意义，一是真话，一是真理；前者是具真珵的命题，后者是真命题的性质。

1. 事实与真话的分别

a. 真话与它所代表的事实成一件事实，真话的本身（以曾经说出或写出为限）也是事实，但事实不限于真话的意义及真证的本身。

b. 说真话固然是事实，说假话也是事实。

c. 假话与它所代表的事实不成一件事实，但假话（以曾经说出或写出为限）也是事实。

2. 事实与真理的分别

a. 事实是一种情形的名词，真理是一种命题的形容词；前者是情形，后者是性质。

b. 事实不限于语言，而真理限于语言。

c. 真理可以视为一种性质的概念，而事实大都不过是一种情形的类称；前者可以极抽象，而后者似乎免不了要有具体的一件一件的事体才能成其为类称。

G. 事实与实在的分别

1. 实在在哲学上与在常识上的意义不同，而在哲学上也无一定的意义。普遍一点的思想是把"实在"看作一种包罗万象的形容词，如果我引用有这样意义的实在，那么实在包含事实而事实不包含实在。

2. 凡寻常所认为不是事实的"东西"都是实在。我用的这枝"笔"，我们普通不称它为事实，但它既是存在的东西它也就是实在。

3. 不存在也不是事实的东西可以是实在。"贾宝玉"（这三字所代表的人）既不存在，也不是事实，但是他是一个"实在"。（所谓"实在"者当然不是说"实在的人"。）

4. 至少有一观点可以使我们说宇宙间所有的一切都是实在，所以"非实在"仅有相对的意义，而非事实有绝对的意义。

以上的话都是要表示事实不是什么，以下我们要说几句事实是什么的话。

二　事实是什么

"事实不是什么"比较的容易说，"事实是什么"就不大容易说了。但是我们可以分以下几条讨论。

A. 必具的条件

1. 事实至少要有关系。这句话稍微混沌一点。所有一切既然逃不了关系，事实当然也逃不了关系，而有关系的也不必是事实。事实不但要有关系而且事实的重要部分之一是关系。有好些东西从全体方面说是我们寻常的"东西"，但从它的部分的关系说，它是事实。这本"书"是一个"东西"，但"这本书的第一章比第二章长"这句话所代表的情形可以是事实。对于一个"东西"的书我们所注意的是全体，对于一件事实我们所注意的是它的部分的关系。

2. 事实包含多数关系者。事实差不多都是关系事实，那就是说不但有关系而且有关系者。关系者的性质与种类都无一定。它可以是"东西"，也可以是事体，也可以是事实，差不多可以是任何事物。但有一根本条件不能不说明。多数关系者之中，至少有一关系者——或者本身是官觉所能得到的事物，或者可以分析到官觉所能得到的事物。这是事实的极根本的情形，如果这个条件不能满足，事实将无以异于其他各种各类的情形。

同时一件事实也可以做另外一件事实的关系者。所以事实可以极简单，也可以极复杂。"欧战"是一件事实但它包含千件万件事实。"这枝笔有六寸长"也是一件事实但它所包含的事实比较的简单。

3. 事实大都可以用语言表示，十有九我们用话表示而不用字表示。有时用字表示，但似乎是例外。用字表示的时候大都是因为我们把一件事实当作一件事体，"欧战"似乎就是这种情形的例子。其所以要用话表示者，大都是注重事实中的关系。有好些事实似乎不容易用语言表示，尤其是感情方面的"事实"，但这些情形是否是事实颇有问题。本文所讨论的事实限于可以用语言（或符号）表示的事实。

4. 事实要与我们发生知觉的关系。对于这一层以后要从长讨论。在此处我们可以说一种情形要我们知道它是事实我们才能说它是事实，但用不着要我们知道它是某种情形它才是某种情形。在知识之外有情形，而这情形可以是事实，但我们不能说它们是事实。等到我们能说它们是事实的时候，我们已经知道它们是事实。这等于说知识与事实的关系是发现的关系不是创造的关系。但发现两字所代表的情形不是简单的情形，所包含的有一部分是人类对付自然界的种种工具。各种事实的复杂程度不相等；事实愈复杂，所包含的工具愈多，那就是说人事知觉成分愈多；但知觉的成分无论若何之多总不能创造其余的成分。本文所注意的不是可以是事实的情形，是我们可以的的确确能说它是事实的事实，那就是说，本文所注重的是有知觉成分的事实。没有知觉成分的情形我们既不能说它是事实，我们当然不能把它当作事实看待。

B. 事实的定义

我们以"F"代表事实，以"φ"代表一复杂的情形或关系如"是"，"等于"，"可以缩小"，"可以放大"等等，以"X，Y"代表宽义自然界的事物，以"R"代表关系，以"K"代表知能。

1. 我们可以用下列的符号表示事实

$$F = \{\varphi(X \cdots R \cdots Y \cdots)\} \ \widehat{R} K$$

2. X，Y 既然是事物，（X⋯R⋯Y⋯）当然是实在。我在讨论知觉现象那篇文章里曾经想法说明我们怎样得到对于外物的思想，此处不再提及。应请读者注意的地方是 X 与 Y 等不代表事物的成分，代表事物。"X"是由许多事物成分 $x_1 \cdots x_2 \cdots x_n \cdots$ 等综合而来的，Y 也是由许多事物成分 $y_1 \cdots y_2 \cdots y_n \cdots$ 等综合而来的。它们是常识中绝对实在的东西。

3. "$\widehat{RK}$"代表知识关系。这就是表示本文所讨论的事实是我们知道它是事实的事实。$\{\varphi(X \cdots R \cdots Y \cdots)\}\ \widehat{RK}$ 可以写成 $\varphi(X_{sp} \cdots R_{sp} \cdots Y_{sp} \cdots)$。$X_{sp}$ 与 Y_{sp} 代表知觉现象。

4. "φ"最要紧，它可以代表"缩小"也可以代表"放大"，所以事实不仅是 X，也不仅是 Y，也不仅是 XRY；它可以是而不必仅是 $(X \cdots R \cdots Y \cdots)\ \widehat{RK}$。事实可以分作三类，一是不够官觉程度，二是够官觉程度，三是超过官觉程度的事实。第一种可以放大到 $(X \cdots R \cdots Y \cdots)\ \widehat{RK}$，第二种本身就是 $(X \cdots R \cdots Y \cdots)\ \widehat{RK}$，而第三种可以缩小到 $(X \cdots R \cdots Y \cdots)\ \widehat{RK}$。

C. R 与 $\widehat{R}$ 的分别

1. "$\widehat{RK}$"是知识关系，"$\widehat{R}$"代表外在关系。关于外在关系的种种见《哲学评论》第二卷第三期。

2. 至于"R"（X 与 Y 中间之"R"），则其性质与种类不能预定。它可以是外在关系，也可以是内存关系，可以是直觉得到的关系，也可以是由经验得来的关系，可以是自然界本来的关系也可以是人类创造的关系，我们可以说它差不多可以是任何的关系，但因为有"φ"的情形我们要注意以下两点：

a. 如果有一种事实是超过官觉程度的事实，则其中所包含的种种关系不必是"R"所代表的种种关系，但分析起来，可以分析到"R"所代表的种种关系。

b. 如果有一种事实是够官觉程度的事实，则其中所包含的种种关系大都就是"R"所代表的种种关系。在我们经验中的事实大都是这类事实。

c. 如果有一种事实是不够官觉程度的事实，则其中所包含的种种关系不必是而大都也不是"R"所代表的关系，但放大起来，可以综合到"R"所代表的关系。

D. 事实中的关系者的种类

"X"与"Y"（以后简称 X）所代表的事物其种类与性质也不能预定，我们可以代表任何事物。但我们知觉到它，它就是知觉现象，简称之为 X_{sp}。事实中的关系者可以分作三大类而这种分类法也就是根据于

"φ"的情形。

1. 超过官觉程度的事实。此等事实的关系者不必是 X_{sp}。但可以分析到 X_{sp}。此等事实的关系者可以是事体，可以是命题，也可以是事实；所以关系者大都不是简单的"东西"。但是它的情形无论如何的复杂，我们总可以分析到 X_{sp}，Y_{sp} 等。

2. 够官觉程度的事实。此等事实的关系可以是事体，可以是命题，也可以是事实，与以上的情形一样。但它也可以是"东西"，可以本身就是 X_{sp}。

3. 不够官觉程度的事实。此等事实的关系者大都是"科学事物"，大都是用科学方法得来的事物而不是我们的五官所能感觉得到的事物。但这些事物如果放大的时候可以综合到 X_{sp}。

以上三种不同的事实都是事实，虽受我们官觉的能力的程度不同，而我们不能说任何一种事实比较的实在些。普通的人以为够官觉程度的事实比较实在些，他们的态度固然不对。现在有一部分的科学家以为不够官觉程度的事实比较的实在些，我以为这态度同以上的态度一样的说不过去。

三　知觉成分与固有

在本节我们要讨论事实中所包含的知觉成分。事实不仅是一种情形与我们的知能发生外在关系而且它的关系者，或者本身是知觉现象，或者可以放大到知觉现象，或者可以缩小到知觉现象。既然如此，一件事实的关系者不必是狭义的自然界的事物，而可以是一种以自然界的事物为材料而以知觉成分为工具的复杂情形。这种情形当然有两大成分：一是固有的，本来的，自然界的成分，一是应付那成分的工具。这种工具可以暂且分作几大类：一是度量类，一是记事类，一是组织类。三类之外或者还有其他种类：分类法不同的时候，种类大约也就不同；各种各类的全体可以总称为文化但如果我们另外给它一个新名称也没有什么要紧。这三大类有互助的关系，同时它们似乎都离不开语言。

A. 度量

自然科学似乎离不开度量，度量似乎是应付实在最靠得住的工具。我们或者应注意以下数点。

1. 被量的东西虽是自然界的东西，而度量的单位不必是自然界的单位。一只羊与一尺布根本不同。纯粹自然界有一只羊而没有一尺布。

"尺"一定要包含一种公认的标准才能成其为"尺"。谈度量就不能不谈到标准单位，这种单位既不必是自然的单位而是人类应付实在的一种工具，度量也就是应付实在的工具。

2. 度量的标准大都不是自然的标准，大都是人造的标准；既然如此，度量就免不了有武断的成分，世界上当然不必有尺，而标准的尺当然也不必是那样长。但武断的成分似乎是在"定标准"而不在"标准"；标准定了之后，所谓一"尺"布者不是我们武断的说它是一尺它就是一尺，是照某种标准它是一尺我们才能说它是一尺。

3. 自然界既没有尺，则所谓"一尺布""一尺地"等等者岂不是人造的事实吗？关于度量所得来的事实人类的确是有贡献，但所贡献的是尺不是尺所代表的量。没有尺的时候。一尺布不能是一"尺"布，但它长还是那样长。度量的用处就在这里。如果"尺"能够改变布的长短，它就没有用了。

4. 由此我们可以说度量的标准都是一种形容词。它们所形容的长短轻重前后等等的情形。它们既是形容词则与被形容的事物发生关系。这种关系断不能是创造的关系，那就是说被形容的决不能因被形容而改变它的性质，因为如果被形容的因为被形容而改变它的性质，我们用不着形容而所谓形容者已不成其为形容矣。

5. 如果有疋布，我们说"这疋布有三十尺长"那么这句话所代表的事实就有知觉成分，就有人类所贡献的成分。人类所贡献的成分既不创造固有的成分，则一事实之中，人类所贡献的成分无论若何之大，总是可以分析到固有成分。"这疋布有三十尺"所代表的事实可以分析到一疋布与一块木板而它们的长短比较是三十与一的比较。

6. 但是我们对于以上的事实还是分析到"布"，"木板"等等。我们对于事实中固有的成分除以语言文字形容外似乎没有更好的办法。固有的成分对于人类似乎是不假辞色，对于人类的便利与经济，似乎是居于中立地位。同时我们形容事实也不是为事实而作嫁衣裳，我们的宗旨也不过是为我们本身生活求便利而已。

7. 所有的度量权衡的标准都可以说是人类应付实在的最便利的工具。如果没有这些工具，自然界的种种复杂情形，我们不容易精确地形容，因此就不容易应付环境。自然科学似乎离不了度量权衡的标准。现在的趋势似乎是推广这些标准的用途，用途愈推广，精确的事实愈多，知识愈靠得住。

B. 记事

这一类的工具可以分作二大类，一是度量，一是名称。

1. 时空的度量。

a. 在记事方面空间的度量比较的少。但这也要看时代，时代愈古空间度量的记载愈多。现在地图如此发达，地名也大都固定，谈到空间的度量的时候比较的少。

b. 时代的度量比较的困难一点。年，季，月，日，时，似乎都可以有问题发生。度量的方法既可以不一致，记事也就不会一致。在新历未用之前，中国人所谓三千年与西洋人所称为三千年者，严格的说起来，不必代表同样的时期。记岁数方法也是中西互异。二十岁的中国人照西洋算法常常只有十九岁多。那么说他二十岁代表事实呢？说他十九岁代表事实呢？讨论度量的标准的时候就有这问题，不过没有提及而已。对于这问题，我们似乎可以有以下各方面不同态度。

甲，从事实中固有的成分方面说，所谓"一岁"者不过形容人们所经过的"时间"，但个人所经过的时间不必是我们公共记事的时间。个人所经过的时间有物理学上化学上及生理学上所能发现的种种不一致的情形。火车上的茶房既日在行动中，他所经验的时间与在公事房办文案的时间不同。发育早的与发育迟的在生理上的时间也可以说不同。在历书上可以说二十岁的人在物理学上，化学上及生理学上不必是"二十岁"。

乙，但从公共记事的时间方面着想，西洋可以说一个二十岁的中国人在"事实"上只有十九岁多。中国人也可以说一个十九岁多的西洋人在"事实"上已经有二十岁了。

丙，这样看来，计算的方法不同，"事实"也就不同了。普通我们总以为一种情形不能发生两种不同的事实。这个态度也对；如果我们讨论事实与理论，我们要提及这一层，现在可以不管。我们在此处要注意的就是"事实"的意义。这两字的意义在本节包含固有的成分与知觉工具的成分。从事实中固有的成分与任何一种计算的方法方面说，一种自然界的情形只有一种事实。但如果我们不从任何一种计算的方法方面说话，一种自然界固有的情形可以发生任何种数的"事实"。

2. 名称。如果我尽量讨论由名称所牵扯出来的问题，要说的话或者太多。我们所注意的仅有以下诸点。

a. 名称大都可以追根到它们所指的东西，或事体，或事实，等等。人地的名称有同样的情形。

b. 名称是一种便利的工具。如果我们不用它们的时候，我们对于我们的环境就难免发生现在所难想到的困难情形。

c. 名称虽形容而不能尽量的形容它们所指的东西，或事体，或事实，等等。我们虽可以"闻其名而想见其为人"，而想见的人终不能尽量的代表其人。

d. 名称有时包含感情的成分。感情的成分离狭义自然界固有的事物较远，我们由感情的成分追根到自然界的事物比较的困难。

e. 但无论如何，由记事得来的事实依然可以缩小到第二节的公式。

3. 由记事得来的事实虽然可以缩小到第二节的公式，而这种事实里的"X"与"Y"等大都不是我们现在所能经验的。那就是说历史事实中的固有成分大都不能发生于现在的世界。例外的情形当然是有的。考古学所发现的事实就可以说是例外，这些事实中的固有的成分就能发现于现在的世界。对于大多数的历史事实我们似乎应该注意以下诸点。

a. 第二节中的公式中的"X""Y"等可以代表事物的类也可以代表个体的事物。它们可以代表已经经验的事物，而同时可以再经验的事物，也可以代表已经经验的事物而同时不能再经验的事物。

b. 如果公式中的"X""Y"等代表个体的事物而这些事物是已经经验而不能再经验的事物，则包含这样固有成分的事实是历史事实。

c. 严格的说，我们可以说在经验中没有个体的事物，因为严格的说个体的事物仅能发生于"空点——时点"（point-instant）所以不能发生于经验范围之中。此处所说的个体是时间与空间单位上的个体，所以不是严格的个体。

d. 如果公式中的"X""Y"等代表事物的类，已经经验而可以再经验的事物，则包含这类固有成分的事实不是历史事实。

e. 自然科学与历史学的一个大分别就是它们所研究的事实不同。卡来尔曾说过"某某今天由这里经过，这是事实。这事实比许多虚玄的理论重要的多"。卜应笳雷的批评是这样的事实，科学家对之毫无兴趣，因为它既不普遍则我们不能得到任何重要的推论。科学所注意的是"b"条的事实。

f. 一件非历史事实可以有极多数的历史事实。

C. 组织

组织类的工具有以下特点

1. 事物的集团。自然界的事物，有好些在自然界本来是有集团的，另外有好些在自然界本来没有集团的；前者用不着我们去组织，后者有人类的组织工作。这些具人类组织的事物集团大约可以分几大类，政治，法律，经济，社会等等。政治法律经济社会的组织看起来虽复杂而分析起来依然可以分析到自然界的事物。普通我们不从这一方面着想，因为事物虽是自然界的事物而组织是我们的组织，包含二者的事实似乎不能分析到属于一方面的事物。但这问题似乎不是"方面"的问题，如果我们从"方面"着想，这问题就免不了推论到绝对的心与物。如果我们推到绝对的心与物的时候，有好些问题就不能讨论下去了。人类与自然界至少不必居于对待的地位，所谓组织者不过是介绍新因果系而已，所介绍的新因果系中的事物依然是自然界的事物。

2. 组织的事物集团，从固有的成分看起来，大都是事物的类，那就是说一集团的成分不限于一时一地的事物。一时一地的事物是具体的，单个的，历史的，一去不复返的事物。如果具人类组织的事物集团所包含的事物限于一时一地的事物，则集团的本身也是限于那一时一地而不能超过时空。有些事物集团当然是这样，但是大多数的情形是不限于一时一地的。具组织的事实中所包含的"X""Y"等大都是类而不是具体的个体。这是就组织事实的本身方面说的话。但是我们前此已经说过记事类的事实也包含组织事实的成分。本身为记事事实的成分的组织事实依然是具体的个体的事实。美国宪法上的"总统"是事物的类，而美国史中所说到的"总统"大都是个体的具体的事物，前者是后者的类，后者是前者的具体的分子。这些分子是自然界的事物，假使没有人类所介绍的新因果系，他们不会属于"总统"类，但他们不因为属于"总统"类就变为非自然的事物。组织事实中的固有成分大都是事物的类，但这些类还是有自然界的事物做它们的分子。

3. 具组织的事实中的类与度量事实中的标准一样。狭义的自然界无尺，但有尺所代表的量；狭义的自然界无组织事实中的类，但有这些类所代表的分子。前面已经说过，尺没有武断的成分，定尺为标准有武断的成分；组织事实中的类也没有武断的成分。定任何类为标准的时候似乎免不了武断的成分。在组织事实中的武断的成分似乎比以上两大类事实中的武断的成分比较的多。

四 人事成分与固有

如果我们把事实限制到够官觉程度的事实，我们所研究的对象差不多完全是自然界固有的事物；但是我们不能不承认不够官觉程度与超过官觉程度的事实，我们既承认这类的事实，我们就不能不讨论上节所讨论的情形。我们似乎可以说：离人类官觉愈远的事实，人类知觉工具的成分愈多；但是我们似乎不能接着说固有的成分愈少，我们似乎只能说固有的成分愈杂。固有的成分既是自然界的事物，照我们传统的假设——我们不能创造与消灭自然界的物与力——看起来，它们不能因人事而减少或增加。我们对于固有与人事的界限似乎要稍微讨论一下才行。至少有以下诸点要讨论。

A. 所谓固有者不是没有推论的成分

为本文的便利起见我们可以暂把推论分为两大类，一是生理的推论，一是思想的推论。

1. 生理的推论可以说是生理上的反感。如果我们听见一声响，看见许多人乱跑，我们跟着就跑，这就是一种行为上的推论。如此一类的情形是我们所能经验的，所以并不是例外，不过成人的人在现在的世界比较的少一点而已。

a. 这种情形是一种推论，因为我们没有直接看见或听见什么危险，而我们的举动是避危险的举动。那就是说我们仅有耳闻目见所得到的情形，虽没有论理学所称为推论的工作，而我们在事实上居然有可以称为推论的举动。

b. 此类举动似乎没有思索的成分，如果我们想一想的时候，我们或者没有这类举动。

c. 如果我们把运用思想以节制我们的行为当作人类的特性，则以上的推论是动物的，生理学的推论，所以根本就是自然界的情形。

d. 自然界本来就有推论，所谓"固有"者当然不是没有推论的成分。

2. 思想的推论其来源大约也是生理的，但我们现在所注意的不是来源而是它所包含的要求。它的要求一是经验，二是论理，三是运用论理以已往的经验引用到现在所发生的情形。这样的推论似乎就有非狭义自然或非纯粹自然的成分在里面。

a. 非狭义自然或非纯粹自然的成分可以说是介绍新因果系统而不是创造新因果系统中的自然界的事物。我们或者可以说这系统"不——自然"的发生，但发生后其所包含的事物不中止其为自然事物。

b. 所谓"'不——自然'的发生"者是说新因果系统事实上是我们

所介绍的，不是说如果我们不介绍新因果系统它不会发生。如果自然两字的意义极狭，不包含人类与其生活，则新因果系统"不自然"的发生。如果自然两字的意义极广，包含人类与其生活状态度，则新因果系统也就是自然的发生。所谓"新"，所谓"不自然"者，不过是说从物理，化学，天文学地质学方面看来我们所介绍的系统是例外的系统。

c. 照以上两条看来，我们似乎只能说新因果系统事实上是人介绍的，我们不能说如果没有人，新因果系统就不会发生。那就是说，事实中的固有成分不必有思想的推论，而不是不能有思想的推论。这两种推论，所谓"固有"者都可以容纳于其中而不失其为固有。

B. 所谓固有者不是没有人事成分

事实与命题一样，有层次问题。"他读书"所代表的情形可以是事实；如果是事实，"我看他读书"所代表的情形也可以是事实；如果这第二情形是事实，"李先生不要我看他读书"的情形也可以是事实。如果这三个情形都是事实，这三件事实就代表三层不同的事实。每一层事实，大略言之，有那一层的固有成分，每一层事实的固有成分在上一层不必是固有的成分。在"李先生不要我看他读书"这事实中，"我看他读书"是固有的成分；李先生对于这固有的成分可以"要"，也可以"不要"；如果李先生决定"不要"的时候他就可以介绍一种新情形。但是"我看他读书"虽是第三层事实中的固有成分，而不是第二层事实中的固有成分。第二层事实中的固有成分是"他读书"。那就是说每一层事实中的固有成分在上一层不必是固有的成分。此处的人事成分比以上所讨论的知觉成分范围来得广。知觉成分是人事成分中之一，而人事成分不必是知觉成分。知觉成分与所知觉的因有成分的关系是外在关系。人事成分与它平行的固有成分有各种各类的关系的可能。它们不必彼此独立。

我们曾经把事实分作三大类，一是不够官觉程度的事实，二是够官觉程度的事实，三是超过官觉程度的事实。

1. 在不够官觉程度与超过官觉程度的事实中，事实的层次多，所以固有的成分愈杂。在这类事实中的固有成分一方面是相对的，因为一层事实有那一层的固有成分；另一方面是绝对的，因为几种层次不同的事实可以有共同的固有成分。这种共同的固有成分分析到最后一步就是 $\{\varphi(X\cdots R\cdots Y\cdots)\}\overset{\frown}{R}K$ 公式中的"X""Y""R"等。但每一层事实中所包含的特别的固有成分与共同的固有成分情形不同，有以下特别情形。

a. 事实的层次愈低，它的固有成分愈杂而且也愈多（所谓"低"者指超过官觉的程度而言）。

b. 每层事实中的固有成分在那一层看起来虽有人事成分，而亦自然。

c. 每一层事实中的固有成分在下一层的事实方面看起来虽有人事的工具或成分，而这些成分都是自然。

d. 每一层事实中的固有成分在上一层的事实方面看起来可以有非自然的人事成分。

e. 下一层的事实中的固有成分在上一层看起来，如有人事成分，就是非自然的成分。层次愈多或离官觉愈远或不够官觉愈甚。层次最多的事实或者完全超过官觉程度或者完全不够官觉程度。不高不低的层次其事实中的固有成分差不多完全是够官觉程度的成分。

2. 够官觉程度的事实中的固有成分，分析到最后一步，就是官觉现象与其关系而它们又可以分析到外物与其关系。外物与关系是绝对的固有。所有的事实都可以分析到绝对的固有。由够官觉程度的事实分析到绝对的固有就是认识论的大问题。本文不讨论这问题，但请注意以下数点。

a. 够官觉程度的事实，其固有成分一部分是知觉现象（percept）。知觉现象有人事的成分。知觉现象中人事成分与固有成分的关系，在讨论知觉现象那篇文章中已经讨论过此处不再提及。

b. 知觉现象中的固有成分一部分是官觉现象。官觉现象有人事成分。官觉现象中的人事成分与固有成分的关系别处已经讨论此处也不讨论。

c. 官觉现象的固有成分一部分是外物。有些外物本来就没有人事成分，有些外物有人事成分而可以分析到没有人事成分的外物。

d. 从狭义自然界方面说官觉事实中的官觉关系不是固有的关系。从官觉事实方面看起来，官觉是固有的关系而知觉关系不是固有的关系。

e. 狭义自然界的人与官觉者及知觉者的人也有层次问题，其固有的成分也有绝对的固有与相对的固有。

3. 如果我们离开事实的层次说话，我们可以说没有人事的固有是绝对的固有成分；但大多事实中的固有是相对的固有，而相对的固有有人事的成分。

C. 固有与人事成分的关系不能固定

1. 固有与人事成分没有必然的关系。如果我们把人事成分限制到知觉或知识，则固有与人事成分彼此独立。但是我们前此已经说过，人事成分比知觉的范围广，所以它与固有可以发生种种关系事实，因此可以有种种不同的关系。但事实既有层次问题，我们对于事实中的关系的态度也因层次不同而稍有分别。

a. 一层事实的固有成分，在下一层的眼光看来，无论有人事成分与否总是固有。所以所谓固有者不是没有人事成分。如果这个固有有人事成分，则它的原来的固有与它本身的人事成分虽然理论上没有固定的关系而实际上有已定的关系，虽然可以有任何种关系的可能而只有某关系的实现。我们研究这个关系的态度是研究事实的态度。

b. 一层事实的固有成分，在上一层的眼光看来，总不是完全的固有，无论有人事成分与否，总有非固有成分。如果这个固有有人事成分，则它的原来的固有与它本身的人事成分既没有必然的关系，也还没有适然的关系。我们研究这个关系的态度是研究或有的态度。

2. 具人事成分的固有可与其他任何事物（除论理学与物理学所发现的限制外）发生任何关系事实，所以可以有任何的关系。

a. 人事成分与固有既可以有任何关系，则人可以介绍新因果系统。如果介绍新因果系统是创造事实，则人可以创造事实。

b. 人所创造的事实与其他的事实一样也可以创造事实，因为人所创造的事实与其他的事实可以发生任何的关系事实。

c. 知识关系（$\overset{\frown}{R}$）虽是外在关系，而我们知道一种事物或事实的那一件事实（$X\overset{\frown}{R}K$）可以与任何事物或事实发生任何的关系。知觉事实（$X\overset{\frown}{R}K$）也可以创造事实。知识之所以改变世界的面目者在此。

d. 在此处可以总结一句，所谓固有者，既不是没有推论也不是没有人事成分。这当然不是说所有的固有都有人事成分。

五 固有与非固有

第三节所讨论的是知觉成分，第四节所讨论的是普遍的人事成分。人事成分（包括知觉成分）可以是固有，也可是非固有，要看层次如何。同时为讨论的便利起见，我们把人事成分与狭义的自然事物看作对待的情形。但从另外一方面看来，人也是自然界事物之一，宽义的自然界有人。如果我们所讨论的问题的背景是宽义的自然界，则所谓"固有"者，其意义当然改变；它可以有人事成分也可以没有人事成分，而所谓非固有者亦如是。以官觉事实为起点而定事实的层次，则绝对的固有没有人事成分。以时间的先后为事实的层次，则绝对的固有可以有人事成分。总而言之本节所要讨论的固有与非固有，无论绝对与相对，其分别不是"天""人"的分别。普通的"天"与"人"的分别，是把"天""人"看作两相对待的东西；既然如此，则无论用什么方法，分析到最后一步，依然有"天"与"人"，物与心，两相对待而彼此无路可通的情形发生。"牛马四足"，从我们眼光看来是"天"，也是固有；但"络马首牵牛足"，有本文所提出的层次问题，在上一层事实看来，"络"与"牵"皆人事，在下一层事实看来，它们都变成固有。可见所谓固有者不必是"天"。从氢氧二气两面看来，水非固有。可见所谓非固有者不必是"人"。

本文似乎有"人""天"合一的思想，但也有"人""天"不合一的思想，所以最好还是把"人""天"两字丢开，仅讨论固有与非固有的性质。我们要记得上节所说的话：固有与非固有的关系不是必然的关系，它们彼此都不能推论到一个共同的前提。

A. 任何一起点的"时点——空点"的自然界

所谓起点者不是历史上的最初，也不是理论上的最根本，不过是本节讨论自然界的起点而已。我们可以假设（甲）一个学科学的神，（乙）这个神在"时点——空点"可以有我们这样的官觉事实发生，（丙）它所研究的宇宙就是我们所要研究的宇宙。这个神所能发现的可以说是有以下诸点：

1. 在任何官觉事实中有神的成分与固有的成分。神的成分是怎样的成分我们可以不管，我们在本段所注意的是固有成分。但是我们要记得神的成分与固有的成分是独立的。固有成分有以下诸情形。

a. 有关系如 R_1，R_2，R_3 等。

b. 有关系者如 A，B，C 等。

c. 有关系结合体如 ARB，BRC，DRE 等。

d. 人是一关系者也是一关系结合体。

2. 如果我们所提出的神是科学家，且有以往的经验，他大约会知道以下诸点：

a. 各种关系有各种不同的性质，各种关系者也有各种关系者的特别性质，各种关系结合体有各种关系结合体的特别性质。

b. 各种关系者因其性质不同可以有各种不同的关系；各种关系因其性质不同可以实现于各种不同的关系者。

c. 关系者可以是上一层的关系结合体，关系结合体可以是下一层的关系者。

d. 人既是这自然界的一个关系者当然也有以上各条所提出的情形。那就是说人与其他万事万物的关系与其万事万物本身彼此的关系差不多。它们彼此的关系既不一致，人与它们的关系也不一致。

3. 可是如果本文所假设的神是研究人学的专家，想在任何一"时点——空点"的立场上，根据以往的知识，推论到任何次一"时点——空点"自然界的景况，这个研究人学的专家就不免有困难问题发生。（我们要知道我们所假设的神是科学化的神，他的工具是理智的工具。）

a. 如 A，B，C 等的关系者的数目非常之大，如 ARB，BRC，DRK 等的关系结合体的数目也非常之大。这两数相加的总数暂以"n"代表之。

b. 关系的种类的数目也非常之大，可以有 m_1，m_2，m_3 等。从任何一种关系方面看来，次一"时点——空点"的自然界所能发生的新情形（即新关系结合体，或下一层的事实）就有"$\overset{n}{m_1}$"之多。

c. 如果我们以 M 代表各种关系的总数目，则次一"时点——空点"的自然界所能发生的新情形（即下一层的事实）其总数至少当为"$\overset{n}{M}$"类。这样的数目我们的语言似乎无法形容，只得摇头叹气说一声"大矣哉"而已。

d. 人与万事万物相接触所能发生的新情形，其数目也就是不少，简直可以说非常之大。我们所假设的神既不是人，他研究人的态度也就是我们研究电子，原子，草，木，鸟兽，等等的态度。次一"时点——空点"的自然界所能发生的新情形，我们既不以为是电子，原子，草木鸟兽等等所创造的世界，那么，从神的眼光看来，也就不是人所创造的世界。

e. 如果我们所假设的神要知道将来，他用不着对付"$\overset{n}{M}$"这样多类的新情形。"$\overset{n}{M}$"不过是一个总数；其中有事实上不可能的；可能的范围之中，又有或者不会发生的；在或者会发生之中，又有实现的程度高低的问题，但是如果我们的神仅仅致力于实现程度高的新情形，他还是有困难问题。

4. 可能的范围，或有的范围，实现程度很高的范围要定了之后，才能有预先知道将来的问题发生。要定这些范围，须知道已往的万事万物；要预先知道将来的世界是怎样的世界，不特须在将来尚未发生之前，完完全全的知道万事万物而且要预知的工作能完成于所欲预知的事实发生之前。

a. 无论在那一"时点——空点"立场上，我们所假设的这位神不能完全知道以往的万事万物。因为有好些以往所发生的情形在那一"时点——空点"还没有出现。要预知将来的第一条件就不能成立。

b. 即令（a）条所说的条件是可能的，我们这个科学化的神也不能预先知道将来。预知有预知的工具，也有它的工作，等到这些工作完了的时候，大部分的将来不但已经"来"而且已经"过去"了。（近有美国人主张此说见去年的 *Journal of Philosophy*。）

c. 从以上两条的情形看来，在一"时点——空点"的立场上我们不能预先知道任何次一"时点——空点"的世界。但这不过是说知识本身有限制。我们可以更进一步说一"时点——空点"的世界与另一"时点——空点"的世界根本就没有必然的关系。即令我们有预知的本能，我们也不能预知，因为根本就没有可以预知的关系。

d. 上条所要说的话不过是要表示事实相承无必然的关系。一"时点——空点"的自然界，自次一"时点——空点"的立场看来，都是固有。那就是说，前一"时点——空点"的"n"所代表的关系者与关系事实及"m"所代表的关系都是固有。从一"时点——空点"的立场看来，一次"时点——空点"所能有的"$\overset{n}{m}$"数的新情形都是非固有。从这科学化的神的眼光看来，所谓固有者有人及其他万事万物，所谓非固有者亦有人及其他万事万物，在一"时点——空点"的自然界内，万事万物的将来，势无必至，所以如果人有自由，则万事皆有自由；万事万物的已往既不能变，则势有适然，所以如果万事万物居于被动的地位，人也居于被动的地位。在这起点的"时点——空点"的自然界内，如果我们引用"人""天"两字，我们可以说："人"即是"天"可是次一"时点——空点"的新情形中虽有"天"而"天"亦非固有。

B. 一"时期地方"的自然界，我们现在可以把神丢开而代之以人

在一"时点——空点"的自然界只有我们所假设的神有官觉事实发生；而在一"时期——地方"的自然界人也可以有官觉事实发生，所以

我们用不着神。一"时期——地方"的自然界与一"时点——空点"的自然界大致相同。本段所要讨论的是不同点。但在未讨论之前，我们所求于人的就是要他忘记他自己，要把神待他的态度对待他自己。

1. 最低限度的时间的自然界。所谓限度者，是官觉的限度；而所谓最低官觉限度的时间是官觉事实所能发生的最短的时间。在这样时间内人可以发现在一"时点——空点"神所能发现的情形。只要人能忘记他自己，他对于他自己的态度也就是他对于其他万事万物的态度。他自己虽是官觉者而他不以此而自别于其他的万事万物。这一旦办到则在上段我们所说的神能发现的情形，人在这最低限度内也可以发现。不特如此，他还可以发现一"时点——空点"所不能有的情形。

2. 变迁。在一"时点——空点"的自然界不能有任何变迁，因为变迁是有量时期中的事。在这最低限度的时间内自然界有变迁。变迁包含动作。从次一最低限度的时间看来，前一最低限度的自然界内有变与动，所谓固有者不仅是 n 数的关系者与关系事实，及 M 数的关系而且包含动与变。

3. 趋势。仅有变与动不能有趋势。如果全体都变都动而变与动的程序一致，还是没有趋势。有些东西变，有些不变，有些动有些不动，有些变动得快，有些变动得慢，所以"$\overset{n}{M}$"类的新情形中有些已经发生。新情形中既有些已经发生我们可以推论到继此而发生的那些情形能发生的成分大，那些能发生的成分比较的小，所以有趋势。

4. 固有与非固有。一时期可以分做好些个最低官觉限度的时间。从一时间看来，前一时间的自然界（包含变动与趋势）都是固有，而后一时间的新情形都是非固有。固有与非固有之间仍没有必然的关系。但既有趋势则固有与非固有之间当然有"或者能发生"的关系与"大约要发生"的关系。

5. 以上所说的趋势，用之于类与用之于具体的个体不同。用之于类，趋势有统计的性质。如果统计靠得住，类的关系似乎可以预知，而个体的举动似乎不容易预知。如果一个人能忘记自己，他可以把人类看同万事万物；如果人类有自由万事万物皆有自由，如果万事万物受制于趋势，人类也就受制于趋势。但是人如果不能忘记他自己的时候，个人行动之不能预定者，他或者就以为人的意志自由而以此自别于其他万事万物。

6. 无论如何，照（4）条所说的情形看来，所谓固有者有人，所谓非固有者亦有人。固有与非固有的分别不是天与人的分别，是一时间的万事万物与另一时间的万事万物（人当然在内）的分别。二者有或然的关系而无必然的关系。

C. 一"时期——地方"的事实

1. 一时期的自然界可以有官觉事实与知觉事实。以时间为层次，则上一时间的官觉事实与知觉事实都是固有，也是本节宽义的自然。

a. 官觉与知觉的关系（不以人的为限）是一时期的自然界内"M"数种关系中的关系而不是"M"数种关系之外的关系。官觉与知觉关系有特别性质，在人生虽有特别权利而在自然界无特别位置。

b. 在一时期的自然界内"n"数关系者与关系结合体中，有些有官觉本能，有些有知觉本能可以与本身及其他关系者及关系结合体发生官觉事实与知觉事实。有这种本能的关系者或关系结合体我们称之为官觉者或知觉者（不限制于人）。

c. 一时期的自然界内"n"数关系者与关系结合体之中，凡可以与官觉者或知觉者发生官觉事实或知觉事实都可以是官觉现象或知觉现象（当然不除开人）。

d. 一时期的自然界既是次一时期的固有，则一时期的官觉事实，知觉事实，官觉者与知觉者，官觉现象与知觉现象都是次一时期的固有。

2. 不是官觉现象或知觉现象的关系者或关系结合体可以放大或缩小到官觉现象或知觉现象。为什么要这个放大或缩小的可能呢？

a. 因为任何一官觉者在它的官觉事实中的唯一对象是官觉现象，任何一知觉者在它的知觉事实中的对象是知觉现象与官觉现象。

b. 任何一知觉者对于自然界的知识的来源与标准是那个知觉者经验中的官觉现象与知觉现象。

c. 不能或未曾放大或缩小到官觉现象或知觉现象关系者或关系结合体虽可以是自然界的情形而不是官觉者或知觉者所发现的事实。

d. 一时期的自然界的情形或者是或者可以缩小或者可以放大到官觉现象与知觉现象。

3. 一时期的各种事实。

a. 一时期自然界的情形既或者是或者可以缩小或者可以放大到官觉现象与知觉现象，那么一时期的自然界就可以有 $\varphi(X_{sp}\cdots R_{sp}\cdots Y_{sp}\cdots)$ 的表示。"φ"的意义就第二节提出的意义。

b. 上面的公式可以变成 $\{\varphi(X\cdots R\cdots Y\cdots)\}\widehat{RK}$。那就是说一时期的自然界的情形可以是事实。非事实与反事实以后再提出讨论。

c. 一时期的未成事实与不是事实的自然界的万事万物我们可以总称之为那一时期的自然界的情形。一时期的自然界万事万物的总数等于这种情形与在那一时期所发生的事实相加的总数。

d. 普遍的事实不属于任何时期，只要它是一件普遍的事实。它也是任何一时期的事实。单个的事属于一时期，在那一时期是事实而在任何前一时期不是事实。但从另一方面看来"某一时期有某件单个的事实"是一件永远的事实；只要它是事实，在发生后任何时期"它在它发生的时期是事实"总是事实。

e. 一时期的事实包含以往的事实与普遍的事实所以不仅限于在那一时期所发生的事实。但在一时期所发生的事实，既经发生，即是固有；而未来的情形无论如何均不是事实；我们可以说所有的事实都是固有。

4. 一时期的固有与非固有。

a. 在任何一时期中前一时期的事实与不是事实或未成事实的自然界的情形都是固有。后一时期的自然界的情形都是非固有。本时期中有固有亦有非固有。如果我们把时期缩小到最低限度的时间我们可以得同样的情形。

b. 一时期的固有不必有官觉事实或知觉事实。如果没有它的时候，一时期的固有仅有自然界的情形。未有生物或动物之前的世界似乎是没有官觉事实的世界。这表示自然界的情形与官觉知觉无必然的关系。

c. 一时期自然界的情形不必发生次一时期的情形。那就是说，固有与非固有无必然的关系。这也可以说是表示一时期的事实与次一时期的情形无必然的关系。

d. 普遍事实所代表的情形与时空的关系是外在关系而这种情形的部分的关系又大都是内存的关系，所以一时期的事实与次一时期的情形有或然关系。这一层论归纳法时，当详细讨论，本文可以不提。

e. 事实的本身，无论普遍与个体，都是本节所讨论的固有，其成分都有四节所提出的绝对固有。两个固有的意义不同。说事实是固有者是说它是宽义自然界已经实现的情形，即令有"人"而不失其为"天"；说它有固有者是说它的成分之中，无论有"人"与否，总有狭义自然界的"天"。说"人""天"合一，照本文看起来，是说所有的事实都是本节所讨论的固有；说"天""人"不一，是说事实中有的固有（上节所提出的）没有人事成分。

六 事实与知识

以上数节一部分给事实下一定义，一部分是分析它的成分，一部分是讨论它在宽义自然界的位置。我们现在要改变方向，讨论事实与其他的情形——如知识，命题，实在，等等——的关系。最初要提出的就是事实与知识的关系。事实的定义就包含知识成分，既然如此事实当然不能离开知识。现在的问题就是有没有未曾知道的事实？这问题可以有两种问法，（一）有没有未曾知道的事实？（二）有没有未曾知道的"甲"事实？这两个问题的情形不同所以答案也不一致。

A. 有没有未曾知道的事实

1. 这问题似乎不是问有没有未曾知道的事实，因为既未曾知道则不是事实。如果这问题不矛盾的时候它的意义或者不是这句话表面上所有的意义。

a. 这问题似乎是问有没有与事实相类的情形，如果我们知道它的时候，它就是事实。这问题是问有没有与事实相类的情形。

b. 事实的部分也是事实。$\{\varphi(X\cdots R\cdots Y\cdots)\}\widehat{RK}$ 是事实则 $\varphi(X\cdots R\cdots Y\cdots)$ 也是事实。有没有未曾知道的事实似乎就是问有没有 $\varphi(X\cdots R\cdots Y\cdots)$。

c. 但是，是事实的部分的 $\varphi(X\cdots R\cdots Y\cdots)$ 是事实；而未曾知道的（那就是说非事实的部分的）$\varphi(X\cdots R\cdots Y\cdots)$ 不是事实，不过是自然界的情形而已。

d. 所以本条的问题似乎是有没有 $\varphi(X\cdots R\cdots Y\cdots)$ 这样的情形，如果我们知道它的时候，它就是事实。问题既是这样，就没有矛盾的情形。对于这问题似乎可以有两种答案。

2. 如果在知识中的 $\varphi(X\cdots R\cdots Y\cdots)$ 是事实的类，有没有 $\varphi(x\cdots r\cdots a\cdots)$ 的情形是我们所未曾知道的？那就是问：如果我们知道一普遍的事实有没有具体的表现是我们所未曾知道的具体的情形？这问题与归纳法有关系；它等于问：如果我们知道"人是会死的"，世界上有没有"我们"所未曾知道的具体的人而他是会死的。对于这问题我们应注意以下诸点。

a. 普遍的情形既经发现为事实，则无论有没有我们所未曾知道的单个的具体的情形，一定有我们所已经知道的单个的具体的情形，所以普遍的事实总是事实。

b. 但是我们虽然知道有人类而我们不能由人类而推论到我们所未曾知道的单个的具体的人。我们虽然知道"人是会死的"这句话所代表的情形是事实，而我们不能由这普遍的事实推论到我们所未曾知道的具体的情形。

c. 我们至多只能推论到如果有我们所未曾知道的单个的具体的人，这个人大约也是会死的。从论理方面着想，我们不能肯定的说有我们所未曾知道的具体的人，当然我们也不能肯定的说没有。所以这问题变成一"大约性"的程度问题。根据以往的经验，我们可以说"大约有我们所未曾知道的单个的具体的人"。

d. 如果在知识中 $\varphi(X \cdots R \cdots Y \cdots)$ 是普遍的事实，有没有我们所未曾知道的具体的情形如 $\varphi(x \cdots r \cdots y \cdots)$，我们知道它的时候，它就是事实？对于这问题我们的答案是"大约有"。并且我们还可以补充一句说这"大约"的程度很高。

e. 反过来说如果知识中的 $\varphi(x \cdots r \cdots y \cdots)$ 是具体的单个的事实，有没有我们所未曾知道普遍的情形如 $\varphi(X \cdots R \cdots Y \cdots)$ 我们知道它的时候，它就是普遍的事实？对于这问题我们根据同样的理由回答说"或者有"，不过或有的程度不很高而已。

3. 有没有我们所未曾知道的普遍或单个的情形，我们知道它的时候，它就成为普遍的或单个的事实？这问题与上条的问题差不多，不过推论更不直接，而大约的程度比较的低。

总而言之，"有没有未曾知道的事实？"是矛盾的问题。为免除矛盾起见，我们不能不加以解释。我们的解释是这问题是问有没有未曾知道的情形如果我们知道它的时候，它就是事实。对于这问题我们的答案是"大约有"。

还有一问题与以上的问题差不多。那就是"有没有未来的事实？"既云未来当然不是事实。所以这问题也就是"有没有未来的情形如果实现而我们知道它的时候，它就成为事实"。对于这个问题我们的答案也是"大约有"。

B. 有没有未曾知道的"甲"事实？

这问题与以上的问题大不相同，似有以下数点应使我们注意。

1. 这问题可以分成部分。所谓"甲"事实者包含两种情形而这两种情形都是事实，（一）有"甲"，（二）"甲"是，或等于，或能分析到，或能放大到 $\varphi(X\cdots R\cdots Y\cdots)$。这两种情形既都是事实，则所谓"有甲"者就是我们知道有甲，而"甲 $\varphi(X\cdots R\cdots Y\cdots)$"者就是我们知道"甲 $\varphi(X\cdots R\cdots Y\cdots)$"。

a. 这样说来这问题有矛盾。"甲"事实既是我们所知道的"甲"事实，当然就不是我们所未曾知道的。我们不能问有没有未曾知道的已经知道的情形。

b. "甲"无论是普遍也好，单个也好，它总是具体的而同时是我们知道的。如果我们不知道它的时候，我们就不能说它是"甲"，而既然能说它是"甲"的时候，我们就不能说未曾知道它。

c. 这问题不能解释作"有没有'像''甲'"的情形，如果我们知道它的时候，它就是与"甲"相似的事实？因为这样一来我们所问的是另外一情形，虽与"甲"相似而不是"甲"本段这问题与 A 段所说的那个问题不同；那个问题可以加以解释以免矛盾，而本段所提出的问题不能加以同样的解释而免除矛盾。

2. 本段所问的是一件一件的具体的事实，是我们所知道的情形而证明其为事实的事实，不是空空洞洞的情形。本段的"甲"就包含"甲" $\widehat{RK}$ ，那也就是说"甲"是 $\varphi(X\cdots R\cdots Y\cdots)$。一件一件的事实总有知识成分。事实与真理有相似的地方，可以分三条讨论，（一）一种情形本身是事实，（二）我们知道它是事实，（三）我们说它是事实。

a. 一句话本身是真的，一种情形本身是事实。一句话要本身是真的，我们才能发现它是真的，不然其所以真者自发现始。一种情形要本身是事实我们才能知道它是事实，不然其所以为事实者自发现始。

b. 一句话要我们知道或发现它是真的，我们才能说它是真的；一种情形要我们知道它是事实我们才能说它是事实。不然，假话我们可以说它是真话，不是事实的情形而我们也可以说它是事实。

c. 这样看来，一种情形要本身是事实才能知道它是事实，要知道它是事实才能说它是事实。所以一种情形本身是事实与我们说它是事实须有知识的媒介。事实既以"甲"称，或者"甲"既以事实称，当然有知识成分；既然有知识成分，当然就不是我们所未曾知道的。我们对于本段所提出的问题的答案是"不能有未曾知道的'甲'事实"。

C. 知识的关系是什么样的关系呢？

我们讨论外在关系的时候就假设知识关系是外在关系。理由在此处可以不提。我们现在要注意的仅有以下数点。

1. 知识既是外在关系，则事实不以其被知而变更其性质。一件一件的事实虽必有知识成分，然它有知识成分的时候其性质等于没有知识成分。

a. 那就是说 $\varphi(X\cdots R\cdots Y\cdots)$ 与 $\{\varphi(X\cdots R\cdots Y\cdots)\}\widehat{RK}$ 仅有关系上的不同而没有性质上的不等。这样看来，知识不创造事实，事实虽有知识成分，而不以此而失其本来面目。

b. 知识虽不能创造事实而可为事实中的固有成分。知识虽不能创造其所知，而人（万事万物之一）可以因其所知而介绍新因果系统。寻常所谓"自由"者大概就是介绍新因果系统的意思。

c. 万事万物都可以介绍新因果系统，所以如果人"自由"，万事万物皆"自由"。所谓介绍新因果系统者是说在"$\overset{n}{M}$"类新情中有些情形发生，有些情形不发生，发生者之所以发生而不发生者之所以不发生，万事万物（人亦在内）皆与有力。

d. 如果所谓"创造"者就是介绍新因果系统，那么，人可以创造事实。人虽可以创造事实而知识仍不能创造其所知。那就是说：如果有"甲""乙"两情形，XY 两事实，人可以因"甲"$\widehat{RK}$ 与乙$\widehat{RK}$ 而介绍 $\{("甲"RX)\ R("乙"RY)\}$；而 K 仍不能创造"甲"与"乙"。

e. "甲"情形虽要有 K 我们才能说它是事实，而 K 既不创造"甲"也不变更其性质，所以"甲"事实等于"甲"情形。如果我们用寻常的话我们可以简单的说"甲"事实就是"甲"情形。这不过是回到本条最初的一句话：知识关系是外在关系。

2. 知识关系不过是一件事实的一个关系。所谓一个关系者当然不是说知识是简单的关系，是说除这个关系之外，一件事实与其他差不多无数的事实，有各种不同的差不多无数的关系。从一时间的自然界看来，我们不能说这一个关系比其余的关系重要，也不能说它不若其他关系的重要。如果我们有"天人合一"的态度，我们一方面不会看重知识关系而轻视其他关系，另一方面也不至于轻视知识关系而看重其他关系。厚"人"薄"天"，慢慢的走到唯心思想上去与厚"天"薄"人"一步一步的推论到唯物思想上去似乎有同样的毛病。

a. 以上是说我们不应看重知识关系而轻视其他关系。这不是说知识关系没有特性，也不是说我们不应注重知识关系而不注重其他关系。

b. 知识关系之有特性与其他关系之有特性是一样的。知识关系有特性，但我们要记得化学作用，上，下，同，等，左，右，结婚，进，退等等都有特性。这是说从特性方面看来知识关系不比其他关系重要，这当然不是说一件知识事实不能比另外一件知识事实重要，也不是说一件事实不能比另外一件事实重要。

c. 我们可以注重知识关系而不看重知识关系，我们可以不注重其他关系而不轻视其他关系。注重与不注重是兴趣问题或者是利害问题。研究知识论的人当然注重知识关系，但不应看重知识关系而轻视牙医学。研究牙医学的人当然注重牙医学中所有的各种关系，但不应看重这些关系而轻视知识关系。

D. 知觉与事实

知觉与知识不同，所以知觉与事实的关系不是或不必是知识与事实的关系。我们虽不能说有未曾知道的事实而似乎可以说有未曾知觉得到的事实；我们虽不必知觉一情形之为事实而后说它是事实，而我们似乎不能说一件事实中没有知识成分。

1. 知觉与知识的分别。

a. 知觉的对象是官觉现象，而知识的对象不限制于官觉现象。知觉的对象可以是官觉所能发现的事实，那就是说够官觉程度的事实，而知识的对象可以包含不够官觉程度与超过官觉程度的事实。

b. 这样看来离官觉愈远的事实，离知觉也愈远，但是离官觉远的事实不因此而远于知识。知识似乎没有离官觉远近的问题，而知觉的确有离官觉远近的问题。离官觉近的事实，知觉靠得住，离官觉远的事实，知觉就不很靠得住。

c. 知觉当然有推论不然无以自别于官觉。知觉虽有推论而我们对于知觉的信仰是直接的。这信仰是直觉的或生理的信仰而不是理论的信仰。我们相信知觉是自然而然的，没有多大的理由可说；我们相信它似乎是我们相信理论上的前提一样而与我们相信理论上的结论大不相同。

d. 知识则不然。我们对于它的信仰有直接的亦有间接的，有直觉的亦有理论的。对于够官觉程度的事实我们的知识是直接的，对于不够官觉程度与超过程度的事实，我们的知识有直觉成分，而同时亦有理论成分。有好些知识简直没有直觉成分。

2. 知觉与知识既不同，知觉与事实的关系不必就是知识与事实的关系。事实总是我们所知道的，所以不能有未曾知道的事实，但照以上的话看来，可以有未曾知觉的事实。

    a. 不够官觉程度的事实大都是我们未曾知觉的事实；现在物理学与化学发现好些事实都是关于原子与电子的事实，而这些事实似乎都不够官觉程度所以都是我们所未曾知觉的事实。

    b. 超过官觉程度的事实也大都是我们所未曾知觉的事实。"地球是圆的"，"地球绕日而行"，"欧战""美国政府继续酒禁"等等事实似乎都是超过官觉程度的事实，也是我们未曾知觉得到的事实。

    c. 普遍的事实当然不是个体的事实，所以也就不是官觉所能发现的事实。它既可以不是或不仅是官觉所发现的事实，当然也是知觉范围以外的事实。自然律所代表的情形大都是普遍的事实，我们仅能知觉这类事实的个体与具体的表现而不能知觉这类事实的本身。

    d. 抽象的事实当然不是具体的事实，所以也就不是官觉所能发现的事实。既然如此它也就不是或不仅是知觉所发现的事实，现在物理学中似乎有一部分的自然律只能以公式表示而不能以意象（image）传达。这类自然律所代表的事实似乎是我们不能知觉得到的。

    3. 但是所有的事实都有知觉成分。我们虽可以有未曾知觉的事实而仍不能说有毫无知觉成分的事实。这就是说，一件事实的全体虽可以是我们所未曾知觉的情形，而一件事实的部分不能不有知觉成分在内。

    a. 不够官觉程度与超过官觉程度的事实可以放大与缩小到够官觉程度的事实。事实的部分仍是事实，超过官觉程度的事实的部分既可以有官觉成分，这部分也就有知觉成分。事实的集团仍是事实，不够官觉程度的事实的集团既可以有官觉成分，这集团也就有知觉成分。

    b. 普遍的事实，大部分自然律所代表的事实都是事物的类的关系。类的全体虽是我们所不能知觉得到的而类的具体的分子是我们所能知觉的；我们虽不能知觉"人类"的全体而我们能知觉一个一个的"人"。普遍事实虽不是我们所能知觉的而它的具体的表现是我们所能知觉得到的。

    c. 抽象的事实，可以公式表示而不能以意象传达的事实，似乎是事物的概念的关系。有些事物（发现于物理学所研究的情形者居多）可以用试验的方法，算学的符号，度量的标准及其他种种科学的工具提出环境背景之外而归纳到抽象的概念。这种概念与它们的关系不是我们所能知觉的，而它们背后的事物及其关系是我们所能知觉的。

    d. 总而言之所有的事实都有知觉成分。所有的事实都有相对固有的成分而相对固有的成分，一步一步的推上去（或者推下去），可以推到官觉事实或知事实的固有成分。对于这类的固有，知识就是知觉。

七　事实与命题

在本节我们要讨论事实与命题及事实与实在的关系。先讨论命题与事实的关系。

A. 命题本身的关系

所谓命题者是一群具特别组织使其有本身之外的意义的符号。这是比较狭义的命题，因为照这样说法符号一定要代表事物，如果不代表事物就不会有本身之外的意义。宽义的命题似乎不受此限制。

1. 命题（无论宽义与狭义）有它们本身的关系。它们本身的关系就是论理学所研究的对象。这样看来，论理学不必研究心理，也不必讨论事实。它所研究的是命题与命题的关系；它不必研究命题所代表的事实（命题根本就可以不代表事实），它也不必讨论命题所包含的心理（命题根本就可以没有心理的成分）。命题的关系似乎有两种根本不同的情形。

a. 命题间有必然的关系。一意义可以有无定数的命题表示，同一意义的命题有必然的关系，彼此可以互相推论。研究这类关系的学问就是论理学中的演绎法。

b. 命题间有或然的关系。命题不以其意义相同才发生关系，意义不同的命题也有关系，不过是或然的关系而已。研究这或然关系的学问就是论理学中的归纳法。

2. 看作事实的命题。命题不仅是一群有组织的符号，它也是占时空位置的事实。它虽然可以代表不够官觉程度与超过官觉程度的事实而它自己本身如果是事实，总是够官觉程度的事实。

a. 一命题不因其说出来或写出来才是一命题，但因其说出来或写出来才是事实。那就是说一命题从命题方面看来，写出时与未写出时相等，说出时与未说出时相等；而从事实方面看来，写出时与未写出时不相等，说出时与未说出时不相等。

b. 与我们发生关系的命题大都是写出来了或说出来了的命题，所以这类命题大都同时也是事实。

c. 说出来的命题是我们能听得见的事实。

d. 写出来的命题是我们能看得见的事实。既然如此我们当然也有同时看得见与听得见的命题。

e. 现在还有摸得着的命题，这似乎是瞎子的独享品。

3. 命题与命题的关系有时也就是事实与事实的关系。

a. 是事实的命题可以介绍新因果系统，例如你说一句话我也就说一句话。两个人辩论不仅是命题与命题的关系，也就是事实与事实的关系。

b. 两个辩论不仅有对不对的问题，有时还有真不真的问题。对与不对是由命题的关系而发生的问题。

c. 真与不真是由是事实的命题与另外一事实的关系而发生的问题。一命题可以代表一件事。一个命题，如果它本身同时是事实时，一件事实可以代表另外一件事实。一命题的真假问题就是问那一个是事实的命题能不能代表它的对象的事实。

B. 事实与事实的关系

1. 事实与事实的关系有实质的与形式的。实质的关系就是大多数科学所研究的关系。这种关系的种类非常之多，本文不必讨论，也不能讨论，因为要讨论它们似乎要引用种种科学方法才能得到可靠的结果。

2. 形式的关系具有理论性质。事实与事实有同时并立与不能同时并立的问题。简单言之，几件事实之间有融洽与不融洽的问题。

a. 有不能融洽的事实。不能融洽的事实当然不以其不能融洽而失其为事实。一个假命题就是一件与其余事实不相融洽的事实，但是它不因此就变成非事实。不能融洽的事实是有的，我们似乎不能不承认。但是如果有这种情形发生的时候，我们大都用方法解决这个困难。一是改变我们的思想以减少事实的冲突，一是发现新事实，或者否认误认为事实的事实。

b. 彼此不相融洽的事实不能集合起来成一件事实。这也可以说事实间融洽性的定义。绝对的时空，光的速度与地球的速度不能总结起来成一件事实。绝对的时空有一时我们似乎承认是事实，地球之有速度既是事实则光的速度应因向地球与背地球而变更。但光的速度在任何情形之下总是一样。这三种情形不能集合起来成一件事实。现在的办法是否认绝对时空是事实。同时相对的时空与以上关于地球与光的两件事实能够集合起来成一件事实。

c. 各科学似乎都有一根本的假设：如果发现的事实有不相融洽的地方，我们的知识大约有错误，此处的"错误"两字包括种种不同的情形：或者是我们的理论不对或者是我们的观察不精，或者我们误认假命题为真命题，或者我们把不是事实的情形当作事实，等等。科学的目标当然是推广知识，但推广知识途径中一部分的工作是发现新事实减少不相融洽的事实使真理一致，知识无矛盾。这个根本的假设是否有理论上的根据或事实上的需要，颇不易说；但它给我们极大的便利，而同时与我们的经验相符。

C. 事实与命题的关系

事实大都可以用命题代表。所谓代表者，普遍一点的说，就是以符号（语言文字在内）形容事实。但是最简单的事实是够官觉程度的事实。如果我们的讨论限制于够官觉程度的事实，我们可以说一命题能代表一件事实，如果那一命题所引出的印象与那件事实相符合。

1. 本段的问题就是一事实"F"与代表它的那命题"P"是否符合。真假命题的分别就在这地方，关于真假之定义的种种主张，本文不必讨论，本文的主张是常识的主张。常识的主张似乎说得过去，似乎没有，或者不必有，说不通的地方。我们从前以为它说不通的理由或者是因为我们把事实看得太呆板。如果我们改变我们对于事实的思想，这个常识的主张似乎可以说得过去。详细的说法等专论真假的时候再说，此处不提。

此处所要提出仅此一点：一件事实 F 与一命题 P 是否符合要看 FRP 是否是事实，"R"在此处代表事实间的形式的关系而不代表实质的关系。如果 FRP 是事实则 P 是真命题，那就是说 F 与 P 符合；如果 FRP 不是事实则 P 是假命题，那就是说 F 与 P 不符合。

2. 一命题不但是命题而且是事实，它或者是能听见的事实，或者是能看见的事实，只要说出来了或写出来了它总是事实。

a. 把它当命题看，它是 $\varphi(X\cdots R\cdots Y\cdots)\widehat{RK}$。不过此处的"$X$""$Y$"等代表名称，说出或写出的名称。只要这些名称所代表的事物，是够官觉程度的事物，这命题就能引出相当的印象。

b. 如果我们把这个命题当作事实看，它也是 $\varphi(X\cdots R\cdots Y\cdots)\widehat{RK}$，不过这里的"$X$""$Y$"等是占时空位置的官觉与知觉现象。这些现象既同时是名称也就引出相当的印象。

c. 不但有 P 事实还有 F 事实，F 事实也有"X""Y"等，而这些"X""Y"等也是官觉现象。为便利起见，本文所讨论的 F 限制于现在事实。它当然不必是现在的事实。

d. 既有 P 事实与 F 事实，P 与 F 集合起来是否能成一事实就是我们所要提出的问题。

3. 事实与命题的符合问题。命题的真假要看它能不能代表事实，而它能不能代表事实要看它能不能与事实符合。但严格的从一方面说，符合与否是不解问题，因为命题与事实的范围既不同，当然没有比较的可能。本文的主张是说明一命题不但是命题而且是一件事实；所以一命题与一事实符合与否变成两件事实融洽与否的问题。

a. 一命题 P 与一件事实 F 符合与否要看 FRP 是不是事实，而这一问题又要看看 F 与 P 两件事实是否融洽。如不融洽则 FRP 不是事实而 P 是假命题，如融洽则 FRP 是事实而 P 是真命题。

b. 两件事实融洽与否或者是直觉，或者是经验或者是试验的问题。我们现在所讨论的 F 既是现在的事实而同时又是够官觉程度的事实，我们的问题比较简单。F 与 P 两事实之融洽与否是直觉问题。

c. 假如 F 是"今天天晴"的事实，P 是"今天落雨"的命题。F 所包含的官觉现象是我们所直觉碍到的，P 的官觉现象也是我们所能直觉得到的；但"落雨"所引出的印象与"天晴"的现象不相融洽；我们能感觉到一种莫明其妙不很舒服的心理状态，因而联想到 B 段 C 条所说的错误。我们能直觉到 FRP 不是件事实。

d. F 与 P 同时都是事实，我们不能说任何一件不是事实。P 是事实，但同时它也是命题。我们既不能否认它是事实也不能否认它是命题；我们说它虽然是事实是命题，而它是一个假命题。假命题的定义，最简单的说法，是一件与被代表事实（represented fact）不相融洽的代表事实（representing fact）。真命题反是。

e. 不但事实有层次，命题有层次，真命题也有层次。代表不够官觉程度与超过官觉程度的真命题，其情形与本段所讨论的不同，在此处不必讨论。

D. 事实与实在

实在是一极空泛的名称，也是没有多大意义的形容词。心理上的意义非常之杂。习以为常者有人谓之实，根本者有人谓之实，不就人们的范围者亦有人谓之实。在中文方面实与虚为对待名称，所以其中无有者不能谓之实。但非实在者，既必"实在"是"非实在"，也就是实在。虚实的实与非实在的实不能互相为理。有人谓"自然"二字的意义将近五十之多，恐怕实在二字的意义，其数目或者相似。

1. 实在二字有一意义似乎是大家公认的意义，那就是"本身"的意义。一个东西本身是什么，它就实在是什么。

a. 本身二字的意义也不精确，至少有两个看法或说法。一是同一的意义，如甲是甲。这可以说是思想律中之同一律的背景。这当然不是说甲所代表的东西本身是甲，这是说甲本身是甲，如果实在的意义是这样本身的意义，则非实在所否认的似乎不是实在所承认的，而实在与非实在就不是彼此互相否认的名称。这样说来非实在或者没有意义，或者它的意义不是否认实在。

b. 本身二字还有一个意义：那是说"甲本来是乙，不是别的事物使它是乙"。这意义与以上所说的那个意义当然不同。以上那种说法可以仅包含一个单位，就是一种事物或一件事实的本身，本条的说法包含两种肯定的事物或两件肯定的事实与一件未肯定的事实或事物。如果实在的意义是本条所说的本身的意义，则非实在的意义是说"甲本来不是乙，而是另外一种事物或事实使它是乙"。这样说来实在与非实在是彼此否认的名称。

c. 照以上的说法，世界上没有离开事物而自为实在的实在，只有是事物而同时是实在的东西。我们也可以说实在两字根本不是名词而是形容词。把实在当作名词解似乎说不通而把它当作形容词解似乎又没有多大的意义。恐怕最好的办法是把这名称根本取消"永不叙用"。

d. 但数千年的积习不容易打破。如果我们要用本身的思想去解释实在，我们似乎要用相对的本身。如果实在的意义是上面第二说"本身"的意义，自然界有实在似乎就没有非实在。本体论有实在，似乎就没有非实在。严格的说起来，在自然方面，有非实在的时候，就不能有实在。"本身"二字似乎要有第三意义才行。如果 A 受 B 的影响，未受 B 的影响之前的 A 对于 B 是 A 的本身。这是一种相对的本身的意义。

2. 事实与非事实都是实在。

a. 一件事实的部分是实在，一件事实的整体是实在，一件事实可以是另外一件事实的部分，所以一件事实也可以是另外一实在的部分。

b. 一件事实不仅是一件事实，同时也是一种实在。但是一件事实的部分一定要彼此融洽，如果不融洽的时候，那些部分就不能成一件事实。彼此不相融洽的事实虽不能成一件事实而可以成一种实在的情形。所以非事实的情形不是事实而是实在。

c. 非事实当然不是事实，但"有非事实"这句话所代表的情形，我们大都承认其为事实。事实有层次，不是非事实，但"有事实"这句话所代表的情形我们也大都承认其为事实。但事实，非事实，有事实有非事实，都是实在。

3. 事实与实在符合与否。这问题从一方面看起来没有多大的意义。我们当然不是问事实是否是事实，实在是否是实在。我们所问的是事实与它所代表的情形是否相符。但知识既是外在关系，这个问题也就不成问题。这问题另有一意义，那就要看实在是不是绝对的实在。我们所讨论的事实是与人类相对的事实，我们所讨论的实在也是与人类相对的实在。如果我们把实在当作绝对的实在我们就有以下的问题：与人相对的事实是否与绝对的实在相符。相对与绝对是极易发生误会的名称。读者请注意与人类相对的事实对于个人可以是绝对的事实，与人类相对的实在对于个人可以是绝对的实在。"一九三〇年一月十七日天晴"对于人类是相对的事实对于个人是绝对的事实。绝对的实在也不是与人类没有关系的实在，是与所有动物相对待的一种共同的实在。谈到与万事万物没有关系的实在，最妥当的办法是不谈下去。至少在此处我们可以不必讨论下去。

八　反事实与非事实

在本节我们要提出反事实与非事实的问题。事实有正反，所以反事实也是事实；非事实既不是事实，当然不是反事实。反事实与非事实均有问题值得讨论。

A. 反事实的性质与种类

1. 反事实至少有两种，一是普遍的，一是单个的。普遍的如"世界上没有鬼"所代表的情形，单个的如"王先生不在南京"这句话所代表的情形。

a. 反事实既是事实，它也是 $\{\varphi(X\cdots R\cdots Y\cdots)\widehat{RK}\}$。如果以上的例是反事实，它们也就是事实，也就可以用以上的公式代表。

b. 反事实既是事实，同正事实一样；要我们知道它是反事实，我们才能说它是反事实。

c. 但是"没有鬼"不是知觉现象，也不是官觉现象；"不在南京"不是知觉现象也不是官觉现象。既然如此，它们当然不是公式中的"X"与"Y"。

d. 那么所谓反者是反什么呢？它似乎不是否认事实之为事实，因为否认事实之为事实，就变成非事实。"反"的成分既不在（$X\cdots R\cdots Y\cdots$）中，似乎应在"φ"中。如果在"φ"中，又要怎样说法才行呢？

2. 如果以上所举的反事实是反事实，而反事实既是事实，以上的例也就是关系者与关系的集合。反事实或者是反事实中的关系者或者是反事实中的关系。

a. 如果反事实是反事实中的关系者，则"没有鬼"变成"有非鬼"而"不在南京"变成"在（非—南京）"。"非鬼"可以是知觉现象，"（非—南京）"似乎也可以是知觉现象。但它们的具体的表现均是有量的，所以我们虽能知觉得到"非鬼"，而我们永远不能知道"世界上没有鬼"这件事实。

b. 如果反事实是反事实中的关系，则"世界上没有鬼"等于"非（世界上有鬼）"而"王先生不在南京"等于"非（王先生在南京）"。如果这两件反事实是反事实，则"世界上有鬼"与"王先生在南京"不是事实，那就是说，是"非事实"。但是"非事实"也是不定的，无量的，我们怎样可以经验得到呢？一件事实可以有无量数件非事实，我们怎样可以经验得到一件非事实呢？

c. 反事实既不是反关系者当然是反关系；如果是反关系，照上条所说，就是反非事实。如果我们能经验得反事实。我们就应该能够经验得到非事实。寻常的非事实似乎都是间接得来的，而它的来源有二：

甲，我们已经经验了一件正事实。

乙，我们心理上的盼望未曾实现。

B. 两种非事实

非事实有普遍与单个的分别；但与其这样分别不如根据以上所说的两种情形而分别。一种非事实是我们经验了一件事实的结果。再一种是我们的盼望未曾实现的结果。大多数的情形，两种条件兼而有之。

1. 经验了一件正事实的非事实。这是比较起来容易证实一点的非事实。

a. 假如"王先生在南京"是一件非事实，我们能知道它是非事实的理由有的时候是因为我们经验了"王先生在北平"的事实。

b. "一个人不能同时在两个不同的地方"是一种大家所承认的普遍情形。这个普遍的情形与"王先生在北平"那一件事连合起来与"王先生在南京"那情形冲突，我们说"王先生在南京"不是事实是非事实。

c. 为什么说"王先生在南京"不是事实呢？我们既可以有彼此不能融洽的事实，则"王先生在北平"与"王先生在南京"不过是不相融洽而已，不见得前者既是事实后者就不是事实。但是我们的确可以说如果"王先生在北平"是事实，则他在南京不是我们所能官觉得到的情形，所以是"非事实"。

d. 但是为什么提出"王先生在南京"这件非事实出来呢？如果"王先生在北平"是事实，则他在上海，他在天津，等等均非事实。一件事实可以有无量数件非事实，不必使我们想到一件单个的特别的非事实。我们提出一件非事实出来，还是有心理上的盼望使我们注重一件特别的非事实而不注重其余的非事实。

2. 心理上有盼望而未曾实现的非事实。

a. 我们盼望王先生在南京而我们没有看见他在南京。这当然不是说我们盼望王先生在南京而在南京我们看见"非王先生"。我们可以在南京看见一百万"非王先生"而不能得到"王先生在南京"的非事实。

b. 盼望之外似乎还有推论。如果王先生在南京，我们盼望他在一特别的地方，如果他不在那特别的地方，大约他就不在南京。在极狭范围之内，一种盼望与推论可以使我们于盼望失败的时候推论到一种非事实。如果同时我们经验了一件正事实可以证明这件非事实是非事实，那么我们的的确确可以说那件非事实是非事实。

c. 但有些反事实是普遍的反事实是无量数的非事实集合起来的反事实。而这些非事实似乎不能有正事实做它们的佐证。"世界上有鬼"（假设它是非事实）是许多非事实集合起来的非事实。一方面我们既不能经验到"世界之外有鬼"的事实，再一方面我们也不能经验到"这里有鬼"的非事实与那里有鬼的非事实。如果"世界上有鬼"是一件非事实，它是由于"甲处有鬼"，"乙处有鬼"等等的单个的非事实推而普及于世界的一种普遍的非事实。这样的非事实似乎没有一件正事实做它的佐证使我们可以的的确确的说它是非事实。

d. 但是为什么提出"世界上有鬼"的非事实而不提出"世界上有龙，有'嘉伯洼克'，有北海若等等及其他无量数的非事实呢?"这个问题在理论上似乎没有法子对付，它包含心理上的特别情形，至于这情形是怎样得来的简直是另外一个问题与本文所讨论的问题没有多大的关系。

C. 反事实与非事实的关系

1. 在本段最初所要提出的问题就是层次问题。

a. 一件事实在上一层或下一层可以是事实也可以是非事实，一件事实是关系者与关系的集合，本身可以做关系者。一件事实可以与另外一件事实或事体，或东西发生关系，当然也可以不发生关系。所以一件事实在下层的关系中发生是事实与非事实的问题。

b. 一件非事实也有以上所说的同样的问题。在所有的关系中，有一种特别的关系，那就是承认与否认的关系，或肯定与否定的关系。承认一件事实可以是事实，如果是事实的时候，它与原来的事实层次不同。否认与承认有同样的情形。

c. 否认与承认大都包含官觉者或知觉者。这官觉者或知觉者不必是人，我们也不必讨论到人，不过我们所讨论的碰巧是人而已。

2. 反事实与非事实的关系。

a. 如果"ARB"是事实，则"它是事实"也是一件事实。

如果"ARB"是事实，则"它不是事实"是一件非事实。

b. 如果"ARB"不是事实，则"它是事实"是一件非事实。如果"ARB"不是事实，则"它不是事实"是一件事实。

c. 第一种情形可以称之为正事实，第二种情形可以称它为反非事实，第三种情形可以称它为正非事实，第四种情形可以称它为反事实。

d. 照以上说法，"世界上没有鬼"，"王先生不在南京"，如果是反事实的时候，都是否认一件非事实为事实的情形。反事实者不是反事实之为事实，是反非事实之为事实。"世界上没有鬼"是说"世界上有鬼"这情形不是事实，那就是就否认它是事实。"王先生不在南京"是否认"王先生在南京"这情形（或这件非事实）是事实。

3. 为什么不用反事实解释非事实而以非事实解释反事实呢？对于这问题我们似可以注意以下诸点。

a. 反事实与非事实的确不同。如果相同我们当然不能以其一解释其二。它们的不同点根本就是：反事实是事实而非事实不是事实。反事实表示一件事实不是正事实，非事实表示一种情形不是事实。

b. 从心理方面或经验方面说，反事实与非事实没有先后的问题。它们似乎都包含未实现的心理上的盼望。在经验上不见得先得了非事实然后再到反事实，也未必先得了反事实然后才推到非事实。经验上我们以非事实解释反事实似乎是没有什么益处的。

c. 但在理论上非事实比反事实根本。（甲）我们方才已经说过，非事实与事实对待，反事实与正事实对待，正事实既不若事实之根本，所以反事实也不若非事实的根本。（乙）反事实既否认一件非事实之为事实，它与它所否认的那件非事实的层次不同。它的层次低，所以它所否认的那件非事实在理论上比它根本。

d. 既然如此，无论心理与经验方面的情形如何，在理论上我们应该用根本的去解释比较不根本的，那就是说应该用非事实去解释反事实。

D. 反事实与非事实在自然界的位置

1. 自然界这三字自少有一极宽的意义，与一极狭的意义。

a. 如果我们把所有的一切都认为自然，则自然界三字的意义是极宽的意义。这样的自然界包含人。知识论的对象就是这样的自然界，如果不是，我们似乎无法研究知识论，理由在此处且不讨论。在这极宽义的自然界中，反事实与非事实都是自然。

b. 如果我们把自然界的范围限制到天文学，地质学，物理学与无机化学所研究的对象，则自然界三字的意义是极狭的意义。在这极狭义的自然界中，反事实与非事实不是自然。

2. 反事实与非事实都是实在。反事实既是事实当然是实在。

a. 在极狭义的自然界中，反事实与非事实都是实在，但此处实在两字的意义是表示思想律中之同律的背后的情形。那就是说实在二字的意义极抽象。

b. 在以上所说的极宽义的自然界中，反事实与非事实也都是实在。实在二字的意义在此处比较着实。反事实与非事实不仅它们各是它们自己的本身而且没有它们因果系统之外的力量或东西使它们成其为反事实与非事实。

c. 那就是说一种反事实物观地是反事实，非事实物观地是非事实。但任何一件非事实与反事实有它那一种的因果系统之外的成分使我们提出那一件而不提出同种之中另外一件非事实与反事实。这就是以上所说的，我们提出一件反事实与非事实因为我们对于它们有一种心理上的盼望。这心理上的盼望是例外的，属于一时一地的因果系统。关于这种因果系统，论"知觉现象"时，已经提及，此处不再讨论。

d. 一时一地的因果系统仅影响到"提出"一件反事实与非事实而不影响到所提出的那一件反事实与非事实。一件反事实与非事实也就物观地是反事实与非事实，也就是（b）条所说的实在。

3. 反事实及非事实与知识，命题，真理等有关系。反事实既是事实，它与各种情形的关系已经讨论过，可以不再提及。

a. 非事实与知识的关系是外在关系。以上已经说过，非事实虽有心理成分而心理成分仅影响到提出一件非事实而不影响到所提出的那件非事实。

b. 非事实可以有知觉成分。知觉成分与它所代表的固有成分的关系是外在关系。

c. 非事实可以有人事成分。如果介绍新因果系统是创造事实，那么人可以创造事实，如果人能创造事实，同时也就创造差不多无量数件的非事实。非事实与人事成分无固定的关系。

d. 假命题是一件与"被代表事实"不相融洽的"代表事实"。如果被代表的情形是一件非事实，则与那件非事实相融洽的"代表事实"是一个假命题。

（原载《哲学评论》第 4 卷第 1 期，1931 年 7 月；选自《金岳霖文集》第一卷，兰州，甘肃人民出版社，1995）

关于真假的一个意见[*]

（1935）

本文所讨论的"真"是真假命题的真。如果有其他的真，那些真不在本文范围之内。"真的人"，"真的恋爱"，"真的宋画"，等等本文均不讨论。可是，如果所谓"真的人"者是说 x 是人是真的，所谓"真的恋爱"者是说 y 恋爱 z 是真的，所谓"真的宋画"者是说 w 是宋画是真的，则所谓"真"者当然在本文范围之内。

本文分以下部分：

一、关于事实；

二、关于命题；

三、关于证实；

四、关于证明；

五、关于真假的定义。

一　关于事实

从人类的眼光看来，事实是感觉现象的"function"。这个字的意义约略如下。如果有 A，B，……为关系分子，R 为关系，ARB 为关系体，事实对于人类是一种关系体，其关系分子可以就是人类的感觉现象，可以不是直接的感觉现象，而能分析到感觉现象，或者不是直接的感觉现象，而能综合到感觉现象。如为前者，则为感觉事实；如为第二，则为上感觉事实（如天文方面的事实）；如为后者，则为下感觉事

---

* 这是一篇赶出来的文章，或有以下毛病：（一）所表示的意见大都近结论式的意见，理由大都没有写出；意见之能通与否，不容易知道。（二）作者对于名词素来不讲究，而在急不暇择的情形之下，恐怕好些名词免不了不能达意的毛病。

实（如原子电子方面的事实）。这里已经有三层的事实，除此以外，当有其他的层次。关于层次我们不必假设它有始有终，所以用不着谈到无外与无内。这里的无外不指至大，无内也不指至小。电子对于人类或者是至小，而层次不始于电子层次。天文学家的宇宙或者是人类的至大，而层次不终于这种宇宙层次。对于任何感觉者有一"n"层次，为那一类感觉者的感觉事实层次。如"m"层次为人类的感觉层次，则所有的事实，与"m"层次为对，上感觉事实可以分析到"m"层次，下感觉事实可以综合到"m"层次。这就是"function"那个字的意义。

以上是与感觉类为相对的层次。除此以外，当有其他的层次。这些层次与感觉类没有以上所形容的关系。这些层次之中有两层次是我们所特别注意的。一为历史层次，一为平削层次。

先谈历史层次。兹以 x 事实在 n 层次为 $x(n-1)$，$x(n-2)$，$x(n-3)$……与 $x(n+1)$，$x(n+2)$，$x(n+3)$……之和。任何 $x(n+m)$ 或任何 $x(n-1)$ 均为 x 事实的平削，由任何 $x(n-1)$ 到任何 $x(n+m)$ 均为 x 事实的历史。$x(n+m)$ $x(n-1)$ 叫作成分。这些成分连成一系，此系即 x 事实。x 事实也可以视为 x 成分在历史上的路线。x 路线也就是由 $x(n-1)$ 到 $(n+m)$ 的历史层次。普遍的历史层次无所谓始，无所谓终，但在历史层次中，x 路线既能以 x 称，始于能以 x 相称的成分，终于不能再以 x 相称的成分。由各成分的历史层次看来，x 事实是一件"事体"。

但在普遍的历史层次中，x 不过是一条路线而已，除此以外尚有旁的路线如 y，z……在历史层次中，有不相对称而传递的关系如包含。设 y 包含 x，在 y 的有历史层次中，开始能以 x 成分相称的 $x(n-1)$ 适发生于 $y(n-p)$；则 x 始于 $y(n-p)$ 不能再以 x 成分相称的 $(n+m)$ 适发生于 $y(n+q)$，则 x 终于 $y(n+q)$。此处表示 x 事实不仅始于其始，而且始于 y 事实之 $(n-p)$ 成分；不仅终于其终，而且终于 y 事实之 $y(n+q)$ 成分。事实的历史层次就是时候。根据各路线在历史层次上的包含关系，我们能度量时候使成时间。各路线之中，可以提出从各方面看来一最便利的路线以为标准。成标准的路线，数理化、抽象化之后成一线延的系统，事实上与一感觉类所能推到的历史层次同终始，而理论上无终无始。

x 在 n 层次上不仅是 x 历史层次中的一成分，它也是一个平削成分，一方面是别的平削成分的关系分子，另一方面也有别的平削成分为它的关系分子。平削层次与历史层次一样，无所谓始终。如以 x 成分为起点，在历史层次中的 n 层次上，由 x 起点往外推出去，可以有甲$^+$，乙$^+$，丙$^+$，丁$^+$等等层次；往内推进去，可以有甲$^-$，乙$^-$，丙$^-$，丁$^-$等等层次。平削层次虽无所谓始终，而 x 成分既能以 x 称，则 x 成分始于能以 x 相称的层次，终于不能以 x 相称的层次。这就是说，x 有界限。用上段对于时间所用的方法，设有 y 成分包含 x 成分，我们也可以说 x 始于 y 成分的某一层次。我们也可以提出一成分作为标准以量平削层次使成我们之空间。此标准数理化、抽象化之后，也成一绵延的系统，事实上与一感觉类所能推到的平削层次同界限，而理论上无界限，或无终始。在平削层次上之 x，y，z，w 平削成分，我们大都视为"东西"。"我们"二字表示本文所注重的感觉类是人类。

事实既为关系体，它有它的关系分子的关系，它既又是别的关系体的关系分子，它与别的事实也有关系。"事实"二字的意义比较模糊，而本文用这名词者理由有三：（一）它可以包含事体与东西；（二）范围的大小与它不相干，宇宙与电子均是事实；（三）它特别偒人注重关系。事实的关系有内在与外在两种。由内在关系我们可以推论到关系分子所得的关系质与性质，由外在关系我们仅能推论到关系分子所得的关系质，而不能推论到关系分子所得的性质。事实虽莫不彼此关联，而我们能经验到某种或某程度的秩序，因而能得相当的知识者，因为事实的关系有内在与外在的分别。

事实可以分为事实个体与事实类。对于这样的分法，有三点要特别注意：（一）事实个体的存在似乎无问题，无论如何本文假设它存在。事实类可不同了。我们是否能说它存在，发生问题；即令我们能说它存在，而存在两字的意义也与事实个体之存在两字的意义不同。本文不必假设它有事实个体所有的存在。（二）事实个体与事实类有普遍与特殊的问题。在各种层次的情形之下，普遍与特殊为相对而非绝对。各种层次既无所为始终，个体的成分比个体更为特殊，而大类比小类更为普遍。但在某一类感觉者的感觉层次上，所为个体仍有比较确定的范围。这里所说的是一般的事实个体与事实类，而不是同时为命题的事实与事实类，详见下节。（三）事实类既为事实的类不至于没有分子，这当然不是说名词所代表的类没有空类。这一点要注意，同时我们也要注意到为便利起见，我们取消只有一个事实个体为其分子的类。既然如此，事实类总有多数事实个体为它的分子。

事实个体既有层次，它或在 n，或在 m，或在 1 等等层次。在 n 层次的事实有 $n-1$ 层次的下事实（atomic facts 与下感觉事实不同），为此事实之关系分子，也有 $n+1$ 层次的上事实（molar facts 与上感觉事实不同），而此事实为其关系分子。事实类成于多数性质相同或相似的个体事实。个体事实占特殊位置，或者说占特殊时—空；用上段的话，我们也可以说，它们有不是性质的特殊关系质。但个体事实能属于一类者，不仅因为它们有不是性质的特殊的关系质，而且因为它们有相同或相似的、而又是性质的关系质。如果我们取消只有一个个体的事实类，每一事实类当然有多数个体为那一类的分子。一事实类有多数个体为它的分子，就是说，同类的个体分子占不同的时—空。所谓同类分子占不同的时—空，无非是说它们不限于历史层次与平削层次中的任何一层次。从关系方面着想，这也就是说个体事实与它们的下事实彼此的关系有些是内在关系，而它们与它们的环境的关系有些是外在关系。事实之能有类，一方面靠内在关系，一方面靠外在关系。

事实虽有秩序，而事实的秩序不是一个整个有机体的秩序。如果事实的秩序是一个整个有机体的秩序，事实与事实之间就没有外在关系；没有外在关系，即有事实个体，也不能说有事实类。事实的秩序虽不是一整个的秩序，而事实不能无秩序。如果事实无秩序，则事实与事实之间不仅没有外在关系，即有内在关系而我们也不能知其为内在关系。总而言之，事实一方面总是有秩序的，另一方面总是无秩序的。所谓一方面总是有秩序者是说如果我们分门研究，我们可以得各种不同的类学系统，所谓另一方面无秩序者是说各种不同的类学系统不能组织成一整个系统。无论怎样好的百科全书不是一个整个的类学系统。

事实有无秩序是一不成问题的问题，因为问题既包含秩序的意义，而同时无论秩序的意义如何，至少要有有那种意义的秩序这问题才能成问题，所以这问题是一只有正面答案的问题。事实有多少秩序是一无意义的问题。多少要有标准，若一方面无标准，另一方面即有标准而无所用之，则多少的问题根本不能有答案。

二 关于命题

所有的命题都是事实类。即个人想像中没有说出或没有写出的符号集团，只要它是命题，它必有社会性，所以除他个人想像之外，一定有事实个体为这没有写出或没有说出的命题的分子。是命题的事实类与不是命题的事实类不同，它们虽然也有事实个体为它们的分子，而这些事实个体除本身为事实个体之外，同时亦为符号：那就是说，同时亦为与它们本来毫不相干的事实个体的代表。说出来，写出来，印出来，刻出来的命题都是命题的 token，而命题的 token 都占特殊时—空，都是事实个体，都是命题的事实类的分子。命题即命题 type，而命题 type 是这些事实个体而同时又是符号的事实类。这里所表示的也是说命题也是感觉现象的 function。

命题有两方面，一方面是事实类，一方面是符号集团。从前一方面着想，它老是普遍的；从后一方面着想，它不老是普遍的。后一方面有意义问题，有意思问题。对于意义（meaning）问题，我们注意以下诸点：（一）有意义的符号集团不必是命题，不是命题的符号集团无所谓真假，至少无所谓命题的真假；（二）是命题的符号集团，其意义是两方面的，一方面本文称之为摹状，另一方面本文称之为摹规（此两名词得之于申府先生与荫麟先生）。指出一个 x，说 x 是红的，一方面把 x 视为事实个体，而这句话摹 x 的形色状态；另一方面把 x 视为普遍的符号，定"红"的意义以之为经验的标准或规律。摹状与摹规两成分，从时间先后方面着想不能分开。以名词为例，或者容易清楚一点。若"红"不"先"摹状，不能为经验的标准；不"先"摹规，也不能不摹事物之状态。从单位方面着想，这两成分不便分开，因为单位上分开，一句话要有两种符号，一表示其摹状，一表示其摹规，而作文的工作就因此愈麻烦。但从性质方面着想，我们不能不表示它们的分别。这里的意见与 *Principia Mathematica* 的意见似不一致。但如果说得过去的时候，除必然命题之外，一命题一方面总有摹状的成分，那就是说，总有经验方面的问题，或证实问题；另一方面总有摹规成分，那就是说总有系统方面的问题，或证明问题。

所谓意思（significance）问题是能否有意义的问题，而不是有无意义的问题。此问题为根本法则的问题。根本法则是否同时为"jus naturale"或"lex naturalis"，在本文范围之内我们可以不必谈到，但照前此的讨论似乎为"jus naturale"。无论如何这些根本法则是语言文字之能有用与否的根本条件。研究这些条件的学问就是逻辑。有意义则必有意思，不能不真者，必有意思；无意思者不能有意义，而不能真者无意思。若以不能不真的命题加以条理，加以组织使成系统，此种系统一方面即为符号集团能否有意义的标准，合乎此标准的符号集团始有意义问题。另一方面此种系统亦为其它任何系统的骨架。此种系统的命题既为不能不真的命题，而此种命题又为命题与命题之间有无可逃避的关系因而联合起来的命题，则这种命题必有部分。反过来任何命题也必是这种命题的部分。提出任何一命题 p，就有许多旁的命题 q，r 等等与此 p 命题联合起来成必然的命题。这就是普通所谓"q，r……命题跟着 p"。任何系统的组织至少有一方面不能不根据于这种命题与命题的关系。这就是说逻辑是骨架。

以上的讨论表示如果我们提出任何 p_1，p_2，p_3，p_4……命题，这些命题必有系统为它们的背景。同时根据于命题的摹规成分，我们也可以说表示这些命题的语言其所以为 p_1，p_2，p_3，p_4……命题者，因为它们都是这系统背景的成分。从意义方面说，研究这个系统背景可以补充我们对于这些命题的意义的知识。我们对于某几个命题或者有某种见解，可是研究系统之后，有时我们会发现原来见解的错误。从真假方面说，研究系统背景有时增加我们对于事实的知识。对于原来的命题，我们或者不知其为真为假，可是研究系统之后，我们可以根据于推出来的命题的真假，而知道原来的命题是否为真为假。我们一方面可以根据事实的秩序以求命题的系统，另一方面也可以根据命题的系统以求事实的秩序。

从知识论方面着想，所谓"文化演进"者可以用以下命题表示："在任何时代，前于此时代的时候，根据事实的秩序以发现命题的系统与根据命题的系统以发现事实的秩序，假设其比率为 n 与 m，后于此时代的时候，知识果有进步，则 n 减少，而 m 增加。"

这句话或者佶屈聱牙。我们可以说，科学在知识的地位与实业革命在经济的地位差不多。实业革命之后，生产力的增加可以说是几何式的比率；科学发达之后，知识的增加也是几何式的比率。实业革命之后，不但生产力增加，而生产力增加的速度也增加；科学发达之后，不但知识增加，而知识增加的速度也因之而增加。这是大家所公认的情形，大多数人所未注意的情形就是无论那一时代都有实业革命那样的事实发生，无论那一时代都有科学那样治学方法的渐次引用。归纳起来，就是上面说的那个佶屈聱牙的命题。此所以研究理论的工作在任何时代均为重要。所谓研究理论者即研究命题在意义方面的系统而已。

事实类与事实个体有一点根本不同。普通所谓"世界老在那里变"

者，就是说事实个体无一不在变迁之中。事实类无所谓变，既不能说它变，也不能说它不变。可是我们对于它的态度，我们对于它的信仰，我们对于它的动作等等均可以变。命题亦然。命题的 token 亦无不在变迁之中。汉朝石刻的碑，从命题的 token 方面着想，我们固然知道它在两千年来老在那里变。既然如此，黑板上写的字的 token 也在那里变。但字与命题均无所谓变。命题无所谓变好像道德无所谓红，但理由并不一致。命题无所谓变者，因为命题不能变。如果命题能变，则语言文字不能公，而普通谈话以及文章图籍都是废话。语言文字能公，则命题不能变。系统亦然，欧克里几何没有变成非欧克里几何，而牛顿的物理也没有变成爱因斯坦的物理。我们对于欧克里几何与牛顿的物理的态度可真是变了。欧克里几何无历史，我们对于它的态度有历史。即在普通社会上的谈话中，如果一个人前后谈了两句不相符的话，严格地说起来，我们不能说"他说的那句话变了"，我们只能说"他变了他的话"。我们在这里提出这一点的理由，就是要表示命题既无所谓变，真命题亦无所谓变，而所谓"永久的真理"不过是真命题而已。

为讨论真假起见，命题可以分为普遍与特殊两种。此处之所谓普遍不是传统逻辑中 A，E 的普遍，此处之所谓特殊，也就不是传统逻辑中 I，O 的特殊。在本文，表示事实个体的命题为特殊命题，其他皆普遍命题。普遍命题分为以下三种：一为规律的假设，二为事实隐示的假设，三为归纳的假设（postulates）。有些为不能不真的命题，如逻辑系统中的基本命题；有些为不能直接证实的而同时知其为真的命题如"归纳原则"；有些为一系统的基本命题，我们不求它们本身的证实，只求由它推论出来的命题我们可以设法证实。事实隐示的假设（hypothesis）用途非常之广，它们不限于普遍命题。这种假设都是从事实的隐示得来，而不直接表示事实。学术系统化之后，事实的隐示愈多，而这种假设的引用乃愈勤。其所以然者，显而易见。甲事实所隐示的乙，丙，丁，等等，虽或为一时实验与观察之所不能及，而表示甲事实的命题，引起许多旁的命题。这些命题之中，因为学术系统化之言，有些淘汰，有些或然性小，而以某一范围之内固有的知识为背景，有些差不多是表示甲事实那一命题的结论，而同时又为表示乙，丙，丁，等等的命题。这些命题就是事实隐示的假设。如果观察或试验发现乙，丙，丁，等等为事实，则这些假设证实。证实之后，其他条件满足，这些假设就不是假设了。归纳的普遍命题或者是证实了的假设，或者是由观察或试验直接得到的命题。这三种普遍命题，其证明与证实的问题有不同的情形，以后再提及。

真的特殊命题肯定一事实个体，真的普遍命题肯定一事实类。研究前者为个体学，研究后者为类学，个体学为现在所称为史学那样的学问的一部分，现在所称为科学那样的学问均为类学。在个体学中求真的普遍的命题，仍为研究类学；在类学中求真的特殊的命题仍为研究个体学。但类学不是个体学，个体学也不是类学。这当然不是说个体学家一定不是类学家，也不是说类学家一定不是个体学家。所有的学问，其目的均为真。伦理学的对象虽即是善（能以善称的事实类），而研究伦理学所求的仍为真；美学的对象虽即是美（或能以美称的事实类），而研究美学所求的仍为真；知识论的对象虽即是知识（或能以知识称的事实类），而研究知识论所求的仍为真。这些学问都是类学，它们是否能成为现在所称为科学那样的学问是一问题，而这些学问所求的即均为真的普遍命题，它们当然是类学。只有各大学所设的哲学系那样的哲学，或哲学史所述的那样的哲学似乎有特别的情形。研究这种哲学所求的不是单个的真命题，而是各类学的真命题的联络。它所求的不仅是真，而且是通，是类系统的通，不仅是命题的真。所谓"一以贯之"者似乎就是本文所谓"通"。

三　关于证实

判断是事实，它是普通所谓事体的事实，不是普通所谓东西的事实。它也有个体与类的分别。每一个判断都是三种事实的相交：（一）感觉者本身这一件事实个体，（二）感觉者所感觉到的事实个体，（三）表示第二件事实个体的命题（在判断发生的时空，此命题为事实个体，但既为命题另一方面又为事实类）。这种事体或为公或为私，如为公，则是可以听见或可以看见的事实；如为私，则或不能听见或看见。命题总是公的，而判断可以私。命题无史，而判断有史，普通所谓思想史是人类或个人的判断史，而不是命题史。每一判断均有其第一件事实个体的特殊情形，每一时代的判断均有那一时代的特殊情形，每一地方的判断也有那一地方的特殊情形。各种学问所研究的对象，这种既是判断而又是事实的个体均应有尽有。严格地说来，每一个判断均有物理、心理、生理、化学、等等，语言文字、史地经济、风俗习尚等等为背景。一时代一区域的判断史的背景更是复杂。

兹特用"是""非"两字以为判断的质。命题有真假而判断有是非。判断的是非当然是随我的判断而俱来。判断的是非与命题的真假根本不同。从事实方面着想，判断虽可以集为一类，而我们所注意的是事实个体；而从事实方面着想，命题老是事实类。事实既没有一整个的秩序，事实个体没有完全相似的环境。命题无所谓往来，而判断川流不息。一时一地的一判断，在另一时另一地可以是另一判断。判断的是非在历史上不必一致，而命题既无历史，其真假不能随时地而变壬。普通所谓"一命题有时为真有时为假"者，实在是说同样的判断有时为是有时为非。一时为是的判断，另一时不必为是；一时为非的判断，另一时不必为非。命题则不然，只要它真，无论何时都真；只要它假，无论何时都假。

在人类的直接感觉经验中，判断的是非不必为我们经验。我们经验是非的时候，又有直接经验与间接经验的分别，在直接经验是非的时候与其说经验"是"，不如说经验"非"。在直接判断经验中，一判断为"是"，我们大都不觉其为"是"，大都不停流地又雇而之他①。但如果在经验中，我们感觉到所感觉的事实与所得命题的反感有不融洽的情形，我们就感觉到错误，而我们的判断为"非"。这种不融洽的情形非常之复杂，理由不一致。有时我们所感觉的"事实"不是事实而是我们的盼望，所得命题方面的反感与此盼望相融洽，而与事实不相融洽。例如大门开了，我盼望李先生，说"李先生来了"，而其实李先生未来，我这句话与我的盼望相融洽，而与事实不相融洽。这里所谓直接经验，不是没有联想或推论的经验。我们经验不融洽的情形的时候，似乎总有联想或推论夹杂其间。此处所谓直接经验者，不过是表示在这种经验中所经验的事实与命题既同在感觉层次之中，且同在一历史层次之上，我们没有想方设法求判断的证实而已。可是虽没有想方设法求判断的证实，而我们仍可以经验到不融洽的情形。如果我与朋友在屋子里辩论，很自然地撑起雨伞，走到阴天的院子去继续辩论，我可以根据于干衣服、干地及其他情形，而知道我对于天气的反感为错误。如果我喝茶，头一口就使我吐出来，而同时眉头一皱提起杯子来细看，我经验了一种不相融洽的情形。如果在判断经验中，我们经验这种不相融洽的情形，我们也就经验那判断之为非。

---

① 原文如此，疑不确。——编者注

以上当然是特别简单的情形，但这种情形可以表示我们在直接经验之中，根据于不相融洽的情形而经验到判断之非，不是根据于相融的情形而经验到判断之是。如果经验中没有不相融洽的情形发生，我们不至想到判断的是非。在这种直接经验中，既没有想方设法以求判断的证实，对于判断中的命题，没有所谓"workable"与"unworkable"的问题。"workability"至少是在求证实之后的问题，而不是直接经验中的问题。即在直接判断经验之中我们不能说经验相融表示判断之是，只能说经验"不相融"表示判断之为非，因为"经验相融"（coherent experience）未必就经验"相融"（experience coherence）。有时有不相融洽的情形，而我们心不在焉，根本没有注意，所以从经验着想，我们可以用"相融"二字形容；而从对象方面着想，我们既没有经验"相融"，也没有经验"不相融"。经验"相容"似乎是"是""非"问题发生之后的事体，在问题未发生之前，只有经验"不相融"才能使我们意识到判断之为"非"，经验相融不能使我们意识到判断之是。

一命题的真假，与我们对于它的信仰是两件事。我们相信它真，它不必就真，我们相信它假，它也不必就假，这恐怕是大家早已承认的。但承认一真命题之为真，我们要有信仰。在知识不甚发达的时候，信仰是我们承认一命题的充分的理由；在现在我们信仰一命题之为真，别的条件不计外，第一个要求似乎就是证实，要表示判断经验中没有"不相融"的情形。命题既为事实类，而且又是同时为符号的事实类，所以命题无论何时均可以感觉得到。但命题所表示的事实可以是事实的个体，如果是事实个体，则发生之时地外，别的时地感觉不到；命题所表示的事实也可以是事实类，如为事实类，有时可以感觉得到，有时不能，而这些事实与命题相融与否有待于我们的观察；命题所表示的事实有些为特别的事实类，而这些事实类，因为我们有近代的设备，我们可以利用事实个体使这些事实类无论何时均可以实现，这些事实类与命题的融洽与否有待与我们的经验。在各种不同的情形中，证实问题当然也有不同之处。

在直接的判断经验中，即有证实的问题发生，差不多也是举手可得，因为所感觉的事实与所得的命题为同时的事实。如果命题的 token 与它表示的事实为不同时的事实个体，则判断的证实问题就非常之麻烦。设一事实个体发生于两千年之前，我们不能感觉它；可是我们虽不能感觉它，而我们判断的对象，有时是这样的事实。这不过是说有时我们承认这样的对象为事实，有时我们否认。这个我们可以称之为我们对于已往的判断，或者历史方面的判断。对于历史方面的判断，我们既不能感觉判断的对象，所以如果证实问题发生，我们只能求间接的证据。直接经验中的"相融"或"不相融"的情形，根本就不会发生。间接的证据约有以下三项：（一）记载，（二）古物，（三）类学所给于我们的普遍知识。前二者的用处显而易见，用之之道当然不是容易的事情。第三项的用处不免为多数人所忽略，而它的用处非常之大。它的用处可以分以下两途：（a）根据逻辑方面的普遍法则，看记载一致与否，如记载不一致，必有失实的毛病，因为事实不能因其为既往就可以彼此不相融；（b）根据其他类学所给与我们的自然律，看所记载的事实在当时情形之下是否为可能的事实。可是虽有以上三项证据我们仍可以说，如果我们要证实我们历史方面的判断，而判断中的命题是特殊命题，那就是说所表示的是"实事个体"，我们既不能有直接经验中对于"相融"或"不相融"的直接经验，也不能有对于事实类周而复始，重重复复的观察或试验。其结果是这种判断的证实，总是临时的，总是有待于将来。

如果在判断经验中，我们所经验的，一方面是事实类，另一方面所提出的是普遍命题，情形就大不相同了。事实类的分子是事实个体。我们既然取消只有一分子的事实类，所谓事实类者其分子不限于一时一地。大多数的事实类的分子可以重现于不同的时地。这些可以重现的分子，从它们本身为事实个体的一方面着想，它们也是往而不返；但从它们为一事实类的分子一方面着想，我们可以利用任何 $M^{th} N^{th} L^{th}$ 事实个体为事实类的代表而加以研究，看我们所提出的命题是否与那一事实类融洽。这些事实类的分子，有些有待于自然的周而复始，有些我们可以利用特别的设备强迫它们重复发现。对于前者我们只能观察，看我们所提出的命题与所研究的事实类在经验方面是否融洽；对于后者，我们可以试验，可是试验之后，根本标准仍是在经验方面的融洽。标准虽仍是融洽，而融洽与不融洽的内容与前几页所说的大不相同，这里所说的融洽内容丰富。"融洽"与"不融洽"的情形或者是大多数没有特殊训练的人所不能经验的，因为要经验它们，不仅五官有特殊训练，而且须特别知识，同时又富于那种知识范围之内的推论。

在讨论事实的时候，我们曾说过有好些事实是不在惑觉层次的事实。这种事实，我们只能经验它们在感觉层次方面的"function"，而不能经验它们本身。对于这些事实，我们仍可以试验，仍可以观察，我们对于它们的判断仍有是非问题，判断中的普遍命题仍可以证实。可是判断中的命题直接表示这种事实，而我们所经验的情形不过是这种事实的"function"；这就是说，这里的判断经验不是直接经验，判断中的命题与事实不同在一感觉层次。命题与它所表示的事实既不同在一感觉层次，则它们彼此在经验上融洽与否，要看命题与那件事实在经验上的"function"融洽与否。表示上下层事实（上层事实是在感觉层次之上的事实，下层事实是在感觉层次之下的事实）的命题有所谓行（workable）与不行（unworkable）的问题。所谓行者，就是说这样的命题与它所表示的事实的"function"在经验上融洽，所谓不行者反是。虽归根结底依旧是经验方面的融洽或不融洽，而我们经验此"融洽"或"不融洽"的过程中无一处不利用命题的系统。有些系统代表一范围之内，同行所共同承认的方法，有些代表证实时所用工具的意义；有些是普遍的推论，有些是根据于一范围之内的特别知识的推论。如果在这样经验的过程中一命题在各种系统中不能通行无碍，则我们经验"不融洽"，那就是说那一命题所表示的情形，自其感觉层次上的"function"而观之不是事实。反之，如一命题在各种系统中通行无碍，则它所表示的情形，自其感觉层次上的"function"而观之，大概是事实。

所谓证实，一方面是证判断之是，一方面是证判断中的命题之真。头一方面的宗旨达到不一定是，而大都也不是第二方面的宗旨达到。得一时一地的证实，那一时一地的判断为是，判断虽证实而判断中的命题是否为真仍为问题，则它的证实可以表示命题的证实。以上所讨论的可以总结如下：

甲，在大多数判断经验中，只有经验"不融洽"才使我们感觉判断之非，否则大都没有证实问题发生。

乙，在判断经验中，有时有证实的问题发生。证实的基本条件为经验的融洽。判断既有以下的不同的情形，证实问题亦因之而异。（一）设判断经验中所经验的事实为事实个体，而此事实个体与判断经验同时发生，则证实问题举手可得，至少没有多大的困难。（二）设判断经验中所经验的事实为事实个体，而此事实个体的发生远在判断经验之前，则判断虽在一时一地可以认为证实，而判断中之命题究竟为真与否似乎总有待于将来，即在将来恐怕也没有法子使我们知其究竟为真为假。

丙，设判断经验中，所经验的事实为事实类的分子，而我们所注意的是事实类，则判断经验有以下两种不同的情形。（一）在感觉层次的事实类，我们可以利用那一事实类的任何事实个体，加以观察与试验，判断可以随时证实。判断可以随时证实，判断之是隐示判断中命题之真。（二）不在感觉层次的事实类在感觉层次上均为那一类的"function"，命题与它所表示的事实融洽与否的问题变成了命题与那一事实类的"function"融洽与否的问题，而这问题就是上面所说的"行"与"不行"的问题。在这样的判断经验中，判断既随时可以证实，判断的"是"也隐示判断中命题的真。

四 关于证明

对于证明，我们最初一点意见，就是要表示我们在此处用不着提到判断的问题。这不是说我们在证明一命题的时候，我们没有判断的经验，判断的经验恐怕无时不有。在经验上我们也不能把证明与判断分开。此处所谓证明，不是指经验中一种工作，不是"proving"。经验中的证明工作是具体的事体，与其他事体一样有一时一地的情形，平常所说的证明如"某人在某时某地证明了某一学说"是具体的事体。这样的事体当然不能离开判断，而这里的判断一样有以上的证实问题。本段所要讨论的证明，不是"proving"是"proof"，不是证明所包含的工作，是工作的结果。我们所讨论的对象完全是法则方面的问题，完全是系统方面的问题。法则与系统均无所谓时空，根本就不能是事体。

任何一真命题 p 不仅有以上所讨论的证实问题，而且有以下所要讨论的证明问题。证实不过是一真命题在经验中两个征兆中之一征兆。还有一个征兆就是命题之证明。证明既完全是系统方面的问题，我们要表示一命题与系统的关系，任何一命题 p 至少有两种不同的系统为 p 的背景。最初是代表这命题的工具的系统。此处所谓系统是普遍的有法则的命题方面的组织。代表命题的工具不一，最大的或范围最广的系统是语言文字。语言文字虽不只一种，而任何一种均有它的法则，说 p 是命题就等于说代表 p 的工具遵守一种语言文字的法则，不遵守法则的话没有意义，不能代表命题。语言文字的法则是否为一句话所遵守似乎也是反面使人注意，而正面不使人注意。那就是说对于有意义的话，我们未必感觉它遵守语言文字的法则，但不遵守语言文字然法则的话，我们总会感觉它无意义。

语言文字之外还有本段文字所说的系统的背景。政府出一宣言，军队下一命令，议会开一辩论，或一个人写一篇文章，演一次说，讨论一普通的问题等等，其中均有系统为背景，有些比较清楚，有些比较不清楚，有些比较严格，有些比较不严格，但无论如何，一命题"p"在这样环境之中，有这样的系统为背景。除语言文字系统外，"p"命题在这样系统中也有它的特别的情形，所谓"p"命题者是这样系统中的"p"命题，此所以对于一句话我们不能断章取义，因为断章之后，完全同样的话有时就不是那系统中的"p"命题了。例如有甲乙两群人，甲讨论政治，乙讨论体育，"希望特拉的力量很大"这一句话在甲乙两群人的谈话中不必代表一个命题。假设这句话表示（甲）（乙）两个不同的命题，则（甲）命题有甲系统为背景，（乙）命题有乙系统为背景。这里所要表示的无非是说明一句话不仅要遵守语言文字的法则才能代表命题，而且要有本段所说的系统为背景才能代表命题。

这样的系统有些比较的严格，有些比较的不严格。在日常的经验中，它们大都不严格。在各种专门学问范围之内的书籍学报，则大都比较的严格。在比较严格的系统中，系统方面的种种也就比较清楚。系统有法则，有保留与淘汰的标准，有秩序，有结构。假设 S 系统为类学，则系统的秩序与结构就是那一类学所研究的事实类的秩序与结构。S 系统的保留与淘汰的标准均为 S 系统的摹规成分。有些命题是 S 系统所保留的，有些是 S 系统所淘汰的。假设一"p"命题与 S 系统中的 q，r，……联合起来成必然命题或不能不真的命题，则"p"是 S 所保留的。所谓证明"p"（prove "p"）者就是找 q，r，……那样命题的工作；所谓"p"的证明（proof "p"）者就是这种工作成功后所发现的一种秩序。后面的证明完全是系统方面的，法则方面的。有时一命题之证实表示它属于某一类学，而在某一类学的系统方面反为那一系统所淘汰的命题，则必另有一系统以代原来系统。有时一命题在系统方面已经证明，而在经验中适得反证，则原来的系统或者根本不是类学，或者是类学而范围不适用，无论如何也必有另一系统以代原来的系统。

要表示系统是类学，其命题须证实，要表示类学是系统，其命题须证明。逻辑系统也是类学，它似乎只有证明问题而没有证实问题者，因为事实既不能逃出它的圈子之外，逻辑系统中的命题只要能证明，不能不证实。其他类学系统则不然，在通的系统中，证明与证实虽只是一件事，而在我们求知的过程中，通的系统尚未达到的时候，证明与证实是两件事。在求知的过程中，类学系统可以比电影的片子；在一时一地我们所用的那一系统，不必就是前此所用的系统。系统无历史，而用系统有历史。设在甲时地用 S_1 系统，在乙时地用 S_2 系统，在丙时地用 S_3 系统等等。S_1 系统中之"p_1"命题有 S_1 系统的证明，而为事实所反证，则 S_1 系统之为类学与否就有问题；S_2 系统中的"p_2"命题已经证实，而在 S_2 系统中无证明，则 S_2 类学之是否为通的系统就发生问题……这表示在求知的过程中，未得通的系统之前，证明与证实是两件事。如果在过程中，有"p_n"命题，无时不能证实而随时均有证明，则必有 S_n 系统为通的类学系统。这个通的类学系统果然发现，则其命题必可证实，必有证明。

如果一命题"p_n"无论何时均可以证实，随时均有证明，其理由一方面我们可以说因为宇宙间老有"p_n"所肯定的事实，另一方面我们也可以说"p_n"有至当不移的意义。一范围之内的事实类只有一种秩序，而此秩序就是研究此范围内事实类的类学系统的秩序。对于一范围内的事实类，即令有不同而又皆通的类学系统，而它们或者相等，或者可以对译，所以它们仍只表示一种秩序。这种通的类学系统，一方面有摹状成分，另一方面也有摹规成分。"p_n"随时均有证明，就表示它的意义至当不移，也就表示它的摹规成分不容有误会的余地，也就表示它在它的类学系统中有一定的位置或职责，也就表示它的系统是通的系统。若除此以外，"p_n"命题无时不能证实，则它所肯定的事实类，在证实的时候，一定有那一类的事实个体为证实的工具，这就是说它无时可以为事实所否证，这也就是说它的摹状成分在经验上不容有误会的余地。由这一方面着想"p_n"的背景系统不仅是通的系统而且是通的类学。

反过来说有通的类学系统，其命题必可证实也必有证明。设有"S_n"为通的类学系统，其中一命题"p_n"之有证明，显而易见，不必提出讨论。但为什么"p_n"一定也可以证实呢？在通的类学系统中，摹规的成分即严，摹状的成分乃不能不切。即以"四方"为例：所谓四方其始虽出自经验，而意义严格化之后，模模糊糊的四方，我们即不至于经验其为严格化的"四方"，而严格化的"四方"决不至于为经验所否证。几何不仅是系统，而且是类学，那就是说它不仅摹规，而且摹状。我们即不能直接经验严格化的"四方"，我们总可以经验到它的"function"，证实的工具愈精，这种"function"愈足以代表严格化的"四方"。我不敢说，可是我疑心牛顿物理学对于层次的事实是通的类学系统，但对上下感觉事实是不通的类学。如果牛顿物理学对于感觉层次是通的类学系统，则在感觉层次上牛顿物理学的命题无论何时均可以证实，随时均有证明。

其所以如此者理由如下。一通的类学系统，从其摹规方面着想，大都是一本身无自备推论法则的逻辑系统。它本身虽不包含推论法则，而它有它的定义，它的命题都是补充它所能用的名词的意义。通的系统是一完整的意义的结构，也是一有机的意义的结构。它所用的名词都有内在的关联，它所有的命题都有彼此在逻辑上无可逃避的关系。通的系统老是通的，类学，除逻辑之外，不老是通的，因为它有范围问题。通的类学系统不仅是系统而且是类学。所谓是类学者，就是说，它的定义，从摹规方面说，虽是定义，而从摹状方面说，它是一范围之内的普遍命题。它与逻辑系统不同的地方，别的不计，这一点也就够重要。它的联合命题对于事实虽无"积极性"（利用沈有鼎先生之名词），而它的单个命题对于一范围之内的事实有积极性。从系统方面着想，它的联合命题是必然的命题，如 $p \supset q \supset \cdot \sim q \supset \sim p$，可是从类学方面着想，这种联合命题的部分也是命题。那就是说，它不仅肯定 $p \supset q \supset \cdot \sim q \supset \sim p$ 这样的命题，而且因为 p，q 等等均有一定的值，它也肯定 p，q，$p \subset q$，这样的命题。这样的命题在相干范围之内，决不至于为经验所反证，所以一定可以（可以与能够不同）证实。

以上表示证明已证实的命题，或证实已证明的命题，其证明与证实均非常之重要。仅能证明的命题可以为经验所反证，仅能证实的命题也可以为经验所反证。既证明而又证实的命题决不至于为经验所反证。同时说一命题不至于为经验所反证者，也就是说如果我们有经验上证实一通的类学系统中的任何一命题，则我们不能不承认此系统中任何其他的命题。但是大多数的类学，至少在现在，或者不是通的系统，或者尚是我们不知其能通与否的系统。既然如此，在求知的过程中，我们一方面求事实的启示，另一方面求命题的涵义；一方面摹事实的状态求命题的证实，另一方面定经验之标准，求命题之证明。最不发达的类学系统，也就是我们最不理解的系统，这种系统中的命题差不多只有证实问题。比较发达的类学系统，也就是我们比较能理解的系统，这种系统的命题渐次有证明的问题。最发达的系统也就是我们最理解的系统，这种类学系统的命题有似逻辑系统的命题，决不至于为经验所反证。几何与算术似乎是发达的类学系统；从系统方面着想，其联合命题为必然的命题，但所以异于逻辑系统者，其单个命题仍限于某范围之内，而为某范围的类学。

五　关于真假的定义

关于真假的定义有以下诸说：（一）符合，（二）融洽，（三）可行，（四）一致。这些名词恐怕不达意。符合说似乎是最早，最普遍，而同时为大多数人在不知不觉中所承认的学说。此处所谓符合即英文中的correspondence，而这一说似乎最受攻击。符合的意义不容易说，最自然的反感就是把它当作拍照或绘画的符合。这样的符合说似乎说不通，经验方面也不能知道命题与事实有这种符合与否。其余三说似乎都是对于符合说的批评。详细的说法，作者不知道，在本文范围之内也不必有详细的报告。就批评这一方面着想，它们似乎都有特长。但执任何一说，以之为符合之代替者，则又把任何一说视为普遍的真理学说，又似乎言之不能成理。符合说最囫囵，可是最普通，最持久；即持其它任何一说者，在正式文章中虽反对符合说，然在不经意中有时流露的下意识的主张仍为符合说。符合说既然中于人心，不见得毫无道理，不过怎样符合不容易说而已。

真假的定义与我们相信真假的标准似乎要分开。即就本文前几节的讨论而言，也有融洽，可行，一致的问题。它们似乎都不是真假的定义，而是我们相信真假与否的标准。本文之"融洽"不必就是主张融洽说者所主张的"coherence"，本文之"可行"不必就是主张可行说者所主张的"workability"，本文之一致，也不必就是主张一致说者所主张的"consistency"。但照本文的说法，一命题在经验方面相融者不必是真命题，不相融者是假命题；可行者不必是真命题，不可行者是假命题；一致者不必是真命题，不一致者是假命题。如果主张"融洽"说者其融洽是本文的融洽，则融洽不是真假的定义；如果主张"可行"说者其可行是本文的可行，则可行不是真假的定义；如果主张"一致"说者其一致是本文的一致，则一致也不是真假的定义。如果这些都是定义，不仅反面表示假，正面也不表示真。正面既不表示真，它们当然不是定义。

融洽，可行，一致，虽然都不是定义，而它们是我们对于真假命题的信仰的标准。用普通逻辑教科书的话，它们是真命题的必要条件。融洽与可行都是证实方面的问题。从事实方面着想，它们无分别的必要，有分别的好处。事实既有上感觉层次，感觉层次，下感觉层次的分别，证实问题对于各种不同感觉层次的事实也有分别。对于感觉层次的事实命题与之融洽与否虽不必都是直接的，而大都是直接；对于上感觉层次与下感觉层次的事实，一命题与之融洽与否总不是直接的。可行与不可行就是这种间接的融洽。这样的条件达到，命题虽不必真，而我们对于命题的信仰的确因此条件之达到而增加。同时从命题的意义方面，即系统方面着想，有证明问题。一命题证明虽不必真，而证明之后，我们对于那一命题的信仰的确增加。

符合似乎是真假的定义，而不是我们相信真假的标准。此说如通，则符合说与其它学说根本不同。把它当作我们相信命题的标准，其余学说对于它的批评，似乎都对；但是如果它根本就不是信仰的标准，而是真假的定义，则其余学说对于它的批评或者根本就没有抓住中心问题。照像式的符合虽说不同，不见得别的解释也说不通。中国地图对于中国虽非照像，而可以说符合；图书馆的目录对于图书馆的书虽非照像，而可以说符合。究竟它们符合与否，我们也有法子知道，而我们所用的法子也不外乎证实与证明。仅有定义，而没有定义所列各条件的满足与否的标准，这定义也不会有实际的效用。从这一方面着想，以上所举的学说，如其所用的名词是本文所用的名词，则它们似乎应该联合起来成一整个的真假学说。

这一点似乎值得特别注意一下。从命题的本身着想，它无所谓时空，无所谓变更。事实个体虽老在那里川流不息的变，而在某时某地有某件事实的事实不能变。孔夫子与马克思虽早已物化，而在某一时地有孔夫子那么一个人，在另一时地有马克思那么一个人，这两件事实不会物化。既然如此，则不仅命题不能变，而命题的真假值也不能变，可是我们对于一真命题或一假命题的信仰可以变。其次，引用二分法的真假是不相容而又无遗漏的真假，不是信仰真就是信仰假。真假与我们对于它们的信仰不能不分，那就是说，真假的定义与我们信仰真假的标准不能不分。但从另一方面着想，真假与我们对于它们的信仰有事实上连带关系。真命题事实上大都是我们信仰其真的命题。假命题亦如是。所以定义与标准虽要分别，而事实上不能分开，所以在一完整的真假学说中，定义与标准须兼而有之。

本文对于真假定义的主张如下：真命题是可以证明而又可以证实的命题，假命题是不可以证明或不可以证实的命题。此处的"可以"与

"能够"不同。"可以"的意思是不为逻辑所淘汰的意思，而"能够"的意思是办得的意思。可以证明证实与否的问题是定义方面的问题，能够证明证实与否的问题是标准方面的问题。"符合"的思想，有可以说得通的说法，不取消也可以，但既有种种误会的可能，取消它不见得没有好处。无论如何，为删繁就简起见以取消为宜。

可以证明而又可以证实的命题，其可以为真命题的定义的道理，在以上三、四两章已经有充分的表示。可以证实的命题或者是已经证实，或者是能够证实，或者是通的类学系统中的命题，而此类学系统中其它相关的命题或者已经证实，或者是能够证实，所以如果有相当的工具一定可以证实的命题。无论如何，可以证实的命题是事实上没有反证的命题，可以证明的命题是没有矛盾的命题。没有矛盾的命题必有相当系统为背景，而在此系统中是可以证明的命题。可以证明的命题范围非常之广泛，但既有可以证实的限制，就不广泛了。

反过来，不可以证实或不可以证明的命题是假命题。在这里我们似乎有三个可能如下：

（a）不可以证明而可以证实

（b）不可以证明亦不可以证实

（c）可以证明，不可以证实

（a）（b）两条所称为"命题"者均不是命题，所以只有（c）条的可能。假命题就是可以证明而不可以证实的命题，不是不能够证实的命题。不能够证实的命题或者有时地的限制，或者有工具的限制，或者有知识的限制，或者有其他的限制。不能够证实的命题，不必为假。不可以证实的命题一定是因为有事实上的反证才不可以证实。具这种命题的判断或者是感觉上的错误，或者是引一系统的命题而用之于那一系统范围之外的事实，或者是推论的错误，或者是命题的意义根本没有弄清楚；无论如何事实上总是所谓"accidents"，如果宇宙间没有"accidents"也不至于有假命题，但宇宙既是有"accidents"的宇宙，则发现假命题是求知过程中一种重要的工作。

但大多数判断经验中，有些是能证实而不能证明的命题，有些是能证明而不能证实的命题，也有少数是既能证明而又能证实的命题。不能证明的命题不见得就是不可以证明的命题，不能证实的命题不见得就是不可以证实的命题。能证实而不能证明的命题在经验方面似乎为数不少。能证明而不能证实的命题似乎也不少，在哲学方面恐怕很多。既不能证实又不能证明的命题，我们似乎也不能马上就否认其为真命题，更不能马上就否认其为命题。对于这些样的命题，我们多少有些信仰，虽然信仰程度之高低不定，而其理由也甚复杂。若一命题既能证明，又能证实，我们即令有种种理由不愿相信其为真，而仍不能相信其为真。同时既能够证明又能够证实，必定是既可以证明又可以证实。在别的方面真假的定义与我们对于真假的信仰不是一件事，而在这一点上信仰的标准满足，真假的定义也满足。

（原载《哲学评论》第 6 卷第 1 期，1935 年 3 月；选自《金岳霖文集》第二卷，兰州，甘肃人民出版社，1995）

论手术论
（1936）

A　前言

在天文学及物理学中的原子论研究的对象大都不是我们普通所谓能直接经验的东西。量一星与另一星的距离，说它是几亿几兆英里，所量者不过是天文台或试验中的现象，或举动，或事实。原子论的情形一样，说电子的半径等于 2×10^{-13} 厘米。从试验方面的证实着想，也不过是形容试验室中的某种举动或某种手术与表示由此种举动或此种手术所能得到的结论。这种情形是事实。

手术论就是把这种事实变成学理。为达到此目的起见，一方面把感觉世界中的事物，另一方面把思想世界中的概念，均视为我们在研究程序中所运用的手术。这个办法与常识相反，与普通哲学思想也相反。它似乎有以下的便利。

自然与我们对于自然的知识打成一片，没有所谓"符合"的问题。这个问题虽未解决，而实取消。

我们对于自然界所得的知识，其真假问题只有手术方面的相融，或概念方面的一致，事实上知识的可靠性反因此而严格。

在非感觉世界，即天文学或电子学世界，这样的学理可以免除玄而又玄的思想；可是，这一层不必要求把习惯变成学理，只要承认严格的手术习惯，毫无根据的思想就自然而然地取消。

手术论虽有以上的便利，也有很大的困难，根本问题还是要看我们的看法如何。本文提出一种看法所有的困难，所以也是对于手术论的一种批评。在未提出批评之前，我们要把批评的对象弄清楚。手术论虽持之者众，而最初把它提出来作理论化的研究者，据我所知，就只有哈佛大学的 Bridgman 氏。以下的批评完全是由他的 *Logic of Modern Physics* 而引起的。在这本书中,手术论的中坚思想有以下一句话表示:"一个概念就是与它相应的一套手术。"本文的批评虽由 Birdgman 的书而引起,可是所批评的不必就是他的手术论。读者请注意以下诸点。

(一)本文所批评的不是手术,而是一种手术论。在物理学与天文学方面,手术的引用必有其事实上的理由,研究物理学与天文学的人们,根据他们的理论,或经验,或工具,或研究的对象,对于各种手术不免有所批评,有所选择,有所取舍;局外人因为没有相当的训练,对于这种手术似乎没有批评的理由或根据。我既是局外人,我对于这两门学问所引用的手术,不敢有所批评。

(二)本文所批评的不是物理学与天文学范围之内的手术论而是普遍的手术论。关于这一层,Birdgman 的思想似乎有界限不清楚的毛病。有时他所说的似乎是物理学天文学范围之内的手术论,有时他似乎又把手术论推广到这两门科学范围之外。即以他所说的 physical concepts 而论,如果这是物理学的概念,concepts in physics,我也不敢有所批评;但 Birdgman 又以为 physical concepts 与 mentals concepts 是两种不同而又相对待的概念,果然如此则所谓 physical concepts 就不仅是物理学的概念了。无论如何,以下所批评的不是限于一两门科学的手术论,而是普遍的手术论。

(三)研究物理学与天文学似乎不能离开手术,这似乎是一件事实。物理学与天文学是否包含(contain)限于这两门科学范围之内的手术论,我可不知道。这问题似乎是物理学家与天文学家的事体,我们弄哲学的人们似乎不能过问。本文所要表示的是:物理学与天文学虽可以包含狭义的手术论,而不能蕴涵广义的,或普遍的手术论。那就是说这两门科学可以说得通,而普遍的手术论不必就说得通;普遍的手术论说不通,这两门科学不必就说不通。

普遍的手术论仍以 Bridgman 的那句话为中坚思想:"一个概念就是与它相应的一套手术";不过所谓"一个概念"者是任何概念,而不是一门学科中的概念而已。本文假设 Bridgman 的手术论是普遍的手术论,分以下诸点讨论。

B 唯一的手术

普遍的手术论要以手术去定任何概念的意义。以手术去定概念的意

义，非有唯一的手术不成，这一点是 Birdgman 所承认的。但他的所谓
"唯一"似乎有两层意思：（1）是一套手术与另一套手术的分别，而每
一套均为唯一，例如以触觉去量长度与以视觉去量长度，所运用的手术
根本不同，所以概念亦因此而异；（2）是在某一套手术中，具某种条件
的手术是唯一手术，否则不是。前一层意思本文视为不必讨论，后一层
意思则非提出讨论不可。

1. 唯一手术的要求

唯一的手术有以下的要求。

a. 一套手术之中，事实上每一次所运用的手术，因为它是具体的
占时空的事体，与另一次所运用的手术至多只能相似，不会完全相同。
执任何事实上所运用的手术以定一概念的意义断然不成；因为在一套事
实上所运用的手术之中，有比较近实际或比较合标准的程度不同的
问题。

b. 既然如此，我们在一套手术之中，用哪一次所运用的手术去定
一概念的意义呢？有选择，就有标准问题。没有标准，就只有武断。定
标准可以武断，用标准绝对不能武断。选择既不能免，所引用的标准是
怎样的标准呢？

c. 无论所用的标准是什么，在主张普遍手术论的人们所用的标准
也要有手术方面的根据才行；不然，手术论或者根本不是学理，或者虽
是学理而不是普遍的学理。这一点在不主张手术论的人们没有问题。

2. 唯一手术的标准

a. 唯一手术的标准免不了是一大堆的"如果——则"的命题，而
这一堆"如果——则"的命题之中，"如果"部分之下列举手术方面的
条件。例如量这张桌子的长度，虽量十次，其中不必就有一次是唯一的
手术。可是如果所用的是标准"尺"，运用尺的路线是"直线"，运用时
尺与尺的相接毫无"间隔"，房子里没有影响尺的长短的"温度"等等，
则所运用的手术是唯一的手术。

b. 从历史方面、事实方面，或习惯方面着想，不持普遍的手术论，
这个说法没有什么问题。我们可以采取步步为营的办法，承认最初的起
点是武断的，不必是正确的；但手术虽不必正确，而长度的印象，或
"长"的概念不因此就模糊；同时概念正确，手术可以渐次进步，慢慢
地逼近正确。

c. 从理论方面着想，同时又持普遍的手术论，这个历史上的起点

就发生问题。这个起点也是手术。但是，它是什么样的手术呢？它能不能做一概念的定义呢？它是不是唯一的手术呢？它既是武断的起点，当然不是满足某种标准的手术，当然不是唯一的手术；以之为定义未尝不可，但所得的概念可不是满足普遍手术论的条件的概念。

3. 唯一手术的循环

如果手术论是普遍的，所有的概念都要有唯一的手术，如此则唯一手术不免循环。关于循环，我们似乎要特别注重以下诸点。

a. 概念的循环或者是不能免的。但在不主张普遍手术论的人们，这方面的循环没有多大的问题，因为我们知道概念，或我们对于概念的知识，不因此就循环。概念的定义是一件事，而某具体事物能以某概念去摹状或形容又是一件事；对于后者的认识不必根据对于前者的知识。用一句很普通的话表示，我们可以知某事物之然，而不知其所以然。设以 A，B，C，⋯⋯ 代表概念，箭头代表它们的循环，$x_1 x_2 x_3$⋯⋯$y_1 y_2 y_3$⋯⋯$z_1 z_2 z_3$⋯⋯代表个体；我们可以用以下方法表示普通所谓概念的循环。

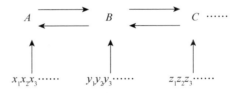

这方法表示：A，B，C，⋯⋯概念虽循环，而 $x_1 x_2 x_3$⋯⋯是 A，$y_1 y_2 y_3$⋯⋯是 B，$z_1 z_2 z_3$⋯⋯是 C，至少不跟概念的循环而循环。

b. 持普遍的手术论，情形就不同。$x_1 x_2 x_3$⋯⋯$y_1 y_2 y_3$⋯⋯$z_1 z_2 z_3$⋯⋯不是普通的东西，而是运用的手术；A，B，C，⋯⋯不仅是概念，而且是一套唯一的手术；同时最重要的问题就是 $x_1 x_2 x_3$⋯⋯之中，那一手术是 A 套的唯一手术，$y_1 y_2 y_3$⋯⋯之中，那一手术是 B 套的唯一手术，$z_1 z_2 z_3$⋯⋯之中，那一手术是 C 套的唯一手术。如果我们不知道 $x_1 x_2 x_3$⋯⋯之中，那一手术是 A 套的唯一手术，我们不知道 A 概念的定义，如果我们不知道 A 概念的定义，我们当然不知道 $x_1 x_2 x_3$⋯⋯之中，那一手术是 A 套的唯一手术。概念与我们对于它的知识是一件事。在此情形之下，不懂 A，B，C，⋯⋯循环，而 $x_1 x_2 x_3$⋯⋯之中，那一手术是 A 套的唯一手术，$y_1 y_2 y_3$⋯⋯之中，那一手术是 B 套的唯一手术，$z_1 z_2 z_3$⋯⋯之中，那一手术是 C 套的唯一手术⋯⋯也都循环。

下图表示此处所说的两方面的循环。

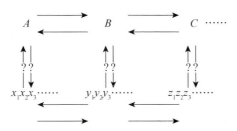

C. （b）条的情形有害与否，要看手术论是否普遍。如果手术论不是普遍的而是一门学科的手术论，则（b）条的循环可以因内外的不同而免除。那就是说，一门学科范围之内的概念虽均须满足手术论的条件，而范围之外的概念（不必满足手术论条件的概念）仍可以利用以为那一门学问的起点，好像几何学利用宽长厚以定"点"的意义一样。这样一来，无论概念是否循环，知识有先后，概念有秩序，一门学科的系统可以形成，而（b）条的循环可以取消。如果手术论是普遍的，则概念与我们对于它的知识是一件事，（b）条的循环使我们感觉到所须要的唯一手术在理论上永不能得到。

4. 唯一手术之永不能得

a. 照普遍的手术论看来，任何的概念均要有一套唯一的手术去定那概念的意义。普遍的手术论之说得通与否，最低限度，当然要靠任何唯一手术之能得到与否。如果我们能用一无乖于手术论的方法，得到唯一的手术，手术论至少在这一点上不至于发生问题；如果用同样的方法不能得到唯一的手术，则普遍的手术论在这一点上就说不通。所谓无乖于手术论的方法，从正面说就是满足手术论的要求，从反面说，就是取消随随便便抓一手术说它是唯一手术那样的方法。

b. 照以上（3）段（b）（c）两条看来，在持普遍手术论的条件之下，唯一手术是理论上所不能得到的手术。其所以不能得到的道理，一方面因为手术论要严格，另一方面因为它是普遍的。要严格，所以不能随随便便找出一套手术说它是唯一的手术；从这一方面着想，这个随随便便的方法的错处就是模糊。要普遍，所以也不能随随便便找出一套手术说它是唯一的手术，从普遍这一方面着想，这个随随便便的方法的错处是手术论的内部会因此不一致。既然如此，每一概念要有一套唯一的手术，每一套唯一的手术要有它所以能称为唯一的标准，而这标准就是其它的许许多多套的唯一手术。这样一来，一步一步地挂下去，欲得一套唯一的手术，非先得无定数套的唯一手术不成。那就是说唯一的手术根本就得不到。

c. 严格的唯一手术既得不到，则以之为定义的概念当然就不严格。事实上这种概念之不严格似乎是 Bridgman 之所承认的，概念既不严格，则根据严格的概念才能说得通的推论当然是说不通。很进步的科学中的推论不仅是普通所谓"归纳"的，也是普通所谓"演绎"的；无论归纳推论的情形如何演绎推论非有严格的概念不成。这一层我在别的地方讨论过，此处不重行讨论。要严格概念才能说得通的推论如果说不通，则以之为基本工具之一的科学是否在理论上能站得住脚，就发生问题。天文学与物理学的原子论，似乎是最要利用这种推论以为工具的科学，同时它们又是最注重或者最需要手术的科学。如果我们主张普遍的手术论，最需要手术的科学反因普遍的手术论而发生在理论上能否站得住脚的问题。

C　正确问题

1. 正确的意义

这里所谈的正确是经验中手术方面的正确。兹特从以下诸点讨论。

a. 从常识方面着想，我们大都假设自然是固定的。"固定"两字在此处没有不变的意思。我们所要表示的是英文中的"precise"，例如这条路，当我们量它的时候，有一固定的长度。如果我们量了好些次，其结果相等，我们说度量靠得住，所得的长度就是那条路的长度。从经验方面着想，结果相等是度量正确与否的标准，相等就正确，不相等就不正确。从自然方面着想，固定的长度（仍以路为例）是结果相等的理由，我们可以说前者是后者的必要条件。这不是说那固定的长度不能变，如果它变了，变的原因是自然界的原因，而不是经验方面的原因。这个假设说得通与否是另一问题。

b. 除以上假设之外，我们大都也假设概念是绝对的。这不过表示在常识方面逻辑家之所谓"同一律"是大多数人无形之中所承认的。某事物是不是绝对地四方是一问题，而四方绝对地是四方似乎是大家所承认的。不仅如此，即"相对"也绝对地是"相对"。我们可以用绝对的概念做标准，看我们的试验或经验是否正确。在这一方面我们大都不盼望经验或试验方面的正确性能够达到概念方面的绝对正确性；虽然如此，经验愈近概念，正确的程度也愈高。

c. 这两个假设大都兼用，不过用的时候，那一假设比较地重视，那一假设比较地不重视，很有分别。直接研究事物的时候，大都注重第一假设，计算与推论的时候，大都注重第二假设。人事与学问复杂化之后，这两假设大都同样重视。兹特分别讨论。

2. 自然的固定与正确

a. 假设自然有固定，只要我们没有故意弄出来的错误，试验的结果大都不至于相差很远。同时多数次的平均结果，一定比较地逼近自然的固定事实。自然界的固定是平均结果的比较可靠性的根据。那就是说，因为自然界有所固定，所以我们的经验或试验有达于均衡的趋势。例如量一定布，几次之后得大同小异的结果；从常识的理论着想，其所以大同者因为那定布有固定的长度，其所以小异者因为每一次度量均有它的特殊情形。

b. 为什么不把平均的手术视为普遍手术论所要求的唯一手术呢？假设自然有固定，试验数次即可中止，说这几次试验之中其平均结果靠得住，是一句有根据的话。不假设自然有所固定，而直接以平均的手术为唯一的手术，情形就大不相同了；试验的次数愈多愈好，而平均结果之靠得住与否本身即为问题；因为平均结果可以因试验的次数不同而不同，所以把任何平均的结果视为唯一手术所能得到的结果本身即为一假设，并且没有本身之外的根据。

c. 在不持普遍的手术论的人们的立场上，假设自然界有固定，这一个办法是否说得通，是否没有困难是一问题。在主张普遍的手术论的人们的立场上，不假设自然有所固定，而以平均手术为唯一的手术，这一办法之有困难，似乎是毫无问题。假设自然有固定，我们有标准可以使我们把离大多数试验太远的试验置之不理。没有这个假设，就没有这个标准，而离大多数试验太远的试验，我们没有理由把它撇开，而平均结果反因此而靠不住。如果要平均结果靠得住，势必要每一次的试验靠得住，如果每一次试验有靠得住与否的标准，那就用不着平均结果了。自然固定的标准虽可以不用，别的标准仍不能不用。主张普遍手术论的人们即不用这个标准，那么，用什么标准呢？

d. 自然有固定是常识方面的假设，在耳闻目见的事物范围之内，这个假设似乎没有多大的问题。但知识推广到天文学世界与电子论及原子论的世界，知识的对象没有五官合作所能给我们的一种直接的实在性，情形就大不相同了。对于这类事物最重要的知识工具是推论，而推论这一工具的引用，非有绝对的概念不成。

3. 绝对的概念与正确

a. 推论非绝对的概念不成。即以同与等而论，不绝对则无传递质（transitivity），无传递质，则不能引用根据此传递质的推论。关于这一点，卜荫加雷似乎讨论过，这里从略。所谓不能推论者，是说推论说不通，不是说若勉强而推论之，其结果一定不符事实。我们有时或者可以用不通的推论，碰巧得到可靠的知识；可是，知识虽有时可以碰巧得到，而推论之说不通仍为问题。

b. 普遍手术论的概念是否绝对呢？似乎不能。这一点，即在主持手术论的人们似乎也不至于反对。如果手术论的概念是绝对的，则概念的定义之所以形成，似乎有非手术论的成分在内，那就是说在一大堆的"如果——则"的命题之中，一定有不靠唯一手术以为定义的概念在内。这样一来，手术论就不是普遍的手术论了。

c. 手术不是不能变更的事实，不仅如此，它既是具体的事体，就没有两次完全相同的手术。唯一手术不仅不能得到，即能得到，而它在实际上的情形也不能例外。既然如此，用之以为概念的定义，那概念就不能绝对。绝对的概念决不能从不绝对的手术得到。以概念为绝对，则概念与手术之中，至少有一为绝对可以用之以为推论的工具。以手术定概念的意义，两者之中无一为绝对。即令在事实上推论的可靠性虽因种种手术而增加，在理论上，推论反因普遍的手术论而说不过去。

d. 这里所批评的不是物理学或天文学。在各种科学中，物理学的知识大都是我们所承认为最正确的知识。这里所批评的也不是手术，手术与手术论不同。物理学似乎因手术的正确而正确，但是否因手术论而正确就有问题。这里所批评的也不仅是手术论，而是普遍的手术论。此处的问题完全为理论问题。事实上知识的正确与否受手术的影响，不受手术论的影响；手术愈正确，知识也愈正确。理论上知识的正确与否，受普遍手术论的影响。如果主张普遍的手术论，则一方面自然有固定这一假设取消，另一方面概念的绝对性不能得到理论上的标准取消，则因引用手术而得到的正确知识，反因普遍的手术论，而失其正确的根据。

D 自然与对于自然之知识

主张普遍的手术论，则概念与我们对于概念的知识不能分开；这一层，前面已经讨论过。不仅如此，即自然与我们对于自然的知识也不能分开。本文以为前者非分不可，后者也非分不可。

1. 时间方面的先后问题

a. 根据我们对于自然界的知识，我们可以得到自然界的先后。假设 x_1 代表离地球三年外的一件事实，x_2 代表我们现在才能经验的 x_1。x_2 发生之后，根据我们的知识，我们说"x_1 在三年前已经发生了"。可是 x_1 虽在三年前已经发生，而我们在三年前不知道它发生。这里的三年前是自然界的三年前，不是知识历史中的三年前。兹以甲乙两图表示此内容不同的时间。乙的已往没有 x_1 这一件事，可是根据 x_2 这件事实，我们说 x_1 在甲的世界三年前已经发生。兹以下页丙图表示之。

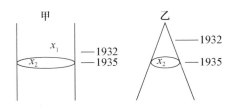

b. 如果自然与我们对于自然的知识混而为一，问题就大不相同了。我们的世界就只有乙那样的世界。（乙那样的世界当然老是在那里膨涨的世界，这样的膨涨世界是手术论的一部分的思想，不是天文学家与物理学家所讨论的宇宙膨涨论。）如果只有乙那样的世界，我们对于 x_1 怎样安插呢？如果我们以知识历史的时间为时间我们绝对不能说 x_1 在"三年前"已经发生；如果我们能说 x_1 在"三年前"已经发生，我们所谓时间一定不是知识历史的时间。在表面上我们似乎有两个办法：一个是说 x_1 与 x_2 根本没有时间上的关系；一个说它们同时。如果从后说，则所谓"x_1 在 x_2 发生三年之前已经发生"，不过是说"x_1 在离开 x_2 发生的地点三光年那样远的地方发生"。前说不容易用图形表示，后说可以表示如下页丁图。

c. 以上两说均有问题。第一说法根本否认 x_1 与 x_2 为两件事体或一件事体的两端，所以根本说不通。即退一步着想，假设此说能通，也

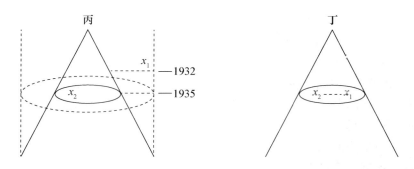

没有用处；因为 x_1 与 x_2 在知识历史上有时间关系，说它们在自然界没有时间上的关系等于说自然界与我们对于自然的知识在时间上不能混在一块。第二说法也说不通。如果 x_1 与 x_2 同时，则由 x_1 到 x_2 的光根本不能动；如果由 x_1 到 x_2 的光根本不能动、则 x_2 当然没有发生。如果 x_2 已经发生，则由 x_1 到 x_2 的光至少已经动了；光既动了，x_1 与 x_2 不能没有时间的先后。

总而言之，x_1 与 x_2 既不能没有时间方面的关系，也不能同时发生；时间方面的先后既不能免，（b）条的问题总要发生。（b）条的问题发生，自然界与知识界不能相混。

2. "动"概念等等

不持普遍的手术论，不把我们对于自然的知识当作自然，"动"概念虽不与动的东西同时"动"，没有什么可以批评的地方。虽然有少数人盼望"风"概念能够刮起北平的土来，这样的人究竟是少数。可是，如果把知识与自然合而为一，这少数人的盼望就变成理论与事实两方面的问题了。

a. Velocity 的定义，照 Bridgman 看来有两个，但无论所用的是哪一个，根据手术论，定义总是一套唯一的手术。这一套唯一的手术虽本身同时是一件动的事件，可是它的动法不是有 Velocity 的东西那样"动"法。如果把自然与知识合而为一，Velocity 概念与五官经验中的手术二者之中，一定有不相融洽的地方。批评五官的经验是现在所常有的一件平常的事；若根本否认五官的经验，恐怕科学的大本营也就根本取消。

b. "动"概念的情形与以上所说的一样。物理学家量动的东西的手术，虽然也是动的事体，但不随所量的动的东西而动。即以量动的电车而论，Bridgman 所说的那个办法，虽然免不了有举动在内，而这种举动没有跟着电车而跑到别的地方去。最显而易见的是量光的速度的手术。光的速度虽可量，而量此速度的手术没有跟着光一直飞到天文世界里去。

c. 总而言之，照普通的眼光看来，动的东西虽然动，而"动"概念无所谓动与不动；有 Velocity 的东西虽然有 Velocity，而 Velocity 这一概念无所谓有无 Velocity。在持手术论的人们，"动"概念就是一套动的手术；表面上看起来不仅动的东西动，而且"动"概念也动；其实这完全是两件动法不同的事体。无论概念能动与否，这两件动法不同的事体总得要分别清楚；一件是手术，一件不是；一件是知识方面的事体，一件不是。这两件事既要分别清楚，自然与我们对于自然的知识也就不能混而为一。

E　证实的理解

证实是科学所不能缺乏的；此处的问题是对于证实的理解。

1. 证实的意义

a. 常识对于证实的意见可以分为两层：一是从意义着想，一是从工具着想。从意义着想，常识以为证实的意义就是思想与事实符合；从工具着想，常识以为证实就是表示此符号的举动或手术。符合或者有绝对的，或者没有绝对的，而只有程度或高或低的符合。关于这一点，我们不必讨论。无论如何，手术愈精，符合的程度愈高。这意见说得通与否是另一问题。

b. 如果我们主张普遍的手术论，证实的意义就不是符合。知识与自然合一，我们对于一套手术所问的问题不是它与自然符合与否，而是它是否是一套唯一的手术。我们根本既没有离开知识的自然，也没有离开手术的自然；既没有离开手术的自然，当然没有手术与自然是否符合的问题。我们既然没有符合问题，证实的意义当然不是符合。证实的意义既不是符合，又是甚么呢？

c. 证实的意义既不是符合，那么，照普通的眼光看来，它或者是许许多多套的手术的融洽，或者是命题的一致。在持普遍手术论的人们，这两个说法不同的标准就是一个标准。概念既就是手术，命题当然也是手术命题方面的一致，当然也就是手术方面的融洽。既然如此，我们只说手术的融洽已经够了。问题是手术的融洽是否能视为证实的意义。

2. 独立的证据

证实中的证据，其可贵处在独立。所谓独立的证据者就是说证据不是思想所蕴涵的，或者证据不是思想所产生的。

a. 以上所说的常识方面的意见，无论有毛病与否，的确使我们能说证实中的证据是独立的证据。我们的思想或者与自然符合，或者不符合。我们的手术或者能够表示此符合，或者不能。但无论如何符合与我们的手术是独立的。至少照普通的眼光看来，独立的证据是科学所不能缺乏的。

b. 如果我们持普遍的手术论，我们能不能说手术的融洽给我们的思想一种独立的证据呢？这问题当然不是科学中的手术能不能供给我们以独立的证据。事实上我们不能不承认精确的手术对于科学是非常之有用的。我们的问题是在主张普遍手术论条件之下，手术的融洽在理论上我们能不能说它给我们的思想任何独立的证据。仅仅是一致的思想，是逻辑方面的思想，算学方面的思想，没有独立的证据，这样的思想决不能视为自然科学方面的知识。即持手术论者也有分别物理意义与算学意义的必要。

c. 什么是物理意义呢？主张手术论者的说法以为思想之有物理意义就是说它有物理手术为根据，思想之有算学意义就是说它有"心"（mental 不是 psychological）的手术为根据。物理手术，追根穷源，仍是视觉、触觉、听觉等方面的事体。从常识着想这些事体不是思想。若以物理手术定思想的意义，这些事体同样地是思想。经验方面的融洽就变成了思想上的一致。物理手术的融洽没有物理手术范围之外的标准。说某思想有物理意义仍不过是说它与其他的思想一致而已。物理手术的融洽不能给思想任何独立的证据。

3. 符合呢？一致呢？

a. 持手术论的人们有时也说算学概念有时有物理意义，有时没有物理意义。所谓"有"是怎样的"有"呢？如果算学概念有绝对性，而此绝对性非任何物理手术之所能达，则算学概念不能就"是"物理手术。它们的关系不是一致或融洽，而是某程度的符合。如此，"有"物理意义的算学概念就是与物理手术相符合的概念。可是，这样的解释又把符合的思想引进来了。在持普遍手术论的条件之下，我们没有符合的问题，"有"物理意义不能作本条的解释。

b. 算学概念之"有"物理意义，既不能视为与物理手术相符合，我们似乎只能把"有物理意义"当作"等于某种物理手术"。可是如果我们有这样的解释，另外一问题发生，那就是"无"物理意义的问题。算学概念与物理手术为什么不老是合一的呢？不主张普遍的手术论，这个问题不成问题，因为手术与概念本来是两件事。这问题发生，我们只有一个答案。我们只能说物理手术没有算学概念那样自由。同时我们似乎也得要承认这比较不自由的情形不是从手术方面来的，而是从物理方面来的。算学概念也是手术。比较自由或不自由当然不根据于手术之为手术，而实根据于物理之为物理。

c. 如果物理手术与算学概念同样地自由，则算学概念老是有物理意义的；如果算学概念仅有时有物理意义，则物理手术与算学概念不同样地自由。两相比较，我们似乎可以说物理手术比较地不自由。既然如此算学概念与物理手术不属于一个范围之内。二者之间，如果有证实问题发生，证实的意义仍是符合，而不是融洽或一致。这样话又说回来了。如果证实的意义是符合，则自然与我们对于自然的知识要分别，概念与我们对于概念的知识要分别；果然如此，则普遍的手术论，从 E 段看来，也说不通。

以上 B，C，D，E，四点不是对于物理学或天文学的批评，不是对于手术的批评，不是对于限于一两门科学范围之内的手术论的批评，而是对于普遍手术论的批评。对于 Bridgman 的思想，本文是否批评，我不敢说；因为这位先生的手术论究竟是普遍的手术论与否，颇不易说。但对于 Jeans 的思想，本文似乎是一个早就应该提出的批评，因为他的手术论无疑地是普遍的手术论。

（原载《清华学报》第 11 卷第 1 期，1936年 1 月；选自《金岳霖学术论文选》，北京，中国社会科学出版社，1990）

归纳原则与先验性

（1940）

　　在讨论原因与结果时，休谟提出了我们对将来类似于过去有无保证的问题。也许是感觉这样做没什么意义，他随即又将此问题弃置一旁了。这个问题看起来是不可解决的。我觉得罗素先生在某个地方曾指出，归纳原则不能归纳地得出，因为任何打算通过归纳得到这个原则显然就已经假设了这个原则。对将来类似于过去的问题据信也是一样：倘若假定了这种类似，那么我们可以证明这种类似，不假设这种类似则不能证明这种类似，再多的证明也都不能给我们以任何保证。在以下的论述中，我要说明，上述这个想像中的问题其实并不成其为问题，我们乃是具有保证的；这个保证虽然不是一个重言式，其本质却是先验性的。

　　在论述中，我将采用罗素先生所表述的归纳原则："如果一类事物在大量的事例中以某种方式与第一类事物相联系，那么，第一类事物有可能始终以类似的方式与第二类事物相联系，并且，随着事例的增多，这种可能性几乎会趋近于确定性。"由于手头一本书都没有，我不敢担保上述引文的正确性，也不拟评述这是否是对这条重要原则的适当表述。

　　同时，我也不打算涉及概率问题，尽管这个问题很重要；我准备专注于归纳原则本身以及休谟的将来是否类似于过去的问题。我们可能会说，倘若将来不类似于过去，那么，关于某种联系的事例不论有多少，都不会有它超出这些已有事例而发生的概率。这种概率并不直接涉及某种联系的普遍性，而是在有历经时空而存在的普遍联系的假设下，与已有事例所提供的普遍命题的代表性相关。在本文看来，较之于将来是否类似于过去的问题，概率问题无论如何都是较为次要的。

　　以"*a*"，"*b*"表示事物或特指的东西，"*A*"，"*B*"表示事物类，"——"表示经验到的联系，上述原则可表示为

$$
\begin{aligned}
\text{如果} \quad & at_1 \text{———} bt_1 \\
& at_2 \text{———} bt_2 \\
& \vdots \qquad\quad \vdots \\
& \underline{at_n \text{———} bt_n} \\
\text{那么} \quad & A \text{———} B
\end{aligned}
$$

那些 a，b 作为特定的对象或事件，乃是在或发生在特定的空间和时间中的。本文不考虑空间问题。对于时间，用对 a、b 附以 t_1，t_2，t_3，$\cdots$ t_n 来表示。以 A，B 作为事物类，A———B 便是作为归纳目标的概括命题了。

at_{n+1} 是否以类似的方式与 bt_{n+1} 相联系，这种可能性据信是对将来是否类似于过去问题的决定性检验。容易想见，倘若 at_{n-1} 不以类似的方式与 bt_{n+1} 相联系，那么，A———B 不成立，将来于是不与过去相类似。不错，在这样的情况下，A———B 是不成立了，但却决不能由此而得出将来不类似于过去。尽管当一概括命题成立时，归纳原则获得了成功，当一概括命题不成立时，它却并没有不成功。将来是否类似于过去的问题，总是可分解为现在或过去与它本身一致或不一致的问题。我想通过下文的讨论来说明这一点。

首先，既然 A———B 是普遍命题，那么显然不能以某种方式把它当作特殊的。然而，我们易于采取下述方式来考虑问题：倘若如此，A———B 就被看成在 t_n 对迄至 t_n 的事例所作的总结了。

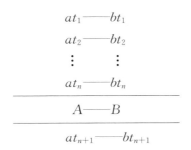

$$
\begin{aligned}
& at_1 \text{———} bt_1 \\
& at_2 \text{———} bt_2 \\
& \vdots \qquad\quad \vdots \\
& \underline{at_n \text{———} bt_n} \\
& \quad A \text{———} B \\
& at_{n+1} \text{———} bt_{n+1}
\end{aligned}
$$

虽然它本身并非一个事例，但却成了一个特殊的命题，被视为对 t_1 至 t_n 的那些 a，b 为真。这个命题如果为真，那么它往后始终为真，不论 at_{n+1} 与 bt_{n+1} 以何种方式相联系。不论将来怎样，甚至即令我们假定将来与过去完全不同，A———B 也不会无效。照这样的想像，将来与过去一致或不一致，纯粹就是 t_n 后的任一事例与 t_n 及 t_n 前的事例一致或不一致。倘若一致，那当然好；倘若不一致，我们甚至可能不得不说历史反正不会重演。

那种不只是历史问题的一致或不一致乃是这样的一致或不一致，其中，at_{n+1} 与 bt_{n+1} 不仅仅与过去的事例一致或不一致，而且也要证明 A——B 或使它无效。然而，仅当 A——B 不只是在 t_n 对从 t_1 到 t_n 的事例的总结，同时也是对包括 at_{n+1} 及 bt_{n+1} 在内的所有事例的概括，即当 A——B 是普遍命题时，at_{n+1} 与 bt_{n+1} 才能影响到 A——B。当 A——B 如此理解时，我们得按下述方式来考虑问题：

$$
\begin{array}{cc}
\text{或者} at_1 \text{——} bt_1 \qquad & \text{或者} at_1 \text{——} bt_1 \\
at_2 \text{——} bt_2 & at_2 \text{——} bt_2 \\
\vdots \qquad \vdots & \vdots \qquad \vdots \\
at_n \text{——} bt_n & at_n \text{——} bt_n \\
at_{n+1} \text{——} bt_{n+1} & at_{n+1} \text{——} bt_{n+1} \\
\hline
A \text{——} B & A \text{——} B
\end{array}
$$

这依赖于新事例是正例还是反例。新事例若与先前事例一致，则增加了概括命题的力量，若不一致，则使概括命题无效。然而，这是否意谓着将来与过去一致或不一致呢？由上表或许能明白，回答应当是否定的。不过，我们暂且不对此作任何结论，因为我们只讨论了 A——B 的普遍性，尚未涉及时间以及事例的枚举与概括命题之间的关系问题。归纳原则是以如果—则关系来表述的。且以任一"如果 p，则 q"为例。倘若 p 与 q 代表重言式，或自然律，或经验的概括命题，那么，无论是如果—则关系的有效性或对此关系的断定都没有时间性的问题，尽管时间自然可能会作为一个要素进入 p 或 q。倘若 p 与 q 都代表特殊的命题，时间问题可能会相当复杂，不过至少在这里我们不考虑它。然而，倘若 p 有时间性，而 q 是无时间限制的，"如果 p，则 q"的有效性就可以是也可以不是无时间限制的，对它的断定把时间作为一个起作用的因素包括在内。照罗素先生的表述，归纳原则的前件是对所有的事例的总结，而它的后件则包括了概括命题。不论此原则是否始终有效（我们在后文再考虑此问题），联系到任一特定的归纳来断定这原则必须包括迄至作出断定的时刻以及在作出断定的时刻所收集到的所有已知或经验到的事例。这就是说，在 a 和 b 作为 A——B 的事例的情况下断定这条原则，必须把相对于作出断定时刻的最后事例包括在内，这样，在 t_n 时，我们有

$$
\begin{array}{rcl}
\text{如果} & at_1 & \!\!\!\!-\!\!\!-\!\!\!- \ bt_1 \\
& at_2 & \!\!\!\!-\!\!\!-\!\!\!- \ bt_2 \\
& \vdots & \quad \vdots \\
& at_n & \!\!\!\!-\!\!\!-\!\!\!- \ bt_n \\
\hline
\text{则} & A & \!\!\!\!-\!\!\!-\!\!\!- \ B
\end{array}
$$

而在 at_{n+1}，我们有

$$
\begin{array}{rcl}
\text{如果} & at_1 & \!\!\!\!-\!\!\!-\!\!\!- \ bt_1 \\
& at_2 & \!\!\!\!-\!\!\!-\!\!\!- \ bt_2 \\
& \vdots & \quad \vdots \\
& at_n & \!\!\!\!-\!\!\!-\!\!\!- \ bt_n \\
& at_{n+1} & \!\!\!\!-\!\!\!-\!\!\!- \ bt_{n+1} \\
\hline
\text{则} & A & \!\!\!\!-\!\!\!-\!\!\!- \ B
\end{array}
$$

由此，容易想到，在表示对迄今为止的综合的横线下再没有获得 a 和 b 的新事例。在 t_n 时，将来任一可能的 at_{n+1} 与 bt_{n+1} 确实都可能会或可能不会与先前的事例一致。尽管如此，在任何时候，将来都不会与过去一致或不一致。我们必须将现在与 t_n 区别开来，同时将将来与 t_{n+1} 区别开来。现在与将来都是变元，而 t_n 与 t_{n+1} 则是变元的特定值。现在永远不会中止不动，而 t_n 则是永远不变的。注意到这个区别，便不难看出，当 at_{n+1} 和 bt_{n+1} 与先前事例一致时，现在已从 t_n 进到了 t_{n+1}，换句话说，已不再是将来的事例了，不再是将来与过去相一致，而是 at_{n+1} 和 bt_{n+1} 与先前事例相一致。

在有了象 at_{n+1}——bt_{n+1} 这样的事例时，概括命题 A——B 至少得到了又一个事例所增添力量的加强，但这并不意谓着归纳原则也得到了加强。假如说此原则可为一正例所加强，那么它就该为反例所削弱。但事情并非如此。假设我们面临着一个反例，那么我们当有下面的情况：

$$
\begin{array}{rcl}
\text{因为} & at_1 & \!\!\!\!-\!\!\!-\!\!\!- \ bt_1 \\
& at_2 & \!\!\!\!-\!\!\!-\!\!\!- \ bt_2 \\
& \vdots & \quad \vdots \\
& at_n & \!\!\!\!-\!\!\!-\!\!\!- \ bt_n \\
& at_{n+1} & \!\!\!\!-\!\!\!-\!\!\!- \ bt_{n+1} \\
\hline
\therefore & A & \!\!\!\!-\!\!\!-\!\!\!- \ B
\end{array}
$$

这是一个以上述事例的枚举为前件，以上述概括命题为后件的蕴涵式的例子。[①]

在一反例的面前，概括命题 A——B 确实不成立了。但此时不难看出，所收集到的材料不满足归纳原则对作出一个肯定的概括所要求的条件，因此，归纳原则并未受到影响。这里，仍然不是将来与过去不一致，而是 at_{n+1} 及 bt_{n+1} 与先前事例不一致。事实上，不仅归纳原则未受影响，并且，根据这条原则及别的原则，我们还能由上述的材料得出与 A——B 的否定不同的别的某种概括命题。

现在大概清楚了，一概括命题是成功还是不成功，并不隐含着归纳原则相应的成功或不成功；一事例与先前事例一致或不一致，也并不隐含着将来与过去相应的一致或不一致。那么，归纳原则依赖于什么样的证据呢？有什么保证这条原则的有效性呢？我们将会看到，将来与过去相类似的问题与归纳原则的有效性乃是同一个问题。为处理此问题，我们须回到与时间相关联的"如果—则"关系上来。时间是推移、流动着的，至于归纳原则中的如果—则关系，我们说，它乃是一个横断面。不管时间会如何流动，这种关系可以径直地穿过它。不过，在一特定的归纳中，当如果—则关系穿过时间时，前件的内容以及后件的真值可能会发生改变。令 p 表示任一特定的前件，q 表示后件。随时间向前推移，p 的内容改变了，同时，q 的真值也可能改变。上文所举正例与反例的例子已经显示了这一点：两个事例都改变了 p 的内容正例不改变 q 的真值，而反例则改变了 q 的真值。

由此可见，相对于任一特定的归纳来说，时间所提供的事例仅仅改变前件的内容且可能会改变后件的真值，而与此同时，归纳原则的真值并不受影响。它之所以不受影响，部分是由于任一特定的归纳只不过是归纳原则的一个真值（这意谓着可以代入不同的真值而归纳原则的形式保持不变）；部分还由于后件可以相应于前件而自动地调整，以使得它们之间的如果—则关系始终具有相同的真值。不过，具有恒定的真值与永远有效并不是一回事。假命题同样具有恒定的真值。我们还得进一步分析，以证明归纳原则始终是有效的。

且考虑概括命题 A——B，它具有如下形式：

---

① 也就是说，这是归纳原则的一个例子。上文讲到，归纳原则在罗素的陈述下是一个蕴涵式，其前件是对已有事例的枚举，后件是概括命题。——译注

(1) $(a，b) \varphi(a，b)$

由于不考虑空间问题，（1）按照定义等值于

(2) $\varphi(at_1，bt_1) \cdot \varphi(at_2，bt_2) \cdots \varphi(at_n，bt_n) \cdots \varphi(at_\infty，bt_\infty)$

归纳原则的前件是在任一时刻 t_n 对事例的一个综合，它只不过是

(3) $\varphi(at_1，bt_1) \cdot \varphi(at_2，bt_2) \cdots \varphi(at_n，bt_n)$

显然它不是完全的，永远也不等值于（2）。然而，（3）虽然不等值于（2），（1）也永远不为假。不论增添多少正例，（3）将保持相同的形式。这就是说"如果（3）为真，则（1）为真"总是可以断定的。不过，时间也可能提供出一个反例，反例的出现会把（3）改变为

(4) $\varphi(at_1，bt_1) \cdot \varphi(at_2，bt_2) \cdots \varphi(at_n，bt_n) \cdot \sim\varphi(at_{n+1}，bt_{n+1})$

(4) 等值于

(5) $\sim (a，b) \varphi(a，b)$

于是，"如果（4）为真，则（5）为真"始终成立；这就是所谓反例有决定性的涵义所在。（4）与（5）之间的蕴涵既是演绎的又是归纳的。它是演绎的，因为纯逻辑保证了它的有效性；它是归纳的，因为（5）这个后件作为一个概括命题是从一个实际的事例的出现而得来的。在 t_n 时，我们确实并不知道在 t_{n+1} 的一个可能的事例究竟是正例还是反例，但我们知道它或者是正例或者是反例。并且知道，无论它事实上是正例，或事实上是反例，它总要进入前件，而后件也或者是肯定或者是否定的。不论在哪种情况下，都有（3）蕴涵（1）或（4）蕴涵（5），并且不论是那一种情形，归纳原则都是成立的。

由此可见，归纳原则不会无效，而且，倘若说有将来的话，将来也不会推翻过去。过去与现在被分离开来，被合为一体，被编上目录。就象图书馆的书一样，可用这种或那种方式来加以标记。它们不过是许许多多零散经验的集合名称；借助于用以对付已有东西的大量概念，我们有时精确地有时任意地对这些经验加以命名。当将来进入现在之时，它便丧失了模糊性。如果它并不属于所期望的范围，我们也许会失望。但是我们很快会发现它与别的什么相一致，或者，倘若它不与别的什么东西相一致，它只不过就以一个新的范畴来丰富了过去与现在。它所不做的一件事就是推翻过去。它不这样，因为当我们对它能确定地说些什么时，它就不再是模糊不清的，而变成了已被分离、被编目的过去与现在了。这里所采取的论证方式类似于 C. I. 路易斯所持的见解。我们的概念是约定俗成的，并非在确定将来会是什么样的意义上而是在如何接

收它①的意义上约定俗成的。不管将来会怎么样，我们有这种或那种方式来接收它的保证。以我们在 t_{n+1} 对任一可能事例以 a，b 的态度为例来说。首先，我们说它或者是正例或者是反例。有人也许会认为这什么也没说。但是，他同时又应该承认，我们在概念上，虽然可能不是在心理上，是准备接收任何东西的。假设过去建立起来的一个概括命题被推翻了，我们只说，这个概括命题从来就不真。所提过的概括命题固然已失去，过去却并未受到破坏。对新事例的进一步考察，或者使我们受困惑，或者不这样。如果是这样，那么，它是在向我们提供新概念的过程中使我们受困惑；如果不是这样，那就等于是说我们备有的概念工具足以用来对付它。

归纳原则是先验的，它在任何时候都有效。这里的先验性概念并不具有任何使经验借助于它而成为可能的超验形式。它所具有的乃是对任何经验都有效的形式。它的来源并不涉及一个超验的心灵。并且，我们对它的意识也不先于任何经验。由以上的论述可见，归纳原则作为对任何经验都为真的原则，乃是一条先验的原则。罗素先生在某个地方说，这条原则是先验的，因为它不是通过并且不可能通过归纳得到，这仅仅是指出了，任一归纳都假设了这条原则。通过归纳得出这条原则就是要假设这条原则以便得出这条原则；他并未证明，这条原则在我们所认可的意义上是先验的。为能证明这条原则是先验的，我们得证明，它在任何时刻都有效，或者，相对于将来而言，将来并不能起推翻它的作用。我希望这一点在上文已得到了说明。

现在，让我们假设时间停顿了，而某个游离于肉体之外的理智仍在思维着。这也许难以思议，但显然又是可以想像的。我们所理解的经验停止了，但某个模糊的事物状态还继续存在。重言式仍然是有效的。它们并未把任何可能性断定为事实，只是断定所有的可能性是可能性；而任何可以想像的事物状态都在可能性的范围之内。实际上，说某个事物状态可想像就是意谓着重言式对它成立。因为倘若有某个重言式对其不成立的东西，那么它自动地就不可想像了。我不打算讨论只有一个逻辑还是有多个逻辑时问题。我本人相信只有一个逻辑。且假设有多个逻辑。显然，我们不能同时使用它们；而如果我们采用其中的某一个，那么这一个就成为可想像性的范围和工具了。可见，不管是那一种情形，

---

① "它"指"将来"。——译注

我们都可以想像一个没有时间的模糊不清的事物状态，用以取代我们现在的世界。随时间的停顿，运动没有了，生命没有了，可能空间也没有了；此与彼的界限也没有了；特定的东西、个体没有了；先前所有的区别都模糊了；宇宙变成了空的可能性。在这样的事物状态下，归纳原则是否成立呢？

首先，考虑显然的东西，这条原则会毫无用处了。脱离肉体的理智会看出，它的用处依赖于将已有东西的时间分离进一些范畴，倘若时间停顿了，就再没有分离发生，从而，就没有那些 a, b 了。A——B 曾用来表示形如（2）的普遍命题，现在，再不能如此看待了；随时间的停顿，它也不再是自然律，最多只不过变成了对形如"古希腊人是体魄健壮的人"这样的历史事实的一个简略总结。对于一个作为历史学家的脱离肉体的理智来说，这也许很有意义；但若他是一个哲学家或科学家，就不这样了。归纳原则看来是毫无用处了。但承认它在这样一种事物状态下无用远非说它无效。在这种情况下，重言式同样也是无用的，但它决非无效。如果要说归纳原则不再有效，那就还得给出别的理由。

重言式无论如何都是有效的。这部分是由于它什么也没说，它并未断定模糊不清的事物状态的存在，也没有描述这种状态是什么样；它对于这种状态有效，就象对我们现在的世界有效一样，什么承诺也没作。归纳原则不是重言式，它是说了什么的。它虽然不同于可能涉及某一特殊领域内所考察对象的任一特殊的归纳，它却是假设了特定的事例存在，假设了普遍的联系存在，假设了特称命题为全称命题所包含；它假设它所处理的全称命题不是空的可能性，而是在有顺序的事例中得以实现；这就假设了一个被分离为时间空间支架的世界。因此，所想的无时间的模糊不清的事物状态就完全否定了它的断定。因为总结事例的前件还是真的，而由于时间停顿，意想中的自然律不再存在，它的后件却是假的了。

现在需要来弄清楚为什么排除了时间便没有自然律。真正的自然律应当具有分离的物理意义。在没有时间的模糊不清的事物状态中，普遍性的关系可能兼而具有数学与形而上学的意义，但却不具有分离的物理意义。它们具有数学意义，因为其中所包括的所有概念都可以编排进一个演绎系统，在此演绎系统中，这些关系都是定理。它们可能会具有形而上学的意义，是说上述的事物状态可以视为一个整体，在其中，所有的属性都以一种布拉德雷的方式而一致起来了。然而，它们不具有分离

的物理意义。因为模糊不清的世界没有给我们供观察的事例或供实验的
事例，而真正的自然律的物理意义必须依赖这样的事例。

但是，不论我们的假设如何能想像，对它的实现我们却提不出肯定
的根据，提不出除纯逻辑以外的别的根据。时间是不会被废除的，它乃
是纯逻辑所不提供、但世界却由之而造成的已有之物、难对付的东西、
具体事物以及事实基础的核心。将来永远都存在。只要有变动着的将
来，也就永远有变动着的现在与过去。过去不可能被推翻，因为不论什
么东西出现，都将被以这种或那种方式所接收。对已有事物的概念上的
接收，乃是一个认识经验；而归纳原则乃是一条接收原则。只要时间向
我们提供被接收的东西，归纳原则就将有效。它是一条先验性的原则，
不过是一种与重言式不同的先验性原则。

（原为英文，载 *The Journal of Philoso-
phy*，第 37 卷第 7 期，1940；中文由邓生庆
译，原载并选自《金岳霖学术论文选》，北
京，中国社会科学出版社，1990）

自　然

（1943）

一　呈现与本然底现实

A.　呈现底观

1. 在第一章我们以 S_n^m 符号表示 n 类底 m 官觉者，以 S_n^{m+1} 表示 n 类底 $m+1$ 官觉者，以 $O\underset{n}{\overset{}{S}}_n^m$ 表示相对于 n 类底所与，以 $O\overset{m}{\underset{n}{S}}_n$ 表示所与所呈现 n 类底 m 官觉者底呈现。以 $O\overset{m+1}{\underset{n}{S}}_n$ 表示所与所呈现于 n 类底 $m+1$ 官觉者底呈现。我们用以下的方式表示所与与呈现底分别：

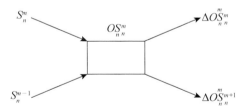

以上"□"表示所与，而"△"表示呈现。所与是官觉类底所与，而呈现是官觉者底呈现。$O\overset{m}{\underset{n}{S}}_n$ 是相对于 n 官觉类的，它是所与。$O\overset{m}{\underset{n}{S}}_n$ 不但是相对于 n 官觉类的，而且是相对于 m 官觉者的，$O\overset{m+1}{\underset{n}{S}}_n$ 不但是相对于 n 类的，而且是相对于 $m+1$ 官觉者的。

2. 呈现既是相对于官觉者的，当然是有观的。所谓有观最低限度的说法就是相对。即以 $O\overset{m}{\underset{n}{S}}_n$ 而论，它是相对于 n 类底 m 官觉者，而不是相对于同类中 $m+1$ 官觉者的。$O\overset{m+1}{\underset{n}{S}}_n$ 同样，它是相对于 n 类底 $m+$

1官觉者的，而不是相对于同类中 m 官觉者的。普通说我所看见的不就是你所看见的，或你所看见的不就是我所看见的。我底呈现有我底特殊的观，你底呈现有你底特殊的观。这特殊的观是免不了的。从特殊的观着想，不但不同的官觉者有不同的观，即同一官觉者在不同的时候不同的地点，也有不同的特殊的观。可是这一方面的问题，我们根本不讨论，我们只说同类中不同的官觉者有不同的特殊的观。就特殊说，我们要记得没有任何而特殊的可以同一或完全相同。特殊的呈现当然不是例外。

3. 特殊的呈现虽然总是特殊的，然而不一定就是私的。引用到个体，公对私和普遍对特殊不大一样。个体虽是特殊的，然而彼此之间仍可以有普遍者在，可是，如果个体是私的，则彼此之间就得有公的。我这里有六个洋火盒子，个别地说，它们都是特殊的，可是，这并不是阻碍它们之共为洋火盒子。可是，我所私有的衣服和你所私有的衣服虽是我们所共有的衣服而不是我们所公有的衣服。呈现虽特殊，然而不一定因此就是私的。甲乙丙官觉者底呈现虽因甲乙彼此特殊地不同而特殊地不同，然而也可以因甲乙之同属于人类而为人类所能公有的呈现。一官觉者底呈现有公私底分别。如果 n 类底 m 官觉者底某呈现是私的，则此呈现只是 m 所能有的，如果某呈现是公的，则此呈现是 n 类底任何官觉者所能有的。我们把私的呈现叫作主观的呈现，把公的呈现叫作客观的呈现。呈现虽特殊，然而可以客观。在第一章我们已经讨论客观的呈现。我们并且表示非假设有客观的呈现，知识论说不通。

4. 呈现虽有主观客观底分别，然而无论主观也好客观也好，呈现总是有观的。我们前此曾把主观叫作个体观，把客观叫作类观。如果呈现是主观的，它有一官觉者所私有的观，如果呈现是客观的，它有一类官觉者所有的观。$O\overset{m}{\underset{n}{S}}{}^m_n$ 这一呈现或者是主观的或者是客观的。如果是前者，它只有 $m+1$ 底观，如果是后者，它有 n 类底观。如果我们底呈现是主观的，它有我给它底彩色，如果它是客观的，它有人类所给它底彩色。呈现当然不会没有观。我们已经说过所说的观就是相对性。说呈现有观就是说呈现是相对的。

B. 所与底观

1. 呈现底观在第一章已经表示过，所与底观在第一章没有表示。我们可以利用类似的方式表示所与底观。兹以 S_n 与 S_m 表示两不同的官觉类，以 O_n^m 表示个体，以 $O\overset{m}{S}_n$ 表示相对于 S_n 类底所与。以 $O\overset{m}{S}_m$ 表示相对于 S_m 类底所与。我们可以用同样的方式表示所与和个体底分别：

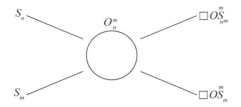

以上 O 代表个体，□仍旧代表所与。

2. $O\overset{m}{S}_n$ 是相对于 S_n 官觉类底所与，$O\overset{m}{S}_m$ 是相对于 S_m 官觉类底所与。它们既都是相对的，当然也是有观的。如果我们从呈现着想，我们也可以表示所与底有观。所与就是公于一官觉类底任何正常官觉者底呈现。所与也是呈现。不过它是客观的呈现，类观的呈现而已。以上已经表示呈现总是有观的，无论它是主观的或客观的。客观的呈现既然有观，所与当然是有观的，不过它底观是类观而已。论呈现时我们曾说我底呈现不就是你底呈现，你底呈现不就是我底呈现。你与我既然是不同的特殊的官觉者，彼此底呈现也特殊地不同，不过不必为我们所私而已。官觉类有同样的情形。人底所与不是牛底所与，牛底所与也不是人底所与。人与牛既是不同类的官觉者，彼此底所与当然不同。普遍地说 S_n 与 S_m 既是不同的官觉类，$O\overset{m}{S}_n$ 与 $O\overset{m}{S}_m$。当然是不同的所与。所与既是相对的，所与和呈现一样是有观的。

3. 可是，所与底相对和呈现底相对有大不一样的地方。呈现有两层相对。一层是相对于单个的官觉者，一层是相对于官觉者所属的类。所与没有这两层的相对，只有后一层的相对。就头一层的相对说，呈现可以是主观的，可以不是主观的。如果呈现是主观的，它不是同类中的官觉者所能兼有的。例如 S_n 类中底 S_n^m 官觉者与 S_n^{m+1} 官觉者底呈现是主观的，则不但 S_n^m 底呈现不是 S_n^{m+1} 底，或 S_n^{m+1} 底呈现不是 S_n^m 底，而且它们没有共同的地方。可是假如这两个官觉者底呈现都是客观的，则 S_n^m 底呈现虽不是 S_n^{m+1} 底呈现或 S_n^{m+1} 底呈现不是 S_n^m 底呈现，然而它们有共同的地方。它们都是相对于 S_n 底所与。在此情形下，S_n^m 和 S_n^{m+1} 两官觉者可以交换它们底官觉。在第一章我们特殊注重这交换性。可是，这实在是从一类中不同的官觉分子说。类与类之间问题两样。不但

S_n 底所与不是 S_m 底所与，或 S_m 底所与不是 S_n 底所与，而且就所与说，它们没有共同的地方。它们没有主观客观底分别。我们应说它们都是客观的。仍从例说，不但人不能见牛之所见，牛不能见人之所见，牛与人没有共同的地方。我们也许会想到（1）条所说的个体，"O" 这一符号所表示的个体或 O_n^m 这一符号所表示的个体，我们也许会说它是不同的所与底共同点。这说法也对，不过我们要知道（1）条所说的个体它没有观的。如果我们说它是不同的所与底共同点与所与之为不同的呈现底共同点不一样。以后会把（1）条所说的个体提出讨论，现在只注重到所与底相对和呈现底相对不一样，呈现有两层的相对，所与只有一层的相对。

4. 所与底相对和呈现底相对不仅有以上的分别，还有一更重要的分别。呈现是有主观客观底分别的。如果它是主观的，它是有官觉者底个体观的，如果它是客观的，它是有官觉者底类观的。这就是说呈现或者相对于官觉者这一个体或者是相对于官觉者所属的类。就前一方面的相对说，这相对是特殊的。就后一方面的相对说，这相对是普遍的。可是后一方面的相对就是所与底相对。所以所与底相对是普遍的。前一方面的相对不是类型的，后一方面的相对是类型的。假如 $O\overset{m}{\underset{n}{S}}{}_n$ 这一呈现是主观的，它底相对性只是特殊的，如果它是客观的，它底相对性是普遍的。这当然不是说 $O\overset{m}{\underset{n}{S}}{}_n$ 本身是普遍的，我们说的是它底相对性。假如 O_n^m 是一个能以"红"去接受的个体，$O\overset{m}{\underset{n}{S}}{}_n$ 当然是特殊的，可是，如果它是人类的所与，或张三底客观的呈现，则它底红不只是张三所见的"红"而兼是人类中任何正常的人所能见的"红"。从意念的根据说，这人类中任何正常的人所能见的红就是"红"意念底根据。这当然不是说 O_n^m 底红是普遍的红，这只是说它不只是张三所见的红而已，这红本身虽是特殊的，然而它不只是为一特殊的人所特殊地看见。它相对于人类而不相对于张三。这就是我们所谓所与底相对性是普遍的。本条头一句话就说这里所说的分别比上条所说的分别重要。其所以如此的理由，我们现在不从详讨论。我们现在只说所与底相对性既是普遍的，这相对性本身就表现一自然律。假如牛见了红就发气，就要打架——假如这一命题是真的，究竟是真的与否，我们不必管——这只是说相对于牛的红所与是使牛类中正常的牛发气或打架的，或者说如果 x 是牛底红所与，x 是使牛类中正常的牛发气或打架的。如果这一命题是真的，或者它就是一自然律，或者它表示一自然律。如果我们把这情形转移到人身上来，我们也可以看得出，假如人看见了红有特别的反感，这反感也表示一自然律。现在的讨论只在这一点上打住。

C. 本然的现实

1. 上条已经谈到 O_n^m。这符号就是 n 类中的个体。这就是无观的个体。《论道》书中所谈的个体就是这样的个体，而这样的个体就是本然的现实。在《论道》书中我们虽表示现实是不能没有的。现实也不会不个体化特殊化。本然的现实本来就有个体底变动。在个体底变动中有殊相底生灭，有生生，有灭灭。不过在《论道》书中我们所谈的殊相是无观的殊相，所谈的生灭是无观的生灭。本文的呈现是有观的呈现，本文底所与是有观的所与。本然的现实与呈现或所与显然有不同的地方，前者无观而后者有观。最初使人想到的就是无观的现实，我们何以能谈？所谓无观似乎不止于没有官觉而已。没有官觉的的确是可以谈的，例如电子、原子等等我们都不能官觉得到，然而我们能够谈到它们。其实我们能够谈到电子、原子等等，理由和我们能够谈到无观的现实一样。不同点当然是有的，可是，我们现在可以抹杀。最简单的说法是说本然的现实虽不能觉，然而可以知。

2. 本然世界不仅有殊相底生灭而且有共相底关联。在《论道》书中我们曾说个体底变动理有固然。特殊的个体的现实或本然的现实本来是有条理的。有一部分的人喜欢把现实看作"黑漆一团糟"，让我们底理智来整理出条理来。我们底看法不是这样的。"天不生仲尼，万古长如夜"这样的话，本文也可以赞成。照《论道》那本书底说法看来，现实底历程中虽不会没有官觉者产生，然而却不必在任何阶段上都有官觉者。即就我们底自然史而说，我们也得承认从前曾有没有官觉者底时候，以后也许还会有没有官觉者底时候。假如我们想象现实底状态而又没有官觉者夹杂其间，我们也会感觉到"夜"或"黑"。这里所谓"夜"和"黑"只是不同而已。这只是说我们既然假设没有官觉者，当然没有官觉，既然没有官觉，当然没有呈现，既然没有呈现，当然没有呈现中的形形色色，这这那那。在这条件下，本然的现实当然没有官觉者所有的"明"，而不明我们总可以叫作"夜"或"黑"。在本然世界这样的"明"是随官觉者与知识者而俱来的，既假设没有官觉者，当然也不至于有"明"。

3. 可是，"夜"或"黑"与一团糟是两件事。即在以上的假设下，本然世界至多是无"明"而已，不至于成为一团糟。如果本然的现实可以因无"明"而成为一团糟，则本然世界不止于无明而已，它简直不可以有明。所谓"明"是明其条理，如果本然的现实本来就是一团糟，则它根本就没有条理。假如本然的现实根本没有条理，我们当然无从明起，而本然的现实也就是不可以明的。除非所谓"明"不是明条理而是创作条理。照此说法，本然的现实当然可以没有条理，要我们明了之后，我们才创作条理，才给本然的现实以一种我们所加上去的条理。这样的条理不但我们可以推翻，而且如果本然的现实和我们淘起气来，它也可以推翻。根据以上三章底讨论，我们不能不承认条理决不是我们所能创造的。这当然就是说条理是本然的现实本来就有的。此所以我们在《论道》书中说个体底变动理有固然。固然的理就是本然的现实底条理。本然的现实也许可以"黑"，但是，既有条理决不至于一团糟。

4. 照（1）条所说本然的现实有特殊的，照（2）条所说本然的现实有普遍。O_n^m 这符号表示 n 类中底 m 个体。这个体是无观的或不相对于任何官觉者的。我们已经发生"它既是无观的，我们何以能谈到它"一问题，对于此问题我们已经说过，它虽不能觉，然而可以知。它底不能觉显而易见。所谓能觉就是可以有官觉者去官觉它，可是，如果有官觉者去官觉它，则它已经不是本然的现实或不只是本然的现实而是呈现或所与。这就是说如果一官觉者去觉它，它就有观了。对于 O_n^m，我们不能官觉。如果官觉是我们所认为是直接的接触，我们和本然的现实没有直接的接触。结果当然只能有间接的接触。间接的接触还是有的，而间接接触底根据依然在本然的现实本身。这就是本然的现实底条理。O_n^m 这一个体虽不能觉，而 O_n^m 所现实的理可以知。请注意这完全是从知识或官觉着想，若不从这一方面着想，我们和 O_n^m 当然可以有别的方面的直接接触。回到本题上去，我们底问题是如何由普遍的理以求间接地达于 O_n^m。

D. 呈现与本然的现实

1. 呈现是有观的，本然的现实是无观的。二者底关系不易表示。我们从容易说的说起。$O\overset{m}{\underset{n}{S}}{}_n^m$ 这一呈现不就是 O_n^m。前者有观，它是相对于 n 类官觉者的与相对于 m 官觉者的。后者是无观的。可是，$O\overset{m}{\underset{n}{S}}{}_n^m$ 虽不就是 O_n^m，然而它也是实在的。所谓它是实在的，就是说它是本然世界中的项目，而这也就是说它是本然的现实。也许有人以为这是矛盾，因为这好像是说呈现既不是本然的现实而又是本然的现实。其实当然不是。我们所要说的是 $O\overset{m}{S}{}_n^m$ 这一呈现与相当于此呈现的 C_n^m 不同，后者是无观的，而前者是有观的 O_n^m。所谓前者有观是说它是有观的 O_n^m。可是，若就 $O\overset{m}{S}{}_n^m$ 说，它本身也是无观的。这一点我们也许可以利用一假设表示出来。假如有 S_m^m，有 m 类底 m 官觉者能够官觉到 $O\overset{m}{S}{}_n^m$，则 S_m^m 底呈现，不是 $O\overset{m}{S}{}_n^m$ 而是 $(O\overset{m}{S}{}_n^m)\,S_m^m$。在此情形下，$(O\overset{m}{S}{}_n^m)\,S_m^m$ 与 $O\overset{m}{S}{}_n^m$ 底关系就是 $O\overset{m}{S}{}_n^m$ 与 O_n^m 底关系。如果在后一套关系中，O_n^m 无观，而 $O\overset{m}{S}{}_n^m$ 有观，则在前一套关系中，$O\overset{m}{S}{}_n^m$ 无观，而 $(O\overset{m}{S}{}_n^m)\,S_m^m$ 有观。由此类推，$(O\overset{m}{S}{}_n^m)\,S_m^m$ 也是本然的现实。我们可以利用某小说中的某教授为例，这一小说说当某教授到饭厅去吃早饭，好几位不同的教授也到了那一饭厅。假如饭厅中本来有乙、丙、丁三个人，当甲进来的时候，乙所看见的甲，丙所认识的甲，丁所以为如何如何的甲，和甲所自命的甲都跟着无观的甲进了饭厅。在饭厅中，无观的甲只有一个，而有观的甲有四个。也许这许多的甲彼此之间大同小异，然而即令大同而仍免不了小异。乙所看见的甲虽不就是所观的甲，然而它仍是实在的。假如有人要研究甲乙底关系，他所要研究的不仅是那无观的甲，而且是甲所自命的甲与乙所看见的甲。就本然的现实着想，在那间饭厅里，有五个不同的甲。我们可说这么一句话：呈现（$O\overset{m}{S}{}_n^m$）不就是它所呈现的本然（O_n^m），然而它自己（$O\overset{m}{S}{}_n^m$）是一本然的现实。

2. 以上是就呈现说，而就呈现说，我们不管它是主观的或是客观的。客观的呈现是实在的，主观的呈现也是实在的。主观的呈现只是不客观而已。客观的呈现既是实在的，所与当然也是实在的。所与和本然底关系，与上条所说的呈现与本然底关系差不多。$O\overset{m}{S}{}_n^m$ 这一所与不就是 O_n^m，然而它本身是本然的现实。可是，这两套关系有不同的地方。在 B 段（4）条我们曾说所与底相对性是普遍的。$O\overset{m}{S}{}_n^m$ 这一所与底相对性既是普遍的，就它是一本然的现实着想，它现实共相底关联。这共相底关联可以用 O_n—S_m 表示，这就是说 n 类的个体在 m 类的官觉者底类型官觉中，假如在此类型的官觉中有类型的反感 R_h（例如牛见红即发气），则 O_n—S_m—R_h 表示一固然的理。$O\overset{m}{\underset{n}{S}}_m$ 这一所与虽是特殊的本然的现实，然而它底相对性 O_n—S_m 不是特殊的，它所现实的固然的理 O_n—S_m—R_h 当然不是特殊的。就 O_n^m 说，$O\overset{m}{\underset{n}{S}}_m$ 虽是有关的，然而$O\overset{m}{\underset{n}{S}}_m$ 本身是无观的。O_n—S_m 是无观的，O_n—S_m—R_h 也是无观的。

3. 我们前此已经说过 O_n^m 这一本然的现实是无观约，它不可觉，可是它可以知。此所以它虽无观，然而我们能够谈到它。我们已经表示过这由不可觉到可知须要相当麻烦的解释。在解释过程中我们要说些承上接下的话。我们现在先说些承上的话。我们可以从 m 类的 m 官觉者 S_m^m 着想，我们假设他从 $O\overset{m-1}{\underset{n}{S}}\overset{m}{m}$，$O\overset{m-2}{\underset{n}{S}}\overset{m}{m}$，$O\overset{m-3}{\underset{n}{S}}\overset{m}{m}$，…已经得到了"$n$"意念，他碰着了 O_n^m 之后，他以"n"意念去接受 $O\overset{m}{\underset{n}{S}}\overset{m}{m}$。在这里，我们要回到前几章所说的话，看"$n$"意念是如何的。头一点我们会注意"$n$"是抽象的意念不是类似具体的意象，它是普遍的意念，不是类似特殊的意象。我们已经表示过抽象的意念，不是"象"，它不是抽出来的共同的"象"。如果它是抽出来的共同的象，这象虽可以是许多个体底所同，然而仍是类似具体的，也仍是类似特殊的，这当然就是说它不是普遍的抽象的。抽象的意念既是抽象的普遍的，它虽是抽出来的，然而它不能是象。所以 S_m^m 官觉者底"n"已经是独立于 $O\overset{m}{\underset{n}{S}}\overset{m}{m}$，$O\overset{m-1}{\underset{n}{S}}\overset{m}{m}$，$O\overset{m-2}{\underset{n}{S}}\overset{m}{m}$，$O\overset{m-3}{\underset{n}{S}}\overset{m}{m}$，…底特殊的具体的象。这就是说，"$n$"这一意念既不狃于任何一呈现底象，也不是它们底共同的象。也许 S_m^m 这一官觉者在思议中要利用想象，可是，"n"这一意念不是想象。我们现在当然假设"n"这一意念没有毛病，S_m^m 不必去掉它而代之以新的意念。既然如此，S_m^m 碰到 O_n^m，就见其为 $O\overset{m}{\underset{n}{S}}\overset{m}{m}$ 或 n 类中之某东西。

4. 可是，S_m^m 也许不止于是一官觉者而已。他也许对于 n 类的东西有研究，不但经验过许多的 $O\overset{m}{\underset{n}{S}}\overset{m}{m}$，$O\overset{m-1}{\underset{n}{S}}\overset{m}{m}$，$O\overset{m-2}{\underset{n}{S}}\overset{m}{m}$，$O\overset{m-3}{\underset{n}{S}}\overset{m}{m}$，…而已，而且观察过与这些东西有连带关系的许多东西。他不但是有"n"这一意念，而且有这一意念底结构。从一方面说"n"这一意念就是此结构，可是从有此意念的官觉者说，他不必得到了此结构。我们现在假设 S_m^m 有此意念结构。兹以 k—h—m—n—…表示此结构。如果 S_m^m 是知道"n"类的东西的，他也知道这类东西与别的东西底关系，不仅如此，他也知道这类东西与别的官觉类底关系。所以在此结构中，有 O_n—S_k—R_h，这就是说 S_m^m 知道"k"类的官觉者碰见 n 类的东西就有 h 类的反感。S_m^m 虽不能官觉 S_k 官觉者所能官觉的所与，即 $O\overset{m}{S_k}$，然而 S_m^m 仍可以知道 $O\overset{m}{S_k}$。不但如此，同样的方式也可以使他知道 O_n^m，O_n^m 所现实的固然的理或共相底关联就是 k—h—m—n—…所表示的理或共相底关联。如果 S_m^m 是对于 n 类的东西是有知识的官觉者，当 $O\overset{m}{S_m^m}$ 呈现时，他不只于官觉到 $O\overset{m}{S_m^m}$ 而已，他也知道 O_n^m 是什么样的个体。不过 S_m^m 不能谈该个体底殊相而已。既然如此，我们这里所谓知是间接的知，不是直接的知，这有点像我们知道电子、原子底知，而不像我们知道牛羊犬豕底知。我们能有这样的情形就是因为意念本来就是超特殊官觉的。意念不仅是超特殊官觉的，也是超官觉的。

二　本然与自然

A. 官觉类的共同世界

1. 本段底问题同上段底问题差不多，不过注重点不同而已。上面注重在一类官觉者可以由直接地官觉而间接地知道现实，本段所注重的是各类官觉者底共同世界。在本段我们要注重真正的普遍是超各官觉类的。也许我们先从这一类的话着想，人所认为是"红"的东西，牛见了"讨厌"，猴子见了"欢喜"。这一命题有根据与否我不敢说，这一类的话不少。这一类的话总要有根据才行。可是，这一类的话显而易见是有问题的。人不能见牛之所见，牛不能见猴子之所见：我们何以知道三种不同的官觉者底反感有同一的来源？从官觉方面说，它们没有同一的来源，从这一方面着想刺激不一样，刺激既不一样，不同的反感，应该是意中事，何以又似乎值得说呢？可是这样的话是表示反感虽不同而来源同一。问题就是这同一的来源是什么。如果我们说同一的来源就是那个实在的红的东西。我们所说的是无观的现实的个体，而那一个体又是我们我所不能官觉得到的。这似乎表示所需要的共同的来源不是无观的本然的现实的个体。

2. 我们所要表示的是说无观的本然的现实的个体是各不同的官觉类底共同的来源。为解释这一点起见，我们又要说一部分上面已经说过的话。在上节 D 段我们从 S_m^m 着想说 S_m^m 得到"n"意念,并且得到"n"意念底结构 k—h—m—n—…,我们也曾说假如 S_m^m 没有错误的话,这意念的结构就是这无观的本然的现实的个体 O_n^m 所现实的理或共相底关联。同时我们又表示如果 S_m^m 底呈现是客观的,则此呈现的相对性是普遍的,这就是说 $O\overset{m}{\underset{n}{S_m^m}}$ 底相对性是普遍的,我们曾以 O_n—S_m 表示此相对性,此相对性也是共相底关联,也是理。S_m^m 虽不能直接官觉到 O_n^m 而间接地知道 O_n。所谓间接的知道 O_n 就是说他在 $O\overset{m}{\underset{n}{S_m^m}}$ 呈现时他就因 k—h—m—n—…这一意念结构而知道 O_n^m 所现实的是 O_n 底理,这理就是这意念结构所表示的。在上节 D 段,我们只从 S_m^m 着想而已。仅从 S_m^m 说,我们在 D 段只表示他能够由官觉到 $O\overset{m}{\underset{n}{S_m^m}}$ 而知道 O_n^m 所现实的理。

3. 意念是抽象的普遍的,所以是超官觉者的。就 S_m 类说,"n"这意念是超 S_m^m,S_m^{m+1},S_m^{m+2},S_m^{m+3},…官觉者的。这就是说"n"这一意念是 S_m 类中各官觉者之所共。可是一类中的各官觉者之所共同的不必是不同的官觉类之所共同的。假如 S_m^m,S_m^{m+1},S_m^{m+2},S_m^{m+3}…有共同的或大同小异的意象,这意象也不过是 S_m 类中的各官觉者之所共同而已。它不能超 S_m 类。它不是别的官觉类所能有的,因为它虽是 S_m 类中各官觉者所共有的。然而它既是意象,它仍是象,它既是象,它就脱离不了官觉,当然也就脱离不了 S_m 官觉类。意念根本不是象,它所表示的共相也不是象。(照我们底说法共相这一名词实在不妥,可是,我们为省事起见,名词仍旧。)它不但能够脱离 S_m 中的任何官觉者,而且可以脱离 S_m 类官觉者。这就是说,假如有 S_m,S_o,S_p,…官觉类,它不只是 S_m 类中各官觉者之所共,而且是各不同类的官觉者之所共。这句话听起来有点不近情,其实只要我们能抓住意念之为意念,它的确是超官觉类的,以此说为难于接受的人大都是把意念看成意象的人。把意念看成意象,这一句话当然不能成立。把意念视为无像而有结构的所谓着想,它当然是独立于官觉类的。

4. 上面的意思既说明,我们仍回到 S_m^m 类所得的"n"意念。此意念我们以 k—h—m—n—…表示。说意念是共同的其实就是说意念所表示的理或共相底关联是共同的。兹以 S_m,S_o,S_p,…表示不同的官觉类,相对于 S_m 底所与是 $O\overset{m}{\underset{n}{S_m}}$,相对于 S_o 底所与是 $O\overset{m}{\underset{n}{S_o}}$,相对于 S_p 底所与是 $O\overset{m}{\underset{n}{S_p}}$,…这些所与的确彼此不同,因为他所相对的官觉类不同。

可是，所与虽特殊，然而它们的相对性是普遍的，O_n—S_m，O_n—S_o，O_n—S_p，…这些相对性都是普遍。S_m^m 即 m 类中底 m 官觉者虽官觉不到 $O\overset{m}{S_o}$ 或 $O\overset{m}{S_p}$，然而在意念上他可以知道 O_n—S_o，O_n—S_p。假如 S_o^m 看见 $O\overset{m}{\underset{n}{S_m^m}}$ 就有 h 反感。S_p^m 看见 $O\overset{m}{\underset{n}{S_p^m}}$ 就有 h' 反感，S_m^m 也会知道 O_n—S_o—R_h，O_n—S_p—$R_{h'}$。"n"类的个体，即 O_n，所现实的理就是"n"意念所表示的"n"共相或共相底关联或理，而这又是 k—h—m—n—…所表示的。如果 S_m^m 真正懂得"n"，他的意念结构中 k—h—m—n…有 n—o，n—p，也有 n—o—h 与 n—p—h'。如果 S_m^m 真正是有知识懂得"n"的，他也会知道同一的理。从例说假如牛见红果真生气，猴见红果真欢喜，则人如果真正知道"红"之所以为红，他不仅知道所谓红有光线如何，与黄紫的关系如何等等底意义，而且有牛见而怒、猴见而喜的意义。他所知道底是共相底关联，不是某牛所见的某红呈现或某猴子所见的某红呈现。特殊的呈现虽不同，而意念同一。共相的关联或理是不同的官觉类底共同世界。

B.　各官觉类底特殊世界

1.　各官觉类彼此的不同当然是根据于各类底官能作用不同，而官能作用底不同当然是根据于官能机构底不同。官能底机构不同，呈现也不同。这里所谈的机构不同是类与类底不同，不是一类中各官觉者彼此之间的不同。所说的不是人类中张三和李四的官能机构不同而是人类和牛类底官能机构不同。相对于人类的官能机构有一套客观的呈现，这一套客观的呈现就是相对于人类的所与；相对于牛类底官能机构也有一套客观的呈现，这一套客观的呈现就是相对于牛类的所与。官觉类不同，所与也不同。人不能见牛之所见，牛不能见猴子之所见，猴子也不能见人之所见，它们各有各类底所与。我们已经说过所与虽特殊而它底相对性是普遍的；这就是说，假如有特殊的红的个体，对于人类，它是人红或属于人底红，对于牛类它是牛红或属于牛底红，对于猴类，它是猴红或属于猴底红。红既如此，其它的性质关系也莫不如此。这一类的所与就是该类底特别世界。

2.　上面所说的是各类底共同世界。谈共同的世界我们所注重的是意念及意念之所表示，或者说概念与共相。以上实在是就意念之为意念说，或概念之为概念说，或就意念或概念及其对象说。意念或概念均有所谓，此所谓就内容说是意念或概念的结构，就对象说，它是共相底关联。各类底共同世界就是共相关联底世界。可是意念不仅有所谓而且有所指。（有些意念是无所指的，例如"无"，"无量"，……或"鬼"等等。但是这些可以说是少数。）意念或概念底所谓是普遍的，所指是特殊的，大多数的人要懂一意念或概念，也许要利用意象。普通要求举例以明义就是要求供给意象借此以明白意念。有的时候，意象尚且不够，还要举出普通所谓"具体的东西"，这所谓具体的东西实在就是所与，或意念所指的所与。在这情形之下，举例以明义就是以所指去明所谓。意象虽不是特殊的然而是类似特殊的，虽不是具体的，然而是类似具体的。它底根据也是所与。我们无论举普通所谓具体的东西以明义，或供给意象以明义，我们都是利用所与。

3. 就意念之为意念说，或就所谓说，意念非象，它是普遍的，抽象的，所以它独立于官觉类。就意念底所指说，它或者是意象或者是所与。如果是意象，它间接的也是所与。所与是不能独立于官觉类的。我们仍可以用"红"为例。我们所有的"红"意念是不完全的，没有充分发展的。如果我们得到相当充实的"红"意念，我们也知道关于"红"底许多的真的命题。牛见而发气也许是这些真命题之一。当然我们还可以说出许多别的命题，例如关于"红"底光线底波动底速度等等。但是，"红"之所指就不同了。我们思想到"红"，我们不必只思"红"底所谓，我们也许想到红，我们也许有某红意象。（我个人想到红，就想到中国人所谓大红或洋人所谓中国红，而在意象中和很厚的绸子成一幅图画。）我们思想到红，在思想历程中的不只是红底所谓，而且是红底所指，这后者或者是当时的所与，或者是经验中的所与，或者是类似所与的意象。

4. 请注意我们这里所说的是所与。就人类说，人思想红，他不只是思红底所谓而且想红底所指，而此所指或者是当时的所与或者是经验中的所与，或者是类似所与的意象。其所以说所与者，就是要表示相对于人类而已。意念底所谓虽独立于人类，而对于人类意念的所指不能独立于人类。人思想红的时候，他可以思独立于人类的红意念，然而不能想独立于人类的所与，这就是说，他不能想牛所见的红，而只能想人所见的红。人类底世界有两部分，一部分就是各官觉类所有的共同的世界，这就是共相底关联底世界，另一部分就是人类底特别的世界，这就是相对于人类底所与世界。各类官觉者都有这两部分的世界。一是各类之所共同，一是各类之所特别的世界。

C. 各官觉者底特殊世界

1. 特别不是特殊。习惯于英文的人也许会感觉到 particular 和 special 底分别。前者是我们这里所谓特殊，后者是我们这里所谓特别。是特殊的就不是普遍的，是特别的仍是普遍的，不过它所表示的有某一普遍以别于其它的普遍而已。假如我谈因果关系，我们所注重的也许是 A—B，这一因果关联当然是普遍的，我们不能把它视为特殊的关系。如果它是特殊的关系，我们不能利用它以为推论。可是它虽不是特殊的，然而它是特别的，我们谈 A—B 这一因果关联底时候，我们既不是泛论因果，也不是谈 C—D，或 E—F，或…因果关联，我们所谈的是 A—B 这一特别的因果关联。

2. 上面谈到特别的世界我们所谈的是所与，是相对于一官觉类底所与。我们虽说 $O\overset{m}{\underset{n}{S}}_m$ 这样的所与虽是特殊的，然而它底相对性是普遍的。O^m_n 虽然表示 n 类 m 个体，然而 $O\overset{m}{\underset{n}{S}}_m$ 底相对是 n 类的个体与 m 类的官觉者底相对。说相对性是普遍的也就表示出相对性是类型的。论所与就是从官觉类底观点去论呈现。我们曾说，呈现总是特殊的，可是，虽然老是特殊的，仍然有主观客观底分别。主观的呈现不是所与。客观的呈现才是所与。在第一章解释客观两字底时候，我们曾说如果呈现是类型的，它是客观的。客观的呈现才是所与，也就表示类型的呈现才是所与。各种的官觉者都有一套类型的所与。这一套类型的所与虽不是任何其他类的官觉者之所能兼，而是一类中任何官觉者之所共。一类官觉者的所与是该类底特别世界，而不是该类中的官觉者底特殊的世界。

3. 呈现总是特殊的。一类中的任何官觉者，就他为官觉个体说，不就他为该类底分子说，他当然不是同类中任何其他分子；他底呈现也不就是其他任何分子底呈现。就人类说，张三既不是李四，张三底呈现不就是李四底呈现。我们暂且不谈主观客观底分别。一类中各官觉者底呈现，虽可以是类型的，然而总是特殊的。各官觉者总有它底特殊的世界。这特殊的世界一方面是由于官觉者有特殊的官能，另一方面也是由于官觉者有特别的态度等等，"人不堪其忧而回也不改其乐"的世界，不见得是世界有什么特殊，而是态度不同，看法不同的结果。这一方面的问题我们根本不谈。我们只表示官觉者既特殊，他底官能也特殊，官能特殊，呈现也特殊。就每一官觉者都有一套特殊的呈现说，他有他底特殊的世界。他也许是一类中正常的官觉者，也许不是。即令他是正常的官觉者，他底呈现和同类中其他的官觉者底呈现也许大同，可是，虽大同而仍免不了小异。他的呈现底小异，也许是遵守自然律的，所以虽小异而仍不失其为客观。但虽客观而仍不失其为特殊。各官觉者底特殊世界，就是各官觉者所经验的形形色色，这这那那。这当然就是他所最感亲切的世界。

4. 可是，一官觉者也许不是一类中的正常官觉者。假如他不是的，他的呈现不但是特殊的，而且是主观的，这就是说他底呈现不是类观的，所以不是所与。要知道一官觉者底呈现是主观的，我们非要求有客观的呈现不可，非以客观的呈现为标准不可。这一点在第一章已经讨论过在这里不必再提出讨论。我们只说有时一官觉者底呈现是主观的，我们其所以能知道它是主观的，因为有客观的呈现以为标准。在某一类各官觉者所有的特殊世界中，还有一些是主观的世界。主观的世界在别的方面也许重要，也许在艺术方面重要。无论如何，在知识方面不重要。知识总是客观的。知识底根据总是客观的呈现。假如一官觉类同时是一知识类，该类所能得的知识底根据总是该类底所与，这就是说总是该类各官觉底客观的呈现，而不是他们底主观的呈现。

D. 本然与自然

1. 以上表示有共同的世界，有特别的世界，有特殊的世界，有主观的世界。从知识论着想，我们可以把后二者撇开不论。兹以 S_m，S_o，S_p，…表示不同的官觉类，S_m^m，S_m^{m+1}，S_m^{m+2}，…，S_o^m，S_o^{n+1}，S_o^{m+2}，…，S_p^m，S_p^{m+1}，S_p^{m+2}，…表示各类中的官觉分子，以 O_n^m 表示无观的 n 类的 m 个体，以 $O\overset{m}{S_m^m}$，$O\overset{m}{S_m^{m+1}}$，$O\overset{m}{S_m^{m+2}}$，…，$O\overset{m}{S_o^m}$，$O\overset{m}{S_o^{m+1}}$，$O\overset{m}{S_o^{m+2}}$，…，$O\overset{m}{S_p^m}$，$O\overset{m}{S_p^{m+1}}$，$O\overset{m}{S_p^{m+2}}$，…表示客观的呈现或所与，以 $O_n - S_m$，$O_n - S_o$，$O_n - S_p$…，表示所与底相对性。

2. 以上表示各官觉类都有它底共同世界与特别世界。就 O_n^m 说，S_m 底共同世界是甲，它底特别世界是乙，S_o 底共同世界是甲，它底特别世界是丙，S_p 底共同世界是甲，它底特别世界是丁。每一类底官觉者都有它底共同世界与特别世界，这就是该类底自然界。自然界有普遍与特殊，普遍的是各类官觉者之所共，特殊的是各类官觉者之所特别有的，所以前者是任何官觉类之所兼有，后者不是。就人类说，人类底自然界也这样，它有普遍的世界与特殊的世界，普遍的世界是各类官觉者之所共同的，特殊的世界是人类之所特别的。在日常生活中，我们也许不分别普遍与特殊，也许不分共同与特别。我们把种种等等，形形色色，这这那那，熔于一炉，称它为自然。从它不得不如此，或不得不如彼说，它当然是自然。我们习惯于我们底自然，也许更觉得它非常之"自然"。其实自然界虽有一部分不是相对于我们，然而有一部分是相对于我们的。假如牛是知识类，我们可以知牛之所知，可是不能觉牛之所觉。我们底自然界有我们所能觉的形形色色，这这那那，牛底自然界也有它们底形形色色，这这那那。

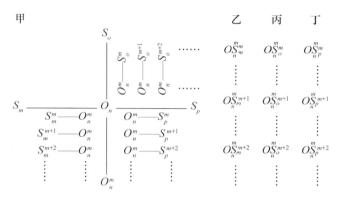

3. 人类研究自然就是以自然为对象。自然界不仅有普遍，不仅有自然律，而且有特殊，有天地日月山川土木。就意念说，人类的意念有所谓，而且有所指。就所谓说意念有意义，就所指说意念有意味。这意味是由呈现或所与而来的。所与不同意味也不同。假如人牛猴对于红的东西有不同的反感，这当然也表示呈现或所与对于他们有不同的意味。人类习惯于他们所能得自呈现或所与的意味，感觉其为自然。根据他们底自然，他们得到一些真的命题。这些真的命题对于任何类都真，不过对于人有特别的意味而已。命题的真假是独立于各知识类的，命题底意味不是独立于知识类的。前者我们现在不必讨论，以后专章讨论。可是我们得说命题底真假牵扯到命题底意义，而不牵扯到命题底意味；此所以前者独立于任何官觉类，而后者不独立于某一官觉类。

4. 有一点我们须注意。各自然界底特别世界也在本然世界范围之内。也许有人以为我们在本然底立场上，我们不能谈特别的世界，就以为各特别的世界就在本然世界底范围之外。其实任何特别的世界都在本然世界范围之内。我们可以从 S_m 底观点去表示。从 S_m 看来，不仅 O_n^m

是本然的，$O\overset{m}{\underset{n}{S}}{}^m_o$，$O\overset{m}{\underset{n}{S}}{}^{m+1}_o$，$O\overset{m}{\underset{n}{S}}{}^{m+2}_o$，…，$O\overset{m}{\underset{n}{S}}{}^m_p$，$O\overset{m}{\underset{n}{S}}{}^{m+1}_p$，$O\overset{m}{\underset{n}{S}}{}^{m+2}_p$，…都是本然的，它们系属于 $O\overset{m}{\underset{n}{S}}{}_o$ 类与 $O\overset{m}{\underset{n}{S}}{}_p$ 类，而分析起来，这两类就是 $O_n\!-\!S_o$，$O_n\!-\!S_p$ 共相底关联。S^m_n 和 $O\overset{m}{\underset{n}{S}}{}^m_o$ 或 $O\overset{m}{\underset{n}{S}}{}^m_p$ 底关系和 S^m_m 和 O^m_n 一样，S^m_m 可以官觉到（$O\overset{m}{\underset{n}{S}}{}^m_o$）$S^m_m$ 或（$O\overset{m}{\underset{n}{S}}{}^m_p$）$S^m_m$，好像他可以官觉到 $O\overset{m}{\underset{m}{S}}{}^m_m$ 一样，不同点只在 O^m_n 不是一关系，而 $O\overset{m}{\underset{n}{S}}{}^m_o$ 是 O^m_n 和 S^m_o 底关系，$O\overset{m}{\underset{n}{S}}{}^m_p$ 是 O^m_n 和 S^m_p 底关系，所以 $O\overset{m}{\underset{n}{S}}{}^m_m$ 是两端关系，而（$O\overset{m}{\underset{n}{S}}{}^m_o$）$S^m_m$ 和（$O\overset{m}{\underset{n}{S}}{}^m_p$）$S^m_m$ 是三端关系而已。$O\overset{m}{\underset{n}{S}}{}^m_o$，…，$O\overset{m}{\underset{n}{S}}{}^m_p$…，既在本然世界之中，$O\overset{m}{\underset{n}{S}}{}^m_n$ 当然也在。所有的特别世界都在本然世界范围之内。这是一件事，谈本然的现实的确又是一件事。在任何官觉类底立场上，我们不能谈其他类的所与，因为我们得不到那样的所与。不在任何官觉者底立场上，我们不能谈任何所与，只能谈不是所与的本然的现实。在 S_m 底立场上我们不能谈 $O\overset{m}{\underset{o}{S}}{}^m$… 或 $O\overset{m}{\underset{p}{S}}{}^m$…，我们只能谈 $O\overset{m}{\underset{m}{S}}{}^m$，或（$O\overset{m}{\underset{o}{S}}{}^m$）$S^m_m$，或…，或（$O\overset{m}{\underset{p}{S}}{}^m$）$S^m_m$，…。不在任何官觉类的立场上，我们当然不谈 $O\overset{m}{\underset{m}{S}}{}^m$…或 $O\overset{m}{\underset{o}{S}}{}^m$…或 $O\overset{m}{\underset{p}{S}}{}^m$…而只谈 O^n_m 或 $O_n\!-\!S_m$，$O_n\!-\!S_o$，$O_n\!-\!S_p$，或 $O^n_n\!-\!S^m_m$，$O^n_n\!-\!S^m_o$，$O^n_n\!-\!S^m_p$。

三　自然与经验

A. 经验

1. 经验两字用得非常之多，非常之杂。最宽泛的意义似乎就是生活。可是，生活有只是不死的生活也有不只是不死的生活。次宽泛的意义似乎是有意识的生活。可是有意识的生活也许只是满足情感、意志、愿望等等的生活，而不必兼是满足知识底生活。所意识的也许是本能的自觉例如"饿"。有意识的生活也许仍是太宽泛。本节所要谈的经验是知识经验。知识经验前此已经说过好几次，它就是以得自所与还治所与。如果我们说它是历程，这历程的结果也就是化本然为自然与化自然为事实。前者就是化本然的现实为自然的呈现或所与，后者就是化呈现或所与为事实。知识经验当然不必是别的方面的经验，虽然别的方面的经验夹杂有知识经验在内。一个研究学问的人在他所研究的范围之内，他的知识经验很丰富，可是，他也许不善于买东西，或不善于置产业等等。我们所注重的限制到知识经验。

2. 以上我们说经验一方面是化本然的现实为自然的呈现或所与，另一方面化自然的呈现或所与为事实。这两种化不一样。所谓化本然的事实为自然，实在有两部分，一部是普遍的，一部分是特殊的。就普遍的那一部分说，本然的现实就是自然，它们都不是相对于官觉类的。只有特殊的一部分有"化"底问题。所谓化是使 O_n^m 这一个体成为 $O\,S^{m}_{n}{}^{m}$ 这一所与。可是 $O\,S^{m}_{n}{}^{m}$ 这一所与虽是特殊的，然而它底相对性是普遍的。或者说 O_n—S_m 底相对是类型的。如果我们要表示这相对性，我们得利用普遍的命题。$O\,S^{m}_{n}{}^{m}$ 虽有时地问题，而 $O\,S^{m}_{n}{}^{m}$ 底相对性没有。经验总是在时间中的，它只能化 O_n^m 这一本然的个体为呈现或所与，即 $O\,S^{m}_{n}{}^{m}$，它无所谓笼统地化本然的现实为自然。显而易见，$O\,S^{m}_{n}{}^{m}$ 底相对性既是普遍的，当然不是时间中的经验所形成的。所谓化本然的现实为自然的呈现或所与就是化 O_n^m 为 $O\,S^{m}_{n}{}^{m}$，不是经验形成自然。化 O_n^m 为 $O\,S^{m}_{n}{}^{m}$ 严格地说只是官能底事而不是官觉底事。

3. 经验还化自然的呈现或所与为事实。这里的问题实在就是上章第二节底问题。兹以 $O\,S^{m}_{n}{}^{m}$，$O\,S^{m}_{n}{}^{m+1}$，$O\,S^{m}_{n}{}^{m+2}$，…表示所与或客观的呈现。官觉者有经验的话，他能以得自所与者还治所与。这就是说他可以用"n"这一接受方式去接受这些所与，而它们就是 n_1，n_2，n_3，…。同时他可以把 n_1，n_2，n_3，…安排在时空中成为相当于它们的事实。这其实就是上章所说的，我们有 x，y，z，…不同的呈现，我们可以用 A，B，C，…接受方式去接受，而其结果是 a，b，c…东西或事体，不过在本条我们把呈现限制到"n"类的东西而已。官能化 O_n^m，为 $O\,S^{m}_{n}{}^{m}$ 呈现或所与，而官觉化 $O\,S^{m}_{n}{}^{m}$ 呈现或所与为 n 东西或事体或事实。在这里我们暂且不讨论这三者底分别。

4. 知识经验不限于纯粹的思想，我们可以把收容与应付都计算在内。经验中不仅有思议而且有想象，有记忆，有习惯等等。经验虽不必包含本能或本能作用底结果，也不必排除本能作用所能得到的结果。凡从所与底然求得所与底所以然所需的能力底致用或所需的工具底引用都在知识经验范围之内。凡以所得还治所与所需的能力底致用或工具底引用也都在知识经验范围之内。知识经验既有思议，当然有意念，既有意念，必有抽象，既有抽象，必有普遍。思议底内容既有抽象的意念，对象当然有普遍的共相。在经验中我们当然牵扯到普遍，我们当然与一部分的本然相牵扯定了，而所牵扯上的不仅是自然而且是超自然。可是知识经验底主要部分虽是抽象的，而大部是官觉记忆、习惯、想象等等，而在这些活动中所接触的不是普遍的而是特殊的。不注重知识经验而谈普通所说的无所不包的广泛的经验，特殊的重要，这是毫无疑义的。这样的经验底可贵在形形色色这这那那，而这总逃不出特殊的。即令我们注重知识经验，我们也不能不注重特殊。普遍的无象，特殊的才有象，很特殊的世界才是那活泼泼的世界。

B. 自然界在经验中

1. 自然界是相对抗于知识类的，当然是相对于知识类底知识经验的。自然界与经验底关系如何呢？有一很"自然"的说法，或一极容易而顺便的说法，是说"自然界在经验中"。一方面从知识着想，知识者很容易狃于一观，另一方面说自然界在经验中，一知识类很容易把自己视为中心，而自外于自然界。就头一方面的情形说，我们可以表示官觉类虽不必就是知识类，然而知识类总是官觉类，而观是相对于官能的，只要知识类意识到各官觉类都有不同的所对，知识类不会狃于一观。后一方面的问题麻烦得多。一知识类有以自己为中心底要求。知识类不仅有求知底要求，而且有意志，有情感，有愿望……。就意志、情感、愿望……说，知识类当然以自己为中心。在这些上面，它自己是中心，它要求在知识上面它也是中心。无形之中它愿意以自然界为经验中的一部分，让经验去笼罩它形成它。这一方面的问题太多，我们在这里无法讨论，我们只讨论自然界是否在经验中这一点。

2. 说自然界在经验中，当然牵扯到在中问题。这问题前此已经讨论过，在这里我们得重复地提出讨论。视为关系，有好些不同的在中。最显而易见的，是事物所占时空底关系。如果"这张桌子在这间房子中"所表示的是事实，它也表示一特殊的东西在另一特殊的东西底中间，而在中这一关系是个体底关系。我们也可以说这张桌子所占的空间是这间房子所占的空间的一部分。或者我们说"湘北三次会战是在中日战争中的战争"，这里所说的在中虽不牵扯到普通所谓东西，可是，这命题所表示的是说湘北三次会战这三件特殊的事体是中日战争这件特殊的事体中间的事体。在这里在中这一关系虽是事体底关系，然而仍是特殊的事体底关系。我们也可以说湘北会战这三件特殊的事体，所占的时空是中日战争这一特殊的事体所占的时空底一部分。本条所谈的在中是特殊的东西或事体底关系，自然界既不是一件特殊的东西或事体，它与经验当然不能有这种在中关系。

3. 另一说法是种与类底说法，例如"中国人在人类曱"。这实在是说中国人这一类是人类中各类之一，推广地说，这里所谓在中是某类属于某另一类，或某类包含在某类底中间，所以这里所说的在中是类与类底关联而不是特殊的东西或事体底关系。自然界与经验都可以视为类，但它们虽都可以视为类，然而它们没有包含关联，所以也没有这里所说的在中。如果把自然界与经验视为类，经验可以视为一类事体，而自然界不是。自然界与知识类是相对的，二者底结合在经验。可是，在结合中它们固然相对，不在结合中，它们仍相对。夫之所以为夫是和妻相对的，妻之所以为妻也是相对的；二者在结婚中结合，但是，显而易见夫类不在结婚中妻类也不在结婚中，虽然他们都在"结了婚的人"这一类中。自然界与经验有相似的情形。经验是事体，视为类，它也是事体类。自然界根本不是。把在中视为两类彼此之间的包含，自然界与经验也没有这样的在中。

4. 根据 A 段所说，经验不笼统地化本然为自然，它只化本然的现实如 O_n^n 为自然的呈现或所与 $O\,\underset{n}{S}\,_m^m$。O_n^n 是本然的现实，它是特殊的；$O\,\underset{n}{S}\,_m^m$ 是自然的，它是特殊的。可是，自然界不是特殊的，自然界虽有特殊的，然而自然之所以为自然是因为它有普遍的相对性。它底相对性既是普遍的，这相对性不是属于某时某地的。在这一点上，自然界和事实不一样。经验也化自然的呈现或所与为事实，这就是说，化 $O\,\underset{n}{S}\,_m^m$ 为某日某地的"n"这一东西。说某时某地的"n"这一东西在经验中，或说事实在经验中，这的确是可以的。自然界不同，它不是某时某地的，它是相对于知识类的本然。经验两字无论宽义或狭义都有已经或正在底意义。这一点非常之重要。"可能的经验"虽有意义，然而不是经验。就这一点说，它与事实相似，与自然不相似。可能的自然仍是自然，可能的自然界仍是自然界。

C. 所与能

1. 所谓自然界在经验中，也许有另一表示，我们也许会说这样的话："如果 x 是自然界的东西，它一定是可以经验的东西。"可是，反过来，我们也不说这样的话："如果 x 是可以经验的东西，它一定是自然界的东西。"这也许就是普通所谓自然界在经验中。可是，我们不说后一句话底理由，一方面是自然两字底用法，一方面是经验两字底用法。就头一方面说，我们可以经验到桌子椅子，而桌子椅子不是自然界的。这显而易见是把自然两字限制到非人类所创作的东西上去。这用法不是本书底用法。就后一方面说，我们可以经验饥饿，经验痛苦，然而所经验不大容易说是自然界的事体，这里除自然两字问题外，还有经验两字底问题。经验饥饿底经验不是知识经验，而本节所谈的经验，是知识经验。我们这里所说的自然界既然包含呈现或所与，当然有创作的东西在内，而经验两字只是知识经验而已。照我们底用字法，我们也可以说："如果 x 是可以经验的，x 是自然界的。"如果我们可以说自然界在经验中，我们也可以说经验在自然界中。这里的在中牵扯到两个问题，一是命题底蕴涵问题，一是所与能底相对待底问题。

2. 命题底彼此蕴涵并不一定表示命题中所牵扯的类有包含底关系。何谓蕴涵这一问题，我们不必提出讨论，讨论时费工夫太多。单就不回头的蕴涵说，显而易见，如果天晴，我上西山，并不表示天晴属于上西山类，或天晴在上西山中，即回头的蕴涵也不必就表示两类底包含。x 是 y 底父母和 y 是 x 底子女有彼此蕴涵底关系，可是，x 与 y 这两特殊的个体没有上段（2）条所说的在中关系。x 既不占 y 所占的一部分的时空，y 也不占 x 所占的一部分的时空。同时父母类和子女类也没有彼此包含底关系，父母类并不属于子女类，子女类也不属于父母类。从以类底包含为在中说，父母类既不在子女类中，子女类也不在父母类中。虽然如此，x 是 y 底父母的确蕴涵 y 是 x 底子女，而 y 是 x 底子女的确蕴涵 x 是 y 底父母。在这情形下，如果我们一定要引用"在中"意念，我们只能说"x 是 y 底父母"在"y 是 x 底子女"中已经表示。如此则"x 是自然界的"，在"x 是可以经验的"这句话或这一命题中已经表示了。可是，这并不表示自然界在经验中。即命它表示自然界在可能的经验中，它仍不表示自然界在经验中。显而易见，可能的经验不就是经验。

3. 我们暂且把经验撇开，谈一谈自然界与官觉类底关系。它们之间有所能底关系。如果有 S_1，S_2，S_3，…官觉类，它们当然彼此不同，它们所能得到的呈现当然属于不同的自然界。设以 N_1，N_2，N_3，…表示不同的自然界，即 S_1，S_2，S_3，…与 N_1，N_2，N_3，有——相应的情形，我们称 S 方为能，N 方为所，我们很容易感觉到二者底能所关系。能与所一方面固然是有限制的，S_1 这一官觉类只能有 N_1 这一自然界，N_1 是一特别的自然界，别的官觉类无法得到。这就是限制。在另一方面，能与所也表示类型，S_1 与 N_1 底相对是共相底关系。不是 S_1 不能得 N_1，不是 N_1 也不能为 S_1 所得。从这一点着想它们彼此是彼此底必要条件。不仅如此，是 S_1 就可以得 N_1，是 N_1 就可以为 S_1 所得。从这一点着想，它们彼此又是彼此底充分条件。据（2）条底讨论，所与能仍不是一件事。无能亦无所也许使我们感觉到所在能中，而无所亦不能，也应该使我们感觉到能在所中。

4. 以上所说的所与能底相对是普遍的相对。就相对之为普遍说，所谓所，所谓能都不受时间底限制。我们虽不必谈可能的所或能，然而我们可以谈可能的所或能。假如我们谈可能的所或能，我们只表示它不是事实上的所或能而已，这并不影响到所之为所或能之为能，我们虽不必谈将来的所或能，然而我们可以谈将来的所或能。假如我们谈将来的所或能，我们只表示它不是现在的所或能而已，这并不影响到所之为所或能之为能。这和经验不大一样。经验总有已经或正在底意义，所以可能的经验不是经验，将来的经验也不是经证。即命所在能中，自然界也不在经验中，何况所根本不在能中。

D. 自然与经验

1. 自然界与经验不但没有那简单的在中关系而且关系复杂。前面已经说过自然界有普遍的世界，有特别的世界，前者是各官觉类底共同的世界，后者是一官觉类底特别世界。经验是官觉者收容与应付所与。它是事体。这样的事体一方面是官觉者底事体，另一方面是自然界中的事体。我们现在不讨论官觉者这一方面的问题。就自然界这一方面说，自然界有普遍的。就普遍的说，我们也许用牵扯两字，自然界有特殊的，就特殊的说，我们也许要用接触两字。其所以如此说者，因为我们在经验中虽可以经验到普遍与特殊，然而所经验到的普遍与特殊，和经验底关系不一样。

2. 在经验中我们所经验的特殊的呈现或所与是东西，事体或事实。对于东西或事体或事实，以后会有讨论现在不必提出。自然界底相对性是普遍的，类型的。有此相对性的项目只有此相对性而已，不必同时是呈现或所与。这些自然界底项目当然是属于自然界的，可是，如果它们不同时是呈现或所与，它们与官觉者没有接触，这就是说它们虽是自然界的项目，然而它们不必是东西或事体，或事实。东西或事体或事实可以说是在经验中的，自然界的项目既不必是东西或事体与事实，也不必在经验中。经验有已经或正在底意义，自然界没有此意义，可是，自然界虽没有这意义，然而自然的呈现或所与有此意义。呈现的确是在经验中的。在官能我们与个体接触，在官觉我们与呈现或所与接触。在经验我们总与特殊的接触。能接触就容易得到亲切味。大致说来说特殊的呈现或所与在经验中没有问题。

3. 自然界有普遍，经验牵扯到普遍。普遍的在自然界中与普遍的在经验中大不一样。在自然界普遍的潜存于特殊项目之间，它就是共相底关联，它的的确确是"自然"，它无所谓"错"。经验不能和普遍的相接触，好像它能与特殊的相接触一样。经验只能牵扯到普遍，或涉及普遍，或与普遍的交叉。可是，就经验说，普遍的有两种：有普遍的对象，有普遍的内容。普遍的对象就是在自然界的普遍的。普遍的内容是意念、概念、意思命题等等，这些是在思议中的显现所代表的。我们现在暂且忽略两方面的问题。一是显现与意念概念、意思、命题等等底关系，我们可以退一步着想，视显现为意念、概念、意思、命题。这就是说，我们暂且以意念、概念、意思、命题为思议底直接的内容。另一方面的问题是所谓普遍。我们在第一章已经表示过说意念普遍和说共相普遍不一样；严格地说，对于意念，我们最好只说抽象不说普遍。现在我已退一步着想说意念概念意思命题都是普遍的思议内容。既然如此，我们可以说有普遍的内容。思议既有普遍的内容，经验也有普遍的内容。就内容说，我们可以说有普遍的在经验中。就这样的普遍的说，我们也许可以说我们在经验中也与普遍的内容相接触。

4. 可是，普遍的内容不就是普遍的对象。普遍的内容也许表示普遍的对象，也许不表示普遍的对象。无论如何它不就是普遍的对象，如果经验中的普遍的内容没有错，则它表示普遍的对象，而所表示的就是自然界底共相底关联。假如普遍的内容有错，则它不表示它所要表示的普遍的对象，而所表示的不是共相底关联。表示不是所表示的。如果表示是一方面的，所表示的是另一方面的。如果表示是在经验中的，所表示的不因此也就是在经验中的。我们现在的问题不是经验中有没有普遍的而是自然界底普遍的是否在经验中。以上只表示自然界底普遍的不因普遍的内容之在经验中而就在经验中而已。现在我们要表示自然界底普遍的不在经验中。自然界底普遍的是货真价实的普遍，它是独立于特殊的时间与空间的。它与经验既无所谓个体与个体之间在中关系，也没有类与类之间的在中关系。经验只牵扯到或涉及自然界底普遍而已。它们也许交叉，这也只表示它们碰头而已。总之经验与自然界底关系复杂，自然界有普遍的，也有特殊的，经验与特殊的底关系和经验与普遍的底关系不一样。

四　自然律

A.　自然律底解释

1. 律字底意义可以分成两大类，一是表示意志的，相当于罗马文底 lex；一是不表示意志的，相当于罗马文底 jus。这两大类又可以分成不同的种。前者可分为天底意志或神底意志，或上帝底意志与人底意志，人底意志又可以分为特别的人底意志或多数的普通的人底意志，专制君主国底法律代表前者，民主共和国底法律代表后者。不表示意志底"律"也可以分为有应该意念夹杂其间的和没有应该意念夹杂其间的。自然律底"律"字底用法是不表示意志而又没有应该意念夹杂其间的用法。自然律既与上帝底意志不相干，也没有应该遵守底问题夹杂在内。

2. 自然律有表示与所表示的问题。表示有工具，而工具有两种。一是语言或符号工具；一是意念工具。语言或符号是表示意念、概念、意思或命题的，语言就是普通的语言文字，符号是各门学问所用的符号。意念概念意思命题（特殊的命题现在不讨论）是表示共相底关联或固然的理的。这两种工具不一样，因为它们所表示的不一样。我们利用语言文字或符号是表示意念或意思的，我们利用意念或意思是表示事或理的。所谓自然律有时是就表示说的，有时是就所表示的而说的，有时二者都有，所以自然律底意义有时不甚确切。"我们受自然律底支配"这样的话底注重点似乎是所表示的；"这不是自然律，或这是自然律"这样的话底注重点似乎是在表示。可是，虽然注重表示，所注重的仍是意念或意思而不是语言文字或符号。大致说来，以自然律为语言文字或符号的似乎没有。关于这一点我们不必特别讨论。

3. 自然律当然是特别的。从意念上的表示说，这表示是一普遍的命题；从语言符号上的表示说，这表示是一句普遍的话；从所表示的话，所表示的是普遍的理。无论如何总逃不出普遍。关于普遍前此已经讨论过，在这里我们得再提一下。普遍的当然不是特殊的，这不必再说。这也不是一时代或一区域的普遍情形，例如"清朝人有辫子"所表示的不是普遍的情形，而只是普通的情形，所谓普遍不应与普通相混。普遍的是独立于特殊的时空的，也不能与大外延相混。我们不能因为动物类比人类底外延大，所以说动物类比人类更普遍。类底外延的确有大小，有等级或程度底分别。而所谓普遍根本没有等级程度底分别。普遍的只是独立于特殊的时空，就所谓动物与所谓人之为普遍说，它们同样地普遍。自然律无论就表示说或就所表示的说都是普遍的。它们底普遍性也许不一样，然而这普遍性和外延底大小不相干。万有引力律底外延也许比曼得耳定律底外延大，可是，同样的普遍。

4. 自然律是属于名言世界范围之内的。就表示说，它或者是分别地说出来的话或分别地断定的命题。就所表示的说，它是一条一条的固然的理。所谓分别地说或分别地断定就是说所说的不是综合的情形。假如一个人研究唐朝底历史，"唐朝"综合地形容一时代一地域底综合的情形。假如一个人研究《红楼梦》，"林黛玉"三个字综合地形容一个人。这些都不是分别地说或分别地断定的。自然律是就理之分而说的或断定的，不是就理之全而说的或断定的。自然律既是名言世界的，当然离不开表示。可是上面已经说过表示有二，一是语言符号，一是意念。语言符号虽有达意与否或恰当与否底问题，然而对于自然律可以说是不相干。假如有不同的符号与语言系统，每一系统都有一恰当的方式表示自然律 P，则显而易见任何一语言符号中表示 P 这一自然律的句子都没有变更 P 底性质底影响，所以都不相干。自然律虽离不开表示，然而可以离开任何一语言文字符号上的表示。它所不能离开的表示是意念上的表示。自然律总牵扯到一命题，不过它是表示固然的理的真命题而已。它的确有表示与所表示底分别，就表示说，它是一真的普遍的命题，就所表示说，它是划分出来的固然的理。

B. 固然的理底性质

1. 固然的理这名词是把自然律底对象总起来说的或笼统地说的。固然的理有它底特别的性质。我们在这里说固然的理底性质也就是就一条一条的固然的理联合起来而表示其性质。《论道》书中说个体底变动理有固然，也就是总起来而说的话。在本篇我们既以自然律为主题，我们所注重的是自然律之所表示的，而自然律之所表示的固然的理是分开来说的固然的理，所以是一条一条的固然的理。我们在本段先表示我们何以谈一条一条的固然的理，然而表示何以称这一条一条的理为固然。

2. 自然界为名言之所能达的世界。这能够重现种种等等，形形色色，这这那那。无论在何时何地，自然底项目都有彼此底分别，这就是说，它总有那是此即非彼，是彼即非此的情形。既然如此，则如果把自然界划分为时间地点，所有的一条一条的理决不能都在同时同地现实。这就是说个体底变动，虽理有固然，而一时一地底情形绝对不会现实所有的一条一条的理。理是普遍的，一条一条的也是普遍的。就它们本身说，它们没有冲突。可是在一时一地如果它们都现实起来，其结果当然是矛盾。一时一地的情形，也是此即非彼，是彼即非此底情形。有所是就表示它属于一理。有所非就表示它不属于另一理。理与理虽无冲突而在一时一地都现实起来就有冲突。我们很可以有这样的情形，根据甲理 x 非生不可，据据乙理 x 非死不可；甲乙两理虽没有冲突，而在 x 身上甲乙不同时现实。谈固然的理而又从一条一条的理着想，我们免不了这一条现实，就有另一条不现实底问题。

3. 所谓现实与不现实意义如下：假如一个人有盲肠炎，不施手术，他会死，施手术，他会活。假如这一命题表示不同的两条理（从医学着想话决不会如此简单，但我们可以不管这一点），则无论那个人以未施手术而死或因施手术而活，他现实了这两条理中之一条，而不现实另一条。据上条底讨论，在一时一地只有一部分的理现实，或者反过来说一时一地底情形只遵守一部分的理。如果我们用支配两字，一时一地底情形只受一部分理的支配。就在这一部分之中，有可能而不会现实的理，有可能而会现实底程度小的理，有可能而同时会现实底程度大的理，也有终究现实的理。终究现实的理，总是这一部分中的极小部分而已。这一极小部分的现实的理底现实当然就是其余部分底不现实或未现实。在此情形下，我们日常大都不说某某条理现实，而只说某某事实发生。可是说某某事实发生，也就是说另外好些可能发生的都没有发生。由此也可以看出事实一定是有条理的，因为它本身就现实一条理。事实决不会一团糟。它一定是名言之能达的世界，一定有名言的秩序。

4. 自然律所表示的是理，但是，何以是固然的理呢？从一方着想，理总是固然，固然两字表示此理本来就是如此的，不是官觉者或知识者所创造的。《论道》书中有必然、本然、当然、固然字样，它们都有不同的地方，我们在这里不必一一讨论。可是我们要表示一下固然的理不是必然的。本然的理我们在这里不讨论，当然两字以后再论。上面曾说相对于一时一地只有一部分的理现实。兹以 P，Q，R，…表示此部分的理（实即一群普遍真的命题），以 s，t，u，…表示相对于该时地底所有的一直到 t_n 的情形，这就是说 s，t，u，…表示该地底所有一切的历史上的情形，以 p，q，r，…表示该地在 t_n 时遵守 P，Q，R，…所发生的情形。问题是 s，t，u，…⊃p，q，r，…是不是一逻辑命题？如果这是一逻辑命题，理就是必然的理，如果不是，理就不是必然的理。我们认为 s，t，u，…⊃p，q，r，…不是一逻辑命题。这命题是表示事实的命题，所以不是一逻辑命题，这命题是对于某地为真的命题，所以它不是一逻辑命题。既然如此，P，Q，R，…虽是固然的理而不是必然的理。

5. 以上谈一时一地也许有难于分界底问题，我们可以把问题转到一时间底整个的世界上去。设以 s，t，u，…表示一时底世界所有历史上的情形，而该时为 t_n，以 p，q，r，…表示 t_n 世界所有的情形，而这些情形都遵守 P，Q，R，…诸理。我们可以同样地问 s，t，u，…⊃p，q，r，…是不是一逻辑命题。我们要知道 s，t，u，…这套特殊的命题只表示 t_n 以前的事实，并不表示所有的可能发生的情形，p，q，r，…同样，而 P，Q，R，…仍是一部分的理而已。即令我们把问题推广到整个的世界，这一如果—则的命题仍只是表示事实的命题，仍只是相对于 t_n 的命题。它仍不是一逻辑命题。这就是说 P，Q，R，…虽是固然的理，然而它们不是必然的理，我们没有逻辑上的理由担保 P，Q，R，…在 t_n 时必然地现实。

6. 以上表示固然的理不是必然的。固然的理也不是《论道》书中所谓当然的。那一本书所说的当然是指事实究竟会如何发生或理究竟会如何现实而说的。它是对于数而说的。我们这里所说的理既不是必然的又无所谓当然，但是，何以又为固然呢？就理之全说，理的确是无可逃的，此所以我们说个体底变动理有固然。但是就一条一条的理说，在任何时地，它不必现实。这一点非常之重要。所谓征服自然实在就是利用固然的理去阻止另外的固然的理底现实，医病就是利用固然的理去阻止另外的固然的理底现实。一时一地底情形虽无所逃于固然的理，然而它可以现实此理而不现实彼理。一条一条的理底现实是要合乎该一条一条的理底现实底条件才能现实的，而一时一地底条件究竟如何是《论道》

书中所谓数底问题而不是理底问题。自然律之所表示的就是一条一条的理，就理说，它是本来如此的，不是我们所创作的，也不是相对于官觉类或知识类的，它是固然的。可是从一条一条的理底现实说，非要求相合的条件不可。

C. 自然律的发现与科学

1. 归纳原则是接受总则，归纳是在总则之下的接受。在接受中我们可以发现许多条理。根据这些条理，我们可以更精细地接受。这些条理就自然说也许是自然律，也许不是，我们可以把问题暂且简单化，假设它是自然律。无论如何，就接受说，这些条理是我们底接受方式。所谓科学方法即以自然律去接受自然，或以自然律为手段或工具去研究自然。这是非常之简单的说法。科学愈进步，自然律底发现愈多，而发现自然律底能力也愈大，其结果是科学更进步得快。科学方法，或者说自然科学底方法，不仅是以发现自然律为目标而且是以引用自然律为手段。此所以自然科学底进步，是几何式比率的进步。所谓利用自然律以为手段就是引用在试验观察中所用的方法背后的理以为手段或工具。在社会科学方面我们不大能够利用自然律以为工具或手段去研究社会现象。这至少是这些学问底进步赶不上自然科学底理由之一。

2. 上条曾说我们由归纳可以得到许多条理，我们说就自然说，我们假设那些条理为自然律。这当然只是便利于以上的讨论而假设的。实际上在归纳或研究科学中所得的条理是普通所谓概括论断。这样的概括论断是由 $a_1—b_1$，$a_2—b_2$，$a_3—b_3$，…，$a_n—b_n$ 而得的 $A—B$ 那样的命题。这样的概括论断当然是普遍的命题，这是从表示着想。若从表示着想，所表示的是否为固然的理颇有问题。这就是说这样的概括论断是否自然律颇有问题。也许我们根本就弄错了，也许我们以 $A—B$ 是自然律而它不是。也许我们盼望它是自然律，有理由相信它是自然律，可是它究竟是自然律与否，我们不知道，我们只能说它大约是的或大概是的，有些底大约或大概程度高有些底大约或大概程度低。如果这一类底论断彼此之间是没有联络的，大约或大概底程度不会如何地高，可是它们之间彼此有密切的关联使它们成为整个的图案，则大约或大概底程度非常之高。我们对于一段话论断容易弄错，对于有图案的整套的意念要我们完全都错就不容易了。

3. 大约或大概不是概括论断中的意念成分，或者说不是概括论断中的部分。当然有些论断中有大约或大概成分，我暂且以 $A—$大约$—B$

表示之。在此情形下，大约是这一命题所断定或肯定的一部分，例如"他大约在一两天之内就到李庄"。这一命题本身就有大约意念在内，可是，断定或肯定这一命题的人不见得以为这一命题底真假只有大约性，或这一命题底真是大约地真，也许他断定这一命题底时候，他认为这一命题的确是真的，而不止于大约是真的而已。这样的命题当然同样地有真假问题，它们底真假也有大约问题。后一面的大约我们可以用"大约'$A—B$'"表示。大约在此情形下不是"$A—B$"这一命题之所断定或肯定或表示的，而是形容这一命题底真假值的。它不是这一命题底一部分而是表示我们底信仰，或者根据某某计算表示我们何以相信底理由的。我们现在所注意的是命题外的大约，不是命题内的大约。这句话有毛病，也许我们应该回到概括论断上去说我们所注重不是概括论断本身中的大约，而是表示概括论断之为真底大约，或我们相信其为真底大约。

4. 假如科学进步，我们所得到的概括论断也愈多。这些之中也许有好些的确是自然律，也许有好些的确不是。照本段底说法，说一概括论断是自然律是大约地是，说它不是，除有否证的例证外，也是大约地不是。我们在心理上也许对于某概括论断之为真有一定底感觉，也许我们在所引用的方法上有理由使我们相信此概括论断之为真，也许我们遵照一时代底标准有根据使我们相信此概括论断之为真。可是我们没有任何超时代的证据或任何理论上的理论表示某概括论断之一定为真或一定为自然律。这就是说对于$A—B$，$C—D$，$E—F$，…概括论断，我们虽可以有种理由相信其中有自然律，然而无论在何时何地，我们都没有纯理论上的理由保证我们相信为自然律的的的确确是自然律，我们只能说它们大约是自然律而已。大约有程度高低底问题，但是，无论如何高，大约仍为大约。

D. 自然律底支配

1. 我们已经说过好几次，个体底变动理有固然。我们也许要说自然界底种种等等形形色色受自然律底支配。支配两字用得非常之多，意义如何颇不易说。我们常说受环境支配，或受时间支配，或学问受语言支配，或思想受语言支配等等。这些用法一一讨论起来，颇不容易且费时太多。我们在这里只谈两种支配，一是消极的，一是积极的。消极是必要条件式的，积极是充分条件式的。说p是q底必要条件，就是说非p则非q，在此情形下我们说p消极地支配q。其所以说有消极支配者因为假如p所表示的事体p'发生之后，q所表示的事体q'发生，我们会

说如果 p' 不发生，q' 不至于发生。积极的支配，是充分条件式的支配，说 p 是 q 的充分条件就是说如果 p 则 q，在此情形下，我们说 p 积极地支配 q。因为假如 p 所表示的事体 p' 发生之后，q 所表示的事体 q' 也发生，我们会说 p' 既然发生，q' 当然发生。这两种支配大不一样。p' 消极地支配 q'，p' 发生后 q' 不一定发生，p' 积极地支配 q'，p' 发生之后 q' 一定发生。说"你既不发气我也不发气"并不表示你发气之后我一定要发气，不过事实上也许你发气之后，我也发气而已。说你发气我就发气的确表示你发气之后我一定发气。

2. 自然律支配自然是消极的支配。这句话或这一命题也许很难得到大多数人底赞同。大多数的人也许要想到如此说法，自然律根本就不是一定的共相底关系。假如 $A—B$ 是自然律，照此说法，也许有人以为 A，B 没有一定的"—"关联。我们底意思不是这样的。$A—B$ 既是自然律，它们底关联仍是一定的。照我们底看法，问题不在 A，B 底关联，而在 a_n，b_n 底关系。问题根本不是 A 支配 B，而是 a_n 支配 b_n 或 $A—B$ 支配 a_n，b_n。我们底意思是说 $A—B$ 消极底支配 a_n，b_n 或 a_n 消极地支配 b_n。这就是说 a_n 发生，b_n 不至于发生。从一条一条的理着想或从一件一件的事着想，这情形也许容易看清楚。若从历史着想，也许我们容易感觉到与其说从前是那样所以现在是这样，不如说从前不是那样，现在不会是这样。或者从环境着想，环境支配个人也是消极地支配。如果我们知道一个人底环境，我们不一定就知道那一个人是如何的人，可是，如果环境不是那样的，那一个人不会是这样的。从事体底发展着想与其说因为董卓看见了曹操所以曹操没有刺他，不如说如果董卓没有看见曹操，曹操会刺他。这也就是说董卓看见了曹操消极地支配曹操底行为。自然律支配自然界也是消极地支配。自然界底项目综错杂呈，在两不相同的时间或地点，它们不会完全是一样的。这就是说现实一条一条的固然的理底条件，在不同的时间或地点根本不同。自然界虽无所逃于自然律或固然的理，然而哪一自然律现实，我们无法决定。在试验室我们可以局部地决定，因为我们可以局部地支配环境；可是，我们可以如此办者，因为我们可以利用一部分的自然律去阻止另一部分的自然律底现实，而这也就是说后一部分的自然律不积极地支配自然界。假如所有的一条一条的固然的理都积极地支配自然界，我们根本没有设立试验室底可能，因为我们根本不能支配一部分的环境。前此已经说过，我们能够征服自然，因为我们能够利用自然律去征服自然，假如自然律积极地支配自然，我们无法利用自然律去征服自然。

3. 我们虽表示势无必至，然而我们表示理有固然。我们可以从分与合底不同，表示理有固然和某某自然律底现实是两件事。分与合底分别，"逻辑教科论错误"一章总讨论到，此处不讨论。《论道》书曾举以下的例。假如（一）"如果一个人吃砒霜，他在二十分钟之内会死"，（二）"如果一个人吃吐药把毒吐出来，他不曾死"，（三）"如果一个人底心为枪弹所穿，他即刻就死"，假如这三命题都是真的，而 x 又吃了砒霜，问题是他会不会死。这问题当然会牵扯到环境，我们现在假设环境是这三真命题所表示的情形都可以发生的环境。在此假设下，（一）x 可以在二十分钟内死去，（二）x 可以遇救，（三）x 可以被 y 打死。可是这三种情形不能都发生，如果是第一命题所表示的情形发生，其他的情形不会发生了，如果第二情形发生，其他的情形也就不发生了。上面（2）条底讨论表示究竟那一情形发生，在 x 吃砒霜时，无从决定。另一方面，从 x 底死活着想，x 不现实某一固然的理。自然律也有分合问题，合而言之，自然可以说是积极地支配自然界，分而言之，消极地支配自然界。但是，对于自然律，我们总是分开来说的，因为我们所说的自然界是名言世界。

4. 我们可以继续以上的假设，假如 x 吃了砒霜，可是，吃了之后，y 医生在旁给他吐药吃，吃了之后，大部的砒霜吐出来了。可是，z 是 x 底仇人，他看见 x 又要活了，马上就照心部一枪打出而 x 跟着就死了。在此假设的情形下，y 利用自然律去阻止吃砒霜底结果发生，z 也利用自然律去致 x 于死地。我们现在当然是假设（3）条所说的三命题都是自然律。如果头一自然律积极地支配 x 底死活，y 就没有法子利用第二自然律去阻止头一自然律底支配。我们可以进一步说，假如所有的自然律都可积极地支配自然界，y 就没有法子执行医生底任务。这和以上所说的如果自然律积极地支配自然界，我们根本没有试验室底可能底道理一样。在我们底假设之下第二自然律现实了，可是，它底现实并不是头一自然律底推翻。头一自然律根本没有推翻。它只是在 x 底身上没有现实而已。z 利用第三自然律去打死 x，他也没有推翻第二自然律。从 x 着想，第二自然律虽现实，而他仍死了。从整个的文化着想，这里有一重要的问题。自然可以善用也可以恶用，保存文化非善用自然律不可。这一问题虽重要，然而在知识论我们可以撇开不论。我们在这里只注重所谓征服自然要靠自然律支配自然界是消极的支配。

5. 自然律支配自然界还有直接影响知识论底地方。我们说事物与官觉者底关系有类型的，或者说官觉者底呈现可以是一官觉类底所与，或者说 OS_{m}^{m} 底相对性是普遍的。这许多说话都表示官觉类与个体类底关系本身是自然律，官觉者与个体受自然律消极的支配，此所以官觉者底官觉可以不是客观的。客观的呈现就是现实自然律的呈现。这是一方面的问题，另一方面有科学方法上的问题。我们曾经提到过，科学底难能可贵不仅是以发现自然律为目标，而且是引用自然律为研究工具。我们能以自然律为研究工具当然是利用自然律底支配力量。有了力量我们才能局部地支配环境，才能试验，才能观察。大致说来，我们不谈知识底用处则已，谈用处，就不能忽略自然律底支配力。

（原载《哲学评论》第 8 卷第 4 期，1943 年 11 月；选自《金岳霖文选》第二卷，兰州，甘肃人民出版社，1995）

五 政治、教育和文化

州长的财政权
（1918）

本题目既广阔又狭窄。广阔，是因为州长被授予了许多各式各样的约束立法机关的权力，这些权力多少有些财政性质。狭窄，是因为严格地讲，州长并不享有任何明确规定的财政权力。着重地讲一讲前者，就是论及问题的广阔方面，有必要把不同的州长在各自的州中所享有的全部各种各类的、彼此极不相关的职责汇集起来。而要把自己的论述局限在后者，那么能够写出的东西实在很少。所幸的是，公共消费及其滥用所激起的舆论足以构成美国州立法的决定性的转变，尽管遗憾的是并入到法规全书中多数是"所谓"预算制度，少数是名副其实的预算制度。各州的立法机关似乎在审慎地彼此模仿，这样一种制度，除了极微小的修改外，往往能代表许多其他制度。然而差别是很容易发现的。有些差别值得特别强调，另一些则可顺便一提而过。我把自己所讨论的局限在宪法上有关财权的条款及法规上有关预算的规定的范围内，因为这是最主要的东西。根据这些规定才可以说州长享有一些法律上授予的财政权力。

对这类宪法问题的讨论当然就是起点。但如果适当地考虑到它的制订者的话，它却是一个贫瘠的寻求信息的地方，因为它没有多少需要信息的东西。老的州宪法很短。几乎千篇一律地包含着绪论、权利法案、立法、行政和司法部门，常常还有一个财政及税收部分，一个教育及市政部分以及选举法规。它们体现了旧的政府体系。绪论把政府说成是一个具有神圣目的的政府，即使不是神圣创始的话。权利法案一般列举出政府所不能作的事情，因此它没有告诉我们政府及州长能作什么。立法章节包括着少许几项有关拨款的规定。在拨款方面，或是在公款花费方面，或是在制订明确财务政策方面，没有授予首席行政官（州长）任何实际权力。"财政及税收"章没有告诉我们多少东西，而其余部分则文不对题。新宪法则冗长得多，但主要内容与旧宪法只有微小的区别。它们的新只不过在制订的日期上而不是在宗旨上。

拨款是有关公款开支的第一步。这一权力没有例外地属于立法机构。很明显它来源于历史悠久的财力控制学说。这是到处都实践的学说。它与公众信念十分紧密地交织在一起，以致到几乎难以改变的程度。在立法机构中，宪法也同样得不到充分的信任。它甚至不反对对群众集会拟订限制条款，举例说，就像对拨款法案规定区分条款一样。这类法案通常区分为一般与特殊两类。前者由三部的支出组成，即：立法、行政及司法机关与学校及债款利息。它们是相当持久的，而且几乎是固定的。对于宪法制订者来说，最少特殊的保护似乎是不必要的。各类特殊法案是立法的条例；每项条例体现一项寻求拨款的特定议题。他们必须用明确的题目标明，目的是防止企图在这类法案中添入"附加条款"。然而已经指出：对宪法中立法条款的违反是难以通过法律弥补的，因为法庭对这类案件中任何疑问的解释一般都是有利于立法机构的。不论司法方面如何解释，这样说是不会有错的，即：任何一个州无论怎样也不会把拨款权赋予州长，尽管他的来历比议员们更具有人民代表性。

在看到了州长对公款没有正式挪用的权力后，我们应当专心去对他在这类法案通过前的影响以及他在以后的控制上进行一次检查。我们应当详细研讨的是他能做什么而不是他不能做什么，因为他在事后的控制权大于他在拨款前的影响。我们最好从前者（控制权）开始。这样就导至我们探讨否决权。这是一项严格的否定权力。它事实上能够在所有美国宪法中找到。否决权分为两类：一类叫综合否决权。根据这种否决权，只要州长进行否决，他就否决这项法案中的一切。另一类叫单项否决权。它使州长有权否决一项法案中的个别项目或部分而不致使整个法案无效。全美国有 31 个州制订了单项否决权。下表为各州名及有关宪法的制订日期。1908 年以后制订的宪法未列入表内。

阿拉巴马	1900
阿肯色	1874
加里福尼亚	1879
特拉华	
佛罗里达	1885
乔治亚	1877

伊利诺	1870
堪萨斯	1859
路易斯安那	1892
肯塔基	1890
马里兰	1867
明尼苏达	1857
密西西比	1890
密苏里	1875
俄勒冈	
蒙大拿	1889
内布拉斯加	1875
新泽西	1844
纽约	1894
北达科他	1889
俄亥俄	1857
宾夕法尼亚	1873
南卡罗来纳	1895
南达科他	1889
得克萨斯	1876
犹他	1895
弗吉尼亚	1902
华盛顿	
西弗吉尼亚	1872
怀俄明	1889
俄克拉荷马	

其中大多数州，确切地说，有 16 个州是南部的。其余各州，即名单中未提到的那些州制订有一揽子否决权。

有些规定可能给了州长一些在拨款前的影响力量，如提交预算的权力。确实，在州长的权力上应当包含建议的措施。然而在宪法中有时表示得很明确；而有时却仅在成文法中有所规定。州长既然应当执行全州的所有法律因而才称为一名行政官，就理所当然地对其政府的需要有充分的了解，以便提出在一年或两年的时期内所需要的款项的详细报告。阿拉巴马、科罗拉多、佛罗里达、爱达荷、伊利诺、马里兰、密苏里、蒙大拿、内布拉斯加和得克萨斯等州在他们的宪法中都有这一项规定。

但是，州长与老资格的参议员和众议员比较起来，他完全是一个新手。他不是本州五花八门的需要的指针，不是如宪法希望我们所想象的那样的一切行政权力的接受者；而宪法制订者们了解这一点；因此，他们授予州长在必要时有强迫其他官员及从属人员提供必要信息的权力。这一规定在多数州里都能找到，措辞也极为相似。显然都是彼此抄袭，就如现在各州立法机关情况一样。

提交预算的权力附带着准备预算的责任。由于州长对各部门的需要没有十分充分的了解，有时为他制定出要求各部门首先向他提出各自的预算的规定。他应当审阅并于必要时进行修改，然后把它们送交立法机关。立法机关应当把它们制订成一项具体的综合财政政策，而不是许多彼此不相关的项目的结合。

其次，还有一些杂项规定。它们的数目庞大，一一详细列举太冗长了。它们完全是彼此互不相干；全部放在一起不但对州长没有什么帮助，一般反倒会使他担负起过重的日常工作的负担。他承受着许多小组成员的责职；有时宪法还赋予他暂停财务官员或其他官员的职务一直到议会再次开会为止的权力。这一权力看起来或许相当大，但是行使这一权力的条件却使它相当软弱无力。有时他受到委托保管一项一般数目很小的应急资金；他常常要签署没有他的签字就无效的付款凭单。其他还可罗列许多。

我已经列举了一些宪法授予州长的权力。它们在财政事务上对州长有什么帮助吗？最高行政官的否决权大概是唯一算数的权力，但是它又单纯是否定的。但其有效性不能估计得过低。赫尔克姆教授所做的估计可能是有益的。"1915 年一千余项单项法案或部分法案由于行政官不同意而未能构成法律。在 39 个州中，提交州长批准的法案总数的百分之七遭到否决。有些州的否定权比其他州大得多。加里福尼亚州州长对议会通过的总数 996 项法案否定了 225 项；纽约州否决了或部分否决了 980 项中的 223 项；宾夕法尼亚州 1 003 项法案中的 211 项被州长批驳。"这仅仅表明行使否决权到什么程度。

必须重视单项否决权与其他种否决权之间的区别。根据后者，州长只能反对整个法案，即使其中只有几个项目他不同意。危险是：如果他真的行使了这一权力的话，他的薪金以及其他行政官员的薪金，如果没有宪法规定的话，就可能被停发。因此在行使这一特权上他确实没有充分的自由。他不如美国总统幸运，因为他缺乏后者有势力的地位。当塔夫特先生想在纽黑文港建立一个邮政局时，他仅仅放弃否决这项拨款的意图，如果宪法没有为这一所希望的建筑规定拨款的话。而国会就为邮局的修建忙了起来。州议会不是这样顺服的。

所幸的是，许多州已经通过了单项否决权。据此州长有权否决他不愿见到在成文法规中出现使人不悦的项目。他不会危害他自己的钱包，也不会危害其他人的钱包。这一否决权甚至更为有效。整个来说，它激起比较少的反对，因此轻视否决权的机会当然就会小的。此外，拨款法案都是经大量的互相吹捧和暗中操纵的结果，因此一般都是在接近议会闭幕时才最后通过，而通过前就要浪费许多时间。议员们很难对否决权进行抗衡，因为他们都在忙于其他紧迫的问题。那些熟悉州议会在会议最后几天活动情况的议员们了解那种急速草率的忙碌及急于获得结果的愿望，这就促使在会议结束前重新考虑州长的反对。这里可以再一次引证教授的话："……许许多多因素影响着州长们对否决权的使用，但是最重要的是这一权力的本身。在那些州长能够否决拨款法案中个别项目的州比州长不具有这一权力的州的否决权几乎要多十倍。在后一类的州里，州长在 70 个项目中平均只否决一项；在前一类州中，他们要末全部否决，要末在七个项目中平均约否决一项。这样否决权一般是有效的。1915 年在 39 个州中，只有五个州越过了州长的否决使法案获得通过或部分通过。在总数 1 066 否决案件中只有 21 件被立法机构挫败。换言之，全部行政首长否决的案件的百分之九十八是有效的。"

此外还有不给议会留有通过机会的所谓"搁置否决权"。这在各州都不一样。有些州法律规定允许州长在一定日期内考虑一项立法，但是如果议会在这一期限内休会而州长未能批准这项法案时，这项法案就算被否决。这一规定容易招致攻击，正在修改中。当否决权应用在财政案件时就构成了宪法赋予州长的主要财政权力。它具有最重大的意义，尽管它不是明确的财权。

在有关拨款问题上，提交预算的权力表面上把州长置于主动地位上，从这一点看，这一权力似乎很了不起。州长并不像常常想象的那样执行法律，他却被理所当然地认为有能力为立法机构制订一项综合政策；而立法机关就被认为应当交出它拨款的主动权而只满足于瞧着实现充裕的拨款的消极权力。然而这不过是推测而已，与事实相差甚远。州长可以随心所欲地提交他的预算，但是执行拨款的终归是立法机构。此外，在美国政治中还贯穿着一种特殊现象。联邦政府、州政府和市政府一般都是从它们自己阶层以外补充它们的首席行政官。我相信成为美利坚合众国总统的人，州长比美国参议员或众议员多。各城市也是如此。费拉德尔菲亚（费城）选举了一位公用事务官员、前邮政局长做为它的市长，而他的对手——熟悉该市市政的前警察局长却落选了。这位中选者为了使自己在公众眼目中具有候选人资格，仅仅从事公用事务两个月。一位地方检察官、一位教育督察，或者在罕见的情况下一位棒球运动员，都比一位州参议员或众议员更有在州长选举中中选的机会。所以州长没有议员那样多的知识。对他的推荐常常是以一知半解的事实为根据的不成熟的判断。不管他们是怎样私下空谈，如何保守，他们不能对那些老练的参议员和众议员们有什么影响的。在法律上，州长有提交预算的权力，而事实上除了拟订预算和提交预算以外他没有多少权力。

让我们转到在需要时迫使官员们提供材料的宪法权力问题。这当然运用于财政事项。宣布州长是手中掌握着首席行政官大权的人物，而实际却明明晓得他不是，这实在是一种政治笑柄。由于他们有了得意的检查核对及权衡比较制度，宪法制订者们似乎已经理解这一复杂局势。他们似乎已经意识到州长的软弱无能，如果他的部下过分守口如瓶的话。规定这一条款的目的显然是为了建立首席行政官对其从属的权威。后者负有提供信息的法律责任。但是法律责任并不能产生工作热情和完美。审阅、修改及合并从属向他呈交的所有预算的权力事实上并不能帮助他为政府制订出一项全面的财务政策。它的有效性在很大程度上受到政治结构和时间因素的阻碍。一位州长被选就任一年、二年、三年、四年不等。有时不合格还须重选。即将下台的政府对于最后为即将就任的、常常怀有敌意的新政府所使用的预算不会给与很大的重视。新州长不十分熟悉他的工作；到他熟悉的时候，新的选举又到期了。为州长行使他的判断所保留的时间是短暂的，加上五花八门的职责，圣诞节、新年等假日，不管州长多么能干，也许不能期待他提出一项极为精明的预算来。那些混杂的职责可以免除，因为它们无助于州长的财权。

根据上述分析，我们能够可靠地得出结论：州长缺乏财权的程度是惊人的。此外，在"财政及税收"章节中还规定了对政府活动起限制作用的条款。这又是18世纪宣扬自由，放任自由主义以及其他冠冕堂皇的学说的残余。认为最好的政府就是管理得最少的政府。用尽全部力量以构成一个无能的政府，而最明显的办法就是限制税收和负债。一般有三种办法。第一，就是对可能挪用额外税收或造成负债的目的加以限制。我不能妄言一个州就有一种限制，而且只有这一种。有些州所有三种都有；另一些州却只有其中一种。使用额外拨款的目的之一就是宪法中所通常规定的防卫拨款，至于什么构成共和国防务应留给法院决定。法院可能伸长它的长臂，使宪法制订者们从未有意包括在内的许多东西包括进去。在这种情况下，限制的目的可能很容易被挫败。这时，为了偿还旧债，而可能重新募集贷款在有些事例中这是事实，但是正如税制学者们所指出的，它并不能对政府有多少妨碍，因为政府永远可以重新募集贷款以还清旧债，并保留税收收据为建设工作使用，如果有什么建设工作的话。

第二种限制税收或负债的办法是对管辖权内财产估价制定出明确比率。这就是：征税或负债不能超过一定的比率，例如：对本州全部估价的财产一美元征税四米尔（一米尔为千分之一美元）。这比例是硬性规定的，不过确定比例的前提是灵活的。财产没有固定价值，因为财产价值增加也增加从那财产所能获得的税收总额。在美国关于确定税款还有一件有趣的事实。财产从来不被百分之百地估价而总是大为降低，这是众所公认的。估价因估价人和地区而不同，因之所估之价很难代表该州财产的真实价值。如果政府对确定税额进行改革，公共税收又将增加。第二类限制又同样不是硬性的规定。

但是，许多州制订有第三类型的限制，一种在宪法中明确规定的数量上的限制。许多州禁止税收或负债超过 200 000 美元。在这种情况下，许多建设工作不能采纳或着手进行。仅仅在立法上授予州长的额外权力不能克服宪法上的困难。

这样，我们看到宪法无助于州长们的财权。事实上，对许多州长来说，很少有称得上财权的东西。老宪法当然没有规定或是规定不明确，主要着重于防止暴政或魔王或其他现代永远不会发生的什么紧急条款。新宪法在篇幅上大大地扩展了，但内容上很少有什么增加。类似的条款有了更多的细节，而州长却得不到任何好处。

现在让我们着手读读法规。在论述法律时，司法上的解释是有益的，而且常常是必要的。但是我没有费神去寻找案例，因为那是徒劳无功的负担。我浏览了一下近期的法律以及各州修改过的法规、法典。其中很多除了宪法规定授予的权力外，没有讲述多少。预算制度是仅有的增添条款。由于我们的主要兴趣是预算的制订，似乎没有人反对把重点放在这一问题上。

制度不同是没有必要提及的，但有必要指出：它们或它们中的大多数只不过在细节上有所区别。由州立法机关拟订并合并入法规全书中的计划一般可以分为几组处理。主要区别是立法机关的预算与行政机关的预算之间的区别。前者是由立法机关与行政官员合作拟订的，与现行制度只有微不足道的差异；后者是由行政官员制订的，这样就授予州长在拨款方面较大的发言权。然而事实上，在欧洲和在美国一样，一般都是由行政官员拟订预算。只有一个或两个州规定由立法机关拟订预算。例如，阿肯色州为了防治仅由议会拨款而无预算所产生的弊病，采用了议会预算。因此 1913 年的法律规定：

1. 各部门首长应向州审计员提交支出报告。
2. 各部门应接受各自管辖的单位的预算。
3. 审计员应根据过去年份的收据提出本州税收报告。
4. 立法机关应任命五名参议院成员及七名众议院成员组成预算委员会以拟订预算。

据我看，这一项立法似乎绝对不必要。它几乎可以称得上一项立法上的伪装。首先，没有收集可靠材料的办法。审计员简直不是担负此项工作的人员，因为他不是协调全部行政官员的首长。第二，即使各项预算可靠，有任何办法保证它们将被议员们使用吗？如果后者采取"政治分肥"（从州的赋税中拨出用于地方福利的款项）时，法律规定了保证条款吗？一句话，有什么预算呢？

纽约州在法规大全中有许多关于预算拟订方面的修改。1913 年著名的效能与节约制度被宣扬得十分突出。专门成立了一个小组，组长由州长任命。他的任务是研究本州不同部门的职责以及它们工作上所需的费用。建立了一个以州长为主席的预算委员会，以组长任委员会秘书。委员会负责拟订预算。然而这一安排未持续多久，1915 年即被撤销。撤销的原因我不清楚。但是在 1916 年又采用了一项新的制度。规定州长拟订大预算方案并向立法机关提出。议会应立即将它们提交给参议院的财政委员会及众议院的赋税委员会。这两个委员会应任命负责制订正式预算工作的人员。这两个委员会应在议会休会期间继续开会。它们应制订出一项财务政策并把它体现在预算中，在议会再次开会将预算提出。这是一项立法与行政在预算方面的特殊结合。这也就是为什么这一制度并不确切适合第二类型的原因。这一计划的能否成功要依州长及各委员会中的议员们的素质决定。如果州长只不过是一名平庸的人物而立法人员对预算又不过分挑剔的话，他们就会摆动到原来的作风上去，仿佛根本就没有这样一项法律似的。一个政府决不能仅仅依赖个人素质来决定它的成败。

一般认为行政部门制订的预算是比较更为令人满意的。按常例这可能是事实，但是实施到美国制度上时，就得考虑到例外。美国各州的预算制度在性质上有很大的差别。最少可举出三类。1. 由行政官员而不是州长拟订的；2. 由州长与其他行政官员共同拟订的；3. 由州长单独拟订的。有些需要行政官员们与议会财政委员会主席之间的密切合作，但是它们不能引起人们足够的注意，不能构成单独一类。第一类有几个例证；第三类的例证多一些；属于第二类的例证数目最多。

第一类包括亚利桑那州和康涅狄格州。前者由审计员使用通常需要各部门提供材料制订预算。法律上在对什么应该包括在预算中的问题规定了详尽的条款，同时却未能触及准备可靠的科学的预算数字问题。它规定了由审计员提交预算，但是没有规定提交的预算与立法机关最后拨款之间的密切关系。在康涅狄格州，1907 年财务主管是向财政联合委员会汇报预算的官员。但是在 1910 年又成立了一个以财务主管、审计员和税务专员为成员的财政委员会。他们举行会议，会上可能听取群众意见。他们拟订预算。他们还与议会各委员会举行联席会议。关于亚利桑那州所提到的制度也可能适用于康涅狄格州。像其他许多规定一样，它们都不是彻底的措施，不能满足改革者们的期望。

第二类的为数最多。其中有加利福尼亚、科罗拉多、特拉华、衣阿华、缅因、密执安、新墨西哥、北达科他、俄亥俄、南达科他、田纳西、佛蒙特和华盛顿。加州的预算制度已在课堂内得到描述。从法律观点讲，审计员是名副其实的预算官员，尽管有人声称这种制度不具有法律地位。州长起有显著的作用，因而容易把他看成是负责预算工作的人。这个制度本身并没有什么可取之处，它之所以奏效多半是由于过去几年中州长的非凡品格而不是任何其他原因。是他支配了其他行政官员以及立法机关，而且他能指使后者去做他需要做的事。一个秉赋较差的人就是另一回事了。

和加州一样，科罗拉多也不具有一个令人十分满意的制度，尽管它通常被誉为一个先进的州。法律规定成立一委员会以制定预算，委员会成员包括州长、审计员、财务主管、州务秘书和州检察长。委员会对州政府的临时和杂项开支拥有控制权。州政府的各个部门应提出预算，但他们只有得到委员会的批准后才能动用款项。这使委员会对各个部门的主管人拥有至高无上的权力。委员会对上级的预算进行修订并提交立法机关。人们很容易看出科罗拉多州并没有走得很远，须待改进的是应赋予委员会以更大的权力。

特拉华州满足于要求州长向州议会提供一项财政预算以及最近四年的收支决算表，而与此同时该州承认州长对其下属应拥有更大的控制权，因此如果立法机关以三分之二多数表示同意的话，州长可以免去下属的职务。衣阿华州也注意不使其州长负担过重，仅限于按法律规定要求他提交一份包括收支预算的详细报表，并将报表推荐给立法机关作为他的咨文的一个部分。

缅因州规定州的各部门负责人和各机关的主管人向预算审计员提交：1. 固定开支；2. 其他开支；3. 在各自管辖范围内的非经常开支。审计员将预算造表，然后提交立法机关，并同时在 11 月 15 日或此之前也将造表提交州长，以便后者能有充分时间考虑此事。州长在立法机关与会的第一天提交最终预算表。然后将有一个迂回的过程，这是许多民主机构的特征。

具有高度智力的马萨诸塞州似乎并未具备良好的剑桥气氛。尽管它在许多方面表示出智能和进步，但在编制预算方面并未取得多大成就。州的审计员在 11 月 15 日或此之前审阅来自各方面的预算。他将预算再提交州长，由州长与委员会一起审议。州长可笼统地对预算进行增减或修订。他的活动到此为止。他对立法机关如果说有什么影响的话，也全然是个人方面的。密执安州试图建立一个预算体制。任命了一个委员会，由州长和审计员作为职外委员以研究和制定一个预算，委员会设置一专门调查员从事往后的预算工作。该州尚缺乏一个体系。

新墨西哥州寻求把主要责任集中于行政官身上。州长要求州的官员和各机构主管提供预算，他对这些预算进行修订，如果可能的话，就预算事宜举行公众听取会。州长、审计员和司法主管制定预算，由州长在立法机关与会的 30 天内提交给后者。这里有一件在其他体制内不应略去的东西，关于立法委员不得在预算内增添项目，但可以削减项目，这个规定是应受到高度赞扬的。他们对拨款的关注主要是为了改进地方的工作。它至少是制止浪费的一种途径。

北达科他州也力图通过由州长、立法机构内的两个财政委员会的主任委员、司法总监和审计员组成的一个委员会的方法来协调州政府的立法与行政部门的关系。州长是委员会主席，审计员是该会的秘书。审计员在10月初收集各项资料并提交给11月第三个星期二召开的委员会议，在会上从事预算的编制工作。对预算的听取会是向公众开放的。委员会成员被授权对各部门的预算表册以及其他文件进行审查。同样，这里的缺陷也在于没有能够规定与立法机构的适当联系，以使该机构作出的最后的拨款不至于和提交的预算大相径庭。俄亥俄州进行同样的尝试，取得了同样的结果。州长应从各部门主管那里接到预算并从州审计员那里收到合理的财政收入报表。他编制预算，然后在立法机关的会议开始时提交给他们。南达科他州的体制和北达科他州的十分相似。它也有一个委员会，由州长、审计员、税务委员会主任以及两个立法委员会的两主席组成。这里所看到的人事安排仅稍有不同，关于期望得到的拨款的报表在8月1日或此以前呈交审计员。办了制定预算，预算委员会可下令进行专门调查并举行公众听取会。佛蒙特州设有一预算委员会，由州长、审计员、财务主管以及两个立法委员会的两主席组成，其机制和两个达科他州的机制非常相似。委员会举行公众以及私下听取会并编制预算。但是还有一项规定，即任何一部门的主管在事先没有向委员会提出要求前不得直接向立法机关提出拨款的要求。这个规定看起来许多州的法令内没有列入。华盛顿州具有同样的规定，我认为这些规定要更加完善。

在谈及马里兰和田纳西两州时，还是先看一看第三类的。这包括明尼苏达、内布拉斯加、堪萨斯、新泽西和犹他等州。明尼苏达州明确规定州长是预算官员。他编制多项数据，包括：1. 当年的支出；2. 可以获得的收入；3. 两年期间第二年的支出；4. 为此目的的预算资金；5. 一切必要的信息。法律规定，各部门主管人应在12月1日或此之前提交预算。州长在必要时对预算进行修订并在12月31日或此之前将各项预算备齐。他将此项材料印制出来并广为散发，然后在至迟不晚于2月1日前提交立法机关。内布拉斯加也使它的州长担任预算官员，并且也有同样的规定。

堪萨斯州在1917年规定州长是预算官员，还规定要各部门主管人提交各自的预算。州长还可以要求预算内在其他方面没有规定的拨款，立法机关不得进行法令性的拨款。新泽西没有确切地授予州长以这种荣誉，但是州长事实上享有这种荣誉。他得到审计员和财务主管的帮助，他们向他提供一份财务报表。犹他州在 1917 年也使州长担任预算官员。他可迫使官员们参与活动并在他们帮助下向立法机关送交一份预算，为了制定此预算可以听取公众的意见。此外，还有一项十分令人注目的规定，即立法机关不得增添但可以削减预算内的项目，而且与此同时不得通过其他的拨款法。这个方案如果不是由于下文将见到的马里兰州在这方面超过它的话，本来是会受到广泛的重视的。

现在我们已进行到我认为是美国当今很盛行的最好的体制，这就是马里兰和田纳西两州的体制。这两州并非以先进而著称，但它们在预算制定方面比多数其他的州更走在前头。这并不是指它们完美无缺，但是我列举的那些州所采取的方针是如此的不可靠，致使这两个州在每一方面都凌驾于它们之上。让我们考查一下这些体制。

田纳西州设置一个预算委员会，由州长、主计员、州务秘书和审计员组成，此其一。

其二，它规定由各部门主管人、预算委员会下的各小组委员会的主管人以及从州政府接受拨款的各机关的主管人于 12 月 1 日或此以前向委员会提交预算，并随附各个机关的收入报表一份以及按照委员会规定的格式而制作的上两年期间的收支报表一份。

其三，它规定委员会应向州长提交一份报表，其中包括：

a. 上一财政年度末拨款的存款余额；

b. 上一财政年度的 12 个月每一项拨款和所有拨款的每月收支帐目；

c. 上两个财政年度每年的每项拨款的年度收支概况；

d. 上两个财政年度每月帐目的月平均数以及上两年所有月份的整个月平均数。

其四，它规定在偶数年的 10 月 1 日或此之前由委员会对州的各部门、给委员会和各机关进行实地调查。预算须在 10 月 1 日至 1 月 1 日这期间内制定出来。

其五，它规定举行公众听取会，各部门主管人和预算委员会，各小组委员会以及各机关的成员可以参加并为他们的预算进行辩护，而且当选的州长和立法机关委员们也应邀参加，提交委员会的所有报表递交当选州长。

其六，预算包括：

a. 为各部门，各委员会和各机关制作的预算；

b. 应急资金；

c. 各部门，各委员会和各机关提交的预算以及审计员根据第三节所作的一份报表。

应急资金可有预算委员会在紧急情况下动用。

其七，法令禁止州的官员造成任何赤字。

其八，它还规定，经委员会同意可将资金从一方转移至另一方。这种同意必须见诸文字。

其九，它规定对州的所有机关进行视察，州长可以迫使见证人出席以及在宣誓下出示所需的帐册和文件。

其十，负责拨款的立法委员会将举行公众听取会，所有对此感兴趣者均可参加。预算委员会有权参加并可发表意见。

其十一，州的官员应将在他们各自管辖下的前一个月的所有收入上交财务主管并向审计员提交帐目。

最后，在两院或其中之一提出的所有法案必须按照预算委员会规定的形式。

我已详细地叙述了这个体制，因为我认为它比其他体制要优越。它至少具有三个方面的价值，而使未来的工作能以奏效。1. 这里叙述的体制使当选州长有机会把他的政策体现在预算中，这样终于可为接替的政府提供指引。许多体制的缺陷在于允许引退的行政长官制定那种对通常怀有敌意的接替的行政长官所不能接受的预算。2. 似乎存在着一个一贯的企图，即要把权力集中在委员会手中，这对于任何一项完整的工作都是必不可少的。举例说，未经委员会的许可不得产生亏空或将资金转移。一个部门的收入必须上交财务主管，并将收入帐交给审计员，这两人均是委员会的委员。这种权力和职责的集中多半能说明所提出的预算的质量是好的。3. 一部分但并非完全奏效的尝试就是将立法机关置于公众的监督之下，因而使它和体现于预算中的政策取得一致。这个尝试并不完全奏效，但有助于介绍马里兰州的体制。由此可见，一个州所短缺的东西可能是另一个州的占有优势的特色。田纳西州的体制是成是败未可预测，有关法令在 1917 年才通过。但是可以这么说，相比之下，该州的一些规章会使其他州的州长感到羡慕。

马里兰从一开始就在此问题上采取了一个与其他州迥然不同的作法。其他各州企图通过折衷的法规来与人民取得妥协，但这不能触及事情的根源。马里兰州也认识到它的法规在实施伊始就不适当，因此，它明智地对法规作了修正。这并非意味着通过此举该州已经完成了它所意想达到的一切。对我来说，它仅仅是找到了正确的方法。尽管它是变革的，它仍然不够彻底。

修正情况基本如下：除非符合下列规定，否则州议会不得拨出任何款项。

A. 每一项拨款法案必须是一项预算法案或一项辅助拨款法案。

B. 在立法机关开会的 20 天内或在当选州长就职后的 30 天内，州长应提交两份预算，即下两年内每一年各一份。

1. 这种预算应主要包括建议的开支和估计的税收以及一份可能的盈余或赤字的报表，还应附一份有关下述情况的报表：

（a）两个财政年度内每年的收入和支出概况，后者居先；

（b）州的目前资产、负债、储备金以及盈余或赤字；

（c）州的债务和资金；

（d）在所提供的两份预算内的州的财务情况的估计；

（e）州长想作出的任何解释。

2. 每份预算应分成两个部分，"政府拨款"部分应为下述各项：

（a）州议会；

（b）行政部门；

（c）经财务主管证明的司法部门；

（d）利息和债务的偿付；

（e）由州支付的薪金；

（f）学校费用；

（g）其他费用。

3. 总拨款应包括所有其他拨款以及它们各自的预算。州长将提出预算，叫作预算法案，此法案在立法机关作出最后裁决前可由州长任意修正。立法机关不得对此法案进行修正以至影响到债务的履行或根据州法规所要求的对教育体制的建立和维护，或薪金的支付。立法机关可以增加或减少有关本单位的项目。它可以增加司法部门下的项目。除这些规定外，它不可以任何其他方式对法案进行更改，而只能删去或减少其中的项目，只要州官员在其任职期内的薪金不会被削减即可。

4. 州长和其他行政人员有发言权。在立法机关提出要求时，他们应回答问题。

C. 追加项目只有在预算法案最后制定时才能提出，而且必须按照如下的规定：

1. 每一个此类法案应局限于法案内包括的一个单一目的；
2. 每一个此类法案应通过税收提供本身的收入；
3. 除非全体委员中的绝对多数赞同此结果，否则不得予以通过；
4. 如果此类预算法案未获通过，州长可延长与会时间，在此期间不得提出任何其他事项。然后，按通常规定，州长可要求各部门主管、委员会和小组委员会委员以及其他官员提出预算并就这些预算举行公众听取会。

这基本上是 1916 年建立的马里兰州的体制。很明显，这是迄今以来最完整的体制。它看起来几乎是最合乎理想的体制，因为它至少包括了六点值得推崇的特色。1. 此体制体现在宪法中，而宪法要比一般立法几乎总是更为久长的。前者不能轻易更动，因此不会受到经常更动的立法委员们的影响。2. 立法委员的修正权几乎全然受到遏制。这一点相当重要。你可看到州议会可为其本身增加或减少项目权。它仅能增添有关司法部门的项目，至于其他部门，州议会仅有权减少项目。根据此安排，立法机关将不能通过猪肉法案。它不得对预算置之不理而自行拨款。预算如果不包括在拨款法内，那么不论该预算如何令人满意也无济于事。这一点马里兰州看得很清楚，它一直尽力避免它。3. 通过一项追加法案的机会是微乎其微的。立法委员必须在自己的法案内为他们提供本身的税收。较高税收的负担会落在他们自己的肩上。法案必须得到绝对多数的通过，这很不易做到。即使这些法案获得绝对多数通过，它们仍会遭到州长的否决，如果他不同意的话。可以设想，州长通常不会通过一项预算，如果所提交的预算是一个全面性的。因而，要避免州长的否决，其机会当然是太小了。正如本文其他地方所指出的，这些追加法案只有在对预算法案最后采取裁决才能提出，人们不难看出，到了那个时候立法会议已经近于尾声。因此，要抗衡州长的否决为时已晚。4. 此外，法案未予通过对立法机关造成的困难要大于对行政机关造成的困难，后者中有许多已在宪法中列出，他们的薪给是由宪法规定的，因此他们不会受到任何立法操纵的影响。另一方面，立法机关也许不可能获得每一个人所需要的东西。5. 规定预算的内容要明确，以便容易领会。6. 州长总是可以参加立法机关的会议以便在对法案进行最后裁决之前能提出修正，这样州长就有机会将由于疏忽大意而被遗漏的事项补充到法案里。再者，修正案很明智地规定，大体上由州长汇集数据，而其细节则由法令来决定。这些细节不应包括在宪法内，它们的可行性在通过实验和试行后才能予以确定。这些细节应具有充分的灵活性，以便易于改动。这些基本上代表了这个体制的资产，这说明马里兰州很在行。

关于体制问题已讲了很多，提几句评语也许是合适的。关于预算，通常有五个步骤，即制作、提出、表决、执行和控制。美国的制度多半涉及制作，对提出次之，对其他几项更少关注。关于预算的制作，它是一个技术上的问题。其过程首先是从可靠方面获取科学性的资料，其次是将资料加以整理以使公众明白易懂，并使这些资料合乎科学性和准确无误，作为立法者的引导。编制预算所取得的技术上的进步已获得成功。在许多州和城市中，预算达到高度的条理化，而一次总付的拨款正逐渐得到纠正。但即使是高度条理化的帐目除了显露一些空洞的数字外也说明不了什么。它并没有表明政府为了进行工作而必需的实际金额。技术上的改进其本身就应能带来政治上的乐观。当我们想当然地看待人性，这种改进才是可靠的。相反，如果人性玷污了政治问题上、特别是有关财务方面的丑陋的东西时，光靠技术手段是不能产生期望的结果的。

这结果必然是政治改革或变革成为争论的问题。预算须由某人来制作和提出，那么此人该是谁呢？立法机关可以接受或拒绝接受预算。如被拒绝，政府方面会发生什么事情？如被接受，谁能保证预算能严格按照规定予以执行？谁来监督预算的执行？首先，预算官员不易寻觅。审计员、财务主管、查帐员、税务专员或他们的联合体，不论是个别地或联合在一起，均不能很好地成为预算官员。有时，他们在不同时期内当选。一个审计员可在这一年当选上，一财务主管可在另一年当选，其他官员可在其他年内被选。第一个人也许当选任职一年，第二个人任职期两年，第三个人三年或四年，视情况而定。很显然，在他们之间进行协作的机会是微乎其微的。他们彼此互不相识，因为他们是在不同时期当选的，而当他们彼此相当熟悉的时候，某人又得离职由另一人替代。他们并不总是熟悉州内的事务，因他们被选任期相当短，待到他们熟悉自己的业务时，他们的任期已经届满。

再者，他们彼此都是同事，谁也不是上司，谁也不是下属。一个审计员不能仅凭他作为一个预算官员的职权迫使各部门的其他主管制定使他和他们满意的预算。他不具有法律上的补救手段，如果需要此种补救的话。即使他具备，他也没有办法激起其他行政官员的热情，以使他们将时间和精力投入到编制确实科学性的预算中去。他缺乏一个州长拥有的社会威望，因而也就缺少那种使州长处于有利地位的心理因素。如果要求其他官员履行同样的职务时，情况也是一样。

他们也不能担任预算官员。委员会意味折衷，折衷从来不解决问题，它只能拖延问题的解决。再者，美国的政治制度增加了这种委员市政制的难以实行的分量。官员们互相敌视这种情况全然不使人感到惊奇。他们常常来自各个党派。这也就使他们在信念上产生了分歧。他们常代表着同一政党的不同派别。从后者来说，他们依附着有差异的和互相敌对的人物。不可能期望他们摆脱政治斗争而进行合作，在形形色色的不合乎科学的政治花招中，要从事科学性的工作几乎是不可能的。

对各部门的主管不能担任预算官员的问题既然已经清楚，那么我们求谁去承担这个重要的工作呢？州长看来是能接受我们请求的合理的人物。哈佛大学霍尔库姆教授（Prof. Holcombe）似乎认为每当市长被任命为预算官员时，预算的效率就显得特别高，而职责也极其有效地得到落实。按通常尺度或比较地讲，此种情况也许是真实的，但当它被应用在特殊的情况或者从绝对角度来讲，它当然是不真实的。事实上，霍尔库姆教授本人也承认说，州长没有时间审阅呈交给他的各项预算和亲自制定政策。州长陷于烦琐的事务之中，而这些事务由秘书或办事员也是可以处理的。他简直成了个事务主义者。

然而，政治倾向似乎受到行政领导的影响，这在联邦政府内是很清楚的，罗斯福先生和处于较低地位的塔夫脱先生均是执政领导人的榜样，最显著的战士是威尔逊总统，他对国会拥有完全的控制权，他驱使国会议员采取行动。同样的趋势也在各州表现出来。州长在公众目光中显得突出起来。他比前辈做得要多，而且人们也期待他做更多的事。他享有更大的社会威望而且比他的前人享有更重要的政治地位。对州长事业不利的那些早期的情况已被排除或已不存在。先前，州长在美国参议员的影响下显得相形见绌。这在工业发达的那些州里特别真实。纽约州有罗斯科·康克林和托马斯·C·普拉特，宾夕法尼亚有马修·斯坦利·奎伊，还有博伊斯·彭罗斯。这些先生是他们各自所属州的实际上的州长。但是这种事态已在一些地方消失，在其他地方也正在消失。州长正在成为名符其实的州长。他借助于自己的地位容易向公众发表意见。立法委员现在已对公众没有吸引力。如果他在某一方面具有个人的魅力，他全然可以效法罗斯福先生的榜样。当立法委员变得难以驾驭的时候，他总是能向人民大声疾呼。这说明某些体制是成功的，尽管在和其他体制比较时，这些体制的科学价值就不值一提了。

上面所说的不应理解为只要一个人谋求政治上的利益，法制的改革就没有必要。把政务的完成托付给某一个人是很危险的，这是违背以法治理的法制精神的。在没有一个更健全的替代物之前，法制必须受到维护。在一个比较完善的制度尚未到来之前，对现有的制度加以攻击是无济于事的。唯一的要点是，如果法律要使人们全然感到满意，那么这种法律就必须十分严厉以能防止政治弊病，而且还要具有充分的灵活性以便树立政治良风。换言之，它不应为了防止弊病而竟然扼杀为了谋求公益的一切积极性。它不该用许许多多"你不应该"作为开端，从而使你有必要应该并且正确地应该的领域受到局限。小心翼翼地防止不该做的事，不应该沦为对必须做的事的阻碍。看起来公法往往对否定面过于强调。

就法律方面说，美国的州长几乎不能成为优秀的预算官员。宪法和法规没有赋予他们必要的财权来制定一项财政方针。事实上，制定宪法所依据的早期政治哲理和现代的政治理论是互相冲突的。一个行政官员是执法人，执法是他的首要职责。他只是以否定的方式注意使有效的法律得以制定，而从未被赋予在制定政策上的政治领导权，他不领导法律的制定、立法机关也有其局限性。一个独立的司法机构于是被创立起来。这整个的体制就是一个制约和均势的问题。早期的杰斐逊式的民主政治尽管略带法国激进主义的色彩，它也只是英国自由主义的一种美国版本。统治得越少的政府是越好的政府。这个概念贯穿在美国的所有的政府机构中。一个欧洲的观察家甚至把美国国会描绘成防止立法的一个机智手段。产生于一个古老体制的政府按我们的理解是不可能的。这种制约和均势的制度必须完全废除。进行任何事都必须彻底，政治改革当然也不例外，即便舆论通常对激烈的改变颇为厌恶，也不能认为它总是坚持保留现状的愿望。随着时间的推移，一些根本性的改变是必须的而且也是可能的。将来应当有一个所有三个部门进行合作而不是互相制约的政府。总统制已经建立，应当赋予它法律的地位。这对于各州来说也是适用的。

州长应有权任命所有其他的执政者或行政官员。就这一点来说，州长的处境比美国总统更糟。他的下属往往对他怀有敌意。一个派别的审计员也许被选借以约束另一个派别的州长，联邦政府显然比州政府的效率要高而且更关心公众舆论。理由之一在于总统比各州州长拥有更大的任命权力，内阁阁员都是他的幕僚。当布赖恩先生和加里森先生与威尔逊先生发生分歧时，他们知道辞去职务对他们自己也对威尔逊先生有利。不能期望有选举权的官员也这样做。简短的投票运动在于消除同样的弊病。这个运动的成功将有助于州长。至少他作为一个预算官员是不适合的。

看起来立法机关有必要放弃甚至在财务上拥有的多半权力。原先，议会有必要对国库进行把关以便迫使国王让步。各殖民政府如此效法是合情合理的，因为各州州长往往都是地方上的暴君，而今天，州长不再是年代相隔很远的暴君的代理人，而是人民的公仆。如果再把这种古老的方法应用于现代这种迥然不同的政体，当然就会比形势实际要求或可能要求走得更远。因此，立法机关似乎总会要交出它在立法和拨款上的主动权并且满足于监督制度有效的立法和拨款。在他多多少少也参与制定的一项预算的人们当中，除了马里兰州以外没有一个人能给予他对立法机关的任何控制权。

因此，州长就完全失去了财权。仅就预算而论，技术的发展将不能克服由于累赘的政治结构而造成的种种困难。

（原为英文，载《金岳霖文集》第一卷，兰州，甘肃人民出版社，1995；中文由张琳甲译，原载并选自《金岳霖学术论文选》，北京，中国社会科学出版社，1990）

T. H. 格林的政治学说
（1920）

前　言

　　有着神秘主义外貌的唯心论政治哲学似乎远离实际政治，就像爱因斯坦的公式远离通常的工程一样；然而，尽管它看来如此远离实际政治，但它始终具有值得重视的影响。正是由于这个理由，写这篇专题论文是可以的，而这篇论文的读者（如果有的话）也不必把它视为在精神健身房里的一种不必要的努力。

　　错误和不准确之处是可能的。作者使用非本国语言来写这篇论文难免遇到不少困难，而这些困难只有在遥远的土地上力求表达自己思想的那些人才能真正体会到的。作者有幸获得一些朋友的帮助。我感谢他们。作者感谢曾聆听其讲授的教授们。最后，作者对邓宁教授的感恩之情是难以充分表述的。在各个阶段中邓宁教授对我的启示和批评都是很有裨益的；然而，按照"东方人的奥秘"，无言比有言也许意味更深长。

金岳霖

纽约市，1920 年 9 月

序　论

　　霍布豪斯教授在他的《民主和反动》一书中写道："三十多年间英国思想受到国外的强烈影响，尽管这不是英国近代史中的第一次。莱茵河已流入泰晤士河，不管怎样已流入泰晤士河的上游，当地人称为艾西斯，而德国唯心论的河水已从艾西斯散开，分布在大不列颠的整个学术世界中。"①

在霍布豪斯教授看来，德国政治哲学，简略地说，包含着三个基本概念。② 其一，意志是自由的；它是自我决定的；个性或真正的自由在于与我们的真实意志相一致，而真实意志又不同于我们作为自己个人所表现的那种意志。其二，我们的真实意志与公意是同一的，后者在社会结构中得到最好的表现，如果不是充分的表现的话。其三，国家是公意的体现，国家赋予它以"活力"、"表现"和"一致性"。国家是公共的自我，而个人的自我是融合于其中的。国家是权威的泉源。它是我们道德理想的实现。它本身就是目的。因此，德国唯心论就成为政治绝对主义。

T. H. 格林是属于因引进德国政治思想到英国去而起先被赞赏后来被谴责的那些学者之列。他于 1836 年 4 月 7 日生于约克郡西区的伯金，是一位地方教长的儿子。他在拉格比上学，并于 1855 年 10 月进入牛津大学巴利爱尔学院（Balliol College）。1860 年他受聘讲授历史，"在这年的十一月，他实现了他在青年时的抱负，被选为该学院的研究员。"③从 1860 年直到他在 1882 年去世期间，他在牛津大学教书并积极参与地方政治，在 1876 年被选为牛津市议会议员。他是参与这类公共事务的第一位学院导师。④ 他对教育问题和禁酒问题很感兴趣，在 1878 年，他被聘任为怀特道德哲学教授，这个职位是许多人长期以来认为对他是合适的。他在 1882 年 3 月 26 日去世。

我们感谢 R. L. 内特尔希普（Nettleship）先生出版格林著作集，共有三卷。第一卷和第二卷是关于哲学的，第三卷包括其他各种内容。格林的政治学说实际上体现在他在 1879 年和 1880 年所作的《政治义务的原则讲演》中。这些讲演在《著作集》第二卷中重印，现在为了便于读者以单行本出版。他的《伦理学导论》包含一系列哲学讲演的主要内容，体现了他的政治思想的形而上学的和伦理学的背景。它是在他去世之后才出版的，没有收入《著作集》里。他的《论善意》、《论英联邦》

---

① 霍布豪斯：《民主和反动》，第 77 页。
② 霍布豪斯：《形而上学的国家学说》。
③ 《T. H. 格林著作集》，第 3 卷，回忆录 XVII。
④ 同上书，回忆录 XIX。

和《论自由主义立法与契约自由》等讲演，对理解他的政治学说有直接的帮助。

为了对他的学说提出清晰的图像，有必要对他那个时代的学术倾向进行概括的回顾。格林这种类型的人是不会轻易满足于传统的和现存的英国政治哲学和社会哲学的。至少对他来说，那种哲学缺乏一个关于个人的合适概念。人们往往把人视为对外界刺激的一个被动的接受者，而不是在人类活动的各个领域中的创造者。为了对这一点作出评价，让我们回顾从霍布斯到现在英国思想的历程。

霍布斯（1588—1679），我们记得，是坦率的唯物主义者。① 他解释说，知识的获得是由于感官的作用，他并且把人的感情和情绪归结为欲求和厌恶的对立。② 在政治学说上，他关于主权者权力的概念多少过于绝对，他对自然状态的描述也过于悲惨。在这方面，洛克（1632—1704）则较为乐观。他的自然状态绝不是无法无天。他热烈同情革命，为人民主权论证。在洛克看来，政府的权力总具有受委托职责的性质，因而他认为政府最终是要对人民负责的。③ 在知识论上，洛克主要是一个感觉论者。他激烈反对关于生来俱有的观念的学说，这使他竟然达到支持塔布拉·雷沙（Tabula Rasa）的学说的危险境地。④ 他直截了当地说，心灵不过是一块空白，而观念则只是"延长到大脑的"感觉。不用多说，这个学说对神学家来说是白费心机的。贝克莱（1685—1753）热衷于神学唯心论，他作出艰苦的斗争以推翻洛克的前提，但他的努力似乎只是导致大卫·休谟（1711—1776）的较有说服力的经验论。休谟在政治学说的领域里给予社会契约概念以致命的打击⑤，但他在伦理学里为边沁开路。他认为功利是各种人类行为的决定性动机，而这正是功利主义的信念，而且他的人性概念基本上是丑恶的⑥，与霍布斯的人性概念并无区别。

在此期间，洛克所提倡的政治学说广为传播。在美洲，自然权利的概念和人民主权的观念已写入法律文件中。⑦ 尽管政党分歧很快出现，

① 邓宁：《政治学说史》，第 2 卷，第 266 页。
② 霍布斯：《利维坦》，第 6 章。
③ 洛克：《政府论两篇》。
④ 洛克：《论人类理解力》。
⑤ 休谟：《道德、政治与文学论文集》，第 1 卷，第 443 页。
⑥ 邓宁：《政治学说史》，第 2 卷，第 783 页。
⑦ 1776 年弗吉尼亚宪法和独立宣言。

但是人们对于这个根本原则实际上并无意见分歧。在法国，不管是对的还是错的，孟德斯鸠（1689—1775）推崇当时的英国政制。由于孟德斯鸠，制衡学说已成为一个政治信条，因为人们相信，只有通过这个制度，自由才能有所保证。① 与此同时，重农主义者正在提出放任主义信条，而卢梭（1712—1778）则为 1789 年的原则铺平道路。前者开始了经济学的研究，而后者则普及了社会契约论。② 卢梭的自然状态是孤独的状态。他的公意（general will）概念作为主权者的行为原则是对传统思路的革命，但他坚持政府必须以被治者完全同意为基础这一层，却包含着该学说所固有的同样困难。虽然他们（卢梭和重农主义者）的想法各异，但我们可以有把握地说，他们是从同一个原则出发的。在英国，正当有着浓厚重农主义倾向的亚当·斯密（1723—1790）带着一套洋洋大观的政治经济学体系出现在工业革命正取得最初进步的时候，苏格兰的道德哲学家还没有失去大批追随者。在那里，老师是谨小慎微的，而学生则变成实证的和确信的。清规戒律成为教条。社会关系成为经济规律。不久，被称为古典经济学家的一群人名声显赫起来。不论他们之间有什么分歧，不论马尔萨斯（1766—1834）的悲观，李嘉图（1772—1823）的固执，或者西尼尔（1790—1864）和麦克库洛赫（1789—1864）的刻板，他们都是那时人们所说的自然和自然规律的崇拜者。人类主要是经济性的，而经济规律一般被视为不可改变的。

在法学的领域里，布莱克斯通（1723—1780）以他的《评论集》出现了。他对历史有着强烈的兴趣，而不能对社会契约说表示赞同。事实上，按照他的看法，人民之所以结合在一起，乃是因为他们感到恐惧和无援。对于严格的主权概念，他是有着极大的影响的。他对法律的分析，假定有一个政治上的最高者，而主权则是"至高无上的、不可反抗的、绝对的和不受制约的权力"。他的《评论集》使边沁的天才得以发挥。由于边沁（1748—1832）及其弟子，功利主义名声显赫起来。根据功利主义学说，人的动机和活动可以归结为快乐。使人快乐之事被视为好的和可取的，而使人痛苦之事则被视为坏的和必须避免的。在政治领域中，这个口号就变成"最多数人的最大幸福"。政府的存在是在于人民整个说来有政府较之没有政府更为幸福。③ 在边沁看来，法律是意志

---

① 孟德斯鸠：《论法的精神》，卷 XI，第 5 节。
② 关于卢梭对法国革命的影响，珍妮特（Janet）赞成，杰林里克（Jellinek）不同意。
③ 边沁：《政府论残篇》。

以命令的形式的一种表达。权利概念若不伴随义务概念就毫无意义。权利和义务是相互依存的。法律的权利和义务不是主权者的属性，而道德的权利和义务才是主权者的属性。主权者的权力最终在于能够实现最多数人的最大幸福。功利主义者的影响是显而易见的，因为，即使没有人能够确切知道什么是幸福，但每一个人都可以算出什么是最多数的人。

从上述的回顾看来，我们不难理解，何以格林不赞同传统的政治哲学和社会哲学。从根本上说，它是唯物论的，或者充其量是经验论的，而格林则是一个唯心论者。霍布斯和洛克都相信社会契约论，但在格林看来，这种契约在历史上以及在逻辑上都是不可能的。功利主义者把人们的努力视为追求快乐，但格林则认为快乐绝非这种动力。经济学家创造了经济人的虚构，而格林则认为相信经济人的虚构就等于使自由从属于必然。

J. S. 密尔（1806—1873）多少令人迷惑。确实，可以说他和《圣经》那样，圣者和魔鬼一样都可以利用他。他以资产阶级经济学家著称，但有人说他是作为一个社会主义者而死的。① 他开始是一个边沁信徒，但后来他只是名义上的功利主义者。他为个人主义论证，但他并不具有无政府主义的倾向。他的《论自由》是对传统观点的决裂。用巴克（Barker）先生的话来说，它"给予自由权概念以更深刻的和更属于精神上的解释。密尔从一个意味着每个个人为发现和追求物质利益所必须的外在行为自由的自由权概念提升为自由施展精神创造性以及由此产生的个人活力和多样性的自由权概念……同样，在他的《论代议制政府》中，他把边沁对民主的辩护加以精神化了。"②

从 1848 年开始到其后的 70 年代这个期间是多变的，密尔的智性人格也是多变的。社会科学在各个方面都取得了巨大的进步。让我们看一下对政治学说有所影响的政治经济学、法理学、历史学、社会学乃至生物学方面的发展趋势吧。

在政治经济学方面，古典经济学家的学说仍然占统治地位。他们对经济规律的解释和表述，使他们事实上已成为那时的现存秩序的辩护者。外来的影响，不论弗德里克·李斯特的国家保护主义，或者卡尔·马克思（1818—1883）的国际社会主义，或者法国早期作家的共产主义

---

① 巴克（Barker）：《从斯宾塞到当前的政治思想》，第 213 页。皮斯（Pease）：《费边社史》，第 259 页。

② 巴克：《从斯宾塞到当前的政治思想》。

乌托邦，在英国仍未为人所熟知，但一种多少使人困窘的学说则出现在地平线上。罗伯特·欧文的计划在实践中失败了，但他的观念却把人们的思想引导到新的方向去。在理论的领域里，李嘉图式的社会主义者[①]未能看到现存财富分配制度有任何值得夸耀之处。在实际攻治中，伦敦不同于1848年的巴黎，因为它并不存在任何国家工厂；但在另一方面，经济的和社会的各种改革努力却并非一点儿也没有。科布顿（1804—1865）和布赖特（1811—1889）特别致力于谷物法，提倡放任主义；而莫里斯（1805—1872）和金斯莱（1819—1875）则为当时到处存在的苦难所感动，而企求一种真正的相互合作。[②] 当亨利·乔治（1839—1897）在1879年发表他的《进步与贫困》时，经济思想已进入到一个新的时期。

在法理学领域，分析学派有了它的代表人物约翰·奥斯丁（1790—1859）。他认为国家主要以暴力为基础，而服从则主要出于恐惧。他的主权学说，不管如何简明地说，所谈论的是某种描述而不是某个定义。它首先包括某个确定的在上者，它并无服从同样的在上者的习惯。其次它包含一个特定社会，这个社会的大部分人都习惯地服从那个确定的在上者。"实在法"不同于"实在道德"。因为"实在法"首先被视为在上者的命令，因此，主权者高于法律的权利和义务。在另一方面，亨利·梅因爵士（1822—1888）不满意分析学派，他涉足到远古，而在返途中力图堵住正在上涨的人民统治的潮流。[③] 他对卢梭的学说和边沁派的学说都感到厌恶。他力图用他那巨大的智力一下子摧毁这两种学说，但他这样做的结果，他可能变得比他所料到的更为悲观。巴克先生认为，梅因是一位律师，他有着他的职业的保守主义。[④] 但吉丁斯（Giddings）教授则认为，梅因对古时制度的透彻研究使他忽视了现代人的心理。[⑤]

法律研究中的历史方法，不论在德国和英国，都必须对历史本身有所影响，尤其是进化观念开始受到知识界著名人物的欢迎。进化观念被视为适用于自然事实的历史方法，而历史方法又被视为适用于人类制度

---

① 洛温撒尔（Lowenthal）：《李嘉图式的社会主义者》。
② 伍德沃思（Woodworth）：《英国的基督教社会主义》。
③ 梅因：《人民统治》。
④ 巴克：《从斯宾塞到当前的政治思想》，第168页。
⑤ 吉丁斯：《民主和帝国》，第181页注脚。

发展的进化观念。人们认为现在的根是过去所深埋的。于是，各种好古精神就开始进行它们的精神旅行，进入到德意志的边远森林中去，以便解释当时的现存政治社会事实。历史解释并非毫无创新之处。对事件的逐年叙述这个传统方法已不能完全令人满意。技术学的解释与时代精神又不十分一致。卡尔·马克思的经济决定论①尚未风行。但亨利·托马斯·巴克尔（Henry Thomas Buckle）就已经在 1857 年以同样的方向作出了雄心勃勃的努力。② 尽管他这项工作没有取得预期成功，但它激励年轻的一代人作出进一步的努力。

从海峡对岸传来了实证主义和对人的崇拜的福音。先验的或形而上学的思辨已不被视为能够指导我们了，因而知识只能从经验材料的积累中产生出来。看来，人被视为一个独立的原子单位这个观念，又要返回到亚里士多德的格言——人在本性上是社会性的。一般而论，传统的经验主义看起来似乎获得了一件新的外衣并引起人们广泛注意。这对密尔有着巨大的感召力，同时驱使弗里德里克·哈里逊（1831— ）对"秩序和进步"作一番思考。孔德进一步地被视为社会学的先行者。美国过去是也许现在仍然是这一科学分支的肥沃土地，而英国对此并无羡慕之感。沃尔特·巴奇霍特（1826—1877）不属于正式的社会学家，但他真诚地希望在社会学的模仿过程中使政治学获得更新。他的《英国宪法》在相当的一个时期里是这个课题的定论，而他的《物理学和政治学》至少在方法上与较为形式的和条文主义的作者迥然不同。赫伯特·斯宾塞把社会学与他的综合哲学相结合，而为放任主义提出了后到的论证，这体现在他的《人与国家的对立》一书中。

在达尔文（1809—1882）及其观察结果提出之后，自然科学的研究取得了巨大进步。这促进对动物有机体及其适应性的研究。根据类比，这种研究逐渐扩展到所谓的社会有机体。正如动物有机体有血管和动脉，社会有机体据认为也有同样情况。正如动物有机体为生存而斗争，社会有机体据说也进行同样的斗争。据说适者生存，但是，正如赫胥黎教授所指出的③，适者未必就是较优者，更不是最优者。这种社会有机体学说并不是一个新学说，它只是在内容上大为丰富，并有着不同的解释罢了。在柏拉图的手中，这个学说为一个目的服务。在德国人手中，

---

① 《共产党宣言》，1848 年。

② 巴克尔：《英国文明史》。

③ 赫胥黎：《生存斗争》，载《十九世纪》，1888 年 2 月，165 页。

它为另一个目的服务。然而，在赫伯特·斯宾塞的引导下，它变成某种宿命论，因为它在哲学上导致宣布物质的独立性①，同时它在政治上为个人主义的无政府主义辩护。

尽管有上面的说明，人们仍然可以问道，这些科学同政治学说之间究竟有什么关系。我们必须记住，政治学说并不限于这套法律和那套法律的条文，也不限于宪法和政府以及习俗或习惯，如果它研究社会中的人，那么它就得研究作为个人的人；如果它研究政治社会的目的，那么它也必须明确个人的使命。那么，根据刚才所提到的那些科学，人的概念又是什么呢？在古典经济学家看来，人是一种经济动物。在功利主义者看来，人是快乐的追求者。从自然主义者的观念看来，人首先是一种动物有机体，而从历史的经济解释的观点看来，人主要是外在力量的被动接受者。历史学家告诉人们，他们是怎样成为现在这个样子的，而法律学家则描述人们的法律地位。事实上，正如华莱士（Wallas）先生所指出的②，政治思想的每一位著作家和学派，都有自己的人性概念，而概念一般是基于某种并不存在的抽象物。很可能其中每一个都包含着一定的真理。更可能的是它们都有夸大之处。不管怎样，在格林看来，它们都是片面的，因而都不是据以建立某种综合的政治哲学的一些恰当的概念。政治哲学若建立在这些不恰当的概念之上，就不可能令人满意。如果政治哲学是不能令人满意的，那它就需要修正，但它又不能彻底修正，除非你为此又建立一个牢固的基础。于是，这就是格林在他的伦理学中要解决的问题。他的政治学说是以他的伦理学为基础的，这体现在他的《政治义务的原则》之中。对他的伦理学和政治学进行研究，是不能割裂的。格林作为一个彻底的唯心论者是反对经验论的。他相信人的道德使命而使人不同于纯粹的动物有机体。他要负起责任把英国政治学说从它们的自然主义倾向的支配下解放出来。

结　论

以上我们浏览了对格林的批评和评论。这些批评及评论说明，格林尚未得到恰如其分的对待。他的追随者们过高地赞美他，并且把不属于

---

① 《T. H. 格林著作集》，第 1 卷。
② 华莱士：《政治学中的人性》，第 12 页。

他的功德归于他；而他的批评家们则对他有时显示了不该有的敌意。我在这一章的目的是想指出格林哲学中突出的长处和不足，但是在开始这样做之前，应该首先澄清一个错误的印象。认为政治唯心论必然是政治绝对主义的信念是毫无根据的。产生这种信念的原因恐怕是偶然因素。洛克是最有影响的民主的拥护者之一，而他恰巧是一个经验论者。黑格尔是德国绝对主义思想界领袖，而他恰恰是一个唯心论者。大概可以断言，洛克是作为实践政治家进行写作的，他所以有影响是因为英国人崇尚实际；而黑格尔是作为哲学家进行写作的，他被人们仿效是因为德国人崇拜深刻。但是实际上，经验主义与民主的联系并不比唯心主义与绝对主义的联系来得更直接。我们只需记住，霍布斯的绝对主义是从他的唯物论中得来的，可以归功于卢梭的雄辩的 18 世纪民主倾向，可以溯源到他的唯心论学说。不管是否就像霍布森（Hobson）先生声称的那样"由进化论科学产生出的决定论"[①] 已经向保守主义的策略投降，可以轻易指出的是：经验论有时已经落入极权政治或者富豪政治的魔爪。现代政治中由唯心论滋育出离心力也不乏其例。哲学标签没有多大意义，举足轻重的是它们的应用。

对格林写作的时代是需要略加说明的。1776 年和 1870 年标志着不同的时代。众多原因使得美国革命时期值得纪念。在日常生活方面世界开始了伟大的转变。手工业将被机械工业所取代。由我们自己创造出来的东西——引用威廉·莫里斯（William Morris）的话说——在 19 世纪初叶已经开始"迅跑"。悲惨和贫困与工人阶级结了缘。在思想领域，1776 年是值得纪念的。亚当·斯密的《国富论》和边沁的《政府片论》于同年问世。带着重农主义倾向和 18 世纪哲学传统，可以说世界已经选择了一个极端个人主义的道路。无论思想上还是事实上，从 1776 年到 1870 年间都是一个放任主义时期。

上个世纪的后二十五年标志着一个明显的变化。从 1870 年到 1914 年是一个集体主义时期，一个被海斯（Hayes）教授称为"慈善的资产阶级时代"的时期。从政治上讲，这是一个在对外关系方面表现了强烈的民族主义的时期。竞争性地备军、资本输出和秘密外交是国际政治的突出标志。对内，这是一个实际中央集权下的经济统制的时期。从原来被称为中产阶级的那些人当中涌现出来的资产阶级的政治地位得到提

[①] 霍布森：《自由主义的危机》，第 187 页。

高。骄傲地自称为"自我造就"的成功的企业家们，对曾经品尝过的经验苦酒记忆犹新。多亏民主制他们才取得成功。成功似乎是一个魔术般的目标。一些人已经成功，一些人正在成功，所有的人都在力图成功。在他们为了成功而进行的疯狂努力中，与马克思的预言相反，各个阶级的人都为了"发展"和"进步"而共同劳作。民族意识比阶级意识在更大程度上占主导地位。为了取得内部的和平和外部的荣耀，国家必须拥有"管理"、"调整"以及最后能作出指导所必需的权力。这便是那个时代的精神，正是带着这种精神格林提出了他的学说。

很明显，格林的哲学并不乏长处。不幸的是，黑格尔的标签使人们对它的内容具有了偏见。但是，那些研究过格林的人，一般都否认他是黑格尔式的。阿尔弗雷德·威廉·本（Alfred William Benn）先生在他的《十九世纪英国唯理论之历史》一书中，激烈主张格林不是黑格尔式的。巴克教授将格林的著述形容为牛津的产物，它直接受到德国哲学的影响，但最终可溯源到希腊思想。

更具体地讲，格林是亚里士多德式的，而不是柏拉图式的。在这种估计上，巴克教授并不孤立，里奇教授用不同的语言几乎得出了相同的结论。后者的观点是，格林的哲学是用亚里士多德纠正康德，和用康德纠正亚里士多德。如果是这样，可以说格林既是康德式的，又是亚里士多德式的。这种说法在某种意义上对黑格尔也同样适用，但这并不等于可以把他与黑格尔看成一回事。在提到黑格尔的工作时，格林说到应该对它重新做过。这些观点表明，格林的确没有借用黑格尔的衣钵。对黑格尔的爱不应用格林来培养，同样，对黑格尔的偏见也不应迁怒格林。

首先应该提到的长处是格林的自然权利学说。首先，在格林方面这一学说为两个不同的目的服务。它批判了那种将权利说成是由主权者赋予的绝对主义，并且它证明了政府基于被统治者的同意这一学说的错误。如果"同意"是绝对必需的，那么投票数将是政府的必要部分。如果投票数是必要的，那么解释和证明少数人服从的合理忭将永远是件困难的事。从来还没有人能证明其合理性，格林也没有证明；但是格林的自然权利学说将这种证明的必要性减少到相当的程度。格林厌恶数学式的政府。基于数鼻子的政府可能在实践中是权宜之计，但它不能成为我们民主的思想。说到底，政府是手段；如果你把手段当作目的，那么你就丧失了生活中的最终目的。

进一步讲，格林的自然权利学说与现代经济事实和社会学的理论是协调一致的。劳动分工在比以前任何时候更大的规模上盛行，而且个人的互相依存性也越来越明显。今天在伦敦的一顿早餐可能包括南美的咖啡，美国北达科他州的小麦，锡兰的茶叶，古巴的糖，大概还有爱尔兰的土豆。不仅经济上的互相依存是不容争辩的事实，而且正如社会学家们所指出的，为社会的善而奋力的社会意识也经常表现得十分明显。我们经常听到"类的意识"、"社会心态"、"社会精神"和"社会意识"之类的议论，如果我们能够从中推导出任何值得记取的教诲，那么就该是互相依存和合作的必要性。

现在，自然权利的传统学说与这些即使不是新的，至少也是清楚地加以界说的事实和倾向不相协调。一个人不可能生活在一个相互依存的社会中，同时又保留那种假定存在于孤立的自然状态下的自然权利。一个人不可能生活在以合作为其突出特征的社会中，同时又完全坚持那些假定是从个人彼此独立和隔绝为其主要特征的自然状态下带来的权利。18 世纪的经济学被加以尝试并证明是不足取的。18 世纪的政治哲学也同样如此。至于自然权利学说，格林的纠正很可能方向是对的。

格林的国家干预学说也是有价值的。我们当还记得，密尔把人类行为分为只与自己相关的和与他人相关的两种，并认为只有后者才是国家干预的对象。这种划分并不十分稳妥，因为人类行为在绝大多数情况下既与自己有关，又与他人相关。一个本身有缺陷的原则对国家干预的实践不能提供指导。格林对外在行为和内在意志的区分尽管不是十全十美，但在复杂的人类关系中更具有指导性意义。只有外在行为才是国家干预的对象，因为内在意志不仅不该，而且不能是国家干预对象。

许多人不能同意格林在这方面胜过密尔；因为他们会说，决定哪些行为应该是国家干预的对象，是和区分只与自己有关的行为和与他人的有关的行为同样困难。格林学说的优越性就在于格林的划分至少将部分人类行为排除在政治范畴之外。进一步讲，格林的划分毕竟是一个真正的划分，而密尔的则不是。至于哪些行为应该是国家干预的对象？格林的回答是：只有那些阻碍道德生活的可能性的外在行为才是国家干预的对象。从根本上讲，国家只是为了排除障碍才进行干预。鲍赞克特博士力图在提法上加以改进，他力主"对阻碍的阻碍"这一用语。这是康德用过的提法①，格林对此谅必是熟知的。

---

① 康德：《形而上学的法学入门》，绪论，XXXV，第 D 节。

如上所述，密尔和格林的不同基本上是自由概念的不同。密尔的自由观是消极的，它是去除障碍的自由。格林的自由观是积极的，它是去做和享受某件值得的、并且与他人共同去做和享受的事的一个积极的力量或能力。这种不同大概是很自然的。密尔的自由观是以 18 世纪哲学为其背景的传统概念。自然人是好的，让人们自己管理自己的事便万事大吉。正是限制使人们变糟，由此得来消极的自由观。但是到了格林的时代，放任主义的弊端已经变得显而易见。商业方面、劳力方面、工厂条件方面和一般工业方面的契约自由已经产生童工和女工，造成悲惨、贫困和奴役，这些是具有格林这样性情和宗教热忱的人不能容忍的。对这种状态必须有所作为，那么谁又能比国家做得更好呢？18 世纪哲学家主要关心的是排除来自上面的压迫。压迫就是障碍，因此自由便是去除障碍。首先是去除来自上面的障碍。到了格林的时代，问题是排除人们自愿地加于自身的障碍，这些障碍剥夺了对他们内在力量或能力的行使。问题是这些障碍主要不是来自上面，而是来自那些能够将自己的意志强加于弱者的强者。因此，如果国家进行干预，它这样做正是为了维护自由，而不是妨碍自由。

即使在国家干预原则以外诸方面，积极的自由概念本身也不无用处。消极概念的一些不足，正是积极概念的长处。消极自由观很容易堕入放任自流。这种概念经常被人认为是一个人可以随意处置他自己和他自己的所有。如果是这样，就会在社会中引起极大的混乱，并很可能会招致无政府状态。积极的自由观意味着人类创造性的努力。根据定义，它是指做或享受值得去做和享受的事。如何强调人类自觉的创造性努力的重要性都不过分，因为到处充斥着认为前途必定光明的盲目自信，或者抱定前途黯淡无光的这种对宿命论的屈服。两者中无论哪一种都危害着人类的进步。通过把自由等同于人类创造性的努力，这种危险假若不能完全避免，至少也是减少了。再者，这种积极的自由概念具有优越性，是因为它意味着共同的善的思想。自由不仅是做和享受某件值得去做和享受的事的能力，而是与其他人共同去做，去享受。它不是随意处置一个人的所有，因为这样做可能并不是与其他人共同去做。

与自由观和国家干预原则密切相关的是调和个人主义和集体主义。说格林是彻头彻尾的集体主义者，并不比说他是彻底的个人主义者更正确。他两者都不是，同时两者又都是。也就是说，在他那里两者得到了令人满意的调和。格林关于理性和向善的意志的概念包含了至善的思想，或者至善是可能的这种思想。一个人决心为了尽可能地完善自己而行为，但是一个人通过什么途径追求他自己的善和提高自己，则要由他自己的能力或力量来决定。这又使我们回到自由的概念上。

如果道德意义上的理性是指意识主体和通过意识主体实现可能的尽善尽美的一种意识，政治意义上的自由是指做和享受某些值得去做和享受的事的能力；那么两者合在一起用今天的话说便是"自我表现"。它们是指一个人的一种意识，也就是满足自我而做值得去做的事的能力达到完美的可能性的意识。这是个人主义，并且是最高层次上的个人主义。它没有任何无政府主义倾向，因为这些倾向已经被排除在它的构成成分之外了。

至于集体主义，我们无须重复在讨论国家干预原则时已经做过的论述。惟一需要指出的是：在格林那里，个人主义和集体主义是互相协调一致的，而不是互相敌对的。在国家干预原则的指导和应用下的集体主义，促进和加强了个人主义。的确，巴克教授关于道德而发的议论也同样适用于个人主义。如果国家不进行干涉，那正是为了个人的缘故不去干涉；如果国家进行干涉，那也是为了个人的缘故而进行干涉。

格林的哲学中有一点与当代精神尤为合拍。他把国家与可以称为"大社会"的东西区别开来。在格林看来，国家以其他组织为先决条件。例如，国家并不产生权利，而是赋予已经存在的权利更充分的实在性。[①] 但是，什么权利是已经存在的呢？也就是说，什么权利是在国家建立之前存在的呢？

关于这个问题的答案，让我们看看格林的自然权利学说。因为人生活在社会中，那么为了使他们能够实现其道德理想，也就是为了使他们的能力能够得到充分发挥和发展，他们生活在其中的某些关系和环境便应该得到保障。这在本质上构成权利的基础。这些权利是靠国家才存在的吗？在格林看来，它们"从社会关系而生，这些关系可以在没有国家的地方存在……它们的确是靠社会才存在的，但并不是靠社会采取了国家的形式而存在"[②]。因此，存在着独立于任何国家的权利。这些权利不仅独立于国家，并且在某种意义上它们比国家更基本。因为首先，国家存在的目的是为了赋予这些权利更充分的实在性。其次，有些权利国

---

① 格林：《政治义务的原则》，第138页。
② 同上书，第150页。

家是永远不该侵犯的。格林在谴责战争方面是积极的，他所提出的理由是战争既侵犯了进攻国成员的生命权，也侵犯了防卫国成员的生命权。当讨论到国家之间的冲突是否不可避免时，格林说，作为权利的维护者和协调者的国家"为了自己利益的任何行为都不会与全人类的任何真正利益或权利发生冲突"①。后来，他表达了这样的一个希望，即正义观念作为应该在全人类当中以及同一国家的成员之间维持的一种关系，可以像规范一个优秀公民的行为的观念那样，独立于他们各种利益的所有考虑而作用于人们的精神。②

对国家和人类社会的这种区分，以及格林关于公民反抗国家的权利的讨论，表现了他对国家行为的根本态度。国家行为不是不可反抗的，也不是不可驾驭的，而是可以正确地用是非这样的词汇加以形容的。国家对内和对外都不是高于道德的。对内，国家可能做错事，对外，对其他国家，它也可能做错事；格林的学说丝毫没有像周德先生似乎暗示的那样把国家和社会当作同义词。事实上，格林期望，当国家是根据国家的理念更好地、更完善地组织起来的时候，国家和社会两者可以协调一致。我们也没有任何根据设想，格林认为国家是不可能犯错误的，因为他至少已经指出在很多事例上，国家的确犯了错误。格林思想中的国家毕竟不是什么可怕的东西，就像那些不加区别的政治唯心论的批评家们所害怕的那样。

上面，我竭力说明了格林体系中的某些长处，这些长处似乎是很值得感谢的。下面，我要讨论他学说中的一些不足，这些不足是格林的崇拜者们愿意看到它们被消除的。

首先，认为制度是理性的体现的学说③肯定是危险的。它最终导致了保守主义，导致了维护现存制度，并证明其合理性。我们并不是在断言制度不代表理性，或者理性对制度的起源没有起过作用。习惯和习俗的采用都有理性在发挥作用。但是，我们确实同意社会制度是客观理性的体现的观念是危险的这种说法，因为我们推崇理性的倾向可以转变为推崇制度的倾向，而过去的制度，或者现存的制度，都不总是值得我们推崇的。

对这点的解释是两方面的。第一，作用于采用某一特定制度的理

---

① 格林：《政治义务的原则》，第170页。
② 同上书，第178页。
③ 同上书，第94页。

性，尽管在采用那一制度时是合理的，由于环境已经变化或正在变化，可能现在就不再合理。在存在一个独特的、具有个性的地方生活的年代，地区性的代表制可能是代表制的合适方法，可是当现代工业主义将地方个性扫荡殆尽时，这种制度可能就不再适合了。

第二，一些制度可能是通过推理，但不是通过正确的推理而被采用的。结果是，这些制度在今天看来就像在过去一样是存在缺陷的。恰当的精神是改进的精神。但是如果我们美化在制度背后的理性的威严，我们就要对丧失改革和进步的精神负有责任。我们越要推崇我们的过去，就越坚信过去值得我们推崇。人类是好奇的。如果他们有一个理想，并且竭尽全力地实现这个理想，他们最后可能把他们的努力当成他们的理想。如果他们崇拜理性，并且相信制度是理性的体现，他们最后可能崇拜制度。例如，在中国，创造性的贫乏主要是由于对过去过分推崇。不断进步的人民应当向前看。在这方面，说格林面向将来，而不是面向过去去寻找灵感，是十分公平的。他自己不断地探求着人类能力更充分的实现和发展。

但是，我们不应该用个人的美德抵消理论上的缺陷。格林正是在这件事上追随黑格尔。但是黑格尔并非毫无目的地提出他的理论。他的目的是在一个开明君主下的德国统一。为了达到此目的，他必须创制一个哲学体系，用以阻止法国革命前后革命学说的发展。他必须同那些了解他们职责的知识分子作斗争。这些知识分子知道，没有其他方面的革命，政治革命不能成功。一个无神论者不能毫无目的地砍掉上帝。教会的批评家们是有确定的目的而抨击教会的。理性的崇拜者并不是为了寻欢作乐而崇拜理性。科学的鼓吹者有一把确定的斧头要磨砺。他们知道，一个特定的政治制度是由一整套社会的、伦理的和宗教的观念支持的，并与这些观念相互交织。为了推翻那个政治制度，他们必须不仅反对政治的，而且反对社会的、伦理的和宗教的偶像。为了使人民做好准备以取得预期的目的，他们必须从否定现存的一切开始。他们必须摧毁迄今为止为人们珍爱的所有生活方式、习惯和习俗。黑格尔企图发展出一个哲学体系，用以暗中破坏革命将领的战略，这个哲学体系把制度说成是理性作用的结果，以使得理性的崇拜者崇拜制度。这种尝试就其目的而言，固然足智多谋，但却无力阻挡革新主义和激进主义的潮流。由于后者已经站住了脚，我们没有丝毫借口去复苏前者。

主权从来是政治哲学中的棘手问题。格林的讨论尽管在区分或毋宁说不区分法律上的主权和事实上的主权方面是极其中肯的，但似乎是徒劳无益地试图把奥斯丁和卢梭相结合。他同意奥斯丁的观点，认为主权是制定和执行法律的最高权力，这个权力是由确定的一个人或一些人掌握，并偶尔表现为强制力。但是他又同意卢梭的观点，认为主权基本上是意志。于是，主权只有在公意的支持下才是最高的。这种表述使主权的概念或者是一个大实话，它无须煞费苦心地进行论战；或者是一个智力上的遁词，它对我们毫无帮助。那些并没有在神秘主义中寻求避难所习惯的人们，将不问主权是意志还是权力的问题，而是更现实地问谁的权力是最高的，以及是谁的意志在支持那个权力。一个国家中享有行使最高权力的人是不易确定的，因此很难说这些人是确定的。他们形成一个阶级，并且我们知道谁的权力是最高的。但是，我们却不能那么容易地概括出是谁的意志在支持这个权力。不反对并不意味着全心全意的支持。一般的默认也够不上公意。的确，我们很想同意霍布豪斯的话。他说："就它是意志来说，它不是公的；就它是公的来说，它不是意志。"[1] 纯粹法学的和纯粹形而上学的主权概念都不令人满意；因此，不必期待两者的大杂烩会使当代的政治理论家更为满意。

毫不掩饰地说意志而非暴力是国家的真正基础，会鼓舞许多人将此作为抽象的原则来想往并加以实现，但是这几乎并不是对事实的分析。在我们并不相信强力就是权利的同时，我们却太经常地看到无论在历史上还是在现今，权力或暴力是公共事务中一个强有力的决定性因素。格林在为阐明其主张提供的论据方面特别不幸。令人遗憾的是，强力，无论是体力上的还是经济上的，正像经验所说明的那样，它在指导人类事务中一直是无限制的。更令人遗憾的是，如果通过某种手段而达到目的，不管手段正当是否，正像弗雷德里克一世（Frederick the Great）断言的那样，总有某个哲学家欢呼所达到的目的，并且美化其手段。如果我们看看格林对拿破仑战争所作的事后的论证，我们便会对那位君主的挖苦表示折服。一件与坏事附带发生的好事，不应为了坏事而被"否定"。而一件与好事附带发生的坏事，也不应为了好事而被"肯定"。格林自己对其逻辑上的错误是深知的。[2] 在我们进行道德评价时，不那么严格也许会给人温馨的感觉，但是在指导性原则方面，出于同情感而做

---

① 霍布豪斯：《国家的形而上学理论》，第 127 页。
② 格林：《政治义务的原则》，第 168 页。

出宽容的道德判断则是危险的。似乎存在一种支持用目的证明手段合理的谬论的顽固倾向。应该指出的是，不是目的证明手段合理，而是如果手段与目的不一致就会毁掉目的，无论该目的可以多么令人想望。

格林关于国家的真正基础的学说，还有一点不应逃过我们的注意。当意志被宣布为国家的真正基础时，这很容易导致我们相信，国家是由我们的自由意志有意识地建立的，因为"意志"一词通常意味着积极的努力。实际上，心理学家的论点是不容反驳的，他们认为下意识的心理现象与意识的意志一样对维护国家起到帮助。意识的意志不是国家的惟一基础，恐怕这就是为什么在若干地方格林提到赞同，而不是同意。但是，如果他对同意和赞同加以区别，他也应该对积极的或者肯定的意识的意志，和被动的或者否定的或者习惯性的默认加以区别。当他说到罗马帝国基于意志时，我们可以假定，意志的确是指被动的默认。我们可以很容易地想象，假使允许人民自由选择的话，他们恐怕便不会选择对罗马帝国效忠。如果对意志和默认加以了区分，并且把两者都作为国家的基础，格林反对暴力的论证恐怕可以更好地被人认识和更深地被人理解。

对为数众多的人来说，反对格林的主要理由在于他在经济问题上的观点。他是坚持土地改革的，但是他反对单一税制度，而这正是可以治愈邪恶制度的惟一补救方法，尽管他对这些邪恶制度如此雄辩地加以控诉。他对资本的看法是不入时的。他对资本的弊端很敏感，但同时他没有看到资本控制的集中存在着固有的危险。首先，他对这个问题的研究方法是与现代自由主义者不同的。现代自由主义者会探究财富分配的正义性，而格林却满足于对逐渐改善工人物质条件表示慈父般的兴趣。例如，现代社会主义者的基本问题是：允许一些人在现今情况下积累尽可能多的财富，而使大多数人，用格林的话说，没有实现他们道德理想的足够手段，是不是公正的。与19世纪初叶工人的状况相比，今天的激进分子并不为工人今天的相对状况而烦扰。格林的立法和契约自由的思想可能遭到个人主义者的反对，认为这是国家方面的不必要的干预；也可能遭到新型社会主义者的反对，认为是国家对专断权力的篡夺。他的经济学当然有更多的不足之处。他与任何一派都不相吻合。如果我们称他为基督教社会主义者，我们就会遭到这样的反对，说他是个基督徒，但不是社会主义者。如果我们把他归入罗斯彻（Roscher）、瓦格纳（Wagner）和施墨勒（Schmoller）之列，称他为历史的民族经济学家，我们又太清楚地知道，不管他是否有足够的民族味，他的历史味却决不够浓。他对无产阶级历史起源的解释，足见他是受了自己对土地恶感的影响。比较保险的结论是，他根本不是一位经济学家。他并没有很好地把握经济事实。如果我们批评他的政治学说中的经济部分，我们应当更谨慎地考虑到他缺少足够的信息，而不是归咎于他的动机。

格林的政治学说最突出的缺点，是它没有对政府的组织加以任何讨论。国家的基本问题固然重要，但在充分地讨论了这些问题之后，接下来的问题便是提出一个政治组织的纲领，用以使政府思想付诸实践。如果政治学说不仅研究原则，而且探讨这些原则的实际作用，那么它也应当指出可能有助于实现那些政治原则的政治组织形式。如果政府应当基于被统治者的同意，那么使人民能够表达在某些问题上的赞同或不赞同，当然是值得注意的。如果全体人民的政府由全体人民来治理是不可行的，那么代议制的问题便应加以考虑，以便找出最为可能的解决办法。如果政府不是基于数鼻子，那么用什么来代替？一些权宜之计将必须被采用，因为在实际事务中，对一些决定性的策略必须取得一致意见才能成事。如果不是多数票制，那么就必须是别的什么。就这个问题而言，格林没有给我们提供任何启发。在其他地方我曾说过，格林的自然权利学说减少了论证多数人对少数人统治的迫切性，但它丝毫不能消除这个问题。在没有提出任何建议性的代替物的情况下，我们可以假定，格林承认多数人统治原则不可避免是权宜之计。如果是这样，证明少数人服从的合理性仍然是一个问题。在没有提出政府组织的纲领的情况下，我们可以下结论说，在格林那里，这个问题仍然没有得到解决。

当然，在一些地方格林提到了政府，但是必须承认，它的含义是很模糊的。国家和政府的区分并不像我们期望的那样清楚。这种含混不清，大概是由于英国的状况造成的。议会中的国王经常被形容为大不列颠的法律主权者。不管他做什么，他都不受法律的限制。如果没有混淆政府与国家的倾向的话，至少没有特别的必要对两者作严格的区分。但是，例如在像美国这样的国家中，成文宪法在某些明确定义的范围内限制政府的地方，在经过适当程序通过的法律可以被宣布违宪的地方，在宪法只能通过特定的严格程序加以修正的地方，一个人多少可以了解到国家与政府之间的不同。当一个人观察一些州内动议权和公民投票的采用，他会惊叹政府权力的萎缩和国家权力的扩张。在这种情况中，国家一般地被称为"人民"。人们可以提出疑问：这种区分对格林来说是否必要？就我个人而言，我想是必要的。例如，在政治义务原则方面，我觉得如果在头脑中想到我们的义务是由于国家而不是由于任何特定政府的缘故，我们的情况会更好。进一步讲，区分政府和国家是非常民主的，而不是反动的学说。因为这个理论在很多情况下提供了必要时用国家的名义反抗政府的机会和证明这种反抗的合理性。

最后我们可以问，归根结底，是否格林自己也重蹈了那些被他攻击为片面性的人的复辙呢？经济学家们创造出了经济人；我们同意格林的说法，并不存在这种经济人。功利主义者把人形容为快乐的追逐者；我们知道，在太多的情况下，我们并不符合这种描述。感觉论者把我们降低为柯达胶片；但是反映在我们眼睛视网膜上的物像并不必然能印成相片。自然主义者认为我们首先是动物有机体；但是我们绝不仅仅是动物有机体。格林知道这一点，并且他努力使我们从仅仅是经济的、排他的功利主义、机械的感觉论和简单的动物性中解脱出来，他几乎使我们成为单纯的意识。难道我们不能问：这样一个意识人是否存在呢？难道这个意识人不和经济人、快乐的追逐者、仅仅是动物的有机体共命运吗？

逻辑有时使人疯狂，但是逻辑中存在美。唯心论以及唯物论哲学有其智性的魅力。人们这样谈论马克思，说马克思体系是人类天才的产物；因此，与其把它蚕食掉，不如让它获得崇高与辉煌。对格林也是如此。研究他不仅可以享受到思想上的魅力，还可分享受他的社会理想主义。他实际上承认他"期望着一个时代的到来，到那时，那句话〔一个绅士的教育〕将失去它的意义，因为所有人都将可以受到唯一造就在任何意义上都可称为绅士的那种教育。因为摩西的期望是上帝的所有人民都应该成为先知，因此，带着全部的严肃和崇敬，我们可以为了英国社会的那样一个状况而希冀和祈祷。在那个状况中，所有的诚实公民都将确认他们自己，并且被相互确认为绅士"① 这样的理想在今天是太经常地被置于脑后了。

（原为英文，载《金岳霖文集》第一卷，兰州，甘肃人民出版社，1995；中文由杜如楫、汪静姗译，原载并选自《金岳霖学术论文选》，北京，中国社会科学出版社，1990）

---

① 《T. H. 格林著作集》，第 3 卷，第 475 页。

优秀分子与今日的社会
（1922）

　　蔡先生一班人的举动没有人不赞成，他们的主张与办法，或者还有商量的余地。优秀分子的奋斗，与今日社会上的情形，极有研究的价值。请举数条大家商量。

　　蔡先生承认各人的理想的政治组织不同，但请各人平心静气，同心协力要求"好政府"。"好政府"的宣义，在各人心理中，总有不同的地方。但应时势的要求，不得不把他当做"目标"，同时把普通主张数条，具体主张数条，从反面解释"好政府"三字。这是优秀分子奋斗的苦心，大家通应该赞成的。但是一种难处，要请优秀分子商量。这难处就是优秀分子的心理。恶劣分子容易同心协力，优秀分子不容易同心协力。先把这一层说明。恶劣分子没有主义。主义这东西是不能不要的，但是有了的时候也极危险。所以萧伯纳说：Principles are the worst excuse for being nasty. 何以呢？因为主义多半是由智理得来的。有主义的人，总觉得别的东西可以牺牲，他的主义不能牺牲。优秀分子多半是有主义的人，他们不能牺牲他们的主义，所以他们不容易同心协力。恶劣分子没有主义，所以同恶相济是非常之容易的事。照道理讲起来，共产党人与社会党人应该同心协力，反对资本社会中的各政党，但是事实上很少这回事。现在在美国的各急烈派通是互相诽谤，而共和党、民主党常常合力选举所谓公共候选人（fusion candidate），可见急烈党不容易同心协力。列宁所最恨的英国人，不是路德乔治，是韩德森，是威布，是蔓克单拉耳德，因为这几位先生通是有主义的人，而他们的主义通是与列宁的不同。路德乔治向来没有主义，所以列宁也不恨他，说他蠢就是了。

　　这样说起来，难道优秀分子不能协力吗？可是自然可以的，但须从反方着手。这个反面的同心协力就是蔡先生的所谓监督政府。优秀分子各有各的理想的好政府，各个人的好政府不同，但他们通有一个坏政府。现在的政府他们通承认是坏的，他们可以监督政府使他们同心协力了。我知道好与坏是相对的名词，不坏一点就是稍微好一点，但从心理上说起来，实在有很大的分别。"见恶而除之"的事，多一点感情作用；"见善而为之"的事，多一点智理作用。如果某甲无故杀了某乙，我们对于某甲的举动是除恶的举动，不见得一定想到除恶就是做好事。好事的载刺小，我们对于好事是"想做"；恶事的载刺大，我们对于恶事是"要除"。何以见得呢？大多数的人没有绝对的好，也没有绝对的坏，大家通不要死。在一环境之下，有一种人类生存必要的景况，利于这种景况的就是好，不利于这种景况的就是恶，所以有一种道德观念。但有几件恶事是显而易见的，而他反面的好事不是显而易见的。无故杀人的恶比无故不杀人的好容易知道多了。所以优秀分子监督坏政府容易同心协力，而运用政权图谋好政府不容易同心协力。所以优秀分子的奋斗须从反面着手。

以上大半从心理上说话，若是讲到中国的情形，更有特别的难处。英人如罗素等，对于中国是很有感情的人，对于中国的政象是非常的不满意，对于青年优秀分子总觉得他们太不奋斗。这话同蔡先生说的差不多。但奋斗也有奋斗的范围。在今日中国政象之下，青年优秀分子不能不作政治行动，但在这政象之下，断不宜做官。这话恐反对的人一定很多，请不必忙，听我说出来。我有许多同学的，在美国的时候非常的热心改良政治，到中国的时候想起改良政治，须先从政府下手。以为"不入虎穴焉得虎子"。现在做小官，后来高升，岂不是登高一呼，改良的事很容易么？但不曾想到，要做官，须先找做官的门路，找了几年，把从前改良政治的心思都丢在九霄云外去了。平常的人不能离环境而独立，在恶势力中间弄他几年，他们也习成自然了。不但做官是这样，经商也是这样。在美国的时候，总要回去办实业，到了中国没有钱办实业，所以想得有钱人的信用。如想在商界得信用，也要走商界的门路，走了几年，把办实业的心都忘了。这样看来，政府是万恶，商界也是万恶。难道政府没有一个好人，商界也没有一个好人吗？我已经说过，绝对的好人世界上找不出几个，绝对的坏人世界上也找不出几个。张胡子如果在美国生长，在美国谋生，他不定是个好人，也不定是这样一个坏人。中国的恶势力，不仅集在政府，实在布满全社会。照我去年在国内的观察看来，显而易见的原因，有以下诸端。

（一）人民太穷　督军中间，有在前清时候享盛名的，何以现在专门胡闹呢？照我看来，有许多督军不见得存心故意的胡闹。我想前清的百姓没有现在国民这样的穷。从前在乡下吃老米饭的先生，现在通跑到城里寻事体，没有寻事体以前，老米饭还可以吃得过去，寻了一次事体，尝了一次滋味以后，老米饭一点味都没有。寻事体的人多，他们有他们的领袖，领袖又有领袖，一层一层的上去直到督军身上。一个督军的去留，是几万人的生活。不讲神圣不可侵犯的督军，就讲我自己一个光棍一样的学生，去年回国一次，自己尚且没有事体，托我寻事体的人，竟有四五个。有的时候督军不想做督军，但他的手下今天拍马，明天吹牛，后天放狗，总说"如时局何"。口里恭维督军，心里只想他高升做巡阅使。督军没有做督军之前，或者没有想到自己的本事如何高超，做了许多时的督军，自己看自己的本事，越看越好，前途不可限量，更是勇往直前。利禄的心思，不见得他自己一定有，如果亲戚朋友要他高升，他觉得不高升似乎难以为情。我们从小的地方可以看到大的地方。家里有个姓胡的佣人，他一年四季穿短衣，等到年初一他穿了长衣，披马褂去拜丈母娘。丈母娘的儿子在乡下做工。两个人同是佣人。一个在城，一个在乡，一个穿马褂，一个穿短衣，景况大不同。如是丈母娘一家人，通盼望女婿高升，因为女婿高升以后，儿子也可以出来了。女婿在这个地位，自己也要想法高升了。这种在社会上的情节，自然会移到政治上去。督军手下的人，通是要高升的，有特别本事的督军，或者可以离他们的手下而独立，否则只能受他们手下的指挥。

还有一种现象，想各人通一心过。有的时候，两个督军相争，一个要"杀贼"，一个要"除奸"，不但文电交驰，而且开枪放炮。等到事体完了以后，他们跑到上海（或者别的地方），别人以为他们是仇敌，哪知道他们是朋友。这种自相矛盾的态度，本来是可鄙的，但除鄙视之外，应该平心静气的研究一下。我看他们开枪的时候，彼此真是仇敌。他们在上海的时候，照他们朋友观念的标准看来，他们也真是朋友。如果现在有甲乙丙丁督军四人，甲乙开战，丙在上海，丁在北京，丙是前任的督军，丁是后任的督军。开战的时候，丙的手下总想得点"渔人之利"，但不知哪方打胜，哪方打败，最要紧的是无论胜败如何，结果总要利于丙。所以甲乙两方通有丙的代表。甲打败了逃到上海（督军从来打不死的），丙与甲的手下人本来是有关系的（详下段），同时乙的手下人多，乙做督军以后，不能不忘记丙了，所以丙与甲有共同的仇敌。有了共同的仇敌，照他们朋友观念看起来，他们自然是朋友了。后来乙与丁开战，乙打败了，又逃到上海，甲乙丙通仇视丁了，甲乙丙通是朋友了。既然这样，何以不改行呢？何以不做生意呢？改行的事很不容易。（一）商界上的门路不宽，督军手下的人多，不能一齐容纳。（不特商界这样，教育部也是这样。若是请督军做教育总长，他一定不来。）（二）做官的人不特要钱，而且要势，不特要富，而且要贵。平常有兵丁保护惯了，哪里能够坐在店里做生意，要讲根本的原故还是一个穷字。穷是未做官以前的主动力，势与贵是做官以后的习惯。做督军的人自然有钱，但来得容易，也去得容易。手下的人没有恒产，没有恒心，没有恒事，做几天官阔几天，过了几天依然是一样的穷，穷了几天又要做官，如是督军又要想法开战了。

上面说过，丙甲的手下本来是有关系的。何以通有关系？要做好官的人，一定要预先有辞职的能力。张季直可以做好官（他的政见是另外一个问题），因为他可以辞职，他辞职以后，不至于饿死。现在做官的人，大多数不能辞职。他们在湖南做官不成，他们到湖北去；湖北不成，他们想法到东三省去。如果要预先留点地步，他们一定要广树声援，可以一路不通再寻第二路。一个督军败了以后，门路不宽的人随他到上海，门路宽的早在别处做官去了。这种事实也是可鄙的。但是大多数的人，不能够安贫，自己总想弄几个钱，总想弄几分势力，只要他们稍微得手，亲戚朋友都来了（详下）。他们不做官则已，如果要做官，一定做到身死，半途而废，朋友亲戚不得了。

（二）太讲情　中国人注重情面是显而易见的。朋友亲戚本家师生等类找你寻事，有的时候感情很深，你觉得谊不容辞；有的时候即令感情不深，你也觉得不好意思使他们失望。这种情节我都不论，单把平常不曾留心的事说说。一家人总有几次婚丧做寿的事，这种事都是要亲戚朋友帮忙的，父母的丧事更利害。这种丧事有一种哲学，就是儿子如果没有罪，父母大概不会死。如果父母死了，大概是儿子有罪，所以有"罪孽深重，不自陨倾，祸延显考"的文字。我们心里自然是不相信这种理想，但事实总是这样的办法。（婚事比丧事容易改良，因为婚事有关两个活人的终身幸福，丧事是为死人设的。我们的态度是"他辛辛苦苦过了一世，现在不在了，我们须要对得他起，事体须要妥当"，妥当两字就是老办法。）儿子不但有罪，而且悲哀到不能办享的程度，所以丧事不是家里人办的，是朋友亲戚代办的，所以有丧事就有出力的人员。这种出力的人员找你找事，你能够不讲情面吗？

还有一种经济的关系。假如我是广西人，在北京做官，三个亲戚想到北京来托我找事，但是他们没有钱，没有盘费，如果是请他们的亲戚来帮忙，说"我们发达了，不忘记你们"。这三位亲戚跑到北京，我自己的钱也不多，不给他们找事体，须要送他们回去。但是三个人的盘费不少，所以与其送他们回去，不如四面八方的运动，帮他们找点事体，又体面又不费钱。他们三个通是好人，得了事体以后，也不忘记借给他们盘费的人，所以一串串上许多。你找我，他找你，算不清楚。但是我是领袖，我是好人，我是有情义的人，名声弄出去以后，不容我不有情义。上海办报的人说我"营私结党"，广西的朋友说我"义重情深"。大凡有骂我的人，也有称赞我的人，我多半相信称赞我的人。我自己相信自己好，更不能不讲情面。

关于情面的事，别的人说过的很多，我现在仅讲两层。国内诸君对于这种情形，知道的多，可以从长研究。

（三）没有游戏与没有家庭　我现在把这两种事体合在一块来讲。中国婚姻制度，应该改良，无论哪个通知道的。甚么"知识交合"、"恋爱"等等，我却不论。且把这事对于游戏这一方面的事来说说。一个人总要做几点钟的工夫，睡几点钟，游戏几点钟，才有人生的乐趣。中国人很少有实在的工作（这一层以后再论），睡的时候迁延到应该工作的时候，工作的时候实在大半是交际的时候。我们同胞既然讲情面，自然要讲交际，但这交际的事，一半是工作，一半是游戏，结果变成了不交际也不游戏。现在举一个请客的例来，中国人请客，一半是交际，一半是游戏。照道理讲来，是好朋友才应该请；但现在差不多无论哪个，只要认识就要请。照道理讲来，如果请的都是朋友，则客人一定不多，现在一请请一大群。照道理讲来，如果请的人是好朋友，应该请在家里，但请的人多又不大认识，所以请在饭店里，或者请在堂子里。照道理讲来，如果请的是好朋友，应该可以说心里的话，现在说的无非是极平常的话。但是何以要请这许多人呢？或者是生计关系，或者是政治关系，我们现在且不去管他。有的时候，请的人少，何以也不在家里请呢？

理由自然是很多，如房子不够大，家里的菜烧得不好等类。（其实在家里请客，自己有趣，客也有趣多了。）旧式的家庭，男女不通问，男人的朋友与他的娘子，没有一点直接的交情，这样一来在家里请客，反不如在外面请客。在半新不旧的家庭，大半男人是新人女人是旧人，女人不敢出来见客，男人不要她出来见客，恐怕出丑。但这都是小事，最大的是没有家庭生命。有家庭生命的人，不但丈夫拼命寻娘子，娘子也拼命寻丈夫，总想在一块，分都分不开，哪里还有工夫与几个不十分认识的人，在饭店里或者堂子里，高谈天气的好坏。中国婚姻制度不好，所以多半没有爱情。虽然中国的夫妻，不见得通是没有爱情的，但他们的爱情多半是消极的爱情，因为平日拘束得利害，所以表示爱情的机会很少，爱情也冷淡。在独立门户的家庭，无论夫妻如何年青，男人总是"老爷"，女人总是"太太"，应该"威重"，不应该"轻佻"，所以甚于齐眉的人，不但限于小小闺房的地方，而且限于别人不在闺房的时候。白天里从来没有机会可以在一块，即令在一块，相隔也有一丈多，讲的话，无非是今天买油，明天买米。这样一来，好像看见一块肉一样，想吃不能吃，与其看见而不能吃，不如不看的好，所以男人还是跑在外面去游戏罢。

但是到哪里去呢？最平常的话，就是"用心过度，应该体操"，所以跑到青年会去操体操罢。但是不知道专门要体操的体操，很没有趣味。小孩子操哑铃，不到几分钟，就不愿意再操下去。若是几个小孩，打半天也是愿意。去年我在一家人家，看见老子做张飞，儿子做赵云，一个一根竹棍，大战三百余合，很有趣味，因为除开运动身体以外，还有点别的意思。现在不说体操，且说到青年会去。青年会总有一点基督教的气味，里面办事的人对于大家，或者是一视同仁，没有信教不信教的分别。但不信教的人总觉得不好意思，觉得我们既然利用他来运动我们的身体，也应该利用他来运动我们的灵魂。有了这种意思就不想去了。

不操体操，看戏去吧。没有出过国门的人，还可以在这个地方消遣，留学就不容易。在外国的时候，影戏看厌了。那东西本来不能算高尚的美术，很容易厌的。美国的影片，更是大同小异，看一次与十次差不多。在外国的时候，还有好音乐可以听，到中国真不愿意看电影。所以还是看中国的老戏吧。中国的老戏，喜欢听的人很多，但是不到戏园子则已，若是走了进去，一定要逃出来。因为里面卖东西的声音，泼茶的声音，讲话的声音，比唱戏的声音还要大。中国的新戏没有看过。去年看过一次阎瑞生，那东西不知是不是新戏，走进去坐了不到五分钟，所布的景，已经换了三四次，简直不是戏。所以进去了就想逃出来，戏园子是不想去的了。

这样说来，到哪里去呢？男人是要女人的，社会上没有女人一同顽笑。家里有的是女人，但是家里没有趣味。人是要游戏的，但是没有地方可以游戏，只有堂子里面两样通有。我们从前把酒与色兑在一块，很有道理。生理上的关系，大家都知道，我也不去说他。心理上也有极大的关系。前年在纽约的时候，有一个美国朋友吃得大醉，后来说他醉的时候，是他有生以来第一次觉得他有他自己的生命，可以过他自己的生活。这是甚么原故呢？因为不醉的时候，一个人至少有四个"我"。我自己的"我"，别人心里的"我"，我所揣想的别人心里的"我"，别人揣想我自己的"我"。我自己的"我"，差不多被别的"我"抹杀了。醉了的时候，我自己的"我"，居然可以独立，那自然是很快乐的事。堂子里也是这样。须知平常的时候，我们在政府是官，在社会是君子，在家里是老爷，但是一个人不能一天到晚做不哭不笑、不痛痒的官，也不能一天到晚做讲道德仁义的君子，也不能一天到晚做老爷。我们总要有一个做人的地方，总要有一个做人的时候，堂子里是这个地方，所以他这样发达。社会有堂子，好像家里办喜事的时候，有"闹新房"一样。我敢说一家人最快乐的时候是在"闹新房"的那几天。可惜那种事体限于办喜事的时候。如果平常社会上有那一类的事体，堂子可以少了许多。须知中国的堂子，不是堂子，不是专做肉体的生意。社会有一种要求，现在只有堂子可以对付，所以他特别发达。我并不是称赞堂子，去年在国内的时候，去过几次，觉得一点味也没有，但是如果在国内多住几年，我恐怕还是要去的。

（四）工作　大多数的人没有十分尽力的工作，原故很多，现在不去管他。（气候与食物有极大的关系，这篇文章不能论到。）但是我们不能不承认我们对于工作不十分尽力。所以凡百事体没有甚么约束。从感情上说起来，我们爱的时候，爱得不利害，恨的时候，也恨得不利害。爱得利害有危险，恨得利害也有危险。我们注重"中庸"的人，最怕的是危险，所以感情的热度一天低似一天。从知识上面说起来，也是这样，没有一种求知识的果敢心，把一身的工夫用到学问上面，所以"一暴十寒"、"半途而废"。中国人的思想，并不见得坏，但是没有求知识的果敢，没有理论的构造，不从头到尾想出一个理论的结束。我们平常说"贸迁有无"，觉得已经很够，若是我们从头到尾，详详细细的想一想，或者也可以想到米耳（J. S. Mill）的 *Theory of International*

Trade。《史记》里有"夫物贱之徵贵，贵之徵贱"的话，当初的人想到这地方，以后的也不再想下去。若是从头到尾的想一想，我们或者也可以想到许多大同小异的 Theory of Supply and Demand。说到行动方面，这种中庸的态度，更是清楚。有一个英国教习问我，中国一天到晚开战，如何得了？我说中国的战是在电报局里开的。说的时候很利害，打的时候开了几炮，就完了事。这次吴张战事，也是这样。各处的电报（人名方面）总是请他们不要打，没有请他们打一个落花流水的电报。他们自己闹了几天，也就完了，张老先生依然在东三省横行。这样开战，一百年也没有真战争，一百年也没有真和平。

除了以上一种平庸的态度以外，还有一种大人的态度，一种成人的态度，一种保存名誉的态度。甚么"明哲保身"、"不事王侯，高尚其事"的话，我们通不必说，现在只说这大人态度的心理上的结果。大凡一个人名声出来了以后，他很难得进步。各国的人都是一样。因为一个人有了名声，他自己一定要保存他的名声。别人因为他有名声，总觉得他是很聪明。他如果要保存他的名声，他一定要时时刻刻的聪明。他如果不能够时时刻刻的聪明，他可以时时刻刻的不蠢。他如果不愿意蠢，他的思想就不能自由。如果杞人忧天算是一件蠢事，他就不敢忧天，他对于天的方面就不能有进步。譬如数学里一加一等于二的话，平常的人当做天经地义，多疑的人就发生许多疑问。他没有名声的时候，他可以蠢，他可以说一加一不等于二，因为世界上没有一个二，只有两个一，所以一加一还是等于一个两个一"（1＋1）"，他可以得许多的新思想。他有了名誉以后，他不能蠢，所以他不敢疑问，所以也很难进步。无论哪国的人都有这个毛病，但是中国人最利害。从前读书的或者是做官，或者是读书。做官的人不能够蠢，读书的人有深山隐士的名称，也不能蠢。他的思想总不能逃出轨道之外。现在的留学生也是大人，也想不蠢，所以见了面说最不蠢的话，无非是"振兴实业"，"提倡教育"，这两句话自然是没有人反对。我看这两句话要紧的地方在实行，不见得有高深的学理在里面。若是一个人不能实行，只在口里说说，事实上没有进步，思想上也没有进步。

以上所说的，不过是举出几条，其他没有想到的地方很多，我也不再说他了。我的宗旨就是说明优秀分子在这种社会很难得保存他们的优秀成分。蔡先生与王先生久经风雨，不至于狃于社会的积习，变成另外一种人。若是年青的人，危险太大，一时的热心，或者不免被百年的积习抹杀；少数人的奋斗，或者不免被多数人的积习战败。但是在这种社会不能不奋斗，对于这种政象不能不作政治行动。所以我们应该有一个监督政府的团体，这个团体里面的人，应该注意左列四条。

（一）独立的进款　如果一个人自己谋生活终久要被人利用。我知道进款是很难独立的，但是独立与不独立的名词，我开剃头店的进款比做交通部秘书的进款独立多了，所以与其做官，不如开剃头店，与其部里拍马，不如在水果摊子上唱歌。

（二）不做官　这三个字的意思是不做政客，不把官当做职业的意思。若是议定宪法修改关税的事都是特别的事，都是短期的事，事体完了以后，依然可以独立过自己的生活。

（三）不发财　这三个字的意思是把发财做目的。如果把发财当做目的，自己变作一个折扣的机器，同时对于没有意味的人，要极力敷衍。这样一来，势不能不投降于社会的积习。

（四）独立的环境　所谓独立的环境，最要紧的是要一群道同志合的人在一块，他们的人类的要求（human demands），他们自己可以对付，不必乞援于群众的社会。而在他们一群的中间，一个人是他自己一个人，不讲情面不怕蠢，不怕以前的习惯，不怕以后结果，工作的时候，拼命的工作，游戏的时候，拼命的游戏。这一来，十年之后，一定有一种新空气发生。

有这种人去监督政治，才有大力量，才有大进步，他们自身本来不是政客，所以不至于被政府利用；他们本来是独立，所以能够使社会慢慢的就他们的范围。有这样一种优秀分子，成一个团体，费几十年的工夫，监督政府，改造社会，中国的事，或者不至于无望。若是照现在无头无脑的办法，使青年优秀分子散布在波涛澎湃的恶劣社会中间，恐怕大多数的优秀分子，要变成老奸巨猾。

（原载《晨报副镌》，1922 年 12 月 4 日、5 日；选自《新哲学》第二辑，郑州，大象出版社，2004）

美　国
（1927）

　　美国！这样大的题目，怎样可以做文章呢？但仔细想想，论美国恐怕比论各国都容易。如果我们要写一本书，我们似乎要把她的万端景像，描写尽致；但在此处我们不过做短篇文章而已。在短文章里我们只得从大的方面，普遍的方面着想，而在这一方面着想，我们可以用三个字形容美国。那三个字就是清一色。

　　如果地球是牌局，上帝是打牌的人，我们只看见他摸了中国人，不要；摸了日本人，不要；摸了印度人，也不要；摸了白种人，有时斟酌一下，摆进去，有时马上打出来；我们已经猜着九分，我们私下说，他老先生在那里做清一色。但是什么样的清一色呢？清一色做成了没有呢？

　　我们可以到美国去看看。我们到了旧金山，就不免大叫一声，"真好牌呀！"街道极宽，房子好像四方盒子，一层一层的叠上去，电车汽车在街中间，行止均听命于爱尔兰巡警。听说前大总统威尔逊博士曾教训英国政府一次，他说："你们英国人，不懂爱尔兰人，你们以为他们应该受你们的管束，所以彼此常闹意见，我们美国人深懂他们的性情，我们以为我们应该受他们的管束，我们请他们当我们的巡警。所以彼此相安无事。"……无论如何，我们在旧金山，就看见爱尔兰巡警，极能干，极有精神。行路的美国人，不摇，不摆，不走，他们都在街上跑。正午的时候，到饭店一看，食客满堂，不咀，不嚼，吞。大街上的店家大都有玻璃窗，玻璃窗里五光十色应有尽有，而"窗外买东西"的人很多，楼上提提答答的声音不绝。

　　到美国去的人，大都是急于要到东美，我们大约也是这样，往东走吧。火车经过的地方不少，大约是因为我们初到的时候，各地方都觉得不大容易分别。但是我们知道，美国的火车极快，时间也汲准，走了一两天之后断不能仍旧停在老地方。可见我们所经过的地方都是不同的地方，都是新地方。我们过了两三天就到芝加哥。芝加哥是美国的第二大城，全世界的第三大城。我们到了以后就觉得名副其实。街道更宽，房子更大，四方盒子一层一层叠的更高，爱尔兰巡警更多，人民似乎跑的更快，吞的更快，玻璃窗更多更大更亮，而提提答答的声音更是不绝于耳。第二大城是这样，第一大城又如何呢？纽约是最繁华的地方，各种各色的人都有，各色各样的东西都有，房子高大无比，街道虽宽，而看起来，同千尺的地坑一样。但是如果我们从纽约税关起，一直走上去，我们所看见所听见的，男男女女，千百成群，玻璃，汽车，爱尔兰巡警，跑……吞……动……响。

我听见人说："美国是物质最发达的地方，美国最物质化，不客气的时候，简直说，他们最喜欢钱"。这话未免唐突了彼邦人士。要钱不见得是美国人的特性，恐怕大多数的人都喜欢钱，就是号称高尚的，也不过是非分不求，不见得一定是闭门不纳。大多数的美国人为谋生故，不得不朝夕营谋，这也是环境使然，没有什么希奇的地方。美国的富豪，很知道他的财产足一身之用而有余，早可休养林泉，怡情山水，何以挟资亿兆的白发老翁，还在公事房里逐利于贸迁有无之场呢？说他们爱钱，自然是可以说，但是岂仅爱钱而已哉？

我可以想见一个美国的商人，郑重其事的和中国人说："油塔（Utah）有世界最大的风琴，尼亚格拉（Niagara）有世界最大的瀑布，Woolworth 是世界最高的房子，Grand Gentral 是世界最大的车站，自由神是世界最大的石像，摩根公司是世界最有力的银行，煤油大王的油可以燃全球的灯，汽车大王的车，可以运全球的货，欸欤盛哉，今日进步之速，不堪设想。……"这位美国的人不见得是阔人，不见得是有为的人，不见得是得意的人，而他好大喜功不减于富商大贾，官僚政客者必有特殊理由。美国人自小受家庭与社会的劝导，就觉得天下事大可有为，而上帝造人原无所厚薄，所以对于自己的期望，也就不谦恭，不客气，长大的时候，真看前人的榜样，又觉得用志不分，所谋必成，自负更是不凡。同时美国自开国以来，习于平民政治，人民的志愿要求，多求合乎国民心理，而地大物博，富于宝藏，开财辟源，从 17 世纪到现在，仍为国民所视为重要的任务。所以美国人大都想在商业上实业上做一番事业，不但扬名显亲（须知夫人最亲人也），交游光宠，而且在国民心理中，做一个历史上伟大的人物，他们所要的是"成功"。

如果人类是上帝造的，那么上帝的艺术就有不敢恭维的地方。他虽然少造了几个百分的冥顽不灵的人，而他对于天资英敏的人，也就没有特别注意。《圣经》上说：上帝用他自己的模型创造了人，他的方法就不对；方法既不合宜，结果又焉能良好，所以大多数的人，都是不痛不痒，无声无息的"平民"。美国的平民政治差不多行了三百多年。所谓平民者不过平民而已，不仅财产上，法律上，种族上有平民，知识上也有平民。知识上的平民知识大约很平，他们的批评力，他们的感觉，他们的鉴别，他们的欣赏，大都很平，而他们的志愿，也就难免乎平。精的深的，美的巧的，不见得是闾里所称，乡党所誉，而高的大的宽的广的，只要有权衡度量就可以知道它们的特别。欲建一种事业，为国民所颂扬的，最显而易见的途径，是从高的大的宽的广的一方面着想，而这方面的事业就是大多数国民的志愿，他们所要求的是在这方面能够成功。

实业革命之后，利用厚生的事业是很平常的，很普遍的，但这种事业能成功与否，一方面要人民努力，再一方面要财源丰富。三百年来美国人大都自食其力，人力胜天，他们大都以为常事，同时物产富厚，用一分力就可以收一分功，所以高的大的，宽的广的，都成为事实。年青的美国人，不免想及煤油大王，钢铁大王，汽车大王，铁路大王等出身微贱与他们自己无异，"上帝帮助自助者"，谋事在人，成事亦在人，他们望前着想，就觉得好自为之，他们将来的地位，也与各大王一样。全国的人大半都有这种思想，所以一方面有最高的房屋，最大的车站，最广的商业，最有力的银行；而另一方面就跑就吞，就动就响，熙熙攘攘的日夜不休。人人都要成功，于是乎国民心理，社会情况，差不多变成了清一色。但是清一色成了吗？

政 治

从大的方面看起来，美国的政治也是清一色。政界的人，从知识方面看来，实在没有政客与政治家的分别。当权的是政治家，不当权的是政客，在位的是政治家，不在位的是政客。这两句话不十分妥当，因为有当权而不在位的大资本家，虽然实际上是政治的后台老板，而名义上不是政界中人；如果我们要稍微精密一点，我们可以说在位的政客就是政治家，不在位的政治家，就是政客。但是因为例外的情形太多，政治上的景象不容易用公式方法来形容。已经做过大总统的无论在位与否，当权与否，统称之为政治家，已经做过外交总长的，无论在位与否，当权与否，大半可以称之为政治家。例外的情形虽然多，而我们在美国的时候，看见政治家，大都知道他是政治家，看见政客也大都知道他是政客。因为从我们五官印象方面看起来，他们的分别很大。政治家戴高帽，穿礼服，政客既不戴高帽又不穿礼服，政客处处谈政治，政治家绝口不谈政治，他最喜欢发表他们对于宗教道德的思想，劝人为善守法。

　　除了以上极重大的分别外，他们没有特别不同的地方。他们的政策，不是他们自己的事，是他们政党的事。除了不能当权的小党可以不计外，国内只有两大党：一是共和党，一是民主党。这两党的政策没有多大的分别，因为他们对于社会的根本要求相同，所以他们的政策大同；因为他们党员的利害关系不同，所以他们的政策小异。共和党员多在东北实业发达之区，民主党员多在南方业农之域。共和党注重商业与实业，目的在发达财源，增加全国的财力；民主党注重民生，大意先图民康而后再谈国富。但这不过是未得政权以前的政策，报纸所宣传的政策；既得权之后，无论那一党，就觉得理想与事实，不十分容易贯通，理想上的政策，自然是"依然有效"，但在事实上，"以某某种缘故⋯⋯"没法想，只得用事实上的办法。无论那一党得权之后，就觉得为政不难，不得罪于巨室，如是后台老板的要求，就变成了新政府所实行的政策。民主党有民主党的后台老板，共和党有共和党的后台老板，但他们的政见好像他们的外套一样，穿上去与脱下来，大都看政党的冷热。资本家在经济上的目的相同，对于政府的要求大都一致，所以美国的政府虽时有新旧，而政策没有多大的变迁。最近伊利诺意州的选举两党都作充分的金钱运动，政府调查后，有一位资本家承认他对于两党，均有很大的捐款，他所盼望于政府与政党的是什么，从此便可见了。

　　如果使美国开国的元勋到现在的美国去看看，恐怕他们不但有今昔之感，而且要觉得他们的大功，已经被后人破坏了。他们不是要三权独立吗？现在的三权是真独立了吗？自从麦荆来（McKinley）一直到现在，总统的权柄，一天大一天，就是柔弱寡能的前总统哈定（Harding）也能够大权在握，操纵议会，可见行政部的职权，早就不仅在执行立法部所立的法，三十年来，已经变成了立法部的领袖，立法部的向导。行政部的要人自然要算总统第一。现在的总统柯列芝，一天到晚笑容可掬，好像青年会的干事一样，我们在报纸上看见他青年会式的尊容，或者不免以为他的行动言论，与世事没有多大的关系。其实不然，除了俄国的政治委员会委员长之外，在世界政治上能有力量震动全球的，恐怕就只有他老先生。

掌这样大权的大都是怎样的人呢？我们所应注意的，米西西比河以西的人，没有做过美国的总统。开国的时候，除了约翰亚当士（John Adams）之外，几位总统都是维金尼亚州的贵族。维金尼亚在地理上的位置虽然不算很南，而美国人都称她为"南方州"。她是英美烟公司的原料发源地，人民大都业农，从前的政权，在这班人中间的贵族之手，现在的政权差不多都转到东北实业家手里去了。虽然总统的人物不同，——有体操教员式的罗斯福，大腹贾式的塔虎脱，基督教士式的威尔逊，乡绅式的哈定，青年会干事式的柯列芝——而他们都代表好大喜功的资本家；跑，吞，动，响的国民。

开国元勋对于行政部的权力增加不满意，对于立法部的权力减少，恐怕更不满意。从前的意思以为十室之邑，即有忠信，一选举区域之内，自然更是不少，选贤举能，使他们代表国民立全国之法，平民政治岂不如斯为盛吗？那知道贤者多劳，头等角色大都在实业界商业界活动，即名重于实的人，也就在行政部为国勤劳，只有逐利不能求名不足的三等角色，肯在议场上练习口才。他们最怕的是他们同党的总统，总统是当权党的首领，如果得罪了他，恐怕下次的选举就无望了。何以人民相信总统而不相信议员呢？一方面固然是大多数议员的人才，不足以服群众；再一方面，议员除在议会外，很少出风头的地方，所以人民也不大知道他们；但根本的理由，恐怕还是人民好动恶静。总统是作事的人，议员是说话的人。说话的人，无论本事如何的高，口才如何的好，品行如何的端，学问如何的深，他们总是说话的人。照大多数美国人的眼光看起来，说话是空费时间，真有本事的人那里有功夫说话呢？

以上是近十数年美国政治上的事实。有了这种事实，在许多人的眼光看来，美国的政治就没有多大的趣味。政治的趣味，至少有一部分在人物，而人物的趣味，一大部分在各人的个性。美国虽称法治，而法以人行，政界的人物与政治仍然有莫大的关系。美国开国时候的政治何等光荣，演员皆一时杰出，所以演出来的戏也就有特别研究的价值。那时候的政客与政治家都是政治舞台上的头等角色，他们没有后台老板，因为他们自己是老板。农业贵族在行政部失势之后，他们在立法部还有头等角色做他们的代表，到了南北战争，北胜南败，他们的势力完全消灭。现在的政权差不多完全在资本家手里。贵族派绅士派"诗书继世"的人物，早就不能在政治上活动了，而银行铁路工商实业的代表，高帽其头，礼服其身，用美国的资本势力，为强有力者开商场于国门之外，于是乎世界政治舞台上，加了一班好动好响的美国人。

外　交

　　论美国的外交，大都论她对美洲的闭关主义，对中国的开关主义；但这不过是外交上的政策，比政策还要根本的就是这政策的来源。美国地大物博，人口虽然增加的非常快，而以地域的面积计算，离稠密两字还差的很远。美国比我国二十二行省大，而人口仅稍微超过中国人口四分之一。小百姓安分守己，纳太平之税，很可以过日子，不必远涉重洋与世接触。同时东西两洋，作他们的天然保障，比万里长城还要靠得住，别人也不容易侵掠他们，所以他们可以闭关自守。但这不过是一方面的话。如果美国的实业不发达，恐怕她的国民只会在家里闭关，不至于到外面去开关。他们要在外面开关的缘故，就是实业发达，货物众多，没有商场，实业界的大王就没有用武之地。但美国在外面开关与英日德法不同，大多数美国人所要的是商场，而英日德法不但要商场而且要殖民地。美国的侵掠，至少一大部分是资本阶级的侵掠，而英日德法的侵掠，至少有一部分是人民的侵掠。

　　美国近三十年的外交，在美洲还是持闭关主义（此政策在商业上似乎已经失败），而对世界各国，已经采用开关主义。欧战后美国由债务国一变而为世界最大的债权国。从前世界的财权集中于伦敦，现在世界的财权集中于纽约，不必攻城掠地，就可以操纵世界的金融，所需的原料，有求必得，多余的货物，欲卖即能。但外交政策能否贯彻一致的进行，要看国内势力的分配。如果开关派得势，美国的外交政策自然是努力进行国外的发展事业；如果闭关派得势，美国外交政策就不免注重自守。开关与闭关两派，不一定是理想上的政见不同，是他们的利害关系不同。从东北人民的眼光看起来，在外发展，不但是他们自己的利益，也是全国的利益；但从中部西部的人民看起来，民以食为天，只要有麦米粮食，人人都要来买，用不着在外面去找商场，找到了也与他们没有多大的利益，若是找不着与别人争起来，不但与他们无益，而且有损。

　　美国外交的趋向，要看以上两派中哪一派在政治上得势，就可以知道。近二十年来在政治上得势的是资本家，上面已经说过。他们在行政部的权大，所以他们能实行他们的政策。美国与西班牙开战，一个很大的临时理由，不是美国的兵船被炸吗？美国政府说是西班牙炸的，但是是真是假哪个知道？没有人可以证明这话是假，在民气激昂的时候，大多数的政客不敢说这话不一定真。如果政治部造出开战的事实，立法部知道众怒难犯，那里敢讨论不必宣战的理由。行政权在东北资本阶级的势力范围之中，所以近二十年来的外交慢慢的注意在国外开放门户。

　　但是，宪法规定的，外交事业，参议院有监察权（详见美国宪法第二章第二节第二条）。开国元老们以为外交事大，不宜让行政部独断独行，而立法部中以参议员阅历较深，资望较高，同时又为州政府所信任的人，使他们监察政府，为计岂不至善？那时候只有十三州，州州相异而实大同，元老虽然注意各州的经济地位，以及将来彼此的利害关系不同，而他们所更怕的是中央政府与欧洲各国鬼混，所以他们虽然知道参议员的政见不同，对外不见得一致，但觉得这班人是各州相信的人，比中央政府还靠得住一点。现在的情形大不同了。纽约一州的人口，超过太平洋与落矶山十州的人口，即纽约一城的人口，亦超过太平洋三州的人口，数万人口的州有参议员二人，而数十万人口的州也只有参议员二人。所以参议院中的大多数议员，是中部西部的议员；参议院所代表的势力，是中部与西部的势力。换言之，就是闭关派有势力。参议院有监察外交的权，就是闭关派有监察外交的权。威尔逊的外交失败的理由虽多，其中一个重要关键，就是他当初没有计算到参议院的分子，没有想到参议院可以推翻他的外交政策。外交既然有一部分是闭关派的势力，所以美国的外交尚不能充分的采取侵掠主义。

　　但是推翻政府的政策，不是实行自己的政策，否认政府的政策，也不是积极的提倡自己的政策。监察权不是行政权。闭关派的势力限于监察，评论，表决的一方面，至外交政策的实行，恐怕在近几十年内，逃不出东方实业家的掌握。理由有二：（一）资本家的势力只有增加，不会减少。他们的势力只有社会革命可以推翻，而照美国的情形看起来，百年内恐怕不能发生社会革命一类的事实。（二）行政部代表全国最大的势力，美国的选举方法不改变，那行政部的领袖，行政部的权力，就逃不出资本家的范围。所谓资本家者，不一定是家资千万的富人，凡在现在社会制度下，得法律保护，运用财产以为生活的，通可以称为资本家。资本家虽有大小的不同，而他们的政治观大都一样。如果现在的选举方法不改变，行政部的人物，就是资本家的代表，而资本家在外交一方面的政治观，就变成了政府的外交政策。

美国的外交有以上的情形，世界政治舞台上，就有一种特别的景象。英德法意虽然还在那里行人往来，冠盖相望，今天这里会议，明天那里会议，报纸给他们宣传，像煞有介事；其实他们的举动好像中国政客的举动，奔走劳忙，无关事实，实权早就不在他们手里了。现在政治舞台上只有两大实权，一是劳动权，一是资本权，其余政治上的趋向极多而均无实权。欧战后国家主义非常发达，然在实业文化之下，在经济上能独立的国家极少，所以这种主义虽然发达，而在世界政治上的影响非常之小。以上两大实权的争战，差不多没有国界。代表劳动权的是俄国，代表资本权的是美国，这两国在理论上是绝对不能相容的。他们的战争，不是区域的，全世界是他们的战场。我们看看近年我国的内争，只知道英日与苏俄在这里暗中争权争势，不见得想得到英日的背后，还有坐在纽约公事房的后台老板，也不见得想得到苏俄的背后，还有各国的工人。现在似乎美国的势力比俄国的大。资本家也早放大眼光，不分国界，彼此连络起来，而各国的工人尚谈不到这一层。但是以后怎么样，谁知道？

谁知道将来的劳动权，集中于俄国，谁知道将来的资本权，接续的集中于美国。就是将来的资本权仍集中于美国，而用权的方法，也不必相同。如果国民的心理改变，他们的志愿改变，他们的人生观改变，他们的政治也就会改变。政治既变，外交也就会改变。无论将来的资本权是否仍集中在美国，而用权的方法不必与现在相同。但改变人生观，改变国民心理，至少一部分是教育的责任。

教　育

稍微知道美国历史的人，就不免看见一种特别的情形。美国的大学非常之多，而大学问家有几人呢？还是美国人的天资不及欧洲人呢？还是别的原故？空空洞洞的天资问题，不是容易说的，要看实际上的结果何如。照实际上的结果看起来，美国人的天资似乎很高，不过发现的方向不同而已。美国的大律师很多，而大法学家极少；工程师极多，商业上的发明家也很多，而科学家极少；大医生极多，而医学家极少；哲学教授极多，而近数年不计外，哲学家极少；文学教授极多，而近数年不计外，文学家极少。这话虽然有点武断，而从普遍方面看来，也可以代表实情。有以上的情形，我们不免想到大多数求学的美国人，不注意在学，而注意在用，不注意在用的广义，而注意在用的狭义。从用的广义看来，学皆有用，但从用的狭义看来，只有在一时一地可以为社会所承认为生功效的，才算有用。这种态度也就是群众心理的表现，可见教育也受群众人生观的影响。

表面上看起来，美国非常注重学问，大学几遍全国，本科之外大都还有毕业馆。在东方诸大学，毕业馆的学生极多。他们所研究的学问有时出乎我们意料之外，而他们的研究法更是不遵别人的常轨。毕业馆的学生一大部份是想得博士头衔，但是如果要得博士头衔，就要做篇博士论文。博士论文是一种美国的特产。如果我们挖苦一点，我们简直可以说它的特色，是文字与学生自己的思想成反比例。最好的论文，文字愈多，自己的思想愈少。如果学生有思想发表，最好不在博士论文上发表，如果忍不住一定要在博士论文上发表，最好是借古圣先贤的口来发表。如果一个学政治的学生以为民主政治，没有一种社约的假设，在理论上不能圆满解释，他最好不把这层意思当作他自己的意思，他最好说："霍布士有这种意思，斯宾挪沙也有这种思想，洛克有这种思想，卢梭也有这种思想。"如果他相信扩张女权，他最好是说穆勒相信扩张女权；如果他以为一国的主权至尊无上，他最好是赞成奥思定的学说，说一国的主权至尊无上。

为什么有这种情形呢？学校所怕的，不是历史知识，是学生自己的思想，因为历史知识对于学校无危险，而学生自己的思想有危险。在美国当权的，无论在政界与学界，都是一般富商大贾，他们所要的，是保存现在的社会资产制度。他们认定那新思想或者不利于那种制度的。如果一个学校的学生发表不利于现在制度的思想，学校对于富商大贾一类的校董，就不容易得他们的同情，而学校的经费就不免发生问题。教员仰体学校的苦衷，所以就不愿意学生发表不利于现在制度的言论。但是甄别言论，不免要获束缚自由之讥，与其让学生发表言论后，再从事甄别，不如忽视学生自己的思想注重"实在"的工作。"实在"两字在此处有特别的意义。阐明已往陈迹的文字，是实在的工作，发表自己思想的文字，不是实在的工作。这种"实在"的意义，对于教员非常便易。一方面教员容易评论学生的文章，再一方面，如果有人诘难，历史上的事实具在，教员立于不败之地，那就容易自守了。如果学生发表宣传共产主义的论文，学校就觉得对不起社会的柱石，而社会的柱石也就可以借此与学校为难；如果学生发表阐明柏拉图的共产主义的文章，那么社会柱石有什么话可以说呢？

少数特别的人，经过这种教育，还可以有独立的思想。大多数的人受过这种训练，思想行动就不免带一种机械性，而他们在社会里也就难免不为机械人。所谓机械人者，在一种社会制度之下，能尽那种社会所要求的一部分的责任，而不能通盘筹算，改革那种社会。总而言之，他们是跟社会跑，社会不跟他们跑的。

美国的教育，大都一方面期副强有力者的希望，再一方面供给大多人民的要求。人民把教育当做一种营业，家长的金钱，学生的光阴是成本，学生所得的知识，学校所发的文凭是利息。如果得不到利息，岂不是虚耗了成本？在商业界所得的利息，可以供日用生活的需求，教育的利息也应该如是，不然何必送子弟入学呢？人民的要求是这样，学校也就想法供给这种要求。但是哪种生活哪种需求呢？研究高深学问，也是供给生活的需求，不过那种需求不是日用的，不是普遍的，如果学校供给日用的普遍的需求，似乎要从看得见摸得着的一方面着想，所供给的教育是要在社会上能收事功的教育。结果是要学生做医生，不奖励他们做医学家，要学生做律师，不奖励他们做法学家，要学生做工程师，不鼓励他们做科学家，而商科，牙科，新闻科等等，都会在各大学一天一天的发达起来。我听见一位教授说："大学的学生日见增加，因为人民知道大学教育是非常有益的，所有每年得进款六千金以上的人，十有七八是大学毕业生。"大学发达的原因，在这句话里就可以想见了。

在这种情形之下，美国的教育注重谋生的工具，不注重求学的工具。未入大学以前，所习的功课，大都极寻常极肤浅，既入大学之后，就有高深的功课，也就不容易学，何况高深的功课，在大学校里，不是随便碰得着的东西呢？在这一层可以看见欧洲教育的优点。欧洲的预备学校，注重在训练，在使学生得求学的工具，注重的学科是文学与数学。如果希腊文拉丁文与近世语言学有根底，那么近乎文学一方面的学问，就能够事半功倍；如果数学的根底好，近乎科学的学问，也就可以有造就。所以欧洲有学问渊博的专家，把各种学问旁通兼理，以一门为根本，数门为枝叶，风流儒雅自非庸俗者流可比。美国有许多专门家，对于别种学问，简直是莫明其妙。有一位簿记专家，簿记学治的很好，书也很出了好几本，声名也洋溢乎全国，但是不但他别的东西不知道，连英文也不通。这类的人很多，是美国人所谓专家，不能称为学问家。但是他们中间未必没有想研究学问的，不过数目极少。这种真想求学的，大都有自知之明，他们知道工具不足，对于学问一层，只得望洋兴叹，徒呼奈何而已。

资产阶级的希望，大多数人民的要求，在教育上有同等的结果，所望于教育的，不在陶冶性情，造成高深的学问，和尊严的人格，而在给青年一种能力，使他们成人之后，在社会上能得一种功利的结果。这种教育长此不改，国民的心理，国民的人生观，就不容易改，而美国在世界政治上的举动，也就依然如故。美国的教育，在清一色环境之下，满足清一色的要求，帮助清一色的趋势；如果清一色的现象不改变，教育也就不容易改变。有人说当今的实业文化，好像一个大图书馆，每日千百馆员奔走劳忙，而看书求学的，不过数人而已。美国的情形与这种图书馆一样。但现在已经有反动了。

有一部分美国人已经在那里问"我们终日奔走，到底为着什么？"最初自然是谋生活，不得不逐利于营业场中，但是后来银行的存款慢慢的大了，终身衣食可告无虞，而人寿几何，与其逐利终身，何如看几本书，研究一种学识，或者游历世界，藉广见闻，或者潜心美术，以快美感，音乐戏剧，均足以怡情，何必老死于贸易场中，集财产以供子孙之挥霍呢？这种怀疑的人增加，美国的清一色就不容易做成功。他们的志向，他们的心理，他们的人生观，均与大多数国民的志向，心理，人生观不同，他们所盼望于政治社会的也就不同，他们的成功，也不是旁人的成功。近年的美国已经不是从前的美国，大多数的美国人，差不多可以说是为谋生活而活的，现有一部分的美国人是为活而谋生活的。大多数的美国人差不多可以说是"经济人"，而现在有一部分的美国人不能说是"经济人"。大多数的美国人还是好大喜功与物相争，现在有一部分的美国人，可以说是与物无争，努力求他们个人精神上的发展。照本文所发表的态度看起来，这种人的人数增加影响于美国国情的地方，自然非小。

美国的文学已经蠕蠕欲动，不久就有美国文学发现，从前的美国文学可以说是欧洲的输入品，就是美国的文人加点制造的功作，而他们的原料仍是欧洲的原料。现在似乎已经有美国本身的文学，材料是美国的材料，方法是美国的方法，所以这文学是美国的文学，内容虽有粗陋寡文之嫌，而其为本国出产品，则不容易否认。在哲学一方面，美国的贡献，已经为世界所公认，前十几年的实验主义，一大部分是美国人的工作，现在的新实在主义，一部分是美国人的贡献。从前的美国思想差不多完全是输入品，最初是从英国运来的，后来青年学子留学德国，回去的时候，带了许多德国的思想，现在居然提倡国货，发运自己的思想。这种现象，我们如果从长讨论，自然可以提出许多理由，但现在所注意的不是理由，是它的结果，而它的结果可以用极简单的话说明。总而言之，现在有一部分的人民——人数日日增加——不好大不喜功，不动不响不跑不吞，不以利为人生的宗旨，而他们的人数增加，美国的国情就会不久为之改变。国情既会改变，那清一色恐怕做不成功了。

（原载《东方杂志》第 24 卷，1927；选自《金岳霖文集》第一卷，兰州，甘肃人民出版社，1995）

真小说中的真概念
（1937）

一

评价小说可以有多种方式。可用于评价小说的标准之一是小说所包含的真。但这并不是小说中最重要的因素，某些读者可能对此并不关心；但另一方面，这也未必就是最不重要的，因为小说批评家在评价小说时，有时的确考虑到用真来作为标准。大概是由于"虚构"这个词经常作为"小说"这个词的代用语，以致使我们习惯成自然，在绝大多数情况下忽视了小说中关于真的问题。可以肯定至今人们还没有认识到这个问题的重要性，或者给予应有的注意。对于某些小说，当我们说它们是真的或假的时，我们所说的"真"究竟是什么意思。在着手处理这个问题时，我们遇到了一些困难，下面的讨论就是力图揭示这些困难所引起的某些困惑。

关于真的一般性问题不是这篇文章的主题。但是为了比较，我们要列举不同种类的、我们多少熟悉的"真"，并且尽可能地弄清小说的"真"是属于哪种真。我们可以从逻辑或严格形式化的数学的真开始讨论。人们常说：自然界厌恶真空。但人们至少简略地宣称逻辑喜爱真空。逻辑的这种空洞性，即无具体内容性，正是它的普遍有效性的源泉之一。逻辑命题不把可能性断定为事实，而仅把任何可能性断定为一种可能性。举一个最简单的例子："这是一顶帽子或这不是一顶帽子"。显而易见，对于任何事物，人们都能够做出这样一个陈述句而没有任何犯错误的危险。人们之所以不会犯错误，是因为在这样的陈述句中，他什么也没有说。但正因为没有说什么，所以每种可能性都被考虑到，这就是为什么这种类型的陈述句不同于仅仅是符号或杂音的聚合。因而逻辑中的真被描述为永恒不变的。这种真既存在于悲观主义者的最坏的可能世界，也存在于乐观主义者的最好的可能世界，甚至存在于一个根本没有"世界"的事态中，不管这种事态是好是坏还是中性的。如果一个人企图回避逻辑的有效性，逻辑的确会使他发疯，甚至比孙悟空一个筋斗翻了十万八千里，却发现自己还是落在心慈面善的如来佛掌心中还要疯得厉害。

科学中的真与逻辑中的真大不相同。这里"科学"这个词仅仅指自然科学。法国科学家彭加勒在他的《科学与假说》中，简洁明了地论述了历史与科学之间的差异：

> ……历史学家卡莱尔在某处曾说过这样的话："只有事实才是重要的。国王约翰·拉克兰曾经经过这里。这里，是某种令人钦佩的东西，是一种我能对它给出世界上所有理论的真实性。"卡莱尔是培根的同胞，但培根却不曾说过这样的话。因为这是历史学家的语言。这位物理学家更可能说："国王约翰·拉克兰经过了这里"；但这对我完全一样，因为国王不会再经过这条路了。

这里对物理学家的评论也同样适用于任何别的科学家。科学家所追求的是一般的真。这些真可以称为自然规律，但我们要留神不把令人敬畏的情感赋于它们，而欧洲人却一度习惯于把这种情感赋于自然法。然而对我们中绝大多数人来说，科学中的真比逻辑学家喜爱的重言式更为重要。

在某种程度上，逻辑学就像英国维多利亚时期的评论家马修·阿诺德笔下中看不中用的天使。他们似乎在无的放矢，使我们绝大多数人感到有些不耐烦，甚至偶尔还嘲笑他们。另一方面，科学家则倾心于严肃的事业。他们是这个社会中诚实可敬、行为高尚的公民；从事于发现不容轻率怀疑的科学真的事业。与逻辑命题不同的是，科学真一方面描述某些东西，另一方面却不接受任意的和一切的可能的东西。科学是受到外在自然界限制的，并且它所描述的自然界是着眼于一般性。当然在广博的范围内，存在着不同程度的一般性和差异性。但不管怎么说，有一点是肯定的：科学真是一个真的一般命题。当我们谈论万有引力定律，热力学第二定律，或孟德尔遗传学定律时，我们谈论的正是一些一般的命题，其中每个命题断定某些一般关系。

于是科学中的真就是真的一般命题的真。正是这种真的一般命题的本性，使得它们总是可证实的。在实验科学中，这些命题在任何时候只要给定适当的背景，都能被证实；在观察性科学中，由于受它们支配的现象重复出现，它们也能被证实。所以能得到证实，是因为它们所断定的关系能够自身重复。这大概就是历史与科学之间最重要的差别。英国作家马克斯·比尔博姆曾经说过：历史自身从不重复，只有历史学家才相互重复。探究历史学家可能毫无必要，这完全不是在探究历史。没有一个一般命题能够陈述不可重复事件。在历史书中出现一般命题时，就像通常那样，它们不是历史中事实的断定。当然，使历史成为一门科学是值得称赞的尝试，然而这是徒劳无益的，因为就像科学的历史不是科学一样，历史的科学也不是历史。

历史中的真就是真的单称或特称命题的真。这种真或者是关于某些具体事件，例如732年弗兰克王国和西班牙的摩尔人之间的图尔战役，622年穆罕默德从麦加逃亡麦地那事件，基督教的尼西亚会议等等；或者是涉及历史上一度存在过的人，例如，孔夫子、唐太祖、莎士比亚等等。历史不仅涉及到具体事件，还涉及历史上的时代。不可能有将来的历史，也没有严格现在的历史。所谓"正在孕育的历史"大概只是指关于未来研究的论题，而不是指现在研究一个正在孕育的论题。历史具有描述具体事件和过去时代的特性，这导致我们把历史学家看成戴着睡帽、拖着松软温暖的拖鞋的老古董，坐在惯常的壁炉边的扶手椅上，对人们咕哝着陈芝麻烂谷子。与科学中的真的无情感性和外在性相比，与逻辑命题的严格精确性和优美空洞性相比，历史学家发现的真相应地渗透着一种类似家庭的气氛。

不同种类的真相互间的差异不仅在于它们是什么，而且还在于要求我们用不同的情感对它们作出反应。然而，它们之间也有一些共同的东西，即它们全都包含命题的真。至于是否存在单独命题（individual proposition）只是一个逻辑学家可能担心会搞得晕头转向的问题，就目前而论，我们无需涉及它。我们可以充分地说，命题能够单独加以研究。事实上，我们也是这样做的。当我们声称我们说出了某些在逻辑中、在历史中或在科学中真的东西，我们的意思是我们不仅断定了一个真命题，而且断定了一个单独的命题。这就是与我们说某些小说是真的含义有关的困难的出发点。什么使小说可能真或可能假？当我们说到关于一件真正的切宾代尔式英国家俱、或一幅宋代绘画原作、或一个真正的亚当斯式的壁炉时，我们很容易把这种陈述句变成一个命题。为了做这种改变，我们也许不得不曲解和引伸原来的陈述句，但我们绝对不能把它肢解或颠倒它的真假。对小说我们也能这样做吗？在回答这个问题之前，我们不得不分析当我们说小说是真的时，这种真的含义是什么。

二

当一篇小说被说成是真的时，并不是说组成小说的语句是真的。小说中绝大多数语句不是命题；而且即使断定了某些真命题，这些语句的真也与这篇小说的真不相干。随便举一个语句：

> 伊莎贝尔婚后很少看到梅尔勒太太，因为这位太太经常不在罗马。（引自美国小说家亨利·詹姆斯《贵妇的肖像》）

这不是一个命题。但我们无需讨论它为什么不是一个命题，因为这些理由与我们现在的讨论不相干。在一篇小说中存在一些假命题时，这篇小说可以被说成是真的；而在它中存在一些真命题时，它也可以被说成是假的。我们的课题看来与这些单独语句几乎不相干。这并不是因为它们没有必要的真假，而是因为即使我们承认它们有真假，也和包含这些单独语句的小说的真假不相干。

下一步要做的就是讨论小说的段落。这里我们似乎处于相当安全的地位。小说的段落的确给我们一种真实性的意义，而这是单一语句无法达到的。作品的有机联系似乎来自语句的聚合。这种联系或者给出我们曾经到过的一个地方的写照，或者给出我们曾经经历过的一个场面，或者对一个我们直接或间接认识的人做出描述。下面是《黛洛维夫人》①的几段话：

> 她身材修长、挺直，轻松愉快地走进来，立即受到小脸庞像钮扣的皮姆小姐问候。皮姆小姐两手总是红通通的，好像是曾经跟那些花一起插在冷水里。
>
> 花店里有各色各样的花：飞燕草、香豌豆花、紫丁香花束和许多石竹花，此外还有玫瑰和鸢尾。是啊，她在这尘世的花园里站着和皮姆小姐聊天时，闻到芳香的气息。皮姆小姐要报答她给的好处，认为她心肠好。许多年前，她的确心地善良，但今年她看起来

---

① 英国意识流小说家沃尔夫所作。——译者

比较老了。她在鸢尾花、玫瑰花和点头示意的紫丁香花簇中把头摆来摆去，眼睛半开半合。尽管街上一阵喧闹声，她仍然使劲地吸着芬芳的花香，感到沁人心脾的凉爽。她睁开眼睛，哦，摆在柳条盘中的玫瑰是多么新鲜，就像刚从洗衣房出来的洗净的饰有花边的亚麻布。石竹花那样深红，那样整齐，亭亭玉立。芬芳的香豌豆花覆盖了盆面，舒展着淡紫色、雪白色的花瓣，仿佛夜幕降临，身穿薄纱上衣的少女出来撷香豌豆花和玫瑰花。而深蓝色的天空，飞燕草、石竹花和百合花竞相开放的夏季绚丽的白天已经过去了。在这时候，六点到七点，百花争艳——玫瑰花、石竹花、蝴蝶花、丁香花，粉白、淡紫、鲜红、深黄。每一朵花都像着了火似的，柔和地、纯洁地在薄雾弥漫的花坛上燃烧。她多么喜爱那些灰白的飞蛾，飞进飞出，飞过香水草，飞过傍晚的樱草花！

她开始随着皮姆小姐去看盆花，挨盆地看，边挑边拣。这时她自言自语：无聊，真无聊。她的话语越来越温和。仿佛这里的美，这里的芳香，这里的色彩和喜欢信赖她的皮姆小姐，都成了她让自己飘浮起来的波涛。她让它淹没自己，克服心头之恨，克服那个怪物，克服一切。这时候，啊！外面街上一阵手枪似的声音。

"唉，那些汽车。"皮姆小姐说，走到窗前去看看又回转来，表示道歉地微笑，两手拿满了芬芳的香豌豆花。仿佛这些汽车，汽车轮胎都是她的过错。

一个访问过伦敦，在那里住过一段时间，去过英国花店，和英国人接触过的人，在阅读了上面引用的段落后，可能会回忆起他所经历的场面。至于他是否曾去过马尔贝丽花店，在伦敦逗留期间是否看到过任何紫丁香和飞燕草，是否曾遇到过皮姆小姐，这并没有什么关系。他所需要关心的一切只是他曾经经历过薄雾弥漫、清新爽人和姹紫嫣红的英国花店，曾经看到像皮姆小姐那样的年轻女士正在来回奔忙，曾经看到像黛洛维夫人那样的太太，穿着柏帛丽雨衣和棕黄色皮鞋，尾随皮姆小姐那样的女士。总而言之，视觉上看到的花较之气味上闻到的花香更形象。从上面摘引的段落，就能给有上述经历的人一种真实性的意义。如果他停下来想要打听"存在蝴蝶花"这样的陈述句是否是一个基于历史研究的真命题，那么他很容易受人嘲笑。

再举几段刻划单个人物的段落：

当我回忆起那个亲爱的怪老头先生，我对他充满柔情的荒唐行为产生了好感。他的确是一个最没有领导才能的人。人们能从他那里升入王子学院，也能从那些老教师、和他同一类型的人那里升入这所学院。除了教学，他就像一个善良又无主见的人，举止古怪而又可敬可亲。直到最近，他才成了剑桥大学举足轻重的权威人士，在某种程度上，他在我心目中已成为剑桥的典范。

我经常在他上午去讲课的途中看到他。他满脸孩子气，直率坦诚，有一双圆圆的、天真无邪的眼睛，用可笑的、不能握紧的胖手抓着他的帽子，他的灰裤子吊得太高，他的脚有点往里翻。我常看到他用一种古怪而又轻快的步伐穿过学校大院。这种步伐对我这个幼稚朴实的大学生来说，甚至显得很优雅。有时我还看到他在讲课。他一边讲，一边在课桌之间来来回回踱着，用一种长笛般既尖又快的嗓门说话，讲课非常清晰。如果他不能走来走去，那他就讲不了课。他的思想和声音仿佛是某种清澈精妙的流动液体，使人感到它能从任何东西四周流过而不损坏它，这股流液形成的旋涡简直妙不可言！有时我还能回忆他饮酒时的举止，脖子、面颊和下巴上的肌肉几乎不动，眉头紧皱，全神贯注，仿佛说聪明人正是如此。他一生最不愿意干的事就是到处撒谎。

当我想起怪老头先生时，我总想起我有时在伦敦里真茨公园某高处看到的一句铭文："生于动物园"。这句铭文比他更天真可笑。自从他八岁多开始显露一个学者的早慧以来，他从未一帆风顺。他最远的旅行一直就是这里讲讲课，那里讲讲课。他的学生时代因为卓越才华的论文而达到登峰造极。此后他继续把才智和风度巧妙结合起来，在讲课时使人赏心悦目，这种讲课技巧一开始就使他大获成功。从那时起他就一直在讲课，直到如今。年复一年，他越来越发福了，气色也越来越好，越来越成为知识界中拜访他的人谈论的新闻材料。甚至在我上学时，他已经被人看成是我们无数宝贵财富中的一部分。很明显，他也知道这一点。他现在几乎成了过于认真评论的小小的大学教师界的头面人物。[1]

人们说的怪老头就是麦克塔格特[2]。这可能是也可能不是什么新鲜事。如果是，这可能会增加读者有关麦克塔格特的一些知识，例如他在

---

[1] 上面这几段引文引自英国小说家威尔斯的《新马基雅弗利》。——译者
[2] 哲学家。——译者

剑桥的举止打扮，他给学生的印象，等等。但这并不会增加读者对怪老头有关的评价。在《新马基雅弗利》中，怪老头是一种类型的、轮廓稍有变化的白描人物。这种人物非常具体，足以用单独的方式加以描述。他也是威尔斯关于婆婆妈妈的老男人的大学教师概念的一个特例。一个从未听说过麦克塔格特的人，也能看到怪老头先生，戴着帽子，身穿礼服在讲课和聊天，看到他饮酒的举止，或者在剑桥迂回曲折的街道上到处蹓跶。读者对真实性的感受，不是来自麦克塔格特这样单个的人，而是来自一群使人感到像怪老头那样的大学教师。

但是上述段落是真的吗？从《黛洛维夫人》中把第一段独立出来，我们能发现一个非常特别的语句的聚合。这里没有提到黛洛维夫人，我们根本没有想到那个正在买花，同时发出赞美的人是谁；我们也没有看到小说中提到的马尔贝丽花店，而且即使提到了，我们也不知与它有何关系。有皮姆小姐是肯定的。但一位读者可以把她看作是一位衰老的碧眼白肤的金发女人，而另一个读者可以把她看成有几分干瘪的、皮肤浅黑的女人。但这都没有关系，除非我们想要完全了解整个事情的详情。千真万确的是，如果把任何东西从它的上下文中独立出来，那么必定失去了一些东西，但是失去东西的数量或程度是随着这个上下文的本性而变化的。就小说来说，可理解性的失去是那么完全，以致从总体上说，这篇小说关于真的问题几乎根本不会出现。

我们再来讨论第二部分引文。从《新马基雅弗利》把这部分引文独立出来，用麦克塔格特来代替那个怪老头，某些读者的态度就和以前的态度大不相同。对于那些不知麦克塔格特存在的人，这种替换并没有造成什么不同，而且他们还是同样不理解，不知道和自己有什么关系。但是对于了解麦克塔格特的人，就出现了某些有关替换的问题。例如，关于怪老头举止的知识，既是以上提到的别的事物的一部分，也是怪老头本人的一部分。塑造一个人要同时塑造出他的美德和恶习。但做了这种替换，这些美德和恶习不再是小说家所创造的。麦克塔格特是否清楚自己的举止或者仅仅是伪装的，在剑桥他是否曾是一个有权势的人，他的脸是否能描述为孩子般的，他的眼睛是否是天真无邪的，或者他是否经常在课桌之间蹓来蹓去地讲课，以上这些都产生了问题。这些问题的产生是因为这些语句原先是用于描绘怪老头的，这里的怪老头可以是真实的，也可以是纯粹虚构的，我们没有一个标准把他看成是这个人或那个人。对于那些了解麦克塔格特的人，上面那些原先用于怪老头的语句变成了命题，这些命题断定了有关这位哲学家的事实，从而可能是真的或者是假的。

像上面表明的那样，如果做了某些替换，把引文变成一组命题，但没有进行这样的替换或某些相似的处理，使得与第一部分引文相比，它自身同样不可理解，那么第二段引文可以单独站得住脚。作为小说的组成部分，第二段引文也不能从自己的上下文中独立出去，况且，无论它给我们真的含义是什么，它能做到这点也是由于总体上这篇小说的帮助。但是在整篇小说中，什么导致我们说这篇小说是真的或假的？因为既不是语句本身，也不是段落本身能做到这点，所以一定还存在一些别的东西，而这些东西我们至今还没有发现。

三

小说批评家过去的惯常做法是把一篇小说分析为下列要素：背景、人物、情节。如果我们把它们当成相互独立的因素，那么我们势必不能公正地对待任何小说；但如果我们把它们作为分析术语，那么当小说可以分析时，这些术语就是有用的。但是在现代小说中，还存在某种东西，因为缺乏更好的术语，我们只好把它描述为样式（pattern）。也许在现代旋风般的生活中，看小说总是匆匆忙忙的，也许多卷集地照搬生活，实际上已不再是现化小说的目标，所以大部头巨著都让位于小巧玲珑、携带方便的小册子。短篇小说比以往更加繁荣兴旺。无论造成这种情况的原因是什么，与过去的小说相比，在现代小说中，不得不存在更为经济、更为有效的编排和组织。其结果就是，现代小说以编排紧凑为样式。例如在样式中，原先被看成是背景的东西，现在让位于某些不再被唯一地看成一个东西，而是任何别的东西。情节变得越来越不重要了，在某些场合，我们还能看到它的被高度浓缩了的内容，而在别的场合，它也被减少到几乎没有的程度。

于是我们有了一种关系的样式。在这种样式中，一定的人物被置于一定的条件下。这些条件部分是这些人物的原因，部分是他们的结果，而且这些条件还可以被描述成小说的背景或情节，尽管在关系的样式的结构中，无论背景还是情节都几乎是不能和人物分开的。在理想的形式中，小说中这种样式是简洁明了，编排紧凑和经济合理的。我们对经历过的生活不再是一种多卷集的赘述，而是简洁的节本；不再是翔实的摹写，而是有时出于某种选择来修正自己的观点。在简洁的地方也许意味要忽视不相干的细节，而在细节丰富的地方，很有可能揽出事先设想好的规划。语句和段落本身交织成一个包含这种规划的复杂整体，并据此把规划传达给读者。从小说家的观点看，在这类样式的构造中，存在着程度不同的成功，但这种样式的存在似乎是完全不容置疑的。当我们考察任意一篇给定的小说的某种东西时，我们就是在考察这种关系的样式。

样式应该与规划不同。规划这个词是含混不清的。它可以指样式的计划，或者指内在于样式中的人的本性的概念。正是后者将引起我们的注意。每一篇小说都有一种样式，但并不是每一种样式都包含人的本性的概念。在存在人的本性的概念的地方，正是这个概念归根结底确定样式的形态或形式，有时还表示作者条理清楚的哲学和他的性格或个性。在我这篇文章中，这种性格或个性是与后面称之为小说家的特殊感觉能力相连的。在极少的场合，作者的哲学和性格及个性是结合在一起的，但通常它们并非如此。因为它们可能不是结合在一起，所以值得我们分别讨论。

当人的本性的概念表示的仅仅是作者条理清楚的哲学观点时，它应该是一个用抽象、孤立，从而是非单一品质表示的人的本性的概念。关系的样式也应该就是适应生活的某些特定方面，而不是适应它的综合具体性。因此，对于特定的科学或流行的哲学，关系的样式就可以转变成一个假设集。例如，社会问题的小说家，总是根据他们的社会哲学或政治哲学，把人的本性的某些方面编织进他们的小说。这和企图通常是失败的，因为这里包含的两个概念（一个涉及政治哲学或社会哲学，另一个涉及人的本性）容易互相矛盾。因为这样的小说家一般对前一个概念感兴趣得多，所以后一个概念或者受到歪曲，或者受到损害，或者被抛弃，这样的不相干使得展示出来的关系的样式成为社会哲学假说性和分析性的样式。例如，乔治·萧伯纳所创造的人物，具有卡尔·马克思笔下资本家或无产者的倾向，或者具有尼采的超人的倾向，或者具有亚当·斯密的经济人的倾向。这些抽象的人通常遭到错误的批评，根据是他们不真实。但恰恰是由于他们的非现实性，使得他们在社会科学中大起作用。没有一门科学能够涉及具体的人。

正是在小说中，社会科学中那些抽象的人变得完全不恰当了。因为没有性格，没有个性，甚至没有起码的七情六欲，所以他们不能是小说家编织他生活的样式的要素。如果在一篇形象化的小说中，作者仅仅局限于涉及亚当·斯密笔下的经济人，那么他可能是一个好的、坏的或不好不坏的经济学家；如果作者仅仅在癔病的场合谈论男人和女人，那么他变成了一个伪精神分析学家；如果作者论述资本家和无产者，仅仅论述它们定义中的性质，那么他就成为一种只会夸夸其谈的共产主义者。总而言之，他几乎不能算是一位小说家。幸运的是，物理学家的物理上的人或化学家的化学上的人还一直没有被硬扯进小说，否则我们就要有一大群既非物理学家、化学家，也非小说家的作者了。现在问题一定非常清楚了。正像物理上的人不是人的本性的概念，充其量也至多是物理学中的概念一样，经济人也只是经济学上的概念，而不是人的本性的概念。

这里我们自己必须避免出现一种可能的误解。我们并不反对抽象，事实上，任何一种概念都是抽象的，而且人的本性的概念几乎不比别的任何概念更少抽象。相反这里我们一直坚持的是，在小说中，成为规划的一部分的这类概念必定是人的本性的概念，而不是在任何特定的活动领域中，人类起作用的任何单一方面的概念。千真万确的是，要达到前者的概念，可能要借助于后者。D. H. 劳伦斯似乎有一个强调生物学意义的人的本性的概念。亨利·詹姆斯则具有偏好生理学的人的本性的概念，而从哈代的生活观看，原因和结果的概念也许是不可分的，在当代从绝大多数小说的规划中，经济几乎从不缺少。然而，在被认为是真小说中，无论有什么概念，它必定是人的本性的概念，即是作为综合整体的人的概念，而不是作为任何特定方面的人的观念；是单一名词的概念，而不是分离孤立的形容词的概念；是由于人类彼此依赖、相互依存，或彼此独立所造成的一致或冲突中的人类品质的概念，而不是仅仅具有对无羽毛的二足动物或理性动物下定义的性质的概念。

以上最后一点也是极其重要的一点。正是由于它，小说中我们人的本性的概念才具有特殊性。作为概念，它可以是抽象的，但它所包含的素材必须用具体性来限制。在命题中，不能只断定概念，因为如果不考虑具体性和个性，那么普遍性仍未被阐明，因而可能是空洞的，另一方面，也不能只描述概念，因为如果过分强调了特殊方面，那么就有可能失去普遍性，这样特殊性和具体性也似乎变成无源之水，无本之木。如果人的本性的概念能够成功地传达给读者，那么它必定是一幅概念的图像和一个概念的系统。如果它只是一幅图像，那么对小说来说就没有存在的理由，我们中一些人宁要生活也不要通过别人对生活的描述而产生的共鸣般的愉悦。如果它只是一个概念系统，那么从它那里只能产生科学或哲学，而不是小说。这大概就是当人们说小说不应该只是生活的摹本，也不应该只是生活的抽象时所强调的含义。

但是更经常的是，人性的概念不是条理清楚的哲学的产物，而是小说家个性或性格的表现。这里的个性或性格是与小说写作所必需的一定类型的感觉能力相连的。每当出现这种感觉能力，小说家就是他小说中样式的关键。总的看来，这比具有一种条理清楚的哲学更加令人满意。对于这种哲学的不足之处，我们已在以上段落加以讨论。虽然决不是必然的，但不足之处还是非常可能，以致没有人希望哲学家或科学家会写出好小说。因为绝大多数令人满意的小说出自具有一种特殊类型的感觉能力的人之手，所以在我们展开我们讨论的主要思路之前，我们下一步必须研究这种感受能力。

四

创造人际关系样式的特殊的感觉能力，似乎由下列要素组成：概念上的清晰、知觉上的敏捷、情感上的强烈、进入角色的能力和毫无保留地表达感情起伏的才能。

一个小说家必须才思敏捷。通常人们想当然地认为艺术家是傻里傻气的，科学家是呆板迟钝的，而哲学家则二者兼有之。这里似乎产生了某种混淆，但详尽地论述这个问题并不是本文的目的。这里所引起的麻烦似乎在于人们通常把笨拙错认为傻里傻气或呆板迟钝。我们所有的人都能笨拙；在某种意义上说，文明依赖于笨拙。但我们中没有人可以犯傻，可能最不犯傻的是艺术家。只是我们要求的才思敏捷因职业不同而不同。在才思敏捷中至少存在两种要素，当它们用不同的方式结合在一起的时候，就可以使具有它们的人在任何情况下保持敏捷的头脑，适于完全不同的目的。首先存在概念上的清晰，这意味着在思想观念中条理清楚。我们有些人具有一种原始纯朴的阐明思想观点的能力，能够互相定义这些观点而不依赖任何由它们指称的可能事物。但是我们要求的概念清晰的程度随着职业的不同而不同。仅仅这一点就足以使一个具有上述能力的人成为一个逻辑学家或数学家，但不足以把一个逻辑学家或数学家转变成这样一个人。对逻辑学家或数学家，是一个有血有肉的人在理论上不是基本的，而对小说家却是必要的。一个小说家必须具有智力上的敏捷，因为没有它，他甚至不能有区别地使用语言，但是如果万一一个人过多地具有这种能力，那么概念上的清晰就既不是充分的，也不是非常有益的。

小说家必须能够通过我们所谓的知觉敏捷，来调节或调和他概念上的清晰。这就是说，他必须能够明晰地感知对象。他必须能够看到、听到和品尝别人看不到、听不到和品尝不到的东西。可感知的东西可能是、也可能不是人们共有的，但被感知的东西却不是所有感知者共有的。这种超常的能力可以分成不同种类，只不过数量不予考虑，而对某些质上的差异也无需完全引起我们的注意。一个化学家在他的实验室能够从一个给定的数据中，看到外行人不能感受到的性质。而一个小说家所需要的这种知觉的敏捷，就人的价值而言，基本上是一种感知大多数人所不能感知的东西——颜色、形状、构图，能够唤起别人，也能够唤起小说家本人的样式、快乐、悲哀、愿望、回忆、希望和恐惧——的能力。但是知觉的敏捷是不充分的，一个人可以感知能够唤起情感或感受的东西，也能感知不能唤起它们的东西。仅有概念上的清晰，或仅有知觉上的敏捷，抑或两者的结合都不能使一个人成为一个成功的小说家，也就是说，除了具有理智，还需要某些别的东西。

似乎很明显，为了唤起他人的某种感受或情感，小说家必须直接或间接地经历或能够经历某种感受或情感。但仅仅经历是不够的，因为我们大家都能够经历这种那种的情感。如果打算把这些情感传达给读者，那么他们必须用非常强烈的情感去经受。这里我们就叫情感上的强烈。如果一个人意识到情感并能够区别它们，同时又没有失去情感上的尖锐或健全，我们就称他情感强烈。的确，对我们这些普通人来说，这是很难得的品质。这意味在此过程，不失任何东西就有一种行走自如的能力。在任何特定时刻，我们绝大多数人或者有这种情感，或者有那一种，抑或这两种都没有。我们在要一份酒之前，先品尝一下，这并不等于说我们非常喜爱这种酒，我们只是想了解这种酒的品质；而当后来我们真的喜欢这种酒时，我们总是相当了解它的品质。格雷厄姆·华莱士过去经常说，当一条狗发怒时，整条狗都在发怒，而当一个人发怒时，他并不是完全陷入无意识状态。对于我们大多数人来说，我们越意识到自己在生气，我们就越少生气。兴高彩烈会伴随某种程度的放肆，而有意识地抑制它时，这种极度兴奋就会被大大地冲淡。强烈的痛苦或不可避免的悲哀部分是一种缺乏理解的结果，而如果理解了，那么这痛苦就可能不那么尖锐，悲哀也可能减轻。但是，我们有些人无需用任何方式来冲淡情感，就具有特殊的能力来区别它们，甚至可能通过这种区别获得生动性。这种强烈的情感正是小说家必须具备的，以便把他感知或感受到的一切传达给读者。

但是这种传达可以采取各种形式。如果一位作家的目的是通过关于文学批评的随笔来传达知识，那么至今所讨论的一切品质都可以使他成为一个随笔作者，使他具有运用辛辣讽刺的笔调的本领。这种本领是在人世间通过不属于这种讽刺的对生活的体验得到的。这样他也许就不会成为一位小说家。为了使他有可能成为一位成功的小说家，他必须具备使他笔下的人物栩栩如生的能力，就像演员必须具备使他扮演的角色栩栩如生的能力一样。正是具备这种能力，小说家才能得到读者主动积极的共鸣。正是通过这种能力，由小说家感知或想象的品质才能得到综合，赋予生命力，成为活生生的具体的单个的人。正是通过这种能力，小说家根据亲身经历，或从别处用别的方法积累起来的情景，才能转变成他所创造的人物生活的问题，才能把他虚构的关系交织成读者能够理解或亲临其境的样式。举《水浒》的某些人物为例：鲁达、林冲或武松。他们中每一个都可以用一串形容词来描述。如果《水浒》的作者未曾把这样一串形容词生命化，把它们变成有血有肉、活生生的人，那么这样一串形容词本身是不会奔跑腾跃、呐喊厮杀、吃肉饮酒的。如果作家不能暂时地把自己变成他们中的一个，把每串这样的形容词揉和起来，注入自己凝聚着的感情、愿望、爱好、冲动、希望和恐惧之中，并把所有这一切交融在一起，塑成他所创造的人物，那么他就不能使这些人物栩栩如生、呼之欲出。在理想的情况下，小说家必须能够经历他创造的人物所经历的一切。这就是说，他必须过他的人物的生活。

但是演员是在舞台上，通过他的行为过他的角色的生活，而小说家则必须通过写作来做到这点。他必须具有通过语言的媒介表达自己观点的能力。很明显，掌握语言是基本的，因为如果没有它，小说家就不能恰当地表现所要表现的东西，更不用谈到美。但是这一点无需详细论述。应该注意的是，不管怎样，通过语言的这种表现在一定程度上是理智上的条理性，而理智上的条理性会造成一种常常过分忽略或没注意到的危险。无论人们如何使感情消减或平静，它们总是有一个进行的过程，或活动，或起伏，甚至思维活动本身也属于这样的范畴；而另一方面，观念和思想总是感情起伏的静态的横截面，就像组成活动的电影的一幅幅个别的静止的画面一样。根据足够长的时间，把它们剪断分离，这种活动性或流动性也就停止了。因此理智的条理性造成了一定程度的破坏。对于某些人，这种条理性仅仅抑制了思考，或者抑制了感情，或者抑制了感知活动，而对另一些人，它甚至毁坏了这一切。情感强烈的人更可能具有毫无破坏的有条理性的能力，但他们可能并不精通语言。语言运用的技巧正是在强烈的情感和条理化的理智的结合之中，如果过去这有过的话，那也一直没有得到充分的强调。小说家必须具有毫无修饰地表达所要表现的东西的才能；在所要表现的东西碰巧就是起伏的感情时，小说家必须能够表现它们，而不把它们变成一张张毫无生气的发票、提货单、固定财产清单之类的东西。这也许就是"活的语言"的意思。因为没有一个语词自身是活的，"活的语言"仅仅指能够用下列方式使用的语言：在这种方式中，"活的语言"提出、传达或唤起我们某些反映生活跳动的脉搏的东西。

上述品质和能力，如果说不是小说家能创造第一流小说所需的特殊感觉能力充分的组成部分，那也是其必要的组成部分。形成小说家个性的其他品质，造成了所写的小说的多样性或小说的类型。在此我们不讨论小说的多样性或类型，而是要论及我们所设想的样式的一般性质。这里，对给出的这种特殊类型的感觉能力的分析不是直接的，某种程度上也是一种人际关系的样式的分析。如果任何这样的样式为具有这节所讨论的那些能力的人所构造，那么你就容易看出它将是易于理解和具体实在的，因为它包含根据情感或感受产生的活动和反应，而且用一种好像为读者所亲身经历的方式提出。

五

在真小说中，我们有了一种包含在人际关系样式中的人的本性的概念。我们已经详细论述了，较之于任何一种条理清楚的哲学（这种哲学可通过一位著作家对生活分离的或改造的兴趣而被接受），为什么人的本性的概念能更好地交织成一种样式，而这种样式正是小说家通过他的特殊的感觉能力从已有的经历中产生。当一篇给定的小说被称为真的时，这种断定逻辑上的主辞似乎就是包含在给定关系样式口的人的本性的概念。这就是在小说中被称为真或假的东西。假定这和结论是正确的，我们就可以着手处理小说中被称为真的含义是什么，和在什么意义上它被称为真的问题。我们首先讨论第一个问题。

一篇小说被称为对生活是真的。由于没有一种样式临摹现实生活（否则它就是历史而不是小说），所以对一篇被称为真的小说而言的生活必定是一种人们可以在其中生活的生活。通过生活，我们将指称那些凝聚在一起的事件、活动、反应、思想、感情、爱好、冲动、祝愿、希望和恐惧，这一切都是构成我们日常经历的总和的东西。我们大多数人不难发现它还限制在相当乏味的意义上，还需要我们进一步的阐释。要进一步分析的就是"可能性"这个概念。它不能是纯粹逻辑的可能性，所以它必须受到某些限制，而不是一种纯粹的、绝对自由的概念。

首先，很明显的是，生活受支配它的自然环境的规律的限制，也受到这种环境中一些不以人的意志为转移的事实的限制。但是我们不希望人们反对万有引力定律，不管他们是出于头脑发热，还是出于富有灵感，尽管由于引力作用，他们被禁锢在地球上多么不便。我们也不希望他们以光速运动，尽管实际上在一篇小说中，至少可以使其中的人物用远远大于光的速度遨游太空。自然界不以人的意志为转移的事实，对我们的限制几乎和自然规律一样多。我们可以憎恨太阳，但一般说，我们并不希望用任何满腔热血的方式去谋杀它；我们可以爱月亮，但我们不能用我们爱一个异性那种炽热的情感去爱它。我们对我们周围自然环境中不以人的意志为转移的事实的态度，不同于我们对社会环境中同样事实的态度。如果一个人被他的妻子阻拦而没有离开家或者被他朋友阻碍而没有回到自己的家，他会感到他的自由受到侵害；但如果他由于下雨或暴风雨而没有达到上述目的，他可能非常恼火，但他一般不会感到他的自由受到压制。

当我们谈论的是祝愿或想象时，自然环境对它们并不限制，但另一方面，做出这种祝愿或想象的人却很可能受到某种限制。健全的或迟钝的人都不应该祝愿现实世界变成柏拉图式的理想国，也不能把自己想象为长着翅膀，在某个遥远的星云的稀薄大气中飞翔的人。当生活不受自然限制时，它却受到人物和性格的限制。当然，它也受到历史和人类文明的限制。就后者而言，已经说得很多，尽管很有可能需要再说一些。但这里我们对此不感兴趣。相反应该指出的是，无论存在什么限制，这种生活是通过我们亲身经历直接或间接地了解或感受到的。在最广泛的意义上说，可能的生活就是任何可想象的生活，只要不违反人类积累起来的经验。

尽管有这样那样的限制，这种可能的生活是极其广泛的，远比我们现实的生活要广泛得多。因此，人的本性可以用许许多多不同种类的方式来表达，只要这些方式对应于可以表达任意多的不同样式。根据精神价值来设想人的本性，人际关系的样式从现实的或普通的观点看可能不得不提高或升华。根据某种特定的观点来表达人的本性，样式可能不得不被歪曲，而用讽刺的术语来表达人的本性，样式可能不得不被夸张。甚至当根据"现实主义"来表达人的本性的时候，样式无需是现实生活详细和自然主义的抄写。例如，林海英的《在九十九层之下》就是近几年北京生活的最现实主义的表现之一，但这篇小说也没有塞满对北京古都面面俱到而又丝毫不差的描述。因为对我们中某些人，《尤里西斯》可能没有给出像《黛洛维夫人》那样强烈的真实性，所以甚至当包含在样式中的人的本性的概念的意义是指"现实主义的"，这样的样式也可能不是生活的原封不动、照搬照抄的摹本。

尽管各种样式之间可能有多方面的不同，但是有两种属性或性质却是它们不能缺少的，这就是一致性和现实性。在样式中，它们几乎以不可分的方式出现。经历到的真实性提出一致性，而感受到真实性是因为它为经历到的一致性所引导。就像与生活相连的可能性不是纯粹逻辑上的可能性那样，这里的一致性也不仅仅指没有矛盾。如果对于包含在样式中的要素，我们能感受到真实性，那么这个样式就是一致的，而与之相对的或鲜明对照的样式很可能包含不一致的要素。如果我们把自己只限于样式中的人物，而不是在总体上把握此样式，那样可能会更容易些。一个人物是一致的，如果恰当地描述他，在这样的样式中，经验丰富、敏感的读者不仅能够而且总能理解和赞同小说人物的行为。显而易见，这种一致性与纯粹的逻辑一致性大不相同。你可以设想林黛玉嫁给他人而不是贾宝玉。严格说，你的设想并无矛盾。从纯粹的一致性看，林黛玉可以嫁给他人；如果有人在大观园安装了电话，置办了汽车，翻修了柏油马路，夏天修建了游泳池，冬天修造了溜冰场，林黛玉也可以享用这些东西。但是从某些有意义的方面来说，她就不是林黛玉，而是另一个不同的人，并且对她的描述事实上就是不恰当的。因为对林黛玉的描述被看作恰当的，所以我们大多数人在某种程度上认识的林黛玉，在婚姻问题上是非贾宝玉不嫁的。

一个人际关系的样式必须是真实的，即使它可能不是现实的。真实的意义可以从样式中的许多东西中获得。例如，对我们熟悉的地方的描述，符合我们曾遇到过的人物的刻划，对我们自己生活中所认识的情景的安排，等等。以这种方式所获的真实性的含义，总的来说无需是这种样式的真实性含义的一个组成部分。后者并不依赖我们亲身经历中要求的现实性，而是一种可想象的或可经历的真实性，这种真实性是可以根据关系的样式所经历到的某种东西，是一种指示或引导的一致性。这种样式的真实性虽然不是现实的，但是小说中的人物可以变成真实的人物，如果给定他所处的上下文的恰当的理解。就敏感的读者而言，这种那种越来越丰富的经验，不仅能而且总能使他们知道，小说中的人物是如何描述的。这样人物的真实性就要转化为人物的一致性。

但是当真实性和一致性不可分的时候，它们还是有区别的，正因为有区别，所以它们之间才是可分辨的。一致性多指关系，而真实性多指一个给定样式中有关系的对象。当在一个给定的样式中可能没什么东西是现实的时，这个样式本身就是现实的。它是具体的，而且正像对于具体的方桌，有一些比另一些更"方"一样，在关系的样式中，有一些东西要比其他的东西更一致、更真实。因为对于一致性和真实性，有一个程度的问题，因而有可能存在两个极端：在一个极端中，那些品质可能存在，使得这样的样式对于生活肯定为真；而在另一个极端中，它们可能整个不存在，使得样式表示一种不可能性。在这两个极端之间，连同似真性的不相等的分布，存在着各种不同的似真性的程度，使得样式的某些部分被说成比其他部分更似真。但是，我们将完全忽略似真性的不相等的分布问题，因为这将使我们远离我们的主要任务。这一节的目的就是要指出一篇小说被说成真时，它的含义是什么，而且因为在我们讨论的范围内，关系的样式导致了一种可能的生活，所以这种样式就必须既是一致的又是真实的，以便小说指明的生活可以为人感到是可能的。

六

但是在什么意义上，小说被称为真的呢？在逻辑和历史的意义上，小说都不能被称为真的，就算是小说中包含了一般关系，它也不是用在科学中所断定的方式来判定的。一篇小说可能包含这样的一般陈述句："如果一个人在恋爱，他就会忘却自身"，或者"如果一个人年岁大了，那他就比年轻时要吃得少"，等等。但小说并不等同于任何一般的陈述句，也不等同于这些陈述句的全部组合。当这些命题是假时，小说可以是真的；当这些命题是真的时，小说却可以是假的。小说只用下列方式涉及一般关系：虽然小说断定一般关系的命题可能是缺乏说服力和不完整的，但用全部具体性来描绘它们的样式还可以是一致的和真实的。

关于这种样式的一致性和真实性的考虑，能使我们导致一种观点，一篇小说正是在这种观点的意义上可能被称为真的。因此本文最后一节我们就准备回答这个问题。从理论上说，我们可以从样式的一致性开始，使我们的生活经验引导我们获得样式中有关系的对象的真实性的感受，或者我们可以从有关实体的被感受到的真实性开始，并通过我们的生活经验，使我们感受到样式中给定的关系的不可避免性。实际上，除非要求我们条理清楚地阐述我们对一篇小说的评价，上述两个过程从未分开进行。我们通常不知不觉地从一个过程过渡到另一个过程，继而又返回。如果我们能够随着展示关系的样式的步骤来进行这种过渡，那么我们就走进了这篇小说，不管我们是否把自己想象成其中任一个人物。这种进入小说中的生活的能力部分依赖于读者，部分依赖于小说中给出的样式。如果通过第四节我们分析的那种特殊的感受能力，从小说家已表达的实在的或想象的经历，创造了这种样式，那么很有可能把一致性和真实性编织进样式，我们也随着不同的成功程度进入小说。

但是进入小说的能力也部分依赖读者。只要这些读者具有能使小说家创作小说的感觉能力的一部分，那么他们就能用任一相干的方式，进入小说所创造的生活。一位小说家可以在任何地方搜集素材，只要这素材为他所表达；但是为了把素材编进样式，他需要依靠自己的感觉能力的引导。这种感觉能力一半也是他的有感受能力的读者的感觉能力。小说家必须用使他的有感觉能力的读者能够为他所吸引的方式来进行创作。他完全有可能成功地做到这一点，只要有选择地使自己有时成为作者，有时成为读者。无论如何，这是一种联系小说家和他的读者群的完全同类的感受能力。

因为每个有东西要述说，并且述说成功的小说家都有一群评价他的小说的读者，所以关于不同思想流派、不同写作流派，或不同评价流派的问题就完全无需触及，因为无论存在什么流派，每种流派都有各自的小说家和读者，并且在一个流派中，作者和读者的关系也基本上就是任何别的流派中作者和读者的关系。此外，我们本文的论题是论述在真小说中的真概念，而对于某些流派来说，小说中关于真的问题也许永远不会产生。显然在这种情况下，我们不打算涉及各种流派。每当小说中出现了关于真的问题，我们坚持认为总存在一个人的本性的概念的问题，一个关系的样式的问题，一个可能的生活的问题。我们没有必要探究不同的思想流派在关于人的本性的真的问题上是否一致，我们并不期望它们能够一致，况且即使它们不一致也没有什么关系。在关于人的本性的真是什么的问题上，各流派愿意如何不同都可以，但是对于一种流派，一篇小说被称为真的含义与对另一种流派，小说被称为真的含义却是相同的：即，在一篇给定的小说中，对人的本性的概念来说，包含这个概念的样式代表的是一种可能的生活。

有关样式是否代表可能生活的标准依赖于它是否能客观地与一致性和真实性交织在一起，那些具有别处显示出的适当类型的感觉能力的人能够进入这种样式，而且这样的标准不仅仅是主观地依赖于是否进入这种样式的那部分读者。这里有两种不同的情况。第一种情况在下述意义上是客观的：读者可以进入样式的生活，并且依据他为何进入样式的理由，再从这种生活中走出来。第二种情况在下述意义上是主观的：一位读者通过可能与这篇小说全然无关的原因，偶尔闯进这种样式。但是，当第一种情况出现时，总存在的确进入了这种样式的生活的人，尽管较之那些通过自己的原因或者甚至是意外偶尔闯入的人来说，前一种人的数目可能要更少。

读者可以根据两种不同的方式进入一篇小说的生活，即或者是作为演员，或者是作为旁观者。作为演员，他们必须使自己等同于小说中某些人物，这只有在对那些人物完全熟悉的情况下才能做到这一点。英国人可能暂时成为波伊斯笔下的斯夸尔·韦斯顿，菲尔丁笔下的弃婴汤姆·琼斯，或狄更斯笔下的匹克威克先生，而中国的男孩通常的行为举止，好像他们是张飞、武松或贾宝玉。这种等同化具有各种不同的后果。有的后果太微不足道，而另一些后果，从具有小说样式指导的现实生活的可能性的观点看，却令人大吃一惊，因为这些后果甚至要比任何正规教育更有效。

当一篇小说并不为人熟悉，而且有位读者已经有了把小说只看成小说的习惯，上述等同化的做法就并不容易。因此对于他来说，更经常的做法是成为一位旁观者。如果读者已被这篇小说给迷住，那么他总是隐藏在小说描述的背景后面的某个地方，甚至可能进入小说的环境，在它中间生活，脉搏随它一起跳动，感知那里所能感知的一切，更有甚者，下意识地补充小说中缺少的东西。一篇好的成功的小说，从来不仅仅是被人阅读的，因为在阅读的同时，我们还看到一幅幅画面，听到一阵阵喧闹，人物在进进出出，人物形象化的活动和反应产生的不安的感情起伏、思想的波动和脉搏的跳动。而这一切都发生在读者的四周。人际关系的一致性和真实性的样式，在创造它的小说家那里，或在评价它的读者那里，从未缺少过具体的生活的焦点。

因此，读者可以根据以上提到的两种方式中的一种进入小说，并且如果他全力以赴进入小说，善于全面了解小说中包含的普遍东西，然后又从中出来，那么他必然感到包含于小说的人际关系的样式中的人的本性的概念对于可能的生活是真的。这就是一篇小说被称为真的含义。对于既没有看到一篇小说，也没有进入其中的人来说，这篇小说不能被宣称为真的。而只有那些阅读了小说，的确进入了它的生活的样式，又从中出来的人，只有那些表达了某些东西，但不是表达了具体的支离破碎的经历的人，才能说出关于一篇小说真的东西。通过这样的理解，我们就不可能把一篇小说的真和组成小说的小事件或情景的真实性相混淆，也不可能把它和写小说必备的严肃认真、真挚诚实相混淆。看来，很明显的是，并不是每位认真诚实的作家，都能通过小说作为媒介，说出某些关于真的东西。

（原为英文，载 *T'ien Hsia Monthly*，第 4 卷第 4 期，1937；中文由罗筠筠、李小王译，原载《金岳霖学术论文选》，北京，中国社会科学出版社，1990）

论政治思想
（1939）

一

本文中使用"政治体"（body politic）一词是有几分希腊语 polis（城邦）一词的意义的，不过不包含一座城市的概念罢了。它表示这样一个有机整体：有着一政府作为核心，而其非核心部分所包括的成分或者趋向于，或者背离于，或者更一般地，通过政府的中间作用，依据整体的行为方式而活动。所以，它在社会中没有固定的机构，因为它有些成分或许在一个时间、一个地点与整体无关地活动着，而在别的时间和地点又与之相当有关地活动着。因而，虽然从目前的思想意识角度看，某一政治体可能是资本主义的或无产阶级的，但富人与穷人并不总是，也无须总是一个政治体的必要组成部分。政治体的实质是它的最高权力；正是通过行使这种权力，某一部分或某些部分才成为整体中指导性的影响力量，而在极端的例子中则与整体合一。

"政治"一词是指整体的不同部分对于行使最高权力的某些方式或模式的相互影响。因此它不同于行政，行政只不过是政治体机器的运行活动。凡从属于政治的，就被称作是政治性的。本文中的政治思想是指对政治的思想，应该有别于对政治思想的思想。无论研究政治的路数是经济的（马克思）、历史的（斯塔布斯、梅因）、法律的（奥斯丁）、心理的（华莱士）或哲学的（黑格尔、格林），这一区别都是根本性的。这些方法中的任一种都可以或则是对政治的思想或则是对政治思想的思想。本文是要探讨前者。因此，邓宁、巴克尔的著作，拉斯基的部分著作，以及政治科学家的大部分著作都不算是这种意义上的政治思想。例如邓宁必定曾以其一生主要时间来研究政治思想，但他已出版的著作并没有表明他对政治作过任何积极的思考。在别人的，例如拉斯基的著作中，上述的区别也许看上去有些模糊，但它依然存在着，而且为了本文的目的，还必须承认它的存在。

政治思想还必须首先区别于政治思考，再区别于政治观念，再区别于政治理论或政治哲学。思考可能仅仅与发生于时空中的实际事件过程有关，因此可能不形成一个观念的结构或体系，即本文所指的思想。无论哪一个因任何政治思想而出名的人都必定进行过政治的思考，但进行了政治思考的人并非根据这一事实就获得了政治思想。这很容易地从中国官吏、英国政治家或美国政治领袖们的例子中看出来。观念和思想当然是紧相联系的，不过当此处把思想当成一个体系或结构时，观念却是成为这种体系或结构的要素的实体。政治思想是一个政治观念的体系，这些观念不限于一个体系之内，而能组成不同的体系。既然政治思想是一个体系或结构，所以它就不仅是对行使政治权力的方式而更其是对于它的模式的思想。政治理论或政治哲学可能是或可能不是政治思想，虽然这方面已经给出的例子大多数也是政治思想的例子。如果我们认为政治哲学是指整个哲学的或形而上学的体系中的那一部分，它以政治观念为其演绎出的成分，那么，政治哲学可能不是政治思想。因为既然是纯粹演绎的，它就可能没有本文中政治思想所指的那种与实际政治的关系。因此，虽然柏拉图的政治哲学是此处所指的这种意义上的政治思想，而布拉德和鲍桑葵的却不是。

政治思想必须总是趋向于要求它为之服务的那些目的。它可以用形式的或抽象的语词表达，但在其历史联系之中却总能看到，它是为一定的利益而发言的。柏拉图代表知识分子的利益说话，黑格尔企图阻止可能动摇日尔曼政治体基础的反偶像崇拜的理性主义思潮，因此可以说他以维护现状为其利益。正如圣徒和魔鬼都能同样便利地引用《圣经》一样，相同或相近的观念也可以代表不同的利益。在霍布斯那里，社会契约观念是对君主专制主义的捍卫，而在卢梭那里，它却用于论证全然不同的另一种专制政治。辩证法在黑格尔那里是为既存的现状而说话的，但根据今天的唯物主义，它却成了维护无产阶级利益的工具。

既然政治思想在心目之中必须有一特定的目的，所以它就是某种显然是实际性的事物在理论上的翻版。我们可以说虽然它形式上是一个思想体系，然而它却充满了情感，这种情感总伴随着要看到它付诸实践的欲望。这里的意思可以由认识性的和意动性的之间的区别来表达。这两个词涉及到人类的行为。例如，在数学和物理学背后的活动可能是纯粹认识性的，而在政治思想背后的活动却还有意动性的。政治思想体现出某种意志，不管它是全体的或集团的意志，或公认的政治领袖们的意志。它或者传达意志，或者能被转化为一个纲领；当这个纲领被实施时将部分地实现某些原则。因此它一方面完全不同于纯粹的哲学或数学或逻辑，另一方面又完全不同于自然科学。

本文所探讨的政治思想可以大致分为两个主要类别：一类是寻求维护现状的，一类是企图推翻现状的。用更一般性的语词来表达这个观念，则政治思想或者拥护某种东西，或者反对某种东西。对于它，总是有拥护或反对。因为政治思想背后的活动部分地是意动性的，所以，各敌对学派之间的对立在一方面就不同于——让我们说——欧几里德几何和黎曼几何之间或牛顿力学和波动力学之间的对立，因为在这些例子中分歧可以说总是由于不同的应用领域所致；另一方面，这种对立也不是逻辑上的矛盾，因为一派政治思想的实现并不使其对立派政治思想成为虚妄，至多仅意味着它们的失败而已。上述对立既非实质上的差异，也非形式上的矛盾，它总是可以归结为一种意志的对抗和利益的冲突。

以下几节目的在于表明，按上文所大致规定的意义来看，政治思想就是一种特殊的外观，在它的掩盖下，积极的、强干的而又无情的人们领导着人民去完成他们的个人或集团所意欲完成的事业。

二

当一个政治体在外部条件变得使其政治重心不再振动于其传统路径之内这种意义上出了故障时，就出现政治思想了。所谓外部条件是指任何一种事态增长到了不是由于任何明显的政治思想所致的一个时期。从事件上讲，这些条件必定既多且杂。也许真的是，经济因素始终是主要的；甚至也许真的是，从此以后经济正变为惟一的决定因素。如果是这样的话，我们可以说每一种政治变革总有其底层的经济原因。不过经济决定论如果正确的话，也只是解释政治变革，它并不在任何意义上蕴涵着经济因素构成了政治变革。换言之，经济决定论可以是一种政治思想的形式。然而经济运动却可以不是政治活动。政治体可能被包括在经济体内，但它们并不吻合：政治可以是经济，但不必定反之亦然。政治体有其自己的存在理由，政治思想也有其自己存在的理由。

对于那些不是经济决定论者的政治学研究者，也许有必要研究历史才能确定导致某一政治体兴衰的特定因素。他们可以从故纸堆中挖掘出有趣的事实，然后得出可行的概括，但这些都不是本文所要提供的。如同经济一样，历史涉及但不等于政治。此处我们对于导致某些政治体兴衰的特定因素并无兴趣。本节只拟表明一个政治体决非永恒的，如同任何其他个体一样，它有其生长、成熟、衰亡的周期。如果我们从政治角度分析它，而不试图从经济或历史角度解释它，那么我们将发现它的这些时期中的每一个都等于可以用政治上积极的、强干的和无情的政治家的行为加以描述的政治体的某些状态。

政治体的生长时期是政治创造性的时期。这是一个以破坏为其前奏的时期。通过这一时期，政治统一或者行将达到，或者已成为现实。新秩序在形成的过程中需要创造性天才，于是政治上富于开创性的、强干的、无情的人被吸引来接受它，作为他们精力的一条出路，并且把它当作实现他们野心的手段。换言之，这些人凭借正在形成的秩序而行动着。不过他们的作用有积极的与消极的两个方面。因为有创造性、而又强干，他们向着所要求于他们的政治创新而活动；但如果他们或他们中一些人，尤其他们的领袖们，还是无情的话，则他们不会容许任何来自多情或灵心善感的其他形式方面的障碍来阻止已经开始了的政治势头。因此，在积极的意义上，通过正在形成的秩序而活动时，这些人便取得政治上的建树。但无情的人在建设方面和破坏方面，在创新方面和守旧方面都是同样无情的。把这些人吸引到建设性的工作中来就减少了从事破坏的顽固敌人的数量。所以，在消极意义上，通过新秩序而活动时，这些人就不再可能是旧秩序的捍卫者。

成熟时期一般不是政治的开创期，而是政治保守或守成时期。开创事业已经完成，留待政治体去作的便是保守它已经取得的成就，这是一种已成为了现状的秩序，它逐渐变得或多或少精致而又动人，并且充满了制约与平衡，及这种那种巧妙的调节，以至于通过它而起作用就要求有一批具有可以称为有法律的头脑和明断的性格的人。这些人也许强干而无情，但他们不大可能具有政治开创性，因为他们对现存制度有着强烈的依附感。不管其天性如何，制度和操纵这个制度的人都趋向于保守。从他们自身的制度来讲，甚至进行革命的组织也是保守的。若掌权者强干、公正和灵活，则保守主义在政治上并非有害。如果情况如此，并且客观事态又未逼迫着进行剧烈变革，这些潜在的革命者即使被拒于政府之外也总能将其精力花费于别处，并寻找其他可征服的领域。当人类的创造性力量不为垄断，并且政治体处于其成熟阶段的稳定平衡的状态时，文明一般都是兴旺发达的。

然而一个政治体并不会永远稳定，总有一个时候，权力和制度都变得不能吸引无论是创造型还是保守型的灵活而强干的人了。一个衰颓着的政治体并不意味着一个腐朽或无能的政府。政府可能腐朽或无能或二者兼而有之，但政治体却可能在另一方面强健到足以吸引强干的人来发动改革。改革意味着一方面现存政治制度的一部分可以用来作为表明一个强健的政治体的各种政治变革的工具；另一方面，强干的人仍愿接受现存政治制度作为自己精力的发泄口并作为实现自己野心的舞台。只有政治重心不再储存于正式的政治制度之中，因而政治制度已成空壳，不能作为积极、强干而无情的人们借以实现其野心的工具时，改革才会变成不可能。当情况如此时，我们就看到了衰亡时期。

无疑地我们能够做出更为充分的分析，不过即使是如上文这样简要并且可能不适当的分析，也足以表明这些时期意味着什么了。在生长时期，斗争主要关系着旨在实现某些或多或少已为人们接受了的原则的实践措施或纲领。这些原则也许或多或少能在感情上打动群众，但一般都不再在思想上引起社会精英们的兴趣。在成熟时期，通常并没有很多活跃的政治思想，虽然可能有学术性的阐释。它会是这样一个时期，在这个时期，有关政治的教科书会流行，任何不是维护现状的东西可能要么被忽略要么仁慈地被宽容，要么就成为政治荒野里单纯的回声。但是在衰亡时期，政治思想更可能是——而不是不可能是——对基本原则的思想。开始的步骤是以富于魅力通俗易懂的形式打扮出来，继而则把它们作为思想流通的条文而加以推广，直至这些观念中的一部分通过斗争取得优势地位——部分是由于它们模式的说服力，不过主要地却是由于受到已在政治上成为强有力的人民的支持。当政治竞争中不再存在着与占统治地位的政治思想不同的政治思想时，另一个政治体的生长时期就开始了。

在一个例如中国这样历史悠久的社会或国度里，可以有不同的政治体的连续相继，因此也就有着不同的生长、成熟和衰亡时期的循环。已经提到过，我们无意于探讨导致政治体兴衰的原因。我们仅仅说明有这样的时期，并且通过对于它们的分析可以发现它们对政治思想有一定的关系。大体说来，本文那种意义上的政治思想繁盛于政治体的生长和衰亡时期，而在成熟时期则是沉默的，这不是在缺乏政治理论的意义上的沉默，而是在这些理论——如果有的话——并未从事于主宰实际政治斗争那种意义上的沉默。

三

但是，到底为什么要政治思想呢？也许可以论证说，在动物中间有数不清的出自本能的领袖这类例子，它们无须任何联合的思想就可成群结队达成集体的行动。当学童们成群游戏时，他们也提供了这同一现象的例证。历史上充满了无须以任何一种政治观念结构的形式作为其思想联合的政治权力的转移这类证据。那么，我们又一次问，到底为什么要政治思想呢？下几节将试图说明对于像人类这样的动物来说，政治思想是需要的，尽管有着认为无须联合的思想就能取得集体行动的论证。

首先，在人类中间，对于同情与理解的渴望不可避免地要产生对获得正当理由的愿望。正当理由并非只是对某人的行为给出一个理由，而必须包括诉诸共通的或别的什么原则。根据它们，才可能获得同情、理解，甚至赞同。存在着这样一种对正当理由的愿望，这是毫无疑义的，虽然关于这一事实的理论的论述可能在不同人的不同研究中有所不同。有些人可能用同类的观念进行论述，另一些人则可能把它归因于所谓的本能，还有人则可能声称它是由于条件反射。无论是什么解释，事实依然是，人类希望和需要有正当理由。既然正当理由在如此众多的人类活动中被需要着，它在成其为政治性的活动中就更加需要了。政治思想就是对政治活动给出的正当理由，并且它自身间接地就是乔装着的政治活动。

除了渴望正当理由之外，政治思想为人需要也还有别的原因。先说最明显的原因。政治活动是在人民中的集体活动，这些人民在他们生活的其他方面有着不一致的利益，要获得他们的支持只能通过某种共同的纲领。一个行动想要取得的东西必须传达给、并且部分地——如果不是整个地——为所有有关的人所理解，如果这一行动想获得动力的话。但是这种对那些将接受某一纲领的人的传达就要求在提出纲领的人这方面有起联合作用的思想，而对知识精英的传达则尤其要求以非个人的语句表明所提出的纲领迫切的合需要性及其合理性和说服力。如果先没有原则或一套政治观念结构，这一点就不可能做到。因而，就有了政治思想。

一个更为敏感的理由是，政治活动的开始必须从一定群体利益出发，而又不必一定等同于这一利益。也许群体利益一词正会导致错误。有人现在也许易于把群体利益认作本质上是资产阶级或无产阶级或工会的经济利益。这可能对，也可能不对。重要的是，人民能够结合，形成群体，增进他们自己的利益，而无需从严格的政治利益之外的任何利益出发。换言之，政治团体可以用纯粹政治的理由而集合起陌生的伙伴来。如果不是基于政治集团的利益之上的话，一项政治活动将仅成抽象的渴望。不过却不能将政治活动等同于任何特定集团，因为它可以不再成为政治性的。问题在于政治行为之所以不应在理论上限于集团利益——虽然实践上总是如此，这仅仅因为政治行为被设想为无论如何都是为着整个政治体而进行的。如果理论上它们只限于某一特定集团，它们在该集团之外也许会找不到支持。但是如果它们一点儿也不基于任何集团利益之上的话，它们就只不过是现实政治家（real politiker）所诬蔑的人民在玩走马灯似的游戏罢了。政治思想——无论它也可能是别的什么——就是政治活动的背后的理论。

需要有政治思想还有另一个理由。如果政治活动当真必须是认识性的，那么它也决非纯粹认识性的。无论如何，它是意动性的。如果它终究是无所不包的，它就包括有一种意志的强迫来改造或再改造政治环境的某一方面或某些方面。为了使这个意志可以在任何可观的程度上为大家所分担——不说它的充分实现，群众的情绪就必须被鼓动起来。但因为这类情绪不能凭这种或那种专门的方式鼓动起来，所以就要诉之于一般的原则，以便能使人民在感情上依附它们并准备把它们当作我们惯称的"原因"而加以接受。这些原因之不同于其他原则在于它们具有情感的价值，使得依附它们的人们难于接受或甚至是考虑任何别的代替物。在这个特殊的意义上，它们是基本性的。目前辩证唯物主义原则，虽然远远有别于实践的措施，却激动了千百万追随者们的热血；而根据其他理由也是重要的相对论原则却让人们处于一种正常的精神状态。包罗万象或影响深远的政治活动不可能让人民处于正常精神状态，尽管事实是在成为该活动的正当理由的思想体系之内可能有着持久不息的对理性的要求。我们不应忘记，18 世纪理性主义是突出地富于感情的。人类大体上比起接受有利于理性的理智论证来，总是更易于接受感情上对理性的要求，这也许是他们的命运。既然不能没有感情因素，政治活动就不得不伴随着政治思想，它那原则通常也就是原因。

政治中所需要的既不是纯行为，也不是纯纲领。包括了政治家在内的人类，其天真和世故都没有达到这种程度，这是因为极端的天真和极端的世故在赤裸裸的现实主义中有一个共同的会合点，而人类则从未达到过头脑顽强到彻底的现实主义的地步。是人，就要与感情和理智的复杂结构不可摆脱地交织在一起，要沉浸于一堆希望、恐惧、疑虑、信念、热望和禁忌之中，对于这一切，时代精神（Zeitgeist）就以思想意识和价值观念的形式指引着主要的行为动力。既然在生活中纯粹冲动性的行为和彻底的受控行为之间要维持某种平衡，政治思想就必须依据这种平衡而得出。一方面，政治行为必定伴随着思想，另一方面，政治思想又必须鼓动人民去从事政治活动。

四

尽管有着关于永恒概念或永恒原则的观念，政治思想却必须是合时代的。合时代性在这里涉及到某些概念或原则或体系借以在一定的时代为人们承认的那种便利。这种承认不是承认其有效性，也不仅仅是承认其存在。从存在的角度看，观念在它们是在时间之外的这一意义上，是永恒的；但这种永恒的意义无关乎我们目前的论题，因为在这种意义上一切观念都是同样地永恒的。从有效性角度看，某些原则可以说是永恒有效的。但是，在政治思想领域里找出任何这类例子，如果不是不可能的话，也是困难的。即使能找到，我们也不能下结论说它就总是合时代的。

在理论的一面之外，政治思想还有其实践的一面。某一政治思想的实践的方面就把我们引向事实和观念的历史。对当代事实的检验说明了某些已发生的问题、某些提出的措施；对当代观念的检验则说明了为人们使用的某些词句、在某一政治思想中被强调的某些原则。没有这种历史背景，就没有什么政治思想是可以完全理解的。这是明白的。不过不大明白的是政治思想与时代精神之间的关系。上节业已指出，从一堆希望、恐惧、信念、疑虑及其他等等之中产生的人类行为的主要动力，是由某一时代的思想意识和价值观念所指引的。从思想意识的角度看，所谓某一时代的时代精神不过是它对各种复杂的问题的占主导地位的过分简单的概括。因此，有了它，懒人蠢人就免得做任何积极的思考。一个依附于任何一种流行的"主义"的人就像戴上了有色眼镜，他可以如别人一样看到很多东西，但总是在一种特定的光线中看到的。凡是实际上为自己的需要而进行的任何思考，他都容许。从价值角度看，某一时代的时代精神就反映于该时代人民在纷纭复杂的生活中的行为方式上。因此，有了它，懒人或冥顽不灵的人就可以免得要有时代精神的永恒形式之外的任何积极而真实的感觉了。一个按当代价值观念而行动的人本质上是个墨守常规的人，虽然他可能是合时代的；因为对于他来说，他应有的和实有的感觉方式都是社会规定了的。因此，时代精神是某种联结思想和行为的东西，它是一根指挥棒，通过它集合起群众去行动。既然政治行动须有群众参加，政治思想就必须与时代精神共鸣，才能有鼓动性。特别是在这一意义上，政治思想才必须是合时代的。

因为时代有不同，所以不同时代的思想意识和价值观念有时也不同。举一个思想方面较简单的例子。在 18 世纪，"理性"的口号激动人心，19 世纪后叶进化的观念也是动人的，而目前经济决定论或辩证唯物论的观念对千百万青年政治热情分子就像是钧天音乐。这些观念也许有效或无效，但在它们流行期间它们全都是简单化的信条。根据它们，思考活动被压缩到最小范围，而与之共鸣的政治思想也就在不同时代是及时的。这显然并不意味着与时代精神不合拍的思想就必定失败。一些占主导地位的观念延续于不同时代这一事实本身就表明一度是不流行的东西可以衍变为合时代的。但是不流行的政治思想要获得统治地位就有一场拼死斗争。在获得一定程度的合时代性之前，它没有任何政治功效。虽然它也许是某种政治观念的模型，然而却还不是本文强调的意义上的政治思想。虽然抽象的和基本的政治原则可以有长期的合时代性，但此处强调的这种政治思想却一般地随时代的变迁而变迁。

政治思想的合时代性表现为它的结构的合时代性与表现为它的观念的合时代性是一样的。后者很容易看出。以政治思想的历史学派为例，它可能没有进化观念也进行过奋斗，但有了它，则在一段时间内就俘虏了知识界的想象。大约 20 年前，当西方人民有些厌倦于近代机器时代时，基尔特社会主义就流行过一个短暂的时期。作为一个体系，它对早已流行的各种社会主义思想形式补充得很少，但它因与中世纪行会联系起来而在当时具有了浪漫的吸引力。虽则托马斯·霍布斯的说服力很投合知识上过分讲究的人们，尤其是有着抽象倾向的人们，但它从不是合时代的，也从没有鼓动起群众的心。也许社会契约的观念为观念的合时代性以及结构的合时代性两者提供了一个范例。在它盛行的时代，它一定有巨大的吸引力，不过，在有说服力而不合时代的霍布斯体系里，其吸引力却远远小于合时代的卢梭的体系。

合时代性是一个方便的名词，掩盖了极难分析的复杂情况。也许我们能说，某一政治思想赖以在一定时期内为人接受的那种便利性，是指该政治思想结构之中或观念之中或者两者之中的，或关于它们的，某种要吸引人的东西，因为政治思想并不就是串在一起的任何流行观念，所以它背后的思想家必须也是一位艺术家。这一点对于其他思想体系当然也是真实的。欧几里德既是一位艺术家又是一位思想家，卢梭与马克思都如是，只不过他们是在不同的领域里罢了。作为一件艺术品，政治思想一方面在它有意号召大批的人并在他们中间唤起纷纭复杂、有时甚至是互相冲突的感情的意义上区别于其他的思想体系；另一方面，它又在它同时是一种思想体系、因而具有逻辑的严格性这一点上区别于通常所称的艺术品。它是从历史与当代所给定的材料中创造出来的观念模式，不过经过了精细的调节，可以诉之少数人的知识，满足某些人的兴趣，激发大多数人的感情。它纯粹是政治思想，不是别的；它不是纯粹的思想，或纯粹的历史，纯粹的科学，或纯粹的艺术，而是这一切结合成一个整体，编织成一个模式，对于它的欣赏不是在画廊里的沉醉，而是趋向于运用或多或少按照这个创造出来的模式的政治权力的政治行动。虽然难于分析，但政治思想却必定有其自身的技巧。如果赛耶斯（I' Abbé Sieyès）能够在过去发展出编写宪法的艺术，那么某些有才能的人也许会在未来发展出一种能创造政治思想以适应不同时代的不同条件的艺术来。

五

然而，谁需要政治思想呢？如果提供了政治思想，它必定是提供给某些人的。我们必须记住，政治中基本的东西就是对于政治权力的控制，以及对这一权力加以运用的模式。如果从任何时代获得的客观环境的角度来看，该模式已不能满足使政治网球赛能开场得刊的话，那么，控制权将必须易手。如果这种易手能不经革命取得，则万事大吉；如果必须经革命取得，那么革命就会来临。在任何情况下，不同集团的强干、活跃而无情的人们，都将会互相争斗。这些人都是政治舞台上的明星演员，没有他们，将不可能有激动人心的政治戏剧。

这些人的活动是无法阻止的。这些人构成任何社会的天然贵族。到处都可以发现他们，在银行和工会，在资产阶级、也在无产阶级之中。如果对于任何规模广大的政治行动，客观条件还未成熟的话，他们就寻找别的领域去征服。但如果客观条件允许发动一场政治意义深远的运动，他们就成为了政治领袖。无情具有着头等重要性。柔和者可能以别的方式继承一个世界，但决非政治的方式。那些不愿把自己的意志强加于人的人决不能成为政治家，那些由于任何形式的心灵稚弱而可能被妨碍作到这一点的人，也不能成为成功的政治领袖。坚定地献身于事业是可钦佩的，并且往往是真诚的表现，不过在它背后的心理学现实则总是一种把自己的意志强加给他的同胞们的坚定不移的决心。对于这些人类领袖，政治思想一方面是一种华丽的外观、一种尊严的姿态，从而能把追随者吸引过来；另一方面也是一种有效的掩盖，使他们的精力得以发泄，野心得以实现，而最后把他们的意志强加给他们的同胞。

正是对于这些人，政治思想才作为他们的行动的一种外观而被提供出来。为了避免一个很可能会有的误解，应该说明，本文并不是支持伟人理论的一种论据。伟大这一概念包括各种不同的评价，一个人可以因其人品或行为或二者兼之而被人尊重。一个人被尊重的原因可能完全不同于另一个人被尊重的原因。无论如何，人的伟大关系着规定性的价值标准，而非描述性的品质。伟人可能存在，但伟人理论是否有效则是完全另一个问题。我们在本文中不涉及它或他们。本文描述那种强干、活跃而无情的人们是为了表明他们在政治体中的职能，而非社会给他们规定的并堆砌在他们身上的那些价值。他们可能是恶棍、无耻之徒、无赖、讨厌鬼或伟大的人。单是中国历史上就充满了恶棍和伟人变成有力的政治领袖甚至于王朝建立者的例证。他们怎样根据不同的价值标准而被评价，这对于本文的目的无关重要，起作用的是他们的功能。

也许如果我们从另一个角度出发，上述这一点可能带来一种甚至更惊人的安慰。毕竟尚有其重要意义的那种伟人理论不仅肯定伟人的存在，而且也肯定他们不顾客观条件而实现他们的意愿。换言之，领袖们只是领导，而在任何意义上都不是被领导的。现在，虽然本文主张强干、活跃而无情的人是政治领袖，但并不断言他们永远不被领导。只有理论家们才坚持领袖们只是领导，而领袖们本身却足够现实得不管他们实际上是领导还是有时候也被领导。他们的要务是当事情成熟时抓住机会，或是像古代的费边那样等待时机。他们可能是也可能不是机会主义者。他们要么获得机会要么就等待机会，但他们不能无视机会。他们所代表的观念可能是他们自己创造的，或是从不事实践的思想家们那里借来的，或仅仅是俯拾皆是的思想潮流中的一些条目，但是，一旦他们拥护这些观念，他们也就成了实现这些观念的工具了。如果在政治思想中，他们究竟是师傅还是徒弟毫无不同的话，那么他们究竟是强加于他们同胞们的那个意志的创造者还是它的单纯的工具就更无关紧要了。这里无须讨论究竟是时势造人或人造时势。在一方面或另一方面，正是仅仅有些具有某种重要性的人，正是政治中强干活跃而无情的那种类型的人才起作用，不管他们究竟是圣徒或魔鬼、徒弟或师傅。

不过，实际政治中的领袖照例很少同时又是政治理论家的。擅长理论的人作实际工作一般都不能干，反之亦然。马克思无疑地是共产主义思想的伟大宣传者，然而他却不是它的政治家，如果给他以斯大林的地位，他也许不会有后者的成功，而极可能的是他会作为一位哲学家而痛苦。如果墨索里尼和希特勒满足于作为从群众的压抑之中爆发出来的盲目冲动的工具，他们可能是悲剧性的，从而在某种意义上是伟大的。但是当他们企图同时进行理论化时，他们就仅仅变成为滑稽可笑的了。把这两种任务结合起来，就会在整体上贬低了这一方或另一方。在较早的时代有些例外，但在近代，当分工已发生在人类努力的几乎每一个方面时，作一个统治者是很难同时与作一个理论家相适应的。政治理论工作将比以往更加落入知识分子手中。他们对鼓动人心的政治观念推波助澜，并企图通过强干、活跃而无情的人在政治上继承这个世界。

描述性地当作一种外观来看待政治思想并不意味着贬低理论家或政治家；他们在政治体中各有其职能和存在的理由。指出他们的不同是本文的部分目的。附带也提到，本文仅仅是对政治思想的思想，而并不是政治思想本身的主题。

（原为英文，载《金岳霖文集》第一卷，兰州，甘肃人民出版社，1995；中文由赵文洪译，何兆武校，原载并选自《金岳霖学术论文选》，北京，中国社会科学出版社，1990）

当代中国的教育

——在美国芝加哥大学"中国问题座谈会"上的讲演

（1943）

我觉得自己处于一种很为难的窘境。我是某些方面的百事通而又什么都不精。与会的我的同事们都是专家，而我则在哪一方面都不是专家。多年来我的研究领域一直是逻辑和认识论，但我认为我同样可以说这方面也并无什么专家。即使有，他们大概也不会是哲学家。

碰巧教育又是一个很特殊的题目，因此当我面对大家试图讨论它时感到胆怯。我由衷地恳求你们谅解。

坦白地讲，我并不精确地知道教育是什么。数理逻辑（我一度曾经感兴趣的一个学科）被罗素定义为我们不知道在讲什么、也不知道讲得是否对的一个学科。因此很显然，依据清楚明白的概念来说，我的确不知道什么是教育。我认为它就是中学、小学和大学中所从事的那类，并且我也将仅在此意义上来考虑它。

这里有一些统计数字。它们也许还未得到妥当的解释，因为我还没有充分理解它们。我们可以把教育划分成通常的初等教育、中等教育和高等教育。我先从数量上讲起。教育方面的专家们听到数量这个词也许会笑。但我想不起别的什么词，只好用数量这个词来讲。

有可能令你们吃惊的一件事是：中国的学生人数在增加。在你们的战争岁月中，你们的学院和学校都多多少少地空了，而中国的学生人数在中学和大学两方面居然都增长了。我不知道小学方面的学生人数是否增长，但我相信一定也有增长。

中国的大学和学院 1936 年至 1937 年共有 36 所；1937 年至 1938 年是 29 所；1938 年至 1939 年是 32 所；1939 年至 1940 年是 36 所；1940年至 1941 年是 41 所；最后，1941 年至 1942 年是 45 所。可见高等院校的数量确有增长。这些数字都是就公立大学而言的。在有名的私立大学方面学校数量确有下降，从 1936 年的 42 所下降到 1941 年的 38 所。

1936 年，在学院、大学和工业专科学校中的学生人数是 41 922 位。1941 年共有 59 000 位学生。即粗略地讲，大学生的在校人数五年间从 41 000 位增长到了 59 000 位，这是一个相当大的增长。下面，我将用"大学"一词兼指学院和工业专科学校。

就中学而言，也有同样的增长。1936 年至 1937 年有 627 000 位中学生；而在 1940 年至 1941 年共有 768 000 位。

1941 年至 1942 年小学的学生人数大约是 22 000 000 人。以前的数字我们一点儿都没有，所以最后这个数字无法作比较，不知道是否增长。但是，今年 5 月下半月我和我的同事们离开重庆时，教育部长告诉我们说小学生人数也有相当的增长。

总之，我们在初等、中等和高等三个教育方面学生人数都有增长。

现在来讲教育质量问题。所谓"质量"我也许指许多事情，但我将要说的是水准。就此而论，战前教育确有一个比较优良的水准。与那时的水准相比，现在降了很多，相信下降的趋势还会更大，结果质量上会有明显的恶化。

我们可以从小学讲起。在战前，小学都配有行政人员和教师，现在他们中许多人都转去做其他工作了。留下的这部分教师的质量大概也不能与战前的相比。我个人不知道小学的状况。由于没有小孩，我想我会偷一点懒，而且也决不会为朋友们关心的那些小学劳神。

拿我和我的一位朋友一起居住的那个村庄中的学校来说。我老是听到我的朋友诉说那所学校。我认为，即使按照健康教育的标准，那所学校也完全落后于那位朋友所习惯的其他一些学校。我的这位朋友有两个孩子都在那个村庄里的学校上学，上学几周以后他们俩就老是流清鼻涕，这在进那学校以前从未有过。此外，他们还经常不断地伤风。除了偶尔听到朋友们说的那些事情外，我没有任何第一手知识。

对于中学我也没有什么诸如此类的知识。我认为战前我们很少有什么好的中学。我相信我的同行们将支持我的这一判断。就我在入学考试以及那类事情方面的经验所及，北京的师大附中、天津的南开中学以及扬州中学都是很好的中学，至少对大学教育而言是好的预备学校。我不知道它们现在在哪里。也许听众中有人能告诉我扬州中学是否还存在，要是在，又在哪里。南开中学还在重庆。对于这所中学我有个疑问，稍后讲到高等教育时再说。

在这些中学中,我们也有师资问题。那里的教师一般都是年轻人,他们志向多,可能不像一些大学教员们那样依恋他们的学校。同时他们的薪水又很低,因此中学教师完全有可能用生活标准和生活费用的话题来代替数学、物理等类的话题。于是出现了教员离职的问题。他们中的许多人进了政府机构,如国家资源委员会或军械部办的工厂、其他工厂、铁路,或者政府机构的其他部门。因此,除了去年那段时间以外,很难留住中学教师。我认为去年也有一些困难,只是在那以前要留住教师尤其困难。仅就这一点就可很容易地明白,中等教育的质量会有下降。

关于高等教育,我有较多的直接经验。大体上,我应当说,假定战争再持续5年,战后大概将再需要5年才能恢复。这也就是说,一共要10年才能恢复到战前的水准。要是战争再持续10年,那我们大概将需要又一个10年光景才能恢复。总之,在我看来,以战前的水准为出发点,战争阻碍教育的进程达两倍于战争时间之久。

战争造成大学的图书和实验装置的匮乏。这对某些大学是相当突出的,而对另一些大学的影响可能不是那么大,不过从新书的角度来看对他们也还是有影响。有些大学带着他们的图书和一些实验装置从原来的位置移到远方。当然,他们一定会丢失某些东西。要移动由大而笨重的机械组成的工程实验装置那是很难办的。关于图书,有些大学很幸运,将数目巨大的图书移到了内地。但另外有些大学,像清华大学、北京大学和南开大学,就不那么幸运了。在大部分东西能搬出来以前,北京就于1937年7月29日失陷了。实际上,我们的同事们只好潜逃出来,大部分东西都留在北京。尤其严重的是,南开可以说就是一个战场,南开大学的损失要比其他大学大得多。

就这些大学而言,损失了几乎百分之九十的财产——从实验装置和图书方面来说大概要达到百分之八十五,而且我认为在有些情形中你也可以说是百分之一百。即使对那些比较幸运的大学来说,新书和新装备的问题也还是跟其他大学一样艰难。

在联大(这是指西南联合大学,也就是由国立北京大学、国立清华大学和南开大学组合起来的大学),目前图书很少,而且为了那些书也常有战斗——为它们而争。傍晚,学生们匆忙用过晚餐,围在图书馆大门外,努力挤到别人前面,尽可能地靠近大门,以便门一开立即冲向书桌占有他们的图书;那场面看起来真是令人感动。

由于不是科学家，我不能讨论实验装置的问题。不过，大家完全能明白，那些大学损失的实验装置无法弥补，因此普遍缺乏实验装置。就联大这样一个特殊的大学来说，根本无什么实验能做。我想其他一些大学的条件也许还稍好一点儿。这是高等教育质量恶化的一个因素。

另一个因素也有点儿像上面这个因素。战前，清华大学每年要在中国各地举办招生考试，例如在北京、上海、广州和汉口，一般有三千多学生参加。我相信其中只有三百零一点能被接纳为新生，大约也就是十个中有一个能为大学所接纳。因此，对报名者中间较聪明的学生有挑选的余地。同样的比例大概也适用于北京大学，我不知道其他大学的比例数。

但在战争开始以后我们达不到那个比例，其原因在某种程度上是明白的。有许多年轻人沦落在敌占区。或许，本来他们还未到上大学的年龄，假定某人在战争开始时是十四五岁，几年以后，他也就达到了上大学的年龄。顺理成章他应当进大学。于是，他要到未被占领区进入自由中国的一所大学。

现在假定他要接受一个很严格的入学考试，这些人中有一些不会被承认，他们也无法使自己得到承认。因为他们将被困在某个地方，并且非常失望。因此，从许多观点来说（当然有政治的以及其他的观点），都应当降低录取标准，使大多数来自敌占区的年轻人都能在自由中国学习。

最初交通还相当便利，学生们可以从上海乘船，或者从北京，或者绕道香港，来到腹地。后来旅行就不那么方便了，近来我听到了年轻人在奔赴自由中国的大学时的悲壮故事。其中我认识的两位从北京一直步行到成都，我相信他们最后一定是搭卡车到的昆明。他们从中国的东北角到遥远的西南，从北京到洛阳只能完全靠步行，这两位当然也走完了全程，在那以后他们又步行了相当一段路程，大概也搭公共汽车、卡车，或火车走了一部分路程。

你们大家都会同意，这样的人必须予以一定的照顾，办法之一就是满足他们的要求。如果他们想在大学学习，那么大学就录取他们。因此，尽管由于实验装置和图书等东西的缺乏，他们在敌占区没作好充分的准备（并且来到大学以后他们也没有希望能得到良好的训练），他们也还是进了自由中国的大学。

在有些地方（并非到处如此）还有空袭问题，以及其他种种可能与大学教育并存的问题，如生活困难等等。这些问题往往造成高等教育质量的恶化。因此大体上可以说，尽管大学数量上有增长，但在教育质量上有恶化。

大学的数量肯定有增长。尽管我给你们读了那些数字，但我实在不知道它会增长到什么程度（增长多少）。我想要说的是，这些统计数字或多或少是精确的，但也或多或少是不精确的。我弄不清说哪一个好。我想究竟如何取决于你的态度。不过无论如何，那些数字的趋向确实说明数量上有增长。

对于质量上的恶化，我较为相信。这也就是说，我的确认为质量上有恶化。

接下去我讲一点儿跟质量或数量无关的事情。噢，它也许跟质量还有点儿关系，即教育的方向和目的。除了在讨论中出现有数量和质量以外，我将不再论述它们。仅就方向和目的所及，我将还说几句。

我认为教育的目的（中学、小学和大学要培养的那个东西）就是要造就学生性格上的某种发展，个性发展的某种完成。这里确实有某些内在的目的。我个人比较感兴趣于教育的这些内在目的。

例如，我相信有人昨晚讲的意见，受过教育的人就是存有以往所得的知识而又一头扎向未来改进这些知识的人。从人类文化的观点来看，教育确有那种目的，确有那种或多或少内在的目的。我不知道你们中有哪位想到过这样一个假定：假定人类停止教育50年，我是指完全停止，不是指偷偷摸摸地继续进行，而是完全停止——停止学习，停止学如何写，停止学如何读书。如果你想要做得彻底，还可以假定所有的书都已被烧毁。实际上，你当然明白，我是不赞成这样做的！但是假定那是真的。我只说50年是因为我是中国人；或许最好是把它说成100年，因为我意识到英国人和美国人现在活到90岁或100岁相当容易。我想我们中国人现在还活不到很长。

假定你考虑教育完全停止100年。那么，我想我们将会返回到被人们称作亚当和夏娃的极乐时代。关于历史我们将什么也不会知道。停止教育100年后诞生的孩子们将不会知道任何历史，不会知道任何科学，不会知道祖先传给我们的任何累积的知识。他们大概会开始他们自己的探索。但要是教育完全停止100年，那总该再花上三四千年才能达到人类知识的现在阶段。由此可以明白，从知识的观点来说教育有它内在的价值。于是，从人类性格造就的观点、人类理解的观点、社会中的行为的观点以及精神上的或道德上的发展的观点来说，教育有它自己内在的价值。

但是，除此之外，我们不能完全忽略教育还有另一种价值：那就是教育要跟某种国家目的相一致。我认为我们不能消除这个因素。教育毕竟要为某种国家目的服务。或许，对我们中某些人来说，这不是有价值的。但是，对我们许多人，尤其对我们在中国的那些人来说，你很容易就能明白那是有价值的。这也就是说，除了内在的目的以外教育还必须为国家目的服务。这也就是我接下去想要讲的那个因素。

国防涉及工业化和机械化。我的大多数同胞和政府都想要加速祖国的工业化和机械化，对此我有同感。我们的政府强烈地感觉到，它的责任就在于使中国有一个能较容易地免受侵略危险的基础。

当战争最终于 1937 年来临的时候，我们在北平的一些人确实在某些感受方面得到了暂时缓解。我将向你们传达我们当时的感受以及为什么会有那样的感受。从 1931 年起到 1937 年以前（整个那长长的时期），北平的人民都有这样的心情：日本下一步要干什么？日本明天会干什么？老是忧虑不安，老是那么紧张，使人非常恼火，非常不自在。它使生活紧张不安，以致当战争最终降临时倒成了一种调剂。我们都感觉到最终我们总要摊牌。政府人员自然也有那样的感受。十分明白，中国不能始终这样下去。为了获得随时免受侵略危险的某种最低限度的保障，中国必须达到某种程度的工业化和机械化。我赞同政府和我为人民期求保证，期求那种只有通过机械化、工业化和现代化才能得到的保证。

因此，教育也必须沿着那一方向来作帮助。旧教育在 20 世纪当然不起作用。我想我的同行中没有哪一位经历过真正的老式教育。我受过一段时期的老式教育（经典教育）。先生教我背诵四本书：《礼记》，《易经》，《诗经》等。我不得不毫无理解地背诵那些东西。我读它们，然后再背它们。到年末的时候，我还必须接受差不多十卷书的考查，十卷书码在教书先生的书桌上差不多有一英尺高。我必须转过身去，从一本书的第一行一直背到那本书的最后一行。我背《易经》时是相当调皮的，我干了不诚实的事，还为此狠狠地挨了罚。要不，我想我是会顺顺利利地通过的！

但是，长期实行的那种老式教育当然不会使中国变得摩登。1905年清朝正式废除老式教育，但代之而起的那种教育也不是合适的教育。我们有分成系科的大学，例如，或多或少依据美国计划，大学里划分哲学系或历史系，等等。从迅速工业化和现代化的观点来看，似乎需要有学生进工业专科学校去学习经济学，但更主要学习工程学和与之有关的科目。

有一种想法，要在下一个十年内产生一百万工程师。我很理解这种想法（不过，我不知道究竟要多少年）。为此，我们必须修改目前的教育系统，使它适合国防、工业化和现代化的目的。在大学里，我想也包括在中学里，现时的效果都是相当显著的。这也就是说，学生成群地进修工程学，其中有一些进修经济学。但对纯科学感兴趣的比较少，对文科感兴趣的也很少。所以，不仅文科（不仅文学、哲学和历史）受影响，我们过去的清华大学有很强的物理系，一般是最好的学生才被接纳进那个大学。目前，很难吸引学生学习物理。我想在某种程度上，对化学和其他纯科学也都可以这么说。

为了国家迅速工业化和机械化，中国进入实用研究的趋势已经形成。这个趋势既是有计划的，也是为情势所迫的。即使没有政策鼓励，这一趋势大概无论如何也会出现。现在一代的年轻人大概都意识到，在工程学和经济学方面要比其他方面更加有前途。如果一个年轻人心中既有个人打算又有国家利益，那他就很可能进入那些分支之一，而不进入其他分支。

我说过，我对为国防而加速机械化和工业化的要求跟政府有同感。我认为我自己在某种程度上相信并且理解，如果没有别的办法，我们真是只好工业化并尽快着力机械化。我不想留下一个我反对工业化的印象。我认为那是不可避免的，并且为了民族能自立我们真是只好工业化。

我不希望看到的是我们在着手进行工业化时的匆忙草率。如果我们想要在一定时期（比方说，10年、20年或者30年）内加速这一过程，那我能看到结果。不过，客气地讲，它将使我很不舒服，并且我认为它大概不仅对中国而且对其他国家都会有相当不好的影响。

我后面再说那些结果中的一些情形。此刻，我将考虑鼓励那种倾向于尽快加速工业化的教育的政策。

我认为，我们的工业化并不是以给我们以指望通过它的加速来达到的那种保证。我发觉我不知道如何表达才充分。我心中有这样的想法：为了工业化，我们不仅需要工程师，也需要经济学家，我们同样需要纯科学家。我认为，我们也需要文科以及纯科学。这也就是说，我觉得发展工业化的整个尝试应该是综合的。

　　为了工业化或者机械化，需要的不只是工程学和所有"实用的材料"，而且也需要别的东西。我认为，我们很容易确证我们需要纯科学。如果缺乏纯科学，我们将不会有很好的工程学。物理和化学跟任何别的学科一样为工业化所需要。

　　拿目前的战争来说，在战争开始以前，我们训练了一点儿空军。我们买到相当多的飞机，其中有一些我想是来自意大利，也有一些飞机是来自美国。战争一开始这些飞机就投入了战斗。飞行员的训练还在继续。我在昆明的那五年期间，在那里见到了许多空军学员，而且熟悉许多飞机的名字，夏威克，道格拉斯 E-15 和 E-16（学员们称之为"布法罗斯"），以及众多的其他名字，但这些名字中的大多数现在已不再能听到了。它们能力不足，不能应付敌机的变化。一开始中国空军还能上去打一下，但逐渐就不行了。我个人认得的那些空军学员，除了两位外其余的都已战死。这两位中的一位有点儿伤残，另一位还在干。我想他一定有世界上最好的运气。

　　当然，有个情况是我们不制造飞机，我们依赖于来自国外的飞机。问题就是，我们能制造吗？我们不妨试它一下。但是，如果我们想要造出能对付敌国制造的最新式飞机，那我们必须有航空工程学，而且大家也很容易明白它涉及物理、化学（以及其他一些事情）。没有好的航空工程师，我们造不出自己的飞机。

　　因此你们可以看到，就在这么一个单独的方向，一个建立一支空军或一个飞机工业的问题上，我们也需要纯科学家。我们同样必须鼓励纯科学。我们很容易就能明白，其他事情也都是密切相关的。所以我倾向于认为，如果我们想要迅速地（或者完全）工业化，那不仅工程学需要研究，而且大量其他学科也需要研究。况且，如果我们过多（或者只）强调工程学，那我们将不会达到机械化和工业化。

　　为国家安全而加快工程教育的尝试不会成功。急匆匆试办此事，使教育适应加速工业化和机械化，这样做的结果将得不到我们设想的工业化或机械化会带给我们的那种保证。

　　以牺牲其他学科为代价鼓励工程学和经济学的政策，不足以给我们一个迅速的工业化和机械化来达到我们需要的那种保证的目的。从个人来说，我倾向于认为，就教育而论我们只好慢慢试着办。

　　这是从充分性的角度来讲的（我认为这件事并不充分）。但还有另一个角度，也就是它是否可取。如果我们过分强调教育中的某些因素、某些知识分支，那它就不是可取的。如果我们回到教育的某些内在目的，例如，知识的保存，知识的增长，以及人性的造就，我是说，如果我们回到教育的某些内在价值方面看，那我们很容易就能明白，过多强调或者过多地把年轻人转入一二个公认的很有用的方向，将不会给我们那种我们有些人想要的文化。

大体上，我相信教育中的新趋势对期望于它的目的而言是不充分的。而且，从另一个角度来看，我认为它也是不可取的。

在引起工业化和现代化并迅速取得效果的尝试中，我担心全体人民将逐渐地成为组织化的：以教育变成单纯训练的方式而组织起来，而且具有自由个性的人也许就变成了社会结构中的原子——而不是自由的原子。整个中国社会组织也许会被拼凑成类似于一个有机体的某种东西，很少有什么个体的创造性。我不愿意这样讲，但又不得不说。我想，在迅速达到工业化的过程中，有使我们可能成为结构中的极权主义者的危险。这正是我担心的那种事，也是我认为美国人应当担心的那种事。

从我的观点来说，为了我们可以预防它，我们必须有一个战后的世界计划（事实上，我不知道那个计划应该什么样，我对这话题也没有任何明确的想法），以便从世界作为一个整体的角度来给各个国家以安全保证，而不是从各个国家自己的努力得到它的充分保证。

我心中对这个题目的考虑要多于对任何其他题目的考虑。我讲教育仅仅只是作为导向这个话题的一个通道，一种途径。

有人说过，"有些人生来伟大，有些人达到伟大，而有些人则把伟大强加给他们"。关于国家，我们有类似的情形。我不知道美国是否生来就是一个伟大的领袖，也不知道美国是否已成就为领导者。但无论如何，领袖地位是强加给美国了。因此在我看来，在美国，为了避免将来的战争，以及避免到处都组织成保障安全的武器，我们不得不考虑世界计划。

我确信我没有把自己的意思表达清楚。我的英语很荒疏，难以表达清楚自己的意思，但我想要把这个题目作为问题提供给所有出席者考虑。我感谢你们使我有机会吐露我对这个话题的一部分想法。

（原为英文，载 *Voices from Unoccupied China*，芝加哥大学出版社，1944；中文由张清宇译，原载《金岳霖集》，北京，中国社会科学出版社，2000）

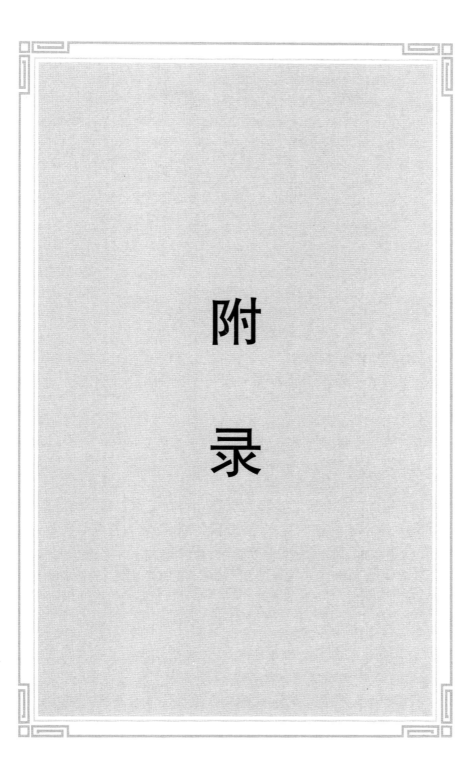

附

录

金岳霖年谱简编[*]

光绪二十一年　乙未　1895　1 岁

先生字龙荪，号岳霖，8 月 26 日（农历七月初七日）出生于湖南省长沙市。祖籍浙江省诸暨县。祖父金春生，居故里守农田。父亲金聘之，官级三品顶戴，曾为清尚书盛宣怀之部属，后到湖南任职，跟随张之洞从事洋务，担任过湖南省铁路总办、黑龙江省漠河金矿总办。母亲唐淑贤，湖南衡阳人，出身官宦之家，贤惠善良，持家有方，被谥为"金母唐太淑人"。先生兄弟七人，排行第七。姊妹二人。

光绪二十七年　辛丑　1901　7 岁

是年，入胡子靖先生所办明德学校念小学。

光绪三十三年　丁未　1907　13 岁

是年，入长沙教会办的雅礼学校读中学。自幼聪慧，经常跳级。记忆力强，晚上做梦背"四书"，姑姑拿书对照，发现背得一字不差。大人和兄长们喜欢对对联，受其影响，背了一些对联，多为曹丕的。不以金钱择友，与一最富才华而最贫寒的同学极相友善，被誉为"管鲍之交"。分别时在其留言簿上留下这样一副对联："马周未必终褴褛，李白何曾老布衣"，其心尚可想见也。

* 此年谱简编主要参考了以下文献：关国煊《金岳霖》，台湾《传记文学》八十四卷五期，1986 年 5 月。清华大学校史编写组《清华大学校史稿》，中华书局，1981 年。中国社会科学院哲学所编《金岳霖学术思想研究》，四川人民出版社，1987 年。冯友兰《三松堂自序》，见《三松堂全集》，河南人民出版社，1985 年。金岳霖学术基金会学术委员会编《金岳霖学术论文选》，中国社会科学出版社，1990 年。《金岳霖文集》，甘肃人民出版社，1995 年。刘培育《金岳霖年表》，见《金岳霖的回忆与回忆金岳霖》，四川教育出版社，1995 年。

宣统三年 辛亥 1911 17 岁

3月，投考北京清华学堂高等科，国文题目为《人有不为而后可以有为》，应对自如。考后被录取。此前曾报考过清华学堂中等科，因不知国文题目《"士先器识而后文艺"论》之出处而落榜。

4月，清华学堂开学，入学。

10月，辛亥革命爆发。欣喜若狂，为新时代所感，遂剪去辫子，仿唐人崔颢《黄鹤楼》写打油诗一首："辫子已随前清去，此地空余和尚头。辫子一去不复返，此头千载光溜溜。"

11月，因时局混乱和清华学堂经费被挪用，学校宣布停课，食堂关门，先生亦被迫离京回家。为路费事，去找在北京读税务学堂的六兄䘵苏，路过庆亲王府，被门外士兵盯上，紧张之余，无事通过。先到天津，与一群马同乘货车，彼此相安无事。后转乘海船经上海回到已乡居的老家。

民国元年 壬子 1912 18 岁

5月，清华学堂复课，先生返校学习。

10月，清华学堂改为清华学校。在清华读书期间，颇为活跃，曾担任过高等科英文班学生会委员、最高年级学生会主席、年刊创刊号编委兼经理员。参加过业余的科学会摄影社，与同学洪深、陈达以国学研究会名义演出话剧《没字碑》和《古华镜》。长沙雅礼中学美国人胡美曾参观清华学堂，问及清华伙食，先生如实回答不好，之后受学堂监督周贻春批评。

民国二年 癸丑 1913 19 岁

是年，先生兄弟中最要好的六哥䘵苏在北京游泳时被溺死，受到极大打击，专程送灵柩回家。

民国三年 甲寅 1914 20 岁

9月，毕业于清华学校，以官费赴美留学。赴美前曾就专业问题征求五哥之意见。因当时簿计学（相当于现在的工商管理学）颇受欢迎，五哥建议先生学簿计学。入美国宾夕法尼亚大学，读商业科专业。不久开始住在费城故德利区（Goodrich）家里。主人老太太对先生颇多关照，先生亦以对待母亲一样待之。

民国四年　乙卯　1915　21 岁

　　是年，袁世凯接受日本帝国主义向中国政府提出的丧权辱国的"二十一条"。闻讯后，在故德利区家的临街走廊上痛哭一场。

民国六年　丁巳　1917　23 岁

　　是年，从宾夕法尼亚大学毕业，获学士学位。因对商业学不感兴趣，写信给五哥，说："簿计者，小技耳，俺长长七尺之躯，何必学此雕虫之策。昔项羽之不学剑，盖剑乃一人敌，不足学也！"决定转学政治学。

　　暑期后，入哥伦比亚大学研究生院，攻政治学。

　　是年，与在哥大读书的张奚若、徐志摩相识，之后结下了永久的友情。同时，也与在哥大的胡适有来往。

民国七年　戊午　1918　24 岁

　　是年，以"The Financial Powers of Governors of the Different States"（《州长的财政权》）之论文，获硕士学位。

　　暑期，在美国烟草公司打工。

　　是年，与张奚若、王伯衡、陈汇等共同发起成立中国自由主义者同盟，发表反日宣言。又与张奚若、徐志摩等共同创办《政治学报》，出刊三期。

　　是年，开始在哥大攻读政治学博士学位。

民国八年　己未　1919　25 岁

　　继续在哥大学习研究。先后听了邓宁（Dunning）、鲁宾逊（Robinson）、海斯·斯凯勒（Schuyler）、麦本（Mebain）、鲍威尔（Powell）、比尔德（Beard）、塞特（Sait）、J. B. 穆尔（Moore）、门罗·史密斯（Munroe Smith）、塞利曼（Seligman）、吉丁斯（Giddings）、辛霍维奇（Simkhovitch）等教授的课程。也聆听了来自英国的三学者拉斯基（H. J. Ruski）、瓦拉斯（Y. Wallas）和巴克（Earnect Barker）在美国的讲学，并与之相识，建起了后来赴英游学的桥梁。开始对哲学发生兴趣。暑期，在纽约南道公司打工。

民国九年　庚申　1920　26 岁

　　是年，以"The Political Theory of Thomas Hill Green"（《T. H.

格林的政治学说》）之论文，获取政治学博士学位。

9 月，开始在华盛顿乔治城大学讲授中文。

民国十年　辛酉　1921　27 岁

1 月至 5 月，继续在乔治城大学讲课。

6 月，获悉母亲去世，回国。居丧期间，"绕棺悲歌"。还写下了《金家外史》，讲述了金家的故事。

12 月，离美赴英，在伦敦大学经济学院听讲。

民国十一年　壬戌　1922　28 岁

3 月，抵柏林，为徐志摩与张幼仪离婚作证明人。

是年，继续在伦敦大学听讲。与瓦拉斯、巴克等过往甚密，多受其教诲。开始系统接触休谟的《人性论》和罗素的《数学原理》，大受影响，兴趣转向哲学，与政治思想分家。转入剑桥学习研究哲学。

9 月，到柏林观游。有时为英报撰文。

民国十二年　癸亥　1923　29 岁

是年，继续在柏林观游。

民国十三年　甲子　1924　30 岁

是年，在法国观游。一次，在巴黎圣米歇大街上同张奚若和秦丽莲（美国人）发生争论，都使用了逻辑武器，但不知道什么是逻辑。

10 月，赴意大利观游。

12 月，返巴黎。曾在红十字会供职。

民国十四年　乙丑　1925　31 岁

是年，继续在法国观游。

11 月，离欧回国。秦丽莲小姐随之。秦小姐主张不结婚，但对中国家庭生活有兴趣，想在其中体验生活。

民国十五年　丙寅　1926　32 岁

2 月，受中国大学之聘，讲授英文和英国史。

6 月 23 日，《唯物哲学与科学》载《晨报副刊》第五十七期。

8 月，《自由意志与因果关系的关系》载《晨报副刊》第五十九期。

秋，受清华之聘，接替赵元任的职务，在清华讲授逻辑。旋即，清华大学哲学系创立，任教授兼系主任。系中只有先生一人，二年级学生一人。讲"逻辑学"和"西方哲学"。稍后聘梁启超讲授"儒家哲学"。

10 月 3 日，徐志摩与陆小曼结婚，作伴婚人。23 日，《说变》载《晨报副刊》第六十一期。

民国十六年　丁卯　1927　33 岁

1 月，散文《美国》载《东方杂志》第二十四卷第一号。

4 月，北京尚志学社创刊《哲学评论》，主编瞿世英（菊农），林宰平（志钧）多主其事，鼓励先生多为《哲学评论》撰文。"Prolegomena"（上，《序》），署名 Y. L. Chin，载《哲学评论》第一卷第一期。

6 月，"Prolegomena"（下），载《哲学评论》第一卷第二期。

8 月，《论自相矛盾》载《哲学评论》第一卷第三期。

11 月，《同·等与经验》载《哲学评论》第一卷第五期。

民国十七年　戊辰　1928　34 岁

夏，清华大学正式成立。设文、法、理、工四个学院。杨振声任文学院院长，先生继续任哲学系主任。

8 月，《休谟知识论的批评》载《哲学评论》第二卷第一期。

9 月，清华设评议会，任评议员。

12 月，"External Relation"（《外在关系》）载《哲学评论》第二卷第三期。

年底，同徐志摩、张彭春、瞿菊农等人赴江苏、浙江两省考察，为实践泰戈尔农村建设计划选择试验区。

民国十八年　己巳　1929　35 岁

是年，辞去哲学系主任职务，由冯友兰担任。

民国十九年　庚午　1930　36 岁

3 月，《知觉现象》载《哲学评论》第三卷第二期。

6 月，《清华学报》编委会改组，被选为编委会成员。"Internaland and External Relations"（《内在关系和外在关系》）载《清华学报》第六卷第一期。冯友兰《中国哲学史》上卷（两卷本）完成，列入"清华丛书"，与陈寅恪分别审查。26 日写出《审查报告二》。

8 月，《A. E. I. O 的直接推论》载《哲学评论》第三卷第三期。

是年，清华哲学系设研究所，为其开设洛克、休谟、布莱德雷专题课程。

民国二十年　辛未　1931　37 岁

5 月，清华大学爆发"驱吴运动"。教授会举行临时会议，通过决议，谴责吴南轩任校长以来，"唯大权独揽，不图发展学术，蔑视教授人格，视教授为雇员"。会上公推张子高、张奚若、金岳霖等 7 人组成起草委员会，草拟致教育部电文，要求撤换吴南轩，"另简贤能"（《教授会呈教育部电文》载《国立清华大学校刊》第三〇二期）。后与朱自清、吴有训、周培源等 47 人，发表《四十八教授态度坚决之声明》（载《国立清华大学校刊》第三〇二期），表示"此问题不能圆满解决，（全体教授）定于下学期与清华脱离关系"。

6 月，清华学生护校委员会决定组成护校团，誓死拒绝吴南轩到校。清华教授会宣布成立校务维持会，并选冯友兰、吴有训、张奚若为代表，向教育部请愿。

7 月，《论事实》载《哲学评论》第四卷第一期。

11 月 19 日，徐志摩由南京搭乘中国航空公司的邮政班机返京，听林徽因关于中国建筑艺术的讲演。有大雾，飞机在济南党家庄附近撞山坠毁，不幸遇难。事后，与梁思成、张奚若等前往济南参加遗体告别。

是年，享受清华大学教授休假待遇，赴美国休假（一年），利用此休假机会，到哈佛大学向谢非研习逻辑。

民国二十一年　壬申　1932　38 岁

1 月，《思想律与自相矛盾》载《清华学报》第七卷第一期。

是年，离美回国。

是年，在北京大学兼课，讲授符号逻辑。

是年，搬到城内东总布胡同住，与梁思成、林徽因夫妇是前后院，交往甚密，结下了永恒的友谊。在先生的客厅形成了"星六聚会"，各路好汉纷纷来此，谈天说地。陈岱孙、张奚若、周培源夫妇等多在其中。当时正在北京的费正清也常来访。

民国二十二年　癸酉　1933　39 岁

6 月，《释必然》载《清华学报》第八卷第二期。

10 月 5 日，《彼此不相融的逻辑系统与概念实用主义》载《大公报·学界思潮》副刊。

11 月，《范围的逻辑》载《哲学评论》第五卷第二期。

民国二十三年　甲戌　1934　40 岁

4 月，《不相融的逻辑系统》载《清华学报》第九卷第二期。

9 月，《审查报告二》载冯友兰《中国哲学史·附录》，上海商务印书馆出版。

是年，"Note on Alternative Systems of Logis"（《简论不相融的逻辑系统》），载 *The Monist*（《一元论者》）第四十四卷。

民国二十四年　乙亥　1935　41 岁

3 月，《关于真假的一个意见》载《哲学评论》第六卷第一期。

4 月，中国哲学会在北京成立，被推为常务理事（另有常务理事冯友兰、汤用彤），兼任会计。《哲学评论》由中国哲学会编辑，任编委。为第一届中国哲学年会提交了论文《手续论》。

12 月，北平学生举行游行示威，要求一致对外抗日，受到镇压，签名支持学生运动。

是年，《逻辑》由清华大学出版部印为讲义。

是年，与湖北的中学生殷海光通信，鼓励其学习逻辑。

民国二十五年　丙子　1936　42 岁

1 月，《论手术论》载《清华学报》第十一卷第一期。

4 月，出席中国哲学会第二届年会，提交论文《形与质》。

9 月，《道、式、能》（所著《论道》一书第一章）、《手续论》（摘要）载《哲学评论》第七卷第一期。

12 月，《可能底现实》（所著《论道》一书的第二章）、《形与式》（摘要）载《哲学评论》第七卷第二期。

是年，《逻辑》被列入"大学丛书"，由商务印书馆正式出版。

是年，殷海光来京，访问其家。之后在生活和学习上，先生一直给予关照和指导。

民国二十六年　丁丑　1937　43 岁

3 月,《现实底个体化》(部分,所著《论道》一书第三章)、《现实底个体化》(作为第三届中国哲学会年会提交论文,摘要)载《哲学评论》第七卷第三期。与贺麟等人发起组织逻辑学研究会。

7 月,抗日战争爆发,北京随之沦陷。民国政府教育部命清华大学、北京大学、南开大学三校在湖南长沙组成长沙临时大学。秋,随校南下。

秋,为殷海光提供回南方老家路费。

11 月,长沙临时大学第一学期开学。文学院设在衡山脚下的圣经学校,共有教授 19 人,任哲学心理教育学系教授。

是年,"Truth in True Novel"(《真小说中的真概念》)载 *T'ien Hsia Monthly*(《天下月刊》)第四卷第四期。

是年,继续撰写《论道》一书。

是年,《逻辑》一书由商务印书馆再版。

是年底,武汉失守,战火逼近长沙。

民国二十七年　戊寅　1938　44 岁

1 月,长沙临时大学决定南迁昆明。

2 月,先生乘火车到广州,再经香港、越南赴昆。利用南迁机会在广州或香港为学校购置图书。

4 月,奉教育部命,长沙临时大学改为西南联合大学。任文学院哲学心理学系(主任为汤用彤)教授,兼清华大学哲学系主任。

9 月 28 日,设在昆华师范学校的联大教职员宿舍南北二楼遭敌机轰炸,住中楼的先生没有跑警报,正在写作,被巨声惊醒,出楼见状,"木然不知所措"。

是年,开始《知识论》一书的撰写。

民国二十八年　己卯　1939　45 岁

3 月 15 日,与朱自清、陈岱荪、浦江清等 10 人,乘滇越路火车往南旅行,观石林,登大叠山。

9 月,《论道》一书由商务印书馆出版。"序"说:"写这本书颇费时间。写就是想,至少在我个人是这样。前几年我底习惯是用英文想,近几年来,习惯慢慢地改过来,用中文想的时候增加。也许思想上的疙瘩太多，所以文字老是过于干涩；无论如何，我深知我缺乏运用文字的能力。在这一方面，我要对冯芝生先生表示感谢。他看这全部原稿，经他随时指示，太过意不去的地方或者没有。我也要感谢叶公超先生，他那论道两字使一本不容易亲近的书得到很容易亲近的面目。"此书乃形而上学著作，它是起用部分中国传统哲学范畴和使用部分西方哲学范畴，运用分析方法严密地构造出来的。

是年，"On Political Thought"（《论政治思想》）载 *T'ien Hsia Monthly*（《天下月刊》）。此文 1986 年赵文洪译成中文载《清华大学学报》（哲社版）第一卷第一期。

是年，《论道》与冯友兰《新理学》被重庆教育部学术评议会评为一等奖，因一等奖只有一名，先生之著屈居二等奖，奖金 5 000 元。

民国二十九年　庚辰　1940　46 岁

是年，"The Principles of Induction and Apriori"（《归纳原则与先验性》）载 *The Journal of Philosophy*（《哲学杂志》）第三十七卷第七期。

是年，继续写作《知识论》。

民国三十年　辛巳　1941　47 岁

4 月，《论不同的逻辑》载《清华学报》第十三卷第一期。

是年，赴四川李庄休假，继续写作《知识论》。

是年，中国哲学会第四届年会在重庆召开，仍任常务理事兼会计。为大会提交论文《势至原则》。

民国三十一年　壬午　1942　48 岁

是年，继续写作《知识论》。写完后，一次跑警报，不慎遗失。几十万字的书，只好重写。

11 月 13 日，美国驻华大使高思代表美国国务院致函西南联大，请选派一名教授赴美访问讲学，被推为代表。

民国三十二年　癸未　1943　49 岁

1 月，好友沈性仁去世，写了一篇既深沉又动人的纪念文《悼沈性仁》。

5月，《势至原则》载《哲学评论》第八卷第一期。

6月，与费孝通、张其昀等五人，抵重庆办护照，参加集训五天，不快。受到蒋介石接待。乘飞机由渝抵美，作为期一年的访问和讲学。在美访问期间，撰有"Dao，Nature and Man"（《道、自然与人》，已收入《金岳霖文集》）。

7月，《归纳原则与将来》（所著《知识论》第八章）载《哲学评论》第八卷第二期。

8月15日，与费孝通等一起出席芝加哥大学举办的有关中国问题的座谈会，在会上，指出：大学教育学生人数增加是好现象，但是同时也要注重水平和程度的提高。又说：为了工业化，不可只注重工程学和经济，一定要同时发展纯粹自然科学、社会科学和人文科学。

11月，《自然》（所著《知识论》第九章）载《哲学评论》第八卷第四期。

是年，为美国军人讲述中国文化，撰"Chinese Philosophy"英文稿，油印少量分送。

民国三十三年　甲申　1944　50岁

5月、7月，《思想》（所著《知识论》第六章）载《哲学评论》第九卷第一、二期。

是年，指导王浩撰写毕业论文，论文题目为《经验知识问题讨论》，写完一章先生看一章。

是年，在第四届中国哲学会上再次被选为理事。

民国三十四年　乙酉　1945　51岁

8月，日本无条件宣布投降。由于当时交通工具紧张，联大解散后一时难以北返，乃决定延长到次年结束。继续在联大教学，撰写《知识论》。

是年，推荐王浩申请美国芝加哥大学的奖学金。

民国三十五年　丙戌　1946　52岁

年初，在联大，作为温德的名义助手，全权处理罗氏基金赞助联大教授的补助费。

5月，西南联大宣布结束，三大学院系随原校复员。从昆明抵重庆，然后乘飞机返京。

9月，王浩考取公费留学，赴美。行前带王去拜见林徽因。

10月，清华大学开学，仍任清华大学哲学系教授。

民国三十六年　丁亥　1947　53岁

2月，与朱自清、俞平伯、徐炳昶、向达等教授签名发表《保障人权宣言》，抗议北平警察"午夜闯入民宅，肆行搜捕"。

是年，与张奚若夫妇、周培源夫妇、陈岱荪等经常在梁思成家相聚。

民国三十七年　戊子　1948　54岁

3月，与冯友兰、吴敬恒、汤用彤等一起当选为中央研究院院士，在人文组。

4月，与清华、北大、燕京等大学教授俞平伯、李广田、吴晗、容肇祖等89人提出质询文，驳斥国民党北平市党部主任吴铸文所谓每次学潮皆为"奸匪宣传"与"三教授"被"奸匪利用"之言。

6月，复与吴晗、徐炳昶、俞平伯、朱光潜、沈从文等103人签名发表《抗议轰炸开封宣言》。

11月，复与俞平伯、朱光潜、郑天挺等46人联名发表《我们对于政府压迫民盟的声明》。

12月，《知识论》重写完稿，然后交给商务印书馆。用英文讲授"唯物论与经验批判论"研究课程。

己丑　1949　55岁

3月16日，填写工作人员登记表，在"对工作的意见及希望"一栏中写道："对研究哲学仍有兴趣，盼望能继续教书。"

7月8日，中国新哲学研究会筹备会在北京成立，任筹备委员会常务委员（推荐李达为会长）。

9月，经清华第21次校务委员会讨论决定，任清华哲学系主任。

10月，在北京天安门，听毛泽东宣布"中华人民共和国、中央人民政府成立了"时，高兴得几乎跳起来。清华大学成立辩证唯物主义与历史唯物主义教学委员会（简称"大课委员会"），为12名常委之一。

是年，在北京饭店见到周恩来，给周恩来留下了很好的印象。

是年，给在美国的王浩写信，劝其回国工作。

庚寅　1950　56 岁

2 月，出任清华大学校务委员会委员、文学院院长，兼任哲学系主任。出席中国新哲学研究会举办的"讨论日丹诺夫关于亚历山大洛夫西方哲学史"座谈会，地点在北京大学子民堂，在会上发言。

6 月，列席第一届全国高等教育会议。

是年，艾思奇在清华大学讲演，批评形式逻辑。调侃艾说："你骂了形式逻辑之后，你说的话完全合乎形式逻辑，没有一点错误。"

辛卯　1951　57 岁

1 月、2 月，两次出席中国新哲学研究会举办的"学习毛主席的《实践论》"座谈会，地点在中国社会科学各研究会联合办事处（北京南河沿金钩胡同）。在会上有发言。

5 月 1 日，《我热爱祖国》载《新清华》。

8 月，《了解〈实践论〉的条件——自我批评之一》载《新建设》第四卷第五期。

10 月，《毛泽东选集》第一卷出版。开始参加英文版的翻译定稿工作。

11 月 10 日，《分析我解放以前的思想》载《人民日报》。

壬辰　1952　58 岁

2 月至 3 月，先后三次在清华文法学院做思想检查，受到师生欢迎。

3 月，动员哲学系师生写信签名，抗议美国发动细菌战争。

4 月 17 日，《批判我的唯心论的资产阶级教学思想》载《光明日报》。

是年，政务院对全国高校院系进行调整，全国 6 个哲学系（包括清华）合并到北京大学哲学系，被聘为北大哲学系教授，并担任调整后的第一任系主任。

是年，《我对苏联的看法底转变》载《中苏友好》第五期。开始学习俄语。

10 月 26 日，在"帮助潘光旦先生检查错误思想"大会上做长篇发言，谈自己对思想改造的认识。

是年，北大哲学系 1950—1952 级学生分专业，动员大家学逻辑。

癸巳　1953　59 岁

秋，同北大哲学系学生一起听苏联专家讲授"辩证唯物主义与历史唯物主义"课程。

是年，经朱伯昆和任继愈介绍加入中国民主同盟。

甲午　1954　60 岁

3 月，任《新建设》杂志编辑委员会委员。

是年，《光明日报》创设《哲学研究》专刊，任主编。

秋，英国逻辑实证主义代表人物艾耶尔在北大做《英国近五十年来哲学概况》，出席听讲，并纠正译员的错译之处。

10 月，《介绍威尔斯的〈实用主义，帝国主义底哲学〉》载《新建设》。为纪念斯大林《马克思主义与语言学问题》出版四周年，北大哲学系举行学术报告会，做了题为《批判唯心主义哲学关于逻辑和语言的思想》的报告。

12 月，以社会科学团体代表的身份出席中国人民政治协商会议二届一次会议；代表社会科学界出席"中苏友好协会"第二次全国代表大会。

乙未　1955　61 岁

3 月 15 日，作为《光明日报》副刊的《哲学研究》独立为《哲学研究》杂志，任编辑委员会委员（召集人为潘梓年，其他委员有于光远、艾思奇、李达、周建人、胡绳、马特、孙定国、汤用彤、杨献珍、冯定、冯友兰、彭康、彭恒武、华风、郑昕、萧前等）。

春，奉调中国科学院，参与"哲学研究所"筹备会，其他成员有潘梓年、胡绳、李达、杜国庠、杨献珍、艾思奇、冯友兰、赵纪彬等。

4 月 1 日，林徽因女士因病在北京同仁医院逝世。撰挽联"一生诗意千寻瀑，万古人间四月天"，参加治丧委员会。对林女士的早逝，大哭一场。

5 月，《批判实用主义者杜威的世界观》载《哲学研究》第二期。29 日，《实用主义所谓"经验"和"实践"是什么》（与汪子嵩等人合著）载《人民日报》第三版。

6月，中国科学院哲学社会科学学部成立，任学部委员。

7月，与汪子嵩、张世英、黄楠森合写《批判胡适实用主义哲学——实用主义是反理性的盲目行动的主观唯心论的哲学》，载《北京大学学报》（人文科学）第一期。

8月，被批准任中国科学院哲学社会科学学部常务委员。

9月，中国科学院哲学研究所成立，任副所长兼逻辑研究组组长。到所里办公，等"公"而"公"却不来。

11月，被批准参加哲学研究所学术委员会。

12月，主持哲学所学术委员会第一次会议，制定1956年研究规划草案。担当批判罗素哲学和梁漱溟的思想方法等任务。

是年，有入党的想法。

是年，指导宋文坚的论文写作。

丙申　1956　62岁

1月，北京市委统战部在一份材料上评价先生说："为人正直，解放后积极参加各项运动，愿意学习马列主义，但对旧哲学还有留恋。工作积极，在群众中有威信……要求进步，现为进步分子。"8日，主持召开哲学所第二次学术委员会，通过1956年科研规划。晚，被请与毛泽东一起吃饭，毛泽东对先生说："数理逻辑还是有用的，还要搞。希望你写个通俗小册子，我还要看。"任"中国亚洲团结委员会"委员，"中国民主同盟"第二届中央委员会委员。《批判唯心论哲学关于逻辑与语言的思想——对罗素的批判之一》载《北京大学学报》（人文科学）第一期。29日，《我怎样学习马克思列宁主义》载《北京日报》第二版。

3月3日，《略评康福斯的两本哲学著作》载《人民日报》第三版。

4月，《批判梁漱溟的直觉主义》载《哲学研究》第二期。

6月7日，毛泽东致信章士钊，谈到先生的转变说："实事求是，用力甚勤，读金著而增感，欲翻然而变计，垂老之年，有此心境，敬为公贺。"10日，先生在北京饭店请客，接到通知的朋友们不知其为何请客。人到齐后，先生宣布："今天是林徽因的生日。"

8月，《如何贯彻和掌握"百家争鸣"问题》载《哲学研究》第三期。

9 月，在北京大学哲学系开"罗素哲学批判"课，至 1957 年 1 月。29 日，申请加入共产党，填写了入党志愿书。30 日，哲学所党支部讨论通过为预备党员。

12 月，被中国科学院党委批准为预备党员。收到巴黎国际哲学会和波兰组委会关于参加华沙会议的请柬。是年，被评为一级研究员。

是年，同李奇、周宜明等参加中央马恩编译局组织的《资本论》（1~3 卷）讲座，听苏联专家讲课，每周一次。

是年，再次给在美国的学生王浩写信，动员其回国工作。

丁酉　1957　63 岁

1 月，22 日至 26 日，参加北京大学哲学系举行的哲学座谈会，就日丹诺夫的哲学史定义等问题做了发言。开始写《罗素哲学批判》一书。每写出一章，就邀请北京的部分哲学工作者提意见，再做修改。断断续续写了几年。

4 月 11 日，应毛泽东之邀，与冯友兰、郑昕、贺麟、胡绳、费孝通、王方名、黄顺基、田家英、陈伯达等一同到中南海颐年堂讨论逻辑学问题。

5 月 23 日至 30 日，出席中国科学院学部委员会第二次全体会议。

6 月，参加民盟中央的整风运动。

7 月，与潘梓年、冯友兰、刘群（翻译）一行四人赴华沙出席国际哲学研究所（International Institute of Philosophy，IIP）召开的国际哲学会议——华沙会议。临行前，接受《思想战线》记者采访，就反右斗争回答了记者的问题，并在会上做了题为《自由人的任务》的发言。回国途中，曾与潘梓年、冯友兰应邀访问苏联科学院。

8 月，开始参加哲学所的整风运动。

9 月 9 日，《反对恢复资产阶级的社会科学》载《人民日报》第七版。30 日，对瑞典一学者提出的"孔子可能系神话创造"之说评论道："这就是资产阶级的'独立思考'。拼命地怀疑无可怀疑的事实。"并建议中国哲学史组回信，以"孔子后代一直存在"证实孔子非神话人物。

10 月，主张与波兰科学院合作。《费孝通要'解决'些什么'问题'呢?》载《争鸣》第九期。

11 月，《关于"成品"——小题大做吗?》载《争鸣》第十一期。

戊戌　1958　64 岁

3 月，作为中国文化代表团副团长同许涤新（团长）、周培源、冰心等访问意大利"中国研究中心"。之后访问英国。其间按弟子王浩的安排，在牛津哲学教师会上做了报告。接受旅居英国的陈西滢、凌叔华夫妇之邀到家中做客。访问了当年的老师巴克。

4 月，结束访问回国，继续参加整风。

7 月至 8 月，根据规定，参加四次体力劳动。一次因身体不支，中途被送回。

9 月，到河北省安国县农村参加农民上山炼钢。

10 月，《在学术思想战线上加强东风》载《哲学研究》第七期。

12 月，哲学所把先生的《知识论》未刊稿编入《资产阶级学术思想批判参考资料》第 6 辑，商务印书馆以内部发行形式印 2 000 册。

是年，撰《〈论道〉一书总批判》，约两万字，未发表。现载《金岳霖文集》。

是年，在一份思想检查中认为对辩证逻辑及其形式逻辑的关系感到"茫然"。

己亥　1959　65 岁

年初，领导逻辑研究组编写《形式逻辑通俗读本》一书。

3 月，《论真实性与正确性底统一》载《哲学研究》第三期。此文刊出后，引起了一些讨论。

4 月，《论道》一书被收入《资产阶级学术思想批判参考资料》第七辑，由商务印书馆印 2 000 册。原书的序被删去。

5 月，《对旧著〈逻辑〉一书的自我批判》载《哲学研究》第五期。

12 月 28 日，主持哲学所会议，安排苏联哲学家凯德洛夫、约夫楚克来访事宜。

年底，哲学所根据上面部署开展反右运动。先生写了长篇的《自我检查》。

是年，同于光远、潘梓年、胡锡奎等共同主持京津地区逻辑学讨论会。

庚子　1960　66 岁

1 月，《论"所以"》载《哲学研究》第一期。

2 月,《论真实性与正确性底统一》《对旧著〈逻辑〉一书的自我批判》收入《逻辑问题讨论集》(《哲学研究》编辑部编),由上海人民出版社出版。

5 月,与姜丕之共同带领哲学所科研人员到东北三省参观。

9 月 29 日,被批准成为中共正式党员。

是年,被毛泽东邀请到家中吃饭,毛向同桌吃饭的程潜、章士钊介绍说:"这是中共党员金岳霖。"还对先生说:"你的检讨(指对《旧著〈逻辑〉一书的自我批判》),我看了。在新的情况下,对旧的东西就有点讨厌了。不过……""不过"这之后,就没有再说下去。先生也不理解毛"不过"的是什么。

是年,组织逻辑组的同事编写一本篇幅较大的逻辑书,最后只写出了部分书稿。

是年,中国科学院哲学社会科学部学部委员会第三次扩大会议在京召开。先生参加会议并做了题为《关于修改形式逻辑和建立统一逻辑体系问题》的发言。

辛丑 1961 67 岁

1 月,《关于修改形式逻辑和建立统一的逻辑体系问题》载《新建设》1 月号。

5 月,《逻辑》被列入《逻辑丛刊》,由三联书店出版。《对旧著〈逻辑〉一书的自我批判》被收为前言。

夏,任《形式逻辑》一书主编。

7 月 8 日,《读王忍之文章之后》(本年在京津地区第三次逻辑讨论会上的发言)载《光明日报》第二版。

11 月,《论"所以"》《读王忍之文章之后》被收入哲学研究所逻辑部编的《逻辑问题讨论三集》,由上海人民出版社出版。

是年,参加了全国政协组织的部分委员游黄山活动。

壬寅 1962 68 岁

3 月,《客观事物的确实性和形式逻辑的头三条基本思维规律》载《哲学研究》第三期。先生晚年认为,这是他"比较得意"的三篇论文之一。

5 月,《论推论形式的阶级性和必然性》载《哲学研究》第五期。

8 月，先生到大连休假。

9 月，《逻辑》一书第二次印刷。

10 月 17 日，日本哲学家山崎谦一行四人来中国访问，先生会见了客人。

11 月，按计划，先生招收逻辑专业研究生一人。

12 月，《逻辑通俗读本》（与汪奠基等合著）由中国青年出版社出版。

癸卯　1963　69 岁

5 月 25 日，在"五反"中做了检查。

9 月，按招生计划，拟招收逻辑专业研究生二人。

10 月至 11 月，参加中国科学院哲学社会科学部学部委员第四次扩大会议，先后担任北京五组和哲学三组的召集人。

12 月 26 日，自备酒席，邀张奚若、邓以蛰等几位老朋友在家中聚会，私下为毛泽东祝寿。先生作了对联，由邓以蛰书写。联曰：

> 以一身系中国兴亡，入此岁来已七十矣；
> 行大道于寰球变革，欣受业者近卅亿焉。

是年，沈有鼎结婚，先生以逻辑研究组同事的名义设宴席丰泽园为新人贺喜。

是年，与逻辑组的同事撰写"修正主义逻辑错误杂谈"七篇，未刊出。

甲辰　1964　70 岁

3 月，在学习《矛盾论》和《实践论》运动中，又做了检查。

4 月，《逻辑通俗读本》由中国青年出版社出第二版。

11 月 3 日，哲学所一批同志去湖北参加"四清"，与潘梓年所长一起到车站送行。

12 月 21 日起，作为第三届全国人民代表大会的代表，出席全国人民代表大会。

乙巳　1965　71 岁

8 月，约逻辑研究组的同事到家中讨论如何让逻辑学为五亿农民服务的问题。

9 月，出席中央宣传部于光远主持召开的逻辑座谈会。

是年，《罗素哲学批判》一书完稿，后经周礼全和冯契整理，1988 年由上海人民出版社出版。

是年，出席中国科学院哲学社会科学学部委员会会议。会后与其他学部委员一起受到毛泽东的接见。

丙午　1966　72 岁

1 月 19 日，召集逻辑研究组的同事开会，根据周扬的报告，讨论逻辑学发展的方向和今后研究计划。

5 月 16 日，中央政治局扩大会议通过了毛泽东主持制定的《五一六通知》，宣布了"文化大革命"的开始。每星期到所里参加政治学习一次，在大院里看大字报。

丁未　1967　73 岁

9 月，听到学部有个组织的头头对周恩来有看法，马上贴出一张大字报维护周恩来。

戊申　1968　74 岁

12 月 23 日，首都工人、解放军宣传队进驻学部，组织全学部人员开展"斗私批修"、忆苦思甜活动。和群众一起参加运动。

己酉　1969　75 岁

1 月，每天到所里参加运动。

7 月至 8 月，听取群众批判，并做检查。哲学所大多数同志不同意把先生定为"资产阶级反动学术权威"，认为他是"资产阶级学术权威"，但不"反动"。

12 月 10 日，在学习班上谈"活思想"，说："我力图把自己当作敌人看，去斗自己，但不知'反动'在什么地方。"

庚戌　1970　76 岁

3 月，有时和学部全体人员一起在大院内挖防空洞。

5 月，哲学所人员奉命到河南省息县谢寨大队办五七干校。先生被批准留京，买了一些植物方面的书开始阅读。

辛亥　1971　77 岁

4 月，参加学习。

壬子　1972　78 岁

4 月，刘培育看望先生。先生对刘说，"文化大革命"使"我不敢跟老朋友来往了"。"你看，我至今还没有解放呢。"说完笑了起来。

夏，与弟子、世界著名逻辑学家王浩（1946 年出国赴美）26 年后第一次在国内见面。

癸丑　1973　79 岁

6 月，对《学点逻辑》初稿表示肯定。

甲寅　1974　80 岁

3 月 28 日，梁思成、林徽因之子梁从诫一家搬到东城干面胡同与先生同住。

12 月，参加哲学所整党学习。

乙卯　1975　81 岁

是年，身体状况不佳。

丙辰　1976　82 岁

7 月，唐山发生地震，波及北京。为安全计，被转到一所中学，住防震棚。后被接回学部大院的防震棚，由逻辑组的同事照顾生活。

10 月，"文化大革命"期间中断的哲学研究工作开始恢复。

丁巳　1977　83 岁

4 月，学部被改为中国社会科学院。哲学所隶属其下，所长许立群。先生任副所长兼逻辑研究室主任。因身体原因没有到所里上班。

12 月，因患肺炎住北京医院。夜里经常说胡话。

戊午　1978　84 岁

2 月，《评罗素的所谓"永恒的真理"》载《哲学研究》第一、二期（合刊）。第五届全国政协会议在京召开，被选为政协委员。《逻辑通俗读本》由刘培育等同志修订后，书名改为《形式逻辑简明读本》，由中国青年出版社出第三版。

5月，由中国社会科学院哲学所和《哲学研究》编辑部主办的首届全国逻辑讨论会在北京中央党校召开。出席开幕式，并在大会上做了书面发言。

是年，为王浩《数理逻辑通俗讲话》中文版封面题写书名。

是年，旧著《逻辑》一书由三联书店第三次印刷发行。

己未　1979　85岁

2月，主编的《形式逻辑》书稿被出版社压了14年之后，经部分作者再次修改，交由出版社发排。

6月11日，中国社会科学院批准哲学所新一届学术委员会组成名单，先生为学术委员。《在全国逻辑讨论会开幕式上的发言》载《逻辑学文集》，由吉林人民出版社出版。

8月，由中国社会科学院哲学所主办的全国第二届逻辑讨论会在北京通县举行。因身体状况不好，没有到会。开幕式宣读了他写给会议的书面发言。被推选为中国逻辑学会首届理事长。

是年，主编的《形式逻辑》（高等学校文科教材）由人民出版社出版。后多次重印。

是年，《形式逻辑简明读本》出第四版。

是年，撰写《真理论》。想法在1978年已经产生。

庚申　1980　86岁

春，赵元任再次来京，看望了先生，并合影。

是年，"Chinese Philosophy"（《中国哲学》）载 *Social Science in China*（《中国社会科学》）。此文由钱耕森译成中文，载《哲学研究》1985年第九期。

5月，《晋阳学刊》编辑部邀请先生为"社会科学家传略"专栏写自传，不同意写。

11月，因肺炎住首都医院一个月。

12月，国务院设学位委员会，先生为哲学评议组成员。住院检查身体。

是年，完成《在阶级产生以后、在共产主义到来之前，真理硬是有阶级性的》长篇论文。还准备再用英文写一遍。

辛酉　1981　87岁

2月，刘培育看望先生，先生满怀信心地说："我短时间死不了，我要看到四化。"为王浩的《数理逻辑通俗讲话》题签。因病住院。

12月，任中国逻辑与语言函授大学名誉校长。

是年，在姜丕之的建议下，开始写回忆录。

壬戌　1982　88岁

2月，为《逻辑与语言学习》刊物题词："逻辑科学必须普及"。

3月，觉得自己快不行了，给哲学所党组信说："我可能很快结束。"对后事做出安排。

4月，《琐忆》载《清华校友通讯》复刊第五期。

6月，王浩再次来京，看望先生。

10月11日，出席中国社会科学院哲学研究所举办的"金岳霖同志从事哲学、逻辑学的教学和研究工作56周年庆祝会"，大会由哲学所副所长齐一主持。出席庆祝会的有胡愈之、钱昌照、周培源、于光远、胡乔木等。大会向先生赠送了纪念品。哲学家冯友兰祝贺先生，并题联如下："何止于米，相期以茶；道超青牛，论高白马。"

12月，《逻辑》一书由三联书店第四次印刷。

是年，继续写回忆录。

癸亥　1983　89岁

2月，哲学所逻辑室的全体同志给先生拜年。

3月，任《中国大百科全书·哲学》卷编辑委员会顾问。

6月，任全国政协第六届全国委员会委员。

7月，停止写回忆录。29日，为中国逻辑与语言函授大学《函授通讯》题词："逻辑学走出大学和研究所的大门，这是莫大的好事"。

9月，为中国逻辑与语言函授大学《逻辑》教材题写了书名。

10月，任中国逻辑学会名誉理事长。

11月，商务印书馆配合中国社会科学院举行的"金岳霖同志从事哲学、逻辑学的教学和研究工作56周年庆祝会"，作为纪念项目之一，正式出版了《知识论》，并于1985年重印《论道》。先生为两书写了

《作者的话》，说："《知识论》是我花费精力最多、时间最长的一本书，它今天能够正式出版，我非常非常之高兴。""另外一本《论道》，也是商务印书馆帮我出版的，作为旧书重印，我完全赞成。"

甲子 1984 90 岁

从 7 月开始，身体状况急剧恶化。不久开始住院治疗。

10 月，出院。19 日，因病在北京寓所逝世。20 日，中央人民广播电台、《光明日报》播发了"著名哲学家、逻辑学家金岳霖逝世"的消息。

中国近代思想家文库

丁文江卷	宋广波 编
钱玄同卷	张荣华 编
张君劢卷	翁贺凯 编
赵紫宸卷	赵晓阳 编
李大钊卷	杨琥 编
李达卷	宋俭、宋镜明 编
张慰慈卷	李源 编
晏阳初卷	宋恩荣 编
陶行知卷	余子侠 编
戴季陶卷	桑兵、朱凤林 编
胡适卷	耿云志 编
郭沫若卷	谢保成、魏红珊、潘素龙 编
卢作孚卷	王果 编
汤用彤卷	汤一介、赵建永 编
吴耀宗卷	赵晓阳 编
顾颉刚卷	顾潮 编
张申府卷	雷颐 编
梁漱溟卷	梁培宽、王宗昱 编
恽代英卷	刘辉 编
金岳霖卷	王中江 编
冯友兰卷	李中华 编
傅斯年卷	欧阳哲生 编
罗家伦卷	张晓京 编
萧公权卷	张允起 编
常乃惪卷	查晓英 编
余家菊卷	余子侠、郑刚 编
瞿秋白卷	陈铁健 编
潘光旦卷	吕文浩 编
朱谦之卷	黄夏年 编
陶希圣卷	陈峰 编
钱端升卷	孙宏云 编
王亚南卷	夏明方、杨双利 编
黄文山卷	赵立彬 编

图书在版编目（CIP）数据

中国近代思想家文库. 金岳霖卷/王中江编. —北京：中国人民大学出版社，2015.2
ISBN 978-7-300-18881-2

Ⅰ. ①中… Ⅱ. ①王… Ⅲ. ①思想史-研究-中国-近代②金岳霖（1895～1984）-思想评论 Ⅳ. ①B250.5

中国版本图书馆 CIP 数据核字（2015）第 033028 号

中国近代思想家文库
金岳霖卷
王中江　编
Jin Yuelin Juan

出版发行	中国人民大学出版社		
社　址	北京中关村大街 31 号	邮政编码	100080
电　话	010－62511242（总编室）	010－62511770（质管部）	
	010－82501766（邮购部）	010－62514148（门市部）	
	010－62515195（发行公司）	010－62515275（盗版举报）	
网　址	http：//www.crup.com.cn		
经　销	新华书店		
印　刷	涿州市星河印刷有限公司		
规　格	720 mm×1000 mm　1/16	版　次	2015 年 4 月第 1 版
印　张	39.25 插页 1	印　次	2025 年 1 月第 3 次印刷
字　数	626 000	定　价	141.00 元